湖南省社会科学普及读物出版资助项目

湖南
商业会馆

郭学仁　郭　楠　著

岳麓书社·长沙

序言

会馆是明清、民国时期由同乡或同业建立的社会组织。最初的会馆，“所以联乡情、笃友谊也”[1]，是客籍异地乡人的聚会场所和心灵家园。随着商贸活动的扩展，商业会馆几乎遍布全国各行省、商埠，“现今清国通商之市场，会馆、公所，莫不林立”[2]，“凡商旅辐辏之所，往往谋构，统名为会馆，所以敦乡谊、齐物价、平息争端、制良善”[3]。可以说，会馆分布的格局，体现城镇的发展态势；会馆数量的多寡，体现地方的经济水平；会馆规模的大小，体现商帮的综合实力。

湖南商业会馆兴起于明代中叶，兴盛于清代早中期，普遍出现于商业、交通发达的中心城镇，是湖南政治、经济、文化的缩影，有着重要的历史、科学和艺术价值。一直以来，学术界对湖南商业会馆关注度不高，在文物、历史研究方面存在空白。郭学仁、郭楠同志在工作之余查阅大量文献资料、实地调查湖南现存商业会馆，倾注了大量心血和精力，数易其稿，终于完成《湖南商业会馆》一书，为读者奉献了湖南商业会馆的基础性研究成果。

《湖南商业会馆》梳理湖南商业会馆的布局，研究湖南商业会馆的运营，探讨湖南商业会馆与湖南社会的关系，分析湖南商业会馆的衰落原因，

---

1 《修建临襄会馆碑记》，李华编《明清以来北京工商会馆碑刻选编》第 23 页，文物出版社 1980 年版。

2 彭泽益主编：《中国工商行会史料集》第 90 页，中华书局 1995 年版。

3 《津市重修江南会馆碑记》，《清代诗文集汇编》卷十八《小万卷斋文稿》。

并对现存湖南商业会馆的保护利用提出相关建议。掩卷之余，我认为《湖南商业会馆》具有以下几个特点：

一是文献与碑刻相结合。在旁征博引文献史料的基础上，作者还收集了大量的会馆碑刻资料。特别是许多碑刻资料系首次发表，为研究商业会馆经营活动和市场管理提供了最为真实可靠的资料，具有重要的史料价值。

二是文献与文物相结合。在深度挖掘文献史料的同时，作者突出文物资料的直接利用，把主要依据文献史料研究会馆的方法，与有可视性、直观性的文物研究相结合，文献、文物互相补充印证，使文献研究有所创新，为会馆研究打开了新的窗口，提供了新的视角。

三是文字与图表相结合。作者收集整理了翔实的资料，使用了大篇幅图表，内容丰富，覆盖面广，概括性强。如《湖南商业会馆一览表》以表格的形式展现明清民国时期湖南商业会馆在各地的分布情况，包括会馆所在地区、创建的省府县、数量、名称、建立情况、资料来源，直观清晰，一目了然，为后续相关研究提供了借鉴与便利。

四是学术与文保相结合。该书非纯学术性理论著作，作者结合文物工作和文物保护的实际，运用会馆文物保护的案例，通过对事件的描述、分析，深入探讨会馆文物保护与利用中存在的问题及对策。

一般来说，明代中叶是会馆的滥觞期，明后期至清咸同年间是会馆的兴盛期，清代末年会馆开始衰微蜕变，运行轨迹为A形。作者依据大量史料，通过微观考证，认为湖南商业会馆存在地域发展的差异性、独特性，其运行轨迹呈M形，即形成期—兴盛期—萧条期—复兴期—衰落期，而且湘东地区和湘西地区的复兴期和衰落期也有所不同。这是本书研究的一大突出亮点。

当然，该书也存在诸多不足。如会馆碑刻收录不够全面，有的观点尚未加以充分阐述。湖南商业会馆的研究为开创性工作，尚待进一步拓展和深入。希望作者在后续研究中能进一步补充完善。

湖南商业会馆是明清民国时期商业发展的重要组成部分，是一个坎坷奋进的历史坐标，是一部波澜壮阔的奋斗史诗。研究湖南商业会馆，对于准确把握新时代高质量发展新要求，推动湖南经济社会发展再上新台阶仍然具有重要的现实意义。

是为序。

朱汉民

2023年5月

目录

第一章

湖南商业会馆的分布

会馆是缘于乡谊而建的群众性自律自治自卫组织，明永乐年间在北京首见雏形。20 世纪 50 年代后，会馆作为一种制度在中国大陆完全消失，留下的只是为数不多的会馆建筑。

会馆，曾经在一段时间内见证了中国封建社会商品经济的兴衰，并在中国经济发展史中扮演重要的角色，在中国地方政治生活中发挥一定的作用，在中国宗教文化、民俗文化、戏剧文化和教育事业占有重要的地位，特别是它的建筑形制以及风格对各地的建筑工艺内容有所丰富和发展，起到了文化传承和交流的作用。只是后来，随着时代的变迁，会馆已不再适应商品经济的发展需要，慢慢地退出了历史的舞台。然而，会馆建筑以及会馆曾经的辉煌历史，在中国历史长河中留下了一抹绚丽的色彩，我们有必要重新对它加以审视。

第一节　会馆的兴起

会馆者，顾名思义，乃聚会之所也。《辞海》如此解释“会馆”：“同籍贯或同行业的人在京城及各大城市所设立的机构，建有馆所，供同乡同行集会、寄寓之用。”《现代汉语词典》第7版解释“会馆”为：“同省、同府、同县或同业的人在京城、省城或大商埠设立的机构，主要以馆址的房屋供同乡、同业聚会或暂住。”可见，会馆有两种类型：同乡会馆和同业会馆。但从湖南的传统会馆资料来看，会馆未必仅分布在“大城市”“大商埠”，几乎在所有的水陆要冲、集镇商街都曾经有会馆的存在。巫纪光、柳肃从建筑工艺的角度，认为会馆是“较晚形成的一种建筑类型”[1]，是“中国古代一种特殊的公共建筑”[2]。冯骥才从文化的视角出发，把会馆定义为“商业文化发展的需求与中国传统文化的固有因素相结合的产物”[3]。王日根则把会馆概括为“中国传统社会变迁中颇具特色又不可或缺的社会中间组织，它标志着社会变迁的程度，映照了社会的演进，包容了封建官绅、商人及其他各阶层人们对社会变迁的适应，意味着在封建行政体系之外的自立自治精神与有序社会秩序的建立，从而在推进中国社会由传统走向现代的过程中发挥着积极作用”[4]。

会馆是明清时期伴随着社会生产力的发展、人口的大量流动应运而生的一种新的历史事物，是一种地缘或业缘性的传统社会组织，一般由外地商人、迁徙的移民或手工业行会集资兴建而成的一种具有浓厚商业色彩的公共活动场所，大都建立在交通便利、人口辐集、经济繁荣之地。会馆的形式虽然属于公共建筑，但实际上是一种民间性的自我管理的社会组织。它形成的初衷是为了同乡人联络感情，后来逐渐成为具有一定的宗旨、依照一定的规则，自愿结成的不以营利为目的的民间社会组织。同乡组织一般叫同乡会馆，同业组织一般叫行业会馆。会馆的主要功能为“祀神、合乐、义举、公约”[5]，

---

1 巫纪光、柳肃：《中国建筑艺术全集》第11卷《会馆建筑·祠堂建筑》第1页，中国建筑工业出版社2003年版。

2 巫纪光、柳肃：《中国建筑艺术全集》第11卷《会馆建筑·祠堂建筑》第1页，中国建筑工业出版社2003年版。

3 冯骥才：《老会馆》第19页，人民美术出版社2003年版。

4 王日根：《中国会馆史》第442页，中国出版集团东方出版中心2007年版。

5《建创沪南果桔三山会馆碑》，上海博物馆图书资料室编《上海碑刻资料选辑》第359页，上海人民出版社1980年版。

是集聚会、议事、参与地方管理、祭祀、教育、慈善以及娱乐为一体的综合体。会馆有着一套管理班子，有相应的执事人员和规章制度，以维持会馆本身以及与之有关的各种活动的正常运转与开展，曾经对当地的政治、经济、文化生活发挥过一定的作用和影响。

会馆之名最初见于明代。

明万历沈德符《万历野获编》卷二十四《畿辅·会馆》载：

京师五方所聚，其乡各有会馆，为初至居停，相沿甚便。

明崇祯刘侗、于奕正《帝京景物略》卷一《文丞相祠》记：

今顺天府学，因宋文丞相义尽之柴市，祠丞相学宫中，曰“教忠坊”。丞相，庐陵人。庐陵人祠丞相学宫外，曰“怀忠会馆”。教忠，长上志；怀忠，臣子志也。

至于会馆产生的原因，刘侗、于奕正《帝京景物略》卷四《嵇山会馆唐大士像》认为：

尝考会馆之设于都中，古未有也，始嘉、隆间。盖都中流寓十土著，游闲屣士绅，爰隶城坊而五之，台五差，卫五缉，兵马五司，所听治详焉。惟是四方日至，不可以户编而数凡之也。用建会馆，士绅是主，凡入出都门者，藉有稽，游有业，困有归也。不至作奸，作奸未形，责让先及。不至抵罪，抵于罪，则藉得之耳，无迟于捕。会馆且遍，古法浸失，半据于胥吏游闲，三奸萃焉……继自今，内城馆者，绅是主，外城馆者，公车岁贡士是寓。其各申饬乡藉，以密五城之治，斯亦古者友宗主薮，两系邦国意欤？

刘侗、于奕正认为：一、会馆最初是由官绅建立的，“用建会馆，士绅是主”。二、会馆的建立是社会管理的需要，主要用于安置客居在外的流动人口：一方面，使客居的外地移民，“凡入出都门者，藉有稽，游有业，困有归也”；另一方面，维护社会治安，使客地的会员有所自律，“不至作奸”犯科，危害社会。三、北京内城会馆主要为官绅提供聚集之地，而外城会馆主要为科举考试的士子提供居住的地方。

刘侗、于奕正是明崇祯时人，距明嘉靖、隆庆时间不长，应对嘉、隆之会馆有所了解。这是记载会馆的较早史料之一，可信程度较高。

因此，不少学者认为，“会馆”之名最早见于明代。实际上，追根溯源，汉代就已出现具有“会馆”萌芽意义的建筑，当时的京城长安已经有了外地同郡人的邸舍。唐宋时期，南宋杭州也有专为外郡同乡人谋利益的场所，京城还有专为各省、州、府官绅来京居住以及赴京参加考试的学子居住之用的馆舍。而具有真正意义的会馆，出现于明永乐时期。

民国《芜湖县志》卷十三《建置志·会馆》记载：

京都芜湖会馆，在前门外长巷上三条胡同。明永乐间，邑人俞谟捐资购屋数椽并基地一块创建。

嘉庆《芜湖县志》卷十二《人物志·宦绩》、民国《芜湖县志》卷四十八《人物志·宦绩》都载：

俞谟，字克端，永乐元年选贡，任南京户部主政转北京工部主事。在京师前门外置旅舍数椽并基地一块，买自路姓者，归里时付同邑京官晋俭等，为芜湖会馆。正统间，路姓后人构讼争地，谟子日升持契入质，断归芜湖会馆。至今公车谒选，胥攸赖焉。

明永乐年间，俞谟购买了路姓人家在京师前门外旅舍数椽并基地一块。当年，俞谟就与路氏签署了一份地契。辞官归里时，俞谟虽将这块地产无偿交付给同邑京官晋俭等人作为芜湖会馆，但却未忘记把当年的购买契约带回家乡芜湖。正是凭着这份保存完好的合同，俞谟之子俞日升在与路姓后人“构讼争地”的官司中占了上风，芜湖会馆赢得了产权。

乾隆《浮梁县志》卷二《建置·会馆》有载：

京都会馆二所，在北京正阳门外东河沿街，背南面北。其一在右，明永乐间邑人吏员金宗舜鼎建，曰“浮梁会馆”，自门至后堂凡三层，东西皆有厢房，为地深七丈一尺，北阔三丈二尺，南阔五丈二尺强。其一在左，嘉靖时国子司叶金达增建，至今谓之“新会馆”，其地深五丈六尺，阔四丈一尺。

清同治七年（1868）《重修广东旧义园记》也记：

京师广渠门内卧佛寺迤东，粤东旧义园在焉。岁久，园无隙地，复购新义园，故此园以旧称。园故明时会馆，永乐间，王大宗伯忠铭、黎铨部岱与杨版曹胪山所倡建，颜其堂曰“嘉会”。厥后，会馆改建于达摩厂，此地以距内城远，朝谒弗便，遂弃置。天启四年，郭太仆噩吾、原中翰清流等修复之，以为义园。国朝康熙间重加葺治，梁庶常药亭更书堂额曰“惟敬”。乾嘉以后，屡废屡兴。同治癸亥秋，今司农罗公惇衍、奉天承兼学使王公映斗同直省馆事，偕往围视。垣墉榱桷，大半倾颓，冢陷碑欹，和见骨露，恻然不忍坐视。还谂同人，佥曰：“宜修复”。[1]

1 叶恭绰、张次溪：《北京岭南文物志》第27—28页，1954年。

此碑记有几个时间节点：

一是此处作为会馆始于明永乐年间，二是明天启四年（1624）辟为会馆义地，三是清康熙年间重修，四是清乾嘉之后屡废屡兴、多次修复。

大多数研究者认为，建于明永乐年间的芜湖会馆、浮梁会馆、广东会馆，是目前所知最早的会馆。

会馆自明代初期出现，明嘉靖、万历时期开始形成。至清嘉庆、道光时期，会馆如雨后春笋，层出不穷，星罗棋布，呈现出数量、分布、规模等方面的繁荣景象。清代后期，由于外国资本主义势力的入侵以及近代商会组织的孕育，移民之间的经济文化交流日益增多，乡土观念逐渐减弱，移民会馆的传统乡土情谊维系功能开始淡化，同业商人组织的重要性开始超过地域同乡商人组织，而更加注重同业关系的建立。随着商业的发展，经济利益的追逐日益冲破乡党的情谊藩篱，会馆开始蜕变。民国时期，会馆进入衰落阶段，运转经费困难，建筑年久失修，固有功能丧失，董事制度难以推行，会馆的辉煌时代已经过去，会馆这一历史存在慢慢地退出了历史舞台。

会馆是明清时期商品经济发展的产物，是流寓商人利益互补、社会整合、制度创新的成果。商业会馆的出现，综合起来主要有以下几点原因：

一是流寓商人大量增加。明清时期商品经济的发展，商品交换形式的转换，沟通全国水陆交通网络的初步形成，促进了迁徙流寓人口的大量增加，形成了商人区域流动的经济浪潮。如何加强对流寓商民的管理，是社会发展提出的新问题。尽管明清政府试图通过“占籍”制度对流寓商人进行身份认定，但仍不能很好地使他们从社会行为和心理认同上融入客地生活，以消除漂泊异乡的感觉。为此，需要有一个社会组织来整合流寓商人的事务管理。商业会馆正是适用这一需要应运而生的。

二是市场竞争更加激烈。“明清之际商品经济发展，市场竞争进一步加剧，商人为利润所驱使，常会行为扭曲，唯利是图，使市场行为失范，市场运作失衡。”[1]各商帮之间的无序竞争，使得商贸领域出现了一系列新问题，如本地商帮与客帮之间、客帮与客帮之间以及本帮、客帮内部各不同商家之间的矛盾。而明清政府对市场的具体运作等社会经济活动，历来采取不过多干预、悉听民便的自由放任态度，这就使得商品经济发展过程中出现的一系列问题得不到有效解决，迫使商人们不得不依靠自身力量，以地域为中心，以血缘、乡谊关系为纽带，以互助互济为宗旨，自发成立自治团体，自聚资金，自立会馆，自订规约，自我管理，自我约束和保护，协调相关利益关系，裁决商业纠纷，制止不正当竞争行为，以维护正当的市场秩序，保护商业活动的正常开展。对外，则代表本籍本帮商人的利益，通过会馆与其他商帮或者土著进行调节斡旋，形成和谐的

1 乔丽：《再论明清工商会馆产生的原因——以山陕会馆为例》，《科教文汇》第143页，2008年第1期。

外部关系，为身处客地的本籍商人创造良好的营商环境。

三是社会风气逐步转变。明清之际，经商已开始不再是一种为人所轻视的职业，“四民异业而同道”[1]，“工固圣王之所欲来，商又使其愿出于途者，盖皆本也”[2]的思想，体现了“工商皆本”的主张，日益为社会所接受，认为工商所营，有利于国计民生，与农桑同为生民之本，“弃农从贾”乃至“弃儒从商”“士商渗透”之现象越来越习见，传统的重义轻利的“义利观”发生了很大变化，出现了“士好言利”的社会风气。社会经济较之前代有了长足发展，商品流通规模，市场发育程度，以及商人资本的实力，都有了很大提高。商人与士大夫的关系开始密切，商人阶层形成了明确的自我意识，出现了自己的意识形态和政治诉求。明清时期大量区域性商人集团——商帮的出现，更成为社会不可忽视的一个群体力量。各商帮凭借自己雄厚的经济实力，集资修建恢宏壮丽的会馆，作为资本的炫耀，以赢得社会和政治地位。

四是地域观念深入人心。“古者百里而异习，千里而殊俗。”[3]“百里不同风，千里不同俗。”[4]地域性是会馆最基本的特征。最初的会馆，主要是为外籍乡人客居异地提供的聚会场所。民间商人讲究亲缘、地缘、神缘、业缘与物缘，自古就有合伙经商的传统，呼朋唤友，意气相投，共同的生活习惯，共同的言语情感，共同的历史传承，形成比较稳定的经济联盟。明清之际，自然条件恶劣，交通不便，信息闭塞，流寓商人背井离乡、浪迹天涯，风俗不同、语言不通，以“客”的身份寄居他乡，饱尝思乡之苦，多有“同在异乡为异客”的孤独，渴望以乡音叙乡情，抒发对离散家园的深切怀念，满足根深蒂固的乡土情结，排遣挥之不去的浓郁乡愁。因此，迫切需要建立一个会馆这样的公共场所，营造故乡氛围，张扬故土文化，突出家乡历史和文明在异地的个性特色，使之成为“客乡家园”。

五是土客矛盾难以协调。由于文化差异、土地资源、经济利益等方面的原因，移民与土著之间不免产生摩擦与碰撞。“流民垦荒，必与土著之民错壤而处，土著者，狭有余之势、以虐使流民，流民怀攘利之心、以阴伺土著。其弊也，弱者屈伏而受其害，强者忿起而与为难，流民不安，土著亦不安。”[5]随着土客隔阂的加深、矛盾的渐趋激烈，最终引发成冲突、激化为争斗。

民国《醴陵县志》记载：

> 元明之际，土著存者仅十八户。湘赣接壤，故是时迁入者，以赣西、赣

1 王阳明：《节庵方公墓表》，《王阳明全集》卷二十五。

2 黄宗羲：《明夷待访录·财计三》。

3《晏子春秋·内篇·问上》。

4 应劭：《风俗通义·序》。

5 黄辅辰编著，马宗申校释：《营田辑要校释·内篇下·土客不安之弊》，农业出版社 1984 年版。

南一带之人为多。明末清初，重罹浩劫，土旷人稀，播迁远来者，则什九为闽粤两省汀江、东江流域之人。……而赣人习商，后先以贸易至县，因而置产成家者亦不少。遂大别为建帮、广帮、西帮，皆有会馆，以著其原籍。其来自前明者，至是转为土著。二百年来，本籍、客籍，治事常多隔阂。[1]

《攸县志（1871—1949）》中的《“西帮”药铺堂规店俗杂记》一文记载，明清时期，迁居攸县的江西药商所经营的西帮会馆设在万寿宫内。相传建宫时，本地豪霸故意刁难，不准扩大地基，江西人即从塘中筑堤下基；但在填土成坪时，豪绅们又扬言，不准在附近取土。西帮人一气之下，连夜用船从茶陵运来一船船的块煤，从塘底填高两丈，高于地平，再下基建宫。[2]这种地理、文化上的少数派地位使得外籍商人日益边缘化，而社会的边缘化地位又反而促进了他们相互认知和认同，促成了他们共同身份的凸现。于是，同籍商人有钱出钱、有力出力，通过在客地修建富有故乡文化特色的会馆，展示本土文化，并将同籍商人紧紧团结在一起，使得单独的个体转化为联合的群体。反过来，流寓客地的商人也正是通过加入富有家乡文化特色的会馆，“联乡情于异地”，联络乡情，寄托乡思，获得情感上的慰藉和心理上的满足。“无疑，归属感的需要是明清商业会馆建立的心理动因。”[3]

当然，用历史的眼光看去，土客隔阂，土客之争，土客冲突，土客械斗，只是一种短暂的现象，交流和融合乃是一般趋势。

六是同乡服务亟待拓展。明清会馆的功能和作用是多方面的，但其成立的初心是以善相聚、扶贫济困、服务同乡。会馆首先为流寓异地同籍商人提供容身之所而修建。明人沈德符即言：“京师五方所聚，其乡各有会馆，为初至居停，相沿甚便。”[4]民国三年（1914）《重修浮山会馆碑》也说：“京师为人文荟萃之地，商贾辐辏之区。不设公所，则观光贸易者，行旅甫至，不免有宿栈假馆之繁。即仕宦坐商，欲会同而联乡谊，亦未免参商卯酉矣，此会馆之设所由来也。”[5]出门在外，不远万里，浪迹天涯，实属不易。民国时，洪江商会会长吴克成道出了商人的艰辛和坎坷：“昔吾江苏人因采办洪油、木材，历万险而入湘，以供应江南北之需要。方斯时，交通梗塞，一叶孤舟，溯江汉，跨洞庭，渡青狼，涉黄狮。主仆三数人，纹银十百坛，舟行四五月，较之今日，其难易为何如哉！”[6]因此，商人们迫切需要抱团取暖、积聚力量、共渡难关。特别是对初

1 民国《醴陵县志·氏族志》。
2 湖南省攸县地方志编纂委员会编：《攸县志（1871—1949）》第350页，株新出准字（2002）第062号。
3 张明富：《试论明清商业会馆出现的原因》，《东北师大学报》第45页，1997年第1期。
4 沈德符：《万历野获编》卷二十四《畿辅·会馆》。
5《重修浮山会馆碑》，李华编《明清以来北京工商会馆碑刻选编》第101页，文物出版社1980年版。
6 吴克成：《江苏人与洪江之历史》第8页，《苏讯月刊》，1945年第五十七、五十八期合刊。

到异地、举目无亲的家境贫寒者来说，会馆提供廉价或者免费食宿，不至于流离失所、风餐露宿。由闽商共同出资、始建于清顺治十八年（1661）的湘潭福建会馆，就是在湘闽籍人士龙处等人，买徽人程君选等所卖十八总庵场地基所建。当时龙处等人买地是为了建立宾馆，让闽籍人士聚居于此。除本身房产之外，会馆还通过购买铺面及田产作为附产，收取租金、租谷作为日常开支之用，例如创办育婴堂、建立义塾义学、办理同乡殡葬、补助同乡还乡路费、救济贫苦同乡生活等等。会馆精神上的安抚、生活上的帮助、情感上的沟通，增强了商人之间的牵引力和向心力。

综上所述，流寓商人的增加，市场竞争的加剧，社会风气的转变，地域观念的影响，土客矛盾的激发，服务同乡的需求，使得旅外商人迫切需要建立一个同乡集聚之所和保障自身安全的组织。特别是，随着流寓商民的增多，明清政府所采取的“占籍”制度，“以占籍附流民”[1]，“凡客民在内地贸易，或置有产业者，与土著一律顺编”[2]，对流寓商人进行身份认定，取得客地户籍，成为合法住户，让“客人”变为“主人”，从经济、社会和心理等方面融入客地生活，但效果并不明显，建立同籍商业会馆的呼声日益高涨。“由此可见，明清时代商品经济发展所带来的一系列社会变化，都需要有一个社会组织对其进行整合，以保证社会正常的经济秩序，促进商品经济的发展。工商会馆正是适应这一需要而大规模登上历史舞台的。”[3]因此，会馆既是以地域乡缘关系为纽带的经济集体，又是同籍商人自发设立的自治团体，同时也是对流寓商人进行自我管理的同乡群体。

明清时期，随着经济的发展，商业会馆普遍出现于全国各地。会馆名称亦多以宫、殿命名，如万寿宫、天后宫、关圣宫、忠烈宫、太平宫、福主宫、五福宫、寿佛宫、广济宫、帝王宫、新安宫、伏波宫、药王宫、轩辕殿、鲁班殿等等。会馆还为外地行商提供食宿方便，具有旅馆性质，多设有客厅、厨房，有的会馆称为宾馆，即是此意。根据商帮经济实力，会馆大小不一，但一般都拥有多进院落，建有宫殿和戏台，附有花园和游廊，有的有店铺、学校、义山，有的还有育婴堂、长生局、水龙会，都具有一定规模。

历史上，商业会馆创造了彪炳史册的人间奇迹、谱写了建功立业的辉煌篇章。然而，进入民国以后，会馆向两个方向转化，地缘性为主者改组成同乡会，而业缘性为主者则改组成同业公会。一般来说，民国以前的会馆是有经费保障的，有的经费还非常充裕。进入民国后，由于政局动荡不安，许多会馆缺乏经济来源，运营陷入困境、难以为继，房屋年久失修、破损严重。20世纪50年代后，会馆作为一种制度在中国大陆已经消失。会馆衰落的外在缘由有很多，不同的地方影响会馆的因素又有着各种差异，归纳

1《明史》卷七十二《职官》。

2《清史稿·志一百二·食货一》。

3 乔丽：《再论明清工商会馆产生的原因——以山陕会馆为例》，《科教文汇》第143页，2008年第1期。

起来主要有：社会工业化的到来，使会馆组织日益丧失了存在的经济基础，新的工商同业组织的出现，加速了会馆的消亡；社会民主化进程的推进，使会馆的社会功能逐步丧失，会馆沦落为一般的慈善机构，一批新的社会组织应时而生。可见，尽管在历史长河中，商业会馆也都曾经扮演过重要的角色、演绎过诸多的精彩，但是随着时代的变革，会馆已不再适应社会经济形势的发展而被淘汰，并慢慢淡出人们的视野，退出了历史的舞台。

湖南最早的商业会馆，由于资料匮乏，暂时没有确切结论。不过，可以肯定的是，随着商品经济的发展，水陆交通便利、自然资源丰富的三湘四水，商业会馆的出现应该不会晚于明代中晚期。杨慎初认为："会馆……在湖南兴起于商业和手工业比较发达的明代中叶。芷江的天后宫即由福建人创于明代。"[1] 长沙江西会馆、醴陵江西会馆、洪江江西会馆、芷江江西会馆、望城乔口福建会馆、益阳江神会馆均建于明代晚期，桑植南岔江西会馆建于明万历年间，衡阳老江西会馆建于明崇祯五年（1632）。

光绪《善化县志》卷三十《祠庙・会馆》描述了江西会馆从明末"毁于兵"到清嘉庆、道光时候"广袤百余丈，高峙省垣，收衡岳湘江之胜"的过程。

而洪江，从明末清初到民国末年300多年里，全国共有10省20府80余县，相继在这里建立会馆。

洪江最早的会馆应为江西会馆，建于明朝末年。据《洪江万寿宫记》载："吾乡万寿宫，立有年矣……前明故宫，侧于巷隅，庭庑下陋，上雨旁风，无所盖障，祀事粗具，而礼莫克终，兵燹之余，吾乡父老亦罕有能道其盛者。逮我朝圣业宏开，百废具举，凡在祀典者，虽里曲之间，罔不肇修。时我邦人，贸迁于洪者，咸曰故宫虽在，旧址仍芜，不为更新，而享祀之仪，毋乃有阙。康熙初，因佥谋移于江之上游，得贺氏业而售之。"[2] 江西会馆于清康熙十五年（1676）从洪盛码头移建于大河边桅杆坪。[3]

其后兴建的是黄州会馆，创馆于清康熙四年（1665），位于大河边。[4]

其三是七属会馆。据《关圣宫纪略》载："前明永历时创庙奉祀。驿站乃康熙八年裁革，差务不知，犹然因公滋扰。土著士民于十年五月十三闹龙舟，接河东关帝圣像镇住，故名关圣宫。"[5]

其四是徽州会馆，创建于清康熙二十年（1681），位于司门口正街。[6]

随着会馆的陆续兴建，洪江开始迈向商业繁盛时期。清康熙二十六年（1687），会

1 杨慎初：《湖南传统建筑》第144页，湖南教育出版社1993年版。
2 光绪《洪江育婴小识》卷四《识宛委・洪江万寿宫记》。
3 光绪《洪江育婴小识》卷一《识十馆》。
4 光绪《洪江育婴小识》卷一《识十馆》、卷四《识宛委・黄州福主宫碑记》。
5 光绪《会同县志》卷十二《艺文・关圣宫纪略》。
6 光绪《洪江育婴小识》卷一《识十馆》。

同县若水巡检司移驻洪江，清乾隆十六年（1751）若水巡检司改名为洪江巡检司。清康熙二十六年（1687），一位名王炯的外乡文人途径洪江时，就被这里的繁华所震撼，他在《滇行日记》里，用“商贾骈集，货财辐辏，万屋鳞次，帆樯云聚”来描述这个地处偏远湘西的“边城”印象。

湖南商业会馆在明代出现之后，清康熙至嘉庆、道光时期兴盛发展，普遍出现于交通较为发达的中心城镇。长沙作为政治经济文化中心，更是会馆林立。据光绪《善化县志》记载，清代各地商旅在长沙兴建的会馆多达十几处，如山陕会馆、苏州会馆、中州会馆、粤东会馆、湖北会馆、云贵会馆、穗都宾馆、江西会馆、福建会馆等等，另外还有一些行业性会馆，如雷祖殿、药王殿、孙祖殿、轩辕殿等等。[1]

由于商人的籍贯，或商人所处地域，或商人祭祀的对象以及传统习惯的不同，湖南商业会馆往往又称之为宫，“宫对神称，馆以人言”[2]，如江西会馆又称“万寿宫”，徽州会馆又称“新安宫”，福建会馆又称“天后宫”，黄州会馆又称“帝主宫”，宝庆会馆又称“太平宫”，辰沅（辰州及沅州两府）会馆又称“伏波宫”，七属会馆又称“关圣宫”，贵州会馆又称“忠烈宫”，衡州会馆又称“寿福宫”，湘乡会馆又称“广济宫”，长沙会馆又称“南岳宫”，永州会馆又称“濂溪祠”，湖广会馆又称“禹王宫”，山陕会馆又称“忠义宫”，广东会馆又称“南华宫”，江南会馆又称“准提庵”。

洪江十大会馆宫名

会馆	宫名
江西会馆	万寿宫
徽州会馆	新安宫
福建会馆	天后宫
黄州会馆	帝主宫
宝庆会馆	太平宫
辰沅会馆	伏波宫
七属会馆	关圣宫
贵州会馆	忠烈宫
衡州会馆	寿福宫
湘乡会馆	广济宫

1 光绪《善化县志》卷三十《祠庙·会馆》。

2 何字恕纂辑：《湘潭闽馆类成堂集》卷三《馆堂记》，道光十五年刊。

第二节　湖南商业会馆的分布

何炳棣先生在《中国会馆史论》中，对湖南22个州县的会馆做了统计，共得会馆71所。列表如下：

地区	会馆数量	会馆名称及创建者
长沙	1	福建会馆
武陵	17	江西会馆、江南会馆、徽州会馆、广东会馆、福建会馆、山陕会馆、湖北会馆、河南会馆、长沙会馆、辰沅会馆、衡永会馆、宝庆会馆、靖州会馆、黔阳会馆、麻阳会馆、宿松会馆（安徽）、庆元会馆（浙江处州）
岳州	1	江西会馆
湘阴	3	万寿宫、天后宫、苏州会馆
湘潭	6	万寿宫（江西会馆）、临丰（江西之临江与丰城）宾馆、袁州宾馆、禾川（江西永新）宾馆、昭武（抚州）宾馆、黄州公所
衡阳	3	山陕会馆、中州会馆、江南会馆
醴陵	2	天后宫（福建会馆）、南华宫（粤东会馆）
汝城	1	福建会馆
祁阳	2	天后庙、万寿宫
宁远	3	天后宫（福建省客民于清乾隆三十二年买地建立）、三元宫（零陵、祁阳、东安商民公建）、南岳行宫（衡州商民公建）
江华	2	万寿宫、豫章宾馆
邵阳	3	江西会馆、福建会馆、山陕会馆
武冈	3	天后宫、江西公馆、上湘公馆（湖南北半部郡邑）
城步	1	江西公馆
靖州	3	福建乡祠、永州乡祠、江西乡祠

续表

地区	会馆数量	会馆名称及创建者
会同	5	忠烈堂（黔省会馆）、湖州会馆、苏州会馆、辰沅会馆、渠阳会馆（直隶州州城靖州）
芷江	2	许真君庙（祀晋旌阳令许逊，明建，为江西客民崇祀）、天后宫（清乾隆十三年福建客民建）
溆浦	6	万寿宫（江西各府商民共建）、仁寿宫（临江一府商民所建）、南昌馆、抚州馆、天后宫（福建客商所建）、龙城馆（湘乡一县商民所建）
桃源	2	万寿宫、天后宫
石门	2	万寿宫（江右会馆）、万寿观（江西抚州会馆）
桑植	1	江西会馆（祀许旌阳真君，江西人建）、关圣大帝庙（宝庆府人建）
龙山	2	万寿宫（祀许旌阳真君，江西人建）、关圣大帝庙（宝庆府人建）

中国会馆志编纂委员会编《中国会馆志》，对湖南的42个州县会馆进行了统计，得出湖南共有会馆178所：其中江西81所，占45.5%；两湖26所，占14.6%；苏浙皖19所，占10.7%；广东11所，占6.2%；福建31所，占17.4%；此外，贵州2所，河南3所，山陕5所。列表如下：

地区	江西					苏浙皖	江苏	浙江	安徽	河南	山陕	贵州	福建	广东	两湖							
	江西	抚州	临江	袁州	南昌										湖南	长沙	辰沅	靖州	宝庆	衡州	永州	黄州
岳阳	1												1									
湘阴	1						1				1		2									
常德	1		2				2	1	2	1				1		1	1	1	2	1		
龙阳	1												1	1								
桃源	1												1									
浏阳	1																					
石门	1	1																				
长沙	1												1									
湘乡	1																	1				

续表

地区	江西					苏浙皖	江苏	浙江	安徽	河南	山陕	贵州	福建	广东	两湖							
	江西	抚州	临江	袁州	南昌										湖南	长沙	辰沅	靖州	宝庆	衡州	永州	黄州
湘潭	2	1	1	1																		1
衡山	1																					
衡阳							1			1	1		1									
清泉	2		1										1									1
醴陵	17												7	4								
酃县	2							4					2	2								
汝城													1									
宁远													1							1	1	
祁阳	1												1									
江华	2																					
邵阳	1							1			1		1									
城步	1																					
武冈	1												1		1							
会同							1										1	1				
芷江	2																					
晃州	2														1							
靖州	1					1						1	1	1		1			1	1	1	
黔阳	1														1				1			
新化	1																					
溆浦	4	1	1		1			1					1			1						
凤凰厅	1																					
永绥厅	1																					
庐陵	1							1	1		1		1									

续表

地区	江西					苏浙皖	江苏	浙江	安徽	河南	山陕	贵州	福建	广东	两湖							
	江西	抚州	临江	袁州	南昌										湖南	长沙	辰沅	靖州	宝庆	衡州	永州	黄州
乾州	1																					
桑植	1																					
龙山	5														1	1	1		1			
澧州	1												1	1								
安福													1									
永定	2																					
保靖													1									
沅陵													1									
永顺	1												1									
善化	7						2			1	1	1	1	1								
合计	71	3	5	1	1	1	7	8	3	3	5	2	31	11	4	4	3	3	5	3	2	2

囿于历史条件，《中国会馆史论》《中国会馆志》对湖南商业会馆的统计尚不全面，还可以进一步补充完善。

几年以来，笔者利用业余时间对湖南商业会馆资料进行了搜集和整理。通过实地调查以及查阅湖南各地志书，发现明清至民国时期，湖南各州县都应该建有商业会馆，而且全省商业会馆数量远不止178所。现将目前所能收集到的湖南商业会馆列表如下。特别指出的是，由于时间和资料有限，所列会馆也只是我们暂时所能搜集，仅为历史上湖南商业会馆之部分。

湖南商业会馆一览表

地区	创建	数量	名称	建立情况	资料来源
长沙	江西	7	江西会馆	在十一铺铜铺街，始建于明代晚期至清嘉庆、道光年间，广袤百余丈，高峙省垣，收衡岳湘江之胜	光绪《善化县志》卷三十《祠庙·会馆》
			仁寿宫	为临江会馆，在十一铺黎家坡口，建于清咸丰七年（1857），前门黎家坡，后至樊西巷。董事陈仰顺倡修	光绪《善化县志》卷三十《祠庙·会馆》
			庐陵馆	为庐陵会馆，在十一铺乐心巷	光绪《善化县志》卷三十《祠庙·会馆》
			昭武馆	为昭武会馆，在十一铺路边井街	光绪《善化县志》卷三十《祠庙·会馆》
			安成馆	为安成会馆，在十一铺路边井街	光绪《善化县志》卷三十《祠庙·会馆》
			丰城馆	为丰城会馆，在轩辕巷	朱运鸿：《长沙的会馆与同乡会》，《长沙文史》第十二辑第99页，1992年7月
			石阳馆	为祭祀江西籍王安石、欧阳修而建，在十一铺铜铺街	光绪《善化县志》卷三十《祠庙·会馆》
	福建	1	福建会馆	在西十二铺新街口，福建乡祠	光绪《善化县志》卷三十《祠庙·会馆》
	四川	1	四川会馆	在东长街	邹欠白《长沙市指南》第六章《会所公馆》
	山西 陕西 甘肃	1	山陕甘会馆	在西十三铺坡子街清康熙三年（1664）始建，清乾隆五十九（1794）、道光二十五（1845）叠次重修	光绪《善化县志》卷三十《祠庙·会馆》；朱运鸿：《长沙的会馆与同乡会》，《长沙文史》第十二辑第99页，1992年7月
	江苏	2	苏州会馆	又名金庭会馆，在十铺福胜街，建于清康熙年间。坐东朝西，前抵官街，后抵盐厂庵，左抵朝阳巷，通前至后以自墙为界。左边一带铺面、房屋，均会馆墙基为界	光绪《善化县志》卷三十《祠庙·会馆》
			上元会馆	在十三铺坡子街，南京商人建	光绪《善化县志》卷三十《祠庙·会馆》

续表

地区	创建	数量	名称	建立情况	资料来源
长沙	河南	1	中州会馆	在十铺福胜街。坐东朝西，前抵官街，后抵沈姓房屋，南前抵王姓铺屋，后抵朝阳巷，北抵灵官庙蔡、周二公祠	光绪《善化县志》卷三十《祠庙·会馆》
	湖北	1	湖北会馆	在西十二铺东鱼塘街鄂省巷。建于清康熙三十三年（1694），价置王中臣房屋地基并鱼塘一区，前抵青石街后墙，后抵白马巷官街，东抵东庙，西抵西庙为界，并鱼塘别径巷道，沿塘左右一带房屋，均系会馆管业	光绪《善化县志》卷三十《祠庙·会馆》
	云南贵州	1	云贵会馆	又名滇黔会馆，在东十三铺西牌楼，旧系药王殿基，清同治四年（1865），经县立案给照接买，五年（1866），创建会馆。坐北朝南，前抵官街大道，后抵彭祠照墙，东抵刘姓墙界，西抵三泰街	光绪《善化县志》卷三十《祠庙·会馆》
	广东	2	穗都宾馆	在十一铺乐心巷	光绪《善化县志》卷三十《祠庙·会馆》
			粤东会馆	在东十三铺古三尊炮怡长街。坐北向南，一连三进，庙门前抵怡长官街，后抵会馆自墙，右抵已分铺屋，官街为界	光绪《善化县志》卷三十《祠庙·会馆》
	安徽	3	太平会馆	在十铺福胜街。清康熙三十二年（1693），买陈美生地基，起造江南宁国府太平县会馆。前抵大街，后抵胡家巷，坐西朝东，前门宽二丈六尺，后宽五丈、长一十三丈	光绪《善化县志》卷三十《祠庙·会馆》
			江南会馆	为江苏、安徽两省商人合建，在十铺太平街	光绪《善化县志》卷三十《祠庙·会馆》
			徽州会馆	又名新安会馆、徽国文公祠，祭祀朱熹，在十一铺东茅巷	光绪《善化县志》卷三十《祠庙·会馆》
	浙江	1	浙江会馆	在福星街	朱运鸿：《长沙的会馆与同乡会》，《长沙文史》第十二辑第99页，1992年7月
	宁波	1	宁波会馆	在刘家冲	刘晓华：《长沙宁波会馆概况》，《长沙郊区文史》第3辑第91—92页，1986年12月

续表

地区	创建	数量	名称	建立情况	资料来源
长沙	衡阳	1	南岳行宫	在十四铺小古道巷	光绪《善化县志》卷三十《祠庙·会馆》
	湘乡	1	湘乡会馆	在半湘街，清光绪三十年（1904）将湘乡试馆的一部分改为会馆	湘乡县志编纂委员会编：《湘乡县志》第660页，湖南出版社1993年版
	资兴	1	资兴会馆	在文运街	朱运鸿：《长沙的会馆与同乡会》，《长沙文史》第十二辑第99页，1992年7月
	邵阳	1	宝庆会馆	在黎家坡，自铺十间并基地	同治《城步县志》卷二《公署》
	鞋业	1	孙祖殿	在皇仓街，清康熙年间鞋店公建，清乾隆三十三年（1768）重修	光绪《善化县志》卷三十《祠庙》
	药业	1	药王殿	旧在西牌楼，清同治七年（1868）住持僧德泉出售，云贵客总改为会馆，具禀详准在案。该僧得价，自置上林寺侧基址，新建殿宇，外起公馆三栋、铺面三所，租供香火	光绪《善化县志》卷三十《祠庙》
	泥木石业	4	鲁班殿	一处在宝南街，始建于清乾隆五十五年（1790），长善木行、泥行各工匠捐资接买曹姓房屋园土；清乾隆五十六年（1791）修建庙宇；清道光三十年（1850）接买周九思房屋菜园；清同治二年（1863）接买陶荣华房屋。先后修造各神殿共三进。另外三处分别在东长街、轩辕殿侧、大西门孚嘉巷	同治《长沙县志》卷三十一《寺观》；光绪《善化县志》卷三十《祠庙》
	成衣业	1	轩辕殿	在藩城堤，殿基后抵大四方塘边大路，齐石砌起直至头门止。清乾隆十五年（1750）长沙成衣业所建，祀黄帝	同治《长沙县志》卷三十一《寺观》
	金银铜铁锡业	5	太清宫	分别位于东长街、藩城堤、朝阳巷、路边井、青石井。朝阳巷太清宫原为金银铜铁锡五行的公会	同治《长沙县志》卷三十一《寺观》；光绪《善化县志》卷三十《祠庙》

续表

地区	创建	数量	名称	建立情况	资料来源
望城	江西	2	江西会馆	一处位于靖港镇，为四进、五开间房屋，清光绪初年购置；一处位于望城区乔口镇，清乾隆十三年（1748），江西籍商人林、谢、敖三姓合建，坐北朝南，前后两进	靖港古镇开发有限公司：《中国历史文化名镇靖港》第38—40页，湖南地图出版社2009年版；湖南省望城县志编纂委员会编：《望城县志》第644页，生活·读书·新知三联书店1995年版
	福建	1	福建会馆	在乔口镇，始建于明代，坐北朝南，前后两进	彭开勋：《南楚诗纪》第165页，岳麓书社2011年版
	宁乡	2	宁乡会馆	位于靖港镇保健街，清咸丰十一年（1861）宁邑八埠捐建，又名八元堂、八音堂，为宁邑杨泗庙，砖木结构，占地面积1000多平方米。内设戏台	谢建辉主编：《留住历史的文脉》第97页，五洲传播出版社2004年版
			水神庙	位于靖港镇，距宁乡县治七十里，清同治五年（1866），宁乡县人杨文鹍、周培茂、杨鹏、周湘林合八埠船商行户等，奉长沙知府葆享令建立公栈并立庙祀水神。每年祭日申明规约。公置袁姓杨柳坪铺基及刘姓杨柳坪老岸创修庙宇六楹，又公置谭姓杨柳坪河岸地基修建码头	同治《宁乡县志》卷八《地里六·庙寺》；民国《宁乡县志》之《故事编·礼教录·风俗社祠下》
	新化 安化 益阳	1	新安益会馆	位于乔口镇雷家巷	湖南省望城县志编纂委员会编：《望城县志》第698页，生活·读书·新知三联书店1995年版
宁乡	江西	3	江西会馆	又名万寿宫，一在宁乡县城，清康熙三十一年（1692）江西南昌、临江、吉安、瑞州、抚州五府人，买萧忠芝房屋基地建。一在黄材下市，赣商公建	民国《宁乡县志》之《故事编·财用录·商业》；民国《宁乡县志》之《故事编·礼教录·风俗社祠下》
			南昌会馆	在北正街，清乾隆四十四年（1779）建，为南昌府人从江西会馆分出另建	民国《宁乡县志》之《故事编·财用录·商业》
	福建	1	福建会馆	又名天后宫、八闽馆。在东门外，闽商所立。清康熙时建天后像，以楠木为之。清光绪二十三年（1897）始援祀典，请知县主祭	民国《宁乡县志》之《故事编·礼教录·礼典秩祀上》；民国《宁乡县志》之《故事编·财用录·商业》

续表

地区	创建	数量	名称	建立情况	资料来源
宁乡	江苏	1	苏州会馆	在北正街小西门口转角处，创自清康熙三十七年（1698），原为江左书院，清光绪末改称苏州会馆	民国《宁乡县志》之《故事编·财用录·商业》
	铜业 伞业 木业 鞋业	1	华光殿	在大西街，清同治时钱宝成、宋玉泉等募建，为无祀者入主设祭所，又置公山在一都。铜业祀老君，伞业祀鲁云，木业祀鲁班，鞋业祀孙膑，均寄于此	民国《宁乡县志》之《故事编·礼教录·风俗社祠下》
	船户	5	杨泗庙	一在县西七十五里石龙潭岸，船户公建。一在县西百五里黄材沙坪铺，清咸丰时，宁乡、安化、益阳三县竹木商公买铺屋建。一在同一团，清同治三年（1864）浪丝埠铺子岭船帮建。一在县东北五十里朱良桥，清同治五年（1866）范守谦倡各船户建，并捐屋基四契。一在黄材上市，清同治七年（1868）何理堂倡捐，清同治十年（1871）建庙两栋，为鸾埠船户往来集合之地	同治《宁乡县志》卷八《地里六·庙寺》；民国《宁乡县志》之《故事编·礼教录·风俗社祠下》
浏阳	江西	7	江西会馆	又名许真君庙。浏阳江西会馆多达七处。东城外一，南城一，县东陈家坊一、高坪一、张家坊一，县西普迹市一、枨冲市一。南城会馆毁于火，清嘉庆二十一年（1816），江右商民谋就毁址重建，知县谢希闵谕止	同治《浏阳县志》卷十二《祀典四·祠庙》
	福建	1	福建会馆	天后宫，在西城外，清乾隆年间福建商民创建	同治《浏阳县志》卷十二《祀典四·祠庙》
株洲	泥木业	1	鲁班殿	在株洲市芦淞区南湖塘社区资福里组，始建于南朝梁武帝时期。现存遗址为清末民初建筑	佘意明：《株洲文明史略》第243页，岳麓书社2015年版
攸县	江西	2	江西会馆	一处位于北城，清康熙四十六年（1707），江西客商公建。后由僧简臣募修。清乾隆三年（1738），由僧愚可复修。一处在民都新市，江西铺商会馆，安福彭诗观、陈以政、刘日庄，清江陈永锡，太和王顺武等接董姓基地倡建	同治《攸县志》卷一十七《祠庙》、卷二十七《寺观》

续表

地区	创建	数量	名称	建立情况	资料来源
攸县	福建	1	福建会馆	又名天妃宫，位于北城内，天符庙右。清嘉庆二十一年（1816），首事朱嵩华、彭家琳、胡自雍、陈文蔚、陈大雅、邓德骥、文舒学、陈大超、刘增璋、胡自慎、陈文藻、欧阳金珊、胡自标、胡宗湛、刘龄枝、欧阳金瑛、李家驹等募建	同治《攸县志》卷一十七《祠庙》
	衡阳衡山	1	衡阳会馆	又名南华宫，经营南杂、家具、肉食	攸县志编纂委员会编：《攸县志》第503页，中国文史出版社1990年版
	醴陵、浏阳等九县	1	九邑会馆	又名同仁宫，由醴陵、浏阳、宁乡、长沙、善化、益阳、湘乡、湘潭、湘阴九县组成，经营粮食、鞭炮、皮革、雨伞、炼铁、造纸等	攸县志编纂委员会编：《攸县志》第503页，中国文史出版社1990年版
	广东	1	广东会馆	又名越秀宫，经营绸布、百货	攸县志编纂委员会编：《攸县志》第503页，中国文史出版社1990年版
茶陵	江西	1	江西会馆	位于城外七总街（今洣水街），江西商民建	湖南省茶陵县地方志编纂委员会编：《茶陵县志》第676页，中国文史出版社1993年版
	福建	1	福建会馆	位于二总纱帽街（今城关镇人民街卫生路），福建商民建	湖南省茶陵县地方志编纂委员会编：《茶陵县志》第676页，中国文史出版社1993年版
	衡郡六县	1	衡郡会馆	又名衡州公馆，位于城外七总街（今洣水街），衡郡六县衡阳、衡山、耒阳、常宁、零陵、清泉商民共建	湖南省茶陵县地方志编纂委员会编：《茶陵县志》第676页，中国文史出版社1993年版
炎陵	江西	2	江西会馆	一处在南城内，一处在东乡十二都沔渡。清乾隆年间尹畴五、刘奎伍倡建；清嘉庆十三年（1808）周先扬、曾兴泰等同修；清道光十六年（1836）尹执中、王成仁、刘春魁重修	同治《酃县志》卷五《营建·祠庙》
	福建	2	福建会馆	一处在南城外，一处在东乡十一都沔渡，清咸丰元年（1851）邑令邱华东倡建	同治《酃县志》卷五《营建·祠庙》

续表

地区	创建	数量	名称	建立情况	资料来源
炎陵	广东	2	广东会馆	又名南华宫。一处在西城外，创建何年未详，清同治十一年（1872）邑绅朱瑛、张源泉、吴应亮、罗国谟、邹兰佩等倡捐重修。一处在东乡十一都沔渡，清道光三十年（1850）刘永贵、朱鉴辉、叶崇寿倡建	同治《酃县志》卷五《营建·祠庙》
醴陵	江西	17	江西会馆	豫章会馆，一名万寿宫，在西后街，明代西帮创建，清乾隆年间重修，清光绪元年（1875）复修。内祀许真人逊。在治东官寮、白市、普市、王仙、枧市，治南美田桥、泗汾、豆田，治西神福市、攸坞、石亭、昭陵，治北东冲铺、板杉铺、花草桥、渌口，皆有创建	民国《醴陵县志·建置志·公所》
	福建	7	福建会馆	一名天后宫，在汤家巷北，清道光二十九年（1849）闽帮创建，民国十四年（1925）后重修，祀天后。治东白市、普市、王仙、枧市，治西神福市，治北渌口市，皆有创建	同治《醴陵县志》卷二《建置志·宫》；民国《醴陵县志·建置志·公所》
	广东	4	广东会馆	又名南华宫，在东城隍庙左，一说在育婴街，建于清乾隆中叶，粤帮创建，嘉、道、咸、同间赓续缮修。在王仙、枧市、泗汾也建有广东会馆	同治《醴陵县志》卷二《建置志·宫》；民国《醴陵县志·建置志·公所》
		1	湘安会馆	治北渌口市，清光绪五年（1879）创建	民国《醴陵县志·建置志·公所》
湘潭	山西 山东 河南 陕西 甘肃	1	北五省会馆	建于清康熙年间，又名关帝庙、新关圣殿，在十一总，有民屯田百卅四亩、水塘九口、菜园两所	光绪《湘潭县志》卷七《礼典·群祀表》；湖南省文物局编：《湖南文化遗产图典》第156页，岳麓书社2008年版
	江苏	4	金庭别业	又名全真宫、苏州公所，在瞻岳门外	光绪《湘潭县志》卷七《礼典·群祀表》
			雨花别业	又名准提庵、江宁公所，在烟柳堤，有田五十三亩余	光绪《湘潭县志》卷七《礼典·群祀表》
			金庭会馆	又名三官殿，在十六总三元街，有田七十六亩余	光绪《湘潭县志》卷七《礼典·群祀表》

续表

地区	创建	数量	名称	建立情况	资料来源
湘潭	江苏	4	江南宾馆	又名圆通庵，在十八总后	光绪《湘潭县志》卷七《礼典·群祀表》
	江西	17	江西会馆	在十总，宋宣和间以旌阳观为万寿宫，清顺治七年（1650）江西客商建。清乾隆时，杨锡绂、彭元瑞有记。殿堂馆园最为宽壮，修饰则用十万金。南城检讨连培基为之记	光绪《湘潭县志》卷七《礼典·群祀表》
			江西会馆	在湘潭县花石镇正街，建于清嘉庆二十年（1815），正殿一间，东西厢房两间，后厅一间	何立勋：《花石“江西会馆”》，《湘潭县文史》第四辑，1989年1月。
			昭武宾馆	在十总，抚州公所	光绪《湘潭县志》卷七《礼典·群祀表》
			临丰宾馆	在十一总，临江丰城县公所	光绪《湘潭县志》卷七《礼典·群祀表》
			安城宾馆	在菉竹街，安福县公所。阮文藻记云“湘潭四达地信，宿或不能得旅馆，往往寄人庑下，车马填隘巷，仆从骈床榻，笥箧囊橐杂，揉尘土煤炱，谋一席之地，置铅椠不可得”等。其言独切于县城、市间旅客情事	光绪《湘潭县志》卷七《礼典·群祀表》
			石阳宾馆	在十五总后街，庐陵县公所也，清乾隆中刘智贤倡捐千金，众助数千金成之。清光绪六年（1880）更拓新基作培兰轩，连培基为之记。又有石阳山庄，在万寿宫后；又有别墅，在六一庵后	光绪《湘潭县志》卷七《礼典·群祀表》
			袁州宾馆	在梧桐街，袁州公所	光绪《湘潭县志》卷七《礼典·群祀表》
			禾川宾馆	在梧桐街，永新公所	光绪《湘潭县志》卷七《礼典·群祀表》
			琴川宾馆	在十六总后街，莲花厅公所	光绪《湘潭县志》卷七《礼典·群祀表》
			西昌宾馆	在琴水馆旁，太和公所，刘宗缙有记	光绪《湘潭县志》卷七《礼典·群祀表》

续表

地区	创建	数量	名称	建立情况	资料来源
湘潭	江西	17	仁寿宫	在上十八总，又名江神祠，临江府公所。曹启华记云：“萧公水神，明封英佑侯，乾隆二年加‘仁寿’二字。”馆门为临江码头	光绪《湘潭县志》卷七《礼典·群祀表》
			六一庵	在十六总	光绪《湘潭县志》卷七《礼典·群祀表》
			普度庵	江西省公所	光绪《湘潭县志》卷七《礼典·群祀表》
			财神殿	在黄龙巷，江西广货行公所，十八总公裕堂公宇，亦名财神殿。有铺屋二所，为本街公所	光绪《湘潭县志》卷七《礼典·群祀表》
			天妃宫	有三处。一处在文华庵，又曰麟凤阁。十六都有普度祠，田五十八亩余，以祀天妃。下五都有普度庵。江西商客建	光绪《湘潭县志》卷七《礼典·群祀表》
	福建	1	福建会馆	又曰建福寺，在湘潭十八总，分六堂，合田四百三十六亩余，福建公所，官祀天后于此，有园池馆宇，工作甚丽	光绪《湘潭县志》卷七《礼典·群祀表》
	广东	1	岭南会馆	又名广东公所，在十二总，有码头，有铺屋二十余间，有义山二所，田四亩在下五都	光绪《湘潭县志》卷七《礼典·群祀表》
	广西	1	水来寺	在十九总，谢济世题曰“溯源”。以湘水源自广西，故广西公所谓之“水来”。清乾隆初建，清光绪时募捐重修，有铺屋及地基	光绪《湘潭县志》卷七《礼典·群祀表》
	湖北	2	黄州公宇	在十五总后，房屋五十所，外孙家亭六，文家围、王家大屋、馆后菜园各一，万福街地基五	光绪《湘潭县志》卷七《礼典·群祀表》
			晴川公宇	在十七总河街，汉阳沌口盐商公所	光绪《湘潭县志》卷七《礼典·群祀表》
	永州	1	永州会馆	濂溪祠，在十总，有亭池	光绪《湘潭县志》卷七《礼典·群祀表》
	郴州	1	寿佛殿	在十总河街，有铺屋三所，内一所为烟商公所，曰和顺堂	光绪《湘潭县志》卷七《礼典·群祀表》
	衡州	1	南岳行宫	在十六总后街，衡州会馆，本安仁谢、贺等姓募建，后由衡州客商经理	光绪《湘潭县志》卷七《礼典·群祀表》

续表

地区	创建	数量	名称	建立情况	资料来源
湘潭	长沙衡州	1	长衡宫	长沙、衡州木商建	光绪《湘潭县志》卷七《礼典·群祀表》
	安徽	4	海阳庵	在雨湖，休宁金姓建	光绪《湘潭县志》卷七《礼典·群祀表》
			指南庵	在风筝街，徽州公所，有田八十四亩，在宁乡金华山	光绪《湘潭县志》卷七《礼典·群祀表》
			凤竹庵	在雨湖。明末僧仁礼僧节中率徒众敛瘗尸骨，与徽人程姓等同事。其后，徽人以为徽商公所。当清嘉庆时，庵中游宴最盛，雨湖诗社辄集于此。清同治中，徽商重修并置田百四亩。十八都亦有凤竹庵	光绪《湘潭县志》卷七《礼典·佛寺表》
	钢琢坊	1	太清宫	太清宫在下五都刁家园，为钢琢坊公所	光绪《湘潭县志》卷七《礼典·群祀表》
	锡工	1	新太清宫	新太清宫在烟柳堤，为锡工公所。以钢坊有太清宫，故加“新”字	光绪《湘潭县志》卷七《礼典·群祀表》
	泥木工匠	3	鲁班殿	一在九总雨湖，郭世款捐有园土水塘；一在十六总后街，为土木工匠公所，有房屋一所；一在杨梅洲，船厂公所	光绪《湘潭县志》卷七《礼典·群祀表》；湖南省文物局编:《湖南文化遗产图典》第161页，岳麓书社2008年版
	缝纫	1	轩辕殿	在十总后，衣工公所	光绪《湘潭县志》卷七《礼典·群祀表》
	医家	2	药王殿	在十四总后，医家公所，清咸丰初改题先医庙。城内湘济街亦有祠，龚氏药局建	光绪《湘潭县志》卷七《礼典·群祀表》
	礱坊	1	财神殿	在十二都，在九总者曰增福堂，为礱坊公所	光绪《湘潭县志》卷七《礼典·群祀表》
	木帮钱商	2	财神殿	有两处，在十六总者曰同春堂，在十八总者曰湘源堂，为木帮钱商公所	光绪《湘潭县志》卷七《礼典·群祀表》
	众工商	2	天符庙	在十三总后街，庙分十八堂，众工商公所，庙外有余基及屋一所。以有发源殿在十二总，故谓之上天符庙	光绪《湘潭县志》卷七《礼典·群祀表》
	屠人	1	桓侯庙	在十七总后，屠人公所	光绪《湘潭县志》卷七《礼典·群祀表》

续表

地区	创建	数量	名称	建立情况	资料来源
湘潭	粮行	2	五谷殿	在十六总后，粮行公所。在火神庙内者，曰立中堂	光绪《湘潭县志》卷七《礼典·群祀表》
	船帮	1	紫云宫	在上十八总，涓河至白米滩，船帮公所	光绪《湘潭县志》卷七《礼典·群祀表》
	钢坊	1	紫来宫	在十一总，钢坊公所，祀奉老子	光绪《湘潭县志》卷七《礼典·群祀表》
	染坊	1	梅葛寺	在烟柳堤，染坊公所	光绪《湘潭县志》卷七《礼典·群祀表》
	戏班	1	老郎庙	在烟柳堤，戏班公所	光绪《湘潭县志》卷七《礼典·群祀表》
湘乡	江西	3	江西会馆	一处在正街，祀许旌阳，豫章人张尘鸠众买贺绅故宅改建，其乡人有口角者，客长集众于此解谕。清康熙年创建。一处在十九都。一处在四十二都杨家滩，清道光六年（1826）补修	同治《湘乡县志》卷二十三《方外志·寺观》
	福建	2	福建会馆	在南门内，清雍正七年（1729），闽人张向宇、蓝华林、阙友兰修建，清咸丰九年（1859）知县赖史直重修	同治《湘乡县志》卷二十三《方外志·寺观》
			建福庵	在十都水竹街，闽人何容燕建	同治《湘乡县志》卷二十三《方外志·寺观》
	江苏	1	苏州会馆	江苏省在湘乡经营绸布、槽碓坊、斋馆等行业人员组成的同乡会，始建时间不详	湘乡县志编纂委员会编：《湘乡县志》第659页，湖南出版社1993年版
	邵阳	1	宝郡五属会馆	又名古南宫，在十八都城江铺，清乾隆间邵阳简昌林、罗性配、刘廷载鸠宝郡五属捐建。清道光元年（1821）刘三省、萧国用等鸠宝郡人补修	同治《湘乡县志》卷二十三《方外志·寺观》
		1	禹王宫	在四十二都杨家滩市，邵邑人建，清道光二十三年（1843）补修	同治《湘乡县志》卷二十三《方外志·寺观》
岳阳	江西	1	江西会馆	又名真君庙，在附郭南，江西客民建	乾隆《岳州府志》卷二十六《寺观志·巴陵》；嘉庆《巴陵县志》卷二十一《古迹》；光绪《巴陵县志》卷十二《建置志五·寺观附》

续表

地区	创建	数量	名称	建立情况	资料来源
岳阳	福建	1	福建会馆	又名天后宫，在附郭南。清末临湘吴獬为戏台撰联："三五步游满天涯海角，四六句说尽古往今来。"	嘉庆《巴陵县志》卷二十一《古迹》；光绪《巴陵县志》卷十二《建置志五·寺观附》
	安徽	1	安徽会馆	又名玉宵宫，在附郭南，江南客民孙承经等众建	乾隆《岳州府志》卷二十六《寺观志·巴陵》；嘉庆《巴陵县志》卷二十一《古迹》
	长沙、善化等八县	1	长郡会馆	由长沙、善化、浏阳、宁乡、醴陵、湘阴、沅江、益阳等处商人组建，馆址设洞庭庙	曾经：《清末暨民国时期岳阳城区行帮、行会及同业公会简介》第145页，《岳阳楼区文史》第一辑，1998年1月
	衡阳邵阳	1	衡宝会馆	由衡州、宝庆籍商人组建，馆址设洞庭庙	曾经：《清末暨民国时期岳阳城区行帮、行会及同业公会简介》第145页，《岳阳楼区文史》第一辑，1998年1月
	辰溪泸溪沅陵	1	辰州会馆	又称西湖会馆，由洞庭湖以西沅水流域的辰溪、泸溪、沅陵等地商人组建，馆址设洞庭庙	曾经：《清末暨民国时期岳阳城区行帮、行会及同业公会简介》第145页，《岳阳楼区文史》第一辑，1998年1月
	监利	1	湖北会馆	湖北监利籍船民组建，馆址设城陵矶	曾经：《清末暨民国时期岳阳城区行帮、行会及同业公会简介》第145页，《岳阳楼区文史》第一辑，1998年1月
	湖北	1	鄂州会馆	由湖北籍商人组建，馆址设金家岭	曾经：《清末暨民国时期岳阳城区行帮、行会及同业公会简介》第145页，《岳阳楼区文史》第一辑，1998年1月
	浙江	1	浙江会馆	由浙江籍商人组建，馆址设油榨岭	曾经：《清末暨民国时期岳阳城区行帮、行会及同业公会简介》第145页，《岳阳楼区文史》第一辑，1998年1月

续表

地区	创建	数量	名称	建立情况	资料来源
岳阳	安徽	1	新安会馆	由安徽徽州籍商人组建，馆址设油榨岭	曾经:《清末暨民国时期岳阳城区行帮、行会及同业公会简介》第145页，《岳阳楼区文史》第一辑，1998年1月
	泥木业	1	鲁班会	祀奉鲁班祖师爷，会址设鲁班巷	曾经:《清末暨民国时期岳阳城区行帮、行会及同业公会简介》第144页，《岳阳楼区文史》第一辑，1998年1月
	小吃业	1	雷祖会	祀奉雷祖，会址设老印山	曾经:《清末暨民国时期岳阳城区行帮、行会及同业公会简介》第144页，《岳阳楼区文史》第一辑，1998年1月
	梨园业	1	梨园会	会址设观音阁	曾经:《清末暨民国时期岳阳城区行帮、行会及同业公会简介》第144页，《岳阳楼区文史》第一辑，1998年1月
	豆腐业	1	淮南会	会址设观音阁	曾经:《清末暨民国时期岳阳城区行帮、行会及同业公会简介》第144页，《岳阳楼区文史》第一辑，1998年1月
	鱼行业	1	三圣宫会	祀奉洞庭王爷，会址设洞庭庙	曾经:《清末暨民国时期岳阳城区行帮、行会及同业公会简介》第144页，《岳阳楼区文史》第一辑，1998年1月
	水运业	1	洞庭会	祀奉洞庭王爷，会址设洞庭庙	曾经:《清末暨民国时期岳阳城区行帮、行会及同业公会简介》第144页，《岳阳楼区文史》第一辑，1998年1月
华容	江西	1	江西会馆	在华容县城	华容县志编纂委员会编:《华容县志》第359页，中国文史出版社1992年版

续表

地区	创建	数量	名称	建立情况	资料来源
华容	湖北	1	湖北会馆	在华容县城	华容县志编纂委员会编:《华容县志》第359页,中国文史出版社1992年版
	江苏	1	江苏会馆	在华容县城	华容县志编纂委员会编:《华容县志》第359页,中国文史出版社1992年版
	长沙	1	长郡会馆	在华容县城	华容县志编纂委员会编:《华容县志》第359页,中国文史出版社1992年版
	邵阳	1	宝庆会馆	在华容县城	华容县志编纂委员会编:《华容县志》第359页,中国文史出版社1992年版
湘阴	江西	3	江西会馆	一在城隍庙东,一在县北六十里河塘市,一在县东七十里新市	光绪《湘阴县图志》卷二十三《典礼志》
	福建	1	福建会馆	又名天后宫,在县治简家巷。一说在城东北	光绪《湖南通志》卷七十四《典礼四·祠庙》;光绪《湘阴县图志》卷二十三《典礼志》
	江苏	1	苏州会馆	又名三元宫,在城东南	光绪《湘阴县图志》卷二十三《典礼志》
	木工	2	鲁班庙	一在城东,一在城西扁担夹	光绪《湘阴县图志》卷二十三《典礼志》
平江	江西	1	江西会馆	在城内十字街,俗名万寿宫,称许真君庙,清康熙中,江西客民建。清乾隆四十六年(1781)增修,清嘉庆十五年(1810)重修	乾隆《平江县志》卷九《祀典志》;同治《平江县志》卷二十八《祀典志·民祀附》
	湖北	1	湖北会馆	又名封哲宫,在北城三德街,祀鲁班。清乾隆十年(1745)湖北客民程凤林、钟胜芳、田文也、舒世侯等倡众建	同治《平江县志》卷二十八《祀典志·民祀附》
临湘	江西	1	江西会馆	临湘万寿宫董事丁春和、丁谦益、黄万太、熊义生,资望财力皆属兼备	宣统《湖南商事习惯报告书》第89页,湖南教育出版社2010年版
衡阳	江西	3	江西会馆	在城南新街。清乾隆三十一年(1766)七月十三日,回雁门城外失火,延烧南城谯楼,城内火至四牌楼,城外火至江西会馆,共烧千余家	乾隆《清泉县志》卷三十五《事纪下》;萧汉平:《经贸史话》第205、206页,湖南人民出版社2007年版

续表

地区	创建	数量	名称	建立情况	资料来源
衡阳	江西	3	庐陵会馆	在宾日门外，亦称万寿宫，江西吉安人建	同治《清泉县志》卷二《建置·公廨》；萧汉平：《经贸史话》第205、206页，湖南人民出版社2007年版
			临江会馆	又名仁寿宫，在潇湘门内雍和坊。清乾隆十九年（1754）江西临江府众姓捐建	乾隆《清泉县志》卷五《营建志·祠祀》；同治《清泉县志》卷二《建置·公廨》
	福建	1	福建会馆	在城内西南隅，系福建会馆。基地东西横阔二十三丈，南北直深一十三丈，东抵准提阁，西至五显庙，南抵大门路，北至卡官街。始建于清康熙四十九年（1710）	乾隆《衡阳县志》卷十《寺观》
	山西 陕西	1	山陕会馆	在正街和仁寿巷之间	同治《衡阳县志》卷四《建置·城图三》
	河南	1	中州会馆	在五福巷左，一说在回雁门内五福庵巷	同治《衡阳县志》卷四《建置·城图四》；同治《清泉县志》卷二《建置·公廨》
	安徽	2	江南会馆	在道前街，清同治、光绪年间建。一说在阅江门内	同治《衡阳县志》卷四《建置·城图三》；同治《清泉县志》卷二《建置·公廨》
			新安会馆	在回雁门外新街河岸	同治《清泉县志》卷二《建置·公廨》
	长沙	1	长沙会馆	在潇湘门外。王闿运题衡州长沙会馆联云：“东馆接朱陵，好与长沙回舞鹤；南山笼紫盖，共听仙乐奏云门。”	窦镇：《师竹庐联话》卷八《会馆》
	东安	1	永州会馆	又名濂溪祠，在潇湘门内，旧为观音庵，清康熙五十四年（1715）永州东安县民张五台等倡建，祀周子	乾隆《清泉县志》卷五《营建志·祠祀》
	烟铺	1	汉圣宫	在宾日门内，汉广烟铺公建，住持朱必余	乾隆《清泉县志》卷五《营建志·祠祀》
耒阳	福建	1	福建会馆	又名天后庙，在县南城内	光绪《耒阳县志》卷一《坛庙》
	船行	1	杨泗庙	在涌金门外，清嘉庆二十二年（1817），淝江河船行创建	光绪《耒阳县志》卷一《坛庙》

续表

地区	创建	数量	名称	建立情况	资料来源
郴州	江西	1	江西会馆	又名万寿宫，在郴城河街，清嘉庆六年（1801）建	郴州市商业物资行业管理办公室编：《郴州商业志》第48、295页，方志出版社2009年版
	福建	1	福建会馆	又名天后宫，在郴城河街	郴州市商业物资行业管理办公室编：《郴州商业志》第295页，方志出版社2009年版
	衡阳	1	衡阳会馆	又名庆美宫，在郴城河街	郴州市商业物资行业管理办公室编：《郴州商业志》第295页，方志出版社2009年版
	肇庆	1	广肇会馆	在郴城干城街	郴州市商业物资行业管理办公室编：《郴州商业志》第295页，方志出版社2009年版
	广东广西	1	两广会馆	在郴城河街	郴州市商业物资行业管理办公室编：《郴州商业志》第295页，方志出版社2009年版
	天津	1	天津会馆	在郴城河街	郴州市商业物资行业管理办公室编：《郴州商业志》第295页，方志出版社2009年版
	永州	1	永州会馆	在郴城河街	郴州市商业物资行业管理办公室编：《郴州商业志》第295页，方志出版社2009年版
	耒阳	1	耒阳会馆	在郴城河街	郴州市商业物资行业管理办公室编：《郴州商业志》第295页，方志出版社2009年版
桂阳	江西	1	江西会馆	在县城南门外，民国二十年（1931）建	桂阳县志编纂委员会编：《桂阳县志》第144页，中国文史出版社1993年版
	长沙、醴陵等十二县	1	长郡会馆	位于旧公园附近，今县人民医院所在地	桂阳县志编纂委员会编：《桂阳县志》第144页，中国文史出版社1993年版

续表

地区	创建	数量	名称	建立情况	资料来源
桂阳	衡阳、衡山、耒阳等七县	1	七属会馆	位于县城斗酒阁下段	桂阳县志编纂委员会编:《桂阳县志》第144页,中国文史出版社1993年版
	永州八县	1	八属会馆	县城考棚前侧	桂阳县志编纂委员会编:《桂阳县志》第144页,中国文史出版社1993年版
宜章	江西	1	江西会馆	在宜章县城,清嘉庆三年(1798)江西客帮商人建立	郴州市商业物资行业管理办公室编:《郴州商业志》第48页,方志出版社2009年版
	广东广西	1	两粤公馆	在宜章县城,清嘉道间建立	郴州市商业物资行业管理办公室编:《郴州商业志》第48页,方志出版社2009年版
	长沙	1	长沙公馆	在宜章县城,清嘉道间建立	郴州市商业物资行业管理办公室编:《郴州商业志》第48页,方志出版社2009年版
	衡阳	1	衡阳会馆	在宜章县城,清嘉道间建立	郴州市商业物资行业管理办公室编:《郴州商业志》第48页,方志出版社2009年版
嘉禾	江西	1	江西会馆	在嘉禾县城	郴州市商业物资行业管理办公室编:《郴州商业志》第60页,方志出版社2009年版
	福建	1	福建会馆	在嘉禾县城	郴州市商业物资行业管理办公室编:《郴州商业志》第60页,方志出版社2009年版
	衡阳	1	衡阳会馆	在嘉禾县城	郴州市商业物资行业管理办公室编:《郴州商业志》第60页,方志出版社2009年版
	祁阳	1	祁阳会馆	在嘉禾县城	郴州市商业物资行业管理办公室编:《郴州商业志》第60页,方志出版社2009年版

续表

地区	创建	数量	名称	建立情况	资料来源
临武	江西	1	江西会馆	在县城下河街，建于民国初年	临武县志编写组编：《临武县志》第267页，中南工业大学出版社1989年版
	衡阳	1	衡州会馆	在县城，城关粮店所在地，建于民国初年	临武县志编写组编：《临武县志》第267页，中南工业大学出版社1989年版
	永州	1	永州会馆	在城关镇滨江巷，建于民国初年	临武县志编写组编：《临武县志》第267页，中南工业大学出版社1989年版
汝城	江西	2	江西会馆	一处在县城，一处在集龙圩	郴州市商业物资行业管理办公室编：《郴州商业志》第64页，方志出版社2009年版；汝城县志编纂委员会：《汝城县志》第161页，湖南人民出版社1997年版
	吉安	1	吉安会馆	在集龙圩	汝城县志编纂委员会：《汝城县志》第161页，湖南人民出版社1997年版
	福建	1	福建会馆	在汝城南城内	民国《汝城县志》卷一《汝城县城图》；郴州市商业物资行业管理办公室编：《郴州商业志》第64页，方志出版社2009年版
	衡阳永州	1	衡永会馆	县城西街北。1927年11月26—28日，朱德、陈毅在衡永会馆召开湘南、粤北十县党组织负责人会议，准备湘南起义	郴州市商业物资行业管理办公室编：《郴州商业志》第64页，方志出版社2009年版
	长沙	1	长沙会馆	在汝城县城	郴州市商业物资行业管理办公室编：《郴州商业志》第64页，方志出版社2009年版
	广东	1	广东会馆	在汝城县城	郴州市商业物资行业管理办公室编：《郴州商业志》第64页，方志出版社2009年版
	汉阳	1	汉阳会馆	在汝城县城	郴州市商业物资行业管理办公室编：《郴州商业志》第64页，方志出版社2009年版

续表

地区	创建	数量	名称	建立情况	资料来源
汝城	邵阳	1	邵阳会馆	在汝城县城	郴州市商业物资行业管理办公室编:《郴州商业志》第64页,方志出版社2009年版
桂东	江西	1	江西会馆	位于桂东县沙田镇沙田圩,距县城约32公里,清代建。属于三进式悬山顶砖木建筑,牌坊门面,中轴线上依次分布着戏台、中殿、后殿	湖南省文物局编:《湖南文化遗产图典》第402—403页,岳麓书社2008年版
安仁	江西	1	江西会馆	在安仁县城	安仁县志编纂委员会编:《安仁县志》第143页,中国社会出版社1996年版
	福建	1	福建会馆	在安仁县城	安仁县志编纂委员会编:《安仁县志》第143页,中国社会出版社1996年版
	衡阳	1	衡阳会馆	在安仁县城	安仁县志编纂委员会编:《安仁县志》第143页,中国社会出版社1996年版
	邵阳	1	邵阳会馆	在安仁县城	安仁县志编纂委员会编:《安仁县志》第143页,中国社会出版社1996年版
资兴	江西	1	江西会馆	又名真君宫,清康熙五十年(1711)、乾隆三年(1738)、乾隆十八年(1753)置地,乾隆十二年(1747)重修	光绪《兴宁县志》卷十八《杂纪志·寺观》
常德	江西	1	江西会馆	在大河街,又名万寿宫。一说在南城外	嘉庆《常德府志》卷八《建置考·公署·会馆》;同治《武陵县志》卷十《建置志·公舍》
	福建	1	福建会馆	在十字街,又名万福宫,清康熙初年,福建客民建。一说在县治东	嘉庆《常德府志》卷八《建置考·公署·会馆》;嘉庆《常德府志》卷十二《秩祀考·庙坛》;同治《武陵县志》卷十《建置志·公舍》
	安徽	3	徽州会馆	在衣服街,又名徽国文公庙。一说在南城内	嘉庆《常德府志》卷八《建置考·公署·会馆》;同治《武陵县志》卷十《建置志·公舍》

续表

地区	创建	数量	名称	建立情况	资料来源
常德	安徽	3	江南会馆	在道门口，又名三元宫，江南客民建。一说在县治东西街	嘉庆《常德府志》卷八《建置考·公署·会馆》；嘉庆《常德府志》卷十二《秩祀考·庙坛》；同治《武陵县志》卷十《建置志·公舍》
			宿松会馆	在县治东，安徽木商建	同治《武陵县志》卷十《建置志·公舍》
	浙江	1	庆元公所	在东门外屠家堤	同治《武陵县志》卷十《建置志·公舍》
	广东	1	广东会馆	在河街。一说在南城外	嘉庆《常德府志》卷八《建置考·公署·会馆》；同治《武陵县志》卷十《建置志·公舍》
	山西 陕西	1	山陕会馆	在下南门内，又名忠义宫。一说在南城内	嘉庆《常德府志》卷八《建置考·公署·会馆》；同治《武陵县志》卷十《建置志·公舍》
	湖北	1	湖北会馆	在府治东	同治《武陵县志》卷十《建置志·公舍》
	河南	1	河南会馆	在水星巷	同治《武陵县志》卷十《建置志·公舍》
	长沙	1	长沙会馆	在府治东，清咸丰年建	同治《武陵县志》卷十《建置志·公舍》
	辰州 沅州	1	辰沅会馆	在上南门外	同治《武陵县志》卷十《建置志·公舍》
	衡阳 永州	1	衡永会馆	在县治东北	同治《武陵县志》卷十《建置志·公舍》
	麻阳	1	麻阳会馆	在南城外	同治《武陵县志》卷十《建置志·公舍》
	邵阳	1	宝庆会馆	南门对岸。一说在河袱街，名虽宝庆，但四属（邵阳、武冈、新化、新宁）只十之一，城步十之九。盖邵武化宁不通河道也。又有老会馆基在青泥湾，相去十余里	同治《武陵县志》卷十《建置志·公舍》；同治《城步县志》卷二《公署》
	靖州	1	靖州会馆	在县西二十里平山下	同治《武陵县志》卷十《建置志·公舍》

续表

地区	创建	数量	名称	建立情况	资料来源
常德	黔阳	1	黔阳会馆	在县西二十里平山下	同治《武陵县志》卷十《建置志·公舍》
安乡	江西	1	江西会馆	又名万寿宫，在西门，江西会馆	民国《安乡县志初稿》卷七《礼典·寺观表上》
	福建	1	福建会馆	又名天上宫，在南正街，福建会馆	同治《直隶澧州志》卷十四《祠庙志·寺观》；民国《安乡县志初稿》卷七《礼典·寺观表上》
汉寿	江西	1	江西会馆	又名万寿宫，县城南门内正街路东，清嘉、道间江右商民公建	光绪《龙阳县志》卷六《建置·公舍》
	福建	1	福建会馆	县城西门内，宅不甚巨	光绪《龙阳县志》卷六《建置·公舍》
	广东	1	广东会馆	县城西门内，宅甚湫隘	光绪《龙阳县志》卷六《建置·公舍》
	长沙	1	长郡会馆	县城小南门内正街，清咸丰八年（1858）长沙郡士商公置	光绪《龙阳县志》卷六《建置·公舍》
澧县	江西	1	江西会馆	在澧阳镇，又名铁树宫、万寿宫，江西客民建	同治《直隶澧州志》卷十四《祠庙志·寺观》；民国《澧县县志》卷三《纪念志·祠庙·寺观》
	福建	1	福建会馆	又名天后宫，在后街	同治《直隶澧州志》卷二《舆地志·市镇》
临澧	江西	2	江西会馆	又名万寿宫。一在县南关外兴隆街，系江右客商捐建。一在县北六十五里新安市	同治《安福县志》卷二十六《祠庙》；同治《直隶澧州志》卷十四《祠庙志·寺观》
	福建	1	福建会馆	又名天后宫，在县南关外上胜街，系闽商捐建	同治《安福县志》卷二十六《祠庙》；同治《直隶澧州志》卷十四《祠庙志·寺观》
桃源	江西	1	江西会馆	在漳江镇	刘炎卿：《解放前桃源地方戏曲史料的回忆》第77页，《桃源文史资料》第一辑，1985年5月
	福建	1	福建会馆	在县城	光绪《桃源县志》卷首《县城图》

续表

地区	创建	数量	名称	建立情况	资料来源
石门	江西	5	江西会馆	万寿宫,又名江右会馆,一在县市,一在县东易家渡;万寿观,又名江西抚州会馆,在县市;万寿宫,在皂角市;万寿宫,在仙阳坪,嘉庆初年建修	同治《直隶澧州志》卷十四《祠庙志·寺观》
	福建	1	福建会馆	清乾隆间,敕封福建会馆为天后圣母宫	嘉庆《石门县志》卷十八《风俗》
津市	江西	4	江西会馆	一处名豫章会馆,清康熙年间建;一处在新洲南街,清代中期建	同治《直隶澧州志》卷二十二《艺文志·记》;光绪《澧州津市万寿宫志》
			抚州会馆	位于皇姑山广场西,又名昭武会馆,清代建立	吴恭亨:《对联话·津市昭武馆》,龚联寿主编《联话丛编》第2937页,江西人民出版社2000年版
			五府会馆	民国时江西南昌、吉安、临江、瑞州、抚州五府商人修建	津市志编纂委员会编:《津市志》第666页,教育科学出版社1993年版
	福建	1	福建会馆	又名天后宫	民国《澧县县志》卷三《纪念志·祠庙·寺观》
	山西陕西	1	山陕会馆	位于关庙街,西商建	同治《直隶澧州志》卷十四《祠庙志·寺观》;民国《澧县县志》卷三《纪念志·祠庙·寺观》
	湖北	2	湖北会馆	在津市上河街,民国时建	民国《澧县县志》卷三《纪念志·祠庙·寺观》;津市志编纂委员会编:《津市志》第666页,教育科学出版社1993年版
			黄州会馆	又名帝主宫,民国时建,黄冈商人修建	津市志编纂委员会编:《津市志》第666页,教育科学出版社1993年版
	江苏安徽	1	江南会馆	清康熙十九年(1680)创建	《津市重修江南会馆碑记》,《清代诗文集汇编》卷十八《小万卷斋文稿》
	广东	1	广东会馆	又名南华宫,位于正街,民国时建	津市志编纂委员会编:《津市志》第666页,教育科学出版社1993年版

续表

地区	创建	数量	名称	建立情况	资料来源
津市	长沙	1	长郡同乡会馆	位于长郡小学，民国时建	津市志编纂委员会编：《津市志》第 666 页，教育科学出版社 1993 年版
	湘潭	1	湘潭会馆	位于新建坊，民国时建	津市志编纂委员会编：《津市志》第 666 页，教育科学出版社 1993 年版
	湘乡	1	湘乡会馆	又名杨泗庙，民国时建，位于津市水府庙上首河坡	朱炳翰、杨克诚：《旅津湘乡同乡会馆见闻》，《津市文史资料》第六辑第 50—51 页，1993 年 2 月
	辰州 沅州 靖州	1	辰沅靖三府会馆	又名上南宫，民国时建	津市志编纂委员会编：《津市志》第 666，教育科学出版社 1993 年版
	四川	1	四川会馆	又名川主宫，民国时建	津市志编纂委员会编：《津市志》第 666 页，教育科学出版社 1993 年版
益阳	江西	1	江西会馆	在益阳市头堡，位于今益阳市五一西路益阳大厦。四进，右侧观音阁为主体建筑	周立志：《史说益阳》第 57 页，暨南大学出版社 2011 年版
	福建	1	福建会馆	在益阳市大码头资江西路北侧	周立志：《史说益阳》第 56 页，暨南大学出版社 2011 年版
	山西 陕西	1	山陕会馆	又名关帝庙，在益阳市三益街	周立志：《史说益阳》第 56 页，暨南大学出版社 2011 年版
	湖北	2	湖北会馆	又名乾元宫，在益阳市头堡，建于清嘉庆年间	周立志：《史说益阳》第 58 页，暨南大学出版社 2011 年版
			黄州会馆	又名帝主宫，在益阳市三堡大水坪巷	周立志：《史说益阳》第 58 页，暨南大学出版社 2011 年版
	安徽	1	徽州会馆	在益阳市二堡，建于清道光二十一年（1841）。民国元年（1912）6 月，益阳商务分会成立，会址设徽州会馆	周立志：《史说益阳》第 55 页，暨南大学出版社 2011 年版
	江苏	1	苏州会馆	在益阳市二堡永清街	周立志：《史说益阳》第 55 页，暨南大学出版社 2011 年版

续表

地区	创建	数量	名称	建立情况	资料来源
益阳	江苏江西	1	苏赣会馆	又名七公庙，在益阳市二堡。建于清康熙年间	周立志：《史说益阳》第59页，暨南大学出版社2011年版
	邵阳新化武冈新宁城步	1	五县会馆	又名五福宫，在益阳市三堡，现益阳市五中所在地。清光绪年间建。最著名的建筑为春秋阁	周立志：《史说益阳》第54页，暨南大学出版社2011年版
	新化	1	新化会馆	又名师公宫，在益阳市公庙巷	周立志：《史说益阳》第54页，暨南大学出版社2011年版
	纸业	1	江神会馆	在益阳市头堡，庙宇共三进，系木石砖混结构。中为正殿，供祀洞庭龙王神像	周立志：《史说益阳》第59页，暨南大学出版社2011年版
南县	江西	1	江西会馆	在沈公堤街，原为万寿宫，清咸丰元年（1851）建，江西帮捐修。民国九年（1920）重修，民国十七年（1928）被毁，后移至正大洋行为会址	民国《南县志备忘录》卷八《县城会馆沿革》（抄本）
	湖北	1	湖北会馆	在仁记码头，清宣统三年（1911）租泰济码头铺屋办公，民国二年（1913）置泰济坮基，民国三年（1914）复购仁记码头房屋坮基为馆址	民国《南县志备忘录》卷八《县城会馆沿革》（抄本）
	长沙	1	长沙会馆	在东街，民国五年（1916）倡修，民国六年（1917）购置会址加修	民国《南县志备忘录》卷八《县城会馆沿革》（抄本）
	常德桃江汉寿沅江	1	常桃汉沅四属会馆	在紫东堤，清宣统元年（1909）购置古松口旧宅为筹备处，民国二年（1913）置常桃巷宅，改名常桃汉沅会馆，民国十三年（1924）组设旅南岳常澧三府会馆，即集益公所，民国十七年（1928）一并焚毁，民国二十年（1931）改建常桃汉沅四属会馆	民国《南县志备忘录》卷八《县城会馆沿革》（抄本）
	辰州沅州	1	辰沅会馆	在义兴巷，清宣统二年（1910）购置会址	民国《南县志备忘录》卷八《县城会馆沿革》（抄本）
	邵阳	1	宝庆会馆	在泰济码头，民国六年（1917）发起，民国七年（1918）购置会址	民国《南县志备忘录》卷八《县城会馆沿革》（抄本）

续表

地区	创建	数量	名称	建立情况	资料来源
南县	宁乡	1	宁乡会馆	在东堤尾，民国七年（1918）购置会址建筑	民国《南县志备忘录》卷八《县城会馆沿革》（抄本）
	益阳	1	益阳会馆	在官正街，民国十六年（1927）创建会址，民国十七年（1928）被焚，后募捐筹备兴修	民国《南县志备忘录》卷八《县城会馆沿革》（抄本）
	湘潭	1	中湘会馆	在东堤街，清光绪十七年（1891）发起，清光绪三十年（1904）购置会址	民国《南县志备忘录》卷八《县城会馆沿革》（抄本）
	湘乡	1	湘乡会馆	在官正街，民国十一年（1922）创建，民国十七年（1928）被焚，后原址改建	民国《南县志备忘录》卷八《县城会馆沿革》（抄本）
	岳阳	1	岳阳会馆	在财神巷，民国十年（1921）购置会址，民国十七年（1928）被焚，后移至仁记码头	民国《南县志备忘录》卷八《县城会馆沿革》（抄本）
	湘阴	1	湘阴会馆	在洪山庙上首，清光绪三十三年（1907）倡修，民国十四年（1925）购置基地	民国《南县志备忘录》卷八《县城会馆沿革》（抄本）
	临澧	1	九澧会馆	在九澧坪，民国七年（1918）借房设立，系临时性质	民国《南县志备忘录》卷八《县城会馆沿革》（抄本）
	麻阳	1	麻阳会馆	在仁里码头，民国二十年（1931）创立	民国《南县志备忘录》卷八《县城会馆沿革》（抄本）
桃江	江西	2	江西会馆	在县城桃花江镇	桃江县志编纂委员会编：《桃江县志》第534页，中国社会出版社1993年版
	福建	1	福建会馆	在县城桃花江镇	桃江县志编纂委员会编：《桃江县志》第534页，中国社会出版社1993年版
	邵阳新化城步新宁武冈	1	宝庆会馆	又名五福宫，位于马迹塘镇	桃江县志编纂委员会编：《桃江县志》第534页，中国社会出版社1993年版
	竹木商	1	四溪会馆	沾溪、罗溪、锡溪、板溪四溪竹木商成立的商业会馆	桃江县志编纂委员会编：《桃江县志》第534页，中国社会出版社1993年版

续表

地区	创建	数量	名称	建立情况	资料来源
安化	江西	2	江西会馆	祀奉许真君	安化县地方志编纂委员会编:《安化县志》第607页,社会科学文献出版社1993年版
			吉安公馆	祀奉许真君	安化县地方志编纂委员会编:《安化县志》第607页,社会科学文献出版社1993年版
	福建	1	福建会馆	安化黄沙坪镇,崇奉天后真君	安化县地方志编纂委员会编:《安化县志》第607页,社会科学文献出版社1993年版
	山西	1	山西会馆	祀奉关圣帝君	安化县地方志编纂委员会编:《安化县志》第607页,社会科学文献出版社1993年版
	广东 江西 福建 浙江	1	粤赣闽浙省会馆	为茶商会馆	安化县地方志编纂委员会编:《安化县志》第607页,社会科学文献出版社1993年版
	陕西 甘肃 山西	1	陕甘晋省会馆	为茶商会馆	安化县地方志编纂委员会编:《安化县志》第607页,社会科学文献出版社1993年版
	石木锯泥各业	1	鲁班殿	位于县城,清光绪三十三年(1907)重修	安化县地方志编纂委员会编:《安化县志》第607页,社会科学文献出版社1993年版
沅江	江西	2	江西会馆	一处位于八都朗山,原名朗山观,清嘉庆年间改建为江右万寿宫。一处为清康熙五十八年(1719)江西五府客籍陆续增修关帝庙、萧公庙、观音阁并剧台,左右园圃均有围墙,前抵琼湖水,后抵北街为界	嘉庆《常德府志》卷十二《秩祀考·寺观》;嘉庆《沅江县志》卷十三《秩祀》

续表

地区	创建	数量	名称	建立情况	资料来源
沅江	福建	1	福建会馆	又名建源宫，闽省客籍建，清乾隆十六年（1751）增修关圣殿、观音阁，二十四年（1759）增修天后殿，五十年（1785）增修拜亭、剧台，宫有注兰垸、冲天仑香火田六十亩	嘉庆《沅江县志》卷十三《秩祀》
	苏州	1	苏州会馆	清乾隆五十年（1785）苏州客民建	嘉庆《沅江县志》卷十三《秩祀》
新化	江西	1	江西会馆	又名万寿宫，在东门外，江西客民建	道光《新化县志》卷二十《祠庙》；道光《宝庆府志》卷五十九《形胜记》；同治《新化县志》卷十三《祠祀》
	福建	1	福建会馆	在县城	道光《宝庆府志》卷五十九《形胜记》
	湘乡	1	湘乡会馆	在县城毕家巷，建于清道光十六年（1836）	新化县志编纂委员会编：《新化县志》第679页，湖南出版社1996年版。
邵阳	江西	1	江西会馆	又名万寿宫，在东城青龙桥墙下，江西客民创建，馆内祀许真君像。一说在东关外	康熙《邵阳县志》卷六《秩祀》；嘉庆《邵阳县志》卷四《公署·会馆》；道光《宝庆府志》卷六十一《疆里记一·邵阳一》；道光《宝庆府志》卷八十八《礼书二》
	福建	1	福建会馆	一名天后宫，在内城街之左，清乾隆六十年（1795）倡建。前抵官道，后抵中巷街，左抵中巷街，右抵晏氏试馆。李灿南有记。一说在县大街	嘉庆《邵阳县志》卷四《公署·会馆》；道光《宝庆府志》卷五十九《形胜记》；道光《宝庆府志》卷八十八《礼书二》
	山西 陕西	1	山陕会馆	又名关帝庙，在准提巷口。一说在府大街	嘉庆《邵阳县志》卷一《图象》；嘉庆《邵阳县志》卷四《公署·会馆》；道光《宝庆府志》卷五十九《形胜记》
	安徽	1	江南会馆	又名三元宫，在水府庙后深坑圹上，清康熙五年（1666）江南客民鼎建。一说在东关外	康熙《邵阳县志》卷六《秩祀》；嘉庆《邵阳县志》卷四《公署·会馆》；道光《宝庆府志》卷六十一《疆里记一·邵阳一》；道光《宝庆府志》卷八十八《礼书二》

续表

地区	创建	数量	名称	建立情况	资料来源
邵阳	湘乡	1	湘乡会馆	在宝庆府城	邵阳市地方志编纂委员会:《邵阳市志》第 383 页，湖南人民出版社 1997 年版
	木业	1	鲁班庙	在城内南隅	道光《宝庆府志》卷八十八《礼书二》
	缝纫业	1	轩辕庙	在城内南隅	道光《宝庆府志》卷八十八《礼书二》
	酒家	1	杜康庙	在城内南隅	道光《宝庆府志》卷八十八《礼书二》
	剃发	2	罗祖庙	一在城内南隅，一在西门内	道光《宝庆府志》卷八十八《礼书二》
洞口	江西	2	江西会馆	又名万寿宫，一在高沙，一在石江。建于清末民初	洞口县地方志编纂委员会编《洞口县志》第 691 页，中国文史出版社 1992 年版
	衡阳	1	衡州会馆	又名衡州宫，位于高沙。建于清末民初	洞口县地方志编纂委员会编《洞口县志》第 691 页，中国文史出版社 1992 年版
	湘乡	3	湘乡会馆	又名上湘宫、龙城宫，一在高沙，一在洞口，一在石江。建于清末民初	洞口县地方志编纂委员会编《洞口县志》第 691 页，中国文史出版社 1992 年版
	邵阳	4	宝庆会馆	又名洞天宫，一在高沙，一在洞口，一在石江，一在黄桥。建于清末民初	洞口县地方志编纂委员会编《洞口县志》第 691 页，中国文史出版社 1992 年版
	新化	1	新化会馆	又名上梅宫，在石江。建于清末民初	洞口县地方志编纂委员会编《洞口县志》第 691 页，中国文史出版社 1992 年版
绥宁	江西	1	江西会馆	位于寨市镇苏家巷，清初创建	绥宁县志编纂委员会编:《绥宁县志》第 737 页，方志出版社 1997 年版
	长沙	1	长郡会馆	又名广济宫，位于寨市镇岩坝塘，长沙、善化、湘潭、湘阴、湘乡、宁乡、益阳、浏阳、安化、醴陵、攸县、茶陵十二州县工商业者组建于清代	绥宁县志编纂委员会编:《绥宁县志》第 737 页，方志出版社 1997 年版
	永州	1	永州会馆	又名濂溪宫，系永州籍商人组建于清代	绥宁县志编纂委员会编:《绥宁县志》第 737 页，方志出版社 1997 年版

续表

地区	创建	数量	名称	建立情况	资料来源
绥宁	邵阳	1	宝庆会馆	又名五福宫，设寨市镇新街，系宝庆府所属邵阳、新化、武冈、新宁、城步五州县旅居绥宁的工商业者组建于清代。办有宝五小学和宝五中学	绥宁县志编纂委员会编：《绥宁县志》第737页，方志出版社1997年版
新宁	江西	1	江西会馆	在县城	道光《宝庆府志》卷五十九《形胜记》
		1	财神庙	祀赵公，在城隍庙左	道光《宝庆府志》卷八十八《礼书二》
城步	江西	1	江西会馆	在南门西南东成巷之左	道光《宝庆府志》卷五十九《形胜记》
		1	图南会馆	在普和寺右	道光《宝庆府志》卷五十九《形胜记》；同治《城步县志》卷二《古迹》
武冈	江西	1	江西会馆	又名万寿宫，旧在东门外，祀许真君，为江西商民会馆。清咸丰九年(1859)毁于兵，清同治初年改建城内天后宫左边。一说钟沧寺有江西会馆	道光《宝庆府志》卷六十九《疆里记九·武冈上》；道光《宝庆府志》卷七十一《疆里记十一·武冈下》；同治《武冈州志》卷十四《疆域志一》；同治《武冈州志》卷三十一《工作志·祠庙》
	福建	1	福建会馆	天后宫，在小西门街至内城街之左。一说在城西。福建商人所奉也	道光《宝庆府志》卷五十九《形胜记》；同治《武冈州志》卷三十一《工作志·祠庙》
	永州	1	永州会馆	又名濂溪宫，在三义宫上首，永州各属所建	同治《武冈州志》卷三十一《工作志·寺观》
	湘乡	1	上湘会馆	湘乡县商民建	道光《宝庆府志》卷五十九《形胜记》
	新化	1	上梅公馆	在城内水府宫右，新化商民建	道光《宝庆府志》卷五十九《形胜记》；同治《武冈州志》卷三十一《工作志·寺观》
怀化	江西	1	江西会馆	位于榆树湾	湖南省怀化市志编纂委员会编：《怀化市志》第791页，生活·读书·新知三联书店1994年版

续表

地区	创建	数量	名称	建立情况	资料来源
怀化	福建	1	福建会馆	位于榆树湾	湖南省怀化市志编纂委员会编:《怀化市志》第791页,生活·读书·新知三联书店1994年版
	江苏	1	苏州会馆	位于榆树湾	湖南省怀化市志编纂委员会编:《怀化市志》第791页,生活·读书·新知三联书店1994年版
	衡阳	1	衡州会馆	又名福寿寺,位于榆树湾	湖南省怀化市志编纂委员会编:《怀化市志》第791页,生活·读书·新知三联书店1994年版
	邵阳	1	宝庆会馆	又名太平宫,位于榆树湾	湖南省怀化市志编纂委员会编:《怀化市志》第791页,生活·读书·新知三联书店1994年版
	屠宰业	1	三义宫	位于榆树湾	湖南省怀化市志编纂委员会编:《怀化市志》第791页,生活·读书·新知三联书店1994年版
沅陵	江西	1	江西会馆	在东郊,又名万寿宫、许真君庙、旌阳庙、水府庙,清雍正五年(1727)江西客民捐资购地建	乾隆《辰州府志》卷十八《坛庙考·寺观》;民国《沅陵县志》卷十六《建置类四·祠庙
	福建	1	福建会馆	又名天后宫,在下南门内乐善坊,清乾隆十年(1745)福建客民捐资购地,建以祀林女仙。一说在城内考棚街	乾隆《辰州府志》卷十八《坛庙考·寺观》;民国《沅陵县志》卷十六《建置类四·祠庙》
	贵州	1	贵州会馆	又名黔王宫,俗名黑神庙,在西关龙兴寺右,祀唐将南霁云	光绪《沅陵县志》卷十四《坛庙·寺观附》;民国《沅陵县志》卷十六《建置类四·祠庙》
	长沙	1	长郡会馆	又名广济宫,在东关,清光绪时长沙人公建	民国《沅陵县志》卷十六《建置类四·祠庙》
	邵阳	1	宝庆会馆	又名五福宫,在西关西江口,清同治时宝庆商人建	民国《沅陵县志》卷十六《建置类四·祠庙》

续表

地区	创建	数量	名称	建立情况	资料来源
沅陵		2	财神庙	一在城东回龙山，一在城西虎溪山左，邑中商人建	民国《沅陵县志》卷十六《建置类四·祠庙》
	酒业	1	杜康庙	在城西酉江口山上，酒商所建	民国《沅陵县志》卷十六《建置类四·祠庙》
溆浦	江西	10	江西会馆	城西门外江西各府商民共建，以祀许真君，即前水府庙所改。基址前街心后塘坎左巷右祯祥坊。一在一区柳坪街，一在四区低庄市，一在五区桥江市，江西商民建	同治《溆浦县志》卷十九《坛庙》；民国《溆浦县志》卷五《坛庙》
			仁寿宫	城东门外，临江一府商民所建	同治《溆浦县志》卷十九《坛庙》；民国《溆浦县志》卷五《坛庙》
			水府庙	一在西城外，祀许旌阳令许逊，又名万寿宫，明万历二年（1574）建，清乾隆九年(1744)江西客民重建。一在大江口，清乾隆九年（1744）建。一在桥江，清乾隆十八年（1753）建，知县陶金谐记。一在低庄，清乾隆二十八年（1763）建	乾隆《辰州府志》卷十八《坛庙考·寺观》；同治《溆浦县志》卷十九《坛庙》；民国《溆浦县志》卷五《坛庙》
			抚州会馆	在城西门外，系抚州府商民所建	同治《溆浦县志》卷二十《寺观》；民国《溆浦县志》卷五《坛庙》
			南昌会馆	在城西门外，系南昌府商民所建	同治《溆浦县志》卷二十《寺观》；民国《溆浦县志》卷五《坛庙》
	福建	1	福建会馆	又名天后宫，在城西门外，福建客商所建	同治《溆浦县志》卷二十《寺观》；民国《溆浦县志》卷五《坛庙》
	湘乡	1	湘乡会馆	又名龙城馆，在城西门外，系湘乡县商民所建	同治《溆浦县志》卷二十《寺观》；民国《溆浦县志》卷五《坛庙》
	邵阳	4	宝庆会馆	又名五福宫，一在西城外，一在一区韩家桥，一在四区庄屋垴，一在五区桥江市，宝庆客民建	民国《溆浦县志》卷五《坛庙》
	各处客商	1	财神馆	洛阳桥下茅竹坪，清道光初，各处客商贸于溆者共建	同治《溆浦县志》卷二十《寺观》

续表

地区	创建	数量	名称	建立情况	资料来源
会同	江西	1	江西会馆	县城南门外左，清嘉庆七年（1802）建，后遭兵毁，仅存门墙。外公置义山二处，一在杨公庙侧，买唐廷升业，一在茶溪冲琵琶堘，买唐和鸣业。又店一所，在三江书院对门，买杨姓业。又田一处，坐落在朗江	嘉庆《会同县志》卷七《寺观》；光绪《会同县志》卷十三《形胜·宫馆》
	靖州	1	渠阳会馆	在西关外校场坪脚，靖州绅民二十八家侨居会邑公所也，清康熙三十三年（1694）置买胡姓地基建造。内正殿一进奉安神像，厅一进，外戏台一座，右厨房二间。清嘉庆十二年（1807）张世干、俞克成、俞世栩、陈维新等重修馆门，店房三间、戏台、后店房一间，又永乐厢上边店房二进，每进各一间半	光绪《会同县志》卷十三《形胜·宫馆》
新晃	湖南	1	禹王宫	在龙市，湖南民建，清道光二年（1822）改为寿佛寺	道光《晃州厅志》卷四十一《寺观志》
	江西	2	江西会馆	一在龙溪市，一在大鱼塘，均江右客民建	道光《晃州厅志》卷四十一《寺观志》
	邵阳 新化 武冈 新宁 城步	1	宝庆会馆	又名太平宫，在龙溪口，清光绪末年宝庆商民建	曾夷清：《太平宫》，《新晃文史》第五辑《地方名胜古迹专辑》第93页，1992年4月
芷江	江西	1	江西会馆	又名许真君庙，在城内西街，祀晋旌阳令许逊。初在东门外，明建，为江西客民崇祀，清顺治年间，迁建至西街。有田产八百余亩，沙溪垅、江家湾义山四处	乾隆《沅州府志》卷十八《坛庙》；同治《芷江县志》卷十三《坛庙》；同治《沅州府志》卷十八《坛庙》
	福建	1	福建会馆	天后宫，在河西岸。清乾隆十三年（1748），福建客民创建，祀敕封护国庇民妙灵昭应弘仁普济天后。在木叶溪、龙坪等处有田产一百六十余亩	乾隆《沅州府志》卷十八《坛庙》；同治《芷江县志》卷十三《坛庙》；同治《沅州府志》卷十八《坛庙》；湖南省文物局编：《湖南文化遗产图典》第158页，岳麓书社2008年版

续表

地区	创建	数量	名称	建立情况	资料来源
芷江	邵阳新化隆回城步武冈	1	宝庆会馆	又名太平宫，系宝庆人会馆，在河西黄甲街，清乾隆年间建立	芷江侗族自治县志编纂委员会编：《芷江县志》第666页，生活·读书·新知三联书店1993年版
	长沙	1	长郡会馆	在芷江县城北街	芷江侗族自治县志编纂委员会编：《芷江县志》第666页，生活·读书·新知三联书店1993年版
	靖州	1	靖州会馆	又名飞山宫，在河西后街，清雍正八年（1730）靖州客民建，祀唐杨再思	乾隆《沅州府志》卷十八《坛庙》；同治《芷江县志》卷十三《坛庙》；同治《沅州府志》卷十八《坛庙》
靖州	江西	1	江西会馆	又名万寿宫，在大南门外仁和坊，江西省乡祠	光绪《靖州直隶州志》卷二《建置·公廨》；光绪《靖州乡土志》卷二《地理·祠庙》
	福建	1	福建会馆	又名天后宫，在城内，福建省乡祠	光绪《靖州直隶州志》卷二《建置·公廨》；光绪《靖州乡土志》卷二《地理·祠庙》
	江苏浙江安徽	1	三元宫	在城内元妙观前，为江苏、浙江、安徽三省乡祠	光绪《靖州乡土志》卷二《地理·祠庙》
	广东	1	广东会馆	又名玉虚宫，在城外下西街，广东省乡祠	光绪《靖州乡土志》卷二《地理·祠庙》
	贵州	1	贵州会馆	又名忠烈宫，在大南门外正街，贵州省乡祠	光绪《靖州乡土志》卷二《地理·祠庙》
	长沙	1	长沙会馆	又名广济宫，在城外下西街，长沙府乡祠	光绪《靖州直隶州志》卷二《建置·公廨》；光绪《靖州乡土志》卷二《地理·祠庙》
	衡阳	1	衡州会馆	又名寿佛宫，在大南门外正街，衡州府乡祠	光绪《靖州直隶州志》卷二《建置·公廨》；光绪《靖州乡土志》卷二《地理·祠庙》
	邵阳	1	宝庆会馆	又名太平宫，在大南门外正街，宝庆府乡祠	光绪《靖州直隶州志》卷二《建置·公廨》；光绪《靖州乡土志》卷二《地理·祠庙》

续表

地区	创建	数量	名称	建立情况	资料来源
靖州	永州	1	永州会馆	又名濂溪宫，在小南门内城上	光绪《靖州直隶州志》卷二《建置·公廨》；光绪《靖州乡土志》卷二《地理·祠庙》
	辰沅	1	辰沅会馆	又名伏波宫，在渠阳镇，清光绪三十四年(1908)修建	湖南省靖州苗族侗族自治县县志编纂委员会编：《靖州县志》第898页，生活·读书·新知三联书店1994年版
通道	邵阳	1	宝庆会馆	位于县溪镇恭江河边，始建于清代，由大门、厢房、戏台及大殿组成，是典型的徽派风格和侗族风格兼容并蓄的会馆建筑	杨和平：《非遗保护与通道侗戏研究》第15页，苏州大学出版社2015年版
黔阳	江西	1	江西会馆	万寿宫，江西人公馆。清代中叶兴建，宫址占地1000平方米，正面墙宽25米，门坊高8米，为桶形窨子屋。头门立青石方柱，门两侧嵌青石花卉浮雕、泥塑人物；宫内有旧式戏台，台顶内呈斗拱，结构精巧；两侧看楼完整，地面全用青石板平铺	同治《黔阳县志》卷二十六《工书三·亭阁》；黔阳县地方志编纂委员会：《黔阳县志》第587、657页，中国文史出版社1991年版
	湘乡	1	湘乡会馆	又名广济宫	黔阳县地方志编纂委员会：《黔阳县志》第657页，中国文史出版社1991年版
	衡阳	1	衡阳会馆	又名寿福宫，建于清咸丰、同治年间	黔阳县地方志编纂委员会：《黔阳县志》第657页，中国文史出版社1991年版
	长沙 衡阳 邵阳	1	关圣宫	在铁坡山，长沙、衡州、宝庆三府人众建	同治《黔阳县志》卷二十六《工书三·寺观》
	邵阳	1	宝庆会馆	又名太平宫，清代中叶宝庆人公建，占地400平方米，宫内有门坊、戏台、厅室、天井，地面平铺青石板。办有初级小学，专供同乡人子弟读书	同治《黔阳县志》卷二十六《工书三·亭阁》；黔阳县地方志编纂委员会：《黔阳县志》第587、657页，中国文史出版社1991年版

续表

地区	创建	数量	名称	建立情况	资料来源
洪江	江西	2	江西会馆	又名万寿宫,原在洪江洪盛码头,清康熙十五年(1676)买贺姓地基移建洪江大河边桅杆坪。洪江十大会馆之一。支馆南昌会馆,又名洞庭宫,在洪江大河边,清乾隆三年(1738)买梁姓地基创立。神殿三间,后观音堂、客堂,前戏台,台前桂树数株,楼下有朱砂井,境甚清幽	光绪《会同县志》卷十三《形胜·宫馆》;光绪《洪江育婴小识》卷一《识十馆》
	福建	1	福建会馆	又名天后宫,在洪江龙船冲岩码头,正殿祀圣母,后殿供诸佛。洪江十大会馆之一	光绪《会同县志》卷十三《形胜·宫馆》;光绪《洪江育婴小识》卷一《识十馆》
	山西 陕西	1	山陕会馆	又名关帝宫,在洪江龙船冲,大殿前建戏台,右财神殿,左连三官殿,门外青石码头直抵河	光绪《会同县志》卷十三《形胜·宫馆》;光绪《洪江育婴小识》卷一《识十馆》
	贵州	1	贵州会馆	又名忠烈宫,在洪江大河边桅杆坪,系黔省会馆,清嘉庆二十二年(1817)买何、黄、周三姓地基,发脉老鸦坡建造。正殿一座,厅一座,戏台一座。左财神殿,抵街店房数间。洪江十大会馆之一	光绪《会同县志》卷十三《形胜·宫馆》;光绪《洪江育婴小识》卷一《识十馆》
	苏州	1	苏州会馆	在洪江龙船冲,清乾隆三十六年(1771)买杨、彭、粟、程、傅、梁、邓等姓地基创建,门向一甲巷。清嘉庆二十二年(1817)改向龙船冲,建两大厅楼、客堂、戏台,无神像,绘图以时祀之	光绪《会同县志》卷十三《形胜·宫馆》;光绪《洪江育婴小识》卷一《识十馆》
	黄州	1	黄州会馆	又名帝主宫、福主宫,在洪江大河边,清康熙四年(1665)买史姓地基建,殿宇两进。洪江十大会馆之一	光绪《会同县志》卷十三《形胜·宫馆》;光绪《洪江育婴小识》卷一《识十馆》
	安徽	2	徽州会馆	又名新安馆,江浙五府(苏州府、徽州府、池州府、湖州府、宁国府)会馆,在洪江司门口正街,清康熙二十年(1681)创建。支馆有:苏州府馆,在龙船冲,建于清乾隆三十六年(1771);湖州馆,在荷叶街,建于清乾隆四十年(1775)	光绪《洪江育婴小识》卷一《识十馆》

续表

地区	创建	数量	名称	建立情况	资料来源
洪江	安徽	2	青阳会馆	又名九华宫，在老街，建于清嘉庆十九年（1814）；琴溪堂（泾县义园），在小河对岸，建于清道光十八年（1838）。洪江十大会馆之一。另一又名九华宫，在洪江老街。清嘉庆十九年（1814）建正殿，前廊后厅，花园一区，深十三丈，宽四丈余	光绪《会同县志》卷十三《形胜·宫馆》；光绪《洪江育婴小识》卷一《识十馆》
	邵阳 新宁 武冈 城步 邵东 隆回 新化	1	宝庆会馆	又名太平宫，亦名武宝馆，在洪江大河边，清雍正间买贺姓地基建。殿两进，左库房，侧门抵巷，右观音堂、客厅、厢房，窨房一所，右侧门小巷抵街。前戏台、牌楼，门外长巷，码头抵街，并店房八间。洪江十大会馆之一	光绪《会同县志》卷十三《形胜·宫馆》；光绪《洪江育婴小识》卷一《识十馆》
	衡阳	1	衡州会馆	又名福寿宫，位于洪江塘坨正街，建于清道光二十八年（1848）。洪江十大会馆之一	光绪《洪江育婴小识》卷一《识十馆》
	长沙	1	长郡会馆	又名长郡公所，位于洪江牛头冲，清同治七年（1868）建，为湘乡会馆支馆	光绪《洪江育婴小识》卷四《识宛委》
	永州	1	永州会馆	又名濂溪宫，位于洪江巫水路狮子楼1号，始建于清光绪十三年（1887）。坐西朝东，系两进三开间木质穿斗两层楼房	中共洪江区工委宣传部主编：《洪江古商城》第313页，中国文史出版社2007年版
	常德	1	常德会馆	又名正一殿，位于洪江龙船冲	光绪《会同县志》卷十三《形胜·堂殿》
	四川	1	四川会馆	又名川主宫，蓉城公置，位于洪江龙王庙街，始建于清光绪六年（1880）	洪江市志编纂委员会编：《洪江市志》第401页，生活·读书·新知三联书店1994年版
	湘乡	1	湘乡会馆	又名龙城宫，位于洪江新街。洪江十大会馆之一。支馆有：湘阴公屋，在洪江土桥冲，建于清咸丰十年（1860）；长郡公所，在洪江牛头冲，建于清同治七年（1868）。洪江十大会馆之一	光绪《洪江育婴小识》卷一《识十馆》

续表

地区	创建	数量	名称	建立情况	资料来源
洪江	辰州 沅州	1	辰沅会馆	又名伏波宫，在洪江一甲巷，屡毁于火，清乾隆四十二年（1777）重建大殿、戏台，左观音堂，右文昌阁。洪江十大会馆之一	光绪《会同县志》卷十三《形胜·宫馆》；光绪《洪江育婴小识》卷一《识十馆》
	靖州 绥宁 会同 通道 天柱 开泰 锦屏	1	七属会馆	又名关圣宫，始建于清康熙十五年（1676），清康熙四十二年（1703）毁于大火，移于大河边重修。关圣宫后殿系县东阁寺拆卸移建，故曰“古东阁”，为会邑独有之地。支馆有靖州会馆（飞山宫），清嘉庆十七年（1812）建于洪江鳌龙坪。洪江十大会馆之一	光绪《会同县志》卷十三《形胜·宫馆》；光绪《洪江育婴小识》卷一《识十馆》
	靖州	1	靖州会馆	又名飞山宫，位于洪江鳌龙坪，于清嘉庆十七年（1812）建，正殿三间，右文昌阁、财神殿、观音堂，内凿方池，其水源来自后山	光绪《会同县志》卷十三《形胜·宫馆》；光绪《洪江育婴小识》卷一《识十馆》
	湖州	1	湖州会馆	在洪江新街，买叶姓地基，清乾隆四十年（1775）建	光绪《会同县志》卷十三《形胜·宫馆》；光绪《洪江育婴小识》卷一《识十馆》
		1	沱江会馆	又名天王宫，建馆时间不详	朱明霞：《社会变迁中的传统商业会馆——洪江古商城会馆研究》，《文史博览》（理论）2014 年 5 月
	南宁	1	宣化会馆	南宁商人建，建馆时间不详	朱明霞：《社会变迁中的传统商业会馆——洪江古商城会馆研究》，《文史博览》（理论）2014 年 5 月
	麻阳	1	麻阳会馆	又名锦和宫，位于洪江大桥东	蒋学志：《洪江古商城明清会馆建筑研究》，《中外建筑》第 78 页，2005 年第 6 期
	十馆	1	十馆公所	又名大佛寺，在洪江大河边，先为僧雅云建，后十馆集资重修	光绪《洪江育婴小识》卷一《识十馆》
		1	高坡宫	在洪江圝圝坡，先为贺姓私祠，清光绪二年（1876）毁于火，十馆集资重修	光绪《洪江育婴小识》卷一《识十馆》

续表

地区	创建	数量	名称	建立情况	资料来源
永州	江西	1	江西会馆	又名旌阳宫，在愚溪，豫章乡祠。建于清道光、咸丰年间	道光《永州府志》卷六《秩祀外志·零陵》；零陵地区地方志编纂委员会：《零陵地区志》第237页，湖南人民出版社2001年版
	福建	1	福建会馆	又名天后宫，在训导署左，闽人乡祠。建于清道光、咸丰年间	道光《永州府志》卷六《秩祀外志·零陵》；零陵地区地方志编纂委员会：《零陵地区志》第237页，湖南人民出版社2001年版
	衡阳	1	衡阳会馆	又名南岳宫，建于清道光、咸丰年间	零陵地区地方志编纂委员会：《零陵地区志》第237页，湖南人民出版社2001年版
	邵阳	1	邵阳会馆	邵阳帮建于清道光、咸丰年间	零陵地区地方志编纂委员会：《零陵地区志》第237页，湖南人民出版社2001年版
祁阳	江西	2	江西会馆	一处在朝京门大街，又名万寿宫，清康熙三十七年（1698）豫章客民建，祀旌阳真人，规制宏敞，凡官师祝厘大典俱在彼处习仪行礼。一处在文明铺镇大兴街下街，为江西商人于明末清初集资修建	乾隆《祁阳县志》卷六《寺观》；民国《祁阳县志》卷五《礼典志》；罗炳升：《文明铺江西会馆记》，《祁阳文史资料》第5辑，1988年12月
道县	江西	1	江西会馆	又名万寿宫，在东门外	嘉庆《道州志》卷二《建置·寺观》；道光《永州府志》卷六《秩祀外志·道州》；光绪《道州志》卷二《建置志·寺观》
	福建	1	福建会馆	又名天后宫，在城内。清嘉庆十六年（1811）建	嘉庆《道州志》卷二《建置·寺观》；道光《永州府志》卷六《秩祀外志·道州》；光绪《道州志》卷二《建置志·寺观》
	长沙	1	长郡会馆	在州治后，清光绪三年（1877）湘乡黄家茂捐资创建，立李真人像以祀	光绪《道州志》卷二《建置志·祠庙》

续表

地区	创建	数量	名称	建立情况	资料来源
宁远	福建	1	福建会馆	又名天后宫，在南关外状元坊陈家巷，福省客民于清乾隆三十二年（1767）买地建立，上下二座，左右两廊，中为庭，有台，周围墙垣，有香田，勒于碑。神应著验	嘉庆《宁远县志》卷五《祀典志》；道光《永州府志》卷六《秩祀外志·宁远县》；光绪《宁远县志》卷二下《建置·祠祀》
	宜章临武	1	昭德侯祠	在西关内。大殿一座，串堂三间，左侧厢房二间，前为庭，有台在头门内。宜、临二邑客民买田姓地同建，香田五十亩，载碑记	嘉庆《宁远县志》卷五《祀典志》；光绪《宁远县志》卷二下《建置·祠祀》
	零陵祁阳东安	1	三元宫	零陵、祁阳、东安商民公建	光绪《宁远县志》卷二下《建置·祠祀》
	衡州	1	南岳行宫	衡州商民公建	光绪《宁远县志》卷二下《建置·祠祀》
新田	江西	1	江西会馆	又名万寿宫，在城关镇	湖南省新田县商业局编：《新田县商业志》第238页，1992年4月
	福建	1	福建会馆	又名天后宫，在城关镇	湖南省新田县商业局编：《新田县商业志》第238页，1992年4月
	江西永新	1	禾川会馆	在城关镇	湖南省新田县商业局编：《新田县商业志》第238页，1992年4月
	衡阳	1	衡阳会馆	又名南岳宫，在城关镇	湖南省新田县商业局编：《新田县商业志》第238页，1992年4月
	常宁	1	常宁会馆	在五乡圩	湖南省新田县商业局编：《新田县商业志》第238页，1992年4月
	祁阳	1	祁阳会馆	在五乡圩	湖南省新田县商业局编：《新田县商业志》第238页，1992年4月
江华	江西	1	豫章宾馆	在东关外，建自清乾隆三十一年（1766），重檐复阁，绵亘半里，内奉轩辕帝及许真君诸像，右有观音堂，左有天符、青竹二庙，并置田一百二十九工三分，铺屋十六所，以为祭祀修理之费	同治《江华县志》卷二《建置志·公署》

续表

地区	创建	数量	名称	建立情况	资料来源
江华	福建	1	福建会馆	天后宫，在东关外半里许，系福建商民客馆	同治《江华县志》卷二《建置志·坛庙》
	闽粤赣客家人	1	客边会馆	在县城沱江镇，清光绪十年(1884)创建。民国十九年(1930)创办私立凝香小学，中华人民共和国成立后改建为第二人民医院	黄纯彬：《湖南江华县客家情况调查》，嘉应学院客家研究所《客家研究辑刊》2005年第1期
	永州	1	零陵会馆	又名黄溪庙，在典史署左，祀护国真人，清嘉庆间零陵商民合建	同治《江华县志》卷二《建置志·坛庙》
吉首	江西	2	江西会馆	又名旌阳庙、水府庙。一在乾州厅城东土垣内，一在城东二里。江西客民建以祀旌阳令许公逊	乾隆《辰州府志》卷丨八《坛庙考·寺观》；乾隆《乾州志》卷二《祀典》
	福建	1	福建会馆	又名天后宫，在吉首市乾州古城	欧阳晓东主编：《湖南老街》第476页，湖南文艺出版社2012年版
	衡阳邵阳	1	衡宝会馆	又名寿福宫，在吉首市乾州古城	中国人民政治协商会议湖南省吉首市委员会学习文史委员会编：《乾州史话》第45页，2004年12月
	辰州沅州	1	辰沅会馆	又名伏波宫，位于吉首市向阳街筏子铺，建于明代，清乾隆六十年(1795)毁于兵燹，清嘉庆三年(1798)重建	吉首市志编纂委员会编：《吉首市志》第816页，湖南出版社1996年版
泸溪	江西	1	江西会馆	又名水府庙、豫章会馆，在浦市河街，江西客民建以祀旌阳令许公逊	乾隆《辰州府志》卷十八《坛庙考·寺观》
	安徽	1	徽州会馆	在浦市正街，徽州客民捐资购建	乾隆《辰州府志》卷十八《坛庙考·寺观》；乾隆二十年《泸溪县志》卷十四《坛庙》
	福建	1	福建会馆	又名天后宫，在浦市西街，福建客民捐资购建	乾隆《辰州府志》卷十八《坛庙考·寺观》；乾隆二十年《泸溪县志》卷十五《寺观》
	浙江	2	浙江会馆	又名三元宫，一在城西高家坡，一在浦市河街，浙江客民捐资购建	乾隆《辰州府志》卷十八《坛庙考·寺观》；乾隆二十年《泸溪县志》卷十五《寺观》
	山西陕西	1	山陕会馆	在浦市河街，山陕客民捐资共建。邑令王光夔题《重修河街关夫子庙碑记》	乾隆《辰州府志》卷十八《坛庙考·寺观》；乾隆二十年《泸溪县志》卷十四《坛庙》

续表

地区	创建	数量	名称	建立情况	资料来源
泸溪	贵州	1	贵州会馆	黔王庙，在浦市	光绪《沅陵县志》卷十四《坛庙·寺观附》
凤凰	江西	2	江西会馆	又名水府庙、旌阳庙，在城东二里，江西客民建，祀旌阳令许公逊。一处在吉兴镇，系江西人会馆	乾隆《辰州府志》卷十八《坛庙考·寺观》；道光《凤凰厅志》卷四《坛庙》；凤凰县志编纂委员会编：《凤凰县志》第53、329页，湖南人民出版社1988年版
	福建	1	福建会馆	在沱江镇东正街，清咸丰年间闽商购建	光绪《凤凰厅续志》卷四《坛庙》
	邵阳	1	邵阳会馆	禹王宫，设沱江镇城隍庙	凤凰县志编纂委员会编：《凤凰县志》第329页，湖南人民出版社1988年版
	四川	1	四川会馆	川主宫，设沱江镇沙湾，系四川人会馆	凤凰县志编纂委员会编：《凤凰县志》第329页，湖南人民出版社1988年版
	缝纫业	1	轩辕会	敬奉轩辕帝，尊轩辕帝为做衣裳的祖先	凤凰县志编纂委员会编：《凤凰县志》第329页，湖南人民出版社1988年版
	木工业	1	鲁班会	敬奉鲁班先师，会址为木工祭祀聚会之所	凤凰县志编纂委员会编：《凤凰县志》第329页，湖南人民出版社1988年版
	铁业	1	老君庙	敬奉太上老君为祖师	凤凰县志编纂委员会编：《凤凰县志》第329页，湖南人民出版社1988年版
花垣	江西	1	江西会馆	又名水府庙，在城西北七十里花园东，清乾隆二十七年（1762）江西客民建以祀旌阳令许公逊	乾隆《辰州府志》卷十八《坛庙考·寺观》
保靖	江西	4	江西会馆	万寿宫，在县西十字街，一名江西会馆。在九都茅沟寨永和场、十二都里耶、十三都芭茅寨，都建有江西庙	同治《保靖县志》卷六《祀典志·会馆》《祀典志·乡都祠庙》
	福建	1	福建会馆	天后宫，在县西滥泥湾，一名福建会馆	同治《保靖县志》卷六《祀典志·会馆》
	浙江	1	浙江会馆	在县西北坝溶，一名浙江乡祠	同治《保靖县志》卷六《祀典志·会馆》

续表

地区	创建	数量	名称	建立情况	资料来源
永顺	江西	3	江西会馆	一处在东门外，清乾隆年间江西绅商公建，清嘉庆二十三年（1818）重修，门外立石坊一座，知府福顺题额，殿左建嘉会堂。又左为萧、晏二公祠，真君殿后为财神殿、观音堂。一处在王村河码头上。一处在灵溪镇万寿街，建于清代	同治《永顺县志》卷三《典祀志·秩祀》《典祀志·寺观》；民国《永顺县志》卷九《建置志·寺观》；万里主编：《湖湘文化大辞典》第1829页，湖南人民出版社2006年版
	福建	1	福建会馆	又名天后宫，在城内北隅	同治《永顺县志》卷三《典祀志·秩祀》
龙山	江西	1	江西会馆	又名万寿宫，在城正南，江西省人建	嘉庆《龙山县志》卷六《祠庙》；光绪《龙山县志》卷十《祠祀下》
	常德	1	常德会馆	又名东岳宫，在城正西，附祀三间大夫，又称三间宫、三间庙，常德府人建	嘉庆《龙山县志》卷六《祠庙》；同治《永顺府志》卷五《秩祀续编·坛庙》；光绪《龙山县志》卷首《县境全境图》；光绪《龙山县志》卷十《祠祀下》
	长沙	1	长沙会馆	又名南岳宫、星沙会馆，在城西南，附祀唐雷将军万春，长沙府人建	嘉庆《龙山县志》卷六《祠庙》；同治《永顺府志》卷五《秩祀续编·坛庙》；光绪《龙山县志》卷首《县城全境图》；光绪《龙山县志》卷十《祠祀下》
	邵阳	1	宝庆会馆	又名宝灵宫，在城东北，祀关圣大帝，宝庆府人建	同治《永顺府志》卷五《秩祀续编·坛庙》；光绪《龙山县志》卷首《县境全图》；光绪《龙山县志》卷十《祠祀下》
	辰州	1	辰州会馆	又名黑伏宫、南将军庙，在城正北，祀唐南霁云，汉马伏波将军配祀，辰州府人建	嘉庆《龙山县志》卷六《祠庙》；光绪《龙山县志》卷十《祠祀下》
	常德	1	朗江会馆	又名三间宫、三仪宫、东岳宫，清乾隆年间常德人所建，位于龙山县民安镇朝阳西路。坐北朝南，由正门和前、中、后三殿组成	万里主编：《湖湘文化大辞典》第1834页，湖南人民出版社2006年版
古丈	江西	1	江西会馆	又名万寿宫，在本城下街，商人江西会馆	光绪《古丈坪厅志》卷三《舆图汇说·说庵坛寺观》

续表

地区	创建	数量	名称	建立情况	资料来源
张家界	江西	1	江西会馆	在河街，江西人建	同治《续修永定县志》卷十《寺观》
	四川	1	四川会馆	又名西蜀宫，为田、王、许、廖、何、庹、谭七姓公立，皆四川籍也	民国《永定县乡土志》下篇卷三《地理第六》
慈利	江西	3	江西会馆	一处在县正街；一处在溪口市，清康熙中建，有田租十石零；一处在九溪城内东南，即豫章会馆，有田租二百余石，民国时，拨设国民学校一所	民国《慈利县志》卷九《教育》、卷十一《祠祀·寺观表下》
		1	金临会馆	又名财神殿，在江垭市后	民国《慈利县志》卷十一《祠祀·寺观表下》
桑植	江西	6	江西会馆	一在县城，一在南岔，一在凉水口，一在廖家村，一在上河溪，一在官地坪	同治《桑植县志》卷首《县境舆图》；桑植县地方志编纂委员会编：《桑植县志》第566—567页，海天出版社2000年版

第三节　湖南各地商业会馆简介

3.1　江西会馆

江西会馆，江西商人所建，又名万寿宫，或称许仙祠，亦称江西庙、江西同乡会馆、豫章会馆等，曾经遍布全国各地城乡，乃至新加坡、马来西亚等国家，是我国会馆文化的杰出代表。

万寿宫主要祭祀江西人心中的神——许逊，即许真君。据文献记载，许真君，原本姓许名逊，字敬之，祖籍河南汝南。东汉末年，社会动乱，其父许肃避战乱迁居江西南昌。三国吴赤乌二年（239），许逊出生于南昌县长定乡益塘坡。相传许逊生性聪颖，博通经史，精医理道术。西晋太康元年（280）许逊四十二岁，出任四川旌阳县令。他近贤远奸，居官清廉。经十年的精心施政，把旌阳这个岁岁饥馑、野有饿殍的地方，治理得政良俗美，生产发展，社会安定，户口繁衍。当时旌阳一带疫病流行，许逊为民治病，药到病除。因此，旌阳县民无不对许逊感恩戴德，爱之如父母，仰之如日月。

许逊辞官归隐之后，在江西南昌逍遥山桐园修道，为道教净明忠孝派创始人。当时江西各县洪水为患，许逊组织群众治水救灾，多措并举，标本兼治，成效显著。古时，由于人们对大自然认识的局限，以为洪水肆虐是蛟龙兴风作浪，因此，许逊被附会成了充满传奇经历和迷信色彩的神仙道长，人称“江西福主”。为表彰其功德，东晋朝廷将旌阳改名为德阳，乡人在其桐园故居建立“许仙祠”供奉纪念。南北朝时“许仙祠”升格为“游帷观”，宋真宗赐名并亲笔题“玉隆万寿宫”。唐宋时期，随着江西在南方的昌盛，江西商人和移民不断向湖南、湖北和云南、贵州、四川一带迁徙繁衍。明清时候，江西经济发达，赣籍商人行走全国，经营瓷器、茶叶、大米、木材和丝绸。赣商所到之处，大兴土木，兴建江西会馆——万寿宫，供奉福主许真君。可以说，江西人走到哪里，万寿宫就建到哪里；哪里有江西人，哪里就有万寿宫。

3.1.1　长沙·江西会馆

长沙江西会馆始建于明代晚期。明末，长沙古城宫署祠庙多遭兵燹，江西会馆同样在劫难逃。清初，万寿宫逐渐恢复并扩大，清顺治时期又被僧侣占据居住，导致宫殿破乱不堪。至清嘉庆、道光年间，江西籍人士纷纷捐资对长沙万寿宫进行修复，恢复其原貌，修复后的万寿宫初具规模，“广袤百余丈，高峙省垣，收衡岳、湘江之胜”[1]。祭祀、演戏、议会的场地俱全，“中为真君殿，两旁廊庑，前建戏楼坊表。殿后为至斯堂，乡官宴集于斯。西为公正堂，乡有公事，集议于斯”[2]。

光绪《善化县志》卷三十《祠庙·会馆》附《万寿宫碑记》：

> 万寿宫赐名于宋，祀许真君，实江乡福神，而各府官幕、商贾来南崇奉以为乡馆者也。按：真君，江西南昌人，名逊，为晋旌阳令，弃官修道。时有蛟孽将为江患，与其徒仗剑追至长沙，蛟化为人，赘昭山贾宅，生二子，逊见之，仍复其形，二子亦化为小蛟，逊随仗剑追及湘江，以铁物镇之，蛟患遂平，可谓捍灾御患，有大功于斯土者。
>
> 县治西有万寿宫，由来旧矣。明末寇乱毁于兵。国朝顺治四年为僧占住，理于官，得直，其后渐恢而大之。嘉道间，岁久物敝，众醵赀庀材，大兴厥工，积数年蒇事，地因旧址，广袤百余丈，高峙省垣，收衡岳、湘江之胜。中为真君殿，两旁廊庑，前建戏楼坊表。殿后为至斯堂，乡官宴集于斯。西为公正堂，乡有公事，集议于斯。沿旧更新，费若干缗，以其余

1 光绪《善化县志》卷三十《祠庙·会馆》

2 光绪《善化县志》卷三十《祠庙·会馆》。

赀，增置义园于各郡，附以庄田，取其租值，以充岁修祭祀之赀，经营规画垂二百年。

但长沙虽首郡，商贾生计恒绌于常、澧、衡、湘。咸同年间，公务支绌，馆殿榱桷，不无朽坏。董事集议，筹捐经费，聿焕新猷。后之来者，重念真君仙迹之所寄，及前后诸董事缔造之艰难。继继绳绳，毋坠厥绪，则真君之福贶，岂有涯哉！

馆之东，为洪家井，南昌衣行之文昌阁，并奉轩辕神位；东南黎家坡，为临郡仁寿宫，祀萧公，附以药王；西则抚郡之昭武馆；最近则石阳、安成二馆，石阳馆旧有观音堂，为吉安合郡故址，以庐陵首邑，遂统于石阳。而乡馆峙其中，各郡邑馆环而拱之，远则不过半里，近则百数十步，地相联、情相接也。因各有助于乡馆，不可无载，故并记之。

万寿宫五府田山，善邑一都东字十五区，田亩粮饷册载豫章江寿。又义山一障，南关外上林子冲义山一障。

南昌府南邑宝福堂，一都杨字八区新塘坡坟山一大障，四围界石。南昌衣行，八都石马铺黑塘冲坟山一障，田塘粮饷册载。南昌、丰城，合买浏阳门外林子冲接连坟山两障，地名南丰山内，田塘粮饷册载。南昌衣行、轩辕六成堂药行，置买东关外茶园坡坟山一障，东西两边寄仑分水上，南至土埂下，西北至抚州公山，西各至临江公山。又丰城县老鲁班堂，善邑一都杨字八区萧家冲坟山一障，上自寄仑分水，下至田，左右至埂为界。丰城龙光堂、松柏堂，义山南门外烂泥冲丁家垄乌龟塘公山，北抵临江公山，东抵唐姓山，西南抵李姓寄仑大塘，周围三百五十丈。又南昌新庆堂，青山庙坡山一障，接连东岸山一障，粮饷田山册载私庙；塘一口，地名茅塘冲，今更魏家冲，粮载善邑八都钟字四十七区，册名蒋友恭。

临江府仁寿宫，建于咸丰丁巳岁，前门黎家坡，后至樊西巷，董事陈仰顺倡修，仁寿庄田、公山，长邑鹅公岭，田在万家冲河西都五甲八区，粮饷册载豫章清邑。又长邑东关外黄花市，田在杨家山万都六甲六区，饷册载临仁寿。又善邑南关外涂家冲营盘山，田山接连五障，八都上字一区，饷册载仁寿遐龄。又善邑南关外冷水坡，田山八都白字五十六区，饷册载临清邑。又南关外大椿桥交界横冲琵琶山公山一障，又东关外茶园坡公山一角与南府公山连界。

吉安府公山，南关外雨花亭犁头山一障，善邑八都新字五区，册名注。又石阳安成公置雨花亭庄屋、田塘，八都新字五区，粮饷册载。吉安府公山、庄屋，东关外广济桥路口西岸山一块，一都广字六区，册名注。又石阳安成公置东关外杨家山一障，长八十八丈，周围二百一十九丈，一都樟字十区，册名注。又石阳置东关外杨家山庄屋、地基、田、塘、园，一都樟字十区，册名注。又安成置东关外林子冲山一块，横向卯酉，正向午子，并庄屋一栋。

抚州昭武馆，南关外善邑八都羊羖冲庄屋一所、义山一障，粮饷册载。又东关外一都九区，饷册载蒋彤云。又东关外阿弥岭义山一障，杨家山义山一障。

瑞州府山田，善邑南关外沙湖桥义山，东至大路，南至田边小路，西至山岭，北至路为界。又善邑八都新字外五区山田，粮饷载册，南至金盆庙园，西至大路，北至大塘口，东至壕坑鹅嵛山小边为界。又善邑东路三字墙义山一障，南齐山塘，西至大路，北至山边，东抵田为界。

长沙江西会馆在十一铺铜铺街，现天心区铜铺街小学所在地。铜铺街小学原来大门朝南，面铜铺街而开，门前有一对石狮，为江西会馆遗物。后来该校将南门封闭，而石狮则闲置于铜铺街旁。石狮系花岗岩雕刻，左雄右雌，高大威猛，正面宽 72 厘米，侧面长 108 厘米，高 180 厘米，蹲踞在高 10 厘米的基座之上，两眼圆鼓，口含绶带。雄狮往右侧微昂，右前爪玩一绣球；雌狮往左侧微昂，左前爪抱一幼狮。工艺精美，造型生动。1994 年，长沙市博物馆进行文物普查时，发现石狮因饭店烟熏火燎，严重污染，面目全非，遂报告长沙市委宣传部，拟将其运到博物馆予以保护。该校获悉后，力争将石狮运回学校，并呈文承诺保护好石狮。翌日，学校即为石狮清洗油烟污垢，披红挂彩，敲锣打鼓，迎至教学楼前。同年 12 月 5 日，国家文物局专家组来到铜铺街小学，鉴定这对石狮为国家一级文物，评价其“造型独特，气势雄浑威猛，栩栩如生，具有鲜明的地方特色”，并判断这对石狮为清前期或以前遗物。至今，这对石狮仍安放在铜铺街小学教学楼前。

会馆有佚名联：“胜迹枕金台，画栋飞云，重开宾馆；故宫寻铁柱，羽殇醉月，同话乡关。”晚清湖南新化文人周芍衫撰联：“塔影栖深丛树隐，钟声飞下一江秋。”近代古文家、诗人吴恭亨撰长沙江西会馆戏台联：“寿域寿人寿杯，春酒万寿；新民新国新剧，舞台一新。”

今有长沙《江西会馆记》：

江西会馆，旧为万寿宫，乃身在异乡之江西商贾联络、计议之所也。馆以人名，人因馆盛。

宋元以降，江西生齿之繁，经营之盛，赋税之浩，虽江浙不遑多让；元末明初，湖广填四川，江西填湖广，赣人如过江之鲫，播迁四方，经营天下；迨乎明清，江右商帮以其人数之众、操业之广、渗透之强，为世人瞩目，隐然跻身天下三大商帮。明时各省在京会馆见于典籍者凡四十一所，居各省之首。

赣湘同源，尤冠他省。谚云：“一个包袱一把伞，跑到湖南当老板。”于是，景德之瓷，辉照岳府；临川之笔，名驰长沙。当其时也，太平、下河、坡子之街，赣商攒动，摩肩接踵；药材、烟草、大米、茶叶、纸张、夏布之属，多货自江西，蔚为大观。至于洪江之衢、衡阳之滨，江西会馆层台耸翠，飞阁流丹，遗韵余响，至今犹存。

岁在乙丑，时维三秋，湖南赣商，爰建商会。感念前辈，辛苦勉劳；勉我同侪，慨当以慷。问斯人安在？而旧馆难寻。乃于太平街西，贾谊居前，择定吉时，再立新馆。三湘神灵，福佑我侪；今日赣商，宏图定展。是祈！[1]

3.1.2 望城靖港·江西会馆

作为商贸重镇的靖港，江西人往来频繁，人数众多。清道光年间，一个姓匡的江西人外出卖秤，游走到了靖港。看到这里街上人多、河里船多，便借地方住了下来。此后，他在靖港落籍、开店、发财。消息传到江西，引发了一波江西人来靖港创业的热潮。清末民初，精明的江西人在靖港开的秤铺有匡记、刘记、肖记等五家，药铺有易寿堂、王吉泰、熊泰康等多家，银铺有刘天保、黄铜丰、黄得成等七家，皮行有何东海、何东江等四家。

靖港江西会馆，在保安街 68 号附近，靖港江西商人于清光绪初年筹资购置，四进、五开间房屋，前进为正殿，二进供奉普天福主——许真君神像，三进和四进是办公和住宿的地方。

会馆每年组织举行三次活动。一是正月二十八日，这是许真君的生日。江西人在菩萨面前三跪九叩，然后聚餐。二是清明扫墓。先由会馆组织对江遥祭先祖，之后分散各自扫墓。三是七月十五日举办盂兰会。这天在会馆里有拜忏、放焰口、烧纸焚香等活动，还请戏班演出《目莲救母》，热闹非凡。

会馆为过路的江西人提供食宿，对落难的江西人提供回家的路费。费用来源，一是出租房屋，二是同乡交纳会费。首事除了主持馆内大事外，平时还要处理一些江西商铺、商人与本地官私关系的事务。

时光流逝，岁月沧桑。靖港江西会馆已不复存在，仅留下一堵斑驳的青砖墙。

---

1 罗毅：《江西会馆记》，《华商》第 92 页，2009 年第 11 期。

3.1.3　望城乔口·江西会馆

望城乔口江西会馆，位于长沙市望城区乔口镇古正街158号，清乾隆十三年（1748），江西籍商人林、谢、敖三姓合建。会馆坐北朝南，前后两进。第一进正殿原供奉许真君，清嘉庆初年改为供奉关圣帝君，第二进中军菩萨端坐正中，十八罗汉分布两边。大殿对面有一座戏台，麻石柱、木地板、木格围栏，斗拱飞檐，为南方常见戏台，可容观众千人以上。戏台前沿雕刻福、禄、寿三星和花鸟图案，背板雕刻麒麟，藻井雕刻金龙，背面石柱刻有对联："对景忽生归棹想，登楼常作故乡看"，反映了江西商人浓浓的思乡情结。

乔口江西会馆有一百多石田产，有马家坝、江西园、清水奇、萧家山四处山地。每年九月中军菩萨生日举办庙会，举行祭祀，请长沙湘剧班唱戏。中华人民共和国成立前，乔口聂春和药号老板聂其昌担任过几届总管。相传，乔口江西会馆是一处风水宝地，为阻断会馆风水，乔口刘姓在会馆东边筑高台、建粪池，并将乞丐、穷人集聚在此。

1967年，神像被毁，会馆收归乔口大队集体所有，作为草袋厂、麻袋厂，1974年由乔口公社收回作为乔口纺织厂。现已重新修缮并对外开放。今人题乔口江西会馆联："会馆是前身，曾便江西商旅文人，走马来楼，振衣聚友；关公临大殿，更邀世外中军罗汉，同开泰运，广护黎民。"

3.1.4　浏阳·江西会馆

浏阳江西会馆有多处。同治《浏阳县志》卷十二《祀典四·祠庙》："许真君庙，祀晋旌阳令许逊，东城外一。南城一，毁于火。嘉庆二十一年江右客民谋就毁址重建。知县谢希闵谕止。今仅存西偏。按：许逊，字敬之，举孝廉，拜蜀旌阳令，以晋乱弃官游豫章，除蛟蜃害，宋封神功妙济真君，旧祀铁柱宫，嘉靖后改称妙济万寿宫。国朝嘉庆八年，封灵感普济之神，岁春秋致祭于南昌县。今江右商民多立庙祀，仍称万寿宫云。"县东"陈家坊一，众姓捐基建。高坪一、张家坊一"，县西"普迹市一、枨冲市一"。

浏阳大围山镇东门市江西会馆坐西朝东，始建于清雍正五年（1727），为青砖石柱木梁结构，单列四进宫殿型。沿中轴线依次为门厅、天井院落、戏台庑殿、正殿、配殿。正殿供奉许真君，配殿设土地祠和五显祠。因宫内有三庙，故亦称东门三庙。清道光年间，在庙后建观音阁。清光绪三年（1877），又拓展会馆面积，新建灵官祠，并将观音阁迁移到灵官祠之西。清光绪末，东门市成立商会，会所设江西会馆。[1]民国时期，会馆内演出戏剧，常吸引多人观看。民国十九年至二十年（1930—1931），上东区苏维埃政府设于会馆内。现在会馆主体建筑依然保存。

---

1 谢建辉主编：《长沙老建筑》第92页，五洲传播出版社2006年版。

3.1.5 宁乡·江西会馆

宁乡江西会馆，一在宁乡县城，清康熙三十一年（1692），江西南昌、临江、吉安、瑞州、抚州五府人，买萧忠芝房屋基地建。清乾隆四十四年（1779），南昌府人从江西会馆分出另建南昌会馆，馆址在宁乡北正街。清道光时重修万寿宫，前栋外为头门，内凡三栋；后栋西边立敦睦堂，供旅宁亡人；神主后有园，倚金台山。清光绪十六年（1890）正月十六日大火，存者仅头门、戏台及后栋西边之敦睦堂与厨房。清光绪十七八年，募捐万余元修复，清光绪二十三四年竣工。馆内善举，年终分同乡年米，死者发棺木，暑期施药散。又有救火水龙会，四年一轮之盂兰会，系陈润溪倡捐。又与苏闽合办联合小学校。又自通安门外至关王桥石街，咸丰中赣人陈正春独修。一在黄材下市，赣商公建。

3.1.6 攸县·江西会馆

攸县江西会馆有两处。一处位于北城，清康熙四十六年（1707），江西客商公建，后由僧简臣募修。清乾隆戊午（1738），由僧愚可复修。一处在民都新市镇，为江西铺商会馆，安福彭诗观、陈以政、刘日庄，清江陈永锡，太和王顺武等接董姓基地倡建。城北江西会馆为攸县最早的同乡会馆。清嘉庆四年（1799），江西客商集资重建江西会馆（今县法院所在地）。由于地处低洼并有池塘，本地人又刁难不许填入攸县泥土，江西客商遂用船装来客土块煤填平，得以建成。江西会馆资金雄厚，拥有不动产田 400 余亩，铺面 60 余间。除会馆外，还设有豫章公所和豫章学校。

3.1.7 茶陵·江西会馆

茶陵江西会馆位于县城七总街（今洣水街），建于清顺治年间。民国初名江陵会，凡在茶经商的江西人交银元一块即可入会。江陵会的主事机构为首士会，由会员推举德高望重者担任首士，负责会务，并设有义渡会、烧包会、招牌会，各司其职，各负其责。义渡会负责设立并管理茶陵至江西必经渡口的义渡；烧包会负责每年中元节烧“冥钱包”，以荐飨客死茶陵的同乡；招牌会负责商店字号的统筹安排，并处理由此引起的纠纷。此外，按原籍还成立吉安籍的吉陵会、泰和籍的西昌会、安福籍的咸昌会等分会。每年农历八月初一至十五日，江西旅茶的各县同乡会轮流在会馆聚餐议事，公祭许真君。民国二十六年（1937）改称江西省旅茶同乡会，民国二十六至三十八年（1937—1949），胡道南、谢德昌、黄子愚先后担任理事长。1949 年 9 月，同乡会停止活动。

1927 年 11 月 19 日，谭震林发起成立茶陵县总工会，会址设在江西会馆。

会馆现存一进两栋楼房，坐北朝南，前栋两层各十间，左侧栋两层各四间，均为砖木结构。两栋之间为一坪地，中间有一水井。

3.1.8　炎陵・江西会馆

据同治《酃县志》卷五《营建・祠庙》记载，炎陵江西会馆有两处：一处在南城内。一处在东乡十二都沔渡，清乾隆年间，尹畤五、刘奎伍倡建；清嘉庆十三年（1808），周先扬、曾兴泰等同修；清道光十六年（1836），尹执中、王成仁、刘春魁重修。同治《酃县志》所记东乡十二都沔渡江西会馆，应为现存十都江西会馆。十都江西会馆，坐西朝东，砖木结构，分牌楼、正门、戏台和中厅、后厅，建筑面积535.5平方米。主神为炎帝神农氏，副神为许真君。之所以没有将许真君列为正神，是因为炎陵是炎帝归葬之地，炎帝神农氏是许氏之始祖，故江西会馆将炎帝列为正神，许真君位列次之。这应该说是全国所有江西会馆里唯一的例外。1928年4月24日，毛泽东率领的秋收起义部队与朱德率领的南昌起义部队在炎陵县十都江西会馆会师，史称"朱毛第一次会面"。

1979年毁于大火，仅存残垣断壁。2013年修复工程正式启动，2015年主体工程基本完工，具备对外开放条件。

3.1.9　醴陵・江西会馆

醴陵江西会馆，在县城西后街，明代西帮创建，清乾隆年间重修，清光绪元年(1875)复修，内祀许真人逊。知县崔斌撰联云："冠盖我来迟，看石断刀横，父老犹能谈往迹；江湖功不朽，正蛟颠鼍喷，先生何计策安澜。"[1] 计管店房数所，田一石有奇。凡赣人落拓于醴者，佽以川资，病给医药；死无所归者，则畀以棺槥。据民国《醴陵县志》记载，醴陵东南西北四乡及县城共建有江西会馆17所，以县城西后街江西会馆规模最大，惜已不存，"它如治东官寮、白市、普市、王仙、枧市，治南美田桥、泗汾、豆田，治西神福市、攸坞、石亭、昭陵，治北东冲铺、板杉铺、花草桥、渌口，皆创建之。规模之大小虽不一类，皆以联乡谊为帜志"[2]。

3.1.10　醴陵美田桥・江西会馆

醴陵美田桥江西会馆，始建于明代，又名豫章会馆，为江西赣帮集资创建。经过修复，大体保存原貌。

美田桥，位于醴陵市沈潭镇东南边陲，东与江西萍乡接壤，是一个历史悠久的村级小镇。清道光年间白衣秀才杨白蔚有《次美田桥》诗："自笑踪无定，飘蓬到美田。土音萍醴杂，茅屋市村连。十里山如画，中秋月渐圆。饱看吾不厌，桥水淡清涟。"描绘了美田桥土客相融、商业兴旺、风光秀美、山水如画的景象。

---

1 民国《醴陵县志・建置志・公所》。

2 民国《醴陵县志・建置志・公所》。

美田桥村历史厚重，一条曲折悠长的古街穿堂而过，一头是湖南，一头是江西。明清至民国时期，这里曾经是远近闻名的货物交易集散地。街市的形成，主要得益于这里的江西会馆。

会馆位于市集中段，为三进三开间。山门临街，进入山门即为戏台，两厢为双层观戏长廊。正殿外檐挂“玉隆宫”木额，内供许真君像，冕服捧圭，庄重威严，上方悬“圣恩万古”木匾。厅中石柱镌刻长联：“万民蒙恩泽，治洪降孽除暴安良，凶涛骇浪咸就范；寿宇沐神庥，施药行医驱妖净氛，魑魅魍魉尽潜行。”左右为配殿，附祀包公和南岳老爷，上方各有“驱邪辅正”和“气冲斗牛”木匾。侧墙各有一圆拱形边门，左题“爽挹西山”，内祀关圣帝君；右题“春生南海”，内奉观音大士和十八罗汉。

每年农历二月十八日和八月十二日，传说是许真君生日和得道飞升之辰，附近十里八方迎神赛会、唱戏表演，狮舞龙跃、鼓乐喧天，人山人海、水泄不通。戏台上演绎着惩恶劝善的故事，集市上充斥着一方丰饶的物产，热闹非凡，流连忘返。

会馆戏台建筑别致，虽屡经拆建，但保留的花岗石柱，仍能显示出当年的雕栏玉砌、宏伟壮观。石柱有联曰：“楼台增胜景，悦见珠帘画栋飞南浦云；山水有清音，好将金钹玉箫唱西江月。”横额为：“观照凡尘。”戏台中央上方为八角形藻井，后壁高悬“学好样”三个大字，为清道光年间举人陈钟山所题。名人古训与戏台的教化功能浑然一体。戏台虽然建了又拆，拆了又建，历尽沧桑，但这块警世的金字牌匾依然高悬，代代相传。

会馆左边入门叫“吉祥第”，迎面一联叙说美田桥的景观，道是：“五里九桥十陂联鸳鸯，一排二凤三江聚美市。”其中“陂”即“水坝”，“排”指美市地势建筑居高连片，“凤”意为会真山如彩凤居前，“三江”实为三条溪涧，均是渌水的小支流。

3.1.11 湘潭·江西会馆

在湘潭所建的会馆涉及全国 13 个省，其中数量最多的是江西省，有 20 所。

湘潭江西会馆为官商共建，有四处：一处位于十总正街，建于清顺治七年（1650），店堂馆园最为壮阔，修饰辄用十万金，尚存牌楼和夕照亭。一处位于十二都，在易俗河，已毁。一处位于十七都，在石潭，已毁。一处位于花石镇，已毁。

现存江西会馆位于湘潭市十总正街，坐北朝南，其前身是宋徽宗宣和年间建于昭山的旌阳观。清顺治七年（1650），江西南昌等地客商在湘潭河街之左（今十总正街），重建许旌阳祠，曰“万寿行宫”，故许旌阳祠又称万寿宫。重建后的许旌阳祠名义上是祀奉许逊，事实上是江西旅潭商人的会馆，故又称江西会馆。清乾隆时，江西商人出银十万两，增建殿堂馆园，规模更加宏大。

湘潭江西会馆是园林式建筑，主要建筑物有牌坊、正殿、花园等。牌坊高 12 米，宽 5 米，四柱五楼，花岗岩和汉白玉结构。中门左右置抱鼓石，两边立石狮。顶檐下楷书“江西会馆”四字门额，五龙盘边，四周饰蟠龙、凤凰、异兽、人物、传统花纹等浮雕、镂雕，脊角鸱吻高耸，形象生动，工艺精美。两端砖墙顶部为堆塑图案。

正殿位于石台基之上，重檐歇山顶，平面三间，四周外有廊檐，内外石柱 24 根，台基边绕以石级，殿顶盖五色琉璃瓦，中置宝葫芦，青花瓷脊，琉璃鸱尾，翼角高翘。殿前正门有木雕牌坊，横额是“忠孝神仙”四字，雕有仙人、云霞等，纹饰繁缛，雕镂精致。

会馆后花园之水阁凉亭名夕照亭，地处今雨湖公园之周家山，占地面积约 240 平方米，方亭，二层，石木结构，高 12 米，边长 8 米，内外 8 根石柱，重檐歇山顶，覆黄色琉璃瓦。花岗石基座自池中垒起，亭环以青石栏杆，东以石桥接岸。亭顶脊饰二龙戏珠，枋檩彩绘，镂雕有麒麟、蝙蝠、狮、鹿，形态生动逼真，为古代园林建筑中的佳作。

民国二十年到三十年间，江西会馆被国民政府设为伤病院；其后，会馆空置了两三年，又设立为豫章完小，再改为卫东小学；20 世纪 80 年代，会馆正殿被拆除，只剩牌楼。随后，湘潭市第十六中学在其中修建了两栋宿舍楼至今。

2011 年 1 月，湖南省人民政府公布湘潭江西会馆牌楼及夕照亭为第九批省级文物保护单位。

3.1.12　湘潭花石·江西会馆

湘潭县花石镇江西会馆，位于正街，建于清嘉庆二十年（1815）。主体建筑面积 300 平方米，包括正殿一间、东西厢房两间、后厅一间。正殿正中端坐金身真君菩萨，案上置一香炉，供燃香烛之用。案下立一铁鼎，供焚冥纸之用。厢房旁建有钟鼓楼，东为钟楼，西为鼓楼。钟为铜铸，直径近一米；鼓直径一米有余。后厅呈长方形，为备用间。建筑皆用青砖砌墙，每块砖上均印“万寿宫”三字，屋上盖琉璃瓦。附属建筑物分前后栋，前栋三间，后栋四间，墙体都为“万寿宫”青砖，盖小青瓦。会馆每年举行春秋两祭，春祭为正月二十八日，秋祭为八月初一日，凡江西帮会者，咸集于此，燃香祭拜。祭祀期间，由“经管”若干人操办筵席，杀猪宰羊，铳炮喧天，热闹非凡。八月初一日的秋祭，还请戏班子唱戏助兴，多为木偶戏，间或皮影戏，每每夜深方散。会馆毁于 1950 年，所在地现为花石镇人民政府。

3.1.13　湘乡·江西会馆

湘乡江西会馆有三处：一处在正街火官庙之上，祀许旌阳，清乾隆年间，豫章张尘鸠众捐赀买贺绅故宅改建，“其乡人有口角者，客长于此集众谕解”[1]。一处在十九都。一处在四十二都杨家滩，清道光六年（1826）补修。清康熙开始，在湘乡经营药材、银

1 乾隆《湘乡县志》卷一《古迹·祠庙》。

楼首饰等业的江西商人形成了赣帮（又称江西帮）。清乾隆年间，由江西人张尘发起，聂成斋（聂顺兴药店第三代店主）带头捐献巨款，买正街（今大正街）贺宅改建成江西会馆。其他江西籍商人在杨家滩和十九都亦建江西会馆，祀许旌阳神像，每年定期酬神唱戏及集合议事。会馆在泉塘置有水田数十亩，田租收入用于会馆开支以及社会慈善；在东家大山置有义冢一处，为赣籍客死者提供葬身之地。

3.1.14 湘阴·江西会馆

湘阴江西会馆，一在城隍庙东（今城北学校所在地），一在县北六十里河塘市，一在县东七十里新市。“其远乡建立会馆，江西曰万寿宫，祀许真君逊，在城隍庙东。县北六十里河塘市、县东七十里新市皆有。”[1] 城隍庙东江西会馆建于清乾隆年间，在县城东郊的平家湾、望江岭二处购置有义山，以安葬江西籍死者。每年春秋二季，江西籍人士必集中扫墓、祭祖。民国时期，该馆在县城办有豫章小学培育子弟。

3.1.15 平江·江西会馆

平江江西会馆在城内十字街，俗名万寿宫，也称许真君庙，清康熙中期江西客民建。清乾隆四十六年（1781）增修；清嘉庆十五年（1810）重修；清嘉庆二十年（1815），监生熊栲贤、吴有麒、何耀文、黄元臣、周庆华、赵大猷等募置黄姓寺前劣马卸窿并大窝冲山场，永为义山，刊碑在庙。又清同治十三年（1874），光禄寺署正衔加二级陈明玉，监生萧海门、丁炳基、何鼎檀、胡祖楷、杨方华、从九衔、熊茂联、周锡三等，募置县治西城外凌云塔背后严姓黄甲山螃蟹流江形并蛇形侧蝎形觜山场，永为义山，刊碑在庙。

3.1.16 衡阳·江西会馆

衡阳市有新、老江西会馆各一所。老江西会馆位于城南新街，建于明崇祯五年（1632），是衡阳最早的会馆。会馆坐西朝东，正门石额为“江西会馆”楷书大字，进门有戏台一座，台前空坪可容千人。正殿供奉许真君，左右侧殿供有财神、观音。戏台及殿宇盖琉璃黄瓦。南北两端各有廊屋、侧门。南侧门额曰“斯道”，为江西同乡人停柩之所；北侧门额曰“回恒”，为事务管理及病人疗养之处。另有庄田、店屋等不动产，为常年经费所支出。还有棺木制作坊，分“天、地、人、和”四个等级，专供同乡人使用。“天”字号棺木价格昂贵，供富户使用；“和”字号棺木低于成本，售予赤贫。又有助衣、助药、助路费盘川等福利开支。另有新、老义山两座，即今之巷荫岭、欧家町一带山岭，专为掩埋旅衡病死者，称“江西义山”。会馆全部经济皆由赣商轮流推举值年、互相监督结算。

---

1 光绪《湘阴县图志》卷三十三《典礼志》。

新江西会馆，又称庐陵会馆，系旅衡江西吉安县人于清光绪年间筹建，坐落于铁炉门河街（今沿江北路的解放路至柴埠门地段），坐东朝西，背江面街。有戏台、庙殿以及庭院等建筑，拥有店铺多栋。1920 年，江西旅衡同乡会会长卢瑞芳等创办豫立小学校，至 1951 年与他校合并为市二完全小学。抗日战争期间，卢瑞芳还与《大刚报》社社长毛健吾在十方塘创办大刚中学。毛健吾，江西吉安人，又名礼键，字剑夫。1937 年在郑州创办《大刚报》，任社长，敢于报道，刚正不阿，人称“毛大刚”，后被蒋介石勒令停刊。晚清经学家、文学家王闿运题会馆联：“胡文游迹至今存，高闬重新，当今先正流芳远；湘岳清晖扶栋起，一枝广荫，共喜江州盛会多。”佚名联：“弥勒旧同龛，位业相参，仙佛真灵应合传；浮生原逆旅，乡关共话，岁时荆楚此登楼。”“福星照轸宿上游，惠我无疆，大泽远随湘雨沛；仙馆望衡阳极浦，迎神有曲，灵风遥伫麓云飞。”1944 年，日寇攻陷衡阳，新江西会馆全部被毁，老江西会馆也遭受严重破坏，兵火劫难，赣商乏力重建，只能稍加修葺，聊蔽风雨。中华人民共和国成立以后，所有山田铺房全部移交人民政府接管。

3.1.17　郴州 · 江西会馆

郴州江西会馆，位于郴州市裕后街，清嘉庆六年（1801）建，为四合楼式建筑。坐北朝南，面向老街，占地面积 100 多平方米，建筑面积约 400 平方米。大门上方题有“江西会馆”匾额，楹柱上书有对联一副：“会馆连接四海商贾，福城笑纳八方友朋。”会馆布局依地形分上、中、下三栋并有机连成一体。一楼为接待室，后面为戏台，供集会、看戏之用。二楼供江西商人住宿、商务之用，商业气息较为浓厚。外墙采用石基砖墙，飞檐翘角，歇山屋顶，盖小青瓦，具有浓厚的湘南民居建筑特色。中华人民共和国成立后，江西会馆收归国有。20 世纪 80 年代，原貌重建后改作民居。2009 年裕后街全面改造，按照修旧如旧的原则，江西会馆得以恢复原有的建筑和风貌。

3.1.18　桂阳 · 江西会馆

桂阳江西会馆，一处在县城，一处在集龙圩。县城江西会馆建于民国二十年（1931），为砖木结构，建筑面积 1200 平方米，由三部分组成，正中为正馆，右边为观音堂，左边为吉安宾馆。正馆面积 600 平方米，正中设大门，两边设侧门，样式为西方教堂式券门。

进入大门是戏台，台底与门顶相连，通过台底进入院内。台上有前后对称的四根台柱，台前横枋上嵌有八仙过海浮雕。台顶分三节：上节为中心藻井，呈喇叭形圆顶，正中嵌双龙戏珠浮雕；中节周围设三十二条弧形条纹，连接上节喇叭圆顶边缘；下节四周设七十二条弧形条纹，嵌于戏台周围的梁木之上。台顶为双檐山顶，下檐为四放四翘，上檐为平脊，两坡散木，正中置一瓷葫芦。戏台围栏饰贴金“灭灾赐福”“野鹿含花”“嫦娥奔月”“断桥相会”等人物浮雕，后台两侧为演员化妆室和休息室。整个戏台造型古朴壮观，为桂阳县戏台之冠。台前设厅座，可容观众六七百人。场院西边为中堂，是聚集议事之处，中堂之后为大雄宝殿，殿内正中供许真君，左右奉萧、晏二公，神龛雕龙贴金，庄严肃穆。正馆右边为观音堂，面积约 350 平方米，分上下两殿，上殿设有观音大士神像。正馆左边为吉安宾馆，为首事办事处，面积约 250 平方米。1956 年会馆改建为桂阳剧院。

3.1.19 汝城·江西会馆

民国五年（1916），来汝城经商的江西商民在县城建立江西会馆，会馆原在太平街转角处，后被焚毁，赣商又集资买地，在西关外桂枝岭东麓山脚新建会馆，为三开间两层楼房青砖火瓦硬山结构。据传，会馆创建者肖年生，1913 年生于江西吉安泰和县，自小与汝城开荣顺馆康老板女儿定下童婚，17 岁成婚，一直在汝城打工做烧饼几十年。江西会馆成员主要是吉安、樟树两地商人，主要商号有上黄门的五副泰商号，为五个老板集资开办，江西人肖哲夫集半股代理老板。此外，还有尹正发布匹店及樟树严老板的万和堂药店、付老板的万茂堂药店，以及萍乡人曹耀祖的普天上照相馆、梁光明的光明照相馆，到中华人民共和国成立初有二十多家会员。

江西会馆每年清明、春节聚会，费用根据会员资产多少摊派。每逢清明节，会馆都要组织祭扫同乡墓地。中华人民共和国成立后，会馆被征收作为县商业食品站及肉食品公司，20 世纪 80 年代会馆建筑被拆除。

此外，江西商人还在汝城集龙圩设有江西会馆和吉安会馆。[1]

3.1.20 桂东·江西会馆

桂东江西会馆，位于桂东县沙田圩北端，建于清代，面积 484 平方米，为悬山式砖木结构，三进厅，牌坊门面，坊顶有“万寿宫”三字。殿宇中轴线上依次为戏台、中殿、后殿。戏台系木架结构，坐镇门内，面向中庭，两巽游廊一层。中殿依次递高。圆柱支持大厅，宝盖悬空，两侧为厢房。宫内存有前人楹联两副，其一曰：“门空宜入座，院静好念经。”其二曰：“且把尘凡抛碧汉，还将苦海入香花。”民国初年，广东道士一炬，会馆几成灰烬。未几，赣省豪富商贾集资，支其欹斜，补其圮缺。后无人经管，庭院甚芜，堂庑甚残。

1928 年 3 月，工农革命军第一军第一师第一团进驻沙田时，师部、团部驻扎江西会馆，毛泽东居上殿右厢房，在这里起草《三大纪律·六项注意》，召开区、乡、村工农兵代表会议和桂东县赤卫队负责人会议，号召大家坚持武装斗争，开展土地革命，建立

1 汝城县志编纂委员会：《汝城县志》第 161 页，湖南人民出版社 1997 年版。

和巩固苏维埃工农兵政权。是时，桂东县苏维埃政府设此，门前公开署牌。同年八月，红军主力进入桂东，红四军军委书记陈毅曾寓于此。抗日战争期间，设为新四军留守处，号召有志之士奋勇从戎。

1972 年 9 月，湖南省革命委员会公布为第三批省级文物保护单位；1983 年 10 月，湖南省人民政府再次公布为第五批省级文物保护单位。距万寿宫门约 20 米处的圩坪上为沙田戏台，建筑面积 98 平方米。戏台建于清代，为歇山式土木结构，盖小青瓦，雕塑压脊，平面呈“品”字形，前台、后台一体相连，后台左右两侧书“出将”“入相”，并绘有戏曲故事。毛泽东同志曾经在戏台宣传革命宗旨，号召民众打土豪分田地，进而建立苏维埃政权。台柱对联“旧世界打个落花流水，新社会建设灿烂光明”，反映了中国共产党人的坚定信念。

3.1.21 安仁江口洲 · 江西会馆

安仁江口洲江西会馆，位于安仁县承平乡河东村。江口洲是由永乐江、莲花江、冷江三江冲积汇合而成的冲积洲。“江口市在县南四十里，三水夹流，街市居中，两岸人烟稠密。”[1]《闲步江口市偶吟》诗曰：“小市濒河曲若弓，烟痕抛去累因风；山岚只许萦郊外，蚁阵何堪到日中。夭矫似龙腾跃巧，团圞如盖画图工；平生不逐红尘染，杖履林泉胜华嵩。”[2]因水陆便利，江西泰和、吉安，本省衡阳、湘潭、耒阳、衡南等地商贾云集，店铺鳞次栉比，绫罗绸缎、竹木陶瓷、南百日杂无不于此集散。

江口洲江西会馆，由江西泰和、吉安商人集资兴建，奉祀许真君，旁设三清殿，进深百余米，有宫门、仪门，上书“万寿宫”三个大字。建筑设计精巧，雕梁画栋，或飞檐翘角、回廊游转，或卧龙啸永、怪兽驰地，既是江西人在江口洲的会馆，也是江口洲老街的一大风景。

3.1.22 资兴 · 江西会馆

清康熙年间，江西客商在资兴县城（今兴宁镇）设立江西客民会馆，亦称江西会馆。据光绪《兴宁县志》记载，资兴江西会馆又名真君宫，系江右客民会馆，内奉许真君，清康熙五十年（1711）置地，名三都将军庙，禾田一十七石半。清乾隆三年（1738）又置地，名油草塘飞虎圳，禾田三十石；清乾隆十八年（1753）又置地，名十里洞蛇形，禾田四十五石，以供住持。清乾隆十二年（1747）重修，知县黄福置匾联以奉之。[3]

---

1 同治《安仁县志》卷二《地舆志 · 镇市》。

2 同治《安仁县志》卷十五《艺文志 · 诗》。

3 光绪《兴宁县志》卷十八《杂纪志 · 寺观》。

3.1.23 常德·江西会馆

常德江西会馆，在大河街，今排云阁附近，又名万寿宫，建于清乾隆十六年（1751）。门墙高耸壮阔，图腾雕饰雄奇。馆内建筑雕梁画栋，融赣文化与常德地方文化风格为一体，蔚为壮观。馆内供奉有许真君塑像，建有戏台，设有议事堂，备有留宿房。同时，还在德山购有义冢墓地。会馆推举德高望重者为首事，日常馆务则由驻馆管事署理。会馆主要功能是：一、调解纷争，二、举办公益慈善事业，三、组织朝拜祭祀，四、进行商业中介。1943年，常德江西会馆遭受战火严重损毁，馆内建筑基本无存。现常德江西会馆为复建。

3.1.24 汉寿·江西会馆

汉寿江西会馆，在汉寿县城南门内正街路东，清嘉道年间江右商民公建。坐东朝西，砖墙四围。由南角门甬道入，正厅五间，外有戏台，后有穿门后厅，右有花园、客厅、池亭、花木，擅一时之胜。左阶石甃一井，其泉颇洌，甲乎城井之上，传言水与德山龙潭相通。时有住持僧居焉。[1]

3.1.25 澧县·江西会馆

澧县江西会馆，又名铁树宫，位于今澧县城关镇西街。清雍正元年（1723）岳常澧守道孙元易领建，清乾隆十一年（1746）守道梁敦书、澧州牧陈三恪重修，清嘉庆二十四年（1819）州牧安佩莲再次改建。会馆前有戏台，民国二十四年（1935）被大水冲毁，由江西客商捐资整修。戏台为木结构歇山顶，上盖青瓦，四角飞檐，楹柱及地，朱漆彩绘。台前戏坪卵石铺地，可容千人。江西会馆是澧城荆河戏清华、中和班的基本活动场所，外地来澧戏班亦多在此演出。中华人民共和国成立后，会馆改作小学校舍，1958年复改为澧县人民医院。后医院改建，会馆被拆除。

同治《直隶澧州志》记载《重修澧州万寿宫碑记》：

> 州城西有万寿宫，所以重朝常、广圣化也。其先系报恩寺旧址，本朝雍正年间，道臣孙元易改建之，规模相沿，制度不尽允协，而数十年风霜雨露，墙垣栋宇，亦渐坍塌。每朔望瞻拜宣讲，同官深用惕然。臣三恪庚寅冬署澧篆，即有志敬修，会差务旁午，未果。越明年，恭逢皇太后八旬大庆、我皇上六旬万寿，分守道臣梁敦书率臣三恪等诣宫，敬效嵩祝。
>
> 道臣以澧阳大州，殿宇尤宜巍焕，爰出俸银若干，并命臣三恪等领率诸属，各输金有差，重新建造。绅士闻之，咸鼓舞襄助，商贾众庶亦踊跃输将，不数月，遂以蒇事。仍寺之旧址，而迁就易宜体式；增廊两翼，朝房

1 光绪《龙阳县志》卷六《建置·公舍》。

及左右讲约所布置均如法，今而后可以昭严肃而效媚兹之忱也已。

夫澧之为州，距京师四千里外，当南北往来之冲。展礼申敬，其不可无所也明矣。顾以数十年震悚不安之地，一朝而耳目一新，而又适呼嵩之候，其为忻幸何如也！抑以见我国家德泽涵濡者深，而时和年丰，民之趣事赴功如此其易也。

谨拜手稽首而为之记。[1]

3.1.26　津市·江西会馆

津市江西会馆，原“在津渡口之北”[2]，位于津市渡口的北面，“相传草创于康熙初年”[3]；清康熙甲午年（1714）大火之后，“乃更爽垲于今所”[4]，即今津市人武部处。为在津市的江西南昌、抚州、吉安、临江、瑞州、建昌、袁州七府商人共同营建。据光绪《澧州津市万寿宫志》记载，津市江西会馆自创建以来，清康熙五十三年（1714）遭大火，清乾隆二十九年（1764）关帝殿被毁，四十八年（1783）真君殿以北被毁，清嘉庆四年（1799）、清道光十七年（1837）及清同治三年（1864）进行了三次重修。会馆占地十多亩，基址宽敞，宫门崇宏，门檐飞翘，殿宇巍峨。前宫有花园走廊，穿过走廊便来到正殿，雕檐画栋，朱甍碧窗，十分气派。正殿供奉许真君。后殿为戏台，高五尺，铺青砖，四面立柱，中楣挂牌匾，两旁撰有对联一副，云“台上笑台下笑台上台下笑惹笑，看古人看今人看古看今人看人”，风趣幽默，令人回味无穷。

清嘉庆《重修万寿宫记》：

万寿宫之名，赐自宋政和之世，所以褒祀都仙许真君者也。真君操儒术而治功纯，参道妙而神功普，其捍御之劳，著于江淮蜀楚间。乡人倚为江西福主，凡服贾于大小都会者必求，所以联桑梓之地则奉真君，而庙享之祀功、祀德于礼为宜。澹津万寿宫之建，意犹是也。宫故在津渡口之北，相传草创于康熙初年，地湫且隘。甲午，市大火，延之，乃更爽垲于今所，制维备焉。乾隆二十九年甲申之遭回禄也，毁其前关帝殿，而正殿尚无恙，故旋就修复。越岁，癸卯之冬，是为乾隆四十八年，则自真君殿以北，悉为祝融氏之墟。其烬余者，惟重修之前殿及门观耳。都人士共相扼腕，亟图兴建。用推吴子锡纯、饶子秋芳、彭子淑堂等董其事，襄赞者复十数人。募籍补出，自经商行旅于津、侨寄于州之五属者，咸解囊输助，惟恐后

1 同治《直隶澧州志》卷二十二《艺文志·记》。
2 光绪《澧州津市万寿宫志》卷十《碑记·重修万寿宫记》（嘉庆己未四年），光绪二年刻本，湖南图书馆藏。
3 光绪《澧州津市万寿宫志》卷十《碑记·重修万寿宫记》（嘉庆己未四年），光绪二年刻本，湖南图书馆藏。
4 光绪《澧州津市万寿宫志》卷十《碑记·重修万寿宫记》（嘉庆己未四年），光绪二年刻本，湖南图书馆藏。

时。乃鸠工庀材，经始于丁未孟冬之吉。先真君殿，次观音殿、轩辕殿，他如恭敬之堂、禅棲之地、庖湢之所，胥就叙焉；而且，福神之像靡不修贲，镛磐之案靡不具设，黝垩丹雘靡不精且丽也。经费万计，不二载而考其成。吾乡人之踊跃襄功有足嘉者，迄今历一纪，尚未有记。余适来自都，吴饶诸子告余曰："宫前经再毁，古碣俱瓦砾碎矣，兹不有述，何以示后。请记之。"

余唯客之有馆，犹家之有祠也。祠之设，将以表扬家范、昭兹来许，于馆何独不然！况我真君之道，原本忠孝，生平立德立功，并非幻不可据之事。吾乡人畏其神、服其教，幸际我国家府事修和、海寓清宴，乃得牵车孝养，以来于此。唯循循焉，奉法畏罪，守信达顺，排难解纷，如是，同心之臭，杂兰芷以荐馨香，人和而神降之福，斯为不失崇祀之本意也。夫余不文，谨详其颠末而质言其指。

以为之记。

金溪黄丹桂拜撰并书。

嘉庆四年岁次己未秋月中浣榖旦阖省公立。[1]

3.1.27 津市新洲·江西会馆

津市新洲江西会馆位于津市新洲镇万寿宫社区南街 121 号，坐北朝南，始建于清代中期，现存清中期建筑为砖木混合二进院落，采用抬梁式与穿斗式相结合的硬山顶营造技术，形态古拙、朴实大方。中轴线上依次为山门、前厅、天井、正厅，二进正厅为重檐，月梁、挑檐枋、卷棚采用龙纹祥云等装饰图案，屋顶盖小青瓦，四周建有高耸的风火墙。会馆规模浩大，建筑比例匀称，营造工艺精湛，具有较高的艺术价值。2020 年，津市投入近 300 万元对新洲万寿宫进行保护，对建筑本体进行全面修缮，拆除室内添建建筑，恢复建筑原貌，修缮排水系统。2021 年 12 月，湖南省人民政府公布为第十一批省级文物保护单位。

3.1.28 益阳·江西会馆

清光绪初年，江西旅益同乡会在益阳头堡建成江西会馆。会馆南靠资江北岸，北抵今五一西路，东至今资江一桥，西到 20 世纪 80 年代的无线电二厂，占地面积约 40 亩，其中，一、二、三进在资江路以南，四、五、六进占地 23.5 亩，位于今五一西路益阳大厦。据说此地曾是一低洼堰塘，江西商人在此修建会馆时，当地人不许取田填基，江西人财大气粗，采购大量煤炭作为基土。江西会馆是当时益阳城区占地面积最广、规模最

---

1 光绪《澧州津市万寿宫志》卷十《碑记·重修万寿宫记》（嘉庆己未四年），光绪二年刻本，湖南图书馆藏。

大的宫殿式建筑。右为观音阁，是整个建筑的主体。宫前置有石柱石阶，高达数丈，形势伟岸，蔚为壮观。院中种有百年银杏两株，枝繁叶茂，生机盎然。宫外建有宫殿式大戏台一座，重檐歇山，雕梁画栋，甚为壮观。之后，江西八个地方商帮在宫内又陆续建成八座戏台，内外争辉。清末民初一馆九台，百戏纷呈，一时传盛。据老艺人回忆，民国二年（1913），太和班来益阳江西会馆，会馆除了一个庙台外，还有八个堂台，几个戏班同时演出，掌声四起，气氛热烈。后人有诗曰："落业资阳水一方，鹅羊池畔起宫墙；江西游子天涯客，总把他乡作故乡。"

抗日战争时期，日机两次在益阳江西会馆投掷燃烧弹，均被及时扑灭，会馆幸免于难。中华人民共和国成立后豫章大礼堂改作大会堂。1950 年 2 月 28 日晚，公演歌剧《白毛女》后，舞台临时安装的电线引发火灾，可容 2000 人的大会堂付之一炬。1950 年，拆除萧公殿，改建教学楼，仍为砖木结构。1956 年，豫章中学改为公立市第四中学后，在花园旧址建操场，拆大成殿、财神殿及小学部一部分，新建砖木结构的教学楼一栋。1970 年 2 月 21 日凌晨，教学楼的校办工厂电炉起火，整个教学楼付之一炬。至此，江西会馆已面目全非。1985 年益阳市商业局在原四中地址修建益阳大厦和周边的大桥农贸市场。

3.1.29　沅陵・江西会馆

沅陵江西会馆位于文昌门外的东关街道上，名许真君庙、旌阳庙、水府庙，又称万寿宫，清雍正五年（1727）江西客民捐资购地倡建。前为门，雕镂石坊，壮丽宏敞。馆内是砖木结构的三进楼房，梁柱、装板、门窗都镌刻鸟兽、虫鱼、花卉图案，三座厅堂可开百桌筵席，室内可容千人聚会。正殿祀晋旌阳令许公逊，正殿东另建观音堂，中殿祀关帝。会馆设会长一人，会长为主事人，也称理事长；设副会长几人、理事多人。会长和副会长都是在沅商界有名望的殷实富家，理事也是中等商人与军政界头面人物。会馆的经费来源多是筹捐，除一部分投入救济外，还购置房地、田产，收取租金和租谷。江西人在沅陵帮口很紧，一旦争斗诉讼，会馆都会出面支持，往往占有上风。

3.1.30　辰溪・江西会馆

辰溪县有江西会馆多处。明末清初，江苏、江西、福建以及本省的衡阳、宝庆和靖州居民，先后到辰溪县境几个重要商埠定居。他们怀着"亲帮亲、邻帮邻、家乡人关心家乡人"的情结，先后在榆树湾、泸阳、铜湾、新河路等地修建会馆，作为同乡的活动场所。其中，江西会馆建筑规模最大，馆内有宽敞的神殿，可容纳数百人。会馆在每年清明节和中元节进行集体扫墓和超度亡灵。届时杀猪宰羊，大办酒席，演戏酬神，办理会内事宜。平时给会员借贷、救济，招待过往同乡，安葬同乡亡人。

潭湾镇江西会馆，由寓居辰溪，以江西人毕子南为首的王、毕、彭、肖四姓等于清乾隆年间捐资修建。会馆总面积约五六百平方米，所在原为山地，所以会馆所用木料大都就地取材。正殿大梁上墨书“清乾隆皇帝”字样。正殿中间为许真君、左侧为财神、右侧为杨泗将军、后为观音。正殿左侧墙上嵌有八块“八仙过海”石雕。大门气势宏伟，上有何仙姑、张果老以及盘龙等神像，门正中有“万寿宫”三个大字。牌坊门楼高约 10 米。戏台曾于 20 世纪 80 年代维修。抗日战争时期会馆办有小学堂，招收江西及本地人子弟入学，“文革”中遭受破坏。

辰阳镇江西会馆，为清初所建，原本规模较大，抗日战争期间，一部分国民党新兵在此集中，遭日军飞机轰炸，死伤两百多人，会馆大部分被炸毁，现只剩残墙一面。

龙头庵乡江西会馆，距县城四十多公里，清代建，已毁，仅余有墙基。

3.1.31　会同・江西会馆

会同江西会馆，在县城南门外左，清嘉庆七年（1802）建。后为太平军所焚，仅存门墙。公置义山二处：一在杨公庙侧，买唐廷升业；一在茶溪冲琵琶塛，买唐和鸣业。又店一所，在三江书院对门，买杨姓业。又田一处，坐落于郎江。

3.1.32　黔阳・江西会馆

黔阳江西会馆，位于黔城沅江北岸，始建于清道光二十四年（1844），分为主殿与偏殿两部分建筑，主殿供奉许真君，左偏殿为观音殿，右偏殿财神殿系清光绪七年（1881）增建。清同治十二年（1873），重修主殿和观音殿，有“皇清同治十二年岁在癸酉，仲冬月榖旦，合省众姓建修”之记录。清光绪元年（1875），复修主殿牌楼。

黔阳江西会馆，是黔阳八大会馆之首，其建筑规模、工艺、气势，远远超过宝庆会馆、衡阳会馆、福建会馆、湘乡会馆、长沙会馆、常德会馆、辰沅会馆。

江西会馆占地面积 1500 平方米，建筑面积 1000 余平方米，正面墙宽 25 米，门坊高 8 米，为桶形窨子屋。头门以青石作方形石柱，门两侧嵌青石板作花卉浮雕，半立人物泥塑。大殿立柱直径 40 厘米，柱础鼓形、八方形基座，各面雕刻有花卉图案。大殿三开间，明间 6 米有余。进深四间，第一、三间间距略大，第三间地面抬升二级，第二间藻井极其精美。室内有戏台，台顶呈斗拱式，做工精细，两侧为看楼，地面用青石板平铺。正殿东西两侧分别是财神殿和观音殿。进门由戏台下穿入，戏台为木质歇山顶结构，出门青石码头连接沅水。正门牌坊石雕十分精美，“文革”时为防止石雕被毁，古城百姓用石灰涂刷覆盖，直到 2009 年清理之后，才使石雕露出真面目。

黔阳江西会馆，是江西客商会聚议事的地方，也是休闲娱乐的场所。清光绪三十三年（1907），江西会馆拨田三千石，创办豫章小学堂，免费进行启蒙教育，资助贫困孩童上学，后改为明新小学。1993 年，由彭铁森编剧、吴月英执导，马晓晴、方青卓、傅彪、金梦、张艳秋等人主演的十八集电视连续剧《杨柳镇》，即以黔阳江西会馆为拍摄基地，因而名噪一时。

黔阳托口镇江西会馆，面积约 1000 多平方米，“文革”时期大部分被拆，现存面积约 500 平方米，外部建筑保存比较完整，存有大殿、副殿；残存戏台础石，上方鼓形，下方八边形，雕刻有花、鸟、鱼、虫等纹饰。会馆正面有三个门，中间为正门，左右各有一偏门。门后有一大戏台，右边小门后有个小戏台。会馆枕沅水而建，粉墙黛瓦，飞檐翘角，格扇花窗，古色古香。

此外，黔城西兴街有明江西会馆残迹及清代店铺，均为木结构架，小青瓦硬山顶，马头山墙，部分建筑有重檐顶、瓜柱、花窗，现存清道光《财神殿复修碑》及清光绪《街道复修碑》。

3.1.33　新晃龙溪口・江西会馆

新晃江西会馆有两处：一处位于县城，现会馆旧址主体部分建有“三八幼儿园”，园里广场右侧有会馆残墙一垛；一处位于龙溪口镇老街。

坐落在龙溪口镇老街的江西会馆，占地 504 平方米，始建于清康熙年间，落成于清乾隆二十五年（1760），至今已有 260 多年历史。

会馆牌楼为圆形拱门式，高达数丈，气势雄伟。牌楼上堆花绘画、鲜艳夺目，飞禽走兽、势若腾空。拱门上方楷书“万寿宫”三字，字体刚劲有力、霸气侧漏。

大门内为大院，面积 400 平方米，院墙上绘有“龙凤呈祥”“长坂坡”“霸陵桥”“樊江关”“乌泥河救主”“穆柯寨招亲”等历史故事。人物形象，清晰可见。

正殿用 40 根合抱的珍贵柏木作殿柱，穿枋、柱、瓜，密密麻麻，环环榫接，十分坚固。枋上匾书“我乡仙吏”四个金光大字，既富丽堂皇，又庄重威严。立柱悬挂楷、篆、草字体朱漆楹联。其中一联为：“洪水想当年，幸怪锁洪湖，十万户饭美鱼香，如依夏屋；清时思俭德，祝神来清浦，千百载永勤沐泽，共乐春台。”

牌楼大门正面东院为戏台，用四根合抱的柏木作为立柱，飞檐翘角，玲珑剔透。戏台上精雕各类动物和“八仙过海”神话故事，正中悬挂“道无古今”匾额。有对联曰：“都想要拜相封侯，却也不难，这里有现成榜样；最好是忠臣孝子，看来容易，问他做几许工夫。”“老天别换一番人，还恐一换再换；冷眼日看千万变，权且左看右看。”

中堂供奉“许仙真君”牌位，板壁精雕细琢青狮、白象，配以花卉、人物，形态生动，栩栩如生。殿前两厢置有钟鼓，早晨鸣钟，晚上击鼓，晨钟暮鼓，声闻四达。

后面是会客厅，厅中上方悬挂“惠风和畅”四字匾额。厅对面的四方天井墙壁上，有清光绪二十年（1894）甲午科优贡龚树勋所书“福”字，笔画蜿蜒，造型特异，左边像凤，右边像龙，犹如龙飞凤舞，意为龙凤呈祥。

正殿大门两侧各有一殿，左殿供奉赵公元帅，右殿供奉萧、晏二公，都为木雕贴金，高达两米，神态威严，令人肃然起敬。

1936年1月，贺龙、萧克领导的红二、六军团长征经过新晃县时，在江西会馆召开群众大会，宣传中国共产党北上抗日的主张，得到新晃县人民的热烈拥护。

3.1.34 芷江·江西会馆

芷江江西会馆又名许真君庙，初在东门外，明代时修建，祀晋旌阳令许逊。清顺治年间，迁建至西街。会馆由江西南昌、吉安、临江、抚州等府隶属的庐陵、泰和、临川、清江等县同乡合建。会馆历代相继，至民国时，创置田产1700余亩、窨子屋10多幢、木屋10多栋，另外，还在荷花塘、江家湾、沙溪垅、竹搭桥等地购置义山十多处。会馆内设有神殿、戏台，建筑雕栏玉砌、飞阁流丹，精巧华丽、气派非凡。江西商人资金雄厚，主要经营绸布、广货、南杂、中药、陶瓷、书纸、印染、成衣，以王姓家族最为突出，招牌名称都带一个“盛”字，如王隆盛、王洪盛、王万盛、王福盛、王同盛、王怡盛、王和盛、王致盛、王生盛、王泉盛等等。每年清明节、盂兰节以及各府新老首士交接日，乡人齐聚一堂，喝酒演戏酬神。民国二年（1913）江西会馆创办豫章小学，历任校长有胡熙煌、邓树洲、彭冠西、刘德甫、钟康宁。

3.1.35 靖州·江西会馆

靖州江西会馆，位于靖州苗族侗族自治县渠阳镇河街，原名宋公祠，始建于明嘉靖三十一年（1552），为纪念明代靖州名士宋以方而修建。据《靖州直隶州志》记载，宋以方，靖州河街人，明弘治十八年（1505）进士，明正德十四年（1519）任江西瑞州知府，因被叛贼所执，不屈而死。明嘉靖三十一年（1552）奉诏建宋公祠于原宋氏宅院之左，以褒忠义。清乾隆初，赣商购祠作为江西会馆。正门有联为：“香火普天犹靖郡，琳宫无地不洪都。”1927年创办赣宝小学。后因历史原因，会馆迭遭破坏，昔日盛况渐失。

1998年，靖州县对保存较好的门坊、正厅、围墙进行全面维修，对已拆毁的戏台、厢房按原样重建，同时将原门坊上已全毁的泥塑改为石雕，恢复天官赐福、福禄寿星、齐眉祝寿、松鹤长春、福山寿海、百事如意、鹤鹿同春、岁寒三友、三顾茅庐、桃园结义、八仙过海及盘龙海水等历史题材浮雕20幅。维修后的江西会馆，规模宏敞，殿宇壮丽。今人题联曰：“轻歌一曲赞盛世，妙舞三旋享太平”，“松龄长岁月，民安国泰；鹤语寄春秋，人寿年丰”。

3.1.36 洪江·江西会馆

洪江江西会馆，职首江宗盛，洪江十大会馆之一。

李鼎镛《洪江万寿宫记》记载：

闻之，木有本，水有源，家焉而宗祖，庙焉而神祇，远近虽殊，其所以为民依则一也。故秩祀不修，则人弗亲。盖人居于乡，各亲其亲，去其乡而散处四方，则因乡人以为亲。惧其涣而易离，思萃而合之，此馆之以会名也。惧其轻而寡信，思重而敬之，此会之以祀尊也。《礼》曰："有功德于民者，则祀之。"欲人知所敬也，知所敬则易合。故祀有主，人罔弗亲，天下皆然，吾乡何独不然！

吾乡万寿宫，立有年矣。举凡通都大邑以及四达之冲，舟车之会，占形胜者，靡不雄据乎其间，而楚粤尤多，洪江其著者也。洪介乎湘沅之间，南望桂林，东倚衡阳，北指汉津，黔筑则西峙焉。宫面江而立，冈连岭属，俯仰顾盼，任其所如，洵乎巨观，然昔之人莫得知也，此其中有运会焉。前明故宫，侧于巷隅，庭庑下陋，上雨旁风，无所盖障，祀事粗具，而礼莫克终，兵燹之余，吾乡父老亦罕有能道其盛者。逮我朝圣业宏开，百废具举，凡在祀典者，虽里曲之间，罔不肇修。时我邦人，贸迁于洪者，咸曰故宫虽在，旧址仍芜，不为更新，而享祀之仪，毋乃有阙。

康熙初，因佥谋移于江之上游，得贺氏业而售之。夫洪地多山，却立而视，高高下下，出者突然成邱，陷者呀然成谷，洼者为池，而缺者为洞，欲求一平壤尺土维艰，乃所得地旷如奥如，斩茅发石，奇势迭出，象山临其前，鸦坡伏其后，带河襟江，莫可底止。旁流百廛，烟云相连，位置之宜，若有鬼神异物阴来相之者。厥后乡人之莅斯土者日繁，货殖之所交，市廛之所聚，既庶且富，娱乐无疆，而且运际承平，岁无凶灾，家无逋租，旅忘其归，人安其业。一旦土木时作，不竭于资，不疲于力，不期不督，役者自劝。此四十有三年而故宫之所由移也。是年冬，庀工市材，以畚以筑，以绳以削，门阿是经，观阙是营，崇墉崛兴，复宇相瞰，一视故宫，已足改观。然创造伊始，制度未宏，故享祀之辰，旅进旅退，罔有区分。礼成告罢，息宴无所，而乡人恧焉。

乾隆二十有九年，乃增修厅事于东西两楹，更衣之次，膳食之宇，于是乎在。上充于揖让，下周于步武。宾于斯馆，式礼莫愆，桑梓之情既协，神人之和允洽。

嘉庆十有五年，复增旧制，瑰材究奇，修除殿宇，层构厥高。二十年更设崇门，丽巧耸擢，缭以周墙，承以层台复阁，棂槛却倚，门闼洞开，究休祐之所用，采梨园之新声，谱霓裳之旧曲，雅乐间作，以答神庥。是以食德饮和，蒙庆受福，众庶悦豫。

道光中叶，弥拓其制，外则周庐旁芜，内则僧寮客舍，夷庭高门，厚栋大梁，扩于往初。肇自今兹，规模大定，然壮不及僭，丽不及奢，悉遵古制，惟宫前层阙，踵事增华，稍形奇异，用召灾祲，起而复爇者三，终莫知所变计。

同治十有三年，仍循故辙，增饰崇丽，乃工方卒业，而火复为灾，甚且旁及台垣、内延宫殿。神天示警，彰显若斯。乡人乃鉴前车，稽成宪，恢旧业，绍前勋，召役更兴，易木以石，反华为朴，思患预防，冀垂久远，巍然崛起，宏大其规，松茂竹苞，于焉永固。而庙貌之隆，二百年来，亦至斯称粗备矣。继盛无极，讵有穷乎？宫之正殿，主祀者为真君，前殿为萧、晏二侯，皆吾乡之有功德于民者也，能御大灾，能捍大患，成勋具在，妇孺共闻，故乡人咸知所敬。是以祀各有时，会各有期，尊卑长幼，于兹为群，同敦礼让，康乐和亲。乃立恒产以供禋祀，世守相承，慎乃攸司，薄书分定，兼备参稽，成规灿著，永监厥兹。而乡人犹虑夫人众意殊，不无妄变纷更之弊，乃谋公举老成，以为事首。因其时商于洪者，惟南昌、吉安、瑞州、抚州、临江五府称最，故列其序为仁义礼智信，郡各二人，人以岁更，职有赞襄，力不疲惫，且值年所事，要皆练达耆宿，群策其中，咸奉旧章，立为常制，法良意美，历久不渝。故券契所藏，南府职之。筦钥所掌，吉府任之。责有专归，以资熟手。若岁时祭祀，百用具修，必先簿正，不丰不俭，不以远近易则。至于出入度支，载在成数。每岁孟春，必集同人，共相稽查。然后迭为宾主，彼授此受，用征公信，永杜争端。即或间有因事不合，意见参商，而乡人要惟排难解纷，以期辑事，此我邦之，人日益相亲。

同治八年，瑞人收肆返里，其府事乏职，所置产业，入公管摄，而祀期仍依旧序，迭相代祭，无使中替，以冀嗣兴。信义斯昭，庶邀神鉴。《传》曰："鬼神非人实亲，惟德是依。"《周书》曰："皇天无亲，惟德是辅。"亲而在德，谁不知之？故乡之人士，所由日尚亲睦，德明惟刑，以康祀事。于是乎人和而神降之福也。然前贤遗美，记载尚阙，渐薄寖衰，不无废坠，将何以克终厥德、著于后嗣？吾乡张次尹太守，客于洪者有年矣，其间肇造之由，缵承之绪，靡不殚悉。时余作洪游，为述其详，属为之记，以永厥传，庶敦睦之风，蒸蒸乎日上也。使继是者，咸有太守之志，则乡人之福，其可既乎？余善其意，乃撰其事，以书于石。[1]

1 光绪《洪江育婴小识》卷四《识宛委》。

据嘉庆、光绪《会同县志》及清光绪年间碑记《洪江万寿宫记》记载，洪江江西会馆建于明末，原设在洪盛码头，因遭兵燹而颓败。清康熙十五年（1676），买贺姓地基，赣商集资移建于大河边桅杆坪，土木兴建历时四十三年。清乾隆二十九年（1764）增修东西两亭，做更衣膳食之用。清嘉庆二十年（1815）设崇门，立围墙，增戏台，有正殿三进，左客堂，堂前财神殿；右观音阁，阁前为花厅，厅前为戏台；大门外有店房二十六间，东西火巷，中开码头，其后由鸦坡发脉，势若盘龙，洵雄溪一壮观也。清道光中叶再次扩建，外设店屋，内增客舍，夷庭高门，厚栋大梁，扩于往初。清同治十三年（1874），增延宫殿，修缮台垣，易木以石，翼垂久远，气势恢宏，雄伟气派，显得更加富丽堂皇。民国初年，该馆又进行了扩建，占地一万多平方米。内设四座殿堂，有真君殿、萧公殿、财神殿、观音堂，还有禅堂、客厅、休息室、厨房等。建有戏台两座，分内外台。内台在真君殿，可容观众千余人；外台位于殿外，可容观众2000余人。正门为方形石柱砌成的三层浮雕石拱门，上书“万寿宫”三字。20世纪40年代，江西会馆拥有房屋214栋，折合银洋26.74万元，每年收取房租2.286万元，加上装饰陈设、古董珍玩，折合时价约为600余万元。

洪江江西会馆支馆有南昌会馆，又名洞庭宫，在洪江大河边，现沿江路大湾塘南，清乾隆三年（1738）买梁姓地基创立，占地面积约800平方米。神殿三间，后观音堂、客堂；前戏台，台前桂树数株；楼下有朱砂井，境甚清幽。清光绪时，仅存正殿，坐南朝北，全木结构，两层，悬山顶，穿斗抬梁式混合构架，底层面宽五间、进深四间。殿内存清代和民国年间碑刻六通。[1]

3.1.37　祁阳文明铺·江西会馆

祁阳文明铺江西会馆，位于祁阳县文明铺镇大兴街下街，为江西商人于明末清初集资修建，清乾隆、嘉庆时期规模扩大。会馆前面大门三扇，门内戏台一座，高丈余。戏台四周均装有木雕栏杆，正面有对联一副：“做事莫争先，唱戏不如看戏好；为人须顾后，上台容易下台难。”台前场地约600多平方米，铺以四方石板。内有大厅走廊，旁有侧门直通正殿两天井。再进为正厅，悬挂匾额数块，正中一块书“功盖吴楚”。两旁石狮一对，刻“清嘉庆年间制”。堂中有神龛，塑许真人像，两旁悬挂对联一副：“蛟龙不作尧时水，鸡犬常携晋代云。”再进是游亭、走廊、后厅，厅两旁有客房，凡江西商贾及年老家贫流浪路过者，均可在此留宿。最后为花园，四时花香扑鼻。会馆有祭祀田，由江西商人捐赠，一年所收租息，作屋宇检盖费用。20世纪二三十年代，置田已达一百余亩。

---

1 万里主编：《湖湘文化大辞典》第1788页，湖南人民出版社2006年版。

3.1.38 江华·江西会馆

江华江西会馆，在东关外，原名豫章宾馆，建自清乾隆三十一年（1766），清咸丰十一年（1861）改称江西会馆。重檐复阁，绵亘半里，内奉轩辕帝及许真君诸像，右有观音堂，左有天符、青竹二庙，并置田一百二十九工三分，铺屋十六所，以为祭祀、修理之费。民国二十二年（1933），会馆创办江西初级小学；民国三十六年（1947），更名为私立豫章初级小学校，供江西籍子女入学。中华人民共和国成立后，学校并入公办沱江镇完小，会馆房地拨给县农机公司。

3.1.39 吉首·江西会馆

吉首江西会馆，位于吉首市解放路 34 号，建于清同治年间，坐北朝南，对南城墙，临新正街，东邻西路统领提督周洪印故居，西靠嘉庆拔贡都匀知府黄德裕府第。四面砖墙，中开石库门，门上墙中嵌石刻“万寿宫”描龙冲天匾，东配守庙住房。墙砖特制，压有阳文“万寿宫”三字作为标志。大殿三间，卷棚为廊，设以钟鼓，中悬“蒙荫桑梓”大匾，殿门雕镂，花团锦簇。殿中巨大石座神龛，金龙抱柱，飞檐翘角，金碧辉煌，中供丈二木雕贴金江西福主许仙真君像，配祀杨泗将军。每年春秋年节致祭，江西籍官商士庶济济一堂，上香行礼毕，唱戏欢宴于此。殿前戏台枋刻浮雕人物故事，枋柱之间雕花垂缨，戏台口沿俱镶牙饰，正壁彩绘福禄寿三星，上悬“古调独弹”字匾，为“古调虽自爱，今人多不弹”之意。会馆建筑规模大，又有大戏台，一年四季都有各地戏班来此演出。平日，在会馆中间的宽广坪场上，还经常有斗鸡、斗蟋蟀游戏，吸引着无数的文人墨客和市井百姓。这样，江西会馆自然而然地成为了乾州居民的重要游乐场所。抗战时，国立第八中学初女部借用戏台做办公室，正殿两边做教室，戏台上演过多场“文明新戏”，后进厢房一度出租为湖南省银行乾州办事处。残址约 1000 多平方米。

3.1.40 泸溪浦市·江西会馆

浦市旧称浦阳或浦口，地处湘西自治州泸溪县东南部，是沅江中游的一个码头，被称为湘西四大名镇（浦市、洪江、里耶、茶峒）之首。清末时期，各地来此经商者不可胜数，客籍会馆竟达四十八所之多。

浦市江西会馆，又称水府庙、豫章会馆，位于浦市河街，现泸溪县民族实验小学内，前临沅水，始建年代不详，清康熙二十七年（1688）已有馆舍。[1] 正门在沿街河边上，出门就是万寿宫码头，门前立石狮两个。进门是前院，正殿和财神殿前各有戏台一座，当年的演出活动非常频繁。民国十二年（1923），浦市双少班和洪江紫云班在这里

1 湘西土家族苗族自治州地方志编纂委员会编：《湘西土家族苗族自治州志丛书·文化志》第 109 页，湖南出版社 1996 年版。

唱对台戏，时任湘西巡防军剿匪第二支队支队长的贺龙曾前往观看。前院纵深 23 米，平均宽度 12.8 米，为一层三间四排七柱木构架，由厅堂、天窗井、廊道、殿堂四个部分组成。前院东、西、北三面砖墙围护，正面敞开，后墙兼作前、后两院隔墙。屋面为内排水。后院结构与前院相似，只是屋顶未开天窗。东西两侧风火墙将两院连为一体，在两墙间各开一门，形成过道，方便出入。整个建筑庄重古朴，美观典雅。清咸丰二年（1852）和民国七年（1918）两次维修。江西会馆是明清以来浦市所有会馆中规模最大的一座，也是浦市现存唯一一座会馆，主体部分基本保存完好。现存重修江西会馆"永垂不朽"碑一通，民国七年（1918）立，高 2.5 米，宽 1.5 米，记载了当时修缮缘由及捐银数目，即"奈历年既久，风雨摧残，宫门以外，墙倾栋折，昔之金碧沦为瓦砾，同人辈募赀重修""共收捐钱贰仟叁佰伍拾壹串文"，碑文落款为"瑞州后学王上仁敬撰"。

现有建筑为清光绪年间遗存，坐西朝东，平面呈"目"字形布局，三进庭院式砖木混合建筑，抬梁式木构架，硬山顶，小青瓦屋面，两侧为四跌式马头墙，青石板与红岩石板地面，建筑面积 961 平方米。

2015 年，泸溪县投入资金 197 万元对江西会馆进行了修缮。

3.1.41　凤凰・江西会馆

清乾隆年间，定居凤凰的江西客民为数众多，在凤凰东郊的沙湾，形成了江西一条街。江西人多从事工商业，随着生意的兴隆，资本日益雄厚，为祈求神灵保佑平安，按照江西的传统，在沙湾修建了水府庙。清乾隆二十年（1755），江西客民又集资扩建水府庙，拓展为建筑群，设置了许旌阳神位，谓之旌阳庙，同时在这里设立江西会馆，成为江西移民集会联谊和处理商务的场所。清咸丰四年（1854），江西人又捐资在殿宇东端临江建阁，取名遐昌阁，又名杨泗阁。民国六年（1917）凤凰县商会成立，以江西会馆为议事处；民国二十七年（1938），江西会馆改组为江西旅凤同乡会，在此理事办公。

凤凰江西会馆建筑群占地 4000 多平方米，背靠东岭，面临沱江，崇垣高阁，宽敞宏伟，共建有殿宇、楼阁、房屋 20 多间。登上九级石阶，才是高大门楼。门楼开设 3 个拱门，与虹桥三拱遥遥相对，悠悠沱水穿越虹桥迎面而来，再从门前缓缓流过，碧波荡漾，充满诗情画意。

进入大门，便是戏台。戏台呈"品"字形，木质构架，以 20 根大木柱支撑，歇山式屋顶，檐角飞翅，檐下斗拱支撑，台顶天花彩绘云纹、花卉、人物、山水，色彩斑斓，艳丽夺目。穿过戏台，为宽敞的庭院，院子两边植有苍松翠柏。正面九级台阶之上，是会馆主体建筑群，正中一组为正殿，门口一对石狮，分立两旁。正殿前上方悬有"铁柱功崇"金字匾额，殿中有高 1.5 米、长 3 米、宽 2 米的神龛，供奉许旌阳神像。正殿后为水府三宫殿。右侧有萧公殿、晏公殿、财神殿及账房、斋厨房，左侧有天符、雷祖、轩辕、韦陀、观音殿及客厅。

遐昌阁，意为永远昌盛之意，占地 137 平方米，建筑面积 91 平方米，高 20 米，平面呈正六方形，攒尖顶，有中柱 6 根、廊柱 6 根、檐柱 6 根，鼓形柱础，雕刻精细。阁以抬梁式大木构架为主体，三层三檐，盖小青瓦，逐层向内收缩，形似金塔。各层出檐起翘，翘角下彩绘“鲤鱼跳龙门”“金凤展翅”等图案，檐下卷棚支撑，构成垂脊屋檐，呈曲线，似羽翼展飞；下坠铜铃，风动铃响，清音远播。

民国十八年（1929），时任湖南省防军第一警备区司令的陈渠珍为了临江观看龙舟竞渡，在大门左侧又兴建了一幢阳楼，建筑面积 169 平方米。

江西会馆人多势众，资金雄厚，并禀官立案，受官府保护，“其职能是传达官府指令，解调商民争议或代为申诉，维护合法权益”[1]。

1984 年，凤凰县拨款 4 万元对遐昌阁重加修葺。1985 年，遐昌阁修复如昔，并对外开放。许多电影、电视剧，如《湘西剿匪记》《血鼓》曾到这里取景拍摄。1989 年，凤凰县人民政府将江西会馆建筑群列为县级文物保护单位。

此外，江西商民还在凤凰吉信、阿拉、黄丝桥等地建有万寿宫。[2] 惜都已不存。

3.1.42 花垣・江西会馆

花垣县有江西会馆三处。一处在县城老正街，又称江西庙，始建年代不详，进深 40 多米，宽 10 多米，前面两层，后面一层，有大殿、两厢、戏台、钟鼓楼。江西以及各地商人多来此聚会。“文革”中破坏殆尽，基址现为县五金厂。一处为茶峒镇江西会馆，清乾隆十六年（1751）建，旧址现为“中国边城百家书法园”，面积 1000 多平方米。据传，过去每年冬天江西籍商人都要在此举行一次同乡大聚会，禁止外籍人参加。一处为团结镇吉峒坪江西会馆，始建年代不详，现已改建为民房。

3.1.43 保靖・江西会馆

保靖江西会馆原名万寿宫，人称江西庙，位于湘西保靖县迁陵镇西街，始建年代不详，清嘉庆六年（1801）重修，清同治十三年（1874）维修。民国二十年（1931），经过最后一次维修，改名为豫章会馆。会馆占地面积约 2600 平方米，坐西朝东，木结构，现存真君殿和观音堂。真君殿面阔二间、进深一间，庑殿顶，穿斗抬梁式混合结构。[3] 正殿主祀许仙真君，偏殿配祀萧、晏二公，后殿为观音堂。会馆装饰十分讲究，牌楼的每个空间和各个神殿，都悬挂有不同式样的玻璃宫灯。每逢迎神赛会，江西会馆的宫灯编排成灯队上街游行。会馆内部由若干首士轮流值年，称为“值年首士”，负责管理会馆

---

1 凤凰县志编纂委员会：《凤凰县志》第 223 页，湖南人民出版社 1988 年版。

2 凤凰县文物管理局：《万寿宫建筑群》第 3 页，2002 年 8 月。

3 万里主编：《湖湘文化大辞典》第 1827 页，湖南人民出版社 2006 年版。

事务。

清代中期，江西商人在保靖商业占有绝对优势，可以垄断市场，江西会馆达到鼎盛，置有房屋、田产；在龙马嘴设有义渡，称为“豫章义渡”，并且立有石碑；在葫芦口至庙湾一带购有义山。会馆还施棺、施药以济贫，同乡中人如有生活困难或者回籍缺乏盘缠者，都可以申请救济。会馆还购置消防水龙一架，开保靖机械灭火之先河。

会馆内设戏台，青石铺地，院落颇大，可容千人。1945 年春，国立第八中学朱镕基等 20 多位同学，在学生会文娱干事周继溪的带领下，步行 20 公里到保靖江西会馆演戏，宣传抗日救国。朱镕基在文体方面很活跃，京剧、京胡很拿手，出演的是《空城记》。此外，同学们还演出了《九更天》《扫松下书》等剧目。

3.1.44　永顺·江西会馆

永顺县有江西会馆三处。一处在永顺县城电影院旁，20 世纪 50 年代被毁。现仅存牌坊，高约 8 米，宽约 8 米，两边立有雌雄石狮一对。牌坊精雕细刻，巧夺天工，正中书“万寿宫”三字。从建筑风格看，为明末清初所建。一处在王村镇，面积约七八百平方米，两层楼阁式建筑，雕梁画栋，工艺精湛，尤其屋顶上的瓷器装饰龙凤雕塑，系从江西景德镇定制后运到永顺。会馆有大戏台一座，台上有对联一副：“天下事无非是戏，世间人无须认真。”会馆设有后台，供奉财神菩萨。1959 年突遭大火。20 世纪 70 年代王村修建河堤，会馆被水淹没，现已不存。一处位于灵溪镇万寿街，建于清代，为四柱三门青石坊，高 7 米，宽 5 米。柱下有抱鼓石，檐下施斗拱，脊上有宝顶、正吻，坊上饰人物瑞兽等浮雕，额题楷书“万寿宫”三字。左右两侧立有石狮。[1]

3.1.45　龙山里耶·江西会馆

从清朝到民国时期，龙山县里耶镇形成了七街六巷五行。20 世纪二三十年代，里耶商业进入最鼎盛时期，有“小南京”之美誉。

里耶江西会馆，又称禹王庙，位于湘西龙山县里耶镇老街皮匠沟，系清代江西商帮仿南昌万寿宫而建，祀奉对象由许真人逐渐演变为大禹。

会馆占地面积约四亩，主体建筑为砖木结构，三进式宫殿。第一进为戏台。第二进，登三步石阶，是一处岩坪坝，可容三五百人看戏。第三进为禹王大殿，五开间，供奉禹王像。后面有两个大天井，旁有四间厢房，再后面有七间大小不等的住房。江西会馆地处米行，常演大戏，人来人往，很是热闹。传说太平天国翼王石达开出走天京后，西征途径里耶，母亲病逝，就是在这里为其母办理丧事。

1 万里主编：《湖湘文化大辞典》第 1829 页，湖南人民出版社 2006 年版。

3.1.46 龙山洗车河·江西会馆

龙山县洗车河镇是一个移民古镇。清雍正六年（1728）改土归流，清政府对边远少数民族实行安抚政策，解除“蛮不出峒、汉不入境”的禁令，各地商人纷至沓来。清乾隆初年沅陵一欧姓人家进入后，江西高安的易家、胡家、陈家、李家、刘家等相继迁来，江西人支撑着洗车镇商业的半壁江山，故有“无江西不成码头”之说。老街上的万寿宫，就是维护江西人利益的江西会馆。

洗车河江西会馆，建于清乾隆年间，斗拱结构，有正殿、两厢、廊庑、墙院、天井，工艺精湛，鬼斧神工。中华人民共和国成立后，会馆收归粮食部门管理，作为粮仓使用。1970年后，洗车区医院接管会馆，改建为砖木结构的平房。

3.1.47 桑植·江西会馆

桑植县有江西会馆六处。

一处在澧源镇，凡三进。清道光末年，县城程、郁、刘、王、熊五姓所建。在朱家台等地置会产田多处，年收租100多石。每年正月二十八日许仙真君诞辰，五姓成年人齐集聚会，清理上年账目，改选头人，上江西坟祭扫，而后聚餐并演戏3天。平时，江西人来县，给予招待，有困难的酌情解决；民国三十二年（1943）四月创办赣江小学，前后使用共4年。

一处在南岔乡。明万历初年，南岔毛、伍、戴、葛、郑、吴六姓所建。会产田若干，其中伍耀芳因年老无嗣而捐献的田产即达20多亩。

一处在凉水口镇，凡两进。清乾隆末年，凉水口郁、张、谢、黄四姓所建。会产田约5亩，油茶山数处。每年清明节每姓三五人至“坟地包”江西坟祭扫。民国十八年（1929），红二军团警卫团长贺沛卿率红军进驻，会务活动停止。

一处在廖家村镇，一进，屋三大间。清康熙末年廖家村谭、刘、何、郁、聂、张六姓所建，有会产田10多亩。每年正月二十八日，六姓人齐集会馆，庆贺许仙真君诞辰，清明节至江西坟扫墓。初，六姓如同家族，互不通婚。20世纪30年代初期，先后在会馆内设区、乡公所，会务活动因以废弛。现尚存四周围墙。

一处在上河溪乡，原有屋三间，现残存两间，一间已作民居，一间已成供销社房址，系上河溪郁、李、姚、赵、刘、龚六姓所建。会产田9亩，每年正月二十八日及八月二十八日，宰猪羊祭神、会餐。因为这两天分别是许仙真君生辰及降伏孽龙，使江西人免于特大洪灾的纪念日。民国二十三年（1934），因土匪猖獗，会务活动停止。

一处在官地坪镇，一进三间，现尚完好，为官地坪熊、张、谢、何四姓所建。会产田10亩左右，年征租玉米10石。每年清明、中元、冬至节都集会祀神、会餐。清明节最隆重，必请道士“做朝”，然后至江西坟祭扫。四姓且不通婚，如同家族。1950年后会产充公，会务活动停止。

3.1.48 其他江西会馆

湖南各地江西会馆还有多处，大多为清代所建。

长沙县福临镇江西会馆，始建于明代，有佚名联：“造化今生万般好，修得来世寿期颐。”长沙望城区新康乡江西会馆，建于清中期，与福建会馆背向而造，一向东一向西，故称阴阳庙，遗址尚存。

岳阳江西会馆，又名真君庙，在附郭南。华容县城建有江西会馆。临湘万寿宫即江西会馆，董事丁春和、丁谦益、黄万太、熊义生，资望、财力兼备。

南岳江西会馆建于明代。南岳古镇南街万寿宫古戏台，最初隶属于明代南岳江西会馆，此戏台记录着南岳戏曲文化百年兴衰沉浮，凝聚了当地儒释道、民俗和戏曲艺术的精华。

宜章江西会馆在县城，清嘉庆三年（1798）江西客帮商人建立。民国初年，临武县城（今下河街）有江西会馆，其规模在临武会馆之中较大。

安乡县城、桃源漆河镇和沙坪镇、石门县治东和易家渡都建有江西会馆。临澧江西会馆，一在县南关外兴隆街，一在县北六十五里新安市。石门县市南建有抚州会馆。

南县江西会馆在沈公堤街，原为万寿宫，清咸丰元年（1851）建，江西帮捐修，民国九年（1920）重修，为清末民国时期建筑，有房屋3间，进深约20米，占地约240平方米。一层为青砖结构，大堂有拱顶；二层为木质结构，屋顶盖黛色燕子瓦；基脚为麻石，门为木质，屋后有一小院。民国十七年（1928）会馆被毁，后会址移至正大洋行。

桃江县城以及马迹塘镇，清代时均建有江西会馆。安化有江西会馆多处，一处位于梅城镇十字街北门弄子东侧，一处位于小淹镇胜利街，一处位于大福镇，一处位于唐家观镇。沅江江西会馆，一处位于八都朗山，原名朗山观，清嘉庆年间改建为江右万寿宫；一处为清康熙五十八年（1719）江西五府客籍陆续增修关帝庙、萧公庙、观音阁并剧台，左右园圃均有围墙，前抵琼湖水，后抵北街为界。

清道光十六年（1836），江西商人在新化县城东外街通济桥侧建江西会馆。“文革”后在此建新化染化厂。

邵阳城东（今沿江西路一带）建有江西会馆，清乾隆年间移东山寺之左，清咸丰九年（1859）毁于兵灾。清末民初，旅居洞口县境内的江西籍商人，分别在高沙、石江建立江西会馆。新宁、城步县城以及武冈钟沧寺都建有江西会馆。

绥宁江西会馆，馆址设寨市镇苏家巷，清朝初年江西商人建立，鼎盛时会员达数千人。中华人民共和国成立后会馆自行解散。

怀化江西会馆位于榆树湾。溆浦江西会馆一在一区柳坪街，一在四区低庄市，一在五区桥江市，江西商民建。此外，在城东门外，临江一府商民建有仁寿宫。麻阳江西会馆又名万寿堂。

永州江西会馆又名旌阳宫，在愚溪，豫章乡祠，建于清道光、咸丰年间。祁阳江西会馆，清康熙三十七年（1698）豫章客民建于朝京门大街，祀旌阳真人，规制宏敞，凡官师祝厘大典俱在此处习仪行礼。道县江西会馆在东门外。新田江西会馆在旧城关厢内中正街（今先锋街）东北侧，清道光年间建立，清宣统元年（1909）江西会馆创办求实初等小学堂。民国时，蓝山县城建有江西会馆。

龙山江西会馆有多处。一处在城南，祀许旌阳真君，江西人建。另外，董补里红洗岩、农车塘、辰旗里汝池河、他砂里招头寨、明溪里茅长坪各有一处。

张家界江西会馆，位于永定区沿河街，清嘉庆四年（1799）建，中华人民共和国成立后馆址上建有沿河小学。慈利江西会馆一处在县正街，一处在溪口市，清康熙中建，有田租 10 石多。一处在九溪城内东南，即豫章会馆，有田租 200 余石。民国时，设国民学校一所。

3.2　福建会馆

福建会馆，又称天后宫、天上宫、天妃宫、普济寺、普安寺等，福建商人所建，供祀天后（又称天妃、天上圣母、天后娘娘、湄洲娘妈，俗称妈祖）。妈祖原名林默、林默娘，出身于仕宦之家。祖父林孚，官居福建总管。父林愿，宋初官任都巡检。妈祖自幼聪颖灵悟。“甫八岁，从塾师训读，悉解文义。十岁余，喜净几焚香，诵经礼佛，旦暮未尝少懈，婉娈季女，俨然窈窕仪型。十三岁时，有老道士玄通者来其家，妃乐舍之。道士曰：‘若具佛性，应得渡人正果。’乃授妃玄微秘法。妃受之，悉悟诸要典。十六岁，窥井得符，遂灵通变化，驱邪救世，屡显神异。”[1] 成人后识天文、懂医理，相传可“乘席渡海”，能“言人休咎”，又急公好义，助人为乐。相传北宋雍熙四年（987）农历九月初九日，妈祖羽化升天后，多次显灵救助苦难。在遇到危险时只要求声“妈祖保佑”，妈祖就会闻声而至，人们就能逢凶化吉、平安脱险。因此，多地建祠立庙纪念妈祖。客居异地，必定集资修建天后宫作为同乡会馆。据统计，全世界有福建会馆近 5000 座。湖南各地建有福建会馆多处，以现存芷江和凤凰福建会馆最具代表性，保护也最为完整。

3.2.1　长沙·福建会馆

长沙福建会馆位于西十二铺新街口，现长沙鱼塘街闽省巷，清康熙八年（1669）创建，又名福源会馆。左抵行台墙脚，右抵八角亭正街，宽二十二丈；祠前门自照墙起，

---

1 乾隆《敕封天后志》卷上《传》，国家图书馆分馆编《中华历史人物别传集》第 13 册，线装书局 2003 年版。

后至白马巷止，长三十六丈二尺；后门白马巷，左至右计宽十丈零六尺，以石为界。乾隆《长沙府志》记载："天后宫，在八角亭福源会馆内。每岁祭期，地方官详拟陈设、仪注，祭日与江神同。祝文曰：'惟后护国庇民，神昭海表，妙灵久著于从前，福佑愈彰于迩日。奉天子命遍崇享祀之典，用昭默相之功。兹当仲春 / 秋，谨以牲帛醴粢粢盛庶品致祭。尚飨。'"[1] 长沙福建会馆购置产业，兴办福利，救济贫苦同乡，购有义山以安葬客死异地的同乡。光绪《善化县志》也载："福建漳岩公山在善邑八都雨花亭上手，内计土围五个、乡堂一座、庄屋两所，东南角抵鲁宅山为界，南抵蒋宅山为界，南西角抵王宅山为界，西抵周宅山为界，北抵廖宅山为界，东角漳岩飨堂屋下手抵鲁宅为界，本山山场周围，壕基碑石为界。"[2] 彭开勋有诗曰："水德原天一，汪洋后所凭。阴精储海若，善气萃神灯。浪静舟航渡，宫崇礼乐兴。灵妃湖上庙，正祀允同称。"[3]

3.2.2　望城乔口·福建会馆

望城乔口福建会馆位于乔口渔场，始建于明代，坐北朝南，前后两进，有戏台一座。天后圣母端坐正殿，两边虾兵蟹将。堂联为："天女荫南华，除沴安澜道无极；后星光北斗，荣封善果耀真元。"殿联是："佛日增辉，光耀宇宙；法轮常转，利益人天。"1967 年"文革"中被拆毁。刘工询《乔口天后宫碑记》有云："天后尊神，功在海洋，屡著灵异，为本朝所加封尊宠。闽省又其设帨之乡，宜崇祀者之不一而足也。"[4] 今人题乔口福建会馆联："圣母悯人，以大善施江海河湖，不唯灵厦石泉湄台澎金马；生民仰德，虽诚心献烟香萩稷，尤应效行仁布爱救死扶伤。"厦石泉湄，指厦门、石狮、泉州、湄洲；台澎金马，指台湾、澎湖、金门、马祖。

3.2.3　湘潭·福建会馆

湘潭福建会馆位于十八总正街，又名天后宫、十闽堂、建福寺、建福宫。清顺治十八年（1661），在潭闽籍商人龙处买程君选等十八总正街大屋地基一处，为闽人创建宾馆。清康熙二十年（1681），龙处买欧阳曙东十八总建福寺后门首地基一处，为建宾馆后屋。两处合建，馆舍乃成，奉天后妈祖为福主，名曰建福寺。取闽商在湘潭凝聚成一个整体之意，又称十闽堂。清乾隆四十八年（1783），建福寺买张植三方家围屋地基一处，为建观音阁。清嘉庆三年（1798），建福寺买罗廷槐方家围菜地屋基一处，为建佛殿。清嘉庆二十一年（1816），闽商众举赖又荣（邦富）为首士，重修建福寺，改名建福宫，并买许金榜十八总后街瓦屋九间，为建享堂等屋。清道光五年（1825），建福

1 乾隆《长沙府志》卷十五《典礼志》。

2 光绪《善化县志》卷三十《祠庙·会馆》。

3 彭开勋：《南楚诗纪》第 164 页，岳麓书社 2011 年版。

4 彭开勋：《南楚诗纪》第 165 页，岳麓书社 2011 年版。

宫买金紫荣十八总后街瓦屋五间，为建长生亭前后并金家围等屋。“十闽堂内之屋，俱系买来；建馆之余，另造铺屋，而为每年收租。”[1]清嘉庆丙子（1816），“汀郡赖又荣、漳府杨经典、兴府林跃云暨各府同乡人等，鸠工庀材，与匠石均艰苦阅七寒暑而工成。其宫殿之巍峨、台榭之宏敞、垣墉之巩固、丹漆之辉煌，靡不经营尽善”[2]。清道光戊子（1828），何命行在《类编堂序》中称：“至得瑰伟特绝之称，或又以潭馆为最。”[3]清光绪时期，会馆“合田四百三十六亩余……有园池馆宇，工作甚丽”[4]。

会馆有关圣、天后二庙和两个戏台。左为关圣殿，殿后佛堂奉立三宝、财神、定光、惠宽、韦陀宝座；右为天后宫，宫后有明德堂，楼上为大士阁。清嘉庆丙子（1816），将原有的两个戏台改建合一，高建朝楼，列事天地阴阳四官财神、关圣、五显、土地诸神。馆之中央特建天后圣母正殿，殿后为明德堂，堂左为东厅，厅左为闲舍，舍后长生亭堂；右为西厅，厅前为船房，房左为花园亭阁。明德堂后为佛殿，左为大士岩，右为闽中享堂。“此乃添买基地，始有如此之铺式也。”[5]

有学者认为，湘潭福建会馆是福建商人在湖南建立的最早会馆。[6]

3.2.4 衡阳·福建会馆

衡阳福建会馆在城内西南隅，基地东西横阔二十三丈，南北直深一十三丈，东抵准提阁，西至五显庙，南抵大门路，北至卡官街为界。丈载熟基，粮一斗三升七合，册庄闽公所，始于清康熙四十九年（1710），福建士商捐资买地，五十四年乙未（1715）闽纠首张应昌、关公位、吴七超、罗良万、罗同毅、卓弘祖建正殿一进三间，祀天后。雍正间重建前殿，供奉关帝。规模宏敞可观。

3.2.5 沅江·福建会馆

沅江福建会馆，又名建源宫，闽省客籍建，清乾隆十六年（1751）增修关圣殿、观音阁，乾隆二十四年（1759）增修天后殿，乾隆五十年（1785）增修拜亭、剧台，有注兰垸、冲天仑香火田六十亩。清嘉庆《沅江县志》卷十三《秩祀》记载有沅江福建会馆祭祀妈祖的祝文：“致祭于敕封护国庇民、妙灵昭应、弘仁普济、福佑群生天后尊神。曰：‘惟神菩萨化身，至圣至诚，主宰四渎，统御百灵。海不扬波，浪静风平，舟航稳载，悉仗慈仁。奉旨崇祀，永享尝蒸。兹届仲春/秋，敬荐豆馨，希神默佑，海晏河清。

1 何字恕纂辑：《湘潭闽馆类成堂集》卷三《十闽堂租约》，道光十五年刊。
2 何字恕纂辑：《湘潭闽馆类成堂集》卷四《修馆序》，道光十五年刊。
3 何字恕纂辑：《湘潭闽馆类成堂集》卷三《序》，道光十五年刊。
4 光绪《湘潭县志》卷七《礼典·群祀表》。
5 何字恕纂辑：《湘潭闽馆类成堂集》卷四《记事录》，道光十五年刊。
6 陈瑶：《清代湖南的福建商人初探》第9页，《闽台文化研究》2015年第2期。

尚飨。’”[1]

3.2.6　邵阳·福建会馆

邵阳福建会馆在内城街之左，一名天后宫，供奉天后妈祖。清乾隆六十年（1795），陈公畤、沈成名倡建，地基购自邵邑丁姓。前抵官道，后抵中巷街，左抵中巷街，右抵晏氏试馆，纵十八丈，横八九丈。道光《宝庆府志》载有李灿南记，对邵阳福建会馆作了详尽描述：

> 乾隆乙卯，吾乡陈公畤来守宝庆，以乡人服贾是邦者之多也，乃与上舍沈成名等倡建会馆，兼置铺基一间，其基地购之邵邑丁姓。前抵官道，后抵中巷街，左抵中巷街，右抵晏氏试馆，纵十八丈，横八九丈。馆舍既成，合议以中堂祀乎天后焉。
>
> 后闽之兴，莆人林愿之女未归。妹孝友性成，能乘云布席，出险亨屯。自宋元至国朝，褒封稠叠，故我闽独以会馆为天后宫。云惟是春秋晋祀，经费尚诎。嗣福、义祀，置买城南庄田一所，共计田七十八丘、塘七口，系新宁三都四甲，纳粮米三斗四升七合一勺，又义山一障，崇庆、莲峰二祀，置买城北肥塘冲庄田一所，计田五十二丘、大塘一口，系二厢九甲，纳粮一斗六升六合。又置买丛山塘庄田一所，计田六丘，系新宁上一都六甲，纳粮米九升。又置买本城衣锦坊坐北朝南铺屋二间，又打信巷坐西朝东铺屋三间。李云苍等捐入灯田九丘，系城北五里牌仁风十甲，纳粮米八升。由是，岁权钱租所入，礼神外乃相与款，洽殷勤，话枌榆，联姻旧，忘其身之在客也。夫客游者之利，有会馆诚亟矣。顾利之所在，弊亦随之。往往有凭藉会赀，蕴利生孽，积弊生蛊，至于大坏，不可收拾，则又岂客游者之利也。吾乡人朴直醇谨，当不虑此。抑愿经理是馆者，不忘乎此，有以祛其弊而收其利。庶会馆之设，得以永垂不朽。
>
> 先是乡先辈邮寄一函，属灿南记其事。因书此，使刻之。
>
> 时道光丙午仲夏天贶节前三日也。[2]

3.2.7　怀化·福建会馆

怀化福建会馆，位于怀化市鹤城区，原属芷江县榆树湾。榆树湾原名蒋家关，相传许久以前，这里的舞水河边，长着一棵参天的古榆树，树下有一洞。某天，大雨滂沱，一位过路的生意人跑进树洞躲雨。到了洞中，他觉得有些异样。往前走，竟越走越亮

1 嘉庆《沅江县志》卷十三《秩祀》。

2 道光《宝庆府志》卷五十九《形胜记一》。

堂，不消一时三刻，便到了武汉三镇。神奇的传说，充满着人们走向外部世界的美好遐想。到了清代康熙年间，人们依据这棵古榆树，将蒋家关更名为榆树湾。关于这里早年的情形，同治《芷江县志》卷五《乡都》记载：“榆树湾市，在县东八十里美二里，舞水北岸，居民数百户，上下舟楫，少停蚁泊。凡油豆米谷煤铁之属，皆集于此路，为滇黔所必经，行旅信宿。”旧时榆树湾的街道，由上街、中街和下街组成，贸易区主要在中街和下街，上街是会馆、庙宇集中的地方。清嘉庆二十四年（1819），林则徐赴云南任主考官，途经此地。他在《日记》中写道：“（六月）二十六日，丙辰，晴。寅刻行，平明过榆树湾，市肆甚密。谒天后宫，憩杨公庙。”[1]天后宫是福建行商在这里建的同乡会馆，林则徐是福建侯官人，所以要到福建会馆去拜谒。

3.2.8 沅陵·福建会馆

沅陵福建会馆，位于沅水北岸，建筑已无存。乾隆《辰州府志》卷十八《坛庙考·寺观》：“（沅陵县）天后宫在下南门内乐善坊，乾隆十年（1745）福建客民捐资购地，建以祀林女仙。正殿立神像，岁时伏腊，便于祷祀。东为旁室一楹，前为门。”民国《沅陵县志》卷十六《建置·祠庙》：“天后宫在城内考棚街，即福建会馆，清乾隆十年福建商人建。”同志卷十《食货·工商》：“福建人经商于吾邑者，以理相推之，在百年前必极多，试观考棚街福建会馆，即可想见旅居集会之盛。今则馆之东院已毁于火，其殿庑戏台又为弹戏优人所借居，岁时天后之祭，久已废歇。住同文巷之林姓、伍家坪之强姓、田家码头之李姓，皆闽籍也，其子孙皆营别业，无经商者。”

3.2.9 芷江·福建会馆

芷江福建会馆，位于芷江县城舞水西岸江西街 83 号，是我国内陆保存最好、规模最大的福建会馆。“乾隆十三年，福建客民创建。祀敕封护国庇民妙灵昭应弘仁普济天后。”[2]清嘉庆、道光年间，福建会馆规模宏大，处于发展鼎盛阶段。清咸丰十一年（1861），太平天国翼王石达开率所部自广西入湖南进军四川，途经芷江，天后宫毁于火，仅存石牌楼门坊。清同治年间，董隆泰、汤正己、袁老美、陈显周、汤震泰、袁古升、德丰店、合盛店、袁充明、陈□□、谢胜岩、袁安泰、汤□□、汤子扬督修，岩州龙兴祀捐钱四千二百二十九千三百文，岩州福龙祀捐修圣母龛一座计钱一千一百二十千文，又捐抽厘金钱七百四十九千三百七十六文，会馆达到“壮潭阳之观瞻”[3]的盛况。1942 年，神像废于灭神运动。

现存会馆占地 3700 多平方米，建筑面积 2284 平方米。坐西朝东，南北建耳室，中

---

1 中山大学历史系中国近代现代史教研组、研究室编：《林则徐集 日记》第 76 页，中华书局 1962 年版。

2 乾隆《沅州府志》卷十八《坛庙》。

3 蒋维锬、郑丽航辑纂：《妈祖文献史料汇编》（第一辑）《碑记卷》第 384—385 页，中国档案出版社 2007 年版。

间三进，分别为戏台、正殿、观音堂，左为财神殿，右为武圣殿和五通神殿，此外还有三清殿、玉皇殿，玉皇殿供有南岳圣帝之位。戏台飞檐斗拱，台上为道教八卦图，两侧楹联为“道生一一生二二生三三生万物，人法地地法天天法道道法自然”，外侧楹联是“凡事莫当前，看戏何如听戏好；为人需顾后，上台终有下台时”。

正殿为妈祖殿，妈祖端立殿中，慈祥微笑，上悬“惠泽侗乡”金匾，像旁有南岳司天神像。两侧楹联为：“圣像接云高，立地擎天镇怒涛；举世争远瞩，中华独有女英豪。”宫内原妈祖神像惜在“文革”中被毁。随着两岸交流日益加深，两岸同胞寻根祭祖纷至沓来，现在这尊妈祖神像，为一位台胞寻访天后宫后，于 1992 年从妈祖的故乡——福建莆田湄洲岛主庙请来的。

芷江福建会馆古建筑群，融古代建筑、雕刻艺术于一身，具有独特的艺术观赏价值和文物保护价值，尤其牌坊布局合理、内容丰富，技艺精湛、栩栩如生，远望雄伟，近观亲切，细看生情，有“江南第一坊”之称。

石坊高 10.6 米，宽 6.3 米，厚 1.14 米，为重檐歇山顶，门楼形状。坊基座平面为两个“工”字形，坊为条石垒砌，系用贵州产大青石，由四根石柱和 95 幅石质浮雕组成。上方正中是五条盘龙缠绕的“天后宫”标牌，字迹苍劲浑厚，格外引人注目。正中下首是宽敞的半圆拱门，门联为“宠赐天章，德泽宏敷闽海；重新庙貌，威灵远播潭阳”。门前两侧石鼓分立，一对威严石狮蹲踞把守。门坊前为青石板平台，围以夔龙、规矩龙栏杆，雕有石榴、湘莲、南瓜、小象、小狮图案，谐音为“留连难相思”。凭栏眺望，舞水河沿岸风光、芷江城景色尽收眼底，令人心旷神怡。中间是十七级台阶，拾级而下，为沿江大道和滔滔舞水。

石坊浮雕大小共 95 幅，大幅 2.62 平方米，小幅 0.09 平方米，花草木竹、鱼龙凤狮、神鬼人仙，形象逼真，呼之欲出，绝妙至极。

会馆石雕独特的风格，主要表现在完美的结构和秀丽的造型得到巧妙结合。采用平雕、浮雕、圆雕、半圆雕与镂空相结合的技法，增强了石坊的艺术感染力。“武汉三镇”特别注重线条的流畅自如、错落变化，使得整个浮雕龙飞凤舞、山水增色、意境深远。大青石料质地细硬，龙鳞、鸟羽、树木枝叶和人物髻发，恰似国画中的工笔，细微且规则，在仅有 0.216 平方米的画面上，把武汉三镇的武昌、汉口、汉阳繁华景象全貌展现得淋漓尽致。长江、汉水滚滚波涛，汹涌澎湃，江中有大小船只一百零三艘。舟来楫往，一派兴旺景象。船员神态各异，有的摇橹，有的闲谈，有的对弈，有的饮酒，有的对歌，有的观景。龟山和蛇山隔江对峙、紧锁江面。沿江旗斗，刻有布政使司、按察使司、都指挥使司，虽细若牛毛，但字字清晰可见。城楼房屋，鳞次栉比，数以千计，无不清清朗朗。黄鹤楼、归元寺，全用镂空手法雕刻。黄鹤楼上“昔人已乘黄鹤去”，黄鹤楼下众人指点江山，似在品评典中之故，又像在领略武汉之景，神形活灵活现。

1989年3月，在芷江福建会馆出土《千秋金鉴》碑一通，碑文如下：

重修本馆殿宇并各祀众芳名乐捐序

尝闻天下名山大川之胜，每多精华发越之奇。盖地灵所钟，则生神人以理阳治阴，而弘天地之化，此理之必然者。惟我无极盖天元君，功侔造化，德配苍穹。凡海澨山陬、江河湖泽以及历代显圣灵迹、御灾捍患暨两粤、浙、闽诸省垣郡处，无不仰其灵而沐其恩泽，宗其祀以报其功也。

本郡自康熙年间，先辈创造斯馆，几经谋为，熟意至辛酉□，发逆窜境，陡遭兵燹之虞，毁已罄尽。续加重修，又费君等竭力劳心，诸皆需费□千万有余金。迨甲戌秋，功成告竣，遂使庙貌森严，焕然维新，亦可以妥圣母暨诸神之灵，更足以彰屡朝之。

天章宠锡，祀典攸隆，聊酬慈恩于万一耳！今将各祀并众乡翁乐捐芳名永垂不朽！庶几为□千秋金鉴，作万古之屏藩，岂不著城为雉璞，锁桥龙津，以壮潭阳之观瞻也哉！

是岩州八户雷州后裔侄孙林□□□沐敬撰。

录督修董事：董隆泰、汤正己、袁老美、陈显周、汤震泰、袁古升、德丰店、合盛店、袁充明、陈□□、谢胜岩、袁安泰、汤□□、汤子扬。

今将各祀乐捐芳名列左：

岩州龙兴祀捐钱四千二百二拾九千三百文正。

岩州福龙祀捐修圣母龛一座，计钱一千一百二拾千文。

又捐抽厘金钱柒佰肆拾九千叁佰七拾六文正。[1]

关于芷江福建会馆的创建年代，碑文称“本郡自康熙年间，先辈创造斯馆”，而清乾隆、同治《沅州府志》以及清同治《芷江县志》均记载为乾隆十三年（1748）福建客民创建，似有矛盾之处，有待进一步深入研究。

《千秋金鉴》无具体立碑年代，但根据其中的三个时间节点“康熙年间”“辛酉”“甲戌秋”可以推断为清同治十三年（1874）。

第一，从碑文“自康熙年间，先辈创造斯馆”可知，碑应该立于清康熙年间或以后。

第二，清咸丰五年（1855）四月，湖南巡抚骆秉章仿效清刑部侍郎雷以諴，在省内开征厘金，“这是湖南办理厘金之始”[2]。因此，碑文所记“捐抽厘金钱”之事是在清咸丰五年（1855）或之后，碑应该立于清咸丰五年（1855）或以后。

1 蒋维锬、郑丽航辑纂：《妈祖文献史料汇编》（第一辑）《碑记卷》第384—385页，中国档案出版社2007年版。
2 湖南省志编纂委员会编：《湖南省志》第一卷《湖南近百年大事纪述》（第二次修订本）第57页，湖南人民出版社1979年版。

第三，碑文“孰意至辛酉□，发逆窜境”，“辛酉”年在清康熙以后的清代共有四个，即清康熙二十年（1681）、清乾隆六年（1741）、清嘉庆六年（1801）、清咸丰十一年（1861）。碑文所谓“辛酉”应当是清咸丰五年（1855）之后的清咸丰十一年（1861）。另外，碑文所指“发逆”，是当时清政府对太平天国的蔑称。据同治《芷江县志》卷三十三《忠义》记载：“咸丰辛酉十一月初旬，大股发逆伪翊王窜入芷境之榆树湾，连营数十里，恣行焚掳，势焰颇张。”太平天国石达开部过芷江，正好在清咸丰十一年（1861），碑文所述和县志记载完全符合。

第四，碑文“甲戌秋，功成告竣”的甲戌年，清咸丰十一年（1861）后只有一个，即清同治十三年（1874）。

因此，《千秋金鉴》立碑年代为清同治十三年（1874）。当时，福建岩州、雷州等商民捐款重修天后宫时，“将各祀并众乡翁乐捐芳名永垂不朽”。

芷江福建会馆，1979 年，芷江县公布为县级文物保护单位；1983 年 10 月，湖南省人民政府公布为第五批省级文物保护单位。保护范围东至舞水河西岸，南至龙船巷，西至墙基外 25 米，北至江西街。从 1999 年起，芷江县开始对其进行整体维修，2002 年，会馆重新对外开放。2013 年 3 月，国务院公布为第七批全国重点文物保护单位。

3.2.10　黔阳・福建会馆

黔阳福建会馆位于黔城西兴街，建于清乾隆年间，坐北朝南，长方形风火墙，高 6 米，长 30 米，宽 10 米，占地面积 300 平方米。主要建筑按中轴线布局，正面朝青石板老街。依门入内有小楼阁、单层客房、正殿。轴线布局为厢房，均为两层跑马楼，系木结构穿斗，抬梁小青瓦屋面，歇山和悬山屋顶。正殿面三间，明间宽 6 米，东西次间宽各 2 米，进深 7 米，檐高 7 米，红砂岩须弥基座。梁枋头雕刻有麻叶头，木柱、梁枋施彩绘。风火墙饰鲤鱼跳龙门彩绘。1991 年 11 月毁于火灾。

3.2.11　洪江・福建会馆

洪江福建会馆，职首福昌隆，位于龙船冲六甲巷后至石家房，三进，深十二丈，阔六丈。正殿祀圣母，后殿供诸佛。前戏台，右观音堂并客厅，中凿方池。宫外左偏为古路，右店六间，码头直抵河，栏以青石。洪江十大会馆之一。

3.2.12　吉首・福建会馆

吉首福建会馆，位于乾州马王庙西明代废旧小石城东门麻阳街口，现吉首市乾州古城文艺巷内。清嘉庆戊辰十三年（1808），福建商人计议建馆，募银约 2200 余两，买吴姓屋基，历经二年，终于建成，与三王行宫、昭忠祠毗邻，占地面积 1000 多平方米。地形长方，绕以清水砖墙，坐南朝北，石砌门洞，外竖牌楼式高大门面，浮砌柱子、穿方、瓦顶。大门口有石狮一对，入门即为三方突出的戏台及左右连接“出将”“入相”的化妆楼，戏台为抬梁式硬山马蹄墙建筑，用料极粗，直径为 40 厘米左右。两侧墙面之间，宽广的石坪中置铁铸香炉宝鼎。大殿三间，内设神台，镂花贴金，供奉天后妈祖。福建官商过往乾州，多来朝祖会亲，暂住联谊。清道光十七年（1837），福建侯官进士林则徐擢升湖广总督，听闻“镇竿兵悍，数启衅”，于是亲赴乾州凤凰“巡阅抚慰”，途中特地到乾州福建会馆朝参妈祖，在此会聚当地官绅和同乡，了解民情，从而决定荐升镇筸总兵杨芳为湖南提督，驻于辰州以“慎固苗疆屯务”。福建会馆平日用作私塾老师如滕子香等的学馆，培养人才。抗日战争期间作为难童教养院半工半读木工作坊，惠及流亡。戏台虽拆，后门墨书“慈云拥护”横额仍在，留有古碑。

3.2.13 凤凰·福建会馆

凤凰福建会馆，位于沱江镇东正街。光绪《凤凰厅续志》卷四《坛庙》记载：“天后宫在东门内正街路南，咸丰年闽商购建，外仍店面，龛设后重，暂备春秋暨诞辰礼祀。”神龛内供奉妈祖神像，春秋及妈祖诞辰进行祭祀。

2003 年，凤凰县人民政府拨专款进行行整体修复。重修后的福建会馆占地面积 2600 多平方米，整体布局为四合院格局，由戏台、妈祖殿、观音堂、财神殿、通神殿、回廊、庭院组成，四周围墙，临街面修建牌坊式门墙、拱形大门，墙面堆塑花鸟、海浪及神话故事图案。2011 年 1 月，湖南省人民政府公布为第九批省级文物保护单位。

3.2.14 其他福建会馆

长沙望城区新康乡福建会馆，建于清中期，与江西会馆背向而造，一向东一向西，故称阴阳庙，遗址尚存。

宁乡福建会馆，又名天后宫、八闽馆，在东门外，闽商所立。清康熙时建天后像，以楠木为之。岁以春三月二十三日诞辰及秋九月九日私致祭，清光绪二十三年（1897）始援祀典，请知县主祭。清同治间尝捐钱百串交城区置福宁水龙，清光绪间为乡友附祀立义泽堂于庙侧，又与苏赣办联合小学，有道士仑、易家冲、砂子岭三处义山。

浏阳福建会馆，又名天后宫，在西城外，清乾隆年间福建商民创建。1950 年，嗣同路小学搬迁至会馆。

株洲攸县福建会馆，又名天妃宫，位于北城内，天符庙右。清嘉庆丙子（1816），首事朱嵩华、彭家琳、胡自雍、陈文蔚、陈大雅、邓德骥、文舒学、陈大超、刘增璋、胡自慎、陈文藻、欧阳金珊、胡自标、胡宗湛、刘龄枝、欧阳金玙、李家驹等募建。茶陵福建会馆，位于县城二总街纱帽堂（今城关镇人民街卫生路），清代建。炎陵福建会馆一处在南城外，一处在东乡十一都沔渡，清咸丰元年（1851），邑令邱华东倡建。

醴陵“福建会馆，一名天后宫，在汤家巷北，清道光二十九年闽帮创建。民国十四年重修，祀天后（福建林氏女）。清末设崇实学校。此外，治东白市、普市、王仙、枧市，治西神福市，治北渌口市，皆已创建。或设学校，或谋公益，皆赓续罔替”[1]。

湘乡福建会馆，清雍正七年（1729）福建人张向宇、蓝华林、阙友兰修建于南门内，为福建在湘乡经营烟丝业等各业人士的同乡会，清咸丰九年（1859）知县赖史直重修。此外，在湘乡十都水竹街，闽人何容燕建有建福庵。

岳阳福建会馆，在附郭南。清末进士、楹联家吴獬为戏台撰联：“三五步游满天涯海角，四六句说尽古往今来。”湘阴福建会馆在县治简家巷。

郴州福建会馆在郴城河街。嘉禾、安仁县城建有福建会馆。汝城福建会馆在南正街，20 世纪六七十年代曾为商业局、饮食公共食堂，后拆除改建。

常德福建会馆在十字街，又名万福宫，清康熙初年建。安乡福建会馆又名天上宫，在南正街。汉寿福建会馆在西门内，宅不甚巨。临澧福建会馆在县南关外上胜街。桃源、石门县城建有福建会馆。津市福建会馆位于后街。

益阳福建会馆位于益阳市大码头资江西路与三益街交叉点下首四十米处的资江西路北侧，后全部拆除，宫室不复存在。桃江福建商人在本地组成行会，供奉天后神，桃花江镇建有福建会馆，农历正月二十一日穿天节，即女娲氏补天之日聚会庆祝之日。安化黄沙坪镇福建会馆，清康熙三十二年（1693）由福建茶商建。

新化福建会馆在县城。

武冈福建会馆，在小西门街至内城街之左。

溆浦福建会馆在城西门外。靖州福建会馆位于渠阳镇小南门城上，今县粮食局宿舍，清末修建，20 世纪 70 年代拆除。

永州福建会馆在训导署左，建于清道光、咸丰年间。道县江西会馆在城内。清嘉庆十六年（1811）建。宁远福建会馆在南关外状元坊陈家巷，福省客民于清乾隆三十二年（1767）买地建立，上下二座，左右两廊，中为庭，有台，周围有墙垣，有香田，勒于碑。江华福建会馆在东关外半里许。

泸溪浦市福建会馆，在浦市西街。抗日战争期间，国民党军政部陆军监狱处曾迁驻于此。保靖福建会馆，位于县西滥泥湾，始建年代不详，现存麻石四方大水井一口。永顺福建会馆，在城内北隅，内供敕封护国庇民妙灵昭应弘仁普济福佑群生天后尊神。每岁春秋仲月，地方官诹吉致祭，祭品、仪注与祭火神庙同。祝文：“惟神菩萨化生，至圣至诚，主宰四渎，统御百灵。海不扬波，浪静风平，舟航稳坐，悉仗慈仁。奉旨崇祀，永享尝蒸。兹届仲春/秋，敬荐豆馨，希神默佑，海晏河清。尚飨。”

1 民国《醴陵县志·建置志·公所》。

3.3 北五省会馆

北五省会馆，又名关圣殿，为山西、山东、河南、陕西、甘肃北方五省商人所建，祭祀关羽。关羽，汉寿亭侯。北宋徽宗封为忠惠公，大观二年（1108）加封为武安王，宣和五年（1123）加封为义勇武安王，南宋孝宗加封为壮缪义勇武安英齐王，元文宗在关羽谥号前加“显灵”二字，明代朱元璋加封为“真君”，各地修庙奉祀。此后，关羽被历代皇帝封赐为“协天大帝”“三界伏魔大帝神”“威远镇天尊”“忠义神武关圣大帝”“忠义神武灵佑关圣大帝”“忠义神武灵佑仁勇威显护国佑民精诚绥靖翊赞宣德关圣大帝”，与孔夫子齐名。清康乾时期，商业繁荣，各行各业皆奉关公为行业神，如相传关羽年轻时曾卖过豆腐，豆腐业奉关羽为豆腐业神；烛业则因关公秉烛达旦，恪守叔嫂之礼，而奉其为神；理发业、屠宰业、刀剪业，因为使用的工具都是刀，而关羽的兵器就是青龙大刀，也把关公奉为了神。因此，北五省会馆名为祭祀关羽的场所，实为北方五省商人的会馆。

湘潭北五省会馆位于市十一总正街，坐北朝南，占地面积4066平方米，清康熙时建。湘潭商业繁荣，各路商人云集，明末即有“小南京”之称，至清，则称之为“金湘潭”。经商之人以崇尚关羽为荣，于是，以山西、山东、河南、陕西及甘肃旅潭商人，在此修建关圣殿作为祭祀关羽的场所。因首先是作为商会会馆，故又称北五省会馆；又因明末本邑张嘉言进士捐金在九总兴建了大关圣殿，清初广东商人在十二总兴建了广东关圣殿，此殿后建，所以人们称之为新关圣殿。大关圣殿和广东关圣殿俱废，此殿独存。新关圣殿的墙根还立有“北五省会馆自墙”的界碑。北五省会馆的管理人员称执事，除了向北五省商人募取经费外，还拥有一百三十四亩水田、九口水塘、两所菜园，收取租谷、租金以维持日常运转。

据清乾隆四十五年（1780）《重修春秋阁记》载：“（殿）创自国初，越年以来，略加修葺。乾隆三十九年修大殿。重建舞楼，以及韦陀堂、墙垣、禅房，皆涣然壮观。”北五省会馆是当时湘潭商业发达和经济繁荣的见证，同时也是湖南保存完整的、规模最大的关庙建筑，建筑构造与工艺罕见。

关圣殿整个建筑分前、中、后三进。前进自成院落，前栋为山门和戏台，可惜后被拆毁，现在的牌坊为1986年重建。牌坊楷书“关圣殿”，两侧门分别楷书“河岳”“日星”，牌坊浮雕“二龙戏珠”“童子望月”“刘海戏金蟾”。中进为大殿春秋阁及钟鼓楼等附属建筑，南北与前后进相接，东西为高耸的封火墙。大殿为宫殿式建筑，高16米，长24米，宽14米，盖黄绿两色琉璃瓦，全部花岗岩台基。殿内供奉关圣帝，亭柱上刻有对联三副，分别为“天地一完人，文武才情忠义胆；古今几夫子，英雄面目圣贤心”“大义秉春秋，辅汉精忠悬日月；威灵存宇宙，干霄正气壮山河”“扶汉仰侯功，一心一德，浩气直吞吴魏；伏魔崇帝号，乃神乃圣，明威尚震华夷”。

关圣殿的最精彩之处在中进春秋阁。阁矗立在一米高的花岗石基座之上，前后左右均有石阶登达。阁前石阶斜卧一条蟠龙，两侧分列一对石狮。石狮各背负一只幼狮，幼狮搔首挠耳，憨态可掬。阁为两层，高大富丽，气魄雄伟。顶盖琉璃，飞檐兽脊，凤舞鸾翔。阁顶内侧倒悬木雕贴金巨龙，口含丹珠，神态飞扬。四周檐廊为祁阳白石栏杆，饰以花鸟鱼虫走兽。阁前两侧矗立汉白玉镂空龙柱一对，高 4.8 米，圆周 1.5 米。柱为整体，龙为整形，龙绕柱旋，龙柱一体。雕龙昂首翘尾、腾云驾雾，造型生动、呼之欲出。尤其值得称道的是，龙柱采用镂空技法，一鳞一爪，一须一珠，丝丝入扣，极为精巧细腻。

关圣殿后，有石碑十余通，其中《北五省祀田碑记》《重修春秋阁记》和《棉花规例》《四都靛山公议章程》，均具有重要历史价值，是研究清初湘潭经济的重要史料。《北五省祀田碑记》开宗明义指出：“公馆创于国初，乃经商兹土者虽至今络绎无已。”清乾隆四十五年（1780）《重修春秋阁记》碑载，当时捐银的北五省商号近二百家，所捐银钱 2100 多两。清乾隆四十六年（1781）《棉花规例》，则详细地开列了棉花行情、脚力等级、买卖规矩等条款。

1984 年，湘潭市以关圣殿为馆址，建立湘潭市博物馆；2015 年 12 月 25 日，湘潭市博物馆新馆开馆，现馆址为湘潭市岳塘区湖湘东路 7 号。1956 年 7 月，湖南省人民委员会公布湘潭市关圣殿为第一批省级文物保护单位。“文革”期间，关圣殿遭到破坏。1983 年 10 月，湖南省人民政府再次公布为第五批省级文物保护单位，并开始了较大规模的修复，重建了钟鼓楼、牌楼等。2013 年 3 月，国务院公布为第七批全国重点文物保护单位。

2017 年 12 月 26 日，国家文物局办公室就湘潭北五省会馆文物保护规划提出如下意见：

一、进一步梳理保护对象。应在准确认识真实性概念的基础上认定文物本体，1980 年代重建的钟鼓楼、牌坊、厢房等不应认定为文物本体；应补充对历史环境的认定，建议将与北五省会馆相关联的历史建筑纳入历史环境要素。

二、进一步完善现状评估。合理判定文物建筑残损级别，应分别评估后殿、商会、客房等文物建筑；细化灾害评估，明确灾害强度、频率及对文物本体的影响程度，为制定相应的规划措施提出科学依据；补充对现行保护区划的评估。

三、进一步细化、规范保护区划管理规定。应严格限制保护范围内展陈设施建设的强度，禁止对文物风貌产生不利影响；应增强建设控制的强制性要求，严格控制建筑总高，“檐口高度不超过 14 米、与文物建筑之间保持 1 米以上安全距离”等要求过于宽松，应补充建筑密度、容积率等控制指标。

四、进一步梳理保护措施。应按照《文物保护工程管理办法》明确保护工程性质、工程范围和控制要求。保护措施应与评估结论对应，并厘清其与管理措施的区别。

五、进一步完善专项规划。应明确游客服务中心、管理中心等具体位置，补充选址的可行性分析；应在管理规划中细化对民俗活动的管理要求；按百年一遇的防洪标准设防的必要性不足。

六、进一步明确规划衔接。应厘清文物保护规划与历史街区保护规划二者在范围、规划内容、规划目标等方面的区别。

七、进一步完善规划文本，规范规划图纸。目前规划范围内的图纸深度不足，与规划文本对应性不强。应补充必要的卫星影像图、周边环境评估图、用地性质调整图、保护规划总图等。精炼文本，不宜用大量评估表格代替评估结论。

3.4 山陕会馆

山陕会馆，即明清时代山西、陕西两省商人所建会馆的名称，又称西商会馆、西秦会馆，主要敬奉关公。山西、陕西两省在明清时期形成两大驰名天下的商帮——晋商与秦商。山西和陕西，一河之隔，自古就有秦晋之好的佳话。当时，山西与陕西商人为了对抗徽商及其他商人的需要，常利用邻省之好，互相结合，人们通称为“西商”。光绪《汉口山陕西会馆志》阐述了山陕商人共建会馆的缘由：“山陕，古秦晋姻好之国，地近而人亲，客远而国亲。适百里者，见乡之人而喜；适千里者，见国之人而喜；适异域者，见似国之人而亦喜。汉上去秦晋益远，秦晋人于汉上益亲，其会而有馆也亦宜。”[1]“地近而人亲”是山陕商人共建会馆的缘由之一，其实更重要的原因是两省生活习惯、乡俗风情、民间信仰等文化背景及经营项目、经营理念和经营方式相同相近，更容易合伙经营、实现共赢。山陕商人建造的山陕会馆遍及天下，皆宏敞可观、富丽堂皇。

在全国现存会馆类古建筑群中，河南社旗山陕会馆建筑规模最为宏伟，保存最为完好，建筑装饰工艺最为精湛，商业文化内涵最为丰富，被公认为中国第一会馆。会馆始建于清乾隆二十一年（1756），历经清嘉庆、道光、咸丰、同治，至清光绪十八年（1892）竣工，历时 136 年，“运巨材于楚北，访名匠于天下”，动用了山西、陕西、湖北、河南等地的建材，调动了天下有名的工匠，集宫殿、会馆、庙宇为一体，融东南西北建筑艺术风格于一起，占地面积 12885 平方米，建筑面积 6235 平方米。整体建筑分前、中、后三进院落，现保留建筑 152 间。

长沙山陕会馆，在西十三铺坡子街，是旅长的山西、陕西两省商贾联乡谊、祀神明

1 光绪《汉口山陕西会馆志·汉上山陕西会馆志序》第 633 页，张正明、科大卫、王勇红主编《明清山西碑刻资料选 续二》，山西经济出版社 2009 年版。

的处所。

光绪《善化县志》卷三十《祠庙·会馆》记载：

> 山陕会馆，在西十三铺坡子街。康熙三年始建，乾隆甲寅、道光乙巳叠次重修，前后三栋，中为关帝大殿，前为戏楼，后为观音阁，西边客厅，东边义路，计长二十一丈、宽七丈五尺，南抵坡子街，北抵官街，东抵邹恒兴金箔铺，西抵劳恒大鞋店。

益阳山陕会馆位于三益街，濒池巷东端，始建于清道光年间，为山西和陕西商人在益阳修建的会馆。明清至民国时期，山西、陕西商人经销安化黑茶。由于安化山高谷深，茶叶外运困难，只能走水路顺资江而下，将茶叶运到益阳石码头，然后集中装船入洞庭湖北上到汉口，再陆运北上。益阳山陕会馆系砖木结构，为两层，房间由木板隔成，有 20 多间，中间有四个天井，临街是门店。拆迁时，益阳市博物馆抢救征集了一通“山陕会馆墙脚”石碑，为麻石质地，长 76.8 厘米，宽 30.5 厘米，厚 9 厘米。

邵阳山陕会馆在准提巷口，清乾隆四十二年（1777）始建。嘉庆《邵阳县志》卷三十七《艺文志》等均记载有柳迈祖《山陕会馆碑记》：

> 余守宝郡之明年，同乡世袭骑都尉后裔王名湘，以西省建修会馆告余曰，馆之建，倡议于湘父伟。乾隆四十二年始购基地一所；至五十二年鼎建前殿，塑关圣帝像祀之；嘉庆十年，太学生游名知方等续修前殿、厅及戏台，兼置铺基六间，其基地购之邵邑唐姓，前抵官街，后抵本主地，左抵协宪署及邓姓墙外基石，右抵出入公巷，自南至北计弓长三十丈六尺，前近街自东至西墙垛宽八丈八尺。后自西垣至东，宽八丈五尺。西公巷又七尺余，门有五，馆居其三，于巷得五分之三，唐二之，俱契据胪其始末。属一言以为重。余惟天下事，利之所在，弊亦因之。如会馆之建，以联乡谊，客斯土者，轻去其乡，馆舍既成，欣言慰止，相与话枌榆、道戚旧，每岁醵钱礼神款洽殷勤，忘其身之在客也。利何如焉？然或凭藉会赀矜奢，鬬丽朱紫，雕刻廊庑，深邃楼阁崇闳，中夏含霜，隆冬熙春，豢养缁流，处非其据，至奸慝丛生，睚眦构衅，豪倾都会，动以细故，蔓生厉阶，拾渖无及，又何利焉？
>
> 吾乡人性直而和，多崇信义，谅不至此。今会馆之建，朴且善完，岁量其所入以修补整饬之。为经久计，无侈前人，无废后观，若作室家，既勤垣墉，惟其涂塈茨，则善之善者也。
>
> 余守斯土，不能捐宦橐，效王公之为，众所谅也，心窃恧焉。
>
> 书此以告馆中之当事者。时嘉庆甲戌春月。

衡阳山陕会馆在正街和仁寿巷之间。常德山陕会馆在下南门内，又名忠义宫。津市山陕会馆位于关庙街。洪江山陕会馆在六甲巷龙船冲，大殿前建戏台，右财神殿，左连三官殿，门外青石码头直抵河，始建于清嘉庆二十三年（1818），主体结构大部分被毁，现仅存观音堂。泸溪山陕会馆在浦市河街，知县王光夔有记。

3.5 苏州会馆

苏州会馆，江苏商人所建。长沙、宁乡、湘潭、常德、益阳、沅江、洪江等多处皆建有苏州会馆。

长沙苏州会馆位于长沙市天心区福胜街 11 号，面阔二间，进深四间，建于清康熙年间。据光绪《善化县志》记载：

> 苏州会馆，在十铺福胜街。建于清康熙年间，坐东朝西，前抵官街，后抵盐厂庵，左抵朝阳巷，通前至后以自墙为界。左边一带铺面、房屋，均会馆墙基为界。前进门楼、戏台、方坪，正栋关圣殿，左文昌宫，右财神殿，中翠波阁。后进，中大雄殿，左雷祖殿，右杜康祠。内有长生局，并捐积经费制备永安水龙，如城厢内外遇灾，随时赴救。南北东三门外，置有公山十二处，以备同乡在楚物故者安葬。[1]

清顺治年间，苏州人董玉和带着一手制醋的绝活，来到长沙开设董玉和酱园，既生产醋，又制作酒和酱油，统称为“玉和酱园”，但酒和酱油的名气远不及醋。因董玉和而起，大量江苏人在长沙依河近水的大西门、小西门一带，开设醋坊酱园，形成名噪一时的“苏帮”。为了维护自身利益、联络同乡感情、对付行业竞争，以酿醋为生的“苏帮”，本着“相融共生、和为金玉”的原则，于清康熙年间在长沙建立苏州会馆，以为同乡聚会、研讨商业、调剂市场。会馆石库门内为戏台、方坪，正栋关圣殿，左文昌阁，右财神殿，中翠波阁。后进，中大雄殿，左雷祖殿，右杜康祠。砖木混合结构，承重墙、柱为青砖砌筑，墙基为花岗石，高 0.85 米。楼板、楼梯、屋架、隔墙均为木质。外墙高出至屋脊，硬山坡屋顶盖小青瓦。苏州会馆是典型石库门建筑，整体布局采用欧洲联排式风格，西方古典壁柱装饰，砖木结构两层楼房，“裕湘”青砖外墙，石料门框，坡形屋顶上开老虎窗，风火墙，整个会馆既不失江南民居的式样，又融合欧式建筑的风格，具有中西合璧的特征。虽然星移斗转，物是人非，繁华不再，但会馆处处显现古老的魅力，让人为之赞叹。

长沙苏州会馆在城门外设有公山十二处，用来安葬客死异地的同乡。民国元年

1 光绪《善化县志》卷三十《祠庙·会馆》。

（1912），湘商沈克刚利用苏州会馆屋舍开办金庭学校，后房屋又改为居民住宅。

1938年长沙文夕大火，苏州会馆烧成一片瓦砾，后来的会馆，是大火之后改建的。长沙苏州会馆在建筑艺术和技术上具有很高的成就，是研究会馆文化的重要资料，弥足珍贵。鉴于苏州会馆的历史意义和建筑特色，2004年，长沙市人民政府将其列入受保护的历史旧宅并予以公布，按照"修旧如旧"的原则进行修复。但2015年3月，长沙市这座最后的会馆被拆除进行异地重建，有着悠久历史的苏州会馆已经不复存在。

宁乡苏州会馆在北正街小西门口转角处，创自清康熙三十七年（1698），门题曰"江左书院"，清康熙五十三年（1714）建后栋，清乾隆四十一年（1776）建戏台于殿前，清道光四年（1824）重修墙垣，清光绪末撤"江左书院"额改称苏州会馆。旧设义塾亦停。苏人好义，举置金庭茂义田庄房屋。苏籍人口男丁百余，以沈、马、钱、杭诸姓为多，原籍苏州之洞庭西山，又名金庭山，故苏帮之公会公山辄冠以"金庭"。民国时期，会馆与赣闽合办小学校，称苏赣闽联合小学校。

湘潭苏州会馆，又名金庭会馆，又叫三官殿，在十六总三元街，有田七十六亩。所谓"三官"，即道教所信奉的天官、地官、水官三神。传说天官赐福、地官赦罪、水官解厄。会馆大门有对联曰："吴山毓秀，楚水钟灵。"

湘潭金庭别业，又名全真宫，在瞻岳门外，为苏州会所。

湘乡苏州会馆，为江苏在湘乡经营绸布、槽碓坊、斋馆等行业人员组成的同乡会。

湘阴苏州会馆于清嘉庆年间建于县城东明观旁（今城南中学所在地），在城郊韩家垅（今属城南乡将军村）购置义山。每年清明节、中元节，苏籍人士必集中扫墓祭祖。平时该会馆资助苏州籍在湘阴的贫困户与过往的苏籍困难人士。中华人民共和国成立后，会馆不复存在。[1]

益阳苏州会馆位于二堡永清街，与街外的苏州码头相连。益阳苏帮商人分为两类：一是经营批零生意的客商，二是从事水上航运的船家。他们的经营范围很广，主要包括丝绸、布匹、小五金等各类日用百货。

沅江苏州会馆，又名金庭会馆，建于清乾隆五十年（1785），位于琼湖镇沿河街陈家巷，现有中厅、后院。

怀化苏州会馆位于鹤城区，原属芷江县榆树湾，建于清代。会馆筹集资金、创置田产、出租收课、修建房子、购买墓地、发展商业、举办教育、赞襄福利事业。中华人民共和国成立后，会馆财产均收为公产。

洪江苏州会馆，位于龙船冲，今沅江路西侧一甲巷10号，清乾隆三十六年（1771）买杨、彭、粟、程、傅、梁、邓等姓地基创建，门向一甲巷。清嘉庆二十二年（1817）

1 湖南省湘阴县志编纂委员会编：《湘阴县志》第857页，生活·读书·新知三联书店1995年版。

改向龙船冲，建两大厅楼、客堂、戏台，无神像，绘图以时祀之。苏州会馆地处洪江古商城入口处，坐北朝南，建筑面积 471.3 平方米，为单进三开间两层楼房，木质穿斗式结构，单檐硬山顶，屋顶盖小青瓦。四周青砖封火墙，面阔三间，八字大门，大门上建有挂檐，并盖小青瓦；大门外有 5 级石台阶，右墙中部书有商业招牌“百货匹头”字样，左外墙距地面 8.2 米高处刻有“苏州会馆”四字。会馆建筑高 8.5 米，一楼为居住经商之用，厅堂铺青石板，二楼呈回廊式布局，用作货物仓储。正房、厢房及封火墙围成两个并列的天井，雨水由四周流向天井，有“四水归堂”“肥水不流外人田”之意。由于庭院幽深，为了弥补光线不足、便于通风透气，楼顶西北角建有晒楼，为一大建筑特色。苏州会馆建筑风格独特，平面布局合理，房屋结构紧凑，封闭性极强，屋内冬暖夏凉，适宜南方气候，利于防火防盗，便于居住经商，体现出浓厚的商业文化氛围，保存较为完整，具有较高的历史、科学、艺术价值，为研究洪江古商城的形成、发展提供了重要的实物资料。

3.6　四川会馆

洪江四川会馆，曰川主宫，又名蓉城公置，位于龙王庙街，始建于清光绪六年（1880），由四川商人集资修建。四川商人在洪江除经营百货、淮盐外，还参与洪江的市政建设和若干事务。川主宫祀惠民大帝刘备。刘备（161—223），字玄德，涿郡涿县人，三国时期蜀汉开国皇帝，谥号昭烈帝，庙号烈祖。刘备为人谦和，礼贤下士，宽以待人，志向远大，知人善任，素以仁德为世人称赞。

长沙四川会馆在东长街。常德四川会馆有联曰：“乡谊自绸缪，喜今朝朗水江边，飞盏同看千叠浪；商筹都敏妙，愿异日文昌桥下，归舟尽载万金装。”津市四川会馆又名川主宫，民国时建。沅陵四川会馆由抗日战争时期川军高级将领王占绪、杨森及川军将校级军官组建，规模与活动仅次于沅陵江西会馆。凤凰四川会馆设沱江镇沙湾。张家界四川会馆又名西蜀宫，为田、王、许、廖、何、庹、谭七姓公立，皆四川籍人士。

3.7　贵州会馆

贵州会馆，又名忠烈宫、忠烈庙，俗称黑神庙，祀唐朝忠臣南霁云，贵州商人所建。南霁云（？—757），唐代魏州顿丘（今清丰县）南寨村人。年少家贫，为人操舟，善骑射。安史之乱时，协助张巡镇守睢阳（今河南商丘），屡建奇功。后睢阳陷落，“巡不屈，即牵去，将斩之；又降霁云，云未应。巡呼云曰：‘南八，男儿死耳，不可为不义屈！’云笑曰：‘欲将以有为也。公有言，云敢不死！’即不屈”[1]。南霁云宁死

1 韩愈：《朱文公校韩昌黎先生集》卷十三《张中丞传后叙》。

不降，慨然就义。后人曾有诗云：“洒血睢阳谁笑痴？故乡粗豆靡穷期；李唐社稷今何在？不及将军尚有祠！”旧时，清丰县城内建有南将军庙，四乡百姓岁时致祭。今清丰县城立有南霁云将军骑马塑像，以示追念。现贵州省贵阳市中华南路有忠烈宫一座，始建于元朝，为祭奠南霁云而建，初名为南霁云祠，由于南霁云脸黑，故又俗称黑神庙。明景泰二年（1451）朝廷赐额“忠烈”并更名为“忠烈宫”。忠烈宫在贵州名气颇著，贵州商人在全国各地所建会馆，大都以“忠烈宫”命名。

湖南现存贵州会馆主要分布在怀化市洪江区、沅陵县、靖州县等地。

洪江贵州会馆位于大河边桅杆坪，又名忠烈宫，职首贵鼎新。

欧阳钟《贵州忠烈宫图记》：

忠烈宫者，吾黔人祀南将军霁云之邸馆也。昔唐天宝之乱，将军为睢阳将，乞救于贺兰。贺兰壮将军勇，不听出师，强留之，具食与乐，延将军坐。将军慷慨语曰：“某来时，睢阳城中人不食月余日矣。某虽欲独食，义不忍；虽食，且不下咽。”因拔所佩刀，断一指，血淋漓，以示贺兰。一座大惊，皆感激泣下。将军知贺兰终无出师意，即驰去。将出城，抽矢射佛寺浮图，矢著其上砖半箭，曰：“吾归破贼，必灭贺兰。此矢所以志也！”睢阳陷，贼以刃胁将军降，将军未应。张巡呼曰：“南八，男儿死耳，不可为不义屈！”将军笑曰：“欲将以有为也。公有言，某敢不死？”即不屈死。呜呼，忠烈之气，贯金石，亘古今，而充塞天地者也。宜若非黔人所得私，而黔之人奔走后先，独祀将军维谨。岂非以忠烈之气，感人者深欤？然将军之声灵陟降，亦俨若独私于黔之人者。不然。胡灵贶嘉应，悉皆信而有征也哉？

洪江为牂牁下游，舟车材贿之所聚，故里之以材贿至者，率贾于斯。逮嘉庆时，至者稍众。因货地于沅水之滨，曰桅杆坪者，治邸馆以奉将军祀。经始于道光六年二月，工毕于三年□月。右为观音堂，堂后为僧寮，以居守。由左垣出，为东华厅，以治斋而宴乐。

咸丰以后，寇乱滋张，跆藉枌榆，社无宁处。故家右族，咸避地来居，至者殆不可胜计。是为邸馆极盛之会。厥后二十余年，王师次第戡定，故里肃清，乃克还定而安集。当至者之众也，其时适驰土药之禁，居者行者，遂得稍筦其利，物力于以富饶。

同治四年，增修西华厅，以恢前人未竟之绪，更葺厅后余地为轩，绝壑为池，杂植花竹，觞咏之适，草木之玩，于是乎备。每值春和景明，衔杯瞻眺，徘回谛听，微风振柯叶，綷縩作声，池水清涟，萦青缭白，荇藻游鳞，一一布影石上，尤令人莹澈心府，发挥远致也已。

洪江地褊而人众，笼奇鬻羡，皆斤斤于治生。其居恒无宴息游观之乐，故于斯园也，优焉游焉，又不能无消息盈虚之慨矣。虽然，后之人岂特为踵事增华也哉？盖非是不足以报神功而联情谊也。《诗》不云乎？“维桑与梓，必恭敬止。”钟尝执事庙庭，见夫故老子弟，济济锵锵，无不寅畏小心，恪恭而将祀事。夫而后知忠烈之气，入人独深，信足以廉顽而立懦也夫。历稽创建始末，而记载阙如，爰簪笔为图，而序其始末，以谂来者。

光绪十三年冬十二月记。[1]

洪江贵州会馆买何、黄、周三姓地基，发脉老鸦坡建造。正殿一座，厅一座，戏台一座。左财神殿，抵街店房数间，建于清嘉庆二十二年（1817），临沅江，与江西会馆相邻，洪江十大会馆之一。会馆大殿，前有过殿，中有藻井，雕刻精细，大殿前后均有石级。殿顶盖五色琉璃瓦，中置宝葫芦，屋脊均用青花瓷制，琉璃邸尾，翼角高翘，华彩夺目。殿前正门有石雕牌坊，题“忠烈宫”三字，字两旁有石雕双龙戏珠，牌坊两旁雕有渔、樵、耕、读图案，繁缛精致，栩栩如生。门外前坪甚广，原有石狮一对，现尚存一个。会馆后有花园池塘。戏台有清末贵州楹联大家刘韫良对联：“箫倚玉屏妍，依稀腔演落梅，笑约鹿皮仙客听；酒斟琼盏滟，婉转词吟香草，醉呼螓首美人歌。”现为洪江第三中学所在地。

沅陵贵州会馆，又名黔王宫，位于沅陵县虎溪山麓，全国重点文物保护单位龙兴讲寺西侧。黔王宫俗称黑神殿，祭祀唐代大将南霁云，道教建筑，始建年代约明清之际，现存建筑黔王宫大殿、黔王宫山门兼戏台修建于清乾隆年间，占地面积 1163 平方米，建筑面积 602 平方米。整体格局保存完好，依山就势，呈中轴线对称布局。

黔王宫大殿东侧紧邻龙兴讲寺天王殿，东北角与龙兴讲寺西厢房相接，“文革”期间，曾作为沅陵县织布厂房，后为居民用房。1980 年代拆除两厢房残破倾塌，1986 年沅陵县文物管理所管理至今。

大殿坐北朝南，整体格局保存完好，主体构架基本完整，抬梁式和穿斗式相结合，占地面积 928 平方米，建筑面积 396 平方米，面阔三间 13.8 米，进深 26.5 米，受地形限制，大殿采用纵深式平面，分为前殿、中殿、后殿三部分，前出月台，并依地势筑台阶下至前院。三栋屋架横向连接，空间纵深大。勾连搭屋顶，弓形山墙，前檐木雕精美，小青瓦盖面。

黔王宫戏台坐南朝北，正对黔王宫大殿，占地面积 235 平方米，建筑面积 206 平方米，三间二层三进，平面呈方形，三面空旷，一面为屏门。主体为抬梁式，兼有穿斗式

1 光绪《洪江育婴小识》卷四《识宛委》。

做法，楼阁式重檐歇山顶。东西两侧各有侧门对外，门楣上石刻有“黔王宫”字样。戏台整体风貌丰富而活泼，屋角飞翘，脊饰形式丰富多样，饰以五彩琉璃，屋面为绿色琉璃瓦，木构架上装饰大量精美的木雕彩画，有鲜明的民间特色。

沅陵黔王宫是沅水流域唯一保存完整的贵州会馆。2019 年 2 月，湖南省人民政府公布为第十批省级文物保护单位。

靖州苗族侗族自治县贵州会馆始建于清晚期，位于渠阳镇大南门外正街。正殿和厢房被拆毁，现仅存大门和戏台。贵州会馆门坊高大，门额书有馆名，石刻人物、动物、花卉，生动传神。门前两侧安置石狮，进大门后从低到高依次为戏台、天井、过厅、正厅，天井满铺青石板，过厅、正厅地面为三合土。正厅最高，宽大空阔，木柱直径在 60 厘米以上，方形石础，抬梁与穿斗相结合。

此外，泸溪浦市也建有贵州会馆，又名曰黔王庙。

3.8 云贵会馆

云贵会馆，又名滇黔会馆，为云南、贵州商人所建。长沙云贵会馆，清同治五年（1866）云贵商人共建，位于长沙东十三铺西牌楼药王街，为药王殿原址创建。光绪《善化县志》卷三十《祠庙·会馆》记载：

> 云贵会馆，在东十三铺西牌楼，旧系药王殿基。同治四年，经县立案，给照接买。五年，创建会馆。坐北朝南，前抵官街大道，后抵彭祠照墙，东抵刘姓墙界，西抵三泰街。祀明督师大学士、兵部尚书、湖广总督、赠中湘王、谥忠诚何公腾蛟暨国朝湖南巡抚李公发甲。

长沙云贵会馆为庙宇式建筑，一堵高墙，两边开有拱门，建筑精美，具有特色，创办有滇黔小学。

3.9 江南会馆

清顺治二年（1645）设江南省，清康熙六年（1667）又分设江苏、安徽两行省，但此后习惯上仍合称这两省为江南。

清代同治、光绪年间，安徽人落籍衡州者日众。由程商霖倡议，徽商詹浦清、朱家瑞在道前街（今人民路）建立江南会馆。由于程家盐务道台之贵、詹家招牌之老、朱家瑞丝线号之富，江南会馆名噪一时。衡阳江南会馆，设有育婴堂、长生局、同乡接待、贸易咨询、读书会、工艺培训等六大机构。育婴堂主要负责收养被人遗弃的婴儿，长生局则是负责给病死在外的安徽老乡收殓，没有棺木的则免费供给棺木。晚清经学家、文学家王闿运有对联云："湘水东流，想金陵龙虎遥蟠，共向邮亭望远；雁峰南馆，看石鼓江山如画，长依侯计筹边"，"铁板铜弦，高唱大江东去；琼楼玉宇，细听水调歌头"。

津市江南会馆创建于清康熙庚申年（1680）。朱琦《小万卷斋文稿》记有《津市重修江南会馆碑记》：

汉代有郡国邸第，隶大鸿胪，大抵为述职而设，犹存古者朝宿汤沐之遗意。后唯唐贞观间敕立，余罕觏，近则属民不属官，并由京师而推及外之省垣。凡商旅辐辏之所，往往谋构，统名为会馆，所以敦乡谊，齐物价，平息争端，制良善。

楚南之澧州，其镇四，曰嘉山，曰汇口，曰三汊河，曰津市，而津市最剧，州通判实驻，其地固殷赈骈坒之区也。

康熙庚申，江南人懋迁于是者肇起馆舍，迄今百五十年矣。初建时，规模差备，又购鲁家坪腴田二庄入焉，曾刊石纪事。无何，频罹水患，榱栋渐朽，碑亦倾。乾隆壬子，毁而更作，经营未就，赀旋诎，中辍，栟覆缺略，倍易催损。嘉庆癸亥，群议曰：创而无继，将致堙，是不容已。乃定例量，分蝇头，权子母，以俟再举。越九载，甫得缮葺，仅十之一二。嗣道光壬午，鸠工庀材，蔚兴麕集。乙酉，功始讫，遂焕然鼎新，殖庭觉楹，瑰丽之状较逾昔观。前后共费白金以两计者二万有奇，可不谓巨与！寻视门外，势辽旷，增置市屋，金又二千余，此一役也，能垂永久。时居首者盖七姓，而姪惇元与列，顷归，向余述。余谓馆之成，上下两江联合一体，是维桑必恭之情也。屡复旧基，恢宏厥度，是慎终如始之思也。且闻水之所汇，百货萃焉。《中庸》言：货财之殖，必归诸水。澧为九江之一，而涔水、澹水、渫水、溇水注之，小支歧港则石门之道水，慈利之九渡水、温泉水，安福之茹水、武溪水等，皆注之。流衍盛斯，滋殖繁而复，藉兹馆以荟其总，发扬诩物，殆将益丰乎。其中奉祀诸神，称"三元宫"，而尤致崇于汉关帝并我徽国文公。帝明禋遍天下，忠义之气，烜赫之灵，奔走宜恐后。若文公一儒者也，阛阓之场，似可弗预，而瓣香必肃，以此见乡先大贤之令闻，景仰无穷。而江左人文渊薮、向风慕德，随地竭诚，非尽沾沾徒竞乎锥刀也。

爰为之记。[1]

邵阳江南会馆位于宝庆城东，建自清康熙五年（1666）。道光《宝庆府志》卷六十一《疆里记一》记载有吴县席芬《江南会馆记》：

1《清代诗文集汇编》卷十八《小万卷斋文稿》。

《周礼》：怀方氏掌来远方之人，治其馆舍、委积、饮食。三代后，周官之制，已不可复。忻逢圣世，关津无阻，士商所至皆乐土，因得以其宽然有余之力，营构旅馆，停骖有地，爨饪有所。盖不必有怀方氏之设，而瘏痡之余，顿慰风尘之苦。所谓宾至如归者，依然三代柔远之遗，固皆圣泽之广覃也。

宝庆城东江南会馆，建自我朝康熙五年，先后置产以供经费，归陈氏董理，招僧视守。顷缘，陈后弗恪，住僧亦轶于矩，而馆已非昔。前邵阳陈令慎简，殷实老成者，任其事，馆乃复其旧而完固。视昔有加兹予护郡篆，众请为记以示后。余重喜斯馆之能永于勿替也，其在《诗》曰："维桑与梓，必恭敬止。"盖乡谊若斯之重焉。乃至笃桑梓于异地，则匪直恭敬也，而重之以爱乐为念。

生同地，长同游，千里税驾，首聚一堂，话井里嬉游，情事依依在目。则虽在天涯，不啻枌榆也。抑闻之，有举莫废，有基勿坏。余既嘉见在经理者之劳，尤冀自今以后，膺兹寄者，矢公矢勤，思创馆者之难，鉴守馆者之失，更念承平久而适馆者之日多。如能廓其规而培其址，庶几，数千里如一堂者，数百年如一日，是吾乡之幸而余之所拳拳也。

是为记。

长沙江南会馆，在十铺太平街。常德江南会馆，在道门口，又名三元宫，民国时期由江苏、安徽二省商人所建。

3.10　徽州会馆

徽州会馆，又名新安宫、新安馆，为安徽商人所建，徽州古称新安，故名，祀朱熹或关帝。朱熹，字元晦，号晦庵，世称朱子，宋代理学家，祖籍江西歙州婺源县，南宋绍兴十八年（1148）登进士第。光宗时，历任知漳川、知潭州兼湖南安抚使。宁宗初，升焕章阁待制兼侍讲。庆元六年（1200）故，谥曰文。朱熹的理学主要包括哲学义理和伦理道德学说，以"理"作为自己哲学体系的基本范畴，提出"存天理，灭人欲"。其伦理道德学说强调"三纲五常"、忠孝节义和森严的宗法等级制。朱熹特别重视"五教"，并将其列入《白鹿洞书院揭示》中，作为学者相与讲习和立身行事的准则。

长沙徽州会馆，又名新安会馆、徽国文公祠，位于长沙十一铺东茅巷，现不存。有联曰："长传岳岭千秋学，宛对黄山卅六峰。"岳岭千秋学：岳麓山有宋代四大书院之一的岳麓书院，朱熹曾论学于此。黄山卅六峰：安徽黄山以风景秀丽著称，山中有莲花峰、天都峰等三十六峰。"道统绍尼山，祥征虹井；教思绵岳麓，化洽星垣。"道统绍尼山：继承了孔子的道统。绍，继承；尼山，孔子的别称，或称尼丘，相传叔梁纥与颜氏女于尼山野合而生孔子，故有此名。祥征虹井：上天兆示瑞祥。教思绵岳麓：古人的教诲与思想一直从岳麓书院延续下来。绵，延续。化洽星垣：与星辰化为一体，共存共荣。“余绪注骚经，楚泽兰荪明主意；遗型留岳麓，橘洲风月故乡心。”楚泽兰荪：比喻洞庭湖旁佳子弟。楚泽，洞庭湖；兰、荪，均为香草名。遗型：指先贤遗留的楷模。岳麓：山名，在长沙市岳衡区。橘洲：地名，即橘子洲，在长沙市湘江中，以产柑橘得名。

湘潭徽州会馆，一名海阳庵，在雨湖休宁，金姓建。一名指南庵，在风筝街，徽州公所，有田八十四亩，在宁乡金华山。一名凤竹庵，在雨湖。明末僧仁礼僧节中率徒众敛瘗尸骨，与徽人程姓等同事。其后，徽人以为徽商公所。当清嘉庆时，庵中游宴最盛，雨湖诗社辄集于此。清同治中，徽商重修并置田百四亩。

洪江徽州会馆，职首吴鼎和，为江浙五府（苏州府、徽州府、池州府、湖州府、宁国府）商人共同集资修建，在司门口正街，建于清康熙二十年（1681），洪江十大会馆之一。支馆有：苏州馆，在洪江龙船冲，清乾隆三十六年（1771）买杨、彭、粟、程、傅、梁、邓等姓地基创建，门向一甲巷，清嘉庆二十二年（1817）改向龙船冲，建两大厅楼、客堂、戏台。无神像，绘图以时祀之。湖州馆，在洪江新街，买叶姓地基，建于清乾隆四十年（1775）。青阳会馆（九华宫），在洪江老街，清嘉庆十九年（1814）建正殿，前廊后厅，花园一区，深十三丈，宽四丈余。琴溪堂（泾县义园），在小河对岸，建于清道光十八年（1838）。[1]徽州商帮在洪江有一定实力，主要经营盐业、典当业、茶业、木业、纸业、墨业、谷米业、棉布业、丝绸业、瓷器业等。清道光、咸丰年间至清末民初，徽商在洪江的实力逐渐弱化。会馆主要建筑已毁。

此外，岳阳徽州会馆，又名新安会馆，馆址设岳阳市油榨岭。常德徽州会馆在衣服街，又名徽国文公庙。益阳徽州会馆，在二堡，建于清道光辛丑年（1841），馆舍尚存。泸溪浦市徽州会馆，又名五行庙，在浦市正街。

3.11 浙江会馆

长沙浙江会馆，地址不详。晚清徐元勋题联曰：“使节主恩深，嘉枌社停骖，千里京华瞻北斗；征衫秋思满，记柳堤系艇，三湘烟树似西湖。”[2]枌社：即枌榆社。汉高祖初起兵，曾祷祭于枌榆社。这里枌社指同乡会馆。停骖：勒马不前，驻留。清光绪湖南学政张预题：“偶来南岳寻诗，喜长沙一星，照我板舆迎寿母；倘有西风吹梦，溯浙

1 光绪《会同县志》卷十三《形胜·宫馆》，光绪《洪江育婴小识》卷一《识十馆》。

2 解维汉编选：《中国衙署会馆楹联精选》第208页，陕西人民出版社2006年版。

江三折，泥他菊酒话乡心。”[1]南岳：衡山，为五岳之一。板舆：古代老人的代步工具。浙江三折：浙江也名浙江，呈“之”字形，因而也有“之字江”之称。泥：央求。元稹《遣悲怀》诗有云：“顾我无衣搜荩箧，泥他沽酒拔金钗。”[2]清末湖南、江苏巡抚陆元鼎题长沙浙江会馆联：“宦辙偶然停，为筹千里边防，半载三湘权节钺；乡心何处寄，试着一堂宾客，群贤两浙萃冠裳。”[3]权节钺：执符节与斧钺，古时帝王授权大臣，常赐节钺作为权柄的象征。1905年秋，浙江湖州人陈英士（1878—1916）赴长沙陈蔼士处筹措留学经费，参与组织“湖南全省绅商抵制美货禁约会”，在浙江会馆召集各界，宣传鼓动，积极响应上海绅商界为抗议美国垄断华工发起抵制美货运动。[4]

岳阳浙江会馆，由浙江籍商人组建，馆址设金家岭。泸溪浙江会馆又名三元宫，一在城西高家坡，一在浦市河街，浙江客民捐资购建。保靖浙江会馆在县西北坝溶，一名浙江乡祠。

3.12　湖北会馆

湖北会馆，又名禹王宫，主祀大禹，为湖北商人所建。大禹是我国神话传说时代与尧、舜齐名的贤圣帝王。传说上古时，洪水泛滥，大禹受命率领民众治水。面对滔滔洪水，大禹从鲧治水的失败中吸取教训，改变了“堵”的办法，对洪水进行疏导，体现了他具有带领人民战胜困难的聪明才智。大禹为了治理洪水，长年在外与民众一起奋战，“三过家门而不入”，最终获得了治水的胜利。大禹治水有功，湖南、湖北民众为了纪念他，特在会馆设置神台，供奉大禹木牌神位，并将会馆起名为禹王宫。

长沙湖北会馆，在长沙西十二铺鱼塘街鄂省巷。光绪《善化县志》卷三十《祠庙·会馆》记载：

> 湖北会馆，在西十二铺东鱼塘街，建于康熙三十三年，价置王中臣房屋地基并鱼塘一区，前抵青石街后墙，后抵白马巷官街，东抵东庙，西抵西庙为界，并鱼塘别径巷道，沿塘左右一带房屋，均系会馆管业。

20世纪40年代长沙湖北会馆被改建为剧院（即后来解放剧院的前身），经常接待湖北楚剧戏班来此演出。

湘潭湖北会馆，在十七总河街。

岳阳鄂州会馆由湖北籍商人组建，馆址设金家岭。华容湖北会馆在县城。平江湖北

---

1 解维汉编选：《中国衙署会馆楹联精选》第208页，陕西人民出版社2006年版。
2 宋协周、郭荣光主编：《中华古典诗词辞典》第213页，山东文艺出版社1991年版。
3 解维汉编选：《中国衙署会馆楹联精选》第208页，陕西人民出版社2006年版。
4 沈石铭主编：《孙中山与湖州人》第82—83页，团结出版社2001年版。

会馆又名封哲宫，在北城三德街，祀鲁班，清乾隆十年（1745）湖北客民程凤林、钟胜芳、田文也、舒世侯等倡众建立。

民国年间，常德府治东、津市上河街都建有湖北会馆。

益阳湖北会馆，又名乾元宫，清嘉庆年间建于头堡，祀火神祝融氏。南县湖北会馆在仁记码头，清宣统三年（1911）租泰济码头铺屋设筹备处，民国二年（1913）置泰济坮基，民国三年（1914）复购仁记码头房屋坮基为馆址。

新晃龙溪口湖北会馆，始建于清康熙年间，落成于清乾隆二十九年（1764），迄今已有250多年历史，坐落在龙溪口下正街的舞水河岸上，占地300多平方米，四面围墙，石拱门牌坊建筑。沿着清澈的舞水河拾级而上，便到会馆的正门，“禹王宫”三个大字醒目耀眼，左右塑头戴乌纱、身穿蟒袍的“天官赐福”“一品当朝”人物形象。大门两旁为一对蹲狮，上方是花鸟及“八仙过海”人物故事图案。天井正对面，为一座四方形戏台，用四根粗大的柏木作立柱，建筑形式四面倒水，上盖筒式琉璃瓦。戏台后面两侧，建有耳房，一侧为演员居室，一侧为演员化妆、更衣、休息之处。戏台对面为正殿，用四十多根合抱的柏木做殿柱，穿枋、瓜、柱，密密麻麻，环环相扣。照面枋上，悬挂“文德高昌”四字大匾。正殿后面为“禹王宫”神殿，高大的禹王木雕神像，安详端坐，神牌上书“大夏禹王之神位”。

沅陵湖北会馆，位于县城龙须巷内，建筑群坐北向南，砖木结构，晚清建筑风格。

洪江湖北会馆，消失年代较早，已无从考证。

3.13　黄州会馆

黄州会馆，又名帝主宫，为湖北黄冈县商人所建。“帝主”即“三元大帝”，或称“三官尊神”。“三官”即天官、地官、水官。天官为“上元一品九气天官紫微大帝”，总主上宫诸天帝王、士圣高真、三罗万象星君；地官为“中元二品七气地官清虚大帝”，总主五岳帝君并治二十四治山、九土地皇、四维八极神君；水官为“下元三品五气水官洞阴大帝”，总主九江水帝、四渎神君、十二溪真、三河四海神君。由于三官分别总主“诸天帝王”“五岳帝君”“九江水帝”，为天、地、水诸帝共同之主，故名帝主。

黄冈县人信仰“帝主”为黄州地方保护神，故建会馆以之命名。帝主，本名张瑞，南宋人，自幼学道，十七岁游历至湖北麻城，值邑中火灾，张瑞使出神通，棒指灭火，而本人则从滚滚浓烟中升腾而上，后人以望仙名之，并立庙祀之。

湘潭黄州公宇，在十五总后，有房屋五十所及菜园、地基等，为湖北黄州公所。

津市黄州会馆，又名帝主宫，民国时建。

益阳黄州会馆，建于清代，是益阳最早建立的会馆。当时黄州人在益阳开设纸行，建帝主宫于三堡大水坪巷。

洪江黄州会馆，名曰帝主宫，又名福主宫，职首黄齐安，在大河边，祀福主张瑞，清康熙四年（1665），湖北黄州旅洪商贾买史姓地基所建。殿宇两进，左客楼，上塑观音像，前丹墀、戏台、牌楼、大门，码头直抵正街，周缭以垣门，左店房四间，收租为供佛、赡僧之费。洪江十大会馆之一。

张珣《黄州福主宫碑记》：

洪江踞五溪上流，楗篇滇黔，商旅麐集，市廛奥区也。服贾居奇，醵为邸馆，以会其乡人，而各奉乡所隆祀土神，以展诚而申敬。沅靖诸山多产木，黄州之人，操资回易，以转移江湖，兼贸黄州所治布，而是焉栖泊。爰始创馆于康熙四年，以奉帝主之神，彰祈报，中遭焚燹。六十年，陈公玉枝捐资重建，庙貌巍然，刊碑观音堂外。咸丰丁巳二月上浣，再遘焚如。十一年经始复修，数年方就，而旧碑荡无复存矣。先后始事人及工资粗细，缺焉无征，并神生平行履，及肇祀累封之由，是间亦鲜知者。珣丁亥夏，来游洪江，与黄安戴君耀亭数相见，因谒予为文，资掌故焉，属吾家叔平比部馆刘都督永清雄海楼、藏麻城严君象臣所为福主志，爰抄撮而为之记。

谨按：神姓张氏，蜀灵璧县人，生唐贞观三年，太岁在己丑，降时二月五日也。父官大理评事，子三人，神为其长，世乐施予，卹怜孤茕。母杨氏，尚善益勤，梦汉桓侯乘乌驹持矛入室，遂有娠。及期时加辰，赤辉丽天，无云而雷，乌鹊翔舞，紫芝茁庭中，高三尺许，如人服冕乘驹持戟，人谓王侯征矣。岁周，北斗七星，下绕其躯，逐以瑞名，而字曰七瑞。负殊禀，襁褓无声，三月能言，如成人状貌，六岁能属文，而好尚道术，鄙夷簪缨，每暱就黄冠缁衣，叩领元妙。一异人见之，曰："此子当以童身证道，救世度人，大显于楚。"既连失怙恃，免丧，年几冠矣，乃以永徽三年六月十三日去家入楚。久之，历麻城，撤坏淫祠，而留所应祀典者。坐入狱，颂系三载。会旱，道殣相望，神闻令募人致雨，署能祷狱中，霖澍沾洽，岁以大和。城中火，神索隶四，跨乌驹，手赤捧指火，火灭。遂出城西门，堕桥下化去，今之相公桥也。相公者，时因神字七瑞，相諢张七相公云。万目睽睽，咸见神跨马踏空行，相遂噪观，至五脑山，人马胥没。

永徽十四年[1]三月十八日也，众愕眙且戴神功而奇其迹也。乃祠神山上，旱潦、瘟疫、虫蝗，祷辄应。舟行险厄，呼神救即安。因奉为土主神，而

1 应为唐龙朔三年（663）。

庙祀渐及京师、诸、道、府、县、卫矣。逮宋徽宗时，大吏以神上闻，乃封护国大将军、英烈紫微侯。明嘉靖十九年，麻城刘太保天和以巡抚甘肃，手痛剧，卧梦神蹴之起，曰："贼且至，何卧为？"寤痛如失。遂治军于愚山苑，破吉囊，斩小十王子，奏请加封助国顺天主、显灵感万德天尊。万历四十年，再封盖天帝王、威灵显化天尊。神梦示盖天字不能当，而民顾相与共称如故也。

维我大清嘉庆二年，白莲教匪窜仙花镇，规欲渡河，犯麻城。天晴，水骤涨，黫云四起。对岸一伟人，马上手赤棒指挥，贼见，怖而止。咸丰八年，粤匪犯麻城。五月初四日夜，暴风雨雹。乡兵时驻城东石城堡，闻炮声砰訇，灯火漫山谷，官军遂克县城，人转以为乡兵助战也。讯获贼囚，亦称志图东窜，见灯火，折而北遁也。十一年秋，贼扑黄麻坳卡防，乡团畏贼，弃械逃匿。见灯火上山如飞，一"张"字大灯前导，迟明有逃自贼中来者云：贼到卡，北风暴起，沙石齐飞，灯火迭出，惊溃蹂堕死。迹之，破颅折足，人马满崖下，而卡中弃械故存。同治元年，捻匪逼麻城，人见山下灯火亘延数十里，齐安乡团，逻获贼间谍，言图夜袭麻城，见东路弥山灯火而止。各军会剿濒，危复安。八年，麻城蔡刑部荣光、郝教谕凌霄、王中书大坤等遂共呈请加封，经湖北巡抚郭公柏荫上闻，得旨，加神灵感盖天帝主、灵威神武远振天尊。

呜呼！神在天壤间，如水行地中，泽靡弗至，而神独以救世度人显于楚，而又多造福黄州之人，如柳之柳、潮之韩，神亦宜若有私然？夫神岂黄人所得私哉！洪江以黄人奉神，得共修其诚敬，神福洪江，亦犹黄之人，特黄屡徼大福于神，何所答神之庥？讵但庙貌焉而已，歌乐焉而已，祷祀乞福焉而已哉？《诗》曰："正直是與。"《书》曰："至诚感神。"又曰："黍稷非馨，明德惟馨。"虽服贾居奇，握牢盆，操筹筴，亦必正直以歆其德。而积诚感神，神愈益福之，可券也。且神自唐永徽到今千三百余载矣，而显昭赫曦照六合，人苟克以神救世度人之心为心，其毋为人所唾弃，至草木腐焉，犹斥其名而若浼，日兢兢焉蕲为善人，神其吐之乎？诚如是，抑又安知神之不默佑其衷，而庶几不朽之万一也？孟子曰："人皆可以为尧舜。"谅哉，予文讵足以昭神功？然借以详志神生平行履，与锡祀累封之由，俾显然于世，以无为神羞。虽沓冗寡裁，神其或亦予许也夫。

是为记。[1]

1 光绪《洪江育婴小识》卷四《识宛委》。

3.14 中州会馆

中州，又名中土、中原，黄河中下游河南的古称，意为国之中、华夏之中。中州会馆，又名河南会馆，为河南商人所建，主要祭祀关羽等神。

长沙中州会馆，在长沙十铺福胜街。光绪《善化县志》卷三十《祠庙·会馆》记载：

> 中州会馆，在十铺福胜街，坐东朝西，前抵宫街，后抵沈姓房屋，南前抵王姓铺屋，后抵朝阳巷，北抵灵官庙蔡、周二公祠。

衡阳中州会馆，在五福巷左。

3.15 抚州会馆

抚州会馆别称昭武会馆，为江西人会馆。津市抚州会馆为清代江西临川商贾设立，坐落在皇姑山东麓，坐南朝北，丈高的围墙透花格窗，“昭武会馆”四个大字分外醒目。院内楼台亭阁，粉墙黛瓦，茂林修竹，草木扶疏，绿荫掩映。登楼远眺，东望洞庭，烟波浩渺，犹如置身大海；西望武陵，山峦重叠，古松如城如阵；北望原野，旷阔无垠，流水九曲潆洄；俯瞰津城，连阁千重，炊烟万户，桅樯如林，舢舻蚁集。

清康熙平定三藩后，澧州修筑城墙，建皇姑山义仓，修葺延光书院，以王采兰为首的江西商人踊跃捐款，作为奖赏，地方政府将王府山庄划归抚州同乡会，内祀旌阳许真君。津市抚州会馆有小万寿宫之称，清光绪三十年（1904），芬兰传教士曾在会馆里举办津兰学堂庆典，招待知州和来宾。

江西抚州府明初辖临川、金溪、崇仁、宜黄、乐安五县，清末辖临川、金溪、崇仁、宜黄、乐安、东乡六县。道光《武宁县志》载：“西江金溪人贾书、临川人贾笔、清江人贾药、饶州人贾瓷器，各因其地土所产与市镇所聚，耳目相习，懋迁寄焉。”[1]在津市，清嘉庆时期有金溪余家经营布匹，清光绪年间有金溪王家经营百货土产，民国以后有临川黄家经营桐油。

清咸丰年间，武林高手马光旦遍游江南，曾寄住昭武会馆传艺，门徒不下数百人，逝世后葬馆后东麓。抗战时，东北军130师师部设于会馆。

近代古文家、诗人吴恭亨在澧州学堂执教，曾多次来此游览，并欣然题联。

吴恭亨在《对联话·会馆》曰：“予有澧县津市昭武会馆联三首，一云：‘广义称澧公园，亚土熙熙见欧俗；合群譬衣带水，洞庭浩浩接鄱阳。’一云：‘往古来今，沸点成球，不灭不生，因离心力产向心力；他乡异县，买山庇厦，诚欢诚喜，由小合群进大合群。’一云：‘秦软汉软近代软，眼前庄严，现大千界楼台影；踦者角者跂行者，

1 道光《武宁县志》卷十一《风俗》，同治《武宁县志》卷八《风俗》。

门外自在，更不二庵钟磬声。’盖馆为江西抚州帮所建，在津市西岸小阜上，不二庵附近，故第三联及之。又客座联云：‘果园群木绿浮几，津市繁灯红到门。’果园亦与馆邻，明华藩别墅也。”[1]

吴恭亨在《对联话·津市昭武馆》也说：“澧东津市昭武馆为江西贾客公园，予题联已具上录。兹又录徐真园联云：‘开门见山，遣兴无妨抚松竹；平地负篑，为高岂必因丘陵。’淡淡描摹，颇饶理想。又题馆内朝阳阁联云：‘多君从海岛归来，看胜境盘桓，特地楼台撑碧落；是处去洞庭咫尺，任朗吟飞渡，一天风雪亘黄山。’按，阁祀吕洞宾，故有‘朗吟飞渡’之句。‘黄山’者，安乡望山也。又镇江焦山有所谓四面佛者，于高处凿山为四佛，绝伟。方地山题联云：‘面面相窥，佛也须有靠背；高高在上，人到此即回头。’亦语带禅机。又大庸田锡三鉴章言其城内普光寺旁为学校，可以互通出入。罗旭池题联云：‘是禅宗觉路，非吾道旁门。’十字体极凝重。”[2]

除外，还有佚名题津市豫章会馆联：“道出荆沙，区连鼎朗；庭芬兰芷，荫合便楠。”“晚道人归沙岛外，收帆风停浪花中。”“立定脚跟遵大道，放开眼孔看行人。”

20 世纪 50 年代初开发皇姑山，拆会馆，建仓库。20 世纪 60 年代城交公司大楼西边的小巷深处就是仓库，为抚州会馆旧址。

石门抚州会馆在县市南，溆浦抚州会馆在城西门外。

3.16 临江会馆

明清时期，木业为江西临江的一大产业。民国年间，临江木帮居江西三大木帮临江帮、龙南帮、洪都帮之首，在全国各地开有三千余家木材商行，几乎占领了江西全部木材市场。临江会馆的金字招牌，打到了湖南、南京、苏州、常州、上海、天津等地，在南京还开辟有自己的港口，木排漂浮于滔滔长江达三四华里远，蔚为壮观。

长沙临江会馆，又名仁寿宫，在长沙十一铺黎家坡口，建于清咸丰丁巳（1857）岁，前门黎家坡，后至樊西巷，董事陈仰顺倡修。

湘潭临江会馆，又叫江神祠，在十八总，江西临江府公所，馆门为临江码头。宋咸淳间邑人萧伯轩死为神，民立庙祀之，元以其子祥叔配祀，明敕封“英祐侯”，清乾隆二年（1737）加封为“仁寿英佑侯”，故称“仁寿宫”。明布政使陈洪谟有诗曰：“昭代侯封赐锦袍，江湖共仰令名高。真同上帝司元命，曾遣冯夷息怒涛。祠宇自专渝水秀，云仍还衍凤池毛。绵绵香火蟠寰宇，硕广神功莫惮劳。”[3]

---

1 吴恭亨：《对联话》，龚联寿主编《联话丛编》第 2937 页，江西人民出版社 2000 年版。
2 吴恭亨：《对联话》，龚联寿主编《联话丛编》第 2990 页，江西人民出版社 2000 年版。
3 嘉靖《江西通志》卷二十二《临江府·祠庙·英祐侯庙》。

清泉临江会馆仁寿宫“在潇湘门内雍和坊，乾隆十九年（1754）江西临江府众姓捐建”[1]。

3.17 漳州会馆

洪江漳州会馆，名曰清水宫，位于塘冲，为福建省漳州、泉州、汀州一带在洪人士筹资修建。清水宫供奉清水祖师，清水祖师法名“普足”，俗姓陈，名荣祖，宋仁宗庆历七年（1047）正月初六日生于福建省永春县小姑乡，自幼在大云院出家。宋神宗元丰六年（1083），清溪一带大旱，乡人请他祈雨，立刻甘霖普降，因此被尊称为“清水祖师”。其后修行十八年，行医救世，独力募化，修桥铺路，人人称便，深受漳州、泉州、汀州一带人民崇信。宋徽宗靖国元年（1101）五月十三日，在说教中端坐而逝，亨年六十五岁。地方人士感念其德泽，屡次奏报朝廷，敕赐“昭应广慧善利慈济大师”封号。

3.18 广东会馆

广东会馆，又叫南华宫，广东商人所建，主祀南华老祖——六祖慧能禅师。慧能，唐代高僧，中国佛教禅宗六祖，著有六祖《坛经》流传，至今仍有不腐肉身舍利久存于世，成为佛法修行之见证。慧能俗姓卢氏，河北燕山人（今涿州），生于岭南新州（今广东省云浮市新兴县），得黄梅五祖弘忍传授衣钵，继承东山法门，为禅宗第六祖，世称禅宗六祖，唐中宗追谥大鉴禅师，是中国历史上有重大影响的佛教高僧之一。

攸县南华宫，又名越秀宫，为清代广东同乡会公建，在县城北（今县粮食局左），又称岭南会馆。

同治《酃县志》卷五《营建志·祀庙》记载：炎陵建有不少外省会馆，其中，广东人建立的南华宫在西城外，建于何时不详，清同治十一年（1872）邑绅朱瑛、朱源泉、吴应亮、罗国谟、邹兰佩等倡捐重修。另外，在酃县的东乡十一都沔渡也有南华宫，清道光三十年（1850）由刘永贵、朱鉴辉、叶崇寿倡建。

醴陵广东会馆，据民国《醴陵县志》记载：“广东会馆，一名南华宫，在育婴街，祀六祖慧能。乾隆中叶，粤帮创建。嘉、道、咸、同间，赓续缮修。光绪间县令黄圣之撰联云：‘作尹愧花封，喜是间水绿山青，定有人材夸玉笋；抚时刚荔熟，问诸君酒余茶后，可曾诗梦忆珠江。’宣统元年纂修宫志。民国初年，创设培元女学。”[2]此外，在醴陵的王仙、枧市、泗汾，也建有广东会馆，并且都设立小学。

1 乾隆《清泉县志》卷五《营建志下》，乾隆《衡州府志》卷二十八《寺观》。

2 民国《醴陵县志·建置志·公所》。

湘潭广东会馆，至迟在明末清初已经建立。清康熙五十一年（1712），广东商人在汉口建立会馆，清乾隆九年（1744）又复增建，式样仿湘潭的广东会馆，后堂正中供关羽。清康熙五十四年（1715），《创建黄皮胡同仙城会馆记》称：仙城会馆的建立，是模仿湘潭、苏州的广东会馆保护商人利益而为，“始里之辐辏京师者，则有若挟锦绮者、纨纻者、绢谷哆啰苎葛者，莫不曰：‘吾侪乃寄动息于牙行，今安得萃处如姑苏也？’既而裹珠贝者，玻璃翡翠珊瑚诸珍错者，莫不曰：‘吾侪久寄动息于牙行，今安得萃处如湘潭也？’既而辇药之若桂若椒者，果核之若槟若荔者，香之若沈若速若檀若美人选若鹧鸪斑者，莫不曰：‘吾侪终寄动息于牙行，今究安得萃处如吴城也？’凡十数年，是图会馆也”[1]。这段资料说明，北京的仙城会馆是因为商人受牙行的侵剥，而仿效苏州、湘潭的广东会馆而兴建的。湘潭广东会馆建立的具体时间，史料不详，但广东会馆的建立应是事实，而且，建立时间至少始于清初。

光绪《湘潭县志》卷七《礼典》载：

> 岭南会馆，在十二总，有码头，广东公所也，有铺屋二十余间，有义山二所、田四亩，在下五都。

岭南会馆拥有自己的商业码头，这是湘潭所有商帮中唯一的一家，足见广东会馆在湘潭商界的地位。

汝城广东会馆，在城关镇新井村叶氏祠堂东南侧，广东商号集资兴建，楼房两层，房屋数间，屋顶有宽大的晒楼，有专供广东子弟读书的学校，还有专为同乡看病的医院。中华人民共和国成立前，汝城广东同乡会设有理事会，会长余善芬。中华人民共和国成立时，会员主要为广东兴宁县人，商号尚有林玉亭的广仁兴、罗汉泉卖成药及卖酒的广华号、谢志坚卖酒的泰利号、罗益中的药店及三水县人余姓老板的日昌号钟表店等近二十家。同乡会每月开会聚餐，邀请地方绅士等头面人物如朱杨荣、朱雄万等赴宴饮酒。每年元宵节，在范家桥举办灯会，放孔明灯、花炮。由于资金比较雄厚，还在吉冲村后山买有义山。同乡内有纠纷由同乡会仲裁解决，同乡受外人欺侮也找同乡会帮助。中华人民共和国成立后，会馆为政府征用办厂，不知何时被拆除，原址现已另建新房。

宜章里田乡广东会馆，位于里田街下街。里田街坐落于湘粤两省交界宜章、汝城、乐昌三县毗邻的南岭山脉东麓。

常德广东会馆位于河街，据嘉庆《常德府志》卷八《建置考》记载，清乾隆十六年（1751）在常德的各地会馆帮修书院、捐买育婴堂时，就有“广东客总黄源、江潭、高昌等共捐银百两”。常德府属龙阳、津市也建有广东会馆。光绪《龙阳县志》卷六《建

1《创建黄皮胡同仙城会馆记》，李华编《明清以来北京工商会馆碑刻选编》第15页，文物出版社1980年版；《创建仙城会馆记》，叶恭绰、张次溪《北京岭南文物志》第12页，1954年。

置·公舍》记载："广东馆在西门内，宅甚湫隘。"同治《直隶澧州志》卷二《舆地志·市镇》记载，澧州南华宫，位于澧州正街，为广东商人所建。

芷江广东会馆，在北正街。

3.19 粤东会馆

粤东会馆，为广东商人修建。长沙粤东会馆，据光绪《善化县志》卷三十《祠庙·会馆》记载："粤东会馆，在东十三铺古三尊炮怡长街，坐北向南，一连三进。庙门前抵怡长官街，后抵会馆自墙，右抵已分铺屋，官街为界。前门内建戏台、神坛。各殿神位，正栋关圣殿，左灵官殿，右财神殿，到堂韦陀佛；后栋六祖殿，后门内观音殿，右侧财神公房屋一栋，周围均有自墙为界。"

3.20 两粤会馆

两粤会馆，又名玉虚宫、两广会馆，位于靖州苗族侗族自治县渠阳镇，始建于晚清，在渠阳管委会旁，为广东、广西商人所建。该宫由大门、戏台、厢房、正殿等部分组成，木窗等构件雕饰精美，具有较高的艺术价值。

郴州两广会馆，在郴城河街。

洪江两广会馆，又称岭南会馆、南华宫，已毁多年，具体位置无从考证。

3.21 宁波会馆

长沙宁波会馆，在长沙市开福区刘家冲（今浏阳河路），为宁波人陈雨洲发动在长沙经商的同乡集资修建。会馆分为阳会馆和阴会馆两个部分。阳会馆占地约 500 平方米，中间有个大厅，是宁波商人集会的地方。还有几间杂屋可供办公和住宿。生病住不起医院的宁波人，可以免费住在阳会馆治病疗养。阴会馆面积约 3200 平方米，是存放棺木的地方。阴会馆主要部分是三排停柩间，约 2000 平方米，共有大大小小 49 个单间，每间可停放一副棺木。棺木分一号、二号、三号三种，一号棺木为夹层，有内外棺，一般为殷实富裕人家所存，二、三号棺木质地很好，内壁涂满松香。1953 年，因修筑浏阳河路，会馆被拆除，仅留下阴会馆一间杂屋。1963 年，此屋划归浏阳河路派出所使用。

3.22 长沙会馆

长沙会馆，一名长郡会馆，长沙府商人所建，因祀南岳神祝融而取名南岳宫。祝融，本名重黎，号赤帝，后人尊为火神，上古神话人物。祝融氏治理南方，也就被尊奉为南岳衡山之神。相传周朝时已在山顶建祝融庙，山下建明堂，作为祭祀之所。战国时期，山属楚地，亦间有例行的祭祀活动。唐开元十三年（725），玄宗封南岳神为南岳真君，故庙名又改为南岳真君祠。

岳阳长沙会馆，由长沙、善化、浏阳、宁乡、醴陵、湘阴、沅江、益阳等处商人组建，馆址设塔前街长郡巷。华容长郡同乡会馆位于县城。

衡阳长沙会馆，位于衡州潇湘门外。晚清经学家、文学家王闿运题衡州长沙会馆外戏台联云："东馆接朱陵，好与长沙回舞鹤；南山笼紫盖，共听仙乐奏云门。"晚清湖南著名学者、诗人廖树蘅题衡州长沙会馆戏台联云："潇湘门外柳枝多，听玉笛飞声，乡思暗牵桔浦；烟雨池边鸿影度，忽苍龙入城，江风吹下潭州。"自注曰："题联之岁，予回长沙，人谓为联谶。"清人廖重垞题内戏台联云："笛曲吹开九面云，看舞袖频旋，风流当忆长沙国；家山共此三湘水，听乡音无改，雅调如翻渔父词。"

汝城城关镇政府大院曾建有长沙会馆，1980年前后拆除。在桂阳的长沙、醴陵等十二县的商人在清代组成"长派"，设长郡会馆于旧公园附近（今县人民医院处）。

常德长沙会馆，在府治东，清咸丰年建。汉寿长郡会馆，位于县城小南门内正街，清咸丰八年（1858）长沙郡士商公置。馆形枕震向兑，屋约五栋，两旁庌列，四面墙环，内堂宏敞，前额"秀挹湘芬"，后额"紫气东来"，中供宣威广济李真人。春秋祭祀，祀毕即推，惠于西竺山木龙湾胡家巷仁园孤冢，招魂酹酒，岁以为常。津市长郡同乡会馆，民国二十五年（1936）建，位于现津市长郡小学。

南县长沙会馆，在东街，民国五年（1916）倡修，民国六年（1917）购置会址加修，与湖北会馆毗邻。

绥宁长郡会馆，又名广济宫，建于清代，由长沙府所属长沙、湘乡、湘阴、湘潭、安化、浏阳、平江、临湘、益阳、宁乡、沅江、醴陵等十二州县旅居绥宁县的工商业者组成，馆址设于寨市镇岩坝塘，会员最多时达7000余人。

芷江经商的湘乡、湘阴、湘潭、安化、浏阳、平江、临湘、益阳、宁乡、沅江、醴陵、长沙等县的同乡，自称十二属，组建长郡同乡会馆，设在县城北正街。黔城长沙会馆，又名楚王宫，建于清中晚期，长沙客商为纪念五代十国时期楚国第一代君主马殷而建。

靖州长沙会馆，又名广济宫，位于渠阳镇下熙街中段，民国初年修建，20世纪70年代拆除，原址后来改建为商品房。

洪江长沙会馆，又名长郡会馆，亦名广济宫，祭祀广济真人及乡先达诸公。一处建于清雍正年间，位于歌诗坡北，现已无存；一处位于牛头冲，清同治七年（1868）长沙柳云楼与雷西园、李羽仪谋创建郡馆，"以为郡人往来憩息之所，并举行一切善事"[1]，

1 光绪《洪江育婴小识》卷四《识宛委·长郡会馆碑记》。

为湘乡会馆的支馆，依山而建，构造雄伟，宫内道路拾级而上，曲折陡峭。民国九年（1920）前后毁于火灾，后由驻洪长沙籍军官谭润生倡议重修。中华人民共和国成立后，会馆作为战备盐仓，20世纪70年代改为洪江三中校办工厂，后被改造成居民宿舍，今仅存部分围墙和“长沙会馆”匾额。

黎培敬《长郡会馆碑记》记曰：

洞庭湖之西，溯流而上为沅水。其汇流于沅者，有五溪焉：辰溪、樠溪、潕溪、酉溪、雄溪。而雄溪居会同极边，上承潕溪诸流以达于辰，其地山川旷衍，沿流庐舍鳞比，舟车辐辏，牵牛服贾，咸乐止于是焉，盖楚西一雄镇也。

同治乙丑，培敬奉命视学来黔，越明年，按试贵东诸郡，会苗教未靖，行者率惴惴有戒心，乃单骑历丛箐，涉诸险，由黎平试铜郡，绕道靖州，以达于雄溪，得与乡父老相识于衡郡之寿佛寺。为盘桓者久之，时长郡故无馆也。

戊辰秋，得长沙柳云楼孝廉书，称司铎于会，与雷子西园、李子羽仪谋创建郡馆，以为郡人往来憩息之所，并举行一切善事。同志者先后集费，得若干，购屋建祠，祀广济真人及乡先达诸公于中，属培敬为文以记之。因不禁慨然曰：“善哉，斯举也。”曩者官京师，吾乡会馆渐陊敝，亟谋更新。既而筑垣，两湖会馆历年久，亦多黝圮。培敬倡议修葺，焕然一新。楚诸君子之在黔者，咸有力焉，岂为是美游观、侈土木哉？亦以前人有基勿可弃，而于桑梓敬恭之义宜尔也。今云楼力创此举，思守其成而善其后，可不谓贤乎？

嗟乎！军兴以来，吾楚之以忠烈勋名显者，难偻指计，而长郡尤赫赫焉。湘岳郁勃之气，不惜泄其灵奇。云楼于馆中设先哲诸公位以祀之。其所以向往前贤，为乡人兴起感发者，正未有艾也。今者培敬抚军黔中，当此兵燹频仍，疮痍未复。雄溪为贵东屏蔽，地势险阻，风气诚笃。吾乡人居于斯者，兴仁讲让，相友相恤，共敦古处亲睦之谊。黔东之人，亦将习而为善良矣。则此一馆也，又岂仅一乡之所瞻已哉？至于董事衔名、集费数目、契据条约，当另有碣。兹不赘书。[1]

道县长沙会馆，位于道县县委大院东北，建于清同治十年（1871）。房屋墙壁上镶有“长沙府属”和“长郡公馆”石碑。

1 光绪《洪江育婴小识》卷四《识宛委・长郡会馆碑记》。

永顺长沙会馆，又名南岳宫、星沙会馆，在城南，附祀唐雷将军万春。

龙山长沙会馆，又名南岳宫，现存，位于今民安镇朝阳路，清嘉庆时有“南岳宫，在城西南，长沙府人建”[1]的记载。光绪《龙山县志》记载：

> 南岳宫，在城南，唐雷将军万春附祀，长沙府人建。雷将军，土人谓为辖神。每年正月二日，赛会者常千余人，迎其像于城内外，逾数时乃返于庙。然其迎出则旗帜斧钺，前后拥簇，皆赤足、裸腰背，仅不去裤而已。甚至稚男女亦褫衣袜，由其父兄抱于怀而随之。习俗相沿，不知如何而起。当其时，虽经大风雪，无冒寒而病者，爆竹击其肤不痛楚，故群以为灵而竞赛焉。又谓神喜爆竹，会者故多携而然之。自初一日至三日，庙中声沸不绝，非徒迎神时已也然。聪明正直者，讵乐如是哉！举国皆狂，忘其非礼。主持风教者，幸终有以革之。[2]

龙山长沙会馆是龙山县保存较为完整的一处清代古建筑，坐北朝南，中轴线依次前、中、后三殿，均为硬山顶穿斗式木结构，南北长 84 米，东西宽 17 米，占地面积 1428 平方米，飞檐翘角，屋脊上用青花瓷片镶有飞禽走兽和双龙戏珠图案，门枋刻有花鸟虫鱼。墙砖长、宽、厚分别为 30、18、5 厘米，上印“长府”和“嘉庆五年”字样。由此，可以认为龙山长沙会馆建于清嘉庆五年（1800）。

南岳宫南门为正门，呈砖石拱券结构，门洞宽 4 米，高 5 米，券洞上方 2 米处为大门匾额，砖石材料，楷书“南岳宫”三个大字。正门有台阶三级登前殿，殿内供有南岳大帝坐像，高二丈余；左右四将，魁伟勇武。附有左右偏殿，均供有神像。

中殿为过厅，三开间，硬山顶穿斗式梁架结构。塑普陀山，山石峻峭，盘曲嶙峋。前面为观音坐莲佛像，两旁排列十八罗汉、二十四天神，神态各异。东西厢房为单坡式屋顶，西厢房人称“老龙殿”，供老龙菩萨，当地人称桩尾巴龙。每逢干旱，乡民抬老龙菩萨游四门祈雨。东厢房叫小衡山，又叫小山门，为僧房、厨房之用。

后殿有两楼，呈四方形，双重庑殿顶。楼高三层，二层以上透天出顶，屋面青瓦覆盖，椽檐为红色。后殿木柱高约 7 米，直径 1 米。梁端悬挂铁钟、大鼓，声扬数里，故龙山有谚语：“庆口坳的风，南岳宫的钟。”

会馆有庙田数百亩，年收租谷八九百担，用于每年农历八月十五日的“月宫会”，即南岳庙会。

20 世纪 50 年代后，南岳宫作为粮店和烟厂仓库，宫内神像毁之殆尽。1993 年，龙山县对南岳宫进行抢救维修，内设文物管理所，举办龙山县民俗文物展览，恢复部分神

1 嘉庆《龙山县志》卷六《礼器考》。
2 光绪《龙山县志》卷十《祠祀下》。

像，使之成为参观场所。

2008 年 5 月 29 日，龙山县文物管理所工作人员在南岳宫两侧封火墙上发现刻有“长府”字样的铭文砖 400 余块。这是南岳宫原大门发现“南岳宫”文字以来，第二次发现记录南岳宫历史的文字。从“长府”二字可知建设南岳宫的大致历史时段和南岳宫建设时的产权归属，印证了有关史籍对南岳宫的记载。1994 年龙山县人民政府公布为县级文物保护单位，2005 年湘西土家族苗族自治州人民政府公布为州级文物保护单位，2019 年 2 月湖南省人民政府公布为第十批省级文物保护单位。

3.23 宁乡会馆

宁乡会馆，又名八音堂、八元堂，位于长沙市望城区靖港镇保健街 95 号，清咸丰十一年（1861）宁邑八埠捐建，为宁乡船民场所。八埠，是按沩、乌、靳三水流域划分的：沩水从黄材起经滩山铺、石龙潭至粟溪止为鸾埠；从大石窟经杨石林、大成桥、袁家河、油麻田、左家河、月堂山、油榨坪至乌江口为袁左埠；从宋家潭经县城、刁子潭至净土庵止为附城埠；从丹家河至茶亭寺为丹溪埠；从熊家州经双江口至丁家庙为双市埠；赵家河为赵市埠；乌江从灰汤经和尚桥、磨子潭至石井上为浪丝埠；靳江为道林埠。[1] 八音堂、八元堂是因八埠而得名。会馆坐北朝南，三栋两横，前栋建有戏楼，两厢有子楼；二栋为大殿，殿后有花厅，花厅两边有卧房。占地面积 1000 多平方米，砖木石混合建造，山墙以麻石条砌筑约 2 米，再以青砖砌斗墙，硬山顶，上覆小青瓦。据说当年修建会馆时，宁乡人担心靖港人不同意，便宣称修庙，并在墙砖印上“宁邑杨泗庙”字样，明修栈道，暗渡陈仓。

宁乡会馆经费来源为向运输谷米的船只征收，每担谷征收一角三分，每担米征收二角六分。会馆有内外两个戏台，外戏台临沩水，为麻石砌筑。内戏台位于后院，为木质结构。相传农历六月初六日，为洞庭王爷寿辰，届期祭祀演戏，极为热闹。

民国二十五年（1936），宁乡会馆因历任堂董亏空，经费无着，势将关闭。后由宁乡县政府县务会议决定，予以整顿，并成立八元堂整理委员会，委派唐振常等为整理委员。民国二十九年（1940）改名为“宁乡县民船商业同业公会”，民国三十年（1941）改名为“宁乡县民船船员工会”，1952 年又改名为宁乡民船联运社，最后改名为宁乡县航运公司。2014 年 3 月，长沙市人民政府公布为长沙市文物保护单位。今人题联曰：“沩山水月缩资湘，出此间千顷涟漪，江摇芦荻行船好；会馆楼台歌日夜，听是处八音缥缈，风送宫商入耳和。”

南县宁乡会馆在东堤尾，民国七年（1918）购置会址建筑，民国三十二年（1943）

1 孙凤岐：《宁乡民船业的沿革情况》第 143 页，《宁乡文史资料》第二辑，1984 年 9 月。

被日军烧毁。

3.24 新安益会馆

望城新安益会馆位于长沙市望城区乔口镇雷家巷。正房三间，东边有一披厦，西边有一磨厦，竹木结构，青瓦平房。乔口位于长沙、益阳、岳阳三市望城、宁乡、赫山、湘阴四地交界处，河网密布，水运发达，商贸繁荣。新化、安化、益阳所产竹木，结排经资江放流至乔口，小部分在乔口销售，大部分运往长沙、汉口等地外销。为了联络销售事宜、维护排客利益，新、安、益三县排客合资在乔口雷家巷建设了新安益会馆。会馆往北 100 米是袁家码头，竹木排在此集中停靠。会馆内有常驻办事人员三人，新化、安化、益阳每县各一人，为排客办事服务。20 世纪 70 年代拆除。

宁乡新安益会馆，又名杨泗庙。一在县西百五里黄材沙坪铺，清咸丰时，宁乡、安化、益阳三县竹木商公买铺屋建。一在黄材上市，清同治七年（1868）何理堂倡捐，十年（1871）建庙两栋，为鸾埠船户往来集合之地。

3.25 湘乡会馆

湘乡会馆，又名龙城宫、广济宫，湘乡商人建立，祀关帝或文昌帝君。文昌本星名，亦称文曲星，其成为道教所信奉的文昌帝君，与梓潼神张亚子有关。东晋宁康二年（374），蜀人张育自称王，起义抗击前秦苻坚，英勇战死，人们在梓潼七曲山为之建张育祠。其时七曲山另有梓潼神亚子祠，因两祠相邻，后人将两祠神名合称张亚子。宋高宗绍兴十年（1140），敕大修梓潼神庙，敕封庙额为灵应祠。光宗追封张亚子为忠文仁武孝德圣烈王，理宗追封张亚子为神文圣武孝德忠仁王。元仁宗敕封张亚子为辅元开化文昌司禄宏仁帝君，并钦定为忠国、孝家、益民、正直之神。至此，梓潼神与文昌星遂合二为一，称文昌帝君。

长沙湘乡会馆，为清光绪三十年（1904）将湘乡试馆（清同治六年创建于长沙储备仓北）的一部分改建而成，民国十年（1921）更名为长沙湘乡同乡会，会址在半湘街，即今小西门半边街。民国二十三年（1934）七月设长沙湘乡义山社，在南门外马家冲购置义山一块，凡客死省城无力归葬的湘乡籍人士，可向太平街三益书局管事人领条安葬。民国二十五年（1936）设湘乡公屋于砚瓦池，如有同乡流落街头的，由公屋赠送旅费遣送回家。[1] 清道光十五年（1835），曾国藩会试未中，寓居京师长沙会馆读书。次年恩科会试再次落第，于是返回长沙，与同乡刘蓉、郭嵩焘等居住于此，相聚两月。1912

1 湘乡县志编纂委员会：《湘乡县志》第 660 页，湖南出版社 1993 年版。

年秋，毛泽东在湖南全省高等中学校（后改名省立第一中学）读书时，曾退学寄居湘乡会馆，每天到湖南省立图书馆自学，广泛涉猎社会科学和自然科学，眼界大开，学识极有长进，毛泽东认为这是对他最有价值的半年。

津市湘乡会馆，又名杨泗庙。清光绪元年（1875），湘乡倒扒子运煤船到达津市时，因沿河码头属于当地人所有，船只不能靠岸卸货，纠纷时起。清光绪十年（1884）七月，湘乡船民 80 余人，手持木棍登岸，与当地人争夺码头。后由煤商冯经胜同湘乡船户刘志阶、谭三爹商议，向船户筹集大洋 300 多元，在水府庙上首河坡建立杨泗庙（今望江楼河坡），凡湘乡船只抵达津市均停泊庙前，通称湘乡帮船码头。因为码头是“打出来的”，又流传为“打码头”。船户运载货物安全抵埠后，手持香、爆竹，进庙敬奉杨泗将军，亦称为“拜码头”。杨泗庙即湘乡会馆，主事者为冯经胜、刘福桥等人，刘福桥住庙兼管庙务。民国二十七年（1938），由会馆首事备文，呈澧县县政府批准，成立旅津湘乡同乡会，理事长陈少卿。由同乡筹集资金，置有木瓦房屋一栋三间于三元宫半边街（今东河街），置义山于汤家湖西南鹿头山西北坡，在津亡故者葬入义山，义冢 800 多座。每年会产房租收入折米 18 石，除用于捐助长郡学校和接济过境同乡外，还用于房屋庙宇修缮。[1]

民国三十六年（1947），益阳创建湘乡会馆，会址在二堡，附设龙城小学。南县湘乡会馆在官正街，民国十一年（1922）创建，民国十七年（1928）被焚，后原址改建，民国三十二年（1943）被日军烧毁。安化湘乡会馆，又名湘源堂，位于东坪镇建设街。沅江湘乡会馆建于清代，位于沿河街。

新化湘乡会馆，清同治四年（1865）湘乡籍商人集资修建，地址在新化县城毕家巷内，与袁氏宗祠紧邻。会馆建筑图纸源于武汉湘乡会馆，其主体建筑群需抬高前坪 3 尺。然而，文约规定，湘乡人不得动场外一寸土地。既受文约制约，土从何来？湘乡主事急中生智，发布告云：加价 2 厘，急购煤炭。四乡煤窑村民踊跃送煤，不及三日，以煤石填满抬高地面。民国时期，湘乡人在会馆内办学，校名龙城小学。“文革”时期一度更名为五一小学。

清咸丰、同治年间，邵阳城乡各业为扩大自身影响，维护和增进本行业利益，先后结成行帮、行会，逐步形成的帮派主要有湘乡、邵阳、江西、新化、衡阳五帮，而其中尤以湘乡、邵阳人最多，江西人次之。邵阳市区和邵阳县黄亭市镇分别建有湘乡会馆。清末民初，湘乡籍商人分别在洞口县高沙镇、石江镇建立龙城宫、上湘宫。洞口高沙镇湘乡会馆正门有一副嵌字对联，将“湘乡”二字嵌于联首：“湘水同情，无忘宾旅；乡邦多彦，乐数黄昏。”此联作者一云清末探花、湘乡人王龙文，又云为拔贡生、武冈人

1 朱炳翰、杨克诚：《旅津湘乡同乡会馆见闻》，《津市文史资料》第六辑第 50—51 页，1993 年 2 月。

唐守中所撰书。清光绪初，新宁县城建有湘乡会馆。武冈湘乡会馆，由湘乡青树坪和永丰人所建。由于湘乡青树坪和永丰叫上湘乡，所以武冈湘乡会馆又称为上湘会馆。门口有一对麻石大狮子，高大威猛，栩栩如生。清道光十九年（1839）八月二十一日，曾国藩至武冈州城，夜宿上湘会馆。20 世纪 30 年代，上湘会馆创办龙城小学。中华人民共和国成立后，会馆改成印刷厂，后来又成为机械厂的一部分。门口的石狮曾经两次被盗，但都有惊无险。

辰溪湘乡会馆，位于辰阳镇，民国初年建。大门上有“湘乡会馆”四字，但字迹已模糊。四周有围墙，保存较为完整。原沅陵专区即设于此。

溆浦湘乡会馆又名龙城馆，在城西门外。

清代，旅居黔阳的湘乡人建湘乡会馆，一名广济宫。抗日战争时期，县政府曾征集会馆财产充作教育经费，1949 年底该会馆自行解散。

洪江湘乡会馆，又名龙城宫、湘萃庭，位于新街，湘乡商会兴建，为洪江十大会馆之一。宫殿已拆除，今残存湘乡会馆码头，也是洪江众多码头中至今唯一残存的码头。洪江湘乡会馆的支馆有：湘阴公屋，清咸丰十年（1860）建于土桥冲；长郡公所，清同治七年（1868）建于牛头冲。

3.26 衡州会馆

衡州会馆，又称寿福宫，由衡阳籍商人所建，祀寿佛。寿佛俗名周宝，法名全真，号宗慧，生于郴州程水。“无量寿佛系郴州作菜翁，事母至孝，时人不知其为佛祖。会郴州大旱，久求不雨。该地城隍托兆于该县县官，求东门外某菜园翁，可得雨。县官亲往求之，即刻大雨倾盆来，深三四尺。该菜园翁私谓其母曰‘此地不能久居，将往全州。母日后生活，可取后山之黑泥作为燃料发卖，无尤冻馁’等语。遂去广西全州，而成无量寿佛。其母取黑泥售卖，即现在所烧之煤也。”[1]

关于寿佛的出生时间，文献说法不一。至于寿佛年岁，《惠州府志》说 132 岁，《湖南通志》说 133 岁，《广西通志》说 140 岁，《湘山志》说 166 岁。无论哪种说法，寿佛都是中国历史上有记载的最长寿者，因此人们尊称为无量寿佛。寿佛于唐天宝十四年（755）起驻锡衡阳雁峰寺，唐咸通八年（867）圆寂于广西全州湘山净土院。

北宋建中靖国元年（1101），宋徽宗加封全真为“慈佑寂照妙应普惠大师”。清康熙皇帝为全真亲书“寿世慈荫”匾额，清咸丰皇帝封全真大师为“保惠无量寿佛”。传说寿佛圆寂后常显灵于湘南，明代中期出现在衡州一带，清又转世为高僧，居雁峰寺传经布道。因此，有寿佛“生在郴州，死在全州，成佛在衡州”“刮风在郴州，天阴在全

---

1 兰心：《省城煤栈崇祀无量寿佛之来历》，《长沙市工商业及救济事业的沿革》，1985 年湖南图书馆复印原稿本。

州，下雨在衡州”“五百年转灵回雁峰”之传说。

至今，南岳铁佛寺和寿佛殿都供奉有寿佛。每年农历二月初八是寿佛诞辰，也是南岳的“朝寿佛日”，衡岳百姓在雁峰寺寿佛殿前举行朝拜寿佛的盛会，各地善男信女齐聚于此，形成了“二月初八朝寿佛”的传统民俗。

攸县衡州会馆，一在县城东门，一名岳秀会馆，为衡山同乡会公建；一在县城南门，为衡阳同乡会馆。清末民初，衡郡六县衡阳、衡山、耒阳、常宁、零陵、清泉同乡会在株洲茶陵县城外七总街（今洣水街）建有衡郡会馆。

湘潭衡州会馆，又名南岳行宫，在十六总后街，本为安仁县谢、贺等姓募建，后由衡州客商经理。

临武衡州会馆，在县城（今城关粮店），为清末所建，公推有名望的富商为帮董，每年定期举行一两次年会，聚会于馆，叩拜财神，洽谈商务。安仁衡阳会馆位于县城河街路25号，清光绪四年（1878）建，砖木结构，前后两进。现存。

洞口衡州会馆，又名衡州宫，位于高沙。建于清末民初。

怀化衡州会馆，又名福寿寺，位于榆树湾。会同衡州会馆，位于县城，为清代所建。靖州衡州会馆，又名寿佛宫，在渠阳镇大南门外正街。

洪江衡州会馆，又名寿福宫，职首衡锡龄，位于塘坨，建于清道光二十八年（1848）。规模大，资金雄厚，为洪江十大会馆之一。彭玉麟题洪江衡州会馆对联云：“回首望衡阳，最难忘石鼓书声，雁峰鸿影；羁身在沅水，一样是春风人面，逆旅乡情。”

黔阳衡州会馆，原名寿佛宫，始建于清中期，为在黔经商的衡阳籍商人所建，供奉无量寿佛，屡毁屡建。1993年，因火灾而毁，现仅存“宏开”“寿域”两头排拱及其附属建筑衡郡公所，有联曰：“山横大地据高峰千云斗彩，鹰击长空掀巨浪百舸分流。”寿佛宫骑跨河街而建，街北为大殿，街南为戏台和码头，中间为街道，看戏与赶场的行人各行其道，堪称中国古代城市规划与建筑艺术的典范。

永州衡州会馆，清道光、咸丰年间由衡阳商人所建。道县衡州会馆，在县城安家井正后面。清末，宁远建有衡州会馆。江华衡州会馆，设县城沱江镇，民国五年（1916）倡修，翌年建成，民国三十六年（1947）创办私立船山初级小学。

3.27　衡永会馆

衡永会馆，衡州和永州商人创建。汝城衡永会馆由衡州和永州旅汝同乡会创办，原址在西街北侧，单开间，进深20多米，中华人民共和国成立后政府征用，20世纪80年代拆除建为住宅楼。会员主要是挑脚运输和走村串巷叫卖的肩挑小贩，或打短工、抬轿等穷苦百姓。衡永同乡会早年由唐步程任会长，中华人民共和国成立前会长为胡金奎。

1927 年 11 月 26 日至 28 日，朱德、陈毅在汝城衡永会馆召开起义军与湘南、粤北地方党组织负责人会议，秘密讨论、策划了湘南起义。

3.28 衡宝会馆

清同治年间，衡阳、宝庆商人创建于吉首市乾州唐家湾常平仓旁。会馆坐南朝北，砖墙之内地坪方长，东开正门，内设戏台，前坪中置香炉宝鼎，西为大殿三间，殿左住房三间。衡宝客商到此如归，同乡联谊，年年聚会。此馆地处偏僻，但置有地产，灾年施米，凶年施药，一时四方人潮涌来，门庭若市。会馆更在所里马坡岭杨氏四代祖胜儒公神道碑亭对面官道旁设有三间茶厅，常年施茶供水，交由贺姓经管，习称贺家茶厅。民国二十一年（1932）四月，国民革命军第三十四师师长陈渠珍在衡宝会馆开设修械所，延请枪匠修枪，并仿造汉阳步枪，称“乾造盖板枪”，一直延续到抗日战争初期。抗战期间，衡宝会馆成为国立第八中学初女部教室、宿舍，朱镕基总理夫人劳安曾在初四部就读，战后贺龙元帅之女贺捷生曾在此乾城模范小学念读。中华人民共和国成立初作为乡绅集资振兴实业的新民纺织厂，后改建为乾州粮站后院、仓库。

岳阳衡州会馆由衡州、宝庆籍商人组建，馆址设洞庭庙附近。

3.29 常德会馆

常德会馆，常德商人所建。洪江常德会馆，又名正一殿，位于龙船冲，建于清雍正六年（1728）。据说清代时，有一个四川籍的秀才穷困潦倒，来到洪江谋生。那时洪江的北辰宫还是一个茅棚，当时有一个常德汉戏班子住在此处。秀才手不能提、肩不能挑，又生了重病，常德戏班的堂主收留了他，让他抄剧本，或临时充当一下“加官”。所谓“加官”，就是开戏前首先要由一个戴着面具不开脸的人在台上跳几下，以祭祀天地鬼神。秀才病好后，进京赶考，考上了状元，当了官，发了财，回到洪江，在洪江修了一个四川会馆，以报祖恩，再修了一个常德会馆，以报知遇之恩。[1]

常德会馆供祀吕洞宾。吕洞宾，原名吕岩，字洞宾，号纯阳子，为道教仙人，八仙之一，全真派北五祖之一，全真道祖师。一般认为，吕洞宾乃唐朝山西省芮城县永乐镇人。另说他是唐末京兆（今陕西西安）人。相传，吕洞宾“飞过洞庭湖”，从岳阳来到澧州。明代著名文学家袁中道在《澧游记》中说，吕洞宾游庐山之后醉卧岳阳楼，在楼上挥毫题诗，表明他酒醒后的去向：“朝游北海暮苍梧，袖里青蛇胆气粗。三醉岳阳人不识，朗吟飞过洞庭湖。”到了澧州，与乔太守逊在澧水桥头相遇，乔逊不认识吕洞

1 刘芝凤：《发现明清古商城：湘西洪江探幽》第 45 页，南方日报出版社 2002 年版。

宾，喝令让道不肯，令人缉捕询问，吕仙不答，题诗一首后飞升天外。后人建遇仙楼以志其事。因此，沅澧流域特别是常德关于吕洞宾的传说很多。

洪江常德会馆是一座有封火墙围护的窨子屋院落，为常德籍商人集资修建的商业会馆，集作坊、经商、娱乐、居住于一体，是综合性活动场所。建筑结构布局合理，使用功能齐全，形态风格别致，建造手法细腻，是研究我国商业会馆的形成、发展及历史背景和会馆管理制度的重要实物资料。

洪江常德会馆为两进两层回廊式建筑，规模由小到大，先后扩建两进两层院落一座、加工作坊一座，坐西朝东，面阔三间，占地面积约 600 平方米。主体建筑与另外两栋建筑东西向并列，东西两头为配房，明间两侧建厢房连接，构成并列三进式的平面布局，组成三个天井的院落。二楼为回廊式布局，是货物储存场所。屋面施小青瓦，木材用料较大，木柱直径在 0.38 米左右，柱礅为园鼓石，素面无雕饰。会馆主体建筑正前方有一小坪院，坪院右边是南北走向的九级石台阶，坪院用青石板铺就。围墙高 1.2 米，青砖砌成。院内置有太平缸一口，用青石板拼合而成，主要用于蓄水防火。洪江古商城至今保存完好的太平缸有四五十口。有的雕有花纹图案，如五蝠捧寿、双凤朝阳、三阳开泰、鱼龙变化、双龙抢宝、梅兰竹菊、芙蓉牡丹，有的刻有行为准则，如孝、悌、忠、信及礼、义、廉、耻，雕刻精美、工艺独特。常德会馆空间结构宽敞高大，虽无过多的艺术构件装饰，但仅房屋结构和密集的楼枕木方，就显露出浓厚的商业文化氛围，“是洪江古商城内具有典型代表意义的建筑之一，为研究洪江商业会馆的发展史，提供了重要的实物资料”[1]。

南县常德会馆，在紫东堤，清宣统元年（1909）购置古松口旧宅为筹备处，民国二年（1913）置常桃巷宅，改名常桃汉沅会馆；民国十三年（1924）组设旅南岳常澧三府会馆，即集益公所；民国十七年（1928）毁于火灾，民国二十年（1931）改建为常桃汉沅四属会馆，民国三十二年（1943）被日军烧毁。

龙山常德会馆，一名东岳宫，在城西，附祀三闾大夫，又称三闾宫。

3.30　新化会馆

新化会馆，又名上梅会馆、上梅公馆。武冈新化会馆，为旅居武冈的新化人所建，在城内骧龙桥北面，滨渠水，现为武冈酒厂所在地。清代李郁华撰上梅会馆对联：“距梅城四百余里而遥，旧井田庐犹在望；居资水五十三滩之上，同舟风雨最关情。”新化属梅山要地，古称上梅山。梅城指新化县城上梅镇。旧井，指故里；田庐，指家乡。

长沙新化会馆，在肇口坪。益阳新化会馆，又名师公宫，在公庙巷。清末民初，新

1 蒋学志、梁斌：《洪江古商城建筑形态与特征》第 126 页，湖南科学技术出版社 2004 年版。

化籍商人在洞口石江镇建有上梅会馆。

3.31 宝庆会馆

宝庆会馆，又称太平宫、太平会馆、武宝会馆，为宝庆商人所建，祀蚩尤等神。蚩尤，传说之上古神君。本为九黎部落首领，铜头铁额，神通广大，以金属制造兵器，装备精良，与黄帝战于涿鹿，兵败为黄帝所杀。蚩尤作为冶炼技术和金属兵器之祖，被广为祭祀。

宝庆会馆的商业地位在清末民初的湘西一带享有盛誉，其商号以洪江古商城为中心，遍布湖南、云南、贵州、四川、广西各地。

长沙宝庆会馆，在黎家坡，自铺十间并基地。

湘乡宝庆会馆，又名宝郡五属会馆、古南宫，在十八都城江铺，清乾隆间邵阳简昌林、罗性配、刘廷载鸠宝郡五属捐建。清道光辛巳（1821），刘三省、萧国用等鸠宝郡人修缮。此外，在湘乡四十二都杨家滩市，邵邑人建有禹王宫，清道光二十三年（1843）修缮。宝郡五属，指的是明清时期宝庆府所辖的邵阳、新化、武冈、新宁、城步五县，因行政区划的变动，已析分出新邵、邵东、洞口、隆回和冷水江等县市，其中新化、冷水江属于另一个地级市娄底。宝郡五属会馆，又称五福宫，主祀赵公元帅。据道教传说，赵公元帅原名赵公明，是战国时赵国公子，长平之战后，赵公明为避战祸，居于深山之中，潜心修炼，最终成仙，被封为“正一玄坛元帅”。赵公元帅形象是头戴铁冠、黑面浓须、手执钢鞭、身跨黑虎，所以又称为“黑虎玄坛”。民间认为，赵公明掌管招宝天尊、纳珍天尊、招财使者和利市仙官四神，合称五路财神，也称为五福神。财神的传说表达了人们的朴素情感，寄托着安居乐业、大吉大利的美好心愿。

常德宝庆会馆，在南门对岸河袱街，名虽宝庆，但四属的邵阳、武冈、新化、新宁只十之一，城步十之九，盖邵武化宁不通河道也。又有老会馆基在青泥湾，相去十余里。

益阳宝庆会馆，又名宝郡五属会馆，位于资阳区三堡大水坪。明清时期，这里集聚着大批来自资水上游的商人，俗称宝帮。他们大多经营竹木生意，无固定铺面，以行商为主。资水上游的木材散放至益阳，在青龙洲捆扎成排，然后运往武汉、芜湖、南京。湘水和资水流域出产的木材称“东湖木”，材质优良，坚固耐用。朱元璋定都南京后，大兴土木，营造宫殿，所需木材大都是东湖木，当时称皇排。每当春汛时期，皇排首尾相接十余里。清光绪年间，邵阳、新化、武冈、新宁、城步五县旅益竹木商人商议，在益阳三堡修建会馆，人称五县会馆，亦称五福宫。五福者，寿、富、康宁、攸好德、考终命之谓也。五福同时暗含五地木商是五颗福星之意。五福宫内最著名的建筑属春秋阁。阁为三层，高 17 米，四面有 16 根花岗石圆柱支撑，雕梁画栋，飞角流檐。大门有联曰“文圣人武圣人两个圣人，作春秋读春秋一部春秋”，横批为“文昌武盛”。大殿按左右分成春阁和秋阁两部分。二楼为忠义殿，立关圣大帝神像。三楼是文昌殿，立孔子牌位，上书“文昌帝君”。传说春秋阁的基础，原是三国关羽驻军时的读书之所。五福宫前有黄泥湖、石壁湖，后有金花湖、白鹿湖，面临青龙、萝卜、蔡家三洲。邑人有联云：“五福对三洲，萝卜青菜；七星临二湖，石壁黄泥”，“萝卜洲、青龙洲，舟动洲不动；黄泥湖、石壁湖，凫飞湖未飞”。后人有诗曰：“五福濒临益水东，天人合一建神宫；上乡竹木三洲聚，武汉银城一脉通。白鹿金花关岳庙，黄泥石壁会龙峰；康宁富寿攸好德，命不横夭有善终。”

安化宝郡五属会馆，又名五福宫，宝庆人建，一在东坪镇民乐街，一在小淹镇永和街，一在大福镇。桃江马迹塘镇宝郡五属会馆，一名五福宫，敬奉郑公千岁、贺公千岁，每年春秋二祭。南县宝庆会馆在泰济码头，民国六年（1917）倡修，民国七年（1918）购置会址，其宽敞华丽，为各会馆之冠。民国三十二年（1943）被日军烧毁。

明末清初，宝庆人在芷江榆树湾建有宝庆会馆，会馆筹集资金，创置田产，出租收课，修建房子，购买墓地，发展商业，举办教育，赞襄福利事业，并且办有宝庆小学，后来合并到现在的沅水小学。中华人民共和国成立后，会馆财产均收为公产。

洪江宝庆会馆，位于大河边，又名太平宫，亦称武宝馆，职首盛南都，为洪江十大会馆之一。始建于清雍正年间，为宝庆府邵阳、新宁、武冈、城步、邵东、隆回、新化等县商人买贺姓地基共同修建。殿两进，左库房，侧门抵巷。右观音堂、客厅、厢房，窨房一所，右侧门小巷抵街。前戏台、牌楼，门外长巷码头抵街，并店房八间。门楣上石雕牌匾刻有“太平宫”三字。“文革”时，周围居民为保护太平宫精美石雕免遭破坏，将门廊上的石雕图案用石灰涂刷覆盖，才幸免于难。石雕“岳母刺字”“佘太君挂帅”“郭子仪上寿”“刘备跃马过檀溪”“八仙人物”等历史典故，表现了宝庆人的忠君爱国思想和崇武习俗。正殿供奉关公神像，像前立一铁铸大刀，重108斤，每年元宵舞龙时，由四人抬着上街游行。偏殿供奉观音神像。宝庆会馆的修建，汇集了全国各地的能工巧匠，精雕细琢，历时十二年。会馆按行业设有东南西北四路十厂及数十个大小行会。东路以邵东为主，设四厂，分木匠业二厂（大木高架建筑和小木家具）、铁匠业二厂（分钢火锻造和小料制造）；南路以邵阳为主，设一厂，为岩匠业；西路以隆回为主，设四厂，分篾匠、板篾、方篾、竹缆及园木匠（盆桶等）；北路以新化为主，设一厂，为油漆业。宝庆会馆是当时洪江十大会馆之首。“文革”期间主体建筑被毁。

沅陵宝庆会馆有两处。一在西关西江口，清同治时宝庆商人建。一在沅陵镇溪子口街，始建于清光绪年间，又名五福宫，俗称大王庙，占地面积约1200平方米，建筑群由南向西北布局，依次建有山门、过殿、正殿和东西厢房，均为砖木结构。过殿建在山门后的二级台地之上，面阔三间，进深一间，屋顶为人字坡硬山顶，九檩廊庑式梁架结构，檐柱脊瓜柱均出柱间，丁头拱呈托檩枋，前后檐柱下均用木雕龙、凤、狮、云雀等纹饰交替装饰。正殿建于过殿之后的台基之上，重檐歇山屋顶，穿斗抬梁式混合结构，面阔三间，进深三间，四根金柱承托九架梁枋，檐角翘起，前檐枋下施卷棚和如意斗拱。灰粉花脊饰顶，檐口施沟头滴水，殿前左右各配小阁楼和厢房。阁楼壁面绘有彩画。正殿后楼墙面上嵌有青砖，砖上拍印"五福宫"字样。

溆浦宝庆会馆，一在西城外，一在一区韩家桥，一在四区庄屋垴，一在五区桥江市。靖州宝庆会馆，又名太平宫，在渠阳镇大南门外正街。

新晃龙溪口宝庆会馆，又名太平宫、宝郡五属会馆，位于龙溪口斌星街（原名擂子巷），为旅晃宝庆五属的邵阳、新化、武冈、新宁、城步五县于清光绪末年建立。主体建筑面积约600平方米，砖木结构，两层三进。第一进为过厅，乃来客候洽之处；第二进为厅房，是集体议事的场所；第三进为神堂，供奉关圣帝君神像，关平、周仓神像侍立左右。楼房为祀神的时候，在此开筵聚宴的地方。宝庆会馆设首士若干人，由清光绪二十三年（1897）丁酉科拔贡杨绥之为首主持全部馆务。首士都是当地头面人物，既是商人，又是绅士，历届县官到任也得登门拜访，彼此设宴应酬，互相利用。会馆购有房产13栋，占地面积约1000平方米。

芷江宝庆会馆，位于芷江县城黄甲街，清乾隆年间由宝庆府邵阳、新化、武冈、新宁、城步商人集资修建。会馆呈"田"字形布局，为抬梁式、穿斗式硬山顶小青瓦屋面建筑，坐北朝南，原共五栋主体建筑，四处回廊通道，三处天井，以山墙相隔为东西两侧，均为两进，现存前厅、山门、戏台及前殿，占地面积1445.4平方米，建筑面积1113平方米。

前厅系三开间二层硬山顶砖木结构建筑，整体呈长方形，南北进深10.43米，东西开间8.82米，檐高5.83米。明间直通山门。

山门位于前厅与戏台之间，为会馆主要出入口，系砖石砌筑牌楼式门坊建筑，宽8.82米，高8.87米，山门正中开2.4米宽拱门，拱门以青石框边，门两侧石柱上刻有对联："溆气西延芳搴沅浦，故园东望春满资江。"大门两侧分别有一根正六边形高大砖柱，拱形石门上方横额题有"瑞霭五城"四字，其上正中竖书"五福宫"三字。山门上雕刻各种人物场景、花草鸟禽等图案，图案外以"卍"字纹框边。

戏台位于山门北侧，戏台后面为会馆厢房，二层硬山顶砖木结构建筑，南北进深10.16米，东西开间10.32米，脊高7.67米，戏台高2.71米。戏台朝北侧呈外"八"字形，表演台与两侧过廊外均设有栏杆。

前殿位于戏台东北侧，硬山顶木结构建筑，面阔五开间，宽16.04米，进深9.23米，檐高3.9米。明间七架梁与其上三架梁两头均施雕花雀替，驼峰及穿枋通身精雕细刻花草及祥云图案，做工精美别致。建筑后檐屋面开设一老虎窗，通风采光。在中厅东侧有一面积 23.48 平方米的单坡水回廊，廊道面阔两间。

芷江宝庆会馆办有文质小学，招收乡人子弟入学读书，还设有武馆，教乡人习武练功。

1935 年 12 月 28 日，贺龙、萧克领导的红二、六军团从黔阳进入芷江，军团司令部设于宝庆会馆内，贺龙、王震、萧克、关向应驻扎于此。

2003 年 5 月，芷江侗族自治县人民政府公布为县级文物保护单位，2019 年 2 月，湖南省人民政府公布为第十批省级文物保护单位。

通道宝庆会馆，位于县溪镇教场头恭水河东岸，始建于清乾隆八年（1743），后历经清嘉庆十年（1805）、道光二十年（1840）、同治十一年（1872）多次修葺。长方形布局，坐东朝西，建筑面积 1000 余平方米。主体构架为穿斗抬梁制式。建筑布局中轴线分明，主体建筑由廊庑、门楼、戏台、大坪、正堂大厅、正堂屋组合而成，四周以清水砖墙围合成封闭式庭院空间。砖墙内壁彩绘二十四孝典故和戏曲人物故事。

1934 年 12 月，中央红军长征途经通道时，在这里召开了生死攸关的通道会议，促成了历史上著名的通道转兵，挽救了红军，挽救了党，挽救了中国革命。中央红军长征通道转兵旧址——宝庆会馆，在中国革命史上留下了光辉的篇章。2010 年通道侗族自治县人民政府公布为县级文物保护单位，2015 年中共怀化市委宣传部公布为怀化市爱国主义教育示范基地，2019 年 2 月湖南省人民政府公布为第十批省级文物保护单位。

黔阳宝庆会馆，位于黔城镇，是清代中叶宝庆客商建立的一座大型会馆，坐落在沅江北岸，左隔杨公庙与新街接壤，右隔万花楼与江西会馆毗邻，背倚黔城城垣，前为下河街，面对雪峰山西脉的大凉山。旧有巨大的青石板码头，直通沅水。由河岸拾级而上，码头雄伟壮阔。由于洪江电站的修建，黔城一带水面上升，码头被淹。

黔阳宝庆会馆，是黔城十大会馆之一，占地 400 平方米，室内地面均为青石板平铺，门坊及厅堂、天井、戏台保存完整，建筑规模、工艺，虽不及江西会馆，却远远超过了福建会馆、湘乡会馆、衡阳会馆、靖州会馆、沅州会馆、沱江会馆、辰州会馆、贵州会馆。清嘉庆十八年癸酉（1813）始建，清嘉庆二十年乙亥（1815）撰写修建碑记，清道光五年乙酉（1825）捐店房屋宇基地，清光绪八年壬午（1882）公议修缮并补碑记。

黔阳宝庆会馆，旧分三处：会馆在下河街，仓库在澄清坊，店铺在南正街。会馆墙壁上的清嘉庆《太平宫碑记》和芙蓉楼碑廊清道光《万古不朽》碑记，是宝庆会馆的重要实物资料。

《太平宫碑记》原文如下：

先立会之始，有武攸籍罗君昌教捐出新街中店地五间，以作太平宫基地。胡为癸酉之秋，又买断陈氏之地耶？诚以妥神灵而崇祀典，必择其尤嘉美者。此处附郭临江，形胜闳敞。凡我同人，大畅厥意，解囊捐资。今特记诸贞珉，以垂不朽。

清嘉庆二十年，岁在旃蒙大渊献阳月吉旦公立；光绪壬午年邵西财神令修补碑记。

注：旃蒙，十干中“乙”的别称，出自《尔雅》；大渊献，亥年的别称，出自《尔雅》。《万古不朽碑记》原文如下：

立捐店房屋宇基地契人杨张氏，今因先年丈夫杨耀先身故，道光四年，男周南身故，又无亲属，现已年老，难归故土。恐后去世，无人祭扫，夫妻母子，湮殁无传。情愿将先年得置土名城内三牌，澄清坊右边，坐南朝北，一进二重三间，出店左边柱头板壁各一半，照依开间直进店，出店右边前后柱头板壁，上瓦下磉，并随屋基地，及店后余地，照依老契，一并出捐与太平宫关圣帝君座下为业，永为帝君祭祀之费。更除氏夫母子祭扫之资，不致湮殁。名勒碑石，万古不朽。店基自捐日为始，俟氏去世后，任从本宫首士经管、收租，外人不得异言阻挡。今恐无凭，立此捐契，永远为据。

四至未开，照依老契管业。氏所捐店房屋宇基地，时值价钱八十八千正。

阖府公立。本邑王世桂书。道光五年孟夏月谷旦立。

安江宝庆会馆，又名太平宫。清咸丰年间，由安江邵阳商人金荣卿首倡修建。民国十八年（1929），宝庆会馆毁于火。两年后，购买陈家大窨屋为馆址。清光绪年间，金荣卿捐田百余亩，创办宝庆会馆义学。由于时局动荡，会馆义学几办几停。

洞口宝庆会馆，建于清末民初，一在高沙，一在洞口，一在石江，一在黄桥。

绥宁宝郡五属会馆，设寨市镇新街，清代，由宝庆府所属邵阳、新化、武冈、新宁、城步五县旅居绥宁商人共建，创办有宝五小学和宝五中学。

泸溪宝郡五属会馆，位于浦市，又名宝庆会馆、太平宫。凤凰县城沱江镇有宝庆会馆一处，位于城隍巷13号，面积约450平方米，为当地群众居住。会馆后院有天井，内有记事碑二通，一为清道光十一年（1831）六月会馆重建功德碑，一为清光绪二年（1876）会馆修缮功德碑。龙山宝庆会馆又名宝灵宫，在城东北。

3.32　辰沅会馆

辰沅会馆，又称伏波宫，祀东汉伏波将军马援。马援，东汉名将。少时，曾学《齐诗》，久无所成，叹曰："丈夫为志，穷当益坚，老当益壮。"[1]新莽末年，天下大乱，马援初为陇右军阀隗嚣的属下，后归顺光武帝刘秀，立下赫赫战功。天下统一之后，马援虽已年迈，但仍请缨东征西讨，西破羌人，南征交趾，官至伏波将军，因功封新息侯，人称"马伏波"。

现存辰沅会馆主要分布在怀化市中方县、洪江区和湘西土家族苗族自治州吉首市。

靖州辰沅会馆，又名伏波宫，位于渠阳镇，清光绪三十四年（1908），由辰溪、溆浦商人修建，20世纪60年代拆除。

洪江辰沅会馆，又名伏波宫，在一甲巷口，由辰州（沅陵、泸溪、辰溪、溆浦）、沅州（芷江、黔阳、麻阳、新晃）两府商人合办，首届职首王友柱，祭祀汉新息侯、伏波将军马援，两次毁于火灾。清乾隆四十二年（1777）重建大殿、戏台，左观音堂，右文昌阁，为洪江十大会馆之一。会馆粗梁大柱，雕梁画栋，豪门深院，建筑雄伟。辰沅商家，系湖南西南的本土商人，多为坐商，经营方式灵活，主要从事于油业、木业、米业，掌握了洪江三分之二的桐油、木业的贸易运输。会馆房产较多，并且办有辰沅小学。1980年，辰沅会馆被拆除，今仅遗存顺发油号旧址。

吉首辰沅会馆，位于吉首市城西向阳街伏波潭东岸，有正殿三间、厅三间、戏台一座。清乾隆六十年（1795），因苗变而废毁，清嘉庆三年（1798）重建，今存正殿和戏台。1991年吉首市人民政府公布为市级文物保护单位，1993年、2002年分别进行了修缮。

凤凰辰沅会馆，位于沱江东岸沙湾，始建于清嘉庆六年（1801），占地面积800平方米，由大门、正殿以及厢房等组成，为抬梁式土木构架，主体保存完好。

岳阳辰沅会馆，又称西湖会馆，由洞庭湖以西沅水流域的辰溪、泸溪、沅陵等地商人组建，馆址设岳阳市洞庭庙附近。

清代，常德市上南门外、洪江市黔城建有辰沅会馆。南县辰沅会馆在义兴巷，清宣统二年（1910）购置会址，民国三十二年（1943）被日军烧毁。古丈县原茄通公社老司岩、东方公社土墙坡，均建有辰沅会馆。

3.33　七属会馆

七属会馆，又名关圣宫，祀关羽。湖南的靖州、绥宁、会同、通道以及贵州的天

---

1 范晔：《后汉书》卷二十四《马援传》。

柱、开泰、锦屏等七县号称七属，故其商人所建会馆称为七属会馆。

洪江七属会馆，职首洪惟先，始建于清康熙十五年（1676），清康熙四十二年（1703）毁于大火，移于大河边重修。正殿三间，右文昌阁、财神殿、观音堂，内凿方池，其源来自后山。建筑气势雄伟，红墙绿瓦，门前七八尺高的石碑，刻有“文武官员至此下马”。馆门有对联：“光照日月，气壮山河。”为洪江十大会馆之一。支馆有靖州会馆（飞山宫），在洪江鳌龙坪，建于清嘉庆十七年（1812）。

据光绪《会同县志》之《关圣宫纪略》记载：

洪市雄溪，前三国古名也，犁头嘴地系驲站，前明永历时创庙奉祀。驿站乃康熙八年裁革，差务不知，犹然因公滋扰。土著士民于十年五月十三闹龙舟，接河东关帝圣像镇住，故名关圣宫。后合七属公建，草创未整。三十三年，云南布政董前任靖州升湖南抚院会宰宋办差租寓生，非命修公署，与客民争讼，五六年不休。控经道院，三十九年完案。四十二年五月二十五日，塘坨失火，延烧殆尽。四十三年禀请会邑古东阁移洪，是年五月初二到岸，龙姓装佛一尊同来，十一月十一辰时竖立。四十四年修墙，议修神像，六月初五辰时开雕，九月初九丑时上座，十月初七午时开光。七属乐捐公项，或合修正殿前厅，或专修戏台、龛子、香炉、器皿，规模宏敞，庙貌崇隆。雍正四年，公买正殿后彭姓地，升移东阁，仍颜旧额并买正殿右边粟姓古路四尺，从后直至前面正街，后巷横路一条至一甲巷止。契铸钟注，大修墙垣，其墙转角处古路余地为黄州馆借占。咸丰七年三月十五辰时，古东阁毁，一切约注罄空。九年，县主周修理清产，发给印簿，注明店地丈尺抵止，一存县礼房，一付馆执照。同治三年，韦陀殿后墙内，照依印簿镌碑店房租资，多少不等。年远世湮，庶存考据。其毗连黄州馆，被火焚尽。九年冬月，竖造石牌楼，打坏左边墙垣，意图争占，控州委验，断令赔墙，息讼，命七属义让转角处古路余地半节，以敦馆谊。至地势，后枕鸦坡龙褛，左峙密云紫气，右拱桅杆武曲，二水夹护，交萦回龙，双鹭捍门，鼎立佛西，探奇览胜，游而忘倦，是雄溪乃五溪中之巨镇，而关圣宫又为雄溪中之一壮观也。

附载火墙。鸿盛码头乃关圣、万寿两馆公地也，未知创自何年，仅传梁、宋二姓私立水星亭，两馆控县、控州、控府，断令自毁，续修墙垣，以备不虞，故名火巷。中有店房，租资俱归两馆经收，以为敬神之需。同治十年，水师周军门倡首合市，公议建修五壁火墙，劝谕两馆捐地。首士好义，乐从捐此，以襄美举。世远年湮后不可灭没，志之以存考据。后有方坪一副，犹属两馆公地，未捐。谨记。[1]

清代，来桂阳经商的衡阳、衡山、耒阳等七县的手工业者组成衡派，立馆于斗酒阁下段（今城关镇第四居委会办公处），名七属会馆。[2]

3.34　麻阳会馆

常德麻阳会馆建于何时，嘉庆《常德府志》没有记载，而同治《武陵县志》也仅有“麻阳会馆，南门外”[3]的只言片语。清雍正年间，沅水流域水运十分发达，相传常德沿岸的码头都被各地的船帮占为己有，仅剩下笔架城一带偏僻、狭窄的河坡。从麻阳、泸溪、沅陵下来的“船拐拐”“排鼓佬”，为了争抢这块地盘多次打得头破血流。经官府调解，他们商议后抬来一只五六百斤重的四爪铁锚，谁能举起这只铁锚，这一带的河坡就判归谁管。在众多的竞争者中，有一位身强力壮、名叫滕老九的麻阳水手，站稳脚跟摆出虎步架势，竟将铁锚高高地举了起来。从此以后，麻阳人运来木头、树皮和石板，沿着河坡搭建了一排排吊脚楼，或者依靠城墙搭建了一座座半边屋。常德府城便出现了只有在湘西才能见到的一条吊脚楼的街景。其后不久，在这条街的旁边还建了一座会馆，这条街便叫麻阳街，这座会馆就是麻阳会馆。麻阳会馆坐北朝南，为长方形封火窨子屋，台阶 2 米多高，岩石门槛高约 2 尺。走进窨子屋，中间是个大天井，天井的两边是许多厢房，屋子的尽头是间很大的堂屋，堂屋的神龛供有一尊盘瓠大王塑像。常德的麻阳人主要是从高村、兰里、吕家坪等地而来谋生的，以李、舒、滕、段、田、张、满姓为多。遇到岁时节令，或者酬神还愿、红白喜事、求子生财、祛病免灾，或者需要调解人事纠纷时，麻阳民众必前来会馆供奉。会馆外升有一面绣有蜈蚣的旗帜。蜈蚣是麻阳人心目中的守护神，船上若挂有蜈蚣旗，表示这条船是条不好惹的麻阳船，得赶快给它让出道来。抗日战争时期，常德麻阳会馆被日寇飞机炸毁。1943 年常德会战时，57 师在麻阳会馆的废墟上修建了 4 个地堡。

南县麻阳会馆，在仁里码头，民国二十年（1931）创立，与湖北会馆毗邻。

洪江麻阳会馆，又名锦和宫，位于洪江大桥东，为麻阳人筹资修建，其锦和宫之名估计与麻阳县的锦江有关。由于麻阳会馆是因故从辰沅会馆分立出来，故又有人称其为小伏波宫，其所祀为伏波将军马援。

1 光绪《会同县志》卷十二《艺文》。

2 桂阳县志编纂委员会编：《桂阳县志》第 144 页，中国文史出版社 1994 年版。

3 同治《武陵县志》卷十《建置志·公舍》。

3.35 靖州会馆

靖州会馆，又称飞山宫，靖州商人所建。“飞山”即指怀化靖州的飞山，因唐末、五代时杨再思而出名。杨再思，湖南靖州人，是靖州飞山峒蛮酋长，号十峒首领，人称“飞山太公”。唐代末期，王室衰微，天下纷争，藩镇割据，其时叙州（今黔城）南部一带苗、瑶、侗各民族在杨再思等人的领导下，逐渐兴旺繁盛，形成一个以飞山为中心的民族集团——飞山蛮。杨再思率领各兄弟民族归顺朝廷，因治国安邦功勋卓著，被宋王朝追封为威远侯。杨再思殁后，湘、桂、黔三省边境人民因思其德，或奉为神灵，或尊为祖先，普建飞山庙祀之。每年农历六月初六（杨再思生辰）和十月二十六日（杨再思忌辰），当地群众上飞山庙祭奠。在湘黔交界一带，几乎所有清代地方志都有飞山神庙的记载，或曰飞山庙，或曰威远侯庙，或曰飞山宫，但祭祀飞山太公杨再思却是一致的。靖州飞山宫被称为飞山总庙，位于靖州城西。经过重建与维修，已逐步恢复包括山门、过厅、正殿、后殿在内的原有庙宇规模。

大凡靖州出门的游子，在外地建同乡组织时，也都会用飞山来代表。早在清代，靖州人就在洪江建立了靖州会馆——飞山宫。

洪江靖州会馆，位于洪江鳌龙坪，清嘉庆十七年（1812）建，名曰飞山宫，祀飞山太公杨再思。

申唐晟《重修洪江飞山宫记》：

> 靖于湖南边郡也。境上多丛山绝壑，深阻郁蟠。灵淑之气，大抵闷而不舒。又土地硗瘠，鲜平原沃壤，物产不饶，材木亦仅厘焉。惟杉桧黄松，其次则膏桐茶油，数者而已。渠江之水，自黔之播阳所经流入境，蜿蜒亘布，春夏尚能运百斛之舟，及至涨落时，微弱裁如一线，奔湍迅疾，节节皆滩，危险难偻指状。是以材货不通，商旅罕至。吾州人亦绝少行贾他郡县者，惟稍运其所产材木，以转易其日用之需。乘涨泛渠江，入雄溪，以达于洪江而临沅，水陆至者，毕会于此。
>
> 当嘉庆乙亥时，前辈俞君尔环，倡集吾州人之懋迁于洪者，治邸馆于大河之滨，曰“飞山宫”，所以联情谊、平争竞也，以岁时虔奉威远侯祀。咸同之后，黔粤交警，军旅繁兴，凡客兵自外至者，从之假馆，不克葺治，大势遂就倾陊。今上御宇，海内以次削平，民气渐苏，市廛复业，董事杨君万隆，毅然以重新自任，乃谋之于众，佥曰诺，咸输私财以助。工始于光绪戊寅□月，越辛巳□月而工竣。以畚以筑，不凿不雕，殿宇崛兴，复室相瞰，宾燕齐宿，廪廪焉，无丹雘之华，无金碧之丽，取足以彰美报而笃敦睦已也。

谨按：侯姓杨氏，讳再思，盖飞山之先，故吾州里人称之曰太公，然而生平行履不可详考。宋元丰六年，赐庙显灵；（绍兴）三十年，封威远侯。淳祐间，加英惠公，赫声濯灵，历久弥著。发逆之自平茶窜入也，州城岌岌莫保，赖侯显示灵贶，危而获安。事闻，诏列入祀典，春秋致祭。《州志》：东门外渠江东岸有侯故宅，又城西十五里下乡有侯墓。州境二十里中，无不为庙以祀侯者。岁时水旱疾疫，率竭诚吁祷，侯亦无不福也。当五代周行逢时，失其纲纪，杨氏遂有徽、诚数州，地逮杨正岩，始纳土改流，至今已近千岁。富贵勋业，湮灭何可胜道？唯独侯血食一方，虽妇人孺子、牛童马走，无不僾乎如见，忾乎如闻。呜呼，何其盛也！谓非侯之德大泽溥，而能若是也哉？洪固靖之一橐穴也，其为庙以祀侯，与侯之福吾州人，陟降在庭，毋远弗届，概可知已。

工既讫事，后六年，唐晟始受廛于洪。杨君属为文以记。夫礼有必隆，不得而杀；事有成举，不得而废。二君于是兼而得之。因阐述侯德嘉贶，与地方形势，揭诸贞珉，盖深欲吾州之人讲让兴仁，而保世滋大于有永也。至其捐资姓氏，别具于碑。

光绪十三年冬十月记。[1]

洪江靖州会馆建筑古色古香、富丽堂皇。正殿三间，有偏殿、正厅、客厅、客房和戏台，右文昌阁、财神殿、观音堂，内有方池。雕梁画栋，建筑宏伟。门坊建筑讲究，用青石雕琢而成，两侧有石雕、壁画，前面有石鼓、石凳、石狮。特别是门坊上“飞山宫”三字，更是龙飞凤舞，铿锵有力。1989 年被大火焚毁，现已不复存在。

据说靖州商人在洪江集资修建飞山宫时，遍访洪江，征集了无数个“飞山宫”书法作品，但总觉得差了点什么。一天，靖州人又请来了洪江最有名气的五位秀才，以每字五块大洋书写“飞山宫”，写了一天，天黑时，各自回家了。老庙正在收拾当天写的字纸时，来了一个喝得醉醺醺的人，是前几天寄住在会馆的杨老乡，这人虽然斯文，但非常落魄，念在同乡的份上，飞山宫才收留了他，杨老乡醉得东倒西歪，一路踉踉跄跄，把铺在地上的字踩得面目全非。

次日，头人们纷纷赶来时，只见一地烂纸，气得把老庙臭骂一顿。杨老乡过意不去，出来道歉。一位头人让他赔字，杨老乡大大方方、干干脆脆地说：“赔就赔！”在场的人都以为他在讲酒话，半个大洋都拿不出的他，怎么赔得起？杨老乡说赔不起钱，但可以赔字。

当老庙半信半疑拿来笔墨纸砚时，他却笑道，让头人们先请他喝酒。头人们只当他

1 光绪《洪江育婴小识》卷四《识宛委》。

是个穷困潦倒的疯子，不再理会。杨老乡毫不客气地自斟自饮起来。喝到半醉，突然提笔蘸墨，运腕挥毫，“飞山宫”三字一气呵成。

在场的人们都看呆了。这“飞山宫”三字，“飞”字飞得起，“山”字像座山，笔力遒劲，古拙沉雄，大家齐声叫好，啧啧称赞。于是差人将这三个字交工匠勒石雕刻在青石板上，作为靖州会馆的大门招牌。从此，“飞山宫”的这三字门匾世代流传。[1]

后来因修沅江路，靖州会馆被拆除。会馆虽然不存，但青石板的“飞山宫”招牌保留了，长约 3 米，宽约 1 米。

此外，常德和芷江都建有靖州会馆。常德靖州会馆在县西二十里平山下，芷江靖州会馆在河西后街，清雍正八年（1730）靖州客民建，祀唐杨再思。

3.36 渠阳会馆

会同渠阳会馆，在县城西关外校场坪脚，为靖州绅民二十八家侨居会邑公所，清康熙三十三年甲戌（1694）置买胡姓地基建造。内正殿一进，奉安神像。厅一进，外戏台一座，右厨房二间。清嘉庆十二年（1807），张世幹、俞克成、俞世枏、陈维新等重修馆门、店房三间，戏台、后店房一间，又永乐厢上边店房二进，每进各一间半。清时为太平天国所焚，仅存正殿一。后又契买雷坛毛田口水田大小十五丘，税九亩三分三厘。

洪江渠阳会馆，位于老街 5 号，修建年代不详，于 2020 年 5 月在城市老旧小区改造过程中发现，建筑为两进两层木质穿斗式结构，内置干天井，外筑封火墙，屋顶西北角建有晒楼。墙砖印刻有“渠阳馆修”“渠阳会馆墙脚”字样。

3.37 永州会馆

永州会馆，永州商人所建，祀周敦颐。周敦颐，北宋道州营道（今湖南道县）人，字茂叔，谥号元公，世称濂溪先生，著名哲学家，理学派开山鼻祖。北宋皇祐二年（1050）至至和元年（1054），周敦颐任桂阳（今汝城）县令，其间“勤民耕读，风节慈爱，吏治彰彰”，并写下《爱莲说》《拙赋》等千古名篇。

长沙永州会馆，位于西长街濂溪里，馆内设濂溪阁，永州会馆又称濂溪会馆。辛亥革命后，永郡子弟到省会长沙求学心切，旅省士绅宾步程、雷铸寰、唐健、蒋友文等倡议，商请永州八属零陵、祁阳、东安、道县、宁远、永明、江华、新田县政府，经省当局批准，于民国二年（1913）春在长沙永州会馆创立濂溪中学，校董会选举雷铸寰为校长。

湘潭永州会馆，位于湘潭市十总，又称濂溪祠，是永州商人的会馆，供奉北宋著名

---

1 刘芝凤：《发现明清古商城：湘西洪江探幽》第 123—124 页，南方日报出版社 2002 年版。

理学家周敦颐。2017 年 4 月，湘潭市雨湖区大埠桥片区棚户区改造时，出土明代晚期“濂溪祠”石匾一块，为汉白玉质地，高 147 厘米，宽 59 厘米，厚 10.5 厘米，现由湘潭市博物馆收藏并在“湘潭故事陈列”展厅展出。

洪江永州会馆，始建于清光绪十三年（1887），由永州东邑等八县商人集资修建，位于巫水路狮子楼 1 号，坐西朝东，占地面积 350 平方米，系两进三开间木质穿斗结构的两层楼房，屋内有天井，四周有砖墙，一进二楼额枋刻有“永州东邑”“万丰老栈”等字样。会馆大门内外砖墙上镶有石碑两通，左后墙镶有“永州濂溪宫”墙垣界碑。初作客栈，后为会馆。清光绪三十二年（1906），永州八县对房屋进行重修，新建大门右边房屋一间，并在二进额枋上刻“光绪丙午重修”六字。民国十三年（1924），会馆职首为加强房产管理，组织八县绅商制定规约，严禁随意租佃、变卖会馆产业狮子楼，并刻碑“永定规约”“永垂不朽”两通，“勒铭金石，俾垂诸百世，谨遵守之”，真实地记载了房屋的建设情况和会馆的规约制度，为研究明清时期湖南商业会馆提供了重要的实物资料，具有较高的历史研究价值。2002 年洪江区管委会制定洪江古商城保护方案，将永州会馆纳入保护范围，2003 年 9 月公布为洪江区重要文物保护点，保护范围：以会馆墙基为起点，东至 14 米处，南至 30 米处，西至 13 米处，北至 25 米处；建设控制地带：四向各至保护范围外 50 米处。2006 年 6 月，国务院公布为全国重点文物保护单位。

郴州永州会馆，在河街。民国初年，临武县城滨江巷建有永州会馆，为临武会馆之较大者。绥宁永州会馆又名濂溪宫，建于清代。靖州永州会馆，又名廉溪宫，位于渠阳镇小南门城上，清末修建，20 世纪 60 年代曾作电影院，20 世纪 70 年代拆除，今为县粮食局宿舍。

3.38　江神会馆

明朝末年，益阳纸业在七公庙上首头堡建有江神会馆。会馆门额题写“江神福地”，系木石砖混结构，共三进，建筑宏伟，雕梁画栋，耗资巨大。前进为戏台，地面铺满麻石。中为正殿，供祀洞庭龙王神像，殿后两厢分列左右，是为住宅。后进为厨房和杂屋。每逢货船离港时，船员必到江神庙烧香许愿，祈求一路顺风、逢凶化吉。

此外，安化平口镇江神会馆，清光绪年间由宝庆、安化、益阳船民集资修建。

3.39　朗江会馆

朗江会馆，又名三闾宫、屈原祠、三仪宫、东岳宫，清乾隆年间常德人所建，位于龙山县民安镇朝阳西路，占地面积 1480 平方米。坐北朝南，砖木结构，四进，由正门和前、中、后三殿组成，均为飞檐翘角的硬山顶、穿斗式构架。门楼为戏台，台下有青石院坝，正殿有东岳大帝黄飞虎塑像，左右塑四将，偏殿有都督菩萨。二进是四合水天井，左右是厢房，走廊上供韦菩萨。过天井为中殿，即观音殿，观音坐像居中，两旁站立金童玉女。后殿是三层木板楼房，取名“浔阳楼”。后殿木柱高约 7 米，围径 1 米。砖墙上印有“常府”二字。

东岳宫每年举行两次赛会，一次是农历六月初四日的迎神赛会，这天朗江会馆男丁抬都督菩萨上街游神，一路鼓乐齐鸣，爆竹连天。游神人众每人戴冬瓜帽一顶，饰有翎羽。一次是每年冬月初五日至十三日的冬至会。各姓男女老少齐聚会馆，杀猪宰羊，举办同乡宴会。

东岳宫置有百多亩庙田，每年租谷上千担，庙资甚丰。1999 年旧城改造，东岳宫被拆除，仅存几段由长青石条砌成的砖石墙。

东岳大帝又称泰山神，其身世众说纷纭，有金虹氏说、太昊说、盘古说、天孙说、黄飞虎说等。泰山神作为泰山的化身，是上天与人间沟通的神圣使者，是汉族民间宗教信仰之一。

3.40 太清宫

太清宫，为老子庙，祀老子。老子，我国古代伟大的哲学家和思想家，道家学派创始人，又称太上老君，在道教中被尊为道祖。老子《道德经》的精华是朴素的辩证法，对中国哲学的发展具有深刻影响。

太清为道家所谓三清之一。《抱朴子·杂应》曰：“上升四十里，名为太清，太清之中，其气甚刚，能胜人也。”长沙太清宫，原为金、银、铜、铁、锡五行的公会，供奉太清为其祖师，带有行业会馆的性质。后因五行意见不合，各行分别设立公会，建立各自的太清宫，均供奉太上老君。据同治《长沙县志》卷三十一《寺观》记载，长沙东长街、藩城堤分别建有太清宫。光绪《善化县志》卷三十《祠庙》又载，长沙太清宫，分别位于长沙市朝阳巷、路边井、青石井。朝阳巷太清宫有 3 米多高的大石库门，东、西两面为耸立的封火山墙，格外威严与壮观。整栋楼占地约 600 平方米，纵深方向为两进，天井式布局，堂屋为敞口厅堂。楼分两层，一层为砖石结构，砖上印有“皁湘”二字；二层为木质结构，回廊栏杆上雕刻有花卉，窗户为中西结合的中悬窗，屋顶是富有老长沙民居韵味的白屋脊，盖小青瓦。

长沙市朝阳巷是民国时期风云一时的大德昌百货号的发源地，也是整个湖湘百货业的发祥地。朝阳巷 4 号原是清代太清宫所在地，后为大德昌负责人之一林寿懋公馆。

百货业原称苏广业，因清末时全国百货商品大都仰靠苏广两地。1929 年，湖南人林绍元七兄弟集资一万二千银元，组建大德昌百货号，并逐渐发展成为当时经营国货的批发总店。从那以后，苏广业大量进入长沙，并改名为百货业。林氏兄弟凭借精明的经商头脑，使大德昌生意节节攀升，到1936年，股金已增值10余倍。1944年长沙沦陷时，全城商业均遭灭顶之灾，唯大德昌逆境飘红，店铺增至4家，还在寸土寸金的司门口张帜开业，设牌为大新商场。中华人民共和国成立后，大德昌百货号一分为二，小百货号就设在朝阳巷，大百货号在臬后街。1999年，长沙市扩建解放西路时，朝阳巷46号作为民国时期长沙南货业同业公会礼堂旧址受到保护，47号（今4号）作为林寿懋公馆及太清宫遗址，被保留下来。2010年7月的一场大火，长沙太清宫在熊熊大火中化为灰烬，只留下一堵摇摇欲坠的封火山墙。

湘潭太清宫，在下五都刁家园，为钢琢坊公所。新太清宫，在烟柳堤，为锡工公所。

3.41　鲁班殿

鲁班殿，因祀鲁班而得名。鲁班，姓公输名般，鲁国人。“般”和“班”同音，古时通用，故人们常称为鲁班。鲁班是我国古代著名的工匠，被后人奉为泥木工匠之始祖。

长沙鲁班殿为泥、木、石三业公会。长沙鲁班殿有四处，一处在宝南街，始建于清乾隆五十五年（1790），长善木行泥行各工匠捐资接买曹姓房屋园土。清乾隆五十六年（1791）修建庙宇；清道光三十年（1850）接买周九思房屋菜园；清同治二年（1863）接买陶荣华房屋，先后修造各神殿共三进，直长二十八丈，横宽九丈，前抵官街，后抵邓宅塘边，左抵黄宅，右抵官街，均立石界。另外三处分别在东长街、轩辕殿侧和大西门孚嘉巷。宝南街鲁班殿为占地面积3000多平方米、三进殿宇的大型建筑。整座建筑由山门、戏台、庙坪、五睦堂、观音堂组成，气势恢宏，坚实华丽。尤其是奉祀鲁班仙师的五睦堂，横宽24米，进深8.5米，总高12米，为清代长沙著名的古建筑，是长沙泥木两行建筑大师的杰作之一。1922年，毛泽东在宝南街鲁班殿组织领导长沙泥木工会大罢工，取得完全胜利，大大鼓舞了各行各业工人的斗争。宝南街鲁班殿毁于1938年长沙大火，1956年改建为建设工人俱乐部，1986年更名为建筑工人文化宫。20世纪90年代以来，宝南街成为手机卖场。孚嘉巷鲁班殿在太平街孚嘉巷14号，建于清光绪年间，坐北朝南，为砖木结构。光绪《善化县志》载：“鲁班庙，在大西门孚嘉巷。”鲁班庙毁于1938年长沙大火，现为普通民居。在孚嘉巷16号门前，一通刻有“鲁班庙”三个红色大字的竖条形石碑嵌在墙脚。

株洲鲁班殿，位于芦淞区建宁街道办事处南湖塘社区资福里组，始建于南朝梁武帝时期，是泥木行业为行会活动而建，大殿中设有鲁班的木质雕像。现存鲁班殿系1918年毁于战火后重建，属清末民初建筑风格。20世纪30年代，鲁班殿成为市民们听戏休闲的场所，也是当时株洲唯一的文化演出场地，每天演戏，观者如云。1995 年，株洲市人民政府公布为市级文物保护单位。2011 年 1 月，湖南省人民政府公布为第九批省级文物保护单位。

湘潭鲁班殿，位于雨湖区十六总自治街（今湘潭市自力街兴建坪），清乾隆初年由潭邑泥木工匠所建，为潭邑泥木工匠公所。民国元年（1912），因近邻失火，鲁班殿被焚；民国四年（1915），潭邑泥木工人集资重建；民国十五年（1926）泥木工会建立，即以此为会址，同时，在此创办公输小学，专招泥木工人子弟入校学习。

湘潭鲁班殿坐北朝南，南北长 50 米，东西宽 16 米，占地面积 800 平方米，建筑格局为中轴贯通、左右对称，现存一进合院式院落。最南为大门和戏台，后为主殿，左右廊庑。八字砖墙大门上有泥塑浮雕《湘潭古城全景图》，保存完整，据说为泥木工人庞仁初、李义庵所作。图长 5.2 米，高 0.6 米，工艺细腻，色彩明快，是一幅极具历史、艺术价值的湘潭古城写真图。图分三部分：右为文昌阁至小东门，原文昌阁的全貌清晰可见。中为古城城内至窑湾，蜿蜒的城墙和观湘、文星诸城门以及城墙上的城楼、垛口，都一目了然。城墙外是半边街的吊楼，依次往前是大埠桥的石拱、万寿宫的高墙、关圣殿的飞檐、石嘴垴的石壁以及唐兴寺、唐兴桥、窑湾等，凡三街六巷，均形貌逼真。左为杨梅洲，市街房屋，别具风格。在这些景物下面，是浩荡的湘江，江面百舸争流，码头历历在目。《湘潭古城全景图》泥塑被誉为湘潭的清明上河图，是研究湘潭古城发展的重要历史资料。主殿为中心建筑，是泥木行业会员举行祭祀仪式的场所。作为祭典鲁班而专门修建的祭祀殿堂，面阔五间，进深三间，布局严谨，为两层楼阁式建筑。屋顶硬山双坡顶，坡面舒缓大气。殿正中供奉鲁班塑像。楼层设有议事房、客厅、餐厅、厨房等，以执事、议事、聚会为主导功能。主殿与戏台之间两侧设有廊庑，为达官贵人观剧之处。戏台雕梁画栋，藻井别具风格。湘潭鲁班殿为湖南省内保存最好的泥木工会会馆的历史建筑，2002 年 5 月，湖南省人民政府公布为第七批省级文物保护单位。

洪江鲁班殿，又称至巧宫，在大河边，为木业会馆，建年不详，供奉鲁班，每年五月初七日和十二月二十日为祭祀日。20 世纪 50 年代初，庙堂、戏台拆毁。废址今建居民宿舍。

岳阳鲁班庙，位于乾明寺巷。

衡阳鲁班殿，在雁峰区雁城南路。传说明崇祯元年（1628），衡阳木工同业自行集资，在巷内建筑了一座鲁班殿，用于祭祀其祖师爷鲁班。此后巷以殿而得名，代代相传至今。

清代安化县城西门有鲁班会馆，清光绪二十一年（1895）毁于大火，清光绪三十三年（1907）重修。

武冈鲁班殿，在石牌坊和小南门两街之间。洞口鲁班殿，位于十字街。

泸溪浦市鲁班殿，又名至巧宫，在后街。

3.42 天孙宫

晚清时期，长沙绸布业无序竞争，尤如你死我活的战场。客人上门购物，也是“漫天要价，就地还钱”，带有很大的欺骗性。长沙开埠后，苏州、南京绸布商人接踵而至，“洋布”逐渐增多。苏州帮多在大西门正街，南京帮多在臬后街、福源巷，长沙本帮多在坡子街。清光绪三十四年（1908），由聚昌绸布店刘华之等人倡议成立绸布业同业公会，会址设在白马巷。不久，侯溥、易松玉等人倡议捐款，将绸布业公会房屋改建，更名为绸布公所。绸布业公会匆忙间所立的财神菩萨，八角亭经营绸缎业的老板们认为“非其祖师”，于是在财神旁新添一织女娘娘，奉为祖师，所以长沙绸布公所又称天孙宫。当年天孙宫的拟名及题匾，系湘潭人叶德辉代拟并题写。绸布公所主要由苏帮和南帮两帮一起建立，公推正、副总管及值年六人，三年一换。

3.43 福禄宫

自清末起，长沙坡子街是金融业集中的地带。清光绪十年（1884），在坡子街护国寺设钱业同业组织财神会。清光绪二十年（1894），钱业筹募资金，在坡子街兴建财神殿。清光绪二十二年（1896），财神殿落成，并更名为福禄宫，供奉赵公元帅神像和招财童子神像。长沙钱业视财神菩萨为祖师，除夕之夜，不论穷人还是富人都要来这里祭拜财神，福禄宫财神殿香火旺盛。民国初年，长沙金融市场逐渐扩大，又将福禄宫改名为钱业公所，以扩大影响。到民国二十三年（1934），登记注册的钱庄有 14 家。钱庄大户“春茂”“谦和”“裕顺长”“万裕隆”“鸿记”，以及中央银行长沙分行、大陆银行、聚兴城银行、农工银行、实业银行、金城银行、余太华银楼都设在此街。20 世纪 50 年代，大殿、前坪和神像仍在。1983 年 12 月，长沙福禄宫被拆除。

除了会馆之外，还有一种公所。据考证，最早的公所是清雍正元年（1723）设立的八旗公所，系八旗都统衙门，后成为了工商业组织的名称。《海上冰鲜业敦和公所沿革碑》对公所解释为：

> 夫所谓公所者，为公共建设之所，非私人燕息之居。关西方言以致力一事谓之所，则凡登斯堂者，务守合群之旨，一秉至公；载歌乐土之诗，咸欣得所。永敦睦谊，地利实在于人和；交友投诚，小惠亦根于大义。[1]

1《海上冰鲜业敦和公所沿革碑》，上海博物馆图书资料室编《上海碑刻资料选辑》第 417 页，上海人民出版社 1980 年版。

会馆可以是地域性的社会团体，也可以是同行议事的场所，而公所主要是行业性社会团体，是同行议事的场所。

《清稗类钞》记载："商业中人醵资建屋，以为岁时集合及议事之处，谓之公所大小各业均有之，亦有不称公所而称会馆者。"[1]

《中国经济全书·会馆及公所》认为：

> 会馆、公所者，名虽不同，实则无异。有谓会馆为善举而兴，公所为商业而立，然此不过自形式而观之也。盖会馆为同乡所组织，以善举为最多，如设丙舍、设义冢，赐贫困者之棺木，教育无资力者之子弟，诸如此类，不遑枚举。然其执行商业上之事物，与公所无异。至于公所为同业中所创设，其规约多定于商业之部分，如上海四明公所所行之善举，与会馆亦莫不同。是以会馆与公所名有区别，而性质上实无区别也。[2]

民国《上海县续志》指出：

> 会馆、公所前志从略，因思贸易于斯，侨居于斯，或联同业之情，或叙同乡之谊，其集合团体之行为，与社会甚有关系，似未可阙而不书。至或称会馆，或称公所，名虽异而义则不甚相悬，故不强为区分。[3]

王日根认为，会馆与公所在很多场合往往不易区分，倘若真要说出二者的区别，主要点当在于，会馆往往较多地讲究仪貌，公所则更多地注重实效。公所往往是中小人谋求发展的处所，会馆则往往是大商人跻身于仕途或攀附仕途的根据地。而中小商则既可栖身公所，又可寄居会馆。[4]

王卫平认为，清乾隆中前期以后，会馆作为同乡组织的功用逐渐减弱，商业机能益突出，会馆的性质逐渐由以同乡性质为主的团体转变为工商业行会组织。[5]

总的说来，公所是一种以业缘性、同业性为纽带的会馆组织，多由同籍同业人士仅由同业人士所组成。公所与会馆基本都有联谊、合乐、祀神、义举等功能，但不同是，"会馆基本以地区命名；公所则多以行业，或以含行业的字义命名，如米业、报业公所，以及云锦（纱缎）、梓义（木业）、坤震（煤炭）等公所即是。亦有以地区名的，上海有十三四个，苏州有五六个；还有以地区和行业共同命名的"[6]，"公所的动，基本或完全是围绕着贸易而展开的。会馆主要是商人组织，公所则有不少是手工

1 徐珂：《清稗类钞》第一册《宫苑类·公所》，中华书局 1986 年版。
2 彭泽益主编：《中国工商行会史料集》第 91 页，中华书局 1995 年版。
3 民国《上海县续志》卷三《建置下》。
4 王日根：《乡土之链：明清会馆与社会变迁》第 54—55 页，天津人民出版社 1996 年版。
5 王卫平：《明清时期江南城市史研究：以苏州为中心》第 194—198 页，人民出版社 1999 年版。
6 丁长清：《试析商业会馆、公所与商会的联系和区别》，《近代史研究》第 306 页，1996 年第 3 期。

者组成的，清末约有半数是手工业公所”[1]。

沧海桑田，世事变迁。湖南商业会馆经历了不同的命运。有的会馆被幸运地保存了下来，院落、房屋修旧如旧，珍而重之，作为文物而受到保护，成为人们寻幽访古的好去处；有的会馆只留下石碑、门楼、馆额，满脸岁月风霜，仿佛在一条条幽深的小巷里无声地追忆着过往的悠然岁月；有的会馆消失在城市改造和扩建中，灰飞烟灭，无迹可寻，只留下许多口耳相传的故事，让人们想象旧时曾经的热闹与繁华。

第四节　湖南商业会馆的特点

湖南商业会馆，具有如下特点：

一、商业气息浓厚，工商性质明显。从相关资料来看，湖南商业会馆一般是应商品经济发展的需要而产生，与商业活动密切相关，不但繁荣了当地的商品经济，还促进了当地与外地之间的经济交流。以湘潭为例说明，自古以来，湘潭商业发达，会馆众多。有的是商民共建，如山西、山东、河南、陕西、甘肃五省旅潭商人共建有北五省会馆；临丰籍药帮商人在湘潭经商规模不断壮大，募捐公建有临丰宾馆；湘潭盛产蓝靛，染坊众多，建有染坊公所；粮行公所则是湘潭粮食市场发展、壮大的产物。江西会馆、福建会馆等大会馆及船帮公所等行业公所由官商共建。船帮会所、钢坊会所、染坊会所由部分手工业作坊主合建。粮行公所、钱坊公所、晴川会馆由部分商行合建。泥木工人会所、禁私宰公所、衣工公所、剃工公所等则由部分手工业工人合建。无论何种建立方式，其实质都是当时湘潭商业贸易发展的反映。

长沙自秦朝设置郡县以来，一直就是中南地区政治、经济、文化、军事中心。明代晚期江西会馆建立以来，见诸史料的各类会馆不下数十所，如山陕会馆、太平会馆、湖北会馆、苏州会馆、江西会馆、云贵会馆、中州会馆以及各种行业公所，都是长沙商业发展的产物。会馆团结同乡，有效调节社会资源，进行合理配置，维护市场秩序，方便了各地商人来长沙经商贸易，促进了长沙地区商品经济的发展，加速了长沙城市经济的繁荣。

二、地域属性广泛，行业相对集中。明清时期，在湖南各商埠或商业发达之地，外来人口纷纷安家落户，外籍人员商业活动十分活跃，具有地域特色的商业会馆接连建立并产生社会影响。有的会馆在一定程度上受到行业的制约，甚至形成行业垄断，所以这

1 丁长清：《试析商业会馆、公所与商会的联系和区别》，《近代史研究》第 307 页，1996 年第 3 期。

类会馆又叫行馆。

靛是湖南各州县物产大宗。“前朝承平之际，人稠岁稔，民间种植蓝靛，多有邻境商贩开浚水道、前来贸易[1]”。尤其是湘潭，更以产靛著称。明万历、天启时期湘潭籍官员李腾芳说，这里每年所产之靛，“或云一百万，或云八十万，或云五十万”[2]，“靛之为物，产于诸山，遍湖南郡邑有之，非邑之独有也。潭当水陆之冲，商贾辏集，故得借之以驾御诸商而为马利也”[3]。当时，由于官府财力有限，而民间也深受养马之役的困扰，故而将这一重要事务的经费来源摊派到利润丰厚的靛行上。明末，湘潭“蓝靛骤盛”[4]，贸易非常发达，有靛行八十余家，贩卖蓝靛的客商，有大批是贩往苏州等地。明崇祯十五年（1642）五月，被湖广武昌道截获的苏州商人席左、席宁等装靛的船只就有三十四艘之多。[5]

湘潭的冶炼也是渊源较久。从明代中期开始就有湖北大冶的行家来湘潭传艺办厂。清乾隆初年，芜湖“陶裕盛”来湘潭办厂，产品名之曰“苏钢”。清咸丰年间，湘潭的苏钢坊计有四十余家，产品盛销于湖北、湖南、河南、陕西、山东、天津、奉天、吉林等地，成为有名的冶铸之乡。因此，出现了多个与冶炼相关的会所，如钢坊公所、钢琢坊公所、锡工公所等。

湖南米谷市场众多，湘潭为其盛者，历来为米谷集散地。乾隆《湘潭县志》记载：“湖南米谷，自衡州而下，多聚卖于湘潭。”[6]同治《祁阳县志》也说：“祁邑素称产米之乡，询诸父老，二三十年前，贩米至湘潭、汉镇者，岁率十余万石。”[7]湘潭县最大的米市，并不在县城内，而是位于城南十多里的易俗河。据光绪《湘潭县志》载：“易俗市，唐尝建县，五代时为榷场。里俗竞传明武宗微行野宿，至今岸无蚊蚋。湘南谷豆，咸萃于此，乃至下游舟载，逆挽来臻，富人建仓，辄储万石，寄屯之息，岁至万金，县境最大市也。”[8]

谷米来源除本县外，多来自湘江流域、滨湖地区，销往沪、汉、穗等大城市，贩运商有湘、广、浙、益、汉等帮。清雍正时，运米之船，千艘云集，时建仓二千余间，每间储五六百石，有米行 28 家、谷行 4 家、碓坊 200 余家，从业者 5000 余人，年集散谷米 500 多万石，所以湘潭的粮行公所、碓坊公所在当时都是非常有地位的。

---

1 乾隆《桂阳县志》卷十二《艺文志》。
2 光绪《湘潭县志》卷二《建置》引李腾芳《行户马议》。
3 光绪《湘潭县志》卷二《建置》引李腾芳《行户马议》。
4 光绪《湘潭县志》卷十一《货殖》。
5 左光先：《左侍御公集·靛商冤抑疏》。
6 乾隆《湘潭县志》卷十三《风俗》。
7 同治《祁阳县志》卷二二《风俗》。
8 光绪《湘潭县志》卷四之二《山水》。

湘潭昔称药都，为全国七大药材集散地之一。自明末三百年来，西南、西北十六省以及在西南邻国进口的部分药材均在湘潭集散。清咸丰起，清定设行十家，另有号部、批发商十家，行商数百。十至十二总河正两街，药材堆积，车担不通，年购销银“岁可八百万”两，最著名的临丰药帮下辖八堂，从业人员上千人，全系江西临丰人。临丰宾馆成为了维系这些旅潭药材商人的纽带。

又如洪江，从明末清初到民国末年的300多年里，全国共有十省二十府八十余县相继在此建立各种会馆、会所43处。弹丸之地，各种行业的会馆如此之多，其地域、行业的广泛性、集中性可见一斑。

三、神祇供奉风行，地方习俗突出。为了崇本思源，维系乡谊乡情和提高会馆成员的集体意识，加强同籍乡人在异地的凝聚力，会馆通过祭祀有家乡地方特色的神灵，进行精神文化层面的交流，从而引起共同文化心理的共鸣。与寺庙相似，一般会所都有祭祀神灵的功能，有专门安置神像的神位，有相应的祭祀仪式。由于地域、风俗习惯以及行业的不同，各会馆所祭祀的对象也有所区别。因此，神灵祭祀带有鲜明的宗教特色和强烈的地方色彩，这是会馆的一大突出特点。如江西会馆祀许逊，福建会馆祀妈祖，北五省会馆、山陕会馆、七属会馆、粤东会馆、中州会馆祀关羽，云贵会馆祀南霁云，黄州会馆祀三元大帝，徽州会馆祀朱熹，江南会馆祀准提观音，宝庆会馆祀蚩尤，湖北会馆祀大禹，长沙会馆祀祝融，衡州会馆祀寿佛，永州会馆祀周敦颐，常德会馆祀吕洞宾，朗江会馆祀东岳大帝黄飞虎，四川会馆祀刘备，漳州会馆祀陈荣祖，湘乡会馆祀关羽或文昌帝君，宝庆会馆祀赵公明，辰沅会馆、麻阳会馆祀马援，靖州会馆祀杨再思，广东会馆祀南华老祖慧能或庄子，太清宫祀老子，鲁班殿祀鲁班，天孙宫祀织女娘娘，福禄宫祀赵公元帅，都为各地方的家乡神祇或者各行业的开山鼻祖。

会馆和祀神的庙宇联为一体，甚至合二为一，祭祀神灵的特色更为突出。湘潭北五省会馆，又名新关圣殿，最雄伟的建筑春秋阁内塑有关羽、关平、周仓像，祭礼活动主要在此举行，此外韦陀堂、药师殿、观音阁，皆供奉神祇。江西会馆主祀许旌阳，岭南会馆又称老关圣殿，供奉关圣帝君。泥木公所称鲁班殿，供奉鲁班。衣工公所称轩辕殿，供奉黄帝、帝后和嫘祖。医家公所称药王殿，粮行公所称五谷殿，均供奉神农。屠人公所称桓侯庙，供奉张飞。钢坊公所设紫来宫，祠老子。染坊公所叫梅葛寺，供奉葛仙翁。钢琢坊公所称太清宫，锡工公所则称新太清宫，均供奉太上老君。鞋业公所又名孙祖殿，供奉孙膑。碓坊公所、钱商公所、江西广货行公所都称财神殿，供奉财神。福建会馆又曰天后宫，供奉天后娘娘。广西会馆又曰水来寺，供奉水神。湖北会馆又叫禹王宫，供奉大禹。永州会馆又叫濂溪祠，供奉周敦颐。长衡会馆供奉梅山蛮神。江宁公所曰准提庵，徽州公所设在海阳庵、凤竹庵、指南庵，江南宾馆又叫圆通庵，都供奉佛祖。会所通过对这些神灵的供奉和祭祀，使其成员在精神上、道德上达到一致和认同，同时通过这些活动融通与外界的关系。如每年农历二月十五日为太上老君生日，钢琢坊公所和锡工公所都要停业祭祀并宴请当地士绅。“可以说，会馆神灵是明清会馆赖以生存的精神支柱，它凝聚了社会环境的熔冶，也规范了会馆的发展方向。”[1]

四、依山傍水，相得益彰。会馆大都临水而建，因水而兴，可见水运在古代商业发展中的重要性。湘江水系发达，河网密布，并连接洞庭湖和长江干流，自湘江涉洞庭而抵鄂汉者络绎不绝，使湘江沿岸形成了长沙、湘潭等商业中心，经济繁荣，会馆众多。凤凰江西会馆、福建会馆均临沱江，芷江福建会馆位于县城舞水西岸，益阳福建会馆前临资江。湘潭北五省会馆位于湘潭十一总码头所在地，为繁华商埠港口。泸溪浦市是沅江中游的一个码头，也是溯长江入湖湘之西的第一码头，清末时期，各地来此经商者不可胜数，客籍会馆竟达四十八所之多，这些会馆以及现存浦市江西会馆多临沅水。洪江位于沅江、巫水汇合之处，水运码头数量众多，明、清、民国时期发展成为大西南著名商品转口贸易城市。清光绪十五年（1889）贵州天柱欧阳钟伯吕精确所绘《洪江街市全境图》，清晰可见临沅江而建的会馆有：七属馆（关圣宫）、辰沅馆（伏波宫）、贵州馆（忠烈宫）、长沙馆、鲁班宫、飞山宫、洞庭宫。枕巫水而建的会馆有：南岳宫、新安馆、衡州馆（寿佛官）、神龙宫、九华宫、雷祖殿、湘乡馆（龙城宫）、浙江馆、灶王宫、洞天宫。其他会馆均因地制宜，劈山填谷而建。从整体来看，尽管会馆众多、分布广阔，但布局合理，错落有致，完全与整个城市及自然风光融为一体，各领风骚，相得益彰。

五、风格古典，独具匠心。商人们为显示其集团实力的雄厚，常不惜巨资营建会馆，力求宏伟华丽。湖南商业会馆在建筑设计、结构、造型方面，基本上大同小异，多为砖木结构，雕梁画栋，耸脊飞檐，馆内设一至两个戏台。如凤凰江西会馆遐昌阁以抬梁式大木构架为主体，分三层三檐，上布小青瓦，逐层向内收缩，形似宝塔。层面下层平缓，上层陡峭，六条垂脊交汇于顶，上冠彩色琉璃圆葫芦宝顶。各层采用出檐起翘，檐下卷棚支撑，构成垂脊屋檐，均呈曲线状，似羽翼展飞。芷江福建会馆的青石浮雕，有“八仙过海”“丹凤朝阳”“二龙争珠”“狮子滚绣球”“八王巡天”“魁星点斗”“连升三级”……大雕细刻，镂空镌深，堪称鬼斧神工。“五龙拱圣”中“天后宫”三个大字，用笔浑厚圆润；“武汉三镇”“洛阳桥”，施刀细腻入微，艺术水平非常高超。洪江贵州会馆顶盖五色琉璃瓦，中置宝葫芦，屋脊均用青花瓷制，翼角高翘，华彩夺目。殿前正门有石雕牌坊，题“忠烈宫”三字，字两旁有石雕双龙戏珠，牌坊两旁雕有仙人仕女等，繁缛精致，技艺高超，惟妙惟肖。

在建筑风格上，各会馆又独具匠心，各有所长，各有特色。洪江贵州会馆最为显赫

---

1 王日根：《论明清会馆神灵文化》，《社会科学辑刊》第 101 页，1994 年第 4 期（总第 93 期）。

的是会馆大门门坊的整块青石条，高达数米，浮雕渔樵耕读图案，栩栩如生，为该馆所独有。福建会馆青石牌坊雕刻甚多，其中“天宫赐福”雕艺最著。宝庆会馆大门口有石狮一对，一只头朝上，一只头向下，生动传神。尤其馆内戏台的戏曲故事，人物形象出神入化，据说有人专程从邵阳赶来观看，结果一连看了三天都舍不得离开。长沙会馆虽未列入“十馆”之列，但会馆殿梁和殿柱之大赛过洪江诸馆。七属会馆的红墙绿瓦，更是别具一格。这些会馆不仅布局集中，而且雕梁画栋、钩心斗角，无论为宫为殿，还是为馆为所，大都设计考究别致，布局合理精巧，令人叹为观止。

六、选址集中，规模宏大。湖南商业会馆不同地域、不同类型的会馆选址相对集中，并且规模宏大，建筑华丽。

凤凰江西会馆位于县城沱江镇沙湾，福建会馆位于县城沱江镇东正街，邵阳会馆位于县城沱江镇城隍巷 13 号，从江西会馆、福建会馆、邵阳会馆所在位置来看，彼此相距不远。

洪江古城地形地貌复杂，城市建筑空间非常狭小，因此，各个会馆均依山傍水而建，十分集中，弹丸之地建有会馆 40 多座。

湘潭会馆的选址，“基本上集中在八总至十九总的河、正、后三街上，占了将近百分之九十，具体分布是八总一处，九总一处，十总四处，十一总八处，十二总两处，十三总一处，十四总八处，十五总三处，十六总九处，十七总四处，十八总四处，十九总两处。而其中最集中的就是十一总和十六总，分别有八处和九处”[1]。

湘潭明清朝称“五方杂处”，为一商旅都会，会馆尤盛。光绪《湘潭县志》对此有详细记载，山西、山东、河南、陕西、甘肃为北五省，共一会馆，为新关圣殿，在十一总，有民屯田百卅四亩、水塘九口、菜园二所。

江苏省凡四馆：金庭别业，又曰全真宫，在瞻岳门外，苏州公所也。雨花别业，在烟柳堤，有田五十三亩余，江宁公所也，又曰准提庵。金庭会馆，又曰三官殿，在十六总三元街，有田七十六亩余。江南宾馆，又名圆通庵，在十八总后。

江西省凡十六馆：万寿宫，在十总，宋宣和间以旌阳观为万寿宫，清顺治七年（1650）江西客商建，清乾隆时杨锡绂、彭元瑞作记。殿堂馆园最为宽壮，修饰辄用十万金，南城检讨连培基为之记。昭武宾馆，在十总，为抚州公所。临丰宾馆，在十一总，为临江丰城县公所。安城宾馆，在菉竹街，为安福县公所。阮文藻记“湘潭四达地信，宿或不能得旅馆，往往寄人庑下，车马填隘巷，仆从骈床榻，笥箧囊橐杂，揉尘土煤炱，谋一席之地，置铅椠不可得”云云，其言独切于县城、市间旅客情事。石阳宾馆，在十五总后街，为庐陵县公所也，清乾隆中刘智贤倡捐千金，众助数千金成之。

1 肖迪民：《湘潭会所初探》，《求索》第 247 页，2004 年第 7 期。

清光绪六年（1880）更拓新基，作培兰轩，连培基为之记。又有石阳山庄，在万寿宫后；又有别墅，在六一庵后。袁州宾馆，在梧桐街，为袁州公所。禾川宾馆，在梧桐街，为永新公所。琴川宾馆，在十六总后街，为莲花厅公所。西昌宾馆，在琴水馆旁，为太和公所，刘宗缙有记。仁寿宫，又曰江神祠，在上十八总，为临江府公所。曹启华记云："萧公水神，明封'英佑侯'，乾隆二年（1737）加'仁寿'二字。"馆门为临江码头。六一庵，在十六总。普度庵，为江西省公所。财神殿，在黄龙巷，为江西广货行公所。十八总公裕堂公宇，亦名财神殿，铺屋二所，为本街公所。天妃宫，又曰麟凤阁，在文华庵。十六都有普度祠，田五十八亩余，以祀天妃。下五都有普度庵。江西商客建。

福建一所：天后宫，又曰建福寺，在十八总，分六堂，合田四百三十六亩余。为福建公所，官祀天后于此，有园池馆宇，工作甚丽。

广东一馆：岭南会馆，在十二总，有码头，广东公所。有铺屋二十余间，有义山二所，田四亩在下五都。

广西一馆：水来寺，在十九总。谢济世题曰"溯源"，以湘水源自广西，故广西公所谓之"水来"。清乾隆初建，清光绪时募捐重修，有铺屋及地基。

湖北二馆：黄州公宇，在十五总后，房屋五十所，外孙家亭六，文家围、王家大屋、馆后菜园各一，万福街地基五。晴川公宇，在十七总河街，为汉阳沌口盐商公所。

永州一馆：濂溪祠，为永州会馆，在十总，有亭池。

郴州一馆：寿佛殿，在十总河街，有铺屋三所，内一所为烟商公所，曰"和顺堂"。

衡州二馆，其中一馆与长沙商同建：南岳行宫，在十六总后街，本安仁谢、贺等姓募建，后由衡州客商经理。长衡宫，长沙、衡州木商建。

安徽四庵：海阳庵，在雨湖，休宁金姓建。指南庵，在风筝街，徽州公所，有田八十四亩，在宁乡金华山。凤竹庵，在雨湖。明末僧仁礼僧节中率徒众敛瘗尸骨，与徽人程姓等同事。其后，徽人以为徽商公所。当清嘉庆时，庵中游宴最盛，雨湖诗社辄集于此。清同治中，徽商重修并置田百四亩。十八都亦有凤竹庵。

会馆规模和气势，从保存至今的湘潭北五省会馆、江西会馆、鲁班殿的建筑可以窥见一斑。

凤凰江西会馆规模更为庞大，其正殿宫宇，宽敞高昂，用22根巨大的木头作支柱，采用柱、梁、额枋连接组成跨度较大的木构架，坚固牢实。硬山式屋顶，小青瓦屋面，正脊叠砌云纹、花兽图案，两端砌有鸱吻，正中顶冠琉璃圆葫芦宝顶，用红、橙、黄、蓝、紫等彩色瓷片嵌砌双龙，昂首翘尾，奔腾云气之中，蔚为壮观。芷江福建会馆占地3700多平方米，现保存建筑面积2284平方米，是我国内陆保存最好、规模最大的妈祖庙。吉首福建会馆占地面积1000多平方米，砖木构筑，戏台为抬梁式硬山马蹄墙建筑，用料极粗，直径为40厘米左右，门楼为双牌楼式墙体，飞檐翘角，设吊脚楼门，殿宇轩昂雄伟。

不过，会馆之间因会众多寡、资金投入等原因，馆舍规模也有大小之分。洪江当时曾赫赫有名的“十大会馆”，建筑规模都相当宏伟，其江西会馆建筑时间最早，占地面积最大，耗资最巨，馆宇独占鳌头，雄冠一城众馆。会馆建筑规模的大小，完全取决于会员多少和经济实力。

七、会馆众多，数量可观。历史上，湖南商业会馆究竟有多少，目前暂难作出明确统计，但依各种资料看来，数量颇为可观。各市县会馆小者一二或十余，大者数十，数量不一。

如洪江，从明末清初到民国末年的300多年里，全国共有十省二十府八十余县相继在此建立各种帮会、行会会馆43处。其中帮会二十二馆、行业二十一馆。清代康熙、咸丰年间，洪江外籍商贾相继修建的黄州会馆（福主宫）、江西会馆（万寿宫）、徽州会馆（新安宫）、福建会馆（天后宫）、宝庆会馆（太平宫）、辰沅会馆（伏波宫）、七属会馆（关圣宫）、贵州会馆（忠烈宫）、衡州会馆（寿福宫）、湘乡会馆（广济宫），号称十大会馆。十大会馆是根据建馆年代、规模、资金而言的。为了便于商业管理，洪江十大会馆联合成立了十馆公所，馆址设在大佛寺。各会馆的主管称为首事，办理日常事务的称为值年。十馆公所的成立，标志着洪江的商业会馆走向成熟，开始有效地将分散的各个会馆凝聚成一个相对统一的整体。

洪江十大会馆建立情况一览表

会馆名称	职首代名	建馆情况
江西会馆	江宗盛	又名万寿宫，原在洪江洪盛码头，清康熙十五年（1676）买贺姓地基移建洪江大河边桅杆坪。清嘉庆时，正殿三进，左客堂，堂前为财神殿；右观音阁，阁前为花厅，厅前为戏台；大门外店房二十六间，东西火巷，中开码头，其后由鸦坡发脉，势若蟠龙，洵雄溪一壮观也。支馆有南昌会馆，又名洞庭宫，在大河边，清乾隆三年（1738）买梁姓地基创立。神殿三间，后观音堂、客堂；前戏台，台前桂树数株；楼下有朱砂井，境甚清幽
徽州会馆	吴鼎和	又名新安馆，为江浙五府（苏州府、徽州府、池州府、湖州府、宁国府）商人共同集资修建，在洪江司门口正街，建于清康熙二十年（1681）。支馆有：苏州馆，在龙船冲，建于清乾隆三十六年（1771）；湖州馆，在荷叶街，建于清乾隆四十年（1775）；九华宫（青阳会馆），在老街，建于清嘉庆十九年（1814）；琴溪堂（泾县义园），在小河对岸，建于清道光十八年（1838）

续表

会馆名称	职首代名	建馆情况
福建会馆	福昌隆	又名天后宫，在洪江龙船冲。正殿祀圣母，后殿供诸佛。前戏台，右观音堂并客厅，中凿方池。宫外左偏为古路，右店六间，码头直抵河，栏以青石砌筑
黄州会馆	黄齐安	又名帝主宫、福主宫，在洪江大河边，清康熙四年（1665）间买史姓地基建。殿宇两进，左客楼，上塑观音像。前丹墀、戏台、牌楼、大门，码头直抵正街，周缭以垣门。左店房四间，收租为供佛、赡僧之费
宝庆会馆	盛南都	又名太平宫，在洪江大河边。清雍正年间买贺姓地基建。殿两进，左库房，侧门抵巷；右观音堂、客厅、厢房，窨房一所，右侧门小巷抵街。前戏台、牌楼，门外长巷，码头抵街，并店房八间
辰沅会馆	王有柱	又名伏波宫，在洪江一甲巷口，屡毁于火，清乾隆四十二年（1777）重建大殿、戏台，左观音堂，右文昌阁
七属会馆	洪惟先	又名关圣宫，在洪江犁头嘴，建于清康熙十五年（1676）。正殿三间，右文昌阁、财神殿、观音堂，内凿方池，其源来自后山。支馆有靖州会馆（飞山宫），在洪江鳌龙坪，建于清嘉庆十七年（1812）
贵州会馆	贵鼎新	又名忠烈宫，在洪江大河边桅杆坪，清嘉庆二十二（1817）年买何、黄、周三姓地基，发脉老鸦坡建造。正殿一座，厅一座，戏台一座。左财神殿，抵街店房数间
衡州会馆	衡锡龄	又名福寿宫，在洪江塘坨正街，建于清道光二十八年（1848）
湘乡会馆	湘萃庭	又名龙城宫，在洪江新街，建于清雍正年间。支馆有：湘阴公屋，在洪江土桥冲，建于清咸丰十年（1860）；长郡公所，在洪江牛头冲，建于清同治七年（1868）

清代至民国时期，洪江接纳了来自全国20多个省的商贾游客和流寓之人，行商流动，坐商久住。除十大会馆之外，在洪江修建会馆的，主要还有：

常德会馆，位于洪江龙船冲，清雍正六年（1728）建。

靖州会馆，又名飞山宫，位于洪江鳌龙坪，清嘉庆十七年（1812）建。

苏州会馆，位于洪江龙船冲，清乾隆三十六年（1771）建。

山陕会馆，又名关帝宫，位于洪江龙船冲，清嘉庆二十三年（1818）建。大殿前建戏台，右财神殿，左连三官殿，门外青石码头直抵河。

长郡会馆，又名长郡公所，位于洪江牛头冲，清同治七年（1868）建，为湘乡会馆的支馆。

湘阴公屋，在洪江土桥冲，建于清咸丰十年（1860），为湘乡会馆的支馆。

四川会馆，又名蓉城公置，位于洪江龙王庙街，清光绪六年（1880）建。

青阳会馆，又名九华宫，在洪市老街，清嘉庆十九年（1814）建正殿，前廊后厅，花园一区，深十三丈，宽四丈余。

永州会馆，又名濂溪宫，位于洪江巫水路狮子楼1号，清光绪十三年（1887）建。

沱江会馆，又名天王庙，位于洪江筲箕湾，建于清光绪前后。

麻阳会馆，又名锦和宫，位于洪江大桥东，系从辰沅会馆独立出来，建馆时间不详。

漳州会馆，又名清水宫，位于洪江塘冲，建馆时间不详。

两广会馆，又名南华宫，具体位置和建馆时间已无法考证。

宣化会馆，南宁商人建，建馆地点和时间不详。

随着商品经济的发展和各行业的拓展，客商在以同乡相聚的同时，又以同业组织行会。据光绪《洪江育婴小识》载，洞庭宫南昌府公所在大河边，清乾隆三年（1738）建。该馆本为南昌会馆，属于江西会馆的支馆，后为排主祈福之所，成为排运业公所。清光绪十五年（1889）绘制的《洪江街市全境图》显示，洪江全市商业会馆有四十三处，其中行业公所多达二十一所，如粮食业的炎皇宫、药材业的药王宫、屠宰业的三义宫、木作业的鲁班宫，嗣后发展为较大行业的桐油、木材、药材、钱庄、绸布、衣庄、苏广、南杂、瓷铁、粮食、首饰、书纸、烟酒等，称为十三帮。

洪江同业公会一览表

行业	馆址	馆名	供奉始祖	建立时间
粮米业	堡子坳	炎皇宫	炎帝神农氏	清道光二十三年（1843）
钱庄业	大河边财神巷	财神殿	赵公元帅	清末
药材业	土桥坑	药王宫	孙思邈	清末
造纸业	塘坨	蔡伦宫	蔡伦	清嘉庆十九年（1814） 至二十一年（1816）
屠宰业	季家冲	三义宫	张飞	清末
木作业	打船冲	鲁班宫	鲁班	清道光二十四年（1844）
缝纫业	高坡街	轩辕宫	黄帝轩辕氏	清嘉庆十五年（1810）之前
理发业	牛头冲	罗祖庙 （贤进宫）	罗祖罗梦鸿	清乾隆三十八年（1773）
排运业	鹅形	洞庭宫	洞庭龙王	清乾隆三年（1738）
印刷业	高坡街	文昌宫	毕昇	
纸钱业	土桥坑	玉蚨宫	财神爷	
鞭炮业	土坑桥	吉庆宫	火德星君	清末

续表

行 业	馆 址	馆 名	供奉始祖	建立时间
青楼业	牛头冲	三皇宫	管仲	
梨园业	塘冲	老郎庙	唐明皇	清嘉庆十四年（1809）
香烛业	棉花园高码头	宝鼎宫	皇帝	清乾隆四十一年（1776）
油盐业	老街口	神农宫	炎帝神农氏	清末
渔业	初建街	泗神庙	杨么	
排缆业	打船冲	大玄女宫	九天玄女	清末
泥水匠业	牛头冲	玄女宫	九天玄女	清末
铁匠业	胡家坪	玄女宫（太阳宫）	九天玄女	清末
船篷业	司门口	玄女宫	九天玄女	清末
丝缆竹器业	打船冲	小玄女宫	九天玄女	清末
航运业	在鼓楼脚、二凉亭、川岩渡口各有一处	杨公庙	杨么	
棉花业	廖码头	棉花公所		清末
酿酒豆作业			杜康	
酒楼筵席业	皮匠街	灶王宫	灶王张单	
棕麻编制业	吉庆街	南岳宫	南岳大帝	
油桶裱糊业	筲箕湾	天王庙（沱江会馆）	靖远侯杨胜龙、镇远侯杨胜彪、绥远侯杨胜纂	清末
棺葬业	堡子坳	北辰宫	北极星君	建于清康熙时期，清光绪年间设棺葬公所

同乡会馆与同业帮会之间有着千丝万缕的联系。旧时，洪江商人大多呼朋唤友、意气相投，各同乡会馆自成行帮。如洪油业势力最大的为江西帮和邵阳帮，木业按地域分为黄州帮、江汉帮、金寿帮、长沙帮、益阳帮、常德帮、黔阳帮、天柱帮等八帮。清宣统三年（1911），洪江成立商会，王镇之任会长，会址最早设在洪盛码头，后迁长码头原把总公署。商会统管所有的商业会馆及行帮，成为了洪江最高商务管理机构，地位之显赫，几与当地军政首领并列。

会馆一般建立在交通方便、经济繁华的地方。明清以来的湘潭，有各类会馆近60处。特别是清代，湘潭商业兴盛，外来经商者众多，来自全国13个省的商帮均建立起各自的会馆。“清初，南海、番禺、顺德、新会四县来湘潭做买卖的人乃合建会馆，其内祭祀关羽，初本四县人共同祭奠，后则分开。南海有粤魁堂，番禺有禺山堂，顺德有凤城堂，新会有古岗堂，各自设立规约，处理同县人事务；其与同县人有共同利害关系者，则取一致行动。”[1]会馆数量最多的为江西商人，达十九所，这是当时大量江西商人来湘潭经商的反映。到清光绪十五年（1889），湘潭有会馆30处，分为西（江西）、苏（江苏）、南（江南的安徽）、建（福建）、广（广东、广西）、北（山西、河南、山东、陕西、甘肃五省）、本地（湖南及湘潭）七帮。

卫聚贤《中国帮会》载：“（青帮）湖广江西十九帮，岳州帮称湖南头，长沙帮为湖南二，衡州帮为湖南三。”[2]岳阳有老堂腰、凤州帮、后半所等，活动于南岳坡至南津港沿湖。洪帮由贩运淮盐的船帮组成，多活动于街河口一带。五七帮以湖北渔民为主组成的木划帮，主要停泊在南津港一带，专门接送旅客过渡。重阳帮以接送货物为主的木划帮，主要活动于红船厂及塔前街马家湾一带。

岳阳行会一览表

行业	名称	会址	供奉始祖
泥木业会	鲁班会	鲁班巷	鲁班
小吃业	雷祖会	老印山	雷祖
渔行业	三圣宫会	洞庭庙	洞庭王爷
水运业	洞庭会	洞庭庙	洞庭王爷
搬运业	品仁会	南岳坡	
豆腐业	淮南会	观音阁	

18世纪中叶，江西、安徽、山西、陕西、江苏、广东、福建、湖北、河南等省商人在常德经商建立会馆，湖南本省商人也设有辰沅、衡永郴、麻阳、长郡、宝庆和靖州会馆，商业较为发达。至清同治年间，仅常德城就有各种会馆数十家之多，主要集中在大河街（今沅安路）和上南门、高山街等商业繁华地段。

沅陵历来有“湘西之门户”和我国古代“西南第一重镇”之称，为湘西地区政治、经济、军事、文化中心，各种势力和商贾在此云集。据不完全统计，中华人民共和国成

1 全汉升：《中国行会制度史》第92页，百花文艺出版社2007年版。
2 卫聚贤：《中国帮会》第三编《青帮》第71页，上海文艺出版社1991年版。

立前，仅各地会馆就有二三十家。泸溪外来客商有川、黔、滇、江、浙、闽、鄂、赣、陕、晋及省内常、桃、溆、沅陵、洪江等，并建有会馆十余处[1]，而泸溪浦市各地来此经商者不可胜数，客籍会馆竟达四十八所之多。

清嘉庆年间，江永县内建立各种会馆、行帮十余所。清末，衡阳有各类会馆（会帮）十余个，到民国时期，衡阳城区有“福建、湖北、广东、江西、浙江、四川、江苏和湘乡、邵阳等 20 余个会馆”[2]。

湖南商业会馆既在经济发展中扮演着重要角色，又体现了中国传统建筑艺术的风格和特点。研究湖南商业会馆，既有经济方面的意义，也有建筑方面的价值。

1 湖南省泸溪县志编纂委员会编：《泸溪县志》第 352 页，社会科学文献出版社 1993 年版。
2 衡阳市地方志编纂委员会：《衡阳市志》（中）第 1375 页，湖南人民出版社 1998 年版。

第二章 湖南商业会馆的运营

会馆的功能，或曰谓“答神庥、睦乡谊”[1]，或谓“为里人贸迁有事，祃祀燕集之所”[2]，或为“祀神、合乐、义举、公约”[3]。

同治《潮州汀龙会馆志·馆志序》鲜明地指出：

> 或曰会馆非古制也，而王律不之禁者，何耶？予曰：“圣人治天下，使民兴于善而已。”会馆之设，有四善焉：以联乡谊明有亲也，以崇神祀明有敬也，往来有主以明礼也，期会有时以明信也。使天下人人相亲相敬，而持以礼信，天下可大治。如之，何其禁之？[4]

同治《潮州汀龙会馆志·馆志序》表明了设立会馆的四大善举，即联乡谊、祀神明、笃礼仪、敦信义。

吴大澄在上海《潮惠会馆二次迁建记碑》也说：

> 会馆之建，非第春秋伏腊，为旅人联樽酒之欢，叙敬梓恭桑之谊，相与乐其乐也；亦以懋迁货居，受廛列肆，云合星聚，群萃一方，讵免睚眦，致生报复；非赖耆旧，曷由排解？重以时势交迫，津梁多故，横征私敛，吹毛索瘢，隐倚神丛，动成疮痏。虽与全局无预，而偶遭株累，皇皇若有大害。踵乎厥后，既同井邑，宜援陷阱，凡此皆当忧其所忧者也。纵他族好行其德者，亦能代为捍卫，而终不若出于会馆，事从公论，众有同心，临以明神，盟之息壤。俾消衅隙，用济艰难。保全实多，关系殊重。推之拯乏给贫，散财发粟，寻常善举，均可余力及之，无烦类数，此会馆之建，所不容缓也。[5]

吴大澄较为全面地表述了会馆的功能，一是联谊祀神拯乏，二是排解内部纠纷，三是对付苛索滋扰。

1《重修东齐会馆碑记》，江苏省博物馆编《江苏省明清以来碑刻资料选集》第 369 页，生活·读书·新知三联书店 1959 年版。

2《创建黄皮胡同仙城会馆记》，李华编《明清以来北京工商会馆碑刻选编》第 15 页，文物出版社 1980 年版。

3《建创沪南果桔三山会馆碑》，上海博物馆图书资料室编《上海碑刻资料选辑》第 359 页，上海人民出版社 1980 年版。

4 同治《潮州汀龙会馆志·馆志序》，引自王日根、薛鹏志编纂《中国会馆志资料集成》第一辑第五册《潮州汀龙会馆志》，厦门大学出版社 2013 年版。

5《潮惠会馆二次迁建记碑》，上海博物馆图书资料室编《上海碑刻资料选辑》第 331 页，上海人民出版社 1980 年版。

第一节　会馆组织

清中期，各地来湖南的商人大都归属各自的乡帮或者行帮。对此，《湖南商事习惯报告书》作了详尽的说明：

当未有商会以前，各种商号莫不各有公会。公会类以各种营业推本古先奉为神，祀以固其团体。而各种商规（俗曰行规），亦随其团体公同议立，以为共守之则，而无或达。且可以其公立条规为对外之具，此商人所以重入帮也。湘省商人分帮，有以同业为帮者，如盐帮、茶帮、匹头帮、竹木帮、票帮、钱帮、典当帮以及各种营业，各为一帮之类皆是也。有以同籍为帮者，如盐帮有南帮（江南盐商曰南帮）、西帮（江西盐商曰西帮）、北帮（湖北盐商曰北帮）、本帮（本省盐商曰本帮），茶帮有西帮（山西茶商曰西帮）、广帮（广东茶商曰广帮）、本帮（本省茶商曰本帮）。本帮又分湘乡帮、浏阳帮。匹头帮有苏帮（江苏商人）、本帮（本省商人）。竹木帮有西帮（江西商人）、本帮（本省商人）。票帮有平遥帮、介休帮。钱庄有西帮（江西）、苏帮（江苏）、本帮（本省）。典当帮有南帮（江南）、徽帮（安徽）、西帮（江西）、本帮（本省），以及各种同业以同籍各为一帮之类，皆是也。

同业公会，一业之规则系焉。其规则多有请由官厅立案者。故商号入帮，通常认为必要之手续。凡设立商号，必先入同业公会，缴纳入会（俗曰上会）之费，或名请牌费，或名挂牌费。随各帮自由规定，银则多至百数十金，或十数金，或数金。钱则多至一二百串，或百数十串，或十数串，或数串，少至一串或数百文。各视其营业状况而异。缴费后，由公会登记，即为同业所公认，是为同业入帮。惟钱业当设立商号时，省城须先由福禄宫公会缴纳牌费，每牌名二字需费银五十两。否则，不能设立。常德须由财神殿公会缴纳银百两。若牌名三字，则需银百五十两，否则不为同业所公认。并特别也。

同籍公会，由各籍会馆组合之。凡商号之同籍者，有以同一业在会馆立一会者，亦有不必同业而共立一会者，均按其同籍之商号，随各帮自由规定。缴纳入会之费，或百数十金至数金，或百数十串至数串不一。缴费后，由公会登记，即为商界同籍所公认，是为同籍入帮。湘潭之本帮、西帮、南帮、北帮、苏帮、广帮、建帮，有七帮之目。常德之同善堂、育婴堂、同仁堂、西帮、徽帮、苏帮、广帮、建帮、川帮、云贵帮、长沙帮，有三堂、八省之目。洪江之万寿宫，以及衡州馆有十馆之目。皆以同籍为帮，于商界上颇有势力。

湘省惯习，同业之有公会者，必有入帮之手续，而后新添之商号，始得设立。否则同业者不公认，而公会团体必群起而攻阻之。若同籍之公会，大都以乡土感情天然联络，与商事无甚关系，其入帮与否，亦多听其自由。然如皮梁店之黄陂帮、锡箔厂之南丰帮之类，其同籍者皆同业，又未有不入帮而自外其团体者也。

又同一之商业，向分本帮、客帮。若客籍人设立商号，在同务中并无同一之商业，则当请入本籍人之同业公会，合为一帮。但以同业为主义，亦不问其同籍否也然。在偏僻城市，客籍商号无同籍之同业公会者，不入本籍同业之公会，亦多听其自由。但有一二同籍又同业者，则另立一会，自为一帮，亦不必定与本籍同业者合帮也。至客籍人营业止此一家，本籍人并无同一之业者，湘俗谓之独行，又无所谓帮矣。[1]

长沙公所一览表

名称	地址	名称	地址
淮商公所	福源巷	长沙箩业公所	谢祠坪
轩辕公所	轩辕巷	丝业公所	下黎家坡
船业公所	盐运巷	棕业公所	路边井
米业公所	织机巷	鞋业公所	乐新巷
鱼帮公所	南门外牛皮墙	南帮鞋业公所	义以成仁巷
鲁班庙石业公所	南门外里仁坡	铜业公所	尚德街
集贤木商公所	南门外上六铺街	篾业公所	中东长街
茶陵木商公所	南门外上六铺街	漆业公所	中东长街
纸业公所	小乐嘉巷	铁业公所	中东长街
裱业公所	阿弥街	煤业公所	下碧湘街
书铺公所	史家巷	烟业公所	三尊里
生药公所	轩辕巷	资生公所	藩城堤

1 湖南调查局编印：《湖南商事习惯报告书》第 8—10 页，湖南教育出版社 2010 年版。

醴陵会馆、会所一览表[1]

名称	所在地	距城里数	事业	经费来源	创办年月	附记
豫章会馆	县城西后街		集谋公益	店房数栋，田种一石有奇	明建，清乾隆间重修，清光绪元年（1875）复修	一名万寿宫，凡佽助川资医药棺木皆主之
	治东官寮市	70				
	治东白兔潭	60				
	治东普口市	45				
	治东王仙	30				
	治东枧市	30				
	治南美田桥	50				
	治南泗汾市	30				
	治南豆田	20				
	治西神福市	45				
	治西攸坞	45				
	治西石亭	60				
	治西昭陵	90				
	治北东冲铺	30				
	治北板杉铺	20				
	治北花草桥	30				
	治北渌口市	90				
福建会馆	县城汤家巷		集谋公益，组设学校		清道光圩二十九年（1849）建，民国十四年（1925）重修	一名天后宫
	治东白兔潭	60				
	治东普口市	45				
	治东王仙	30				
	治东枧市	30				
	治西神福市	45				
	治北渌口市	90				

1 民国《醴陵县志·建置志·公所》。

续表

名称	所在地	距城里数	事业	经费来源	创办年月	附记
广东会馆	县城育婴街		集谋公益，设立学校			一名南华宫
	治东王仙	30				
	治东枧市	30				
	治南泗汾	30				
九都公所	县城东门丁家巷				清	九都粮户为便利进城完粮而设
泥塘公所	治南碧山镇泥塘社		自治		民国九年（1920）	
吴党公所	治南碧山镇泉塘		自治		清光绪	
月旦公所	治东王家坊		自治		清咸丰间	
大林境九團公所	治东		自治		清光绪间	
崇仁公局	治东水口		自治		清光绪间	
企石公所	治东企石设		自治		清	
芷泉祀所	治南三里都		自治		清咸丰	
崇德宫	治南三里都	30	自治		清宣统元年（1909）	
好生公所	治南大界社长陂头		自治		民国初年	
下洲公所	治西下三洲		自治		民国十九年（1930）	
梅筱上境公所	治西小溪		自治		民国十二年（1923）	
浦口社公所	治西小溪牛形坳		自治		民国十五年（1926）	
同仁堂	治西梅筱下境范槎洲		自治		清光绪九年（1883）	
务本堂	治西湖下		自治		清咸丰五年（1855）	
集体乡公所	治西黄田江边湾				民国二十一年（1932）	

续表

名称	所在地	距城里数	事业	经费来源	创办年月	附记
九甲公所	治西黄田长水		自治		民国六年（1917）	
六甲公所	治西黄田长水圳上		自治		民国二年（1912）	
有乐公亭	治西黄田擂钵山		自治		民国元年（1911）	
乐丰公局	治西攸坞总桥		自治		清光绪二十年(1894)	
里仁公所	治西殷家冲		自治		民国五年（1916）	
六合公局	治西庙山嘴		自治		清光绪初	
周坊公局	治西周家坊		自治		民国初	
三都公所	治北关王庙		自治		清	
十四都同乐公所	治北檀木桥		自治		清同治间	
官庄三合公所	治北官庄		自治		清光绪	
豫思公所	治北潭塘		自治		清光绪二十年(1894)	
亲睦公所	治北大口坪		自治		清光绪十八年(1892)	
鹅颈公所	治北鹅颈里		自治		民国三年（1913）	
善宜公所	治北小桃花		自治		清同治十年（1871）	

在湖南，几乎所有的商人都加入了同乡或者同业会馆、会所。各行各业都有商帮，而且还有本帮、客帮之分。本帮指湖南本地商帮，客帮指外地来湘商帮。《中国经济全书》说：“会馆、公所者，为商帮所设立，即为该商帮之机关也。夫所谓帮者，由同业联络而成，举董事数人，立定规则，以执行其商务。”各帮之间的利益与矛盾，通过统一的会馆或公所来协调解决。由于早期会馆的主要功能是为同乡商人提供聚会或者落脚之处，所以内部管理相对简单。随着会馆功能逐步由同乡互助向同业协调的变化，其管理也变得越来越复杂，到清后期，各会馆都在逐渐完善内部的管理。

一般来说，作为同籍商人的团体，会馆本身就是乡情、亲情的表象符号，就像大家族一样，选举商界内声望高、财力厚之同乡人担任会首或值年，对内主持会务，制定帮规，组织祭祀、演戏等活动，调解处理商务争执或纠纷；对外维护行帮利益，办理交涉谈判等事宜，让人们在乡贯的旗帜下聚集在一起，这样，使得会馆具有较强的稳定性，形成社区化的基层管理，从而发挥社会整合的作用。

湖南商业会馆一般采用首事（又称首士或董事、帮董、总管）和值年（当年）这一管理方式。如津市江西会馆，“本馆首事，历由南、抚、吉、临各郡馆公举一人经理馆中事件，更举二三人襄佐之”[1]。首事经会馆内部推举担任，多由数人组成，有一定任期。值年负责处理具体会务，实行定期轮换制。对首事的推选，要求极其严格，以其品格正直、家资殷富为首要条件。

据《湖南商事习惯报告书》：

> 会馆之经理者曰董事，凡管理财产，执行规约之事属之。习例董事由于推举，必得老成谙练者为之；抑或其人富于资产，则管理公款必无侵蚀之虞：二者兼备，尤为可贵。湘潭七帮董事谭谋，为咨议局初选当选人，经商多年，富有资本。又如临湘万寿宫董事丁春和、丁谦益、黄万太、熊义生，资望、财力皆属兼备。此实例也。会馆有由董事分年管理者（株洲轮流管理，三年为限），有由各号轮流管理者（石门各号轮流管理，并无所谓董事）。各业互有异同，亦其习惯然也。[2]

洪江永州会馆的《永定规约》碑载有规约三条，其中第三条对会馆首士的人选以及产生规定：“本宫公举正直首士管理一切事宜，三年交替，不许恋栈，亦不许吞蚀公□。”

湘乡《典商条规》明确：“管总者为一典之纲领，必先正己，乃能正人。所有大小事件，悉归主裁；内外人等，均归约束。如不遵行，许即告知更换。钱房出入账目，务宜逐日写入流水，送交总客核对誊正，日勘取票，月结总数。如有不符，立即查对更正，不得徇私滋弊。”[3]

新宁《典商条规》强调：“典中公举总理一人，原以专责任也。典中大小事件，执事人等，及各店账目，均由总理人管理。如账目倒闭，问总理人耽承。执事人等，不遵约束，不守章程，即各股东子弟亲友，均归总理开销。”[4]

清光绪十八年（1892）长沙《绸布庄前定条规八则》要求：“会内总管，三年一换，值年一年一换。其银钱出入，归总管经理。凡会期寿诞所有一切用费，该总管值年

1 光绪《澧州津市万寿宫志》卷九《章程·经管》，光绪二年刻本，湖南图书馆藏。
2 湖南调查局编印：《湖南商事习惯报告书》第 89 页，湖南教育出版社 2010 年版。
3 湖南调查局编印：《湖南商事习惯报告书》第 153 页，湖南教育出版社 2010 年版。
4 湖南调查局编印：《湖南商事习惯报告书》第 155 页，湖南教育出版社 2010 年版。

公共核算，招贴晓单，以示公正。”[1]

清光绪三十四年（1908）长沙《书业条规》要求：“择举总管值年，必须殷实老成，方可充理。每岁更换，轮流交接。”[2]

清代湘潭的各帮会馆“均有帮董或董事主持帮务。帮董多是富商豪强，私通官府，操纵地方政权”[3]。会首商界、政界兼通，神通广大。攸县江西会馆设理事会总管全面，负责处理西帮各业的商业事务、经营往来、对外交涉等问题，甚至邻里纠纷、家庭矛盾，都及时化解，具有很大的权力和至高的威信，成为西帮的组织核心和“神经中枢”。

因地域不同、风土民情各异、经营项目有别，湖南商业会馆在内部管理上，各自为帮，不尽一致。如津市的商业会馆逢神主菩萨生辰或逝世日，同乡会员集会祭祀，“修改会章，处理会务，推选‘头人’”[4]。这里的“头人”也就是会馆会首之类。洪江“十馆公所”各会馆的主管称职首或首事，十馆公所主管称总办或总理，办理日常事务的人员称值年。

从湖南商业会馆相关资料来看，“值年”一词出现较多。如：

清同治十二年（1873）长沙《靴鞋铺条规》：“每年扦派值年八人，上交下接，无得推争”，“初二收检灯彩，面交新举值年。如有污坏撞烂者，本班私自赔整”，“值年上街收捐修牌费、门徒费及香资，一切以九月二十五为止。如有钱不到者，公同向论”。[5]

清光绪二年（1876）《澧州津市万寿宫志》：“今则轮流值年，只有南、抚、吉、临四郡周而复始。馆中一切账目，皆由值年经管。其进项若干，出项若干，原有旧册可稽。”[6]“总之，一经承管，则馆中日行事件皆值年者作主，故不得不再三详慎查核完竣，授受清楚。”[7]“在列列绅首，事务繁剧万难，责以此等细务，特议定馆中日行事件，一切用度均归轮流值年之郡馆经理。”[8]

清光绪十九年（1893）长沙《盐号条规》：“公举值年，轮流择派，毋得推诿。每逢财神瑞诞后，移交下首。两届值年，必须将账目等项眼同核算，比交清楚。不得移挪亏空，以私抵公，庶不致公项有亏。倘贪图侵蚀把持者，公同禀究。”[9]

清光绪二十年（1894）长沙《绸布庄后定条规十条》：“锦云、文质，列为两班，每班择一人总理，八人值年。凡更举两班值年，毋得推诿，以每年七月为限；两班总管

1 湖南调查局编印：《湖南商事习惯报告书》第 212 页，湖南教育出版社 2010 年版。
2 湖南调查局编印：《湖南商事习惯报告书》第 240 页，湖南教育出版社 2010 年版。
3 湘潭县地方志编纂委员会编：《湘潭县志》第 198 页，湖南出版社 1995 年版。
4 津市志编纂委员会：《津市志》第 666 页，教育科学出版社 1993 年版。
5 湖南调查局编印：《湖南商事习惯报告书》第 230 页，湖南教育出版社 2010 年版。
6 光绪《澧州津市万寿宫志》卷九《章程・轮值》，光绪二年刻本，湖南图书馆藏。
7 光绪《澧州津市万寿宫志》卷九《章程・轮值》，光绪二年刻本，湖南图书馆藏。
8 光绪《澧州津市万寿宫志》卷九《章程・用度》，光绪二年刻本，湖南图书馆藏。
9 湖南调查局编印：《湖南商事习惯报告书》第 147 页，湖南教育出版社 2010 年版。

以三年为期。其总管、值年，期满皆不得恋充”，“两班值年办理公事，必须商酌各总管，然后施为，毋得擅专称能。即上班值年举荐，下班应须老成炼达之人，倘下班亏空银钱，上班值年认赔”。[1]

清光绪三十年（1904）长沙《绸缎布匹合议条规》：“两会即举值年，必须踊跃认真，派司其事。临期不得荒误，公事相传，不得托言他事不暇，屡屡不到。因连年疲败，故归值年办理”，“两会各项事情，一一分派，两班值年，毋得懈怠”，“两班总管值年，三年一举，各司其事。每年文财神会后，传齐总管、值年，批明本年账目，悬挂晓单，三年交班，传通行结账，点明什物，言明情事。上首交割不清，下首不得承接。每届迁班两班留四人兼理，不派司事”，“三年后更举总管、值年，该上首选择妥善能人，司理。银钱账目仍交资格固深、殷实老成之店。下首亏空，上首总值赔完，以正规章”。[2]

“值年”既是会馆内部管理组织，又是内部管理手段。值年由上一届值年推荐，每年祭祀礼毕之后，会馆召开全体成员大会，对值年候选人进行商讨后选举产生。值年的任期为一年，期满之后又重新推举。所推值年或是出于资产雄厚之家，或是老练正直之人。值年一般由六至八人组成，视各馆、所规模而定。具体分工是正、副值年二人，管账一人，管钱一人，值事一人，采办一人。在具体管理上，三届值年同时执事。其职责，上届值年履行监督之责，下届值年参入实习学样，本届值年操办具体事务。实际上每届值年都是本届和上下两届值年参与日常事务管理。值年轮流换班，均须公道正派、不徇私情。

在值年中，往往要产生一位“总管”，即“首士”，任期三年。首士及值年的职责是主持祭祀，征收并掌管入会费、挂牌费、违约金等各项银钱，定期向会众公布账目，督促并检查行规的实施，解决会众之间、本会与会外之间的纠纷，联络官府等等。值得注意的是，会馆规约中有大量对首士、值年的限制性要求，以及对其违规、渎职等情由进行处罚的条文。

会馆组织，除首士、值年管理层之外，有的还建立起一套十分严格的管理制度和操作办法。

在湘潭，“江西商帮组织更加严密，在会馆基础上分设各种堂会。临清药帮建立了全美堂、崇谊堂、崇庆堂、崇福堂、福顺堂、聚福堂、怀庆堂、公正堂。其中，全美堂为药行老板堂口，崇谊堂为本帮药号老板、员工组织，崇庆堂是所有老板、朝奉、账房、伙计和学徒都参加的组织。崇福堂是买货客，福顺堂是川货客，聚福堂是汉货客，怀庆堂是怀货客，公正堂是统一校秤的堂会。药商、药工只有交纳入会金先入堂会才能

1 湖南调查局编印：《湖南商事习惯报告书》第 213 页，湖南教育出版社 2010 年版。

2 湖南调查局编印：《湖南商事习惯报告书》第 214—215 页，湖南教育出版社 2010 年版。

入帮，从而取得在本帮药材行、号、店、庄谋职的资格。各堂有董事或首事，任期一年，称‘值年’。药帮有严格行规，不准招非本籍者为学徒，不准赌、嫖、偷盗、吸鸦片和商业欺诈，不准携带家眷，不准与当地妇女结婚。违者，扣押被服行李，取消堂会资格，通报全行业，永不录用。药帮还设有专门的信客、学校、义冢和救火队等”[1]。

在茶陵，江陵会馆除设有主事机构首士会外，还设有义渡会、烧包会、招牌会等，各负其责。义渡会负责设立并管理茶陵至江西必经渡口的义渡；烧包会负责每年中元节烧“冥钱包”，以荐飨客死茶陵的同乡；招牌会负责商店字号的统筹安排，并处理由此引起的纠纷。[2]组织严密，各负其责，有条不紊。

在攸县，《“西帮”药铺堂规店俗杂记》一文记载较为详细。西帮药铺等级观念很强，老板为一店之主，全权独揽，店员一般各有分司——管门市柜台的叫外柜，专司照方发药；管批发记账的叫中柜，主管出纳工作；管切晒炮制工艺的叫栈房，专做刀上功夫；管药品精制工艺的叫扎上，负责研制加工细活及制作膏丹丸散等。至于贵重药品如麝香、犀角之类的保管以及现金储存等，则概由内柜主管。内柜直接由老板或老板娘掌管；外柜、中柜、栈房、扎上的账房和师傅则由老板聘请内行担任，薪金较高，礼遇甚隆，全店都尊称为先生，冠上姓，则简称为先，如张先、李先之类。较大药铺都雇有一些普通店伙，在各柜先生指导下进行具体业务工作。他们地位低于先生，工资较少。这些人一般是出师留店或参师的徒弟。他们与老板既是师徒关系，又是雇佣关系，不但要受老板的种种约束，并且随时都有解雇失业的可能。[3]

第二节　会馆管理

会馆的兴盛，不仅表现在会馆的创建方面，而且也体现在会馆建立后的管理。例如：为加强管理，湘潭福建会馆先后制定了两部馆规、旧规七条、新规九条，涉及物品、粮饷、交接、香火、演戏、祭礼、开支、值年、租谷、租银、应酬、田屋、义山、处罚等，要求做到“祀有常典”“规有定额”“用有应否”“事有责成”。

总的来说，会馆平时大约有六项日常管理。

第一，管理会址。会馆既是供奉神像、圣人的地方，又是该馆的治事之所。值年负

1 王佩良：《湖南乡土丛谈》第 359—360 页，湖南大学出版社 2013 年版。
2 湖南省茶陵县地方志编纂委员会：《茶陵县志》第 676 页，中国文史出版社 1993 年版。
3 湖南省攸县地方志编纂委员会编：《攸县志（1871—1949）》第 351 页，株新出准字（2002）第 062 号。

责对会馆房屋建筑以及会馆内置物品的管理。若房屋需要修缮或是会馆用品需要添置，值年需对之进行检查，并登记造册。会馆平日的清扫以及具体琐碎事务的处理，则由会馆出资请人打理。会馆平时供人游玩观赏，有时场地出借办理酒宴。除非另有情况，否则治事之所内绝不准住人居家过日子。

第二，管理财产。会馆经过长年的积累，均有相当规模的资产。对会馆财产的管理是值年的重要职责之一。除对会馆主产进行管理外，值年还要维护祠、庙、义园、义地及其他附产，收取租金、会费。因此，不少会馆、公所对值年的职责都有明确规定。如长沙钱业公所规定公所中的所有物品均需登记，“所有庙内灯彩、铺垫、什物、器皿，均登簿记，由总值年经营。每届新旧交接，当面照簿点验，交接管理。其庙内戏台以及器皿、灯彩、铺垫，凡我同行，有事酬客、演戏，皆准取用。但当自备灯油、煤火及诸用费。外行人等，不准租借。若看庙雇工擅将庙内灯彩、铺垫、什物、器皿私行租借，一经查实，立即开销。值年人等不得徇情”[1]。长沙绸布公所“其银钱出入，归总管经理。凡会期寿诞所有一切用费，该总管值年公共核算，招贴晓单，以示公正”[2]。长沙书业公所“每逢会期，总管值年务将银钱出入，凭众核算清楚，书贴晓单，即行交卸。倘有移私扯公，下首不得接理”，“办事之人，必须和衷共济，在公言公。毋得互相参差，各持偏见。遇其要事相商，不得托辞吝出”[3]。对会馆的资产管理都很严格，如有违犯，则遭惩罚。

洪江永州会馆于民国十三年（1924）制定的《永定规约》，对公产规定了相应的保护和管理措施。

《永定规约》碑文如下：

> 永州八县濂溪宫，原有产业会同洪江狮子楼屋宇地基周围垣墙壹所，□有两厅，直长柒丈玖尺陆寸，横宽肆丈柒尺玖寸，垣墙外又屋宇地基壹间，□□□□，余载无异。深虑年代湮远，时局沧桑，兼恐经理非人，主权丧失，或有不肖之徒，渔利滥租，设计变卖，种种问题，在在堪虞。同人有见于斯，特邀绅商各界，正式会议，厘定规约，勒铭金石，俾垂诸百世，谨遵守之，庶斯约之，不替嗣而葺之，则斯产之不朽也，同人有厚望焉。
>
> 谨将绅商各界议决规约胪列于左。
>
> 第一条，本宫屋宇地基周围垣墙壹所，原属八县产业，为侨商岁时伏腊欢聚之地，关系重要，务宜永远保存，无论何人何事，不许变卖，如违，

1 湖南调查局编印：《湖南商事习惯报告书》第 186—187 页，湖南教育出版社 2010 年版。
2 湖南调查局编印：《湖南商事习惯报告书》第 212 页，湖南教育出版社 2010 年版。
3 湖南调查局编印：《湖南商事习惯报告书》第 240、241 页，湖南教育出版社 2010 年版。

公同鸣究。

第二条，本宫屋宇地基周围垣墙壹所，无论何人租佃，务经首士查明底蕴，先书租约，尤须预缴全年租金，方可居住。倘租佃期中发生别项行为，任凭首士另佃，否则驱逐。

第三条，本宫公举正直首士管理一切事宜，三年交替，不许恋栈，亦不许吞蚀公□。

绅商姓名：略

中华民国甲子十三年夏历正月十九日公立。

狮子楼原名罗家大院，始建于明代，三进院落，位于现在的洪江新街卫生院旁边。20世纪90年代，一台湾商人来洪江开发房地产，看中了紧挨巫水路的狮子楼。当年作为招商引资项目，将狮子楼强制拆除。拆除时在屋顶山墙上发现一通石碑，刻有该楼的主人、修建年代以及四周界址。

文物承载灿烂文明，传承历史文化，维系民族精神，是祖先留给我们的宝贵遗产。文物建筑一旦受损，就再难复原，哪怕异地重建，也无法还原当初的环境、意蕴与气质。文物保护与城市发展并不矛盾，但是，一旦牵扯到旧城改造，一旦涉及棚户拆迁，受伤的往往是文物。洪江狮子楼的拆除，是洪江古商城的一大损失，让人扼腕痛惜。但通过这一事件，洪江也从中吸取了教训，在后来的城市建设过程中，贺家祠堂、杨家窨子、永丰酱园等窨子屋面临被拆的时候，洪江文化文物部门和市民强烈反对，呼吁予以保护，才使这些古建筑免遭破坏、保留至今。

第三，处理争端。"凡同业争议不决之事，由会馆先行评议。省城、常德、浏阳、平江等处之商务总分会，湘潭之七帮乾元宫，颇能排难解纷，故禀官处理之案，日形其少。又湘潭纯阳堂公规有云：'鼠雀细故，先请值年理讫，不得径用传单；若值年处理不清，始开公会评议。'"[1]"行内遇有争论不平之事，为总管值年者，必须秉公剖断，以昭平允，毋得偏循情面，以致酿成讼端。"[2]会馆解决不了的问题，由帮会解决；属帮会内部的问题，皆由帮会内部解决；帮会与帮会之间的问题，协商解决不了的，再呈报官府解决。对此，津市江西会馆有详细记载：

素定馆规，各行号遇有争竞之端，经郡邑中戚友调释，尚各执一见而不相下者，诹定吉日，具乡晚候教，红柬饬长班，礼请列列绅首。届日，陈茶饼，设筵席。诉者先往馆中，祗候维谨，俟绅首毕集，具香帛吁告真君，行二跪六叩首礼，然后诣恭敬堂隅立，具陈颠末情节。其有银钱账目

1 湖南调查局编印：《湖南商事习惯报告书》第90—91页，湖南教育出版社2010年版。

2 湖南调查局编印：《湖南商事习惯报告书》第242页，湖南教育出版社2010年版。

> 当以簿本、约券为凭者，亦即随带身边，当众缴验清核。各绅首或以情谕，或以理遣。徐命长班约被诉者到馆，跪吁真君前如初，然后法语巽言，善为开导。许反复问难而不许詈骂辱诟，许指摘明辨而不许酗暴斗殴，或实或虚，孰是孰非，事轻则立断，事重则暂缓二三日。或其中另有枝节、别有委折、头绪纷繁者，由绅首确访会商，再行调处。总之，曲直可否，一经绅首论定，即有桀骜之子、谬戾之夫，渎呈官宪，亦可由绅首禀明事由，恳请官长据案判断，或并请息讼销案。如事关图赖影射取利，由各绅首彻底查出，凭证确凿者，即时呈送官长究惩，以儆刁顽而安良善。其事涉祖孙、父子、夫妇，血亲相争及奴婢讦告，身充差役并闺房暧昧不明各端，皆不准开馆投诉。[1]

第四，召集会议。会馆会议分常年会议和临时会议两种。“常年会每年举行一次，以会馆崇奉之神诞日为之。三月十五有财神会，八月十八有杜康会，八月二十日有赵公会，均属常年举行。亦有每月会议者，平江盐店以每月十四及月满日，赴商务分会，提议盐价涨落。耒阳棉花号会期亦有定期。此皆常会之类。临时会无定期，凡特别事件发生，由会馆董事先期通知。益阳各帮厘定价盘，用告白之法，通知自某日起某货定价或加价若干，均遵公议。湘潭各帮亦随时议价，以为畅销之计。各属皆然。至于钱业、油业，每日派人到财神殿会议价盘。”[2]

会馆举办年会的规模比较大。洪江的江西会馆，每举办一次年会，仅办酒宴就多达300多桌。其他会馆置办年会酒宴都在百桌以上。会馆对年会既非常重视，又特别讲究：一是会务安排有条不紊，采购的专门负责采购，做饭的专门负责做饭，就连招呼都是专门的请客师；二是对吃喝的酒肉饭菜都进行精确计算，既有严格的标准，又不能铺张浪费，一点都不能含糊。举办年会的时间由帮会、行会择日自定，如篾匠、泥瓦匠行业分会，就定在玄女生日九月初六日办会。除了办会外，各会还经常请戏班唱戏，财力雄厚的帮会，一年演出多达400多场，真是热闹非凡。

临时性会议则是为解决特别事务而召开的，针对会馆内部突发性事件，由值年组织会馆成员进行临时性集会，讨论商议价格、筹措经费，或者调解矛盾，处理争端纠纷。

此外，会馆成员通常会在每年特定的日期进行聚会，除祭祀神灵、改选下一届值年外，还有聚餐、看戏等活动。值年通常要提前做好举行会议、聚餐的准备，包括准备祭祀用品、置酒设宴、酬神演戏等等，最重要的是要酝酿下一届值年的人选。

第五，组织祭祀。会馆、会所一般每年都会举行一次或几次祭祀活动。活动之前，值年必须预先安排、筹划，添置各种设备，这可以说是他们在任职期间最重要的一项工

---

1 光绪《澧州津市万寿宫志》卷九《章程·排解》，光绪二年刻本，湖南图书馆藏。

2 湖南调查局编印：《湖南商事习惯报告书》第89页，湖南教育出版社2010年版。

作。如长沙钱业公所“文武财神瑞诞之期，该总管值年首士必于三月初十、七月十七日，选派稳妥店伙，前往张挂灯彩，铺陈一切”[1]。长沙绸布公所规定：“会期寿诞总管值年，先三日齐集庙内商议一切。书帖分三天，轮流恭请。各备衣冠，拈香上表，以昭诚敬。其演戏酒席，归值年经理。毋得推卸不到。”[2]

第六，排工派工。会馆承办官府交办的差事，为防务或公益事业，需要筹资筹劳、排工派工。如清康熙年间，外籍商人为联络族谊之情、维护同乡利益，各成一帮，在洪江相继设立江西会馆、徽州会馆、宝庆会馆、贵州会馆等十大会馆，既管同乡事务，又是同业公会的一种形式，除协调十馆所属行业的商务外，并负责与官方交往，代办官方委托的社会事务。这中间，值年之责，自是不轻。

值年完全履行义务，几乎没有报酬，而且使命在身，责任重大，不能有丝毫懈怠。因此，每届值年大都准确把握角色定位，切实履行工作职责。各馆对值年的要求特别严格，一是值年不能连选连任，二是发现有贪污舞弊行为，即革职永不再用。清咸丰四年（1854）长沙《刻字店条规》明文规定：“每岁值年，准于二月初八日交接。如本值年已分，及家传一脉师父徒弟，有应出之费未楚，均系本届交出销簿。其收管之行费，除用度外，所存几何，逐一算明，交与下手。倘有不清，下手毋得轻受交代。违者公同议罚。若已收各费不曾入簿，查出亦议罚。”[3]民国三十五年（1946）洪江宝庆会馆的正、副值年刘玉仲、曾伯鳞，就因贪污而受到革职永不再用的严厉处分。

第三节　会馆经费

经济是基础。会馆要建立、生存与发展，必须以经济为依托。因此，经费是维持会馆日常运作必不可少的支撑。为保证会馆的正常运行，通常需要多方途径筹措资金，包括成员自愿捐助、会馆田产收入或地租收入以及强制性的征收等。

3.1　会馆建立

会馆建立的形式多样。

有沿用旧的馆舍或寺庙作为馆址的。长沙湘乡会馆就是清光绪三十年（1904）将湘

1 湖南调查局编印：《湖南商事习惯报告书》第 187 页，湖南教育出版社 2010 年版。
2 湖南调查局编印：《湖南商事习惯报告书》第 212 页，湖南教育出版社 2010 年版。
3 湖南调查局编印：《湖南商事习惯报告书》第 254—255 页，湖南教育出版社 2010 年版。

乡试馆的一部分改为商业会馆。靖州江西会馆，原名宋公祠，为纪念明代靖州名士宋以方而修建。清光绪年间，其子孙将宋公祠出售给江西人作为江西会馆。长沙云贵会馆为清同治五年（1866）建，在长沙东十三铺西牌楼药王街，旧系药王殿基。

有由同籍乡人共同出资或捐地修建的。湘乡江西会馆就是清道光年间由江西籍商人张尘发起，聂成斋带头捐献巨款，买湘乡正街（今大正街）贺宅改建而成的。[1]黔阳宝庆会馆之《太平宫碑记》载有建馆的来由："先立会之始，有武攸籍罗君昌教捐出新街中店地五间，以作太平宫基地。胡为癸酉（1813）之秋，又买断陈氏之地耶？诚以妥神灵而崇祀典，必择其尤嘉美者。此处附郭临江，形胜闳敞。凡我同人，大畅厥意，解囊捐资。"湘西吉首市乾州古城文艺巷内的吉首福建会馆《新建乾州闽馆序》碑也明确指出，闽人集资修建福建会馆"费用并买基地一切共用银二千二百有余"，并感叹："然而创业难，守成不易""夫人无众寡，期于同心；功无巨细，期于有成。今宾馆已竣矣，神已安矣，岂非吾乡人同心之助哉"。寥寥几句，道出了同籍乡人为福建会馆建设所付出的艰辛。

有由几省共同修建的。如云贵会馆、山陕会馆、两粤会馆，分别由云南和贵州、山西和陕西、广东和广西商人共建。湘潭北五省会馆由山西、山东、河南、陕西、甘肃五省商人共建，据清乾隆四十五年（1780）《重修春秋阁记》碑载，当时捐银的北五省商号近 200 家，所捐银钱 2100 多两。江华县客边会馆系广东、福建、江西三省客边籍人共有。

有由多地区共同修建的。如长郡同乡会馆、七属会馆等即是如此。有的会馆还建有支馆，规模更大。如洪江江西会馆建有支馆南昌会馆，又名洞庭宫；徽州会馆建有支馆苏州馆、湖州馆、青阳馆、琴溪堂；七属会馆建有支馆靖州会馆，又名飞山宫；湘乡会馆建有支馆长郡会馆和湘阴公屋。茶陵江西会馆民国初名江陵会，按原籍还成立有吉安籍的吉陵会、泰和籍的西昌会、安福籍的咸昌会等分会。

无论何种方式，会馆的建立都是由当时商民商帮的财力状况或资金运作方式或行业发展需要等方面的因素决定的。

一般来说，以同籍乡人共同出资修建会馆的情况居多。湘潭福建会馆始建于清顺治十八年（1661），由"福建首士龙处契买程君选等所卖十八总正街大屋地基一所……为闽创建宾馆"[2]；清康熙二十年（1681），"福建首士龙处契买欧阳曙东所卖十八总建福寺后门首地基一所……为建馆后屋"[3]；清乾隆四十八年（1783），"福建公馆契买张植

1 湘乡县志编纂委员会编：《湘乡县志》第 659 页，湖南出版社 1993 年版。
2 何字恕纂辑：《湘潭闽馆类成堂集》卷三《十闽堂屋契》，道光十五年刊。
3 何字恕纂辑：《湘潭闽馆类成堂集》卷三《十闽堂屋契》，道光十五年刊。

三所卖方家围屋地基一所……为馆造观音阁处”[1]；清嘉庆三年（1798），“福建公馆契买罗延槐所卖方家围菜地屋基一所……为宾馆所建佛殿”[2]；清嘉庆二十一年（1816），“建福宫首士等契买许金榜所卖十八总后街瓦屋九间……为馆造享堂等屋”[3]；清道光五年（1825），“建福宫契买金紫荣所卖十八总后街瓦屋五间……为馆造长生亭前后并金家围等屋”[4]。

3.2　会馆开支

会馆由同籍人士共同出资或捐资建立。有的会馆规模很大，如邵阳市绥宁县寨市镇苏家巷的江西会馆，鼎盛时会员达数千人；绥宁县寨市镇岩坝塘的长郡会馆，会员最多时达 7000 余人。如此众多会员，用度当是不小。

清宣统《湖南商事习惯报告书》将会馆经费分为三种：

> 会馆经费有基本金、常年经费、临时经费三种。基本金以特别捐助（如房屋、田产及大宗款项）及醵集金钱，为成立之基础。常年经费（如每年祀神团拜及例支常款）以存款息金及不动产之收入充之，不足则由各业按年或按月捐助。临时经费之支出（如特别事件及慈善事业），其基本金充足者，由公款开支，否则临时由各业派捐，通常商号入会、入帮，均须纳捐。[5]

据已有资料来看，湖南商业会馆的经费来源主要有几个方面：

一是会员捐款。会馆成员集资捐款是会馆经费的主要来源之一。会馆初立，同籍官员和商人均需捐款，以购置地产、修筑房屋、添置馆具。如临武县会馆“经费由会员乐捐”[6]。洪江宝庆会馆的经费来源由“各家大商号摊派和同乡捐赠的不动产所取得”[7]。桑植县南岔乡江西会馆，为南岔毛、伍、戴、葛、郑、吴六姓所建的会馆，有会产田若干，其中会员伍耀芳因年老无嗣而捐献的田产即达 20 多亩。

会馆成员捐款一般分为临时性捐款与经常性捐款。临时性捐款大多是在需要修建或修缮会馆建筑时进行的捐助。泸溪浦市江西会馆现存民国七年（1918）所立的《永垂不朽》碑，记载重修江西会馆的缘由：“奈历年既久，风雨摧残，宫门以外，墙倾栋折，昔之金碧沦为瓦砾，同人辈募赀重修”，“共收捐钱贰仟叁佰伍拾壹串文”。有的会馆

---

1 何宇恕纂辑：《湘潭闽馆类成堂集》卷三《十闽堂屋契》，道光十五年刊。
2 何宇恕纂辑：《湘潭闽馆类成堂集》卷三《十闽堂屋契》，道光十五年刊。
3 何宇恕纂辑：《湘潭闽馆类成堂集》卷三《十闽堂屋契》，道光十五年刊。
4 何宇恕纂辑：《湘潭闽馆类成堂集》卷三《十闽堂屋契》，道光十五年刊。
5 湖南调查局编印：《湖南商事习惯报告书》第 88 页，湖南教育出版社 2010 年版。
6 湖南省临武县志编纂委员会编纂：《临武县志》第 267 页，中南工业大学出版社 1989 年版。
7 蒋学志、梁斌：《洪江古商城建筑形态与特征》第 32 页，湖南科学技术出版社 2004 年版。

还趁此机会多收捐费作为经费积蓄，并且具有强制性。清光绪十八年（1892），长沙绸布业公所规定："起造庙宇，用费浩繁。同业人等，每人捐钱二千文。内一千归作庙宇捐费，一千文归作文质会蓄积，将芳名泐石。倘有违抗不出者，庙内招贴姓名，永远不许帮贸。如有各店延请，值年登门拦阻。"[1]

清光绪五年（1879），洪江商界知名人士张书、欧阳钟倡办洪江育婴堂，建设经费由绅商捐集，客籍江西帮、江浙五府帮、福建帮、贵州帮、黄州武昌帮、山西帮，本籍宝庆帮、衡州帮、辰州沅州府帮、湘乡帮、七属帮"争先输助""遂成巨款"。除官员捐钱1364.03文之外，外地和本省商帮共捐银3730两、钱2936.6千文，其中，客籍商帮捐银3730两、钱2238.88千文，本籍商帮捐钱697.72千文。[2]

洪江育婴堂客籍商帮捐款一览表

客籍商帮	捐银数目	捐钱数目
江西帮	3480两	740千文
江浙五府帮	50两	792.88千文
福建帮		318千文
贵州帮	200两	148千文
黄州武昌府帮		120千文
山西帮		120千文
合计	3730两	2238.88千文

洪江育婴堂本籍商帮捐款一览表

本籍商帮	捐银数目	捐钱数目
宝庆帮		225.4千文
衡州帮		87千文
辰州沅州府帮		157.24千文
湘乡帮		42千文
七属帮		186.08千文
合计		697.72千文

1 湖南调查局编印：《湖南商事习惯报告书》第212页，湖南教育出版社2010年版。

2 光绪《洪江育婴小识》卷一《识输助》。

除了官捐、商捐之外，洪江育婴堂还有月捐和帖捐。以房屋地产租息认捐的，为帖捐；按货按月认捐的，为月捐。清光绪六、七、八、九、十、十一、十二年（1880—1886），“总共收客籍五帮（月）捐银叁仟伍百陆拾捌两伍钱叁分、钱肆仟贰百玖拾陆千玖百柒拾柒文”[1]。本籍宝庆会馆、辰沅会馆、七属会馆，每月各捐钱3000文，衡州会馆、湘乡会馆，每月各捐钱1000文，“总共收本省五帮馆（月）捐钱捌百壹拾肆千肆百文”[2]。长沙槽坊业公会规定：“公派各店月捐，每月每家捐钱五十文，以助庙内香油、修理、添置、斋供各项之资。公议三年停收。”[3]这说明，月捐也是会馆经费的一大来源。

二是会员会费。会馆的同籍入会，都需缴纳一定的费用。如怀化的行帮会馆“同籍入帮，缴纳会金，会馆登记后，商界同籍才予公认。同业入帮，向行业（公所）缴纳入会费（亦名挂牌费、请牌费）方准开业”[4]。又如清同治年间，长沙衬铺业新设长生会规定：“所有后学手艺，与歇业多年，及寡妇年满五十者，无论乡城远近地方，每人出钱六百文，准其登名入会。”[5]清光绪三十年（1904）安化东坪成立的轩辕会所明确规定，“入会须交会费”[6]。茶陵江西人旅茶同乡会规定“凡在茶经商的江西人交银元一块即可入会”[7]。

或会馆向所辖会员商号摊派，或收取开店费用。汝城的江西会馆每年清明、春节聚会，费用根据会员资产多少摊派。清光绪十九年（1893），长沙盐业公所对新开店、歇业复开店、更招牌名、改字加记的，有明确要求：“新开盐油号者，捐牌费钱六串文，以作财神祀典之资。歇业复开原牌者，不复加捐；更牌名者，照新牌捐资；改字加记者，减半入捐。抗捐者，同行均不与交易，违者议罚。”[8]邵阳广货行强调：“新开店者，捐钱二千入公”，“同行有另更招牌者，捐钱二千入公。改一字者，捐钱一千入公”。[9]清宣统元年（1909），长沙照相业公所规定：“凡贸拍照业，均应出具牌费，以作公积。惟生理大小不同，自宜分作三等，以昭公允。如资本二百两以上者，缴牌费钱五串；四百两以上者，缴牌费钱十串；六百两以上者，缴牌费钱十五串。若新开者，以后无论资本多寡，均应缴牌费银十两。”[10]安化东坪镇的轩辕会所也规定：“摆门面的交

1 光绪《洪江育婴小识》卷一《识输助》。
2 光绪《洪江育婴小识》卷一《识输助》。
3 湖南调查局编印：《湖南商事习惯报告书》第383页，湖南教育出版社2010年版。
4 湖南省怀化地区地方志编纂委员会编：《怀化地区志》第489页，生活·读书·新知三联书店1999年版。
5 湖南调查局编印：《湖南商事习惯报告书》第382页，湖南教育出版社2010年版。
6 安化县地方志编纂委员会编：《安化县志》第608页，社会科学文献出版社1993年版。
7 湖南省茶陵县地方志编纂委员会编：《茶陵县志》第676页，中国文史出版社1993年版。
8 湖南调查局编印：《湖南商事习惯报告书》第147页，湖南教育出版社2010年版。
9 湖南调查局编印：《湖南商事习惯报告书》第200页，湖南教育出版社2010年版。
10 湖南调查局编印：《湖南商事习惯报告书》第203页，湖南教育出版社2010年版。

制钱1000文，楼上500文。”[1]

三是商帮缴费。《湖南商事习惯报告书》说：

> 通常商号入会、入帮，均须纳捐。湘潭新开商号及改号添记，均缴帮费。茶陵州之西帮、衡帮、建帮，除入会费外，每号抽捐，均凭贸易簿据，每千钱捐一文。古丈坪之江西帮，抽下河厘头为万寿宫费用。其由伙友捐入者，株洲号友须捐钱五百文入财神会，武冈州自千钱以至二千，湘潭并有徒弟捐钱之例（湘潭广杂行徒弟入帮钱六千，烛店三千）。以上皆捐助会馆经费之实事也。[2]

凤凰县城80%以上的大中商户和商业资金，均属江西帮，历届商会会长也多为江西人。而江西帮中影响较大且渐次成为巨商的就有4家：熊祥昌经营棉花、桐油、颜料、南杂、鸦片，裴三星、孙森万经营花纱、布匹，曾荣顺经营南杂、鸦片。“熊祥昌拥有资金30000多银元，裴三星商号也有资金20000银元。这时县境匪患较少，物价也较平稳。”[3]有这么多殷实商户，会馆的经费征收自是不愁。会馆向商帮征费往往采取各种名义，不少名为捐助，实为征收。清光绪初年，洪江长年助资会馆者以洪油帮、土药帮、布帮为最，实际上也就是会馆的费用征收。

四是会馆收入。会馆收入，包括田产或地产收入。不少会馆资金雄厚，田产、店铺众多，会馆将产业出租，收取租金利息，充当会馆的日常经费开支。

湘潭福建会馆的买田行为，在清道光何字恕纂辑的《湘潭闽馆类成堂集》中多有记载。清康熙二十八年（1689）三月初八日，建福寺众姓买吴乔清所卖白洋塘田四十亩，同日建福寺众姓又买卢乔浦所卖下杉冲田二十亩；清康熙三十一年（1692）三月十六日，福建杨彩五等买张书山所卖下铁家坝荷必山荒熟田三十四亩四分；清乾隆六年（1741）十二月初三日，建福宫四府等买潘旭升所卖上十七都九甲虾公塘田二十三亩；清嘉庆十九年（1814）八月二十五日，建福宫向前承买冯光明所卖上十七都六甲细屋冲田二十五亩、大小水塘四口。至清光绪时期，会馆“合田四百三十六亩余”[4]。

攸县江西会馆拥有不动产田400余亩、铺面60余间。江华县江西会馆，有良田129亩、铺店16间，每年收租谷180担、铺店租金200大洋。桑植县廖家村镇江西会馆，为谭、刘、何、郁、聂、张六姓所建，有会产田10多亩；凉水口镇江西会馆，为郁、张、

1 安化县地方志编纂委员会编：《安化县志》第608页，社会科学文献出版社1993年版。
2 湖南调查局编印：《湖南商事习惯报告书》第88—89页，湖南教育出版社2010年版。
3 凤凰县志编纂委员会编：《凤凰县志》第138页，湖南人民出版社1988年版。
4 光绪《湘潭县志》卷七《礼典·群祀表》。

谢、黄四姓所建，有会产田约 5 亩、油茶山数处；澧源镇江西会馆，为程、郁、刘、王、熊五姓所建，在朱家台等地置会产田多处，年收租一百多石；上河溪乡江西会馆，为郁、李、姚、赵、刘、龚六姓所建，有会产田 9 亩；官地坪镇江西会馆，为熊、张、谢、何四姓所建，有会产田 10 亩左右，年征租玉米 10 石。洪江的会馆发展到民国初期，大都置有大量房地产，如"庆远丰"油号老板一家的房地产就多达 50 多栋窨子屋。

会馆的产业收入日进斗金、盆满钵满。会馆收入大都用于日常开支。如津市同乡会馆由同乡人中殷实户捐助及会员自愿捐凑的资金购置田地房产，其租息收入作会馆日常经费开支。[1] 长沙的江西会馆"附以庄田，取其租值，以充岁修祭祀之赀"[2]。

五是入行交费。会馆是一种封闭性的组织，一般不允许外来人员学艺，也不会轻易将本行的技术、经验传授给外人。长沙各行业规定，外来学习的客师以及徒弟入行都需要向公所交纳一定的费用。清光绪十五年（1889），长沙篾业规定："外来客师需投召募，俾知来历，免混匪人。召募承认，方准入行，应先出规钱二串四百文，方准做艺。如自做沿门者，小试帮差费钱六百文；大科帮差费钱一串二百文。"[3] 清光绪年间，长沙皮箱业规定："本城铺户新带徒弟，只准一出一入。必须知会值年，登记进师日期，定以三年为满。期满出师，即备入帮钱三千四百文入公，随交值年收管，不得展限。"[4] 安化东坪镇的轩辕会对此规定更为详细："学徒三年出师后，由师傅交 120 文入会费。工价每天 70 文，帮工 60 文。外地来做工的须交剪刀费 240 文，隐瞒的罚款 2400 文。"[5]

六是罚款所得。这是会馆资金的一个特别来源，主要包括对值年总管、学徒以及所有成员、各店的违规行为进行的经济处罚，这些罚款大都充为会费，既扩充了会所经费，又可警示其他成员，防止违规行为的再次发生。

清道光二十六年（1846），邵阳毛货业公议："买卖随客赐顾，如有中证陪买者，永不准抽扣钱文。如违查出，公罚买主钱二千四百文敬神"，"同行人等，不得与外人同贸生理及临门训徒。如违，公同不准。另罚钱四千八百文入公敬神"，"销染外边各货等件，定要领归自家，不准在外起缸。如违查出，罚钱一千文"。[6]

清光绪十年（1884），武冈京货业约定："卖货有先来后到，不准乱卖。如不遵者，公罚钱二千四百文"，"卖洋货者，不准开尺、开匹。如不遵者，公罚钱二千四百文"。[7]

1 津市志编纂委员会：《津市志》第 666 页，教育科学出版社 1993 年版。
2 光绪《善化县志》卷三十《祠庙·会馆》。
3 湖南调查局编印：《湖南商事习惯报告书》第 262 页，湖南教育出版社 2010 年版。
4 湖南调查局编印：《湖南商事习惯报告书》第 229 页，湖南教育出版社 2010 年版。
5 安化县地方志编纂委员会编：《安化县志》第 608 页，社会科学文献出版社 1993 年版。
6 湖南调查局编印：《湖南商事习惯报告书》第 221—222 页，湖南教育出版社 2010 年版。
7 湖南调查局编印：《湖南商事习惯报告书》第 199 页，湖南教育出版社 2010 年版。

清光绪三十一年（1905），长沙同业银号规定："倘有不法之徒，贪利滥规，除将存公票据三十千文处罚外，另行罚戏酬神，以示警戒。"[1]

此外，有的会馆还有多种经费来源。如常德各会馆经费来源有会馆的产业收入，有赚了钱的同乡缴纳利润的3%~5%；有临时捐献，有遗产接管等。[2]又民国元年（1912）七月，郴州各客帮先后成立会馆，江西、广东、广西三省及省内衡阳、耒阳、祁阳、邵阳等地客商来郴经商者益多，商业渐次复苏。民国十八年（1929），全城有商户778家，从业者2135人。从经费来源看，有官捐、商捐、喜金、租金、抽厘、放债生息等名目，每个会馆各有侧重，经费来源多样化。

为了解决耗费，有的会馆还采取不正当的手段敛财，如湘潭福建会馆尽管收入颇丰，但花费同样很多，有时还入不敷出，出现亏空。"道光六年（1826），兴府值年，馆内亏空银三百七十两零六钱；道光七年（1827），汀永值年，馆内亏空银一百七十七两六钱；道光八年（1828），兴府值年，馆内亏空银二百五十两九钱；道光九年（1829），漳府值年，馆内亏空银九十八两二钱；道光十年（1830），汀杭值年，馆内亏空银二百四十两八钱；道光十一年（1831），兴府值年，馆内亏空银六百七十两九钱；道光十二年（1832），漳府值年，馆内亏空银二百九十八两六钱；道光十三年（1833），汀永值年，馆内长余银十六两四钱。"[3]为了保证运转，"亏空采取抽厘头和起会来弥补。不过，厘头制度的推行存在一定的阻力"[4]，引发了诉讼，最后不得不停止。会馆经费的筹措，不是一件简单的事情。

会馆筹钱难花钱也不容易。商业会馆的支出主要有三方面。

一是常规性支出。这是会馆经费支出之最大一项，主要包括对会馆机构运行所需经费以及会馆房屋建筑的修缮维护、馆内用具的添置等等。会馆同籍乡人每年都要在会馆内举行一次常年性的聚会，同乡聚会除了畅饮家乡酒、品尝家乡菜、缅怀故土情外，还必须对家乡的保护神进行祭祀，同时还要请戏班来会馆演戏。除此之外，会馆每年还需请专人对房屋进行维修，并及时添加馆内物品。这些开支占据了会馆的大部分经费。

二是公益性支出。主要包括救济同乡，资助贫苦，设置义山、义冢、义渡等公益性方面的花费。会馆主要为同籍乡人服务，同乡遇到困难一般都会投靠会馆，对同乡的救济费用也是从会馆经费中开支。津市江西会馆有"义山多所，向定有培茔规条。每届花朝前后，风日晴和，绅首约邀四五人或六七人不等，历相各处义茔有无凹陷，分命山户

1 湖南调查局编印：《湖南商事习惯报告书》第181页，湖南教育出版社2010年版。

2 常德市志编纂委员会编：《常德市志》第743页，中国科学技术出版社1993年版。

3 何字恕纂辑：《湘潭闽馆类成堂集》卷四《记事录》，道光十五年刊。

4 袁霞：《从湘潭闽商会馆建福宫看闽商的信仰及生活》，《学习月刊》第13页，2008年第9期。

壮丁排日定方、筑填崩裂，岁费金钱数十缗或多至百缗”[1]。民国十四年（1925），洪江遭受特大旱灾，大部分稻田颗粒无收，粮价暴涨，灾民日益增多，各会馆纷纷赐粥数月。据1949年10月18日《安成会馆、安成小学产业表》记载，长沙安成会馆的房屋租金“百分之七十作安成小学基金，百分之三十为会馆留作同乡救济事业，如资助失业人员回籍、疾病死亡、资助医药、安葬费等”[2]。

还有不少会馆集资兴办水利、架桥铺路、置备渡船、创办慈善机构。如常德的会馆积极投身各种公益，办理义学、义渡、义山，放赈款，捐资慈善事业，输资修建公廨、衙门，津贴同乡旅费，推荐同乡就业，救济贫苦同乡。[3]洪江的会馆除了捐资育婴堂外，还设置救火设备、襄学助教，这些都要以雄厚的经济实力作为支撑。

三是额外开支。作为商业性组织，会馆为了自身发展，当然免不了要与社会各界打交道，如接待本地和来往官员、寻求当地头面人物的保护。此外，还有政府或军队的征税、派饷，如长沙县有向会馆借款充以公用。据民国时期《大公报》报道：“长沙县以赋税作抵，向旅湘各会馆借款一万元或八千元……此次借款额，计分一万元、八千元二等，各会馆经理曾开联会数次，实属无力担负，但又不能不勉筹若干，以尽人民一分子之义务。比经共同议定，赣认伍百元，浙、闽、苏各四百元，鄂、宁各三百元，粤、皖各二百元，汴、云、贵、晋、陕、甘各一百元，川五十元，总共为三千〇五十元。”[4]

3.3 会馆行规

为了维护现实和长久利益，会馆在内部管理上，逐渐形成了一套完整制度。

清光绪十七年（1891），长沙《粮食行条规》：

> 从来朝廷定法律，天下所以享太平；行店有条规，生意所以无欺诈。今我长善粮行，酌定章程，俱从公议，或照古法，或立新章，总以诚信通商为上。毋取巧，毋恃强，俾得风俗朴纯，财源茂盛，是则我行所同心属望者。[5]

清光绪二十九年（1903），长沙《山货店条规》：

> 盖闻明工巧匠，不以规矩，不能成方圆；坐贾行商，不立条章，不能厘

1 光绪《澧州津市万寿宫志》卷九《章程·培茔》，光绪二年刻本，湖南图书馆藏。
2《安成会馆、安成小学产业表》，长沙市档案馆第7-1-57号档案。
3 常德市志编纂委员会编：《常德市志》第743页，中国科学技术出版社1993年版。
4《长沙县向各会馆借款之昨闻》，《大公报》1923年11月10日。
5 湖南调查局编印：《湖南商事习惯报告书》第164页，湖南教育出版社2010年版。

奸宄。以故百行贸易，莫不各有行规，以昭划一，而重稽查。[1]

清光绪年间，长沙《皮箱店条规》：

> 盖闻商贾贸易，各有一定行规，营业必循规矩。我等开设皮箱铺店，虽然立有旧章，无如人心不古，不克率由，以至铺户客师规章不无紊乱。兹集同人酌议，重整规条，奉宪颁示核准在案。务望我等，各宜凛（禀）遵，共相恪守，庶几章程永定，而艺业自可兴隆矣。[2]

湘乡《典商条规》：

> 本典开张贸易，延请列位高明，或因夙慕贤才，或缘良友推荐，既称交孚，于心志全赖相助以经营。惟念事有专司，责无旁贷；规矩不立，趋向莫由。爰拟内外章程，务祈始终恪守。[3]

商业会馆把彼此的共同发展作为自己的奋斗目标。为团结一致共同对付竞争，会馆发起召集同乡、同行，商议、制定并颁布一系列详备的行规、制度来防止恶性竞争。会规明确规定了会员的权利与义务、经营相关商业活动所应该遵循的原则以及违规的惩戒办法。如会馆成员违反会规，自当首先要在会馆内受到处罚，“倘有不遵者，大家举官究治”，从而使得会馆成员整合在一个相对稳定的团体中。行规为一业之行业规约和经营惯例之集合，是行业组织所制定并用以实施行业“自律”的重要依据。有条文的叫“行约”，无条文的叫“行风”。在大家公订的、一致的商业规约中，依据共同的原则从事经营及各类活动，对实现自我管理、自我约束和保障买卖的公平交易，建立良好的市场经济秩序，促进商品经济的发展都起到了举足轻重的作用。行规虽非法律，但行业内的当事人必须服从，否则会受到同业的排斥。

随着社会、经济的进一步发展，商业会馆多呈现出规章日臻完善的倾向，这可以说是会馆制度日趋成熟的一个标志。“因为中国传统社会经商者中向来多中小商人。他们中许多人具有短期行为，有的力图一举牟取暴利，有的则作‘空盘’交易，形成赌博，这些都会扰乱商业秩序。在商业秩序被扰乱之后，法律本应发挥一定的作用，但事实上执法的难度很大，对于小商贩乃至一些无赖之辈，法律也无能为力。此时会馆已经在积极寻求规范商业行为的措施。”[4] 因此，在分割商贸范围、规范经营方式、控制商品零售

---

1 湖南调查局编印：《湖南商事习惯报告书》第 192 页，湖南教育出版社 2010 年版。

2 湖南调查局编印：《湖南商事习惯报告书》第 228 页，湖南教育出版社 2010 年版。

3 湖南调查局编印：《湖南商事习惯报告书》第 152 页，湖南教育出版社 2010 年版。

4 王日根：《近代工商性会馆的作用及其与商会的关系》，《厦门大学学报》（哲社版）第 24 页，1997 年第 4 期。

价格、协同行内商人利益等方面，以会馆为依托的商业行帮制定了不少行业规章，规定了商人如何在某一地方从事商业活动、如何确定商品价格以及协调同行之间的业务关系等，提供了大量的市场商业信息。尤其是作为同行的会馆更注重统一规范的建立，特别是同行间通过聚会，可以实现彼此间的信息交流和相互监督，从而规范商业秩序。

为了维持会馆的正常运转，维护正常的商品市场秩序，湖南商业会馆也制定有相关规约。包括：

一、开业规定：必须具备一定条件，履行一定手续，缴纳一定牌费。二、限制不正当竞争：不准恶意抢夺生意，限制随意扩大销售市场，等等。三、罚规：同行间纠纷大多由本行会议评断曲直、仲裁是非。违反行规者，轻则罚戏、罚款、办酒席，重则“禀官究办”“革出本行”。四、招收徒弟规定：学徒投师要托保人，缴纳保证金；进师之日要备拜师酒、立投师字据，还须报公入册、上会；收徒数量限制极严。此外，对学徒的待遇、学习、出师等都有明确规定。

清乾隆、嘉庆之际，大庸市（今张家界市）的江西商人在该市首建同乡帮会，修建江西会馆。帮会议事，订立帮规、行规，自成体系，各行其是。清代民国时期，到桂阳经营谋生的外地商人形成“西派”“衡派”“永派”“长派”，各派皆立有规章。

湘潭福建会馆制定的《十闽公议馆规》，对会馆的祭祀安排、勤俭节约、公务往来、资产租赁、黜邪崇正、权力规范以及违规处罚等方面作了详细规定：

一、祀有常典。本宾馆遵奉钦颁礼制仪注，陈设牺牲品物均有确守。历来省牲之后，备办庆寿酒戏用项，酌照存蓄时宜，诘朝在任文武各宪及乡帮绅士诣馆行礼，分别款待，务期精洁隆重。其分班各衙及乡帮福胙，悉照旧额，其有新捐入公，一体派给。所以均神惠、崇礼仪也。

二、规有定额。十闽堂内，所有租谷租银额，为每年供给祀典戏酒杂用等赀，如果丰俭得宜，又能照额用剩，载明总簿，照数归公。如任意奢华，所入不敷所出，虽经垫用，实属违规，公上断无还补。其老厘头堂内所有租谷租银，原存以备岁修，毋得紊入垫用，更不以两堂公业售典弥空，致断租息。设有义不容辞之事，需银至三十两以上者，邀集各堂公议，是否可行，别为筹画。所以厚积贮也。

三、用有应否。如另置业，或在本业开垦、筑塘、修屋及为公事应酬，虽出祀典之外，悉在应用之列，其用公项固宜；至各私自相与馈送厚薄，混称为馆来往，此皆不应用者，不得牵动公银。所以杜虚靡也。

四、事有责成。馆内租谷租银，统由值年总理执管，他人不得掺入，冒名紊收；所有兑换银钱，不得轻重出入，混称时价，暗里侵公。所以征诚实也。

五、本馆值年总理，每年各府公择殷实诚悫之人。交接之日，公同检查田屋、山地、新老各契字约。倘有违失互混及数重复漏载等情，公同彻底跟查，果有情弊，赔后加罚。所以昭慎重也。

六、本馆田屋，如遇各佃私顶私赁，藉端踞庄、霸耕等因，理宜禀究押追。倘有私受贿嘱，武断公项弊给，一经查出，照数赔罚。所以防侵冒也。

七、本馆旧章，凡有乡谊荣登仕版，现任各省府县因公经过、诣馆行礼，值年致敬迎送，以敦乡情。如非现任绅官，又无同乡认识，即系来历不明，不得任其居停馆内。所以重桑梓、杜冒诈也。

八、本馆义山，凡同乡觅地安葬者，务同帮认识之人，先为值年领票，照票注定丈尺安厝；每逢春秋祭扫，值年遍视岗原，一有崩塌，立即饬佃修筑。所以安旅榇也。

九、本馆供奉龛前香烛，务宜昼夜不熄。殿前正门不得擅开，遇演戏日，不许拦殿门踞坐嬉笑，触犯一切淫邪秽齣，不许点演。所以昭诚敬也。[1]

会馆商帮规约的制订一般要得到官府的认可，才具有合法性。如晚清时期，浏阳的外地商帮从事的各业均设有祀会，祀会设有规约，并报官府备案。[2]

清末，湖南进行了一次商事调查。清宣统三年（1911），湖南调查局根据调查结果编印了《湖南商事习惯报告书》。报告书将通行于全省各地各行各业的行规整理刊载，分为十二类，包括商业、手工业、金融业、交通运输业、服务业等各方面规约共计282件，范围相当广泛，为我们保存了非常珍贵的历史资料。列表如后。

1 何宇恕纂辑：《湘潭闽馆类成堂集》卷四《公议馆规》，道光十五年刊。

2 湖南省浏阳市地方志编纂委员会编纂：《浏阳县志》第589页，中国城市出版社1994年版。

分类	件数	各地条规名称及订立时间
特许商	28件	盐号条规（省城·光绪十九年）、茶业条规（省城·光绪三十三年）、茶业条规（湘乡·宣统元年）、茶业条规（新化）、 黑茶条规（安化）、典商条规（省城）、典商条规（湘乡）、典商条规（新宁）、质商条规（安化）、丝业行条规（武陵）、瓷业条规（省城·宣统元年）、竹木行条规（省城·光绪三十三年）、竹木行条规（巴陵）、山货行条规（益阳）、粮食行条规（省城·光绪十七年）、长善粮行公议条规（省城·光绪三十四年）、长邑客商行铺碓户会议条规（省城）、粮食杂货行条规（株洲·光绪丁未年）、粮食行条规（巴陵）、石灰行条规（省城·光绪三十二年）、棉花行条规（新化）、摊店渔行章程（宁乡·光绪三十四年）、鱼行条规（巴陵）、鱼虾行条规（湘潭）、油蜡行公议行规（会同）、怀帮药材行公议条规（省城）、马辔市牙行条规（安化）、五都夏氏宗祠牙行规条碑（安化）
通货商	9件	长善银号公议条规（省城·光绪二十五年）、银号条规（省城·光绪三十一年）、汇票简章（省城）、钱店公议条规（省城）、钱庄条规（永顺）、钱铺条规（新化）、钱业条规（巴陵）、钱店重议银色条规（省城·光绪三十年）、湖南商钱局集股简章（省城）
杂品商	12件	山货店条规（省城·光绪二十九年）、斋馆条规（省城）、斋馆条规（湘乡）、南货店条规（武冈）、南货店条规（巴陵）、零星京货店条规（武冈）、广货店条规（邵阳）、杂货店条规（湘乡·光绪三十年）、贩卖果实条规（益阳·宣统元年）、照相店条规（省城·宣统元年）、彩票店条规（省城）、彩票店重订条规（省城·宣统元年）
麻丝棉毛皮革物商	26件	丝线店条规（省城·光绪）、辫线丝带店条规（省城·光绪十九年）、丝线店条规（省城·宣统元年）、丝线铺公议条规（益阳·光绪三十一年）、绸布庄前定条规八则（省城·光绪十八年）、绸布庄后定条规十则（省城·光绪二十年）、绸缎布匹合议条规（省城·光绪三十年）、花布帮公议条规（省城）、夏布业条规（浏阳）、布店条规（武冈）、布店条规（武陵）、布业条规（巴陵）、棉花棉布庄条规（新化）、靴鞋店条规、毛货店条规（邵阳·道光二十六年）、绣局议价条规（省城）、西货毡毡扇业条规（省城）、皮箱店条规（省城·光绪）、靴鞋铺条规（省城·同治十二年）、靴鞋店公议条规（省城·光绪二十八年）、北帮靴鞋店条规（省城·光绪三十年）、干湿靴鞋店条规（省城·光绪二年）、干湿靴鞋店重整条规（省城·光绪三十四年）、靴鞋店条规（益阳·光绪七年）、靴鞋店条规（浏阳）、靴鞋店条规（新宁）
文章用品商	11件	书业条规（省城·光绪三十四年）、书业条规（省城·宣统元年）、书业条规（武冈·光绪三十年）、书业条规（新化）、书肆简章（桃源）、笔店条规（省城·光绪三十一年）、墨店条规（省城）、砚店条规（省城·咸丰十年）、刻字店条规（省城·咸丰四年）、刻字店重定条规（省城·光绪十六年）、刻字店条规（武陵）

续表

分类	件数	各地条规名称及订立时间
制造商	61 件	篾店条规（省城·光绪十五年）、篾店重整条规（省城·光绪十九年）、篾业条规（巴陵）、篾箱店条规（武陵）、篾货手艺条规（武冈·光绪丙午年）、龙须草席店条规（省城·光绪二十九年）、瓷器店条规（邵阳·光绪三十四年）、香店条规（省城·嘉庆）、香业条规（湘乡）、永丰香业条规（湘乡）、香店条规（武陵）、香烛店条规（新化）、纸烛店条规（邵阳·宣统元年）、伞店条规（省城·光绪三十一年）、伞店客师复整条规（省城·光绪三十年）、伞店条规（益阳·光绪三十年）、伞店条规（武陵·光绪三十一年）、纸店条规（省城·光绪三十三年）、纸店条规（益阳）、纸业条规（湘乡·宣统元年）、蓝田市纸业条规（安化·光绪二十九年）、蔡伦会章程（光绪三十一年）、纸业条规（平江）、纸业条规（安化·宣统元年）、红白纸店条规（省城·光绪三十三年）、梅葛祀条规（武冈·光绪三十二年）、窑货店条规（省城·咸丰六年）、缸坛店条规（益阳）、弹花店条规（省城·宣统元年）、裱店条规（省城·道光三十年）、裱店条规（省城·宣统元年）、竹木垡三行重整条规（省城·光绪十八年）、石木锯泥各行条规（安化·光绪三十三年）、四帮木行条规（省城·光绪十四年）、木行条规（省城·道光三十年）、大木众师条规（武冈·宣统元年）、圆木条规（巴陵）、锯行条规（省城·光绪十三年）、泥行条规（省城·光绪三十一年）、雕帮条规（武陵·宣统元年）、明瓦店条规（省城·道光十一年）、玻璃店条规（省城·光绪九年）、白铁帮客师友重整条规（省城·光绪十七年）、洋铁同行条规（益阳）、洋铁手艺条规（武冈·宣统元年）、京刀店条规（省城·乾隆三十一年）、刀店公议条规（益阳）、剪店公议条规（益阳·光绪三十一年）、棕绳铺条规（省城·同治壬申年）、鞭爆蚊烟条规（省城·同治九年）、鞭爆蚊烟公议条规（省城·同治）、纸爆业条规（湘乡）、爆店条规（武冈·宣统元年）、纸扎店条规（省城·宣统元年）、纸扎店条规（武陵·光绪）、纸扎条规（巴陵）、角盒花篰店条规（省城·道光十二年）、纸盒店条规（省城·宣统元年）、灯笼店条规（邵阳·光绪三十三年）、戥秤店条规（省城·乾隆五十八年）、戥秤重整条规（省城·光绪二十七年）
被服 装饰商	28 件	成衣店条规（省城·光绪二十一年）、成衣店条规（益阳）、东平成衣店条规（安化·光绪三十年）、成衣店条规（湘乡）、成衣店条规（邵阳·光绪三十二年）、成衣店条规（新宁）、成衣店条规（武冈·光绪十五年）、衣店条规（武冈·光绪癸卯）、成衣店条规（武陵·宣统元年）、西帮衣店条规（省城·光绪）、原典衣庄条规（巴陵）、袜店条规（省城）、靴帽店条规（省城·道光）、帽庄条规（浏阳）、首饰店条规（桃源·宣统元年）、点翠条规（省城·宣统元年）、翠店条规（邵阳·同治十三年）、包金担公议条规（省城·光绪三十四年）、包金担同行公议条规（省城·光绪三十四年）、眼镜店条规（省城·光绪三十四年）、梳篦店条规（省城·光绪二十九年）、古玩玉器店条规（省城·光绪三十三年）、整容店条规（省城·宣统元年）、整容店条规（益阳·光绪十一年）、整容店条规（安化）、整容店条规（新宁）、衬铺条规（省城·乾隆五十二年）、衬铺重订条规（省城·光绪元年）

续表

分类	件数	各地条规名称及订立时间
饮食料染料及药材商	41 件	槽坊条规（省城·光绪三十四年）、槽坊条规（益阳）、酒席店条规（省城·光绪三十一年）、酒席店条规（巴陵）、杜康庙订定行规（省城）、杜康庙新定行规（省城）、饭店条规（省城·光绪）、长善饭店客师公议条规（省城·光绪）、面馆条规（省城）、面店粉馆条规（省城·同治八年）、米粉坊重整条规（武陵·光绪三十一年）、长善甜酒粉馆同行公议条规（省城·光绪三十四年）、酥食汤点条规（省城·道光八年）、豆腐它粉水粉业条规（省城·光绪二十九年）、烘糕店条规（省城·光绪二十六年）、豆豉店条规（省城·宣统元年）、白缺烟袋条规（省城·光绪二十六年）、白缺烟袋条规（省城·光绪元年）、烟店条规（省城·光绪三十六年）、烟店条规（省城·光绪三十三年）、烟店重整行规（省城·光绪三十二年）、烟业商工合编条规（湘潭·宣统元年）、烟店条规（安化·光绪三十二年）、烟叶行规（益阳）、烟匠条规（益阳）、烟业条规（巴陵）、茶馆条规（省城·道光八年）、染坊条规（省城·光绪十七年）、染坊价目章程（省城·光绪三十三年）、染坊条规（安化）、同仁堂长宝两府靛帮条规（安化·光绪）、靛坊条规（新宁）、靛坊条规（邵阳·光绪三十年）、生药店条规（省城·同治七年）、药店条规（省城·光绪十五年）、药店条规（益阳）、药材店条规（安化）、药材店条规（巴陵）、槟榔店条规（武陵·宣统元年）、戒烟店条规（省城·宣统元年）、仁寿戒烟药房条规（省城）
矿属商	20 件	宝生瑞矾矿有限公司章程（武冈·光绪三十四年）、锑矿公司条规（新化）、铁店条规（省城）、铸厂条规（益阳）、铁工条规（武冈·光绪二十年）、锡店条规（省城·同治）、锡器店条规（武陵）、铜业条规（省城·光绪十六年）、铜业笔筒条规（省城）、白铜新定章程价目（省城·光绪三十四年）、铜货店条规（邵阳·光绪三十一年）、铜货店条规（武陵·光绪三十年）、铜店条规（武冈·光绪十七年）、冶坊价目（省城·光绪三十一年）、冶坊条规（安化）、冶坊条规（新宁）、炭圆店条规（省城·道光）、煤炭行条规（新化）、炭业条规（巴陵）、阜湘机器制造砖瓦窑厂有限公司简章（省城）
农产物商	19 件	碓坊条规（省城·光绪二十九年）、碓户公议行规（省城·光绪）、碓坊条规（益阳）、粮食槽坊条规（武冈·光绪三十四年）、米业条规（巴陵）、磨坊条规（省城·光绪三十年）、糖坊条规（省城）、漆铺条规（省城·光绪三十二年）、漆铺伙计公议条规（省城·光绪十三年）、漆业条规（巴陵）、漆店条规（新宁）、漆店条规（武冈·光绪三十二年）、漆店条规（益阳）、木号永定条规（省城·光绪十九年）、木号永定条规（省城·光绪二十年）、菜园条规（省城·光绪二十三年）、芽菜条规（省城·嘉庆十年）、芽菜重定条规（省城·光绪二十年）、粪行条规（省城·道光二十二年）
动物商	7 件	屠业条规（省城·光绪三十年）、屠业条规（省城）、屠业条规（省城·宣统元年）、屠行条规（武冈）、牛皮坊条规（益阳）、鱼虾业条规（省城·光绪九年）、鸡鸭烧腊条规（省城·光绪三十四年）

续表

分类	件数	各地条规名称及订立时间
交通商	20件	客栈条规（省城·宣统元年）、客栈条规（湘乡·光绪三十三年）、客栈公议条规（湘潭·宣统元年）、伙店条规（武冈·光绪三十二年）、船户条规（湘乡·宣统元年）、船户条规（浏阳·宣统元年）、船埠条规（株洲）、毛板帮条规（邵阳·光绪二十一年）、毛板帮条规（邵阳）、岣嵝门船帮条规（邵阳·光绪十八年）、官轿竹木材三行条规（省城·光绪三十四年）、箩行条规（省城·光绪三十年）、箩埠新旧章程碑记（省城·光绪三十年）、箩行重定条规（省城）、箩行条规（省城·光绪三十二年）、箩行条规（省城·光绪三十四年）、四城公议箩行条规（湘潭·宣统元年）、箩行条规（株洲）、水府宫公议夫力条规（武冈）、码头章程（武冈）

洪江商界为了更好地分行划市，避免“五府十八帮”各自为阵、扰乱市场，各行各业都立有行业规矩。主要内容如下：

开业：凡新开店须先报经公会审查，除经营性质、经营范围、经营方式、资金、人员所必备的条件外，对开设地址，须根据市场需要，进行综合平衡，确定有无开店必要。对在繁华街道开店，上隔七家、下隔八家，避免相互挤压、恶性竞争。对已歇业而后又复开，无论本人或亲属，均按新店章程办理，违者禀究。新开铺店必须交牌费，如顶冒改牌者，仍按新店出牌费。新开铺店一经同业公会审查报工商总会批准开业者，即有会员资格，并履行其权利与义务。

歇业：凡因营业不振、无力继续经营的铺店，需歇业者，必须报经公会查明原因，能扶者则发动同业共帮，以利继续经营，否则批准歇业。

定价：凡购进原材料，均由经纪人负责对口联系，由公会统一议价。各商行不得自行抬价或压价收购，违者议罚。凡经纪人联系好的产销对口，在价格、质量、数量、时间等方面的协定，双方必须履行，如一方违约，公会出面仲裁解决。凡本业产（商）品，均由公会议定统一价格，不定期印发各店户，各店户必须遵照执行，违者议罚。对各店衡器、量器，每年进行一两次检查，无合格标记者不准使用。

税收：纳税是公会会员必尽的义务。公会为维护会员合法利益，除督促会员按期交税外，对确有困难无力纳税的会员户，伸出援手，并与税务部门协商，提出减免意见，以利继续经营。

行规店约：凡跨业经营、无保开店、无证开店、掺杂使假、短斤少两、变相滥价、抬价压价、抢行夺市、聚众赌博、奇装异服、买空卖空、投机倒把、超过比期、久拖货款、冒牌顶替等都属违规，一律重罚。合股经营的在职股东或业务人员不得利用职务之便经营与本业（本店）有关的业务。凡有赌博、偷窃行为而又屡犯不改的，无论股东、雇工、学徒，都给以口头通报，全行业不得雇请。

行有行规，店有店约。自清嘉庆至民国，洪江绸布行业先后颁布行规四次。

清光绪二十年（1894），洪江《绸布庄条规》：

> 一、我行通商务，必开设门面，悬挂招牌，交易公开，方有信实。近有射利之徒，肩挑夏布、棉布、青绢等项，负贩沿门，无非取巧。此种恶习，准其禁革。倘有不遵，公同禀究。
>
> 二、绸布两行开设门面、行号，新立牌名，议纳牌费十二两；或原牌添记一字，捐纳银五两归行会，以期同心共济于公事，实有大赖焉。[1]

清道光二十八年（1848），洪江铁匠业颁布告示，“买卖铁货，既有公议旧章，历来相安，自应一体遵循，以昭画一而杜争端，务宜各安生业”，并刻碑“永远存照”“俾垂永久”。该碑为研究行业规约的重要历史资料。

湘潭各会馆都有严密的组织纪律和公平交易原则，有一整套经营管理制度，以协调本馆、本行的内部利益。例如：湘潭福建会馆先后制定了两部馆规、旧规七条、新规九条，涉及物品、粮饷、交接、香火、演戏、祭礼、开支、值年、租谷、租银、应酬、田屋、义山、处罚等，要求做到“祀有常典”“规有定额”“用有应否”“事有责成”。

湘潭行会有七大帮。

一是西帮（江西帮）。西帮又分为吉安帮、临江帮、抚州帮。吉安帮经营钱铺、广货、洋货、匹头、药材诸业；临江帮经营药材；抚州帮经营匹头、干药、铁货。

二是苏帮（江苏帮）。苏帮经营绸缎、布匹。

三是南帮（江南安徽帮）。南帮经营布匹、油、糟。

四是建帮（福建帮）。建帮经营烟丝。

五是广帮（广东、广西帮）。广帮经营槟榔、扇子、杂货。

六是北帮（山西、河南、山东、陕西、甘肃帮）。北帮经营票号、棉花、皮货、酒、药材、枣子。

七是本帮（湖南及湘潭帮）。本帮经营钱铺、洋酒、海货。

留存下来的会馆碑文，较为详细记载了湘潭各行业的规章订约。如清乾隆四十六年（1781）北五省会馆的《棉花规例》石碑是山西、山东、河南、陕西、甘肃五省驻潭棉花商行三十三家“公同酌议”制定的北五省棉花行规，对棉花商行所用砝码、价格、银子成色、银子与制钱的比价、装卸转运的脚力、包装费以及对违规行为的处罚措施，都有明确的规定，协调了各棉花行的利益，避免了内部的恶性竞争。

---

1 中共洪江区工委宣传部主编：《洪江古商城》第169页，中国文史出版社2007年版。

《棉花规例》石碑高 175 厘米，宽 65 厘米，碑文共 20 行，满行 55 字，连同碑额共 747 字。石碑为山西绛邑人王光惠撰写，湘潭石工王九河刊刻。质地为汉白玉，碑身横中断裂，除个别字迹漫漶不清外，大部分内容清晰可见，基本上保持原状，是研究清代前期湘潭棉花贸易的重要实物资料。现嵌于北五省会馆内墙。

《棉花规例》石碑原文如下：

北五省众商议立湘潭棉花行规脚力仍照旧额碑记。

窃见国有常典，市有成规，此皆前人斟酌损益以定章程。如湘邑码头，名驾南楚，而各行规例，无不备举，即棉花一行，其行规脚力，亦旧有定章。迩来因年岁偶歉，事多参差，各行友洵，宜尽心竭力，整理生意，招商认贾，俾码头复兴，诚为今日之急务，奈何徒任行役加增脚力耶？虽然□□为货少利微起见，正所谓不揣其本而齐其末，是犹欲之来而为之闭门也。情节虽细，码头攸关，予等不忍坐视。因于辛丑春，纠我同人，邀请行友，公同酌议，其行用以及上下脚力，仍照旧章，无容增减，永为定规。

今幸众行友业已演戏刊单，遵照旧规。予等惟恐日久废弛，又有变更，故将议定一应条例，镌列于石，以垂永久云尔。

晋绛国学怡斋王光惠撰文并书。

今将众商行议定条规开载于后。

一议行秤砝码，俱较准划一，如有故轻故重者，查出，公罚戏一本。

一议远近水客，铺店买花，当时看花作价，必收样银，交单为定，过后不得捏情反悔。如违，公罚。

一议净花行用，每百觔银价贰钱，钱价贰百文。子花行用银，每两用钱叁拾伍文。

一议子花布包装者，每包买客补卖客包装钱捌拾伍文；席包装者，每篓除皮索五斤。

一议子花起行发卖，多寡听客起卸，惟照旧例，不得转行，如违，查出花用公卖。

一议净花转行发卖，每包卖行补原卸行栈房钱，大包贰拾文，中包拾贰文，口袋拾文，毋得推却。

一议子、净花上下脚力，旧额规数，净花上坡每大包脚力钱捌文，中包陆文，口袋伍文；上□大包拾贰文，子花上坡无脚力。

一议本客将花下河装往别处，脚力照上坡额数，转行照上坡脚力；如外行卖货与客，送钱无脚力，钱包下河，每拾千脚力肆文。

北五省众商：恒足合记，雷隆盛号，张双盛号，合义和记，永成明记，恒茂生记，赵永兴号，赵天顺号，恒聚合记，世宁临记，鲁裕述记，万顺通记，天裕顺记，元泰合记，复兴生记，兴顺仪记，祁永和号，绘当盛号，南大隆号，刘和聚号，恒聚张记，恒升大记，兴盛李记，义顺廷记，益全盛号，刘恒盛号，冯德盛号，黄大有号，永盛宋号，通顺裕记，当模发记，贾永盛号，常金兴号，公立。

时大清乾隆四十六年岁次辛丑前五月甲午吉日谷旦，石工王九河刊。

明清时期，湖南盛产蓝靛。清光绪安化《同仁堂长宝两府靛帮条规》："宝靛上出洞口，下达三湘、资江一带，长宝两府贩靛之人络绎不绝。"[1]明代万历、天启年间，湘潭籍官员李腾芳描述湖南的蓝靛："靛之为物，产于诸山，遍湖南郡邑有之，非邑之独有也。"[2]蓝靛是湖南各州县物产大宗，尤其是湘潭，更以产靛而著称。这里每年所产之靛，"或云一百万，或云八十万，或云五十万"[3]。明末，湘潭"蓝靛骤盛"[4]，贸易非常发达，有靛行80余家。

湘潭靛行《四都靛山公议章程》，则是典型的手工作坊行规，对靛户酿靛的质量、价格、销售方式、中介的用具、责任、度量衡、所用制钱以及对违规行为的处罚都作了明确规定，从而保证了酿靛业的正常秩序。石碑立在湘潭县紫荆山帝兴庵内，碑高130厘米，宽65厘米，厚7厘米，青石质地，碑额楷书《四都靛山公议章程》，字迹基本清楚，碑上部从顶向下五分之一处已断，是湘潭县八都、九都、十都、十五都绅商对酿靛行业所立之行规，从一定程度上反映了湘潭手工作坊的情况及其对手工业的限制。1984年10月，碑移于湘潭县图书馆内保存。

《四都靛山公议章程》石碑原文如下：

奉宪议定靛山章程

从来各行贸易，皆有一定之规，不立章程，难昭画一。我潭邑八、九、十、十五四都，紫荆、天马两山地界相联之处，田多高岸，每逢雨水不足，即致禾稼莫登，该地居民栽蓝酿靛营生，以全赋命，由来旧矣。无如人心不古，日久弊生。作靛者既以假货而欺商，买靛者复以诈谋而欺主，种种

1 彭泽益主编：《中国工商行会史料集》第442页，中华书局1995年版。
2 光绪《湘潭县志》卷二《建置》引李腾芳《行户马议》。
3 光绪《湘潭县志》卷二《建置》引李腾芳《行户马议》。
4 光绪《湘潭县志》卷十一《货殖》。

弊端，为害不浅。四都绅民，粘呈条款，禀宪出示，严行禁止。惟是地方辽阔，恐难遍喻，日后仍踵前弊，未克遵行，谨特酌定各条，开列于后。

一议靛户酿靛，毋许掺和蓝渣，增重觔两，减价发卖，以致真靛难售。违者，查出公同禀究。

一议向来买靛多有言定正秤，及送至染坊，辄二十余两大秤，且索逢十加一，若不遵允，勒令肩回。靛户往往受其去。嗣后公议，通用十六两三钱之秤，砝码较确，于起肩时称定，不许担入染坊私用铺秤。违者，公同禀究。

一议靛有好歹，价有高低，既经称定扣算，彼此不得争论加减。至向来靛钱多有毛少，嗣后通用九九七制钱，毛斢少补，不许掺用私钱及加水扣水诸名色。违者，公同处罚。

一议靛价或系现钱，或系赊账，一言为定，不得违限。倘言定现钱，给靛入门，辄任意拖欠，年终收账，挨至腊尽，将货物抬价压算，致使靛户道途险远，奔走于除夜元旦之交，利己损人，莫此为甚。如有此等染店，日后来乡，公议不许将靛卖与其人。

一议远客买靛，必有附近之人引路作中。迩来每靛一肩，不问多寡轻重，收钱一百，殊欠均平。嗣后每钱一千，议谢钱叁拾，两边均用。如染店有拖骗遁逃之害，惟引路作中之人是问。

一议靛客来乡买靛，俱家毋许牵扯争论。如称天地人和四号，不许私秤过靛，堆尖过印。违者，公同禀究。

一议靛秤既经议定，远近皆以此为程式。各都甲中有愿公置者，置秤之后，择人收掌过秤，给以身价者，听各处公正绅民□安施行；或愿别□垂远，亦听其便。至靛以有字印为凭，否则系属私卖，查出公罚。

四都绅民：□铨、王光师、□□□、尹钦同、陈如章、龚清兰、陈必贵、胡石藩、保甲。

八都纠首：尹绍山、□□□、□释铨、黄文固、杨其祥、尹□成、李登山、黄云亭、陈细入、胡节乐。

九都纠首：尹光飞、尹光□、尹振儒、尹枝华、尹光南、尹洪祠、尹楚材、陈锦尚、唐若华、彭定贵。

十都纠首：肖俊才、李谦□、龚□亮、赵而昌、何洪先、马传献、陈伯亮、马克昌、罗芳盛、马传俊。

十五都纠首：胡楚滔、左海青、胡基仁、胡树楠、唐隆耀、彭司道、文以誓、王基绿、宾官隆、朱连成。

同治十年二月□日四都公立。

而清代湘潭《冶坊规章》则对会所经费来源、公产管理、各坊带徒、新开冶坊、劳动纪律、货物买卖、所用制钱等都作了详尽的规定，成为湘潭冶坊的共同准则。石刻由两部分组成，其一为清同治年间的冶坊规章，其二为清光绪年间对清同治年间冶坊规章的补充规定，为冶坊一品堂各坊人所立。碑原立于湘潭市老君殿一品堂旧址，高135厘米，宽52厘米，正书19行，是当时冶坊主为了垄断营业，限制冶坊自由发展而共同制定的规约，反映了当时湘潭商业和手工业的发展以及手工作坊之间相互竞争的情形。此石刻原物已不复存在。

《冶坊规章》石碑原文如下：

同治十二年八月廿五日，一品堂值年经理杨其相、胡至诚、刘恒怡、谭钰泰、张明山、王植山等，爰集同行人等，体前所开冶坊规章，遗递至今，百余年矣！商议录规抄粘而祈宪示，镇规久远则免坏规。已沐宪恩，准照前规出示，各宜禀遵，仍体前规章条开明人体宪示开后。

一议一品堂公择老成六人，经理一品堂公事三年，于每年完县额票差及捐各坊之银，敬庆玉清、祝融两宫瑞辰演戏等事用项一一条簿，逐年共同照簿算明。至堂有余项，听经理行为，各人不得干预。至三年更换，交卸堂余，借出无收，经理赔补。倘有恃强措捐余项及有恋充阑充等情，公同阻其贸易，禀追。

一议新入开坊捐银十两，与老坊合伙捐银五两，均入一品堂，方许同堂共业。如有措捐，公同阻其贸易。

一议恃强私造模样起炉，理革不遵，公同毁碎私造模样，封炉。不服，禀县祈究。

一议各坊带徒，徒捐银三两，措捐革出。而各坊带徒三年，只带得一个，于带徒日公同登簿注名。徒入坊月日，定要三年期满；倘三年未满有重带徒，不但只革出徒，并各捐戏一本敬神。

一议各带徒三年，只带一个；如有所带之徒，或学一年两载而废，不学出级，该坊不许另带徒填补。一徒之缺，定要三年，期满可另带徒。该徒出级，不许入别坊帮助。违者，罚戏一本敬神。

一议各坊措捐县额差货诿曲用项捐银，公同禀县，祈究革贸。

一议老坊瞒同人合伙，一经查出，各罚银十两，入一品堂敬神。

一议各坊人等不许酗酒牌赌洋烟，不许外间夜出。违者，公同革出。

一议外来一匠一帮琢，各捐银十两入一品堂，以防拐掣，致不许外省人入坊学徒。如有不遵，共同并罚革出。

一议各坊货物发客，仍以原规一一开明各货，一一注明各货银码价，将银码价折九九七制钱，无有扣水。

一议客投坊置价，不许托人勾引他方。如违，罚戏一本敬神。

一议各坊工匠人等，该坊言定一年，该年未满另帮别坊，公共罚戏一本敬神。

一议各坊人等支一年工价外，长支坊钱，下年不得帮别坊。瞒雇，各罚银一两，一品堂敬神。

光绪五年二月十五日一品堂续议刊后：

一议堂内人众，无论在各坊帮琢，及在外歇业，务要确守清规，不得私行擅造模样，或混入别堂私造我堂之货物，以乱我堂之规。违者，罚油二十斤，演戏两本，于玉清、乾元宫两处敬神。

一议工价面议，长年则自正月初六起手，至腊月廿六日收工，每年另加余工十八天。若外有抽工，则请人代替，免误坊主生理。

一议工钱按月支用，压钱则规九九七扣，而大典钱则归九六六扣扣算。毛尠少补无异。

一议各坊倘客需货在急，欲发加工，同人务要勤劳协力敦诱，或有懒惰，即听坊主之便。

一议坊主不得另请外行混入，闻充敦诱以杜乱规之弊。如违照前第一条处罚。

光绪乙卯五年仲秋月上浣之吉，一品堂各坊人等合立。

清代安化县城西门有鲁班会馆，清光绪二十一年（1895）毁于火，清光绪三十三年（1907）重修。鲁班会馆首士夏昌晏等十六人制定的会规帮约，对石、木、锯、泥诸行业就入会、工价、营生、带徒以及违规惩处等方面作了相应的规定。列之如下：

一议我等石木锯泥各行手艺，皆须先入鲁班会，方准在各家佣工。如未入会，擅自归帮操作者，公同处罚。

一议石木锯泥各行工价，原有成规。近因时值乏钱，备办器物不易，公议每行照旧加价十文，不准行内擅自准折增减。违者公罚。

一议我等手艺营生各行，既已归行入会，自应一团和气。无论在城在乡，或包工，或点工，或零工，只许由东家主人自行雇请，不得争充谋夺，致伤情面。违者公罚。

一议石、木、锯、泥无论何行，凡来投师者，不准争带，亦不准学习半途另投他师，致前师为其难，后师享其成，劳逸既不均匀，抑复大伤和气。违者公罚。

一议将来迁拨，首事必须公举。不准争充首事，亦须限定一年，轮流充当，毋得久恋鲸吞。违者公罚。

首事夏昌晏等十六人。

光绪三十三年五月初七日 公刊。[1]

安化东坪由裁缝组成的轩辕会，于清光绪三十年（1904）成立，订立有规章制度10条。入会须交入会费，摆门面的交制钱1000文，在楼上的交500文。学徒三年出师后，由师傅交120文入会费。工价每天70文，帮工每天60文。外地来做工的首先要交剪刀费240文，对于不愿意交费而又私底下做裁缝生意的罚款2400文。在裁缝店里和客人谈好生意，已经裁剪布料的，他人不得插手，违者罚款4800文。[2]

当然，会馆行帮的规约主要还是集中在生产经营范围的划分、商品价格的制定等方面，以限制竞争、维护本馆本帮本行的利益。清道光十六年（1836），新化县湘乡帮、江西帮分别在毕家巷建立湘乡会馆，在大码头建立江西会馆，并制定帮规店约，评议行情市价，划分生产、业务范围，限制竞争，成为新化境内最大的工商团体。民国初期，娄底各会所行会的主要职能是"规定条约，评议行情市价，划分生产经营范围，限制竞争，共同遵守，并设总管或值年，掌管会产，主持祭祀"[3]。汉寿县的各会馆每年由总管召集年会，"修改行约、店规；议定行情、市情；调处行业纠纷；组织对抗苛勒，抵御外帮势力"[4]。规约的目的性十分明确。

从以上规章可以看出会馆行规的细致与严密，既有利于维持本馆本帮的稳定，又能促进本馆本帮经济行为的正常进行。不过，这些规矩由于忽视了客观经济规律、违背了平等竞争的市场规则，就像重重障碍、道道壁垒，对市场经济的发展带来了一定的负面影响。

会馆帮规涉及面比较广泛，除会馆本身的管理规章外，还包括行业商帮本身的行约、店规，如入帮手续的办理、业务洽谈、行情市价的议定、行业纠纷的处理等各个方面。行规森严，帮口极紧。行帮之间，各循行规，互不逾越。对辖下商号，商帮控制极

1 彭泽益主编：《中国工商行会史料集》第341—342页，中华书局1995年版。
2 安化县地方志编纂委员会编：《安化县志》第607—608页，社会科学文献出版社1993年版。
3 娄底地区地方志编纂委员会编：《娄底地区志》第1023页，湖南人民出版社1997年版。
4 汉寿县志编纂委员会编：《汉寿县志》第296页，人民出版社1993年版。

严，这也是商业竞争的需要。除特种特许行业外，一般商号须向同业帮会申请入帮，纳金请牌，求得同业帮会会众接纳公认方能开店营业。如清代平江县的外来商帮“凡新设商号的，必须经同帮认可，方能办理入帮手续”[1]。清末岳阳境内外地行帮江西帮、临湘帮、津口帮、嘉鱼帮、鄂城帮等会帮的规约也规定：“凡新设商号，均需办理入帮手续，缴纳入会金，方可经营业务。”[2]

至于商号规俗，《“西帮”药铺堂规店俗杂记》一文对商号节日、拜师学艺行规有细致的叙述。

每月旧历初一、十五，杀牲砍肉；敬神祇后，全店团坐会餐，谓之“打牙祭”。

其他重要节假，如端阳、中秋、春节，即所谓“五、八、腊”三大节，都有成规定俗。过年时，从十二月十五日起，就逐渐收缩业务，进入全年结算，这叫做“倒牙”。倒牙以后，除留学徒照顾门面，老板外出收账之外，其他店员先后都回家过年。直到第二年正月初二，才又重新“起牙”。起牙之天，鸡没啼全家就起床，焚香点烛，击鼓鸣炮，敞开大门，拱手齐额，恭迎财神进门。相传财神爷喜欢勤快人家，先晚总在空中巡查观察；一听鸡啼，看到谁家的大门打开得早，就降临谁家——这家在那一年准会大发其财。因此，商家老板争先起早，只等鸡一开口，就抢着打开大门，都想把财神爷请进自己家门。

新春佳节，照例拜年会客。除学徒外，药铺伙友准许破例自由玩乐，甚至赌钱打牌也不禁止，店务只留学徒照顾。但到十五日“圆年”之后，就一切重归原位，进入正常营业。[3]

投师收徒，是药铺的一件大事。《“西帮”药铺堂规店俗杂记》对此描绘更为生动。西帮药铺收徒，一般都是同行中的子弟亲戚，非江西人不带，怕技术外传，而端掉江西人的饭碗。所以他们传艺有“传媳不传女”的说法。本店老板或先生师傅，都不带自己的亲属做徒弟，而送到别店别人处去学徒。他们认为自己子弟学徒，是会娇宠坏的，只有“严师”才能出“高徒”，经受三年艰苦磨炼，才有可望成器。这些子弟在别店达到“出师”水平后，一般才收回自己店中，接受父兄的再传授，直到独当一面。

投师学艺，首先要通过亲信熟人介绍作保，然后书写“投师约”，接受师傅种种苛刻条件。除无偿服役外，约中还申明：打骂跪罚，一听师便，不得违抗；人身伤亡，听天由命，与店无关，概不负责。

进师之日，在宗师座像前陈设香案，焚香点烛。师傅先叩告宗师；然后徒弟在介绍人指导下，先在宗师前行过大礼，再请师傅坐席，徒弟四礼八拜；再后又向师娘及店中

1 湖南省平江县志编纂委员会：《平江县志》第 354 页，国防大学出版社 1994 年版。
2 岳阳县地方志编纂委员会：《岳阳县志》第 370 页，湖南人民出版社 1997 年版。
3 湖南省攸县地方志编纂委员会编：《攸县志（1871—1949）》第 350—351 页，株新出准字（2002）第 062 号。

先生、师叔伯、兄弟作揖行礼，谓之“见大细”。

进师头一年，完全沾不上药柜的边，实际上是老板家的杂役。天没亮就要起床，点火烧炉，准备茶水、炭盆。天刚亮，就下板开门，洒水扫地，抹桌擦椅。冬天，还要替师傅们烧好火笼，把衣服鞋袜烤热，擦好烟筒、茶具。等到师傅起床，马上送上洗脸水、火笼。吃饭时，徒弟站在一边端茶装饭，斟酒送茶；直到下席送上烟具、茶具之后，徒弟才抽空收拾碗筷，把残菜剩饭端到厨房去吃。一日三餐，都是如此。

晚上，不论夏热冬寒，学徒都不能睡在床上。夜间在药柜旁边用板凳架上一块门板，守护药房。无处挂蚊帐，因怕失火，又不能点蚊香。如果有人晚上叫门买药，还得马上爬起，叫醒司药先生，服侍起床；等到拣完药，送走顾客，再服侍先生烟茶。一切妥帖，自己才能上“床”。有时碰上几次来叫门拣药的，那就无法睡觉了。天一亮，又得马上起来，拆掉床板，卷起被席。

一年四季，学徒没有节假日。除非家中死人，平时一般不能回家。逢年过节，也要留在铺中，看守药房，承担杂务。

刚进师门，店主柜房都有意设些圈套，考验徒弟。如故意不锁钱柜，或随便丢失钱物在地，以检验徒弟手脚干不干净；有时睡后故意响动门窗，以测试徒弟警觉与否；有时故意连续安排几项重活，看是不是吃得苦、耐得烦。在这些考验面前，稍一不慎，出现差错，那就灾星临头——轻则打骂，重则通知家长领回。

一般学徒都是年纪不上十五岁（最小的十一岁就开始学徒）的孩子，实在受不了种种清规戒律，有的只好从店中出走。走失了徒弟，老板并不着急，因为“投师约”上已写明：“人身伤亡，与店无关”，只通知家长自己去找。找到了，再由家长“绑子上殿”，负荆请罪。在这种情况下，一般是店主拒绝收回。经过家长苦苦哀求，老板才在宗师面前，焚香点烛，让犯“规”徒弟履行“头顶一碗水，手执三根香，双膝跪在钱板上”的行规处罚。头上顶碗水，连动也不能动；两手执香，连支撑一下身子都不行；特别是那膝下的钱板（硬木挖成一条条半圆形深槽木板，用来放铜钱的，像搓衣板），槽锋如刺，痛入骨髓。只有等到香烧剩得差不多了，老板气也出足了，先生师傅们相帮劝说求情。

熬过了第一年，第二年安排的任务更重。除仍需担负杂役外，开始进入栈房帮活。主要是干那些把原材料进行拣洗刮捶的粗活。冬天捶桑皮，两手泡在冰水里，捶了又搓，搓后再捶。熬驴胶时，要把驴皮刮洗，除垢去毛，又脏又臭。夏天经常制丸药。一个碾盘，手推脚踩，夜以继日。药末碾得不细，还得返工重来。

第三年，在栈房逐渐学些刀上活计，也开始帮“扎上”干些杂活。开始拿刀，心里发怵，刀又快，药又硬；特别有些圆溜溜的，也捉不住，弄得不好，指断血流。有些生药，毒性很大，沾手挨身，又麻又痒，甚至红肿溃烂。特别是炒毛姜、香附子一类带绒毛的药，一下锅，浓烟黑灰，冲眼钻鼻，眼泪鼻涕，沾成一把。几日后，吐出来的口水还是浓黑的，饭也不能下喉。

三年学徒，其实只有自己去学，并没有师傅正式来教，即使抄了几篇《药性赋》《雷公炮制法》之类的抄本，也得手勤口活，多在先生师傅面前献殷勤，趁着他们高兴而又有空闲时，送上抄本，请求指教，教得几句，背熟又来。有时捧着药屉（那时一般不贴标签），请师傅教认药名，自己死死默记。趁着先生照方发药时，帮助铺好包纸，一等拣齐，抢步上前请先生休息，让自己来包，然后按照方上开的药名，一味一味地与拣好的药对照，借机学会认字认药。学习实际操作，还有一些好机会，就是加工工夫最忙的时候。这时为了赶任务，有许多活计不得不让徒弟去做；老板怕耽误时间，怕浪费原材料，就只好告诉你，某样活应该怎么做，某种药应该怎么制，有时甚至还手把手教给徒弟。这时才真正学到了一些真知识、真技术。

三年期满，按行话是“吃完了七十二个‘牙祭’”（半月一次牙祭），徒弟一般就可以“出师”了。

出了师，并不意味着“小水出了大河”。因为除一部分徒弟自己父兄也开了药店的，可以回去在家实习外，大多数还不能独立开业或无本钱开业。他们还得留店，这叫做“帮师”。帮师一年之后，如仍无法另就，那就还得“参师”三年。本行流传的“学三年，帮一年，参师还得又三年”的谚话，就是指此。

出师留店，学徒身份基本有所改变，老板根据其技术能力，酌情给付工资。在对待上随和得多，但仍然比不上别处雇来的店伙。不过这时老板又开始带进新徒弟；以前的那些重活，又移交新徒去做，自己松活得多了。

这样收徒学艺的方法，在“严师出高徒”的要求下，经过艰苦磨炼，实践体验，学得的知识和技术是比较扎实的，也是比较牢固的。事实上，确也培养了一批批具有实际业务能力和管理能力的人。[1]

就像会馆会首一样，在商号内部，商号老板高高在上、发号施令，拥有绝对权威，随意打骂学徒，通过种种规矩加强对学徒的控制。

一般商帮商号规矩森严、各有隐语，用以洽谈业务，确保不泄行情，从而使得会馆带有浓厚的帮会色彩。

明清时期，攸县的江西药商所经营药铺在生意上往来，内部同行有许多规定的暗语，即所谓“行话”。如用“旦底”代替数字一，“抽工”代二，“眠川”代三，“回空”代四，“出丑”代五，“断大”代六，“皂底”代七，“入开”代八，“未丸”代九，“大旦底”代十。利用这些数字代号，内部通气，讨价还价，外行人如堕五里雾

1 湖南省攸县地方志编纂委员会编：《攸县志（1871—1949）》第 352—354 页，株新出准字（2002）第 062 号。

中，无从得知真相。特别是发货时，同一药物却按等分级另立别称。如党参依质量好次分别叫结面、大面、西党、纹党、台党、寸党、单支党；当归分拣归、湘归、秦归、全归、干白、油归等；肉桂有四皮桂、安桂、青蒙桂、大桂、碎桂、企桂等等。名称既异，质量悬殊，价格也就相差大。[1]

一般会馆辖下的商号十分讲究“生意经”，陈规陋俗也不少，久而久之就成了“潜规则”。像“西帮”药店有句口头禅：“药无医无用，医无药不灵。”正说明二者之间的密切关系。药店对周围有哪些医师，都是心中有谱。逢年过节，请客送礼；医师过门，烟酒相迎。为了表示亲热，他们把关系拉到几千年前的神话人物“神农”身上去了，大谈其“医药同宗”的大道理。这样医药两家关系越拉越紧了。药店奉承了医师，医师当然“一礼还一拜”。只要在开处方时大笔一挥，多开两样贵重药，还在药名旁圈上两至三个连环圈，表示要发上等正品，那药店就大大得到了实惠——价钱照“正品”算，实际发不发正品，只有天知道。药店行话所谓“吃厚朴饭，穿肉桂衣”，正是一语道破天机。拉好了医师关系，医师还可以在病人面前宣传和推荐药店。为了招徕生意，即使有时缺少某种俏药，药店以相似或相近的另一种药代替，医师也只开一只眼、闭一只眼，彼此心照不宣。[2]

制度是一个组织得以正常运行的基本条件。有过必罚，负面激励是一种惩罚性控制手段，是“对员工的某种行为给予否定、制止和惩罚，使之弱化和消失，朝着有利于个体需要满足和组织目标实现的方向发展”[3]。对违反会馆帮规者，一般要课以处罚，有时甚至十分严厉。如清末临武县会帮规定违反会规的人“违者定遭处罚”[4]。对一般违规者的惩罚通常由会馆总管或值年负责执行。汉寿县各会馆就明确规定，“违馆规馆约者，由总管执罚”[5]。至于总管或值年违规受罚，应该是由会首执行或会馆公议来确定。如民国三十五年（1946），洪江宝庆会馆的正、副值年刘玉仲、曾伯鳞，因贪污而受到革职永不再用的处分就是一例。

清代湘潭北五省会馆《棉花规例》、湘潭《冶坊规章》、湘潭靛行《四都靛山公议章程》、安化鲁班会馆规约等会馆章程以及《湖南商事习惯报告书》等商业史料，都有较大篇幅记录了会馆对违规行为的惩罚。

一是罚戏。罚戏，是会馆处罚的一种方式。资料显示，这项措施的施行较为普遍。“有罚戏者，一以敬神，一以鸣众。”[6]罚戏，可以敬重神灵，同时，警示成员遵守条

1 湖南省攸县地方志编纂委员会编：《攸县志（1871—1949）》第 351 页，株新出准字（2002）第 062 号。
2 湖南省攸县地方志编纂委员会编：《攸县志（1871—1949）》第 354 页，株新出准字（2002）第 062 号。
3 邵建平、曹凌燕：《威胁激励的理论价值与应用原则》，《企业改革与管理》第 47 页，2009 年第 5 期。
4 湖南省临武县志编纂委员会编纂：《临武县志》第 267 页，中南工业大学出版社 1989 年版。
5 汉寿县志编纂委员会编：《汉寿县志》第 296 页，人民出版社 1993 年版。
6 湖南调查局编印：《湖南商事习惯报告书》第 91 页，湖南教育出版社 2010 年版。

规条约。清光绪三十三年（1907），长沙竹木业规定："倘有载车过夜者，将所载之货并车充公，其货价系杉木杂木，向杉木杂木码头赔偿，并向任车摊放之铺户罚神戏一部。"[1] 清光绪二十九年（1903），长沙山货业则规定："各货买卖，任客投店，不得拦截勾引，悄添价值，希图牵扯夺买。如违罚戏一台。"[2]

清代湘潭北五省会馆《棉花规例》规定各行砝码标准要统一，否则罚戏，"行秤砝码，俱较准划一，如有故轻故重者，查出，公罚戏一本"。清代湘潭《冶坊规章》对师傅带徒规定，"徒入坊月日，定要三年期满；倘三年未满有重带徒，不但只革出徒，并各捐戏一本敬神"，"一徒之缺，定要三年，期满可另带徒。该徒出级，不许入别坊帮助。违者，罚戏一本敬神"。对作坊货物议价以及工匠坊内工作则规定，"客投坊置价，不许托人勾引他方。如违，罚戏一本敬神"，"各坊工匠人等，该坊言定一年，该年未满另帮别坊，公共罚戏一本敬神"。

清代光绪年间，长沙西帮公立的《西帮衣店条规》，更是一个"罚戏"的条规：

> 夫衣裳之制，创自轩辕；而文绣之恒，垂于《戴礼》。长短广狭，必期度数之得宜；改造缝纫，务使剪裁之合法。前次章程迭出，往往视为具文。只缘趋利是图，罔知忌惮。因设立七会，首曰轩辕，次曰福佑，此两会归衣东经理。又曰福主、福胜、福兴、福生、福庆，此五会系店伙、客师、成衣经理，其一切议立章程，无不美备。乃人心不测，紊乱条规，今再合集同行，重整旧章，俾扫除恶习，革故鼎新，合志同心，勉旃勿怠。
>
> 今将酌议条规，开列于后：
>
> 一、议同行人等，不准私引客贩，赴外省衣店买办货物。违者罚戏一部。
>
> 二、议同乡丰城客师，不准帮买外省外府衣店，只准帮丰城本县衣店。违者革出三代，不许入帮。
>
> 三、议同乡开店者，裁就衣物，不准发与外帮，只准发丰城县。违者罚戏一部。
>
> 四、议衣店并成衣概行不准携带外省外府徒弟，只准带丰城本县。违者罚戏一部。
>
> 五、议衣店并成衣，只请丰城本县客师，不准雇请外省外府客师。违者罚戏一部。
>
> 六、议同乡成衣生理，不准私地裁剪，接做外省外府衣店货物，只准做丰城本县货物。违者罚戏一部。

1 湖南调查局编印：《湖南商事习惯报告书》第 162 页，湖南教育出版社 2010 年版。
2 湖南调查局编印：《湖南商事习惯报告书》第 193 页，湖南教育出版社 2010 年版。

> 以上重整规条，均宜恪守。倘若犯者，内有知此情弊，隐瞒不报，罚戏一部。如不遵，罚革出，三代不许入帮。[1]

长沙《西帮衣店条规》，六条规矩中，有五条是“违者罚戏一部”，而且，对于隐瞒事实、知情不报的，同样采取“罚戏一部”的处罚措施。

罚戏是民间一种独特的惩罚方式。第一，演戏是一种公众活动，谁违背了行规民约，谁就被通过罚戏最大范围地示众，引以为戒，下不为例，比单纯的聚会效果更好。第二，罚戏由违规者出资，达到了经济处罚的目的。对受罚者来说，花钱请大家看戏，心理更容易接受。第三，罚戏既起到了惩戒的作用，又可以调和气氛、减少对立，化解了社会矛盾，促进了社会和谐，极具人性化色彩。第四，罚戏满足了老百姓的娱乐诉求，是惩戒与娱乐的巧妙结合。罚戏时，戏台一般书有对联，寓意深刻、妙趣横生。有的警示别人，如：“凡事莫当前，看戏何如听戏好；为人需顾后，上台终有下台时。”人生如戏，你方唱罢我登场，戏台上下皆是学问。做事不要抢在前头，做人要留条后路，台上唱戏的人也终有下台落幕的时候。有的人凡事抢先，争得面红耳赤，其实，退一步海阔天空，注重分寸、顾好后路，厚积薄发亦是人生智慧。“遇事强出头，此中大有人在；登场便抽脚，天下其谓公何？”直斥名利场中之偶然得意者，别有风趣。有的替受罚者宽心，如：“烛问灯云，靠汝遮光作门面；鼓对锣曰，亏侬空腹受拳头。”生动幽默，互相解嘲。“什么人上人，不过人抬人高，小人爬在大人上；无非戏中戏，何必戏玩戏耍，罚戏出于把戏中。”将罚戏变为把戏，把被动变为主动，在惩罚的同时，还要想方设法给人家一些薄面，起到异曲同工的效果。

会馆也是行会，商人讲究“和为贵”“和气生财”，倡导和睦、和气、团结，矛盾再大，也要尽量化解，没有必要激烈争执、撕破脸皮，更不能大打出手、发生冲突。因此，不管是犯规者还是处罚者，都端坐在戏台下，锣鼓齐鸣之际，弦管丝竹之中，所有的恩恩怨怨都烟消云散，雨过天晴，大家握手言欢、重归于好。而且，罚戏总是与敬神联系在一起，使得原本一项单纯的惩处措施，更带有了神圣的宗教神灵色彩，这可以说是会馆规约中很有特色的一条。

二是罚钱。罚钱是比较常见的处罚办法。清代湘潭《冶坊规章》规定坊内会员私自与他人合伙要罚银十两，“老坊瞒同人合伙，一经查出，各罚银十两，入一品堂敬神”；对不经允许，私自在他坊做工的要罚银一两，“各坊人等支一年工价外，长支坊钱，下年不得帮别坊。瞒雇，各罚银一两，一品堂敬神”。所罚之钱用于敬神事宜，以示公允。新宁《典商条规》：“典中金银首饰，期满出货，应由总账房提出，当大众秤定，照时价

---

1 湖南调查局编印：《湖南商事习惯报告书》第357—358页，湖南教育出版社2010年版。

算正，推归钱店。典中人不得预为私留，违则于追取原货外，罚钱一千六百文。"[1]湘乡《斋馆条规》："各色糕饼牌价涨折，每月朔望，由香主公平酌议，垂牌各店门首。一律照议发售，不得私行增减。如有低价滥售，攒图渔利者，查出罚钱四千八百文入公。以警效尤。"[2]

三是罚油。清光绪三十一年（1905），长沙《酒席店条规》："我同行新开铺面者，每牌费钱十五串文。改牌者出钱七串五百文。先捐入庙，然后挂牌。不遵者罚油十斤"，"各衙署内堂园馆，或长请短雇干水杂人等，只可做杂上之事，不准杂抵正工。倘有不遵，查出罚油十斤"，"我客师不拘在某家做，令邀请未入行之人，妄作客师，正杂混乱行规。查出罚油十斤"。[3]清同治八年（1869），长沙《面店粉馆条规》："庙宇公所及祭器什物等项，均交值年人轮流管理，不得损坏遗失。无论亲友人等，概不借用。违者罚油一月。"[4]

四是罚戏、罚席。益阳《山货行条规》："各口岸船贩乡担来店卸货，不准抽撤向各行零买。如有此弊，报信者由经营给钱四百文，随传同行，不准收受脚货。如违罚戏一台，酒席四桌。"[5]清光绪十七年（1891），长善粮行"酌定章程，俱从公议，或照古法，或立新章，总以诚信通商为上"，"若同行故意徇情，罚戏一部，海席三筵。至有一而再者，加倍举罚"，"倘同行有违公议，罚戏一部，海席三筵。至有一而再者，加倍举罚"，"同行或任意脂〔恉〕韦〔违〕，罚戏一部，海席三筵。至有一而再者，加倍举罚"，"同行或稍分轻重，罚戏一部，海席三筵。至有一而再者，加倍举罚"。[6]

五是罚戏、罚钱。在罚戏的同时处以罚钱，加大惩处力度。清咸丰十年（1860），长沙砚业："凡铺店作坊，不许与外行伙贸，亦不许搭琢做货。倘有暗藏声色，私相授受者，一经查出，罚戏一台，纹银四两"，"倘隐瞒信息，私自给货者，一经查出，罚戏一台敬神，纹银四两归公"。[7]清光绪三十一年（1905），长沙同业银号规定对不守规之人要罚钱罚戏，"倘有不法之徒，贪利滥规，除将存公票据三十千文处罚外，另行罚戏酬神，以示警戒"[8]。

六是罚戏、罚油。清代湘潭《冶坊规章》规定对违反规矩、私造货物的坊内会员要罚油、罚戏："堂内人众，无论在各坊帮琢，及在外歇业，务要确守清规，不得私行擅

1 湖南调查局编印：《湖南商事习惯报告书》第 157 页，湖南教育出版社 2010 年版。
2 湖南调查局编印：《湖南商事习惯报告书》第 196 页，湖南教育出版社 2010 年版。
3 湖南调查局编印：《湖南商事习惯报告书》第 385-386 页，湖南教育出版社 2010 年版。
4 湖南调查局编印：《湖南商事习惯报告书》第 393 页，湖南教育出版社 2010 年版。
5 湖南调查局编印：《湖南商事习惯报告书》第 163—164 页，湖南教育出版社 2010 年版。
6 湖南调查局编印：《湖南商事习惯报告书》第 164—165 页，湖南教育出版社 2010 年版。
7 湖南调查局编印：《湖南商事习惯报告书》第 251 页，湖南教育出版社 2010 年版。
8 湖南调查局编印：《湖南商事习惯报告书》第 181 页，湖南教育出版社 2010 年版。

造模样，或混入别堂私造我堂之货物，以乱我堂之规。违者，罚油二十斤，演戏两本，于玉清、乾元宫两处敬神。”清宣统元年（1909），常德《成衣店条规》：“学徒以三年为满，出灯油钱六百文入公。期满凭师发放。如未满有人请夺者，罚戏一台，油十斤。”[1]

七是罚戏、罚席、罚钱。“湘潭酱园有浙、南、西、本四帮，公议货价，违者罚席四桌，戏一本，钱五千。”[2]

八是公罚。会馆规约之中，“公罚”一项也较为多见。清代湘潭北五省会馆《棉花规例》规定：“远近水客，铺店买花，当时看花作价，必收样银，交单为定，过后不得捏情反悔。如违，公罚。”清代湘潭靛行《四都靛山公议章程》对靛的买卖弄虚作假以及私卖行为要公罚：“不许掺用私钱及加水扣水诸名色。违者，公同处罚”，“至靛以有字印为凭，否则系属私卖，查出公罚”。

其他行业，公罚一项也实施较多。安化鲁班会馆规约中对石、木、锯、泥诸行就入会、工价、营生等方面的违规行为的惩处措施主要就是“公罚”。[3]

九是禀官祈究。禀官祈究主要针对违规情节比较严重者，要追究其刑事责任，会馆无法惩处，就禀报官府，由官府来处理。湘潭靛行《四都靛山公议章程》规定：“靛户酿靛，毋许掺和蓝渣，增重觔两，减价发卖，以致真靛难售。违者，查出公同禀究”，“靛客来乡买靛，俱家毋许牵扯争论。如称天地人和四号，不许私秤过靛，堆尖过印。违者，公同禀究”。同样，清代湘潭《冶坊规章》规定对私造模具并态度恶劣者要告官府惩处：“恃强私造模样起炉，理革不遵，公同毁碎私造模样，封炉。不服，禀县祈究。”会同《油蜡行公议行规》：“本街店号，不准私灌支油下河。如有恃强私行灌支者，即属估骗行用，紊乱帖规。查出禀官究治。”[4]

这说明，作为具有一定自治色彩的民间社会组织，会馆的运作以及整体利益的维护都离不开官府，需要借助政权的力量。会馆正是通过官商结合来达到加强内部管理的目的。

十是革逐出业。这是很重的惩罚。对此，清代湘潭《冶坊规章》规定酗酒赌博、夜间外出以及允许外省籍人入坊学徒均要“革出”：“各坊人等不许酗酒牌赌洋烟，不许外间夜出。违者，公同革出”，“外来一匠一帮琢，各捐银十两入一品堂，以防拐掣，致不许外省人入坊学徒。如有不遵，共同并罚革出”。另外，湘潭《冶坊规章》还规定：“各坊揹捐县额差货诿曲用项捐银，公同禀县，祈究革贸。”该条系针对贪污公银之类

1 湖南调查局编印：《湖南商事习惯报告书》第 356 页，湖南教育出版社 2010 年版。
2 湖南调查局编印：《湖南商事习惯报告书》第 91 页，湖南教育出版社 2010 年版。
3 湖南调查局编印：《湖南商事习惯报告书》第 307 页，湖南教育出版社 2010 年版。
4 湖南调查局编印：《湖南商事习惯报告书》第 176 页，湖南教育出版社 2010 年版。

行为，不但要告官追究刑责，还要革逐出业，惩罚极重。清宣统二年（1910），茶陵鞋铺因窝贼销赃者被革逐，“立革条衡帮靴鞋店曾正茂、义和、义升等，今因本帮同业大茂窝贼销赃，业经查实。我等公同商议，革出该大茂，永远不许再入茶陵州营业。本街亦不能雇用、隐匿，以整同帮、同业规程，特此革条告白”[1]。

尽管馆有馆规，但事实上会馆规约的实施，往往存在着难以执行到位的情况。清乾隆年间，湘潭福建会馆住持僧四慧盗卖所寄契田一百二十八亩。按照馆规，住持僧“代供香火，致将堂内契约寄存”[2]，只负责管理香烛灯火、保管契约文书，对馆产并无处置的权力。四慧能够轻易将契田卖出，“众或莫有知者，即知亦莫敢言”[3]。数年之后，清乾隆四十五年（1780）“华光斗等实觉其事，与之讼胜，倍价赎回”[4]。清道光十二年（1832）腊月，湘潭福建会馆有人乘堂内司事外出，私将正殿神龛拆下金漆，用去类编堂钱八十千文。清道光十四年（1834）八月，湘潭福建会馆清点灯彩器皿等物，发现被住持僧盗取典当十余件的事件，除追赔之外，公议将住持僧逐出，永不准复入馆。同时，会馆强化了更加严格的管理措施。除住持僧人不受清规之外，也有闽人不守规矩的事例。如清道光九年（1829），湘潭福建会馆闽籍杨某，私自将仙峰岭义山借给本地人陈某紊葬。众知，莫使起扦。可见，湘潭福建会馆规章的约束力是有限的。毕竟，会馆规约只是商人之间的利益协调，如果出现用人不当、内部管理存在漏洞以及种种利益矛盾等因素，会馆规约存在的软弱涣散问题也就不足为奇了。

第四节　会馆活动

最初的会馆，“所以联乡情、笃友谊也”[5]，是客籍异地乡人的聚会场所和心灵家园。身处异地的同乡商人，逢年过节时，在会馆把酒言欢、畅叙乡情，正所谓“虽异地宛若同乡，皆得以敦亲睦之谊、叙桑梓之乐焉”[6]。

---

1 湖南调查局编印：《湖南商事习惯报告书》第 91 页，湖南教育出版社 2010 年版。

2 何宇恕纂辑：《湘潭闽馆类成堂集》卷三《馆堂记》，道光十五年刊。

3 何宇恕纂辑：《湘潭闽馆类成堂集》卷三《馆堂记》，道光十五年刊。

4 何宇恕纂辑：《湘潭闽馆类成堂集》卷三《馆堂记》，道光十五年刊。

5《修建临襄会馆碑记》，李华编《明清以来北京工商会馆碑刻选编》第 23 页，文物出版社 1980 年版。

6《浮山会馆金妆神像碑记》，李华编《明清以来北京工商会馆碑刻选编》第 100 页，文物出版社 1980 年版。

《重修河东会馆碑记》记载：

至初立会馆，先设帝位，兼设火、财神以为配，是其敬神即所以尊帝，尊帝即所以笃乡谊也。嘉庆辛酉，复置义田六亩，使死者得安，而生者又岁时聚会，以讲枌榆之谊。桂酒兰浆，相持以献于帝前，斯其德何如，而其功又何如也。其在传曰“数典不忘祖”。[1]

会馆这一建筑物本身就是乡情亲情的表征。岁时节令，同乡之人，无论关系亲疏、熟识与否、经营异同，语同音，食同风，拜乡土神，演地方戏，思亲之情，乡愁之苦，可于此得到慰藉。清代会馆在“城乡市镇为社会一宗”，移民们“遇有公事，群集于此”，会馆已成为社会生活中十分重要的场所。[2]

会馆的活动丰富多彩，特别是节日，更是热闹异常。如郴州汝城的广东同乡会每年元宵节在范家桥举办灯会，放孔明灯、花炮。清嘉庆元年（1796）元宵节夜，洪江七属会馆观灯人众，忽闻起火呼声，纷纷争道相挤，踩死60多人。从这一悲剧可以想象当时会馆活动的热闹程度。

具体来说，湖南商业会馆主要有联络乡谊、祭祀神祇、聚酬演戏以及施善行义等活动。

4.1　联络乡谊

会馆有别于家族的血缘联系，最主要的特色是地缘关系。简言之，地缘是会馆的基础、特征与辨识的标志，更是会馆力量的主要来源。因此，联络乡谊，是设立会馆最初的目的。

北京的山西临襄会馆在清康熙五十七年（1718）《修建临襄会馆碑记》中记载：

粤稽会馆之立，所以联乡情、笃友谊也。朋友居五伦之一，四海之内，以义相投，皆为兄弟。然籍同里井者，其情较洽；籍同里井，而于他乡遇之则尤洽。[3]

清嘉庆十八年（1813）苏州《姑苏鼎建嘉应会馆引》碑记：

惟思泉贝之流通，每与人情之萃涣相表里。人情聚则财亦聚，此不易之理也。矧桑梓之情，在家尚不觉其可贵，出外则愈见其相亲。吾五邑之人

1《重修河东会馆碑记》，李华编《明清以来北京工商会馆碑刻选编》第77页，文物出版社1980年版。
2 蓝勇：《西南历史文化地理》第512页，西南师范大学出版社1997年版。
3《修建临襄会馆碑记》，李华编《明清以来北京工商会馆碑刻选编》第23页，文物出版社1980年版。

来斯地者，无论旧识新知，莫不休戚与共，痛痒相关。[1]

清道光二十九年（1849）《新建豫章会馆始末碑》说：

方欲创一公所，凡事遇公私，集议其中，藉可时常亲近，未始非联属乡情之善举。[2]俾春秋佳日，宴集谈心，不时聚首。虽处异乡，情同故里，一举三善，其快如何！[3]

柳迈祖在邵阳《山陕会馆碑记》曰：

会馆之建，以联乡谊，客斯土者，轻去其乡，馆舍既成，欣言慰止，相与话枌榆、道戚旧，每岁醵钱礼款洽殷勤，忘其身之在客也。[4]

黎培敬在洪江《长郡会馆碑记》称：

吾乡人居于斯者，兴仁讲让，相友相恤，共敦古处亲睦之谊。[5]

清光绪二年（1876）《澧州津市万寿宫志》记：

君子出外，不忘桑梓，往往倡建义会，设立宾馆，以联属同乡之亲也。[6]

清光绪九年（1883）《重修建汀会馆碑》云：

仕宦商贾之在他乡者，易散而难聚，易疏而难亲，于是立会馆以联络之，所以笃乡谊也。[7]会馆者，所以祀神明，以联桑梓也。[8]

清宣统元年（1909）北京的山西临汾会馆《重修临汾会馆碑记》也说：

北京为首善之区，商旅辐辏之地，会馆之设由来久矣。揆前人创造之初心，非仅为祀神宴会之所，实以敦睦谊、联感情，本互相而谋福利，法良意美，至是多也。[9]

1《姑苏鼎建嘉应会馆引》，江苏省博物馆编《江苏省明清以来碑刻资料选集》第 351 页，生活·读书·新知三联书店 1959 年版。

2《新建豫章会馆始末碑》，上海博物馆图书资料室编《上海碑刻资料选辑》第 336 页，上海人民出版社 1980 年版。

3《新建豫章会馆始末碑》，上海博物馆图书资料室编《上海碑刻资料选辑》第 336 页，上海人民出版社 1980 年版。

4 道光《宝庆府志》卷八十八《礼书二》。

5 光绪《洪江育婴小识》卷四《识宛委·长郡会馆碑记》。

6 光绪《澧州津市万寿宫志》卷十《碑记·吉庆堂记》，光绪二年刻本，湖南图书馆藏。

7《重修建汀会馆碑》，上海博物馆图书资料室编《上海碑刻资料选辑》第 278 页，上海人民出版社 1980 年版。

8《重修建汀会馆碑》，上海博物馆图书资料室编《上海碑刻资料选辑》第 279 页，上海人民出版社 1980 年版。

9《重修临汾会馆碑记》，李华编《明清以来北京工商会馆碑刻选编》第 109 页，文物出版社 1980 年版。

而民国三年（1914）北京的山西浮山会馆《重修浮山会馆碑》更是开宗明义地指出：

> 建祠立馆，固由前人之缔造；而兴废补缺，尤赖后人之经营，天下事大抵然也。京师为人文荟萃之地，商贾辐辏之区。不设公所，则观光贸易者，行旅甫至，不免有宿栈假馆之繁。即仕宦坐商，欲会同而联乡谊，亦未免参商卯酉矣，此会馆之设所由来也。[1]

俗语云："出门一里，不如屋里""在家千日好，出门一时难""家贫不是贫，路贫贫煞人"。人在旅途多坎坷，创业的过程充满了辛酸与无助。桑梓之情成为了旅外同乡商人最需要和最容易接受的纽带。"然籍同里井者，其情较洽；籍同里井，而于他乡遇之则尤洽。"[2]"生同地，长同游，千里税驾，首聚一堂，话井里嬉游，情事依依在目。则虽在天涯，不啻枌榆也。"[3]因此，举办年会聚餐就成了湖南商业会馆重要的乡谊联络活动。如洪江的会馆经常举办年会，一年中，无论行会还是帮会，至少要举办一至二次。各会举办年会的规模比较大，举办年会的时间由帮会、行会择日而定，像篾匠、泥瓦匠行会，就定在玄女生日九月初六日办会。届时，觥筹交错，欢声笑语，年会气氛自是十分热烈，感情自然进一步融洽。

另外，作为同籍商人或行业商议重大事情的地方，会馆制定规约，沟通信息，调解纠纷，举行活动，是对外展示自己面貌的窗口。因此，会馆尽量为旅外人士提供方便，进一步增加了会馆的亲和力。"各会所一般都建有住宿之所、贮货之仓。有的甚至还建有统一的铺屋，为商民提供经营场所，无疑联络了情谊，大大方便了各乡、各行的官商仕民。"[4]

4.2　祭祀神祇

清康熙后期，都察院左佥都御史张德桂在《创建黄皮胡同仙城会馆记》指出："称会馆，何为也？为里人贸迁有事，祃祀燕集之所也。"[5]光绪时期，李鼎镛在《洪江万寿宫记》也强调："木有本，水有源，家焉而宗祖，庙焉而神祇，远近虽殊，其所以为民依则一也。故秩祀不修，则人弗亲……欲人知所敬也，知所敬则易合。故祀有主，人罔弗亲，天下皆然，吾乡何独不然！"[6]欧阳钟在洪江《贵州忠烈宫图记》也开门见山地说：

1《重修浮山会馆碑》，李华编《明清以来北京工商会馆碑刻选编》第 101 页，文物出版社 1980 年版。
2《修建临襄会馆碑记》，李华编《明清以来北京工商会馆碑刻选编》第 23 页，文物出版社 1980 年版。
3 道光《宝庆府志》卷六十一《疆里记一 · 江南会馆记》。
4 肖迪民：《湘潭会所初探》，《求索》第 248 页，2004 年第 7 期。
5《创建黄皮胡同仙城会馆记》，李华编《明清以来北京工商会馆碑刻选编》第 15 页，文物出版社 1980 年版。
6 光绪《洪江育婴小识》卷四《识宛委 · 洪江万寿宫记》。

“忠烈宫者，吾黔人祀南将军霁云之邸馆也。”[1]

商业会馆多以乡土神作为整合乡人的纽带，使得“客籍人怀故土，而会馆以兴，彼各祀其乡之闻人，使有统摄，于以坚团结而通情谊，亦人群之组织也”[2]。客籍人士需要通过会馆祭祀神祇的方式来建立、维系这种在地域乡帮基础上的人际关系，从而在异乡立稳脚跟，进而发展壮大。江西临江府商人在衡阳修建本府会馆仁寿宫，开宗明义指出：

> 合同乡以为会馆，且祀萧英祐侯于中，而名其宫曰仁寿宫，吾乡之客游者类然。自滇、黔、楚、蜀、两粤之地，无虑数百千处。衡阳当三楚之冲，宦游商旅，往来络绎。于是，同乡诸君子鸠资庀财，以从兹役。而某属经其事，既落成，乃书助赀襄力者姓名于后，而谂于众曰：合同乡以为仁寿宫，犹聚族居者之为宗祠也；族无宗祠则祖灵无所冯依，无以致时祀，无以聚子姓而敦雍睦之谊；客于异地不有是宫无以延神休，若士若贾无以萃涣而笃同乡之好，是故里居则聚族，合食而各依其祖；客游则合祀乡之先贤而以萃其涣，神祝嘉祉，人怀即次，相聚客邸，不殊里居。故曰仁寿宫之建，犹族居之有宗族也。凡我同乡聚众于兹宫，有无相通、忧患相恤，迎往送来、远至如归。岁时宴会，以乐神休，以敦乡好，则虽异姓之聚，不啻同宗之戚也。
>
> 休哉，兹宫之建，其为功，是为功于吾乡也，永永勿忘之矣。[3]

衡阳仁寿宫这种具有家乡宗祠功能的会馆，使得同乡通过祭祀乡土神灵，不仅解决了信仰与认同的问题，而且在共同的祭祀旗帜下，以萃其涣，忧患相恤，达到了“虽异姓之聚，不啻同宗之戚”的目的。

江西会馆主祀许真君许逊。据《神仙通鉴》记载：许逊，字敬之，许昌人，嗜神仙修炼之术，从吴猛学，得神方秘诀，隐于西山。晋太康初，起为旌阳县令，大施利济。后弃官归，遇黄堂谌母，拜为师，得净明五雷诸法术。后举家拔宅飞升，里人立祠祀之。宋徽宗封至道玄应神功妙济真君，证位为天枢使相，为天府四相之一，称为西山净明法派祖师，俗称旌阳真君。[4]

对许真君的崇拜，起于晋，兴于唐，盛于宋，历一千六百年而不衰。相传真君生

---

1 光绪《洪江育婴小识》卷四《识宛委·贵州忠烈宫图记》。

2 民国《灌县志》卷一六《礼俗纪》。

3 钱时雍：《寄圃文集》卷一〇《捐修仁寿宫姓名碑记》，引自郑克强主编《赣文化通典·宋明经济卷》第352—353页，江西人民出版社2013年版。

4 李叔还编纂：《道教大辞典》第568页，浙江古籍出版社1987年版。

前，四川的一些地方就已建生祠祭奉。真君“升仙”后，江西、福建、浙江、湖南等地都先后修建了许多祭供庙观。如南昌的“铁柱宫”，因宫内有铁柱井而得名，相传该井为许逊所铸，以镇蛟螭之害。殿中有许真君全身塑像，两侧倚立十八罗汉。宋朝嘉定年间，御书额为“铁柱延真之宫”，明朝嘉靖年间又赐名“妙济万寿宫”，后以“万寿宫”之名沿用至今。[1]

福建沿海渔民为祈求平安，祭祀天后圣母妈祖；而进入湖南的福建商人和移民，也以天后为保护神，在各地建立福建会馆。

光绪《善化县志》对长沙福建会馆的祭祀，包括祭品陈设、祭前准备、礼仪程序、祝文内容，都有详细的记载：

> 天后庙，在县境西鱼塘口，即福建会馆。每岁祭期由县诹日详请。
>
> 祭品陈设：祝帛爵三，尊一，铏、簠、簋各二，笾、豆各四，羊一，豕一，镫炉、香槃如式。
>
> 礼仪：前祭日，地方官净庙，设次，委官，补服至庙封帛，省牲，接毛血供香案上，行一跪三叩礼，毕，退。
>
> 祭日五鼓，主祭官朝服诣庙（唱），鼓初严（再，三），起乐，执事者各司其事。进盥，盥毕，主祭官就位。瘗毛血，迎神，上香（引主祭官至香案前，上香三炷，赞），复位（唱），二跪六叩首（赞），兴（唱）。行初献礼（赞），司帛者捧帛，司爵者捧爵，诣天后神位前，跪，献帛，献爵，叩首，兴，诣祝位前跪（赞），止乐，读祝，起乐，三叩，兴，复位。亚献（如初献仪），三献（如亚献仪），复位（唱），送神（赞），二跪六叩首，兴，燔祝帛，望燎（诸如仪），复位，礼毕。
>
> 祝文：致祭于敕封护国庇民、妙灵昭应、宏仁普济、福佑群生天后尊神。曰：“惟神菩萨化身，至圣至诚，主宰四渎，统御百灵。海不扬波，浪静风平，舟航稳载，悉仗慈仁。奉旨崇祀，永享尝蒸。兹届春 / 秋仲，敬荐豆馨，希神默佑，海晏河清。尚飨。”[2]

湖南商业会馆对神灵祭祀十分讲究，仪式感强。祭祀的前期工作、日程安排、仪容仪表都有严格规定。祭祀前，值年必须提前准备祭品、发放请柬。祭祀时，必须尊卑有别、虔诚整肃，不得迟到早退，不得吵闹喧哗，不得紊乱次序。祭祀结束后，按规定向相关人员分发食肉，叫“分胙”。

---

1 郑士有：《中国民俗通志·信仰志》第 273 页，山东教育出版社 2005 年版。

2 光绪《善化县志》卷十四《秩祀二·天后庙》。

同治《沅陵县志》："凡元旦、冬至、万寿三大节暨皇后千秋令节，前一日于万寿宫安设香案、龙亭，排列仪仗；至日五鼓，文武各官朝服恭诣，文东武西，序立丹墀下。礼生四人，禀三鼓，行礼，引至各拜位，通赞唱：'序班，行三跪九叩首礼'，毕，各退。"[1] 三大节唯万寿圣节先后三日，俱蟒服坐班，余俱本日坐班。记载还原了江西会馆祭祀活动的程序规制。

商业组织对于本行祖师都极端崇拜，遇祖师诞辰，都有隆重而热烈的祭祀活动。清同治十二年（1873）长沙《靴鞋铺条规》、清光绪二年（1876）长沙《干湿靴鞋店条规》、清光绪十五年（1889）长沙《药店条规》、清光绪二十三年（1897）长沙《纸店条规》、清光绪二十五年（1899）长沙《长善银号公议条规》，都对行业祭祀活动作出明确的规定，强调"孙祖瑞诞十月初一，上下三班值年，拈香上表。本届值年，预备香烛。必须衣冠整齐，以昭诚敬"[2]、"每年扦报值年恭逢孙祖瑞诞，理宜庆祝，演戏一台，以昭诚敬"[3]、"师祖四月二十八日瑞诞，值年人先期入庙，张挂灯彩，铺设祭器"[4]、"定例每年三月十五日恭逢福禄财神瑞诞，我等必须先夕沐浴，整齐严肃，踊跃从公，虔诚庆祝"[5]、"每年二月十五日祖师瑞诞。凡我同人，务宜拈香上表，以昭诚敬"[6]。这样，一是可以形成并加强行业群体内部的认同，二是能够扩大社会影响，为其他群体所认可。

洪江十大会馆将"祀神"作为会馆工作的核心，馆馆有神庙，庙庙祀神祇。洪江"有些公会用收得的会费购置会产，修建会馆，并按期举行祭祀行业祖师爷的庙会。祭祀大典的程序一般是：开祭、唱大戏、办宴席，少则一天，多则三天，甚者五天，会员和子弟都有权参加"[7]。

---

1 同治《沅陵县志》卷十五《祀典·典礼附》。

2 湖南调查局编印：《湖南商事习惯报告书》第 229—230 页，湖南教育出版社 2010 年版。

3 湖南调查局编印：《湖南商事习惯报告书》第 233 页，湖南教育出版社 2010 年版。

4 湖南调查局编印：《湖南商事习惯报告书》第 428 页，湖南教育出版社 2010 年版。

5 湖南调查局编印：《湖南商事习惯报告书》第 281 页，湖南教育出版社 2010 年版。

6 湖南调查局编印：《湖南商事习惯报告书》第 180 页，湖南教育出版社 2010 年版。

7 洪江市志编纂委员会编：《洪江市志》第 606 页，生活·读书·新知三联书店 1994 年版。

洪江十大会馆神祇名称

序号	会馆	神祇名称
1	江西会馆	许真君
2	徽州会馆	朱子
3	福建会馆	妈祖
4	黄州会馆	帝主
5	宝庆会馆	蚩尤
6	辰沅会馆	马援
7	七属会馆	关帝
8	贵州会馆	黑神
9	衡州会馆	寿佛
10	湘乡会馆	文昌帝君

会馆祭祀时间一般为神灵祭日或诞日。福建会馆一般一年两次祭祀，除了天后诞日外，还在每年的九月初九日进行祭祀。宁乡福建会馆“岁以春三月二十三日诞辰及秋九月九日私致祭”[1]。江西会馆一般每年正月二十八日及八月二十八日进行祭祀，因为这两天分别是许仙真君生辰及降伏孽龙、使江西人免于特大洪灾的日子。桑植县廖家村镇江西会馆，为廖家村谭、刘、何、郁、聂、张六姓所建，每年正月二十八日，六姓人齐集会馆，庆贺许仙真君诞辰；澧源镇江西会馆，为县城程、郁、刘、王、熊五姓所建，每年正月二十八日许仙真君诞辰，五姓成年人齐集聚会，清理上年账目，改选头人，上江西坟祭扫，而后聚餐并演戏三天；上河溪乡江西会馆，系上河溪郁、李、姚、赵、刘、龚六姓所建，每年正月二十八日及八月二十八日，宰猪羊祭神、会餐。

此外，会馆还在清明节、中元节进行祭祀，同样杀猪、宰羊，聚会、祭神、演戏、做道场。桑植县官地坪镇江西会馆，为官地坪熊、张、谢、何四姓所建，每年清明、中元、冬至节都集会祀神、会餐。芷江县榆树湾江西会馆的神殿十分宽敞，可容纳数百人。会馆同乡在每年清明节和中元节集体扫墓和超度亡灵，大办酒席，演戏酬神，办理会内事宜。湘阴县苏州会馆在城郊韩家垄（今属城南乡将军村）购置义山。每年清明节、中元节，苏籍人士必集中扫墓祭祖。可见，会馆祭祀场面之热烈、仪式之隆重。

1 民国《宁乡县志》之《故事编·礼教录·礼典秩祀上》。

一般来说，会馆不止祭祀一个神灵，往往是多神共祭，只不过主神的崇祭最为隆重。

长沙江西会馆，真君殿主要供奉许真君许逊，清咸同年间增建关圣殿祀关羽，建文昌阁并奉轩辕神位，建仁寿宫并祀萧公，附以药王……此时的江西会馆，关圣殿、文昌宫、财神殿、大雄殿、雷祖殿、杜康祠，各路菩萨，一应俱全，祈福许愿，香火旺盛。长沙山陕会馆内除设有关帝大殿外还有观音阁。长沙苏州会馆除“正栋关圣殿，左文昌宫，右财神殿”[1]之外，还设有翠波阁、大雄殿、雷祖殿、杜康祠。长沙粤东会馆“正栋关圣殿，左灵官殿，右财神殿，倒堂韦陀佛；后栋六祖殿，后门内观音殿，右侧财神公房屋一栋”[2]。洪江长郡会馆“祀广济真人及乡先达诸公于中”[3]、“于馆中设先哲诸公位以祀之”[4]。龙山长沙会馆正殿内供有南岳大帝坐像，高二丈余，身粗两围许，左右四将均高二丈余。正殿附有左右偏殿，右供煞神菩萨，左边殿上亦供有神像，中殿是普陀山，观音盘莲端坐山前，两边排列十八罗汉、二十诸天。桑植江西会馆“馆内必设神坛——俗称正殿或大殿，供主神‘江西福主许仙真君’；左右供‘萧公’、‘晏公’，传说是为许仙真君降伏孽龙，使江西人免于特大洪灾的两位得力助手。另供‘观音大士’、‘武圣帝君’及‘韦陀菩萨’等神像”[5]。

湘潭福建会馆除主祭妈祖之外，还祭祀其他神灵，有的是妈祖的侍从，有的是道教神祇，有的是佛教神灵，他们分别是妈祖、金大王爷、柳大王爷、关圣帝君、上元天官大帝、中元地官大帝、下元水官大帝、祝融火官大帝、正一财神菩萨、五显灵官大帝、福德土地菩萨、观音菩萨、韦陀菩萨、地藏王菩萨、三宝菩萨、释迦佛祖、定光古佛、惠宽大佛、南无护法诸天菩萨。神灵诞辰，湘潭福建会馆都要举行神会敬神祈福。众多的神会中，以天后妈祖的祭礼最为隆重。祭礼“谨照民祭旧规，连日演戏庆祝”[6]；届期值事预备猪羊各二及香烛等物，“仪于前一日未刻省牲，正日黎明致祭”[7]；祭礼完毕之后，值年、司事、主祭、生监、执事、邑侯、总府以及两学、分司、左堂、外委各位老爷均分得胙肉、胙羊、面、酒、包封。关圣帝君诞辰，“值事预备羊一、豕一，于前一日未刻省牲，正日黎明致祭，演戏庆祝”[8]。

祭祖敬贤，崇圣拜神，在湖南商业会馆普遍存在。从某种意义上说，会馆就是庙宇，有的会馆就是在寺庙的基础上发展起来的。明清时期，湖南各地商业会馆林立，大

1 光绪《善化县志》卷三十《祠庙·会馆》。
2 光绪《善化县志》卷三十《祠庙·会馆》。
3 光绪《洪江育婴小识》卷四《识宛委·长郡会馆碑记》。
4 光绪《洪江育婴小识》卷四《识宛委·长郡会馆碑记》。
5 桑植县地方志编纂委员会编：《桑植县志》第566页，海天出版社2000年版。
6 何字恕纂辑：《湘潭闽馆类成堂集》卷三《神佛诞》，道光十五年刊。
7 何字恕纂辑：《湘潭闽馆类成堂集》卷三《神佛诞》，道光十五年刊。
8 何字恕纂辑：《湘潭闽馆类成堂集》卷三《神佛诞》，道光十五年刊。

都是前庙后馆，所谓“宫对神称，馆以人言”[1]，形成宫馆一体的独特形式。会馆将神像设在大殿等最为重要的位置，神灯长明不熄，香火常年不绝。朔望之日，在会首或值年的主持下，会馆成员向所祀神像烧香祭拜。每逢节庆或者神祇诞辰之日，更是车水马龙，盛况空前。

湖南商业会馆所祀神灵大致分为五种类型：

一为乡土神。会馆每年都会举行祭祀乡土神的活动，如江西会馆、抚州会馆祀福主旌阳许真君许逊，福建会馆祀天后圣母妈祖，湖北会馆祀水官大帝大禹，广东会馆祀南华六祖慧能，漳州会馆祀清水祖师。

二为行业神。为祈求神灵保佑，会所共同祭祀本行业神。这些行业神，有的是行业的奠基者，有的是行业的祖师爷。如冶炼业祀蚩尤，泥木业祀鲁班，制药业祀孙思邈，行医业祀华佗，钱业祀赵公元帅，绸布业祀织女娘娘，染坊业祀梅葛二仙，裁缝业祀轩辕氏，造纸业祀蔡伦，制笔业祀蒙恬，制陶业祀范蠡，酒业祀杜康，茶业祀陆羽，屠户业祀张飞、樊哙，厨师业祀詹王、灶君，理发业祀吕洞宾，占卜业祀鬼谷子，煤栈业祀无量寿佛。

三为佛道神。如黄州会馆祀三官尊神帝主，长沙会馆祀南岳祝融，衡州会馆祀寿佛，宝庆会馆祀蚩尤，湘乡会馆祀文昌帝君，益阳江神会馆祀洞庭龙王，龙山朗江会馆祀东岳大帝黄飞虎。

四为财神。不论是会馆还是公所，一般都设有财神殿，供奉主管世间财源的财神爷，期望会馆以及本行业生意兴隆、财源茂盛。洪江的七属会馆祭祀忠义神武关圣大帝关羽；每年的三月十五日，长沙的公所等都要举行财神会祭祀财神，如山货店“三月十四日齐集公所，办理庆祝财神瑞诞事务”[2]，西货毡、毡扇业“每岁恭逢财神瑞诞之日，先期传集同行，整肃衣冠，同申庆祝”[3]。迎财神，拜财神，具有广泛的群众基础，对于经商的人来说更是必不可少。因此，财神殿香火最旺、人气最高。

五为忠义先贤。充满人格魅力的忠义先贤，往往会被神化、仙化，打上神秘的烙印，充当乡人的精神领袖和保护神。北五省会馆、中州会馆祀武圣关羽，徽州会馆祀理学家朱熹，贵州会馆祀黑神南霁云，四川会馆祀惠民大帝刘备，永州会馆祀道学创始人周敦颐，辰沅会馆祀伏波将军马援，靖州会馆祀威远侯杨再思。

许逊、天后系地方神灵，地域色彩相对较强，主要为江西、福建籍人所祭祀。而大禹、关羽则是忠义勇武的化身，属于全国性民俗文化的一部分，得到广泛认可，经历代

1 何宇恕纂辑：《湘潭闽馆类成堂集》卷三《馆堂记》，道光十五年刊。
2 湖南调查局编印：《湖南商事习惯报告书》第 194 页，湖南教育出版社 2010 年版。
3 湖南调查局编印：《湖南商事习惯报告书》第 227 页，湖南教育出版社 2010 年版。

渲染，成为了跨地域的保护神，超出了乡土神的范围。

湖南商业会馆的神祇祭祀，是由多方面原因形成的。

一是凝聚同心合力的需要。“三里不同风，五里不同俗。”初到异乡，客籍人士由于语言、风俗习惯的差异，社交范围狭小，不时遭受排斥和拒绝，被阻挡在主流群体之外。更为严重的是，背井离乡、远道而来的他乡人，在陌生的环境中，与土著人关于土地所有权的矛盾和冲突时有发生。

> 流民垦荒，必与土著之民错壤而处，土著者，狭有余之势、以虐使流民，流民怀攘利之心、以阴伺土著。其弊也，弱者屈伏而受其害，强者忿起而与为难。流民不安，土著亦不安。[1]
>
> 客民多长、衡、常、辰各府及江西、贵州各省者，其先服贾而来，或独身持襆被入境，转物候时，十余年间，即累赀巨万，置田庐，缔姻戚，子弟以次并列庠序。故县属巨族，自来客籍为多。服食言动，皆沿华风。至伏腊婚祭，一切习尚，或各守其祖籍之旧，往往大同小异。乡居与土风相染，久之不免于纤啬，争校细微，浸成积讼。[2]

单打独斗、单枪匹马，往往独木难支、举步维艰，需要抱团取暖，依靠群体的力量获取基层社会话语权，并为商业经营保驾护航。入圈，乃是大势所趋。因此，会馆不得不考虑加强团队建设问题。家乡神灵是集“福佑”与“故乡”于一体的象征。浪迹天涯，外出打拼，人们更希望得到神的庇护。于是，会馆顺应要求、应势而为，以敬神为标榜，强化神祇祭祀功能，使会馆中人虽然身处异乡，却能同祭乡神、共话乡音，获得真正的归属感。这种被认可与接纳的感受，是一种亲切、自豪的情绪体验。因此，会馆祭祀内容的强烈地方色彩与浓郁乡土气息，既增进了乡情、加深了友谊，更为重要的是弘扬了“家乡元素”，达到了思想上、感情上和心理上的认同和投入，整合了资源，打造了协同发展新高地，助推了抱团式发展新格局。

二是培育商业道德的需要。与契约规则的“硬要求”相比，商业道德则是一种“软约束”。商务贸易要树立正确的义利观。“义”与“利”看似矛盾，但二者又密不可分。古人常说不能“见利忘义”“唯利是图”，应该“仗义疏财”“轻财重义”，为经商赋予了强烈的道德含义，促进了商业的良性循环和可持续发展。

清光绪十七年（1891），长善粮行“酌定章程，俱从公议，或照古法，或立新章，总以诚信通商为上。毋取巧，毋恃强，俾得风俗朴纯，财源茂盛，是则我行所同心属

---

1 黄辅辰编著，马宗申校释：《营田辑要校释·内篇下·土客不安之弊》，农业出版社 1984 年版。

2 光绪《龙山县志》卷十一《风俗》。

望者”[1]。

巴陵《鱼行条规》规定：“斤两不可含混妄报，或买或卖，总以公平为主，方以昭诚信。”[2]

益阳《纸店条规》强调：“交易公平，则生意自然兴旺。若贪一时之利，使山客裹足不前，不但生意立见萧条，将来包缴厘金，更从何出。务当顾全大局，将欺瞒盘剥诸弊，一律扫除。保全山客，即保全同业商务，是为至要。”[3]

湘潭《四都靛山公议章程》要求：“靛户酿靛，毋许掺和蓝渣，增重觔两，减价发卖，以致真靛难售。违者，查出公同禀究。”

诚招天下客，誉从信中来。货真价实，公平交易，营造诚信的经营环境，才能和谐共赢，才能立得住、行得稳。

会馆神祇，是移民的精神支柱，是传统美德的化身，能起到规范人心的作用。作为一种特殊的精神现象和社会实践，会馆祭祀在弘扬中华优秀文化、培育商业道德方面发挥了重要作用。

关公祭祀盛行于明清之际。关羽为三国名将，山西解州人，与陕西相邻。对山陕商人来说，选择关公为精神领袖，可以凭借关公的神化地位，扩大商帮的声势，进而提高自己的社会影响。山陕会馆祭祀关公，祈望家乡这位万能的大帝保佑秦晋商贾，自是顺理成章的事情。更重要的是，关羽“千里走单骑”，不要荣华富贵，一心追随处于事业低谷的刘备，这正是忠义的表现。商人们把关羽视为“武财神”，看中的正是他身上的“义”。关羽“义冠古今”“信义昭著”“义不苟取”，一生身体力行一个“义”字，所以被赋予“忠义、仁勇、诚信”等精神品质，成为我国历史上与孔子齐名的两圣人之一。因而，会馆在祭祀关羽、祈祷护佑的同时，也是在要求大家不忘初心、坚守诚信，实际上是一场实际、生动、形象的商业道德教育。

三是祈求趋吉避凶的需要。“立会馆以聚乡人。”[4]作为以籍贯为基础、以乡情为纽带的集体组织，会馆将同乡商人会聚在一起，形成一个文化、利益共同体。“人生如逆旅，我亦是行人。”商人远别家乡，淹留客地，商旅艰难险阻，商情变幻莫测，渴望求财避凶，因此，头等大事就是求神拜佛，祈求神灵庇护。

祭祀文化是中国传统文化的重要组成部分。“礼有五经，莫重于祭。”[5]“祖宗虽远，祭祀不可不诚。”[6]祭祀是会馆的重要事务。会馆对祭祀高度重视、精心组织，祭祀

1 湖南调查局编印：《湖南商事习惯报告书》第 164 页，湖南教育出版社 2010 年版。
2 湖南调查局编印：《湖南商事习惯报告书》第 173—174 页，湖南教育出版社 2010 年版。
3 湖南调查局编印：《湖南商事习惯报告书》第 284 页，湖南教育出版社 2010 年版。
4 民国《昭通县志稿》卷六《氏族》。
5《礼记·祭统》。
6 朱柏庐：《朱子家训》。

仪式场面庄严肃穆、气氛热烈隆重，以达到酬神、娱人的目的。

大禹治水是中国古代的神话传说故事。大禹治水十三年，“三过家门而不入”，耗尽心血与体力。据传，大禹治水成功后刻碑于湖南衡山岣嵝峰。岣嵝碑，又名禹王碑、大禹功德碑，字似缪篆，又似符箓。南宋嘉定五年（1212）何致游南岳时，临拓全文复刻于长沙岳麓山云麓峰。长沙禹王碑高 1.84 米、宽 1.4 米，碑文 9 行，共 77 个字。明代长沙太守潘镒于岳麓山找到此碑，传拓各地。湖北武汉、陕西西安、江苏南京、云南大理、四川北川、河南禹州、浙江绍兴皆有摹刻。1983 年 10 月，湖南省人民政府公布长沙禹王碑为第五批省级文物保护单位。2011 年 1 月，湖南省人民政府公布衡山县福田铺乡禹王碑遗址为第九批省级文物保护单位。2013 年 3 月，国务院公布长沙禹王碑为第七批全国重点文物保护单位。大禹治水精神是中华民族精神的源头和象征。据说楚人是大禹治水的最大受益者，因此大禹被认可为湖广乡神。每年农历六月初六日，湖南、湖北的会馆，都会举办隆重而热闹的大禹诞辰祭祀活动，表达对大禹的崇敬和缅怀，同时期盼风调雨顺、国泰民安。

特别值得一提的是，会馆之外的官员、百姓，也积极参与到湖南商业会馆神灵祭祀活动之中，使得会馆祭祀由单一的会馆成员祭祀逐渐演变成官商、商民合祀。

会馆与寺庙在祭祀方面有着诸多相似的地方。二者都是供奉神灵或忠义先贤的处所，都有相应的祭日和祭祀仪式，都带有鲜明的宗教特色和强烈的地方色彩。会馆绝大部分和庙宇联为一体甚至合二为一，许多会馆就是从寺庙发展而来，从某种意义上说，会馆就是庙宇的另类形式。

不同之处在于，会馆是一定时期内社会经济发展的产物，主要为商业服务，商业气息浓厚。寺庙是宗教信仰的产物，为宗教活动服务。寺庙是宗教信仰的外在形式，是纯粹的宗教活动场所。会馆祀神在于从精神上达到一致，团结乡人，凝聚人心，酬神和娱人互为表里，宗教祭祀和大众狂欢互相结合，最主要的目的在于祈求神灵保佑生意兴隆、财源广进。寺庙祭祀通常是通过拜神来祈福纳祥、消灾解厄。在封建社会，由于缺乏科学知识，一旦失败气馁，遇到变故和挫折，往往归诸命运。为了去除所谓的晦气和霉运，便求神拜佛，希冀“菩萨保佑”解除疾病疴痒。会馆祀神，主要是为了寻找精神寄托，协调同籍乡人、商帮或行业之间的利益关系；寺庙是人们宗教信仰的皈依之地，劝人向善，回头是岸。会馆文化主要是一种商业文化，是中国独特的、影响深远的商业文化现象。寺庙文化以宗教信仰为核心，属于宗教文化的范畴，作为一种特殊的文化形态，渗透到人们生活的各个方面，有着广泛的群众基础和社会影响。

4.3 聚酬演戏

明清时期，在经济的带动下，戏曲得到很大发展，而可供大众看戏的剧场却很少，会馆及其戏台正好弥补了这一空缺。

明人祁彪佳《祁忠敏公日记》记录了在同乡会馆看戏的情景。

明崇祯五年（1632）八月十五日，“出晤钟象台、陆生甫，即赴同乡公会，皆言路诸君子也。冯邺仙次至，姜崙愚再至，余俱先后至，观《教子传奇》，客情俱畅。奕者奕，投壶者投壶，双陆者双陆”[1]。

明崇祯六年（1633）正月十八日，“午后出于真定会馆，邀吴俭育、李玉完、王铭韫、水向若、凌茗柯、李湑磐、吴磊斋饮，观《花筵赚记》。《记》为范香令作，巧趣叠出，坐客解颐”[2]。

明崇祯六年（1633）正月二十二日，“即赴稽山会馆，邀骆太如、马擎臣，则先至矣；再邀潘朗叔、张三峨、吴于王、孙湛然、朱集庵、周无执饮，观《西楼记》，以次日早朝即散”[3]。

祁彪佳经常在各地会馆看戏的经历表明，当时的会馆演戏已经是常有的活动，会馆成为了当时演剧场所中很重要的地方。有纪事诗曰：“同乡团拜又同年，会馆梨园设盛筵。灯戏更闻邀内眷，夜深歌舞尚流连。”[4]会馆是不准女眷居住的，这里的“灯戏更闻邀内眷”，表明同乡商人携带家眷前往会馆聚餐看戏，而且兴致勃勃，流连忘返。这无疑增加了会馆中乡谊的气氛。

前人将会馆功能概括为“祀神、合乐、义举、公约”[5]，其演剧娱乐是一项重要事务。虽然也以敬神为标榜，但会馆戏台不同于一般神庙剧场。一般神庙剧场演戏具有季节性，以庆祝神诞、春祈秋报为主，间或增加几场还愿戏、开光戏甚至“罚戏”，一年中演戏场次不多，大多时候戏台是闲置的。而会馆戏台则不同，演出除了神灵诞辰的定时性外，还具有很大的随意性、频繁性。湘潭福建会馆“各堂演戏祭祀皆有定期”[6]，但“各行店字号演戏庆祝，原未定期”[7]，无演出计划，说演就演。举凡工程落成、店铺开张、违反行规罚戏以及同乡聚会、会馆招待等都要演戏，不说日日有戏，但隔三岔五演出是肯定的。有时，会馆因演戏成为其主要功能，而被人们理解为专为堂会演出设立的

1 祁彪佳：《祁忠敏公日记·栖北冗言下》。
2 祁彪佳：《祁忠敏公日记·役南琐记》。
3 祁彪佳：《祁忠敏公日记·役南琐记》。
4 李虹若：《朝市丛载》卷七《风俗·团拜》。
5《建创沪南果桔三山会馆碑》，上海博物馆图书资料室编《上海碑刻资料选辑》第 359 页，上海人民出版社 1980 年版。
6 何宇恕纂辑：《湘潭闽馆类成堂集》卷四《旧规演戏祭期》，道光十五年刊。
7 何宇恕纂辑：《湘潭闽馆类成堂集》卷四《旧规演戏祭期》，道光十五年刊。

戏园。

据夏仁虎《旧京琐记》记载，京师“堂会演戏，多在宣外之财神馆、铁门之文昌馆，其大饭庄如福寿堂等亦各有戏台。人家喜庆，往往召集。至光绪甲午（1894）后，则湖广馆、广州新馆、全浙会馆继起，而江西馆尤为后进，率为士大夫团拜宴集之所”[1]。

清代戏曲家杨恩寿《坦园日记》记载有会馆看戏的详细情况。

清同治元年

三月

初四日，晴。……哗言万寿宫戏局绝佳，余亦随之而往。正演《三官堂》全围。偌个负情侬，余所素恶；且是部子弟，老者白发新矣，少者黄口粲然，参伍错综，尤不耐寓目。台下三五少年相谓：“此义合班也，视老天源相去甚远。”旨哉言乎！黄昏人散，踽踽独归，新月如钩，远挂林杪。

清同治二年

九月

廿五日，大雨竟日。嵇月生、周绍圃来谈。着屐偕绍圃观太和于天后宫，仅见《淤泥河》半出而戏场散矣。

廿六日，阴，微雨。绍圃来谈。偕访二云，因病未见。观剧于祝融宫、天后宫两处，立少顷即去。

十月

朔日，晴。观泰益于楚北馆，为《回营见母》之剧。

初十日，晴。观太和于西关圣殿，为《桂枝写状》剧。

清同治三年

正月

初五日，雨。午餐后，去观仁和于祝融宫，其剧为《天水关》。又观大庆于苏州馆，为《战河》《庙会》之剧。

初八日，雨。朱岳秋来谈。晡后观泰益于天后宫，《坐楼》《战山》两出。

廿二日，雪。观剧于湖北馆，乃《芦花荡》《拾镯》《拷寇》各剧，其班乃仁和也。

廿四日，晴。朱岳舲招早餐。与蒋晋陔明府、唐鲁英昆仲、嵇月生、罗寄云对饮。旋偕晋阶、寄云观大庆于苏州馆，为《调叔》《反关》之剧。

二月

1 夏仁虎：《旧京琐记》卷十《坊曲》。

初二日，微晴。绍圃、寄云过谈，偕观太和于天后宫，为《赐旗炮》之剧。

初五日，阴。巳刻抵湘潭。拨载过船后，晡间独行上岸，在粤东馆观大顺部演《打雁回窑》之剧。

三月

十三日，晴。晤张小云，偕观《文武升》《三打蔡伯喈》《写状》三出于寿佛殿。

四月

廿八日，阴，晚微雨。姚霭亭、余云墀来谈。观普庆于天后宫，乃《扫花》《打番》《仙圆》各剧也。

五月

初二日，阴。早间观泰益于药王殿，乃《庙会》也。

初六日，晴。晤绍圃、德卿。拟偕人游岳麓，临河而返。观《凤鸣山》于万寿宫，乃泰益部。

十一日，阴。观普庆于江南会馆，乃《白罗衫》后半本也。

清同治五年

十一月

十九日，晴。走访陈小斋。晡后拟观剧于西关圣殿及玉泉山两处，均因人数太多，及门而返。

十二月

十三日，晴。观剧于朗公庙。

十四日，晴。斋戒。小斋、文安来谈，偕看大戏于太清宫，乃《斩将封神》结尾也。

清同治六年

正月

初六日，阴。观剧于万寿宫。

十五日，大雪。张剑龙过谈。观剧于善城隍庙、三元宫。

三月

初八日，晴。陈庆农招饮于醉仙馆，同座者乃常体吾、饶树庭、舒佛生及吾二侄。酒阑后观剧于湖北馆。

初十日，晴。晡后陈小斋挈之，同观剧于河南馆、祝融宫两处。

十四日，雨。陈小斋招饮于醉仙小馆。散后道遇胡仲琪，同观剧于鲁班庙，又饮于庆阳轩，上灯乃归。

廿三日，晴。走访常体吾、陈小斋。与胡仲琪观剧于轩辕殿。

廿七日，雨。走访陈小斋不值。观剧于广东会馆及三圣殿。

九月

初十日，晴。走访寄云、小斋。偕寄云观剧于朗公庙。无兴致看戏，小立即去。

十四日，晴。晡后观剧于轩辕殿。

望日，晴。寄云、小斋先后来谈。观剧于西关圣殿，乃凤伶演《楚宫听琴》。不见凤伶者将半年矣。

十九日，雨。观剧于天后宫。

廿四日，阴，大风。胡仲琪招同王逸梧饮于玉壶春，并观剧于雷祖殿。

廿九日，阴。走访蔡文田、王逸梧、罗寄云、黄少昆、张力臣。偕逸梧观剧于吕祖殿。

十月

十二日，晴。张力臣醵资在天后宫演剧赏菊。黄少昆来邀同往，至则五云班已开场矣。凡两席，皆巨绅也。三更乃散。

清同治七年

正月

初五日，晴。下午往天后宫、万寿宫观剧，均未久立。

初八日，晴。走访杏生。观剧于天后宫、湖北馆。

十八日，阴。文安来谈。偕王弼臣观剧于湖北馆，遇雨而返。

廿日，阴。鲁般庙有半午半晚戏，傍晚偕弼臣往观；因戏不佳，未尝久立。

廿五日，阴。（早）餐后偕罗寄云品茶于松泉室，观剧于万寿宫。

廿九日，晴，夜风。陈杏生在洞庭宫演戏酬神，招余往观。

二月

十三日，雨。罗寄云来谈，偕观剧于万寿宫。

十四日，雨。王弼臣来谈，偕观剧于太清宫。

廿六日，阴。王弼臣、陈小斋、罗寄云、彭文安先后来谈。夜往太清宫观剧。

三月

初六日，晴。走访陈小斋，值郭少陶道士在座，遂留午餐；偕往万寿宫观剧。

初十日，晴。晡后，松生、寄云来谈。偕寄云观剧于中州会馆。

十四日，晴。晡后往鲁班庙观剧。

十六日，晴。晡后观剧于玉泉山、轩辕殿。

廿五日，晴。王弼臣来谈。往天后宫观剧。晡后大雨。

四月

浴佛日，阴。偕胡仲琪走探陈小斋，因渠抱戚，邀之出游，观剧于万寿宫、善城隍庙。

廿六日，晴。偕胡仲琪走访陈小斋。观剧于中州会馆。

六月

廿四日，晴。王礼吾、胡仲琪、舒笏生醵饮于疏灯人语。在湖北馆观剧。

七月

十八日，微雨。与胡仲琪、罗寄云、饶树庭、舒笏生醵资在疏灯人语小饮。往万寿宫观剧，未久立，即去。

八月

初五日，晴。往万寿宫观剧，薄暮乃归。

初六日，晴。是午，岳舲招同李君约、稚秦昆仲、黄甄斋、杜右衡饮于庆春园。酒阑，偕君约观剧于万寿宫，乃《十五贯》半部也。

廿日，雨。观剧于鲁般庙，遇雨而归。

廿一日，阴。走访王礼吾，得晤。观剧于鲁般庙、浙江会馆，浙馆正演《雷峰塔》大戏也。

三十日，晴。晡后走访恕卿，并往太清宫观剧。

九月

廿四日，阴。偕王弼臣观剧于桓侯庙。

十一月

十二日，大风，阴寒。祝张力臣太夫人寿。走访王弼臣、罗寄云，偕观剧于万寿宫。

十九日，晴。在疏灯人语午酌。酒阑，往西关圣殿观剧。

十二月

初十日，雨。道雷嵩生明府赴任喜，归与罗柏庭、罗寄云在疏灯人语小酌，并至太清宫观剧。

十八日，雨。在疏灯人语早饮。偕寄云观剧于万寿宫。

廿五日，晴。往朗公庙酬神毕，往洞庭宫观剧，值大水将近入城。以残冬而汛涨，真奇事哉！

廿七日，阴。偕罗寄云观剧于朗公庙。

清同治八年

正月

十五日，阴。偕胡仲琪观剧于三元宫。

十六日，晴。走访寄云得晤，偕观剧于天后宫。

十九日，晴。走访雷锦江。往万寿宫观剧。

廿五日，晴。观剧于江南会馆，因哄而散。

二月

十三日，晴。观剧于太清宫。

三月

十三日，晴。着衣冠道李季眉丈爱君出阁喜。曾沅甫宫保招同各绅士，在天后宫听歌轰饮，乃太和部也。

九月

廿一日，晴。偕王弼臣观剧于江南会馆。

十一月

廿二日，阴。走访王弼臣、罗寄云，偕观剧于江南馆。

廿九日，晴。是午，俞竹君承办一切，在石阳宾馆张乐设酒，为卢丽老作生日，凡十席，演太和部。

十二月

十九日，阴。由小西门入城，便道至洞庭宫观剧，殆入署，日已旰矣。

清同治九年

正月

十二日，晴。观剧于天后宫。

廿日，晴。通省幕友团拜，演剧于两浙馆。

二月

十四日，晴。往太清宫看夜戏。

三月

初九日，晴。入署办事。偕王弼臣观剧于江南馆。

廿七日，雨。观剧于天后宫。

廿九日，雨。入署办事。观剧于江南会馆。

五月

初七日，晴，晚雨。招王弼臣、王莲生午饮，偕观剧于鲁班庙。

廿一日，晴。观剧于朗公庙。

廿二日，晴。拜李次青方伯、唐霞舫、饶心泉诸君。晡后观剧于江南馆。

六月

初四日，晴。胡仲琪招同戴煦卿饮于玉壶春。酒阑观剧于江南馆。

廿四日，晴。拜金立堂、胡梅丞、黄杭生、周德生、朱宇恬、饶心泉。晡后观剧于湖北馆。

廿六日，晴。气疾又作，在家偃卧；江南会馆有堂戏公宴，未赴。

八月

十七日，晴。晡后观剧于万寿宫。

十八日，晴。观剧于万寿宫、苏州馆。

廿一日，晴。走访文安、煦卿，并观剧于万寿宫。

廿三日，晴。偕寄云观剧于朗公庙，并至文安处少坐。

廿四日，晴。王莲生招同石铭、葛民午饮，并至桓侯庙看戏。

九月

初二日，晨雨，午晴。午间王弼臣招同王芝仙、吴补之、汤文农小饮。酒后偕芝仙观剧于茨山祠、雷祖殿。

初三日，雨。孙玉舲、胡枚臣先后来谈。走访陈云亭。观剧于万寿宫。

初六日，阴。孙玉舲招去小饮，座有慧云。酒后偕王弼臣观剧于南岳行宫。

十月

初五日，阴、凉。张品三招入署小饮。午间，饶树庭纠合凡十二人，在天后宫演太和部作贺，凡三席。

《坦园日记》记述时间从清同治元年（1862）二月到清同治十三年（1874）三月，其中，同治十年（1871）、十一年（1872）、十二年（1873）没有反映，为数众多的观剧记录是其最大特点，涉及长沙、湘潭、衡阳、郴州、北京等地。杨氏一生酷爱戏曲，“忆自十余年来，颇有戏癖。在家闲住，行止自如，路无论远近，时不分寒暑，天不问晴雨，戏不拘昆乱，笙歌岁月，粉黛年华，虽曰荒嬉，聊以适志”[1]。

据《坦园日记》记述，杨恩寿在湖南观剧的会馆、会所有24处，共99场。长沙的江西会馆、福建会馆、江南会馆、湖北会馆、山陕会馆、浙江会馆、苏州会馆、广东会馆、中州会馆、河南会馆、石阳宾馆、南岳行宫、太清宫、洞庭宫、轩辕殿、寿佛殿、雷祖殿、吕祖殿、药王殿、鲁班庙、朗公庙、桓侯庙，湘潭的粤东馆，衡阳的江西会馆，都是杨氏观剧的地方。长沙的江西会馆、福建会馆、江南会馆、湖北会馆、山陕会

1 杨恩寿：《坦园日记》卷一《郴游日记》第18页，上海古籍出版社1983年版。

馆、苏州会馆以及太清宫、洞庭宫、鲁班庙、朗公庙、轩辕殿观剧次数最多。

据《坦园日记》记载，杨恩寿湖南观剧的会馆、会所的戏班有8个。长沙的太和部、泰益部、仁和班、大庆部、普庆部、五云班，湘潭的大顺部，衡阳的义合班，都活跃在会馆戏台上。太和部、大庆部为湘剧班社；泰益部是湘剧戏班，为清同治以前长沙城内的老班；仁和班是湘剧名班，清道光年间起班，以弹腔为主；普庆班是湘剧昆腔班，相传为清乾隆初年由北京来长沙的戏班；五云班是湘剧科班，最迟起班于清道光后期，为长沙最著名的湘剧科班。大顺部为湘潭著名的湘剧戏班。

据《坦园日记》记录，湖南商业会馆的演出剧目多为湖南本地戏，有剧目25种，如《三官堂》《淤泥河》《回营见母》《桂枝写状》《战河》《庙会》《坐楼》《战山》《芦花荡》《拾镯》《拷寇》《调叔》《反关》《赐旗炮》《打雁回窑》《文武升》《三打蔡伯喈》《写状》《扫花》《打番》《仙圆》《凤鸣山》《斩将封神》《楚宫听琴》《十五贯》。此外，还有两次演出昆剧的记录：一是清同治三年（1864）五月十一日，“观普庆于江南会馆，乃《白罗衫》后半本也”[1]；一是清同治七年（1868）八月二十一日，“观剧于鲁般庙、浙江会馆，浙馆正演《雷峰塔》大戏也”[2]。《白罗衫》和《雷峰塔》都是昆剧。

明清时期，会馆演剧已经成为人们日常生活的一部分。《坦园日记》记载，清同治六年（1867）十月十二日，“张力臣醵资在天后宫演剧赏菊。黄少昆来邀同往，至则五云班已开场矣。凡两席，皆巨绅也。三更乃散”[3]。清同治七年（1868）十二月初十日，“道雷嵩生明府赴任喜，归与罗柏庭、罗寄云在疏灯人语小酌，并至太清宫观剧”[4]。清同治八年（1869）三月十三日，“着衣冠道李季眉丈爰君出阁喜。曾沅甫宫保招同各绅士，在天后宫听歌轰饮，乃太和部也”[5]。清同治八年（1869）十一月廿九日，“是午，俞竹君承办一切，在石阳宾馆张乐设酒，为卢丽老作生日，凡十席，演太和部”[6]。清同治九年（1870）十月初五日，“张品三招入署小饮。午间，饶树庭纠合凡十二人，在天后宫演太和部作贺，凡三席”[7]。

这五则日记中的演剧，一则为金秋赏菊，一则为履新上任，一则为闺秀出嫁，一则为生日宴客，一则为朋友聚会，都是友人之间寻常交往之事。

关于会馆演剧，先后任湖南布政使、湖南巡抚的王文韶在日记中也有记录。清同治

1 杨恩寿：《坦园日记》卷二《郴游日记》第87页，上海古籍出版社1983年版。
2 杨恩寿：《坦园日记》卷六《长沙日记》第289页，上海古籍出版社1983年版。
3 杨恩寿：《坦园日记》卷五《长沙日记》第240页，上海古籍出版社1983年版。
4 杨恩寿：《坦园日记》卷六《长沙日记》第301页，上海古籍出版社1983年版。
5 杨恩寿：《坦园日记》卷七《长沙日记》第311页，上海古籍出版社1983年版。
6 杨恩寿：《坦园日记》卷七《长沙日记》第339—340页，上海古籍出版社1983年版。
7 杨恩寿：《坦园日记》卷七《长沙日记》第368页，上海古籍出版社1983年版。

九年（1870）正月十三日，“赴浙江会馆团拜，共九席，演普庆、泰益两部，普庆灯戏不如五云”[1]。清同治九年（1870）九月十八日，“同乡公请杨理庵太史，席设会馆，未初赴之，有戏，森儿随往，戌初回署”[2]。清同治十一年（1872）正月十八日，“浙江会馆奉祭，申初恭诣行礼（向称团拜，以迹涉于私，故改为春祭云）。森儿随同前往，听普庆、仁和，亥刻回署”[3]。可以看出，当时的团拜和宴请均有戏班演出，而且王文韶到场的团拜活动，除了本地戏之外，还有普庆昆腔戏。王文韶是浙江人，在浙江会馆上演昆剧，也就不足为奇了。

作为同乡组织，湖南各地的商业会馆凡逢年过节，同籍人士常常在会馆欢聚一堂，聚酬演戏必不可缺。新晃龙溪口老街的旅晃江西会馆，“宫内有戏台，常有剧团在此演戏”[4]。清道光、咸丰后，洪江成为经济繁荣的商业口岸，会馆林立，戏班也因此云集。洪江辰沅会馆专门邀请常德戏班子，常年在会馆内的戏台唱辰河戏。辰河戏以高腔为主，旧时称“高腔班”，兼有低腔、昆腔、弹腔。在锣鼓、唢呐、二胡的伴奏下，表演原始粗犷、豪放明快、幽然深情。

会馆一般都在特定日期安排演戏。清光绪十八年（1892），长沙《绸布庄前定条规八则》：“财神瑞诞，定章演戏三部，酒席三日。文财神寿诞演戏一部，酒席二桌。七星会寿诞，定章演戏二部，酒席二桌。”[5]可以看出，长沙绸布行业每年就要请戏班分别为神明瑞诞演戏庆祝。湘潭的会馆每逢酬神或其他庆典，都要请戏班唱戏，现场张灯结彩、人头攒动。湘潭北五省会馆，每逢关帝的祭日，即农历正月十三日（接武财神）、五月十三日（关帝生辰）、九月十三日（关帝祭日），都会在会馆大演关公戏。湘潭福建会馆的演出活动非常密集，一年中有确定日期的演出就达 72 台，其中，三月、九月最为频繁，分别是 28 台、20 台。对此，清道光时期何字恕纂辑的《类成堂集》有详细记载：

> 每逢正月，初五日祝圣堂演戏，初六日明德堂演戏，初八日永盛堂演戏，初九日定福堂演戏，十三日咸吉堂演戏，十四日兴安堂演戏，十五日十闽堂演戏，十六日永盛堂演戏。
>
> 二月，十九日明德堂演戏，二十日恭圣堂演戏，廿二日灯田堂演戏。
>
> 三月，初二日鄞江堂演戏，初三日连庆堂演戏，初七日福田堂演戏，初八日兴圣堂演戏，十二日源忠堂演戏，十三日西川堂演戏，十四日仁圣堂演戏，十五日十闽堂演戏，十五日永源堂演戏，十六日福庆堂演戏，十七

1《王文韶日记》（上册）第 185 页，中华书局 1989 年版。
2《王文韶日记》（上册）第 221 页，中华书局 1989 年版。
3《王文韶日记》（上册）第 301 页，中华书局 1989 年版。
4 新晃侗族自治县志编纂委员会：《新晃县志》第 680 页，生活·读书·新知三联书店 1993 年版。
5 湖南调查局编印：《湖南商事习惯报告书》第 212 页，湖南教育出版社 2010 年版。

日连株堂演戏，十七夜咸吉堂演戏省牲，十八日咸吉堂演戏致祭，十九日恭圣堂演戏，二十夜永盛堂演戏省牲，廿一日永盛堂演戏致祭，廿一日天圣堂演戏，廿一夜上祝堂演戏省牲，廿二日享圣堂演戏致祭，廿二日兴安堂演戏，廿二夜十闽堂演戏省牲，廿三日明德堂演戏致祭，廿三夜永盛堂演戏省牲，廿四日龙丰堂演戏致祭，廿五日普庆堂演戏，廿六日宝树堂演戏，廿七日永盛堂演戏，廿九日祝圣堂演戏。

四月，初一日开源堂演戏，初六日灯田堂演戏。

五月，初十日咸吉堂演戏，十一日永盛堂演戏，十二日兴安堂演戏，十三日明德堂演戏致祭，十四日恭圣堂演戏，十七日十闽堂演戏。

六月，十七日十闽堂演戏，十九日灯田堂演戏。

七月，十五日明德堂演戏，廿五日十闽堂演戏。

九月，初一日开源堂演戏，初三日连株堂演戏，初四日十闽堂演戏，初五日祝圣堂演戏，初六日兴安堂演戏，初七日仁圣堂演戏，初七夜上祝堂演戏省牲，初八日享圣堂演戏致祭，初八日恭圣堂演戏，初八夜十闽堂演戏省牲，初九日明德堂演戏致祭，初九夜永盛堂演戏省牲，初十日永盛堂演戏致祭，十一日龙丰堂演戏致祭，十一夜咸吉堂演戏省牲，十二日咸吉堂演戏致祭，十三日十闽堂演戏，十三日兴圣堂演戏，十五日福庆堂演戏，十六日和兴堂演戏，十九日明德堂演戏，廿八日十闽堂演戏。

十月，十五日明德堂演戏。

逢吉日，类编堂演戏宴庆。

逢吉日，成言堂演戏宴庆。[1]

会馆一般都建有规模不等的戏台，没有戏台的会馆也会临时搭建戏台，演出照样有板有眼、精彩纷呈。一年中，各家会馆演出此起彼伏、扣人心弦。洪江宝庆会馆戏台有对联曰："台上笑、台下笑，台上台下笑惹笑；看古人、看今人，看古看今人看人。"一颦一笑，一举手一投足，形象生动，跃然纸上，入木三分。一方戏台，看尽人间百态，唱出喜怒哀乐，演绎悲欢离合。

4.4 施善行义

作为明清时期一个突出的社会现象，商业会馆本着以仁为本、以义为上的慈善思想，乐善好施，赈灾济贫，把救灾救荒与扶助贫困放在重要地位，积极兴办地方慈善

1 何宇恕纂辑：《湘潭闽馆类成堂集》卷四《旧规演戏祭期》，道光十五年刊。

事业，既发挥了会馆持续有效的感召力，使得众多身在异乡为异客的同籍乡人对会馆保持了长久的向心力，又增强了会馆的生命力和竞争力，为会馆的发展奠定了坚实的群众基础。

商业会馆的慈善活动多种多样，不少会馆制定的章程、规条，对善举义行均有明确规定，体现了会馆对慈善活动的重视程度。有的会馆规定，“如同业中有老病废疾不能谋生者，有鳏寡孤独无所倚藉者，有异乡远客贫困不能归里者，由各肆报之公局，令司月者核实，于公费中量为资助”[1]。会馆主张同籍之人摈弃亲疏，多行养老、慈幼、抚孤、济贫、安葬之举，对同籍所有人一视同仁，借以达到和睦同乡、增强同乡凝聚力、提高壮大乡籍名声和威望的目的。

会馆善举主要包括兴义塾、助科举、办善堂、建义仓、置义冢、设义渡、修码头、筑桥铺路、义诊施药、救灾赈荒等等，内容十分丰富。

一是资助困难，安葬贫病。1921年4月19至29日长沙《大公报》连续刊载《旅湘湖北会馆启事》：“前月初旬，鄂西来湘同乡人等，由祠董会同戴君鸿炳商筹雇江鸿小轮，在戴生昌码头资送一百六十一人回籍。所有轮费及未清火食并□岸津贴等费，共用光洋五百四十三元五角，此款均由会馆开支，手续簿据存祠备考，特此报告。公鉴。”同籍返乡，路费伙食均由湖北会馆出资，同乡之情，体恤之意，可见一斑。

对来客地谋生的困难同乡，会馆一般从物质上给予大力资助，包括免费提供食宿、就业推荐以及发放路费等，让同乡感受到深切关心和温暖。不少地方志对此有所反映，如常德的会馆“可供同乡食宿，价钱便宜；无业者在就业以前可免费食宿并发给零花钱”[2]。长沙湘乡同乡会于民国二十五年（1936）设湘乡公屋，“如有同乡流落街头的，由公屋赠送旅费遣送回家”[3]。就是对一般同乡，会馆也极尽照顾，彰显人道精神。洪江的会馆有个约定俗成的规矩：凡来洪江谋生的人，不论有亲无亲，有朋无朋，所属会馆必须接待，绝不允许同乡流落街头、乞食街巷。如果有同乡在街巷当乞丐，这是极丢会馆面子的事情。凡来洪江旅游或路过洪江者，同乡会馆亦有接待的义务。因此，各个会馆都备有接待用的免费客房。

每当同乡之人在外发生疾病疴痒，会馆更是相倾体恤，提供钱财、药物。如宁乡江西会馆对同籍乡人可谓照顾备至，“馆内善举，年终分同乡年米，死者发棺木，暑期施药散”[4]。对于死亡异地的同乡，会馆一般也慷慨馈赠。不少公所对同行业去世的人都会赠与银钱作为已故人员的衣冠、棺木经费。如清宣统元年（1909），长沙《戒烟店条

1《七襄公所碑记》，苏州博物馆、江苏师范学院历史系、南京大学明清史研究室合编《明清苏州工商业碑刻集》第28页，江苏人民出版社1981年版。

2 常德市志编纂委员会编：《常德市志》第743页，中国科学技术出版社1993年版。

3 湘乡县志编纂委员会：《湘乡县志》第660页，湖南出版社1993年版。

4 民国《宁乡县志》之《故事编·财用绿·商业》。

规》：“所有各帮伙身居异乡，倘有不测或病故者，凭本帮验明，该店主助钱五千文，会上助钱五千文，以作衣棺抬力等费。”[1]特别是对已故同乡，会馆一般在神灵祭日如中元节予以祭奠告慰，仪式正式、隆重。商道之情，铭深至此。清宣统元年（1909），长沙《纸扎店条规》：“同行有寿终者，由值年报明经管公同备送奠仪四串文。又每岁中元，值年烧包祭祀，念及同行之谊。”[2]有的公所发放“中元化包”，并特定于七月中元节焚烧，缅怀已故亡灵。如清光绪十七年（1891），长沙《染坊条规》：“凡我同行已故之人，公议中元化包，每名二个，以慰亡魂。重我同行也。定期七月十四日焚化，必须值年之人，先期善为整顿。”[3]资金充足的公所还会每年定期举办一次团年饭，长沙豆腐业淮南公所“每逢七月中元，同业已故之人，每人由公所荐包一束。每年元旦，凡当老板者，公所有年饭一餐。每年开支，以码头捐所置之房屋二栋月获之佃钱，恰足专用”[4]。这些做法，无疑从物质上、精神上给予同籍乡人以极大慰藉。

同乡卒于旅次、因贫困而不能扶梓回籍者，会馆大都出面料理后事。会馆一般购有义山作为公共墓地，专门埋葬客死同乡。旅居黔阳的外籍商人所建的宝庆会馆、湘乡会馆、衡阳会馆等都有田产、义山，借以为新来乍到的同乡提供短期食宿，也可周济同乡中的一些临时困难者，同乡死后无力迁回故乡安葬的可埋入义山。洪江江西会馆的义山在牛头冲，浙江会馆的义山在今雄溪公园内。至于已故成员入葬义山，还要办理相应的手续。如长沙湘乡同乡会民国“23年7月设长沙湘乡义山社，在南门外马家冲购置义山一块，凡客死省城无力归葬的湘乡籍人士，可向太平街三益书局管事人领条安葬”[5]。并且，对于死后无力安葬的成员，会馆还会为其添置棺木，葬于义山。长沙的老郎会“每年七月中元办盂兰会一次，凡梨园子弟身故者，每人得荐包一束，于息金项下开支。如身后萧条无力安葬者，庙内送棺木一具、义山一块，以掩埋之”[6]。

实力雄厚的会馆，往往拥有义山多处。长沙十铺福胜街的苏州会馆在城门外有义山十二处，宁乡的苏州会馆在县内有义山八处、江西会馆有义山六处、福建会馆有义山三处。抗日战争时期，芷江的江西会馆拥有田产800余亩，并专有供旅芷江西人墓葬的沙溪垄、江家湾等义山四处。

光绪《澧州津市万寿宫志》记载：

> 吾乡公茔山地，惟津市为最多。笃培所、功德林、吉庆堂、清远堂，尤

1 湖南调查局编印：《湖南商事习惯报告书》第433页，湖南教育出版社2010年版。
2 湖南调查局编印：《湖南商事习惯报告书》第335页，湖南教育出版社2010年版。
3 湖南调查局编印：《湖南商事习惯报告书》第418页，湖南教育出版社2010年版。
4 兰心：《省城豆腐业及淮南公所之沿革》，《长沙市工商业及救济事业的沿革》，1985年湖南图书馆复印原稿本。
5 湘乡县志编纂委员会：《湘乡县志》第660页，湖南出版社1993年版。
6 兰心：《省城戏班业与老郎庙之沿革》，《长沙市工商业及救济事业的沿革》，1985年湖南图书馆复印原稿本。

其太彰明较著者。此外，各郡邑馆公私所购尚不下十余处，已一一图志。无任失业矣。顾津地，虽五省并居，而五省之外要，不乏零星户口，无力启建客宇、置设公山，遇有死丧之戚，无地安厝，几若穷民，无告。乡先辈恻然悯之，特于本馆后边相距半里许，契买彭、魏两姓荒地一大块，横直均约长十余丈。凡死而无所归者，曰于此殡。殡日但须先知会值年。绅首、馆中住持及长班人等均不准需索分文，以示体恤。现在已两百余种矣。是亦好行其德之一端也。[1]

嘉庆《常德府志》卷六《山川考·古迹》记载的会馆义冢有：

福建义冢，郡城五处。一在东关贺八巷北大冈岭，一在碑记汉路口，一在官家岔，一在西关桑树园，一在西关石板桥。建义堂一所，在进溪村。有田十丘，又会馆田四处，共六石八斗五升。

山陕义冢一处，在西关外莫公硚。客民建公善堂，前至大街，后抵千佛寺。会馆忠义宫，在城内水星楼，前抵城，后至大街，住持僧月朗置，善卷村杨柳垱田一十二石。

苏州义冢一处，在德山茅湾。建公祠，额曰“金庭义庄”，乾隆五十二年苏州客民置，嘉庆元年复置水龙，救河街一带火灾，杂用岁需百金。

泾县义冢一处，在府西关长生桥。建乐义堂，贫者延医送死具有成规，旁有园曰“琴园”，饶花石之胜，嘉庆五年泾县客民置。

江西义冢，共八处。贺八巷后地一区，田一石一升；康家巷后地一区；长乐村麦家园地一区，屋一进；德山蜈蚣山地一区，祠屋一所；庙山嘴地一区；莲花池地共三区，田三丘。俱乾隆乙亥岁（1755）后江西客总先后续置。大庾杨崇岱有江西义冢并祠屋记，宗岱工诗古，由进士令蜀中掌教朗江书院，卒于朗江，葬德山。

江西义冢，龙阳西关一处，沅江蒋保一处。

湘阴义冢，沅江一处，在山巷口。

苏州义冢，沅江一处，在先农坛南。

长郡义冢，在府小西门外骡马店侧，系置李姓地房屋六间，续置张姓、王姓地，前至街，后至沟，左抵谌宅，右抵熊宅，内各有古冢为界。[2]

嘉庆《沅江县志》卷十七《恤政志·义冢》记载：“山巷口义丘一处，湘阴客民置”，“农坛南义丘一处，苏州客民置”，“蒋保高姓后义丘一处，江右客民置”。所记湘阴义冢、苏州义冢、江西义冢，与嘉庆《常德府志》卷六《山川考·古迹》的记载互

1 光绪《澧州津市万寿宫志》卷九《章程·义茔》，光绪二年刻本，湖南图书馆藏。

2 嘉庆《常德府志》卷六《山川考·古迹》。

相符合。

光绪《湖南通志》卷三十九《陵墓四》记载：

武陵县“义冢五十一区，龙坑畔、柳堤畔、回回冈、七里桥畔、北关外、净土庵、涂家堤、长乐村、善卷村、进溪村、万金冈、方家桥、柳堤、荣王寺、忠义寺、回龙阁、长乐村、同善堂十二区、各省会馆二十二区”。

龙阳县“义冢六区，放生池、西竺山、茶苑山、江西义冢西关外、福建义冢西关外，广东义冢西关外”。

沅江县“义冢十区，县南、雩坛旁、景星寺右、鸡公坡、工家湾、黄泥窖、关庙后、二为各省会馆义山、一为湘阴义山”。

有的会馆还设有其他专门的慈善机构如义渡、烧包会等，负责相关事宜，主要为同籍乡人服务，大大减轻了同籍人士特别是困难者的经济压力。茶陵江西人旅茶同乡会设义渡会，负责设立并管理茶陵至江西必经渡口的义渡；设烧包会，负责每年中元节烧“冥钱包”，以荐飨客死茶陵的同乡。[1]

清咸丰年间，津市江西会馆建观音桥渡口码头，名澹津渡口，又称江西码头，树立界碑，以防外人侵占。民国三年（1914），江西会馆主持人喻瑞辉、王芝九、雷洪盛、熊良臣、聂春华、吴少梅等发起改建南北两岸码头，用青石岩砌成，较原来码头平整宽敞。民国十九年（1930），津市大水，江西码头南北两岸均被洪水冲毁。江西帮头人李子洁、胡彬生、聂畅和、喻兰生、黄绥来、王紫芝、王德成、王兴财等成立修建会，由隆兴和药号大管事杨汇川负责总监修，历时一年，南北码头全面竣工。

江西会馆还在南岸码头修建凉亭，名曰豫章亭。福泰瑞油盐号老板黄镜如书写楹联，分别为：“道出荆沙，区连鼎朗；庭芬兰芷，荫合便楠”“晚道人归沙岛外，收帆风停浪花中”“立定脚跟遵大道，放开眼孔看行人”。

南昌、吉安、临江府商人各备渡船两艘，瑞金、抚州两府商人各备渡船一艘，共计八艘，常年四艘摆渡、四艘维修。渡船分一、二、三、四号，一号属南昌府，二号属吉安府，三号属临江府，四号属瑞金府、抚州府，由杨汇川总管。每船雇请一人住船上看管，不收取过河费用。船只修理及其他开支由各府承担。摆渡每日从凌晨到二更，风雨无阻；洪水季节，照常行驶。[2]

会馆设置义山、义渡等专门机构，体现了旅居在外的同籍乡人之间超乎于一般经济利益的人际关系。正是会馆的善行义举，使得客居在外的同籍乡人能够获得基于同乡和同业之情的道义帮助，这对于维系会馆成员之间的紧密关系、增强会馆声望有着十分现

1 湖南省茶陵县地方志编纂委员会：《茶陵县志》第 676 页，中国文史出版社 1993 年版。

2 黄友义：《津市江西码头、义渡的起源》，《津市文史资料》第四辑第 85—86 页，1987 年 10 月。

实的积极意义。

二是扶危济困，救济灾黎。爱护人的生命，关怀人的幸福，尊重人的人格和权利，这也是一种商道，会馆对此尤为注重。特别是遇到水涝、旱灾等自然灾害，会馆大都出积贮予以救助。清光绪四年（1878），会同知县张鸿顺倡募积谷，洪江得 3000 石（合 15 万公斤），散储十馆，各自经理，于是各大会馆均修建木仓，容量多则数千石，少则几百石。清光绪十二年（1886）洪江水灾，会同知县汪文修下令开仓济饥，遂在山陕会馆、福建会馆减价平粜，出售一空，后又以米款购回稻谷，并增加积谷 1000 石，一并归仓。分布情况如下：江西会馆 2000 石，徽州会馆 520 石，贵州会馆 400 石，福建会馆 328 石，宝庆会馆 152 石，黄州会馆 120 石，衡州会馆 96 石，辰沅会馆 152 石，湘乡会馆 80 石，七属会馆 152 石。[1]民国十五年（1926），会同、黔阳大旱，灾民“襁负而至洪市乞食者，日不绝”。在洪市“其时殷实之户，且日食仅一粥与面麦矣”的情况下，“父老谋所以赈之者，纠资粥饭，使饥民日向铺户乞钱，藉劳动而免疾病之丛生，复不负施舍之名，意良周也。光是庚申、辛酉岁饥，市设粥厂施粥，人多腹胀。谣诼反滋，谓施粥之不善，故此改施饭焉。其粥也，一钱数钱皆给以饭一瓢。先由炎皇宫、万寿宫、轩辕宫、雷祖殿发筹，持筹再向天王庙、灶王宫等处领饭，当事者复以五色志其十指，逐日画其一，反复更替，无纷争重沓之弊，秩序甚井井也。而四乡之来就赈者，亦日愈众，氽亦日愈穷，掺之以蚕豆之属”[2]。由于来洪江逃荒的灾民日益增多，各富商、会馆纷纷赐粥数月，同舟共济，共克时艰。数月后粮米告罄，从武冈、常德所购粮米，又因沿途饥民盗抢，经年不能到洪江，形成有钱而无米粮可买的局面。

面对自然灾害，会馆总是义不容辞，出手相援，表现出了一种强烈的社会责任感和崇高的商道精神。这方面，湘潭福建会馆也是一个突出的例子。福建会馆积极参与湘潭的慈善事业，“故凡科派、置业、济众等情，本馆无不在列”[3]。清道光十四年（1834）五月中旬，湘潭大水，“船通正街”[4]，“明德堂内业既水深三尺”[5]。福建会馆于六月初捐米三十石赈灾，“内计汀府十三石，兴府十二石，延建、邵府共四石，漳岩捐一石”[6]。湘潭市廛密集，极易发生火灾。据《类成堂集》记载，清嘉庆十五年（1810）五月、十九年（1814）五月、二十五年（1820）五月，清道光五年（1825）六月、五年（1825）十一月、七年（1827）七月、九年（1829）七月均发生火灾。这些火灾损失很

1 洪江市志编纂委员会编：《洪江市志》第 274 页，生活·读书·新知三联书店 1994 年版。
2 洪江市志编纂委员会编：《洪江市志》第 669 页，生活·读书·新知三联书店 1994 年版。
3 何宇恕纂辑：《湘潭闽馆类成堂集》卷四《记事录》，道光十五年刊。
4 何宇恕纂辑：《湘潭闽馆类成堂集》卷四《记事录》，道光十五年刊。
5 何宇恕纂辑：《湘潭闽馆类成堂集》卷四《记事录》，道光十五年刊。
6 何宇恕纂辑：《湘潭闽馆类成堂集》卷四《记事录》，道光十五年刊。

大，“俱伤百数十家”[1]。福建会馆“初不问伤多少，闻有此事，必先击鼓鸣钟，并开山门，以便难人搬移寄物”[2]。清光绪三十二年（1906）春夏之交，长江中下游阴雨连绵，洪水横流，沿江各省均遭受严重的水灾，其中尤以湖南为甚。湘潭县此次大水，所有城总市面未被水淹者仅止十分之一。城内惟瞻岳门一段尚称无恙，城外自八总起至上十九总街市尽头之处，其间，河、正两街俱一律被淹，无一存者……其被灾情形较省城尤为惨烈。水灾发生之后，湘潭“地方绅富暨七帮商董筹款、发米、施粥、雇备划船，以资救济，情形颇为踊跃”[3]。

三是致力公益，造福当地。会馆施行慈善的目的除了凝聚同乡、促进会馆发展外，还要营造和谐环境，维护社会稳定，而爱心则是推进慈善事业不断向前的动力和源泉，也是构建和谐社会最基本的要素。长期以来，会馆把慈行善举当作一种爱心传递，捐资维修道路、桥梁，完善公共设施建设，造福当地百姓。

湘潭的外商，致力于地方道路、桥梁、码头建设。光绪《湘潭县志》记载：长沙桥，“明江南客商徐姓建，原名徐家桥，国朝康熙年易元位纠修”[4]；“曾家巷，众姓捐修，江西客民重修，加宽前一尺九寸、后一尺八寸”[5]；“鸭头铺，计三百二十八丈，道光年众修一百二十七丈，新邵客商捐修二百十一丈”[6]；万寿宫码头，“江西商民建”[7]；新关圣殿码头，“康熙年北五省商民建”[8]；岭南馆码头，“咸丰中广东商民建”[9]；江西码头，“同治年江西商民建”[10]；鼓楼门码头，“众建，临江商民拓地重修”[11]。

常德的会馆积极投身公益，办理义学、义渡、义山，放赈款，捐资慈善事业，输资修建公廨、衙门，津贴同乡旅费，推荐同乡就业，救济贫苦同乡。[12]

清乾隆五十七年（1792）至同治六年（1867），澧州先后十次修复古城垣。“道光二十一年（1841），育婴堂前倒阙城身数丈，州牧延禧捐修”[13]，外商积极参与其中。兰江公园内有碑刻文曰：“阖澧士民客商遵延禧宪示，倡捐重修育婴堂下首石城正身一

1 何宇恕纂辑：《湘潭闽馆类成堂集》卷四《记事录》，道光十五年刊。
2 何宇恕纂辑：《湘潭闽馆类成堂集》卷四《记事录》，道光十五年刊。
3《湖南水灾详纪》，《申报》1906 年 5 月 11 日。
4 光绪《湘潭县志》卷二《建置 · 桥渡表 · 桥》。
5 光绪《湘潭县志》卷二《建置 · 石路马头表 · 石路》。
6 光绪《湘潭县志》卷二《建置 · 石路马头表 · 石路》。
7 光绪《湘潭县志》卷二《建置 · 石路马头表 · 马头》。
8 光绪《湘潭县志》卷二《建置 · 石路马头表 · 马头》。
9 光绪《湘潭县志》卷二《建置 · 石路马头表 · 马头》。
10 光绪《湘潭县志》卷二《建置 · 石路马头表 · 马头》。
11 光绪《湘潭县志》卷二《建置 · 石路马头表 · 马头》。
12 常德市志编纂委员会编：《常德市志》第 743 页，中国科学技术出版社 1993 年版。
13 同治《直隶澧州志》卷二《城池》。

段，长十三丈有零，高一丈四尺有余，底宽三尺，面宽二尺四……自道光二十年十一月初九日起工至二十一年四月十五日告竣，计石垛二十四个。”

湘阴旅沅江客民任辅朝修建位于廖保大成垸曹家岭的福星桥。[1]清代宁乡的江苏客商出资修建宁乡街道，方便了街道周围官员以及百姓的出行，“初，四门正街俱面子石。道光十五年，江苏寓籍士商等出其会馆赢余，倡修各门麻石，共费金二千有奇”[2]。在官府的劝谕和规划下，洪江不同商帮商人于当地公益事业和社会善举通力合作，捐资襄助。民国初期，洪江杨恒源油号老板杨竹秋就捐资铺修石板路数公里。

出资创办慈善机构是商业会馆活动的一项重要内容，也是当时的一种社会风尚。明、清时期，五溪地区几近蛮荒，“溺女弃婴之习不知所自始”[3]。清光绪五年（1879），洪江商界知名人士张书、欧阳钟倡导创办育婴堂。“好善诸商，咸踊跃输助。于是，择廨舍，选方董，设司事，以光绪六年四月设局试办。”[4]“洪江众商于光绪六年捐设育婴堂收养弃婴，其输助倡于十馆，其岁入仰于月捐。更虑婴口岁增，难乎其为继也，复筹增帖捐以接济其不足。堂内出纳，井井有条。”[5]

清光绪十九年（1893）九月，吴大澄《洪江育婴堂记》碑刻记载如下：

头品顶戴兵部尚书兼都察院右副都御史湖南巡抚吴大澄撰。孟子谓：“今人见孺子将入于井，皆有怵惕恻隐之心。”言人心之仁，发于不期然而期者。人人皆有此性，即人人皆有此仁。谁非人子？谁无父母？唯仁者能推此不忍人之心，幼吾幼以及人之幼。此育婴堂之所由设也。然一乡一邑创一善举，诚有未易言者，或心有余而力不足，或图其始而不能善其终，则良法美意，久而亦渐即于废弛。是在创始者远谋深尤，在守成者之惩前毖后，庶行之有利而无弊，历数十百年而始终如一。仁人君子之用心，无不为久远计者，亦恃有此至诚恻怛之一念耳。

会同县所辖洪江之育婴堂，经始于光绪五年，绅士张书等倡捐设立，规模宏敞，章程美备，久著成效。董其事者，为贵州天柱县附生欧阳钟，以所领油行牙帖帖名欧阳济育捐入堂内，经费之得以无缺者，皆油市所收之，行用有以接济而支持之今。欧阳钟已归道山，张书年已八十六矣。惧油业之或有变更，而育婴经费之不能经久，乃呈请以洪江油行仍用欧阳济育原

1 嘉庆《沅江县志》卷十七《津梁》。
2 同治《宁乡县志》卷六《地里四·街市》。
3 光绪《洪江育婴小识》卷二《识文略》。
4 光绪《洪江育婴小识》卷二《识文略》。
5 光绪《洪江育婴小识》卷首《汪序》。

> 帖，责成堂董妥为经理，并以欧阳生家徒壁立议，于行用内月给薪水赡其家，不得由他行别提牙帖以夺其利。
>
> 余既允其请，饬县立案，并书其事，而为之记，俾勒之石，以垂久远，亦以慰张书乐善不倦之意，云尔。[1]

洪江育婴堂的前部分是“恻隐堂”（负责打捞、掩埋尸体），中间是“育婴堂”，后部分是“保赤堂”（专住乳婴）。整个三堂通长二十一丈一尺，右长二十丈六尺，前广三丈六尺五寸，后广四丈九尺，占地约一千平方米，在当年比许多州衙、县衙都要大，可算洞庭以南最大的育婴堂之一，至今保存较为完好。洪江育婴堂不仅设施完善，而且分工明确，账目清楚，每十年刻书公布一次，历经六十余年，及至民国中期，社会风气好转，弃婴渐少，始告结束。

在常德，江西、安徽、山西、陕西、福建、河南、湖北、广东八省商人相继在清代组成江西会馆、徽州会馆、江南会馆、山陕会馆、福建会馆等公所、会馆共 17 所。八省人士集资修建慈善机构“育婴堂”“同善堂”“体仁堂”。

嘉庆《常德府志》记载：

> 乾隆十六年，常德各会馆帮修书院、捐买育婴堂。江西客总全兆瑛、彭廷佐等共捐银三百两，盐客总陈鼎胜、王仁和等共捐银二百五十两，徽州客总程旭、吴启祥等共捐银二百两，江南客总窦彬、吴毓澄等共捐银百两，广东客总黄源江、谭高昌等共捐银百两，山陕客总巨邦光、赵正玉等共捐银七十两，福建客总何思任、揭楚珍等共捐银五十两。[2]

会馆捐款的多少，一般根据其经济实力和社会地位而定。可以看出，在常德的各帮，其财力的多寡、地位的高低，依次为：江右商、盐商、徽商、江南商、粤商、山陕商、闽商。

另外，不少会馆还设有救火会，既提高了救火效率，又进一步扩大了会馆的影响。长沙苏州会馆“杜康祠内有长生局，并捐积经费制备永安水龙，如城厢内外遇灾，随时赴救”[3]。一旦长沙城内外发生火灾，长生局能够立即响应，随时参与救援。宁乡苏州会馆内设有救火水龙会。湘潭万家巷口永州会馆旁有“四庆堂”救火会，红墙、红栅栏门，两边墙上挂着头盔、麻搭、火钩、铁锯、斧头，墙根摆着水桶、扁担，上方有竹梯、会旗、报警用的锣、铳。当中放着一台手摇式救火机，门外有对联“四时有备，庆

---

1 洪江市志编纂委员会编：《洪江市志》第 668 页，生活·读书·新知三联书店 1994 年版。

2 嘉庆《常德府志》卷八《建置考·公署》。

3 光绪《善化县志》卷三十《祠庙》。

幸无灾”。湘潭临丰宾馆内设立有救火会，备有手摇铁质救火车两部。常德苏州会馆于清嘉庆元年（1796）购置水龙，救河街一带火灾。保靖江西会馆购置消防水龙一架，开保靖机械灭火之先河。

光绪《湘阴县图志》对清乾隆时期湘阴苏州会馆的水龙操作有详细记载：

> 苏州会馆，制备水铳，范铜为之，名曰“水龙”。其法，置小沙锣一、旗一、竹镫炬八、竹竿四，水筹大者百、小者倍之，皆有职掌。遇火警，鸣沙锣集众。掌旗者，先诣火所，度地势要害，募水夫以十二舁水。铳视大旗所止处安置，二人掌龙头，六人压扛，四人压桶，外以二人挹水，二人验发水筹，八人执镫炬旁列，四人执竹竿辟除闲人，以护水铳。凡三十人皆给号衣，以时演习，名曰“水龙会”。道光之季，水铳敝坏，不复修治，各处所设水缸，亦无一存。[1]

光绪《澧州津市万寿宫志》对清道光、同治时期津市江西会馆三次购买粤东水龙始末以及出龙原则、人力工钱、管理制度、处罚措施等方面有较为详细的记载：

> 水龙之制，以创自粤东者为最善御灾捍患，仓猝中力可回天。故通都大邑，多豫备以戒不虞。津市，五省辐凑，人烟稠密，接栋连檐，向只有太平水桶之设。其设备水龙，则自本馆始。道光十年，我江西各行号醵钱五百余串，各府分领，分存生息。就粤东制造水龙一架，约费钱一百七十余串，其余款仍旧公存，以供出龙各项使用。嗣因连次救护，水点低小，难资得力。道光十有八年，我江西各行号加捐钱四百余串，由粤东置造老龙渡带并觅购新式水龙一架，约费银一百五十余两，扣制钱将三百串。又灯笼铁，又铁钩、铜管、木器等件，约费三十余串。同治十二年，又由我江省各行号续捐制钱四百余串，再向粤东添购水龙一架，约费银一百二十两，扣制钱近二百串；置备号褂等件，又约费五十余串。其出也，视警之大小为缓急，视地之远近为迟速。每出一龙，需用人夫四十八名，夜则加灯笼及巡手二十名。每名给辛力钱三百文。或半路而止，或至地得免开龙，辛力减半。每年正月，约集各团丁壮，设酒筵十二席，散给腰牌、号衣、籐笠，书写姓名、住址，悬汹馆中牌上。闻警则踊跃齐集、趋赴争先，毋许片刻濡滞。如有临点不到及故意延缓者，公酌严罚。倘遇不测，残毁损伤，各安天命，不得藉端图赖影射。已禀请州宪给示立案。又于各行店中，轮委二十户作为值年照料。有警，各派伙工一人，随龙督催，弹压稽查。

1 光绪《湘阴县图志》卷二十六《营造志》。

若轮值该行店而并无一人到患所者，公同酌议，重罚示儆。事关兴役动众，必须统率有方。是用不辞复赘，记载分明且三次购运，其来匪易。果能循循旧章，则工食不至虚縻，善举始收实效。是所望于同乡中后之君子，无任良法美意，一旦坠废，祷切企切。[1]

清陆以湉《冷庐杂识》记载："救火之器，古唯水袋、唧筒。顺治初，上海县唐氏得水龙之制于倭人，久而他处渐传其制。"[2]水袋和唧筒都是原始的消防工具，喷水量小，且喷一次水后必须立即灌水，灭火效果可想而知。

清初，日本的一种人工水泵传入中国。这种水泵比水袋、唧筒的喷水量大得多，而且可以不间断地喷水，称为"水龙"。一些会馆自发成立消防自救组织，这种机构一般都叫作"水龙会"。"乾隆八年，湖南巡抚蒋溥檄各属添置救火器具，并选兵备用，其制有水桶、水铳、麻搭、火钩、火镰、大斧、锚、扛绳。"[3] 因此，到清乾隆时期，湖南商业会馆应该已经普遍使用水龙进行火灾扑救了。

作为公益事业，慈善是一种社会活动，而不是政府行为，善款来自民间而不是政府。因此，会馆的慈善资金需要多方筹措。如湘潭各会馆始终把救济抚恤本乡、本行商民作为自己的一项重要责任，所需费用有的会馆按一定比例抽成，有的会馆从富商大户中募捐，有的会馆则是从公产收益中提取，各会馆办理善举的费用一般都有比较稳定的来源。

一般来说，会馆慈善资金筹措途径主要有如下几个方面：

（一）团体捐助

接受社会团体的捐助，是会馆慈善资金筹措最主要的方面，也是吸收资金最多的一条渠道。为维持会馆以及当地经商环境的稳定和发展，富商、商帮、会馆、行业等各界认识到公益慈善事业的重要，长期以来把慈善活动当作一种爱心传递，以争取社会趋于整体的和谐。如洪江"保甲、积谷、救生船只，各埠义渡、义园、义山诸善事，莫不于十馆绅商寄之"[4]，凡有公益事业，均由会馆商帮出资兴办。从清康熙十五年（1676）起，由洪江的会馆出资，陆续建有江西馆、三甲巷、周公三处义渡渡口，有的渡口还置有渡产。渡口专为过往客商、市民、村民服务，免收渡费。义渡渡工工资及船只维护费用，由会馆从馆产中开支，或从渡产中支出。民国时期，洪江十馆公所、

---

1 光绪《澧州津市万寿宫志》卷九《章程·水龙公所并三次始末》，光绪二年刻本，湖南图书馆藏。

2 陆以湉：《冷庐杂识》卷六《水龙》。

3 同治《巴陵县志》卷六《蠲恤》。

4 光绪《洪江育婴小识》卷首《潘序》。

红十字会与医院协商，免费为无钱治病的贫民尤其是老人提供药品，药品费用由公所或红十字会支付。

会馆捐助资金的来源也是名目繁多。

有的为会馆自身的粮食积储。不少会馆一般都建有仓库，储藏谷米，以备赈济救灾之用。容量多则数千石，少则几十石。这些积储的谷米对于抵御灾荒、拯救生命曾经起到了十分重要的作用。

有的为会馆的田产租息收入。湘乡的江西会馆“在泉塘置有水田数十亩，田租收入作为会馆及社会慈善事业之用，并在东家大山为赣籍客死者置义冢山山地一块”[1]。

有的为各种形式的捐款。会馆商帮，不但开展帮内活动，而且响应官府的号召，或以地域帮，或以行业帮的形式，联合开展善举。清光绪初年，洪江长年助资会馆者以洪油帮、土药帮、布帮为最。清光绪六年（1880）四月二十四日，经洪江十馆捐资的育婴局开局育婴，其经费最初由绅商捐集，后来又商定由各地商帮按货按月输助，称为月捐；开办铺面的，以交帖捐的方式捐款。最初捐款时，客籍和当地商帮都在其中，捐款的各地商帮，有江西帮、江浙五府帮、福建帮、贵州帮中的土药帮、黄州武昌帮、山西帮等客籍商帮；本省的商帮有宝庆帮、衡州帮、辰州沅州府帮、湘乡帮、七属帮等。同时，油业、木业、烟（鸦片）业等行业按月交纳育婴捐。在总的捐款额中，外地商帮所捐占了绝大部分。[2] 此外，洪江的会馆、行会所办学校有 10 余所，所需经费均来源于会馆、行会的捐助。

（二）集体筹资

一方有难，八方支援。扶弱济贫是中华民族的传统美德。“在传统文化激荡下，从事公益慈善事业成为洪江人荣耀的共识，受到公众的尊重。”[3] 在洪江，各会馆成员，或巨富商贾，或普通商户，纷纷筹资支持慈善公益事业。民国二十年（1931），洪江商民集体筹资建立横跨巫水的六墩七孔石桥；民国三十四年（1945）年，洪江举行抗日战争胜利庆祝大会，商民集体捐修奏凯亭。会馆内部活动所需的部分费用，也由集体筹集而成。安仁的江西会馆、衡阳会馆、福建会馆、邵阳会馆等会馆“会产由会员每年筹集一次，用于会员公益事务，解决会员特殊困难，接济过往同乡人伙食路费，或安葬同乡孤寡死者”[4]。

1 湘乡县志编纂委员会编：《湘乡县志》第 659 页，湖南出版社 1993 年版。

2 光绪《洪江育婴小识》卷一《识输助》、卷二《识文略》。

3 韩隆福：《论洪江商贸古城的人文精神》，《湖南文理学院学报》（社会科学版）第 103 页，2007 年 3 月第 32 卷第 2 期。

4 安仁县志编纂委员会：《安仁县志》第 143 页，中国社会出版社 1996 年版。

（三）个人捐赠

个人捐赠是会馆慈善资金筹措的另一条重要渠道，或捐献现金，或出资修建慈善场所。清顺治六年（1649）正月，清兵前锋攻入湘潭，血腥屠城，县城内居民不分老少，几乎被杀光，幸存者不足百人。加上农村的幸存者，全县人口也不足万人。第二年，从安徽来潭的商人黄希倩、程青来见到湘潭城尸骨遍野的惨状后，用竹篓收捡遇害者遗骨，三篓一冢，分冢埋葬于县城西北角郊外荒山，耗时三个多月，共收 603 篓，埋 201 冢。清康熙十三年（1674），湘潭城再遭战乱，又一次尸横遍野。在潭经商的安徽人汪公炜、曹羽皇效法黄希倩、程青来义举，在白骨冢收埋死难者骸骨，并修建亭子和庵堂、捐购祭田，以超度亡灵。为纪念首倡义举的黄希倩、程青来，他们将亭子取名“希青亭”，庵堂称作“弥陀寺”。希青亭建成以后，湘潭数位县令曾作碑记，不少文人也写下了凭吊的诗文，但对于屠城的原因都闪烁其词，唯恐朝廷降罪。清乾隆年间，文人张灿曾作《希青亭纪事》诗，其中一首是：“每因劫火动长吁，况是凋残此独殊。一代冠裳殉国恤，千秋魂魄吊公余。顽民自是生无用，圣世何曾杀不辜。杯酒墓田乡井谊，路人遥指戒樵苏。”

清光绪五年（1879），洪江绅商张书、欧阳钟倡设洪江育婴堂，仅张积昌就捐白银 1800 两，且各会馆捐资负责按月发给育婴堂赡婴。洪江育婴堂先后收养幼婴几百人，遍及 20 多个县，而以湖南幼婴居多；1925 年至 1926 年，邻近地区大旱，闹饥荒，来洪江逃荒的灾民日益增多，各富商、会馆纷纷赐粥数月，油号老板杨竹秋捐献大米一至二百石给地方红十字会，救济乞食灾民，又捐献巨款给红十字会，收殓安埋尸首；清道光十七年（1837），由于山洪暴发，浮尸从沅江上游漂流而下，几乎塞满洪江河道，洪江士绅杨锡铭、杨在宾等捐资创建恻隐堂，专置拯尸船打捞浮尸，购买义山、义棺，安葬捞起的浮尸。

正是商人们对社会公益的热心和倾情参与，进一步夯实了会馆扶危济困、服务社会的基础。就这方面来说，会馆实际上就是慈善机构，发挥了安定人心、稳定社会秩序的功能和作用。

此外，一些钱庄、银行将存款人死亡、无继承人的“死钱”捐作慈善资金。一些会馆、行会将查抄、罚没“犯人”所得的资金和财物也充为慈善款项。

（四）以税代捐

如光绪六年（1880），洪江开始征收“川南土药”特别税，每担征银八分。所征税款，充育婴堂常年经费。自光绪六年（1880）至光绪十二年（1886），共征税银 3391.7

两，全部用于育婴堂周转。[1]

会馆慈善资金有严格的管理制度。“洪江慈善组织对资金管理都有一套明确的规定，内部的重大事务必须经过成员的讨论和协商。同时，各个慈善组织都有一套比较严格的内部监察制度，用以规定会费、各项捐款及其他收支项目。慈善组织的所有支出都有一套严格的审批手续，且重大支出项目必须由集体讨论决定。”[2]故光绪《洪江育婴小识》称育婴堂：“堂内出纳，井井有条。”[3]

总之，会馆通过一系列善举，不但拯救了生命，张扬了社会公德，而且进一步发挥了会馆的整合功能，增加了会馆内部的凝聚力和向心力，化解了矛盾，客观上稳定了社会秩序。当然，“作为一个封建性的地域组织，它的乐善好施具有严格的地域性和局限性。然而，其积极作用及管理等方面的经验教训对当今的社会福利救济事业具有一定的借鉴作用”[4]。

联络乡谊、祭祀神祇、聚酬演戏和施善行义，表面上看起来是商业会馆的全部活动内容，也是创办者反复公开标榜的宗旨，“但实际上这些活动既是社会意义的，也是经济意义的，而且最终恐怕还是为了更加讲究经营之道，维持和发展各支商帮自身的实力，以便在日益激烈的商业竞争中立于不败之地”[5]。

值得注意的是，有的会馆本身就是工厂，从事商品的生产制造，可以说也是会馆的一个功能——生产功能。洪江常德会馆先后扩建两进两层院落一座、加工作坊一座。洪江宝庆会馆更是厂业甚多，按行业设有东南西北四路十厂及数十个大小行会。东路以邵东为主，设四厂，分木匠业二厂、铁匠业二厂；南路以邵阳为主，设一厂，为岩匠业；西路以隆回为主，设四厂，分篾匠、板篾、方篾、竹缆及园木匠；北路以新化为主，设一厂，为油漆业。会馆本身从事商品制造的意义在于，它不仅具有管理、协调的作用，更能通过加工制造，建立起产、供、销一条龙的服务体系，活跃市场，增加会馆的收入以及保障会馆经费的固定来源。

由此可见，会馆具有对内和对外的双重功能。对内，会馆具有地域性和规范性。会馆是外来同籍人群聚集之所，其身份认同的唯一标准便是籍贯，群体之间有着浓厚的乡情乡谊和相同的神祇崇拜作为精神纽带，置办有田产、义山、店铺等，整个群体享有相应的福利。会馆制定有规章制度和行业标准，建立长效机制，有章可循，有据可依，强

1 刘嘉弘：《湘西南洪江古商城的慈善事业》，《湖南城市学院学报》第 30 页，2008 年 1 月第 29 卷第 1 期。
2 刘嘉弘：《湘西南洪江古商城的慈善事业》，《湖南城市学院学报》第 30 页，2008 年 1 月第 29 卷第 1 期。
3 光绪《洪江育婴小识》卷首《汪序》。
4 陈丽华、罗彩云：《会馆慈善事业述论》，《株洲师范高等专科学校学报》第 75—76 页，2003 年 2 月第 8 卷第 1 期。
5 范金民：《清代江南会馆公所的功能性质》，《清史研究》第 48 页，1999 年第 2 期。

化了群体的底线意识和行为规范，成为了内部组织严密的一个社会单元。对外，会馆具有开放性和社会性。随着经济实力的扩张，会馆逐渐参与到客居地的诸多事项之中。生意往来、政商交流、祭祀演戏、施善行义等活动都离不开其他群体的支持，有时会馆还不得不借助外部的力量来解决内部的问题。因此，会馆以自身为平台，积极构建社交圈、生活圈、朋友圈、生意圈，通过各种途径，密切和外部的联系。

第三章

湖南商业会馆与湖南社会

“客无三代富，本地无财主”，这是洪江商人的真实写照。在洪江，真正腰缠万贯、富甲一方的财主，本地人不多，大都是外地人，其中有些人来时两手空空，不出数年便资财殷富，声名显赫于会馆商界。当时洪江非常流行的谚语“江西会馆的银子，贵州会馆的顶子，宝庆会馆的拳子”，意思是说江西人钱多，做什么都能用钱打通，贵州来洪江做生意的多是官商，而邵阳人则重江湖义气，好打抱不平。一句生动谚语，使清代洪江会馆的整体形象以及洪江的商业社会结构的情形跃然纸上。洪江的会馆由来自各省各地的商人而建，实力以及信誉不同，影响力也不一样。会馆之间的竞争非常激烈，优胜劣汰，适者生存，有的发财致富，有的破产倒闭。

明清时期，随着生产力的提高，商品经济得到发展，市场逐步扩大，进入市场的农产品、手工业产品逐步增加，农村集贸市场逐步增多。城镇市场的繁荣，为商人提供了更为广阔的舞台，为更多的居民经商提供了机会，也使得外来经商人员大大增加。大量外商涌入湖南，直接带动了湖南的发展。社会资本的投入、商品流通环节的畅通、劳动力资源的增加，拉动了湖南商品经济的发展。特别是各地域多元文化汇聚湖南，进一步促进了湖南文化的兴盛，对湖南社会各方面的整合以及湖南向近代社会的转型起到了积极的推动作用。

清宣统《湖南商事习惯报告书》介绍了湖南各地会馆商帮、商号的分类情况，指出商帮有以同业为帮者，行业性质明显；有以同籍为帮者，籍贯特征突出。

> 湘省商人分帮，有以同业为帮者，如盐帮、茶帮、匹头帮、竹木帮、票帮、钱帮、典当帮以及各种营业，各为一帮之类皆是也。有以同籍为帮者，如盐帮有南帮（江南盐商曰南帮）、西帮（江西盐商曰西帮）、北帮（湖北盐商曰北帮）、本帮（本省盐商曰本帮）。茶帮有西帮（山西茶商曰西帮）、广帮（广东茶商曰广帮）、本帮（本省茶商曰本帮），本帮又分湘乡帮、浏阳帮。匹头帮有苏帮（江苏商人）、本帮（本省商人）。竹木帮有西帮（江西商人）、本帮（本省商人）。票帮有平遥帮、介休帮。钱庄有西帮（江西）、苏帮（江苏）、本帮（本省）。典当帮有南帮（江南）、徽帮（安徽）、西帮（江西）、本帮（本省）。以及各种同业以同籍各为一帮之类，皆是也。[1]

各种商帮繁多，涉及的行业十分广泛。

1 湖南调查局编印：《湖南商事习惯报告书》第 8 页，湖南教育出版社 2010 年版。

至于商号，则加入同籍会馆或相应的商业组织：凡同籍的商号，加入由各籍会馆各自组合成的同籍公会。如湘潭有本帮、西帮、南帮、北帮、苏帮、广帮、建帮七帮之目，常德有同善堂、育婴堂、同仁堂、西帮、徽帮、苏帮、广帮、建帮、川帮、云贵帮、长沙帮三堂八省之目，“皆以同籍为帮，于商界上颇有势力”[1]。

会馆是商品经济发展的产物，反过来又促进了商品经济的繁荣和发展。随着商业竞争的日趋激烈，商人们必须依靠同乡、同行的集体力量，以会馆为依托，才能维护好、发展好本乡、本行的整体利益。清嘉庆年间，在湘潭发生的江西商民和本地居民之间的仇杀事件，就是一个典型案例。

事件发生于清嘉庆二十四年（1819）五月。

据光绪《湘潭县志》记载：

> 江西优人演戏火神祠，操土音，土人哗笑之，江西人以为大辱。甲子，演于万寿宫，江西会馆也。土人复聚哄之。丁卯，江西商复设剧诱观者，闭门，举械杀数十人，乘墙倾糜粥以拒救者。[2]

引发冲突的导火索是一场演出。当时，来自江西的一个戏班在火神祠演戏。由于操江西方言，湘潭观众哄堂大笑。江西人认为受了侮辱，便设计报复。几天后，江西人又在江西会馆演戏，引湘潭人前去观看。当湘潭观众再次哄笑江西方言时，江西人立即关闭会馆大门，对湘潭观众大开杀戒，死伤数十人。门外的人听到哭喊声，想翻墙进去救人。江西人用早已准备好的煮沸的稀粥，从墙上向下倾倒，阻挡本地人靠近。

案发后，“县令毛寐兰夺门携十九人出，门复闭，合市汹汹”[3]。当时流言四起，其一是谣传江西人在万寿宫“尽杀湖南人矣，烹于镬矣，钉于柱矣，割舌而醢之矣”[4]，将被关湘潭人或投入油锅或钉在柱上或割下舌头残酷处死。其二是散布：“江西公所于纠斗之日，先有妖僧画符数百道，环列于厅屋地上，先缚湖南人倒悬于屋梁之上，砍落其首，颈血遍洒符纸，令所纠之人各怀符一道，仍将余血冲入酒内共饮，始行殴斗。事后此僧旋即逃逸。”[5]传说有妖僧画符数百道，砍土民之首，以其颈血遍洒符纸，烧符入酒共饮，然后殴斗。于是，当地人积怨已久的对江西人的仇恨顿时爆发，土客械斗不断升级，发生了一场残酷的仇杀。“县人大愤，结四厂，断津渡，日夜寻斗，江西客民滥死者亦无数”[6]，“湖南人皆愤相告，民商、舟人数万，共毁江西人店肆，遇江西人即击杀

1 湖南调查局编印：《湖南商事习惯报告书》第9页，湖南教育出版社2010年版。
2 光绪《湘潭县志》卷十一《货殖》。
3 罗汝怀：《绿漪草堂文集》卷二十四《户部左侍郎江苏学政周公传》第376页，《罗汝怀集》，岳麓书社2013年版。
4 朱克敬：《暝庵杂识》卷之一。
5《清仁宗睿皇帝实录》卷三百六十。
6 光绪《湘潭县志》卷十一《货殖》。

之，奔哄喧呼，数日不绝。桥津关市，必考其音，非江西人乃得过，往往误死”[1]，地方士绅王晋玖“居洛口，值江西商与县人哄斗，县人欲尽杀商客，晋玖力庇之，匿数十人其家，易俗场市江西大贾皆赖以免”[2]，“县令到门不敢入，县人大怒，估舟檥湘潭者数千艘，多湖南人，皆大怒，东安船水手举铁锚撞破馆门，闭者乃窜出，聚众逻水陆，欲悉杀江西人。巡抚遣兵至，仅乃解散”[3]。

这场冲突，魏源在《户部左侍郎提督江苏学政周公神道碑铭》中描述道：“方狱事之起，始以江西客民之犷横，继以湖民之报复，大吏不善镇抚，以致闭城罢市，械斗兼旬，人心汹惶，几激大变。”[4]直至官方采取强硬措施，下令“调协标千兵驻湘岸”[5]，械斗才告结束。

这场械斗，湘潭本地居民死亡数十人，江西商人死伤也很多。清政府调查、处理此事，为首者被判处死刑，从犯被判处流刑、徒刑者十余人。吏部右侍郎、湘潭籍进士周系英和给事中、湘潭籍进士石承藻原本与此事没有任何关系，却因干预调查、处理此事而被牵连，遭到处分。“系英越职与事，罢职令归，闭门省愆。石承藻家居，论常右湖南人，为巡抚所劾，亦罢。”[6]湖南巡抚吴邦庆因“奏覆湖南客民焚杀案不实”[7]而降职，就连周系英的儿子周汝桢也因致信石承藻而“褫职回籍”[8]。可见，这件事情影响之大。江西商人与湘潭本地居民的关系由此恶化，数十年以后才和解。经过这场械斗，湘潭十总江西会馆遭到严重破坏，从此冷冷清清，逐渐衰落。江西商人在湘潭的商业也遭到沉重打击，损失惨重。这场大规模的暴力事件，对湘潭社会和江西商帮都带来了深刻的影响。罗汝怀《绿漪草堂文集》曰：“谨案，邑为四达之衢，四方百货俱集，自昔有小南京之称。至嘉庆初而臻极盛，江边货船鳞次林立。及江西会馆斗殴之后，贸易顿减，久之渐兴而迄难复旧。”[9]尽管事件持续时间不长，但江西人死伤惨重，致使土客相仇的气氛很长时间没有缓解，执当地商业之牛耳的江西商人势力受到了抑制，导致湘潭经济衰退。光绪《湘潭县志》载：“土客相仇，江西商客亦喑不得意几五十年，军兴乃始和睦。”[10]《湖南民情风俗报告书》也说：“湘潭昔年本帮人与江西人，因事格斗，积

1 朱克敬：《暝庵杂识》卷之一。
2 光绪《湘潭县志》卷八《王命宣列传》。
3 光绪《湘潭县志》卷八《周系英列传》。
4 魏源：《古微堂外集》卷四《户部左侍郎提督江苏学政周公神道碑铭》第230页，《魏源全集》，岳麓书社2011年版。
5 光绪《湘潭县志》卷十一《货殖》。
6 朱克敬：《暝庵杂识》卷之一。
7《清史稿·本纪十六·仁宗本纪》。
8《清史稿·列传一百四十一》。
9 罗汝怀：《绿漪草堂文集》卷十《商贾论》第152页，《罗汝怀集》，岳麓书社2013年版。
10 光绪《湘潭县志》卷十一《货殖》。

案五十年。”[1] 直到太平天国战争时期，在强大的共同敌人的压力下，土客矛盾才得到一定的弥合。然而土客对立并没有完全消失，直到20世纪40年代仍然明显存在。

对抗和械斗也导致了市镇跨行帮的社会组织的出现。大约在清道光年间，湘潭形成了各商帮的议事组织。据民国十九年（1930）《湘潭县商会沿革》称：

（湘潭）旧有七帮，福善堂为赣、苏、南、闽、粤、直、北五省及湖南各属县旅潭商人集合而成，始于前清中叶，垂百余年。帮有首领，谓之帮董，代达一帮民情，非富商贵族莫属。舆服驺从，埒于缙绅。遇岁有偏灾，筹议捐赈，暨土木甲兵之役、雀鼠口舌之争，县有司下车必先咨询以为政。各帮绅几执全县牛耳，亦煊赫一时。故商会开基，实由各帮董董其事，议席即设于福善堂。依部定法规拟其章程，采用会长会董制，设会长一人，副会长一人，会董三十二人，会员无定额。会董由会员产生，会长由会董互选，会员由各行业推举。会员资格必现有营业资本在五千元以上，会长资格必须财产五万元，具有商事经验学识者。[2]

随着行帮组织的发展，湘潭江西商人的势力在太平天国起义之后很快恢复并持续增长。清光绪年间，湘潭各地商民会馆共有33所，江西会馆达16所，远高于次之的江苏和湖南本地（各4所）会馆数而近总数之半。其分别为江西会馆、昭武（抚州）宾馆、临（江）丰（城）宾馆、安成（安福）宾馆、石阳（庐陵）宾馆、袁州宾馆、禾川（永新）宾馆、琴川（莲花）宾馆、西昌（太和）公所、仁寿宫（临江府）、六一庵、普度庵（江西省公所）、财神殿（江西广货行公所）、天妃宫（3处），无论是数量还是比例，均较清嘉庆时期有显著增加。

光绪《湘潭县志》卷十一《货殖》记载：

临江擅药材，岁可八百万；建昌专锡箔，吉安多钱店，其余曰油广杂，曰铜铅蜡丝，曰引盐，皆恃行帖擅利，他方人亦莫能搀也。

西帮居湘潭七帮之首，清末新成立的商会最初两任会长，均为江西商人担任。[3] 到20世纪40年代，樟帮的药材行有33家，从业人员一千七八百人。[4] 金银首饰业都属西帮，大多是江西丰城人，没有浙帮、本帮。[5]

1 湖南调查局编印：《湖南民情风俗报告书》第201页，湖南教育出版社2010年版。
2《湘潭县商会沿革》，中华民国十九年湘潭县地方自治筹备处编《湘潭县调查汇刊》之《专著》第19—20页。
3《湘潭县商会沿革》，中华民国十九年湘潭县地方自治筹备处编《湘潭县调查汇刊》之《专著》第19—26页。
4 彭泊：《樟树药帮漫记》，《清江文史资料》第一辑第126页，1986年12月。
5 李松华：《湘潭金银首饰业的概况》，《湘潭文史资料》第二辑第183页，1984年1月。

结合中国经济社会的性质和特点考察，从某种意义上说，商业会馆实际上是商政、神社合一的组织，是一种广泛的社会组织，既具有资本主义萌芽时期的封建组织形式，又带有民族工商业和半封建主义组织的性质，是具有中国特色商品经济的产物。

第一节　会馆与经济

湖南商业会馆的出现与湖南的经济因素密不可分。明清时期，湖南商品经济空前活跃，商品种类日益丰富，市场需求快速增长，市场规模逐渐扩大。在商品经济发展的新形势下，商业的地位和作用显得越来越重要，对商业流通提出了新的更高的要求。新经济时代，唯有更新观念、创新营销模式，迎合和适应市场变化的趋势，才能不断超越自我，形成核心竞争力。湖南商业会馆的出现，有着政治、经济、文化和社会的多重因素，但主要是商品经济发展的产物。

1.1　湖南的经济条件

湖南地处长江中游，是连接东部沿海与西部内陆的桥梁地带，东南西三面环山，中部、北部低平，形成向北开口的马蹄形地貌，由平原、盆地、丘陵、山地、河湖构成，山地约占总面积的一半。湘西南崇山峻岭，蕴藏着丰富的煤、钨、铜、沙金、金刚石、石灰石等矿产和木材资源。历史上，湖南省内木材市场主要有洪江、长沙、益阳等地，其中洪江是湘西、黔北木材的总汇之地。湘中大部属于丘陵地带，台地广布，盆地沿河区域常有河流冲积平原，为人口密度较大的农业区。湘北为洞庭湖冲积平原，河流、湖泊分布广泛，堤垸众多，土壤肥沃，为重要产粮区。湘江、资水、沅江、澧水汇聚洞庭湖，经岳阳城陵矶注入长江，密布的河网，顺畅的河道，这在交通运输以水运为主的时代，是发展商业的重要条件。

一、地理优越，交通便利。由于古代交通以水运为主，所以商业城镇一般都是临江而建、因水而兴。长沙位于湘江沿岸，水陆四达，交通便利，以长江、洞庭湖及湘、资、沅、澧四大水系为依托所形成的交通网络，使其成为南来北往的必经之地。由于得天独厚的地理位置，自秦灭楚，长沙一直就是中南地区的政治、经济、文化、军事中心。乾隆《长沙府志》载：“长沙幅员甲三楚，北拥岳鄂，南襟交广，荆、襄、袁、吉左右环翼，域广九百里、袤过半焉，三湘七泽间，真一大都会哉。”[1]光绪《善化县志》也说：“邑负省会之南郭，控湖湘之上游，吐纳洞庭，依附衡岳，荆豫唇齿，黔粤咽喉，保障东南，古称崇镇也。”[2]

据湖南图书馆收藏的清代长沙至衡阳交通地图显示，至迟到清代中期，长沙与湘潭、衡阳等地均有水陆交通，长沙对外交通已较为发达。

清代长沙至衡阳交通地图，原件藏英国国家档案馆，为纸质，长 67 厘米，宽 39.5 厘米。湖南图书馆收藏的是复制品。据考证，这张地图绘制时间为清咸丰二年（1852）。

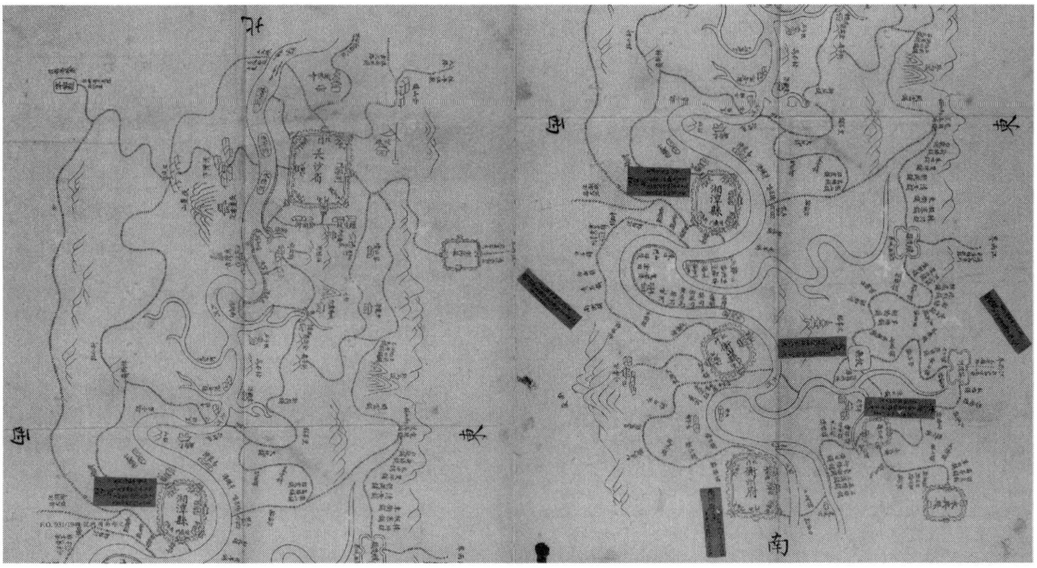

清代长沙至衡阳交通地图（供图：湖南图书馆）

地图标明为上北、下南、左西、右东，北及长沙之北的三叉矶，南达衡州府城，西至宁乡县与南岳的连线，东到江西界。从图上内容看，已经清晰绘出省城长沙、湘潭县、浏阳县、醴陵县、攸县、茶陵州、衡山县、安仁县、永兴县、衡州府等各城及它们之间的交通道路，重点标出了长沙至衡州以及各州县之间的水陆交通里程。而在提及长沙周边所在时，还出现了猴子石、新开铺、金盆岭、妙高峰等至今仍在使用的地名。

作为省城，清代中期之后，长沙的水陆交通已较为发达。

就陆路而言，湘潭县至善化县治，可以由湘潭县城观湘门过大河东岸，由此经板塘铺、团山铺、蒿塘铺、昭霞铺、暮云铺、回龙铺、大托铺、黑石铺、新开铺，最后至长沙城南门。

湘潭水路至长沙，由湘潭县城观湘门起，沿湘江下行，过文昌阁、竹铺港、鹞子

1 乾隆《长沙府志》卷三《疆域志》。

2 光绪《善化县志》卷三《疆域》。

岩，至炭塘子，皆湘潭界；再舟行到坪塘、观音港、南湖港、朱张渡、灵官渡、煤码头，最后到长沙大西门。

渔湾市以至溁湾市皆善化县界。溁湾市对岸河东长沙城大西门，为往宁乡、益阳、常德驿路，江边停靠渡船数十艘。

交通图还标明，衡州府至衡山县水路 165 里、陆路 100 里，至安仁县陆路 150 里。衡山县至攸县陆路 190 里，至湘潭县水路 270 里、陆路 155 里。湘潭县至浏阳县陆路 200 里，至省城水、陆路各 100 里，至醴陵县陆路 160 里，至宁乡县陆路 180 里。安仁县至永兴县陆路 120 里，至茶陵州陆路 80 里，至攸县陆路 60 里。醴陵县至省城陆路 180 里，至浏阳县陆路 195 里。攸县至茶陵州陆路 80 里，至醴陵县陆路 180 里。宁乡县至省城陆路 100 里。

乾隆《长沙府志》和嘉庆《长沙县志》记载了这期间长沙商品流通的盛况：

> 北客西陕，其货毡皮之属；南客苏杭，其货绫罗、古玩之属。繁华垄断，由南关内王府坪至西门坡子街为极盛。[1]
>
> 秋冬之交，淮商载盐而来，载米而去；其贩卖皮币、金玉、玩好，列肆盈廛，则皆江苏、山陕、豫章、粤省之客商也。[2]

湘潭位于长沙以南，地当湘江之滨，舟车四至，水路四通八达，城南湘水北通长江，可达沿江各省，南与衡、郴、永相连。境内涟水、涓水，可至湘乡、安化、邵阳、衡山、醴陵、江西萍乡，且水流平缓，无礁石、激流之险。除水道之外，还有陆路与长沙等地相通。

清乾隆年间，湘潭就有码头 32 个：半边街有文星门码头、观湘门码头、通济门码头、小埠桥码头、华光庙码头；九总有南岳宫码头、扶康庙码头、曾家码头、朱家码头、老关圣殿码头；十总有盐店码头、真君殿码头、烂码头；十一总有曹家码头、新关圣殿码头；十二总有马家码头、唐家码头；十三总有周家码头、黄龙庙大码头；十四总有黄龙巷码头、蒋家码头；十五总有兴仁码头；十六总有仓门前大码头、张家码头；十七总有鄢家小码头、新码头；十八总有大码头、高家码头、水府庙码头、唐兴寺码头；十九总有方家码头、水来寺码头。[3]

“湖南大县首湘潭。”[4] 湘潭因其地利，成为湖南的一大通衢，自明清以来就是湖南的水陆交通枢纽和商业中心。乾隆《湘潭县志》称：“潭之为观大矣哉！孔道四驰，

1 乾隆《长沙府志》卷十四《风俗志》。
2 嘉庆《长沙县志》卷十四《风土》。
3 乾隆《湘潭县志》卷六《城池》。
4 光绪《湘潭县志》卷五《白叶苏俞夏李列传》。

崇墉特屹，揽湘岳之雄，隐隐然当长沙西南之一面，以丕壮观瞻，不其胜哉！”[1]乾隆二十五年（1760），湘潭知县秦鏁《重修县城记》也说：“潭邻衡岳，带湘水，上控两粤，下通江汉，邮传舟航，往来如织，号称剧邑。”[2]清光绪年间，湘潭县城“计城市街衢三重，长十五里，三乘之四十五里，里三百步”[3]，商业街市繁富浩穰，已发展到城外沿湘江以上十余里，“依水列肆，不可以郛”[4]。

“洪江即古之雄溪，为五溪蛮旧地之一，居沅水上游，市区绵袤数里，上扼滇黔，下控常岳，南趣桂林，北塞溪峒，三江合流，舟车往来，历称西南重镇。”[5]宋熙宁八年（1075），设洪江铺，元祐五年（1090）改称洪江寨，隶属沅州黔阳县，崇宁二年（1103）改属会同县；元元贞三年（1297）设洪江巡检司；明洪武年间，设洪江驿，仍隶属会同县。明万历年间，洪江犁头嘴就已形成一定规模的交易、集散市场，店铺林立，作坊成片，成为洪江最早的港口商埠。到了清代，洪江已成为湘西南扼守湘、滇、黔、桂、鄂物资集散通道的商业巨镇，号称“五省通衢”。清康熙二十六年（1687），著名文人王炯在《滇江日记》中描述洪江为“商贾骈集，货财辐辏，万屋鳞次，帆樯云聚”“烟火万家，称为巨镇”的西南商业都会。

湘西山高水急，主要靠水路维系着与山外的商贸交流。历史上会馆比较集中的凤凰，虽地处湘西崇山峻岭之地，陆上交通不便，但境内有大小溪河一百多条。因此其商贸交流的通道主要依靠水路运输，当年商旅就是主要从沅水、澧水、酉水的主要支流进入凤凰及湘西各地，使得凤凰成了当年湘西的一大商埠中心。

二、资源丰富，物产繁盛。湖南历史悠久、源远流长，物产丰富、美丽富饶。史载清乾隆时期湖南、湖北有八大产米地区，即汉阳、黄州、长沙、宝庆、岳州、澧州、衡州、常德，其中，湖南就占有六个。[6]

洪江是湘西、黔北木材的总汇之地，煤、钨、铜、沙金、金刚石等自然矿产资源的蕴藏也很丰富。“洪市以油兴。油之源为桐，桐之最大产区有二，曰川桐，曰湘桐，统名之曰支篓，曩日均集中于辰州、浦市之间，故吾苏名之曰辰支、浦支。洪江开辟后，遂取而代之，所熬炼之乌油，乃统名之曰洪油。”[7]清咸丰年间，洪油每年输出就达20万担，约合700万公斤，值白银百余万两。晚清时，洪江经营洪油的商号就有十几家。民国时，洪江成为了湘西南和湘黔边境的桐油集散中心。

---

1 乾隆《湘潭县志》卷六《城池》。
2 光绪《湘潭县志》卷二《建置》。
3 光绪《湘潭县志》卷十一《货殖》。
4 光绪《湘潭县志》卷二《建置》。
5 湖南省银行洪江支行：《湖南洪江县经济概况》第289页，《湖南省银行经济季刊》，1943年第1卷第2期。
6 朱伦瀚：《截留漕粮以充积贮劄子》，贺长龄《皇朝经世文编》卷三十九《户政十·仓储上》。
7 吴克成：《江苏人与洪江之历史》第7页，《苏讯月刊》，1945年第五十七、五十八期合刊。

贵州流经湘西的舞水河沿岸是中国最优质桐油的出产地，素有“金色桐油之乡”的美誉。桐油能有效防止贝类寄生和蛀虫，能大大延长木船的使用寿命，对以船为家、靠海为生的渔民来说不可或缺。因为桐油，来芷江经商的福建商人，不惜重金在芷江建造起一座气势宏伟的福建会馆。因此，福建客民大量聚居芷江，当在情理之中。

又如攸县，清康熙、乾隆时期有“物阜民丰”“富庶之区”之称号，招徕江西、广东、福建和本省长沙、衡阳、宝庆等地的生意人来此经商贸易。溆浦素以物产丰富著称，一向有较多的农副土特产品外销。明正德年间（1506—1521），龙潭、低庄、水东等地，就已开辟集市贸易，不少外地行商，来此进行农副产品交易。18 世纪末，岳阳县内特产君山茶、北港茶及洞庭银鱼，均已驰名，特别是茶叶质优价廉，更具有市场竞争力。“武汉、广州、南京、长沙等地客商，也纷纷云集县城收购，加之县城处于武汉、长沙的中转要地，水陆交通方便，城关贸易市场不断扩大。”[1]

湘西龙山里耶和泸溪浦市也是商业繁华之地。里耶地处湘川边境，与贵州亦相距不远，有舟楫之利，成为边区的桐油、茶油、木材、五倍子和牛皮等土特产品与外来的花纱、布匹、日用百货等商品的集散地。船只沿酉水而下，经辰州可通常德、汉口，逆水西上，可达酉阳、秀山。得天独厚的地理条件，吸引着本地和比邻四川的农户，弃农经商者日渐增多，巨商富贾开始出现，到了清末，常德、汉口一带和远至江西的商人开始在这里出现，外地商贾云集，商店剧增，大商小贩遍布大街小巷。

浦市物产丰富，物美价廉，吸引众多外商纷沓而来。明洪武年间，来自全国各地的客商往来浦市贸易。康熙《沅陵县志》记载：“浦市，（沅陵）县西南一百二十里，客商辏集，辰泸杂处，烟火数千家；隔江为江东，亦烟火千家。沅邑一都会也。”[2]江西、福建、江苏、浙江、安徽、山西、陕西、四川、湖北等省份，湖南省内常德、宝庆、溆浦等府县，都在浦市建有商业会馆。

清代，芷江县为沅州府府治，清乾隆时商业发展便已繁盛。所属榆树湾市，“在县东八十里美二里，沅水北岸，居民数百户，上下舟楫，少停蚁泊。凡油豆米谷煤铁之属，皆集于此，路为滇黔所必经，行旅信宿。乾隆二十一年（1756），以是地为水陆通衢，民商错处，且有附近之黄岩出产硫黄〔磺〕，恐奸徒窃采，奉文以芷江县丞分驻巡防，由是人烟愈密”[3]。胡嗣昌《榆树湾》诗云：“空江洲渚外，烟树一村斜。黄叶梯山路，青帘出酒家。夜深渔火乱，天远客途赊。晚泊歌声起，予怀问水涯。”[4]同属芷江县的龙溪口市，“在县西一百三十里平二里，沅水之北，临水架楼，而列肆者为新街，

1 岳阳县地方志编纂委员会编：《岳阳县志》第 210 页，湖南人民出版社 1997 年版。
2 康熙《沅陵县志》卷一《市村》。
3 同治《芷江县志》卷五《乡都》。
4 同治《芷江县志》卷四十九《艺文四・五律》，同治《沅州府志》卷三十九《艺文下・五言律》。

又蹑坎而上，俗呼为老街。市五谷俱集，贩豆尤多。凡产自贵州境之马鞍山、平崖场诸处者，由玉屏朱家场肩货于此，估客以舴艋载运。他如牛马羊豕之畜，月以三、八日为市。至于江、浙、闽、粤之货，亦毕集于此。盖西来鄘闬之盛区也”[1]。为了便于停泊船只装卸货物，濒水修筑了大码头、沅州码头、水码头、万寿宫码头四个码头，到清同治年间已是人烟稠密、喧哗热闹的集镇。道光《晃州厅志》记载，晃州有八景，其中一景是“龙市晚归”。有诗曰：“龙市趁墟来，一哄人声满。夕阳下空山，乱踏昏烟返。”[2]描写的是龙溪口市场赶集之日，熙熙攘攘，人声鼎沸，直到夕阳西下才在黄昏的烟岚里纷纷踏上归途。到了清末民初，龙溪口市面上广泛流传“七子”的顺口溜：“杨春和的银子，春和元的谷子，傅老五的房子，杨永泰的锅子，张大生的儿子，龚信泰的顶子，胡岩寿的包子。”

杨春和的银子：江西人杨志轩，清光绪中期从江西来晃，开办杨春和商店，与人合资经营油脂，后独立经营，桐油年销量 30 万斤，大多运往常德及湖北汉口等。返回时又回购鄂产黄州布、四印布、常德溇河布及日用百货等，年利纹银 4000 余两。至清光绪末期，其经营已达到最盛时期，成为拥有 35000 银两的巨商，财冠全镇。

春和元的谷子：“春和元”是杨志轩的长子杨启元分出后开的商店。杨启元将大部分商业资本转为土地资本，先后在农村购置田产 800 余亩，坐收地租，稻谷满仓。

傅老五的房子：傅老五，江西人，来晃早，经营布匹、广告。发财后陆续购置大量房地产。其子傅禹门曾在 1920 年前后任贵州青溪县县长。

杨永泰的锅子：“杨永泰”是杨楚镒开的店坊牌号。杨楚镒，宝庆人，清光绪年间来晃，清末捐官，获五品顶戴，首任龙溪口商会会长，营铸锅鼎，雇工十余人，生意半年忙半年闲，锅子质地优良，颇受赞誉。杨楚镒死后，后代无力经营，靠出租度日。

张大生的儿子：“大生堂”是张克刚经营的药店店名。张克刚，江西人，生五男二女，人称“多子多福”“七子团圆”。1915 年土匪进城，贵重物品被抢劫一空。全家二十多口人，除两名女性外，其余均吸毒成瘾。三儿子张忠衡是当家人，1919 年醉酒丧生，此后门庭衰落。

龚信泰的顶子：龚信泰，江西人，经营布匹。其弟龚树勋，书名“少白”，书法甚好，龙溪口镇江阁外壁所书“中流砥柱”四字即为他的手迹。清光绪甲午科优贡，曾任云南平夷县知县。

胡岩寿的包子：胡岩寿，晃县人。经营旅栈，附设小吃馆，其包子质优味美，众人赞誉。

三、经济繁荣，商业发达。清康熙三年（1664）置湖广右布政使司，六年（1667）

---

1 同治《沅州府志》卷七《乡都》。

2 道光《晃州厅志》卷二《图考》。

改置湖南省，省治长沙府“民物丰盈，百货鳞集，商贾骈联，亦繁盛矣”[1]。清乾隆年间，长沙已是湖南仅次于湘潭的重要商埠，是清代四大名镇汉口镇、佛山镇之间的重要交通枢纽和商品集散地。清光绪三十年（1904）长沙开埠之后，迅速改变了其商业地位长期屈居湘潭之下的经济格局，商贾辐辏，帆船络绎，商业日臻繁盛，长沙商品经济的发展进入了一个新的起点，“至各省商于邑中者，北客西陕，南客苏杭，以及江西闽广货客几遍城村”[2]。

打开明清时湘潭灿烂的历史画卷，我们就会看到，明代以来，湘潭凭借优越的交通条件，商业得到迅速发展，城总千帆云集、商户林立。对此，乾隆《湘潭县志》、光绪《湘潭县志》都有精彩描述：

> 商贾城总市铺相连几二十里，其最稠者，则在十总以上、十九总以下。凡粮食、绸缎、布匹、棉花、鱼盐、药材、纸张、京广货物、竹木牌筏，皆集于此，为湖南一大码头。[3]
>
> 自前明移县治以来，杨梅洲至小东门岸，帆樯檥集，连二十里，廛市日增，蔚为都会，天下第一壮县也。[4]
>
> 县繁富浩穰，镃货珉庶皆在城外，沿湘以上十余里，自前明号为小南京。依水列肆，不可以郛，前湘后湖，形势比于夏口。[5]

吕正音、欧阳正焕认为，湘潭为“湖南一大码头”；陈嘉榆、王闿运强调，湘潭为“天下第一壮县”，湘潭的商业可与南京媲美，湘潭的交通比汉口还便利，凸显了湘潭在湖南商业经济中的重要地位和作用。

湘潭的商业以四方集散、转口贸易为主要特征。明代中叶以后，湘潭优越的营商环境吸引了山西、山东、河南、陕西、甘肃、江苏、江西、福建、广东、广西、湖北、安徽和本省长沙、衡州、永州、郴州的商人。到清中期，湘潭七大商帮已经形成。“商分七帮，街分十总，人肩摩，夫担争，行者不遑趾，居者不暇餐。廛密善焚，弥火弥盛。郊野之外，闻都邑之宫声焉”[6]，“临江擅药材，岁可八百万；建昌专锡箔，吉安多钱店，其余曰油广杂，曰铜铅蜡丝，曰引盐，皆恃行帖擅利，他方人亦莫能搀也。山西商擅汇票，淮商裘褐、汾酒、关角、潞参，闽商烟草，岁亦数百万。苏商绸布，咸丰时为土人分其利，自沈申和、云江南；市酒酱，而龚庆祥、王大生、苏九和，皆土人大店也。广

1 康熙《长沙府志》卷八《风俗志》。
2 光绪《善化县志》卷十六《风土·工商》。
3 乾隆《湘潭县志》卷十三《风俗》。
4 光绪《湘潭县志》卷十一《货殖》。
5 光绪《湘潭县志》卷二《建置》。
6 光绪《湘潭县志》卷十一《货殖》。

商则银朱、葵扇，槟榔为大家，日剖数十口，店行倍蓰焉。计城市街衢三重，长十五里，三乘之四十五里，里三百步。率五步一桌子卖之，合面相向，计每桌日得百钱之利，日当糜钱五六百万。如此，岁费钱二百余万万，而百谷总集易俗场者才略相等”[1]。

光绪《湘潭县志》卷九《五行》说：“县去省城不百里，而服饰恒异。由五方贾客，各从其方制以渐而异，其盛也。省城或仿效之，省城式不至县也。”[2]在客民的影响下，湘潭市民的穿着打扮时尚前卫、富有特色，甚至引领省城长沙的审美情趣和消费观念。

洪江古商城因水而商、因商而盛。由于交通便利，以经营洪油、木材、土药而闻名，是西南地区最大、最早、最完整的商业重镇，也是大西南通江达海的商贸区域经济中心。光绪《洪江育婴小识》记述了清乾隆初期洪江的商业繁华景象：

> 当是之时，列肆如云，川楚之丹砂、白蜡，洪白之膏油，材木之坚美，乘流东下达洞庭，绝长江而济吴越，连樯大艑，衔尾溯波而上，瑰货骈积，率倚花布为大宗。南通桂林，西趣滇黔，利市三倍，居市者长子孙，百工技术之流，襁至而辐辏，地褊人众，至劈山堙谷，连屋崇楼，栉比而居之。无游手，无闲民，俗尚俭啬而习事，长老则不侵然诺，好礼仪而重犯法，固俨然西南一都会也。[3]

晚清时，在洪江经营洪油的商号有张积昌、高灿顺、恒源永、庆元丰等十几家，资本占全市商业资本的三分之一，常年运销量10万余担；经营木材的木行有200余家，从业者数千人；土药年运销量达3万担以上，仅烟馆就达200多家，湖南巡抚衙门每年从洪江收取的特商税近4万两银子，约占全省特税收入的四分之一。经济的繁荣，促进了金融业的发展，洪江钱庄由民国以前的3家增至7家，资本总额达46万银元，营业额达1300万银元。洪江的货币流通量居湖南第二位，仅次于省会长沙，成为了湘西的金融中心。“抗战期间，洪江成为战时的大后方和湘西的政治、经济、文化中心，出现‘战时繁荣’，开设店铺达1300余家，文化娱乐业也随之兴旺起来，时有‘小南京’、‘小上海’之称。”[4]洪江会馆之多、规模之大、气势之雄、风格之异，堪称中国古典建筑之最。

里耶古镇位于龙山县西水河北岸。沈从文散文《白河流域几个码头》这样描述：“白河上游商业较大水码头名‘里耶’。川盐入湘，在这个地方上税。边地若干处桐油，都在这个码头集中。”清雍正七年（1729）实施“改土归流”之后，外地商人大量

1 光绪《湘潭县志》卷十一《货殖》。

2 光绪《湘潭县志》卷九《五行》。

3 光绪《洪江育婴小识》卷一《识十馆》。

4 蒋学志：《从洪江古商城看中国近代商业管理模式的变迁》，《湘潭师范学院学报》（社会科学版）第123页，2006年9月第28卷第5期。

涌入，里耶成为湘鄂川边的商贸中心，有中孚街、稻香街、辟疆街、万寿街、江西街、四川街和德邮巷等七街十巷。酉水河沿岸有上、中、下三处码头，其中以中码头和下码头最为繁华，每天停泊一百多艘船只。里耶最发达的行业是水上运输，沿河上下四五里，船桅如林，船帆蚁集，首尾相衔，蔚为壮观。里耶的船队分为三个帮口：

长水帮，通常有 80 多艘大船，往下游运送货物至常德、武汉等地，一般一年 4 次长途。下水以运输桐油为主，兼有五倍子、生漆、棕麻、兽皮。上水回运棉纱、绸布、国药、南杂、文具、纸张。

短水帮，有中等船只 30 艘左右，往返于保靖、王村、罗依溪、沅陵。

上水帮，有船 40 多艘，俗称“转转场”帮，四五天往返于里耶和上游各小集市，每年有几十万担货物的运输量。

民国初年，里耶市场活跃，商业繁荣，不仅有 12 个大字号的巨贾，而且有小业主 210 多家，小摊贩 200 多家，其中，经营南货的 20 多户、饮食的 30 多户、布匹的 70 多户。

2006 年 5 月，在里耶历史街区整治施工中，施工人员和文物工作者在位于中孚中街里耶老供销社街沿下发掘出两个铁秤砣。称量后显示，大的为 8 公斤，小的为 6 公斤。经文物专家鉴定，这两个秤砣是 20 世纪三四十年代铸造的衡器。据此可以推断，大的秤砣最大称量为 800 公斤左右。因此，里耶中孚中街发现的两件衡器秤砣，主要用于称量大宗货物。而如此重量的称量衡器，只有在繁华的商埠才会使用，这恰好与当时里耶码头的繁盛相吻合，见证了里耶昔日的繁荣。

20 世纪三四十年代，里耶的商业已到鼎盛时期。当时里耶水上运输发达，常年有200多艘货船上行川东、鄂西，下达酉水、沅江、长江中游码头，运载各种货物往来交流，并将大量信息及时带到里耶，促进了土家族地区的经济社会发展。里耶古城几个码头，可停靠船只 150 多艘，绵延四五里，桅杆如林，蔚为大观。

乾隆时期，泸溪浦市“据水陆之会，百货所集，四方商贾辐辏焉。屋宇栉比，街衢纵横，居民率弃本逐末……为大镇矣”[1]，物流涌溢，百业兴旺，“客商辏集，隔江为江东市，皆烟火数千家”[2]，大街小巷商号林立，万商麇集。浦市建有 13 家省级会馆，3 家银行，7 户钱庄，3 座洋行，5 家典当，125 家爆竹业，160 多家南杂货业，180 多家绸缎、油行、造纸、印刷业，上百家手工作坊，300 多处铁匠铺，40 多家茶馆、酒楼，30 多家剧院、澡堂、旅社、客栈分布市境，先后崛起富甲一时的瞿、唐、康、杨四大巨贾，仅瞿一家在汉口就有 360 多家商店。继后，又有吉、李两大家族发迹，接着诞生了万贯家财的 12 家大财主，名震内外。

1 乾隆《泸溪县志》卷五《坊市》。

2 乾隆《湖南通志》卷十九《关隘下》，嘉庆《湖南通志》卷二十七《关隘二》，光绪《湖南通志》卷三十《地理志三十・关隘二》。

泸溪浦市部分会馆一览表

会馆	宫名	地址
湖北会馆	帝主宫	堤上
浙江会馆	三元宫	在江西会馆侧（今县民族实验小学）
江西会馆	万寿宫（水府庙）	县民族实验小学
徽州会馆	五行庙	正街
山陕会馆	忠义宫	河街
福建会馆	天后宫	西街
宝庆会馆	太平宫（五属会馆）	今幼儿园大门外
溆浦会馆	岳武穆庙	李家弄
成衣业会馆	轩辕宫	万寿宫旁
土木业会馆	鲁班庙（至巧宫）	后街
神香业会馆	玉鼎宫	印家弄
丝线业会馆	七仙宫（七圣宫）	下街
屠业会馆	桓侯庙（屠夫庙）	中正街

常德位于沅江下游、洞庭湖西部，历为湘西重要门户、货物集散枢纽。清嘉庆《常德府志》载：

大江啮城，舳舻帆樯，时相上下，商贾所聚，百货辏集，人语欢声，辄喧午夜，安乐故土，惮于行役，竭耕桑之劳，习网罟之利，旧称鱼米之乡，良有以也。[1]

境内产鱼、米、油、茶为最，黔、蜀、闽、广、江、浙、陕、豫之商毕集，茶商通于安化，木贩集于河洑，盐木则回峰德山。[2]

清乾隆十六年（1751），在常德的商人按籍贯或同业关系，成立公所和会馆达十六处之多。

慈利溪口镇凭澧水舟楫之利，上通永顺、保靖、桑植、龙山，下抵津市、汉口，为商贾麇集之地。据民国《慈利县志》记载：

溪口之市，百货辏焉。陶家嵴小阜也，迤东曰溪口市。乾嘉以来，最号

1 嘉庆《常德府志》卷十三《风俗考》。
2 嘉庆《常德府志》卷十三《风俗考》。

雄廛。贾贩集者，江西为大帮，往往起赤手致万金。土著之氓，久稍艳之，出赀与角。顾代兴递盛，大抵亦无常赢。初，出市之货曰桐、曰茶，一岁贸买，常直〔值〕千万。近始绌减，而民擅麻，利几与相亚。每五六月，方舟来贩，皆辇见钱。[1]

溪口的繁荣，首先是因为当地盛产油料，桐、茶交易额每年高达“千万”；当桐、茶稍“绌减”，又“擅麻”，苎麻的利润几乎与桐、茶相当。其次是溪口所处的地理位置。溪口位于慈利西南，扼澧水中游，交通便利，溪口因而商贾云集，遂为名市，尤以江西商人资本雄厚。

总之，湖南便利的交通，丰富的资源，得天独厚的区位优势和自然环境，吸引外商纷沓而来。他们或采购当地土特产品，远运获利，或就地取材，办厂经商，促进了湖南商业规模的进一步扩大。

“江西人一把伞，走遍湖南各口岸。”一句生动的谚语，形象地勾勒出了外来商人在湖南商业贸易中的奋斗情形。

江西人把外出经商视作人生的重要出路。王士性曾说：“江、浙、闽三处，人稠地狭，总之不足以当中原之一省，故身不有技则口不糊，足不出外则技不售。惟江右尤甚……故作客莫如江右，而江右又莫如抚州。”[2]安福“商贾负贩遍天下”[3]，清江“民勉贸迁，恒徒步数千里，吴粤滇黔楚蜀，无不至焉”[4]。

湖南是江西人流入较多的地方。旧时的一个故事，说是一个江西人在一个下雨天带着一把雨伞出门来到湖南，结果做雨伞生意发了大财。所以，湖南还流传这么一句话：“江西老表一把伞，跑到湖南当老板。”

史载，“在湘阴县233族大姓中，外省移民187族。其中，江西籍为142族。宝庆府420族大姓中，外省移民296族，其中江西籍有168族。靖州51族大姓中，外省移民42族，江西籍占14族”[5]；浏阳县，“十户有九皆江西之客民也”[6]；江华县“本籍民人，约止十分之四，广西梧州人居十之三，江西及本省府外县之人居十之三”[7]；沅陵县“皆江右来者”[8]；醴陵“明末清初，重罹浩劫，土旷人稀，播迁远来者，则什九为

1 民国《慈利县志》卷三《地理》。
2 王士性：《广志绎》卷四《江南诸省》第80页，中华书局1981年版。
3 乾隆《安福县志》卷二《舆地·风俗》。
4 同治《清江县志》卷二《风俗》。
5 中国会馆志编纂委员会编：《中国会馆志》第195页，方志出版社2002年版。
6 康熙《浏阳县志》卷三《户口》。
7《湖南省例成案》卷五《兵律》。
8 嘉庆《沅陵县志》卷末《杂记》。

闽、粤两省汀江、东江流域之人”[1]；永顺县“客户多辰、沅民，江右、闽广人亦贸易于此”[2]，“改土后客民四至，在他省则江西为多，而湖北次之，福建、浙江又次之。在本省则沅陵为多，而芷江次之，常德、宝庆又次之”[3]；在晃州之龙溪口，“至于江、浙、闽、粤之货，绘彩什器，毕集其中，盖西来鄜闬之盛区也”[4]。

江西商人进入湖南经商时间长、实力强，逐渐形成了一批世代相传的名店老字号。湖南省商业厅商业志编写组编印的《湖南商业资料汇编之一：晚清民国时期名店录》，收录了湖南商界声誉好、影响大的著名老字号名店共 44 家，其中江西人占 10 家。根据此资料及相关文史，兹将所录名店整理列表于下：

名称	创始人	籍贯	创建年代	营业地
吴大茂针店	刘大茂	江西	嘉庆年间	长沙
彭三和笔庄		江西	同治年间	长沙
敬一堂中药店	杨氏兄弟	清江	民国初年	衡阳
严万顺药店	严万顺	清江	道光年间	岳阳
吉春堂国药号	杨氏	江西	光绪二年	常德
有成斋南货号	彭国仕	安福	民国二年	益阳
丁正源药号	丁霭堂	丰城	道光十六年	益阳
益大正油行	李子洁、涂子白	江西	民国十七年	津市
陈敦厚药店	陈昆山	新余	光绪三十一年	洪江
紫阳斋南货店	余氏	江西	嘉庆年间	醴陵
神香业会馆	玉鼎宫	印家弄		
丝线业会馆	七仙宫（七圣宫）	下街		
屠业会馆	桓侯庙（屠夫庙）	中正街		

资料来源：《湖南商业志资料汇编之一：晚清民国时期名店录》，湖南省商业厅商业志编写组编印，1983 年 6 月。

清宣统《湖南商事习惯报告书》称：“各属会馆，以籍贯分：江西曰万寿宫，福建曰天后宫，广东曰岭南会馆，江苏曰苏州会馆，安徽有徽州会馆、太平会馆。湘潭有七

1 民国《醴陵县志·氏族志》。
2 乾隆《永顺府志》卷十《风俗》。
3 民国《永顺县志》卷六《地理志·语言》。
4 乾隆《沅州府志》卷七《乡都·市镇》。

帮之目，常德有三堂八省之称，其较著者也。”[1]

在众多的会馆中，以江西帮万寿宫规模最大。江西商帮涌入长沙并在商贸业中成为举足轻重的大商帮。清代长沙商户势力，江西人十占其七，以经营食盐、南货、药材、金银首饰和钱庄者居多。

至清代中期，长沙已是中国南方的重要商埠，在长期的经营中，各行各业出现了许多名老商号。清顺治六年（1649）创立的玉和酱园，清乾隆四十年（1775）开设的九芝堂药号，清嘉庆元年（1796）开设的戴同兴酒店，清道光六年（1826）开设的三吉斋南货号，清嘉庆年间开设的吴大茂针号等，都是外地客商创建的闻名遐迩的店铺。清咸同年间，大批外省客商进入长沙，从事贩运贸易，带动了许多新兴行业的产生，城内商业店铺激增。有经营高档商品的金银首饰店、绸缎店，经营风味食品的饮食店、南货店。商业店铺沿江林立，并逐渐由城西江边向城内扩展。如苏州帮、南京帮在大西门正街开设协泰祥、聚锦祥绸缎店，开长沙绸布业之先；江西人在坡子街至红牌楼口开设余太华银楼和李文玉金号，开长沙金银首饰业之端。这一时期，外地人在长沙所开著名店铺还有安徽人经营的詹彦文墨店、福建人经营的赖德隆烟丝店、江苏人经营的马明德堂酱肘店等，均具有较高的知名度和影响力。

在长沙商界的绸布业中，势头长期处于上风的要数苏帮。清代中叶，长沙本帮在绸布业多为小户，基本上前店后坊，一口染锅，两条踩石，几张织机，所经营的都是本地土布，市场规模相当有限。随着长沙开埠，沪、汉轮船通航，江苏商帮的优势即刻呈现，成为长沙绸布业的领头羊，垄断着长沙的绸布业。清末，南京人杨寿芝的杨寿记绸布庄，主营批发，获利颇丰，致使苏州、南京商户接踵而来；苏州帮协泰祥、沈天成、罗元兴绸布庄，多设在大西门正街；南京帮聚锦祥、吴玉记、祥生、麻寿记、沙昌记绸布庄，多设在臬后街、福源巷。

至今，玉和酱园在长沙还具有一定影响力，彰显着“玉和”品牌酱醋的悠久历史。370 多年还在运营的老字号，湖南仅此一家。

清顺治六年，江苏酿造大师董玉和来长沙开设玉和酱园，原址位于长沙古城小西门，现长沙玉和园巷因此而得名。

1956 年，公私合营，玉和及另外 6 家调味品企业被编为湖南双凤实业有限公司。

1997 年，玉和工厂从坡子街搬到圭塘，2003 年左右工厂又从圭塘搬至长沙县榔梨。其间，原址被出租，成为一个布市，直到 2008 年筹建玉和醋文化博物馆时，原址被公司收回。

2002 年，长沙玉和酿造有限公司成立。

---

1 湖南调查局编印：《湖南商事习惯报告书》第 88 页，湖南教育出版社 2010 年版。

2009年，长沙玉和酿造有限公司投资15万元，在玉和酱园旧址建立玉和醋文化博物馆，面积1200多平方米。

2012年6月，长沙太平街及周边零星地块棚户区改造项目全面启动。红线图显示，玉和醋文化博物馆就在拆迁红线范围内。

对于玉和酱园，长沙市相关部门多次呼吁原址保护。

2010年1月20日，长沙市商务局《关于建议对中华老字号“玉和醋”进行原址保护的函》称：保护好发展好“玉和”这一老字号，是我们的责任和使命。专家认为，在玉和酱园的创始发源地进行原址保护具有历史和文化象征意义。

2010年1月27日，长沙市国资委《关于请求支持原址保护中华老字号“玉和醋”的函》认为：原址保护玉和醋，具有现实和长远的发展意义，必将为天心区乃至整个长沙经济文化繁荣发展作出新的贡献。

2010年1月28日，政协长沙市委员会办公厅《社情民意》第四期在《建议尽快采取措施保护中华百年老字号——玉和原址》中提及，玉和酱园是长沙市现存的稀缺文化遗产，价值巨大。但是，由于旧城改造的推进，该地域面临被拆迁的危险，亟需予以保护。

玉和醋文化博物馆要拆了，一些“老长沙”积极建言献策，希望先保护后利用。

长沙市政协常委、民进长沙市委副主委张早平：“原址保护，在文物部门的指导下，进行适当发掘。如果拆掉，这里将遭受毁灭性打击，将留下永久的遗憾。”

长沙市政协文史委原副主任、历史学者梁小进：“它是湖南唯一一家创办360多年，至今仍在生产的酱园，具有文化、商业、旅游三重保护价值。”

长沙市规划委员会专家组成员刘叔华：“玉和酱园更大的意义在于，市政府正在打造坡子街饮食文化一条街，作为百年老字号，玉和酱园和火宫殿可以成为这条街的两个支撑点。”

62岁的范爹爹说：“从它开始生产以来，长沙人都喝玉和醋。”

刘三爹呼吁保护位于长沙坡子街的玉和酱园旧址，称此地面临拆迁，“360年没有挪位置的工厂全国有几家？”

2012年8月4日，湖南大学、长沙市文物考古研究所、长沙市政协等单位的多位专家齐聚玉和醋文化博物馆，商量保护对策。

2012年8月6日，长沙市政协常委、民进长沙市委副主委张早平，湖南大学建筑学院教授、博士生导师柳肃，湖南省政协委员、省社科院研究员万里，长沙学院文化研究所教授、长沙市政协文史委原副主任梁小进，湖南省文史研究馆馆员陈先枢，长沙市简牍博物馆原馆长宋少华，长沙市规划委员会专家组成员刘叔华等7位专家联名致信长沙市政府，呼吁原址保护玉和酱园，希望历史上多灾多难的长沙不再留下永远无法挽回的损失和遗憾。“保护老字号，是传承长沙3000年文明的需要，也是当代长沙人的神圣使命。长沙作为我国首批历史文化名城之一，历史上多灾多难，一大批文物古迹遭到人为破坏，所以更应珍惜所剩不多的文化根基，对玉和酱园的保护势在必行。”专家们言辞恳切、情意深长。

2012 年 8 月 13 日，湖南省政协文史学习委员会组织 6 位省政协委员到玉和酱园调研。湖南省政协常委、省政协文史学习委员会主任欧长伏表示：“原址保护玉和酱园是我们的责任。”8 月 15 日，6 位省政协委员向湖南省委、省政府领导和有关部门负责同志报送了《请求原址保护玉和酱园的紧急呼吁》的社情民意信息，请求省政府立即指示长沙市政府对玉和酱园进行原址保护，坚决防止人为毁灭。同时请求省、市政府加大对“玉和”品牌、“玉和”文化资源的发掘扶持力度，文物等相关部门应加强对玉和酱园原址的保护、博物馆建设的指导。

8 月 15 日，长沙市副市长夏建平率文物、规划、商务等单位主管负责人现场调研后指出：“究竟怎样保护和利用玉和品牌？要对玉和酱园原址进行科学论证，优化玉和博物馆以及玉和酱园原址保护方案。”夏建平说，要尽快组织相关专家论证。非物质文化遗产采取什么方式保护，玉和酱园遗址和博物馆究竟应该采取什么规格保护，那的确要组织专家加以论证，要查资料、条规，要有依据。要加紧对玉和醋文化的研究和资料编写，发掘其内在的文化价值，一定要注意资料的更新和挖掘。

随后湖南省政协委员会办公厅也向湖南省委、省政府呈报《关于请求保护长沙市三百六十年老字号玉和酱园原址（玉和醋文化博物馆）的呼吁》的《政协信息专报》，请求保护长沙 363 年老字号玉和酱园遗址。“坚决防止突击野蛮拆迁事件的发生，确保 363 年的‘玉和’老字号免遭人为毁灭。”省政协文史学习委员会主任欧长伏曾这样表示。湖南省委常委、长沙市委书记陈润儿看到《政协信息专报》后，即于 9 月 11 日约见欧长伏，感谢 6 位省政协委员对长沙历史文化名城保护所付出的辛勤劳动，表示重视欧长伏等 6 位省政协委员所反映的玉和酱园保护问题，并批示：建议先把原址保护好，然后考虑利用原址发展酿醋文化，以彰显长沙历史底蕴。他同时要求长沙市政府将玉和酱园的保护情况上报省政府。

9 月 20 日，得知陈润儿关于原址保护玉和酱园的建议后，长沙历史文化名城保护委员会专家刘叔华十分欣喜，连连称好。在他看来，“这是长沙市重视历史文化遗存的表现”“让城市建设为文物保护让路，这种精神值得鼓励”“长沙是历史文化名城，一定要留住历史文化遗存”。刘叔华说，“在此之前，已经有不少遗存遭到破坏，长沙不应该再让这样的事情重演”。说起这些，刘叔华不忘建议：“虽然决定原址保护玉和酱园，但如何保护，还是值得研究的问题。”对此，刘叔华解释说，玉和酱园地下极有可能埋藏着丰富的文物资源，包括古时的酿造作坊、排水系统等，应该进行考古发掘，以丰富玉和醋的酿造文化。而在发掘之后，则可在原址修建玉和醋博物馆，全面展示玉和醋文化。

对于“原址保护”的呼声，长沙市文物局表示，玉和酱园主体建筑建于 20 世纪 80 年代，没有纳入一般不可移动文物的范畴，地下因为未作发掘，无法确定有何文物。

经过努力，各方面意见渐渐趋于一致。但最终，玉和酱园还是没有能够原址保护下来。2015 年 3 月，这家具有 366 年历史的老字号最终还是无力地倒下了。

1.2　外商对湖南经济发展的贡献

客居湖南的外来商人对繁荣湖南商品经济、促进湖南社会生产力的发展起到了重要作用。

一是涉及行业广泛，推动经济发展。早在明代，外商就在湖南留下足迹。“弘治时徽人就在石门县开有典铺”[1]；“清末，（宁乡）县城商业有本帮、苏帮、赣帮、闽帮，经营南货、布匹、国药、当铺、钱店等八个行业共店铺 300 余家，均系私营”[2]；常宁县客商有江西帮的“杨永春”“锦纶泰”绸布店，“志仁堂”“吕力新”“陈裕泰”国药店，“恒泰”“同泰”“万春”等南货店，“此外，衡阳、长沙、湘潭、湘乡、宁乡、湘阴、平江等地商人除设绸布店外，还设有牛皮、土硝、木屐、雨伞、鞭炮、油篓、木器等店房”。[3] 而民国期间，衡阳境内水路、陆路交通方便，成为湘南农副产品集散中心，外地食品生产经营者纷纷来衡经商，经销“东西海味、南北杂货”。随着商品经济的发展，衡阳食品行业逐渐形成了以地方家乡观念为体系的行帮势力，除衡阳本帮外，有赣帮、长帮、潭帮、鄂帮、闽帮、浙帮、徽帮、广帮等。在这些行帮的基础上，还成立了南货业、屠宰业、土果业、酱园业、筵席业、照相业、旅馆业等同业公会，各行帮同业之间相互竞争，副食品市场更显繁荣。[4]

其中，突出的是善于经商的江西籍商人。

明代以来，在“江西填湖广”大规模移民运动的影响下，江西商人大规模进入湖南，不论是交通便利的大都会，还是穷乡僻壤的小县城，甚至是郊外乡野的小集镇，到处都有江西商人经营其间，“自城邑市镇达乎山陬僻壤，列肆以取利者，皆江右人也”[5]，“商旅之祠，惟江西有万寿宫祀许真君焉”[6]。江西人在湘经商的人数众多、财力雄厚、行业庞杂，且名店字号数代传承，形成了“无江西不成市场”的局面。

1 中国会馆志编纂委员会编：《中国会馆志》第 152 页，方志出版社 2002 年版。

2 湖南省宁乡县志编委会编纂：《宁乡县志》第 365 页，中国大百科全书出版社 1995 年版。

3 常宁县志编纂委员会编：《常宁县志》第 209—210 页，社会科学文献出版社 1993 年版。

4 衡阳市地方志编纂委员会：《衡阳市志》（下）第 2405 页，湖南人民出版社 1998 年版。

5 嘉庆《巴陵县志》卷十四《物产》。

6 同治《新化县志》卷十三《祠祀·吉》。

元代、明代江西迁入湘潭的主要氏族表

氏族名	迁移时间	迁出地	迁入地
韶山毛氏	元末明初	江西吉安辗转云南澜沧卫	明洪武十八年(1385)迁入湘潭
高塘李氏	洪武初年	江西丰城	湘潭
白托李氏	洪武初年	江西吉水	湘潭
龙山周氏	元末明初	江西吉安	先迁湘乡再迁湘潭
湘乡神泉周氏	洪武二年(1369)	江西	周应运偕子孙迁湘乡神泉花屋冲，后子孙分散于宁乡、湘潭、湘乡境内繁衍。湘潭一支称昌福周氏
方上周氏、砂塘周氏	明初	江西	湘潭
万氏	元末明初	江西丰城	湘潭万家巷(今属响水乡)和白沙洲(今属易俗河)
高司岭(今属双板桥)冯氏	元末明初	江西丰城	先迁长沙再迁湘潭
石潭冯氏	天顺三年(1459)	江西	湘潭
湖田马氏	洪武元年(1368)	江西永新	先迁入到长沙下托铺，洪武二十 五年(1392)迁入湘潭
谢氏	元末明初	江西吉安	湘潭花石等地
姜畲刘氏	洪武年间(1368—1398)	江西瑞州府新昌县	湘潭上五都坝子塘(今市区橘园路)
长湖刘氏	明中期	江西永新	湘潭
古塘桥刘氏	永乐年间(1403—1424)	江西	先入茶陵再入湘潭
刘家湾(市区风车坪后)刘氏	洪武年间(1368—1398)	江西豫章	湘潭
白托刘氏	明初	江西泰和	湘潭
留田王氏	洪武年间(1368—1398)	江西泰和	湘潭
云湖桥王氏	成化年间(1465—1487)	江西赣州	湘潭黄龙巷(今市区解放南路)
莪洲王氏	弘治十年(1497)	江西吉水	湘潭

续表

氏族名	迁移时间	迁出地	迁入地
泉村王氏	元末明初	江西安福	湘潭
三界（宁乡、长沙、湘潭交界处）王氏	明初	江西	初寄籍长沙，后迁入湘潭县凤池岭
千户塅王氏	永乐六年（1408）	江西	王三俊、王三杰兄弟以军籍屯于湘潭，遂徙居于此
斑竹塘贺氏	永乐年间（1403—1424）	江西	湘潭上十七都（今石潭附近）
古塘桥文氏	天顺二年（1458）	江西永新	湘潭
妙泉文氏	正德三年（1508）	江西	湘潭
晓霞山齐氏	永乐二年（1404）	江西	湘潭
明道森梅村赵氏	永乐二年（1404）	江西吉水	湘潭
杨氏	明洪武初年	江西	湘潭
杨氏	景泰二年（1451）	江西豫章	湘潭易俗河
杨度家族	天启年间（1621—1627）	江西	湘潭
韶山庞氏		原籍江西玉山	先祖庞森原，从朱元璋征战，永乐中占籍湘潭，落户清溪
锦石欧阳氏	永乐年间（1403—1424）	江西庐陵	湘潭
青山桥方氏	明初	江西	先迁茶陵再入湘潭
苏氏	洪武初	江西	湘潭之七都（今韶山银田）、八都（今中路铺一带）
张氏	明	江西安福	湘潭
左氏	明	江西永新	湘潭
谷氏	永乐年间（1403—1424）	江西	先迁茶陵，再迁湘潭
彭氏	永乐二年（1404）	江西安福	湘潭湾埠塘
彭德怀家族	明	江西吉水	湘潭
黄氏	永乐二年（1404）	江西泰和	湘潭
郭氏	洪武二年（1369）	江西庐陵	湘潭城内柳师巷

续表

氏族名	迁移时间	迁出地	迁入地
贺氏	永乐年间（1403—1424）	江西	湘潭
鼓磉洲罗氏	洪武二年（1369）	江西吉水	湘潭易俗河、泉塘等地
湘乡罗氏	明	江西吉水	湘乡
潭市易氏	明初	江西	湘乡
鉴湖贺氏	明初	江西	湘乡
托上刘氏	明初	江西	湘乡
军山朱氏	明初	江西	湘乡
横洲丁氏	明初	江西	湘乡
学门前潘氏	明初	江西	湘乡
城北张氏	明初	江西	湘乡
龙潭王氏	明初	江西	湘乡
华厦周氏	明初	江西	湘乡
龙洞林氏	明初	江西	湘乡
坪地冲胡氏	明初	江西	湘乡
北门彭氏	明初	江西	湘乡
九溪彭氏	至正三年（1343）	江西吉水	湘乡

资料来源：湘潭市博物馆“湘潭故事陈列”资料。

谭其骧对湖南有原籍可考的移民进行了具体的较为系统的迁移考证。列表如下：

迁移省份	族数	所占百分比（%）
江西	324	63.1
江苏	39	7.6
河南	22	4.3
福建	14	2.7
安徽	13	2.5
河北	8	1.6

续表

迁移省份	族数	所占百分比（%）
山东	6	1.2
广西	5	1
浙江	4	0.8
四川	3	0.6
山西	1	0.2
陕西	1	0.2
湖北	18	3.5
湖南	55	10.7
总计	513	100

表中显示，本省移民只占10.7%，外省迁移湖南者占89.3%，其中江西省最多，有324族，占63.1%，江苏、河南、福建、安徽等省居其次。

张国雄对湖南、湖北以外省区迁往湖南的家族进行了分析研究。列表如下：

迁移省份	族数	所占百分比（%）
江西	150	83.79
江苏	7	3.91
安徽	6	3.35
福建	4	2.23
山东	3	1.68
广东	3	1.68
河南	2	1.12
浙江	1	0.56
贵州	1	0.56
河北	1	0.56
山西	1	0.56
总计	179	100

资料来源：张国雄《长江人口发展史论》第89页，湖北教育出版社2006年版。

表中显示，江西、江苏、安徽等 11 个省迁移湖南的族数总计 179 个，迁移最多的为江西，占 83.79%，江苏、安徽、福建等省居其次。

从上面两个表，我们可以清晰地看出湖南移民的成分构成，主要是湖南以东、长江下游流域的省份迁移来湘者居多，特别是江西省，占所迁移人口总数的三分之二以上。从而我们也可以例证明清时期的移民运动主要是长江流域由东向西迁徙。到清乾隆、嘉庆时期，湖南的移民比重占到人口总数的百分之九十，也就是说经过历代移民特别是元末明初、明末清初的移民大浪潮冲击，湖南居民基本上实现了人口更新，而其中移民湖南者主体构成为江西人。

王士性《广志绎》论江西经商之风：

> 江、浙、闽三处，人稠地狭，总之不足以当中原之一省，故身不有技则口不糊，足不出外则技不售。惟江右尤甚，而其士商工贾，谭天悬河，又人人辩足以济之。又其出也，能不事子母本，徒张空拳以笼百务，虚往实归，如堪舆、星相、医卜、轮舆、梓匠之类，非有盐商、木客、筐丝、聚宝之业也。故作客莫如江右，而江右又莫如抚州。[1]

湘西辰溪县“邑中无大商贾，列市肆者，江右人居多”[2]。湘潭更是江西商人的天下，据记载：清初三藩之乱后，湘潭城内土著无几，而“豫章之商”竟占到“十室而九”[3]。清乾隆年间，湘潭共有商业会馆 6 个，江西商业会馆就占了 2 个。[4] 清嘉庆二十二年（1817），湘潭共有 19 个会馆，而江西商人占有 6 个。《清仁宗实录》清嘉庆二十四年（1819）六月戊申：“据奏，湖南湘潭县城外，向来江西客民在彼贸易者十居七八，本地居民不过十之二三，各马头挑夫，江西人尤多。” 江西商人主要经营药材和杂货，如临江人专营药材，建昌人专营锡箔，吉安人以经营食盐、钱庄为主。江西的药材商人多出于临江府清江县，药铺则集中在清江县的樟树镇。这里早在唐代就有药墟，南宋则叫药市，明中叶发展成为全国药材加工和集散地。

王士性《广志绎》说：

> 樟树镇在丰城、清江之间，烟火数万家，江、广百货往来与南北药材所聚，足称雄镇。[5]

---

1 王士性：《广志绎》卷四《江南诸省》第 80 页，中华书局 1981 年版。
2 道光《辰溪县志》卷十六《风俗志》。
3 光绪《湘潭县志》卷十一《货殖》。
4 乾隆《湘潭县志》卷九《祀典》。
5 王士性：《广志绎》卷四《江南诸省》第 85 页，中华书局 1981 年版。

民国《江西之特产》载：

> 樟树经营国药，到现在已有千余年的历史。镇上经营国药的人，占全镇人口百分之八十，并且都以经营国药为终身职业。由于不断的研究和试验，他们都能了解各种药的性能。可是江西并不是药材生产地，即有也很有限，所有的只是国药人才。他们经常派人到四川、广东、西北、东北、湖南等产药地带设庄采购，运回制造，制造后再运销出口。因此，小小的樟树镇，就成为全国国药的荟萃所，各省经营国药的药商一到樟树就可以采办他所需要的全部药材……据民国三十六年的调查，由赣北各口岸出口的国药，有一万四千一百七十万斤。[1]

清康熙初年，江西临江府清江县樟树镇程坊村—黄姓药材商在湘潭十二总佃房开设药栈，报清政府备案，从事药材经营，是为湘潭设药材行之始。随后，临江、丰城籍商人来湘潭开设药材行栈的日益增多，清乾隆四年（1739），湘潭药材行发展到十家，即安吉、丰太、张全福、恒升、义利、大德、生太、乾元、正昌、福昌，从业人员达四五百人。

清末，衡南县商业资本多集中在外地大商人、地主和宦官手中，其中以江西籍为最多，俗称西帮。[2] 大庸（今张家界）在清乾隆时，城乡私营商户已达1500余户。江西、福建、山西的富贾肥商，千役万仆，其利三倍县人。清光绪年间已有商业行业39个，大中商户164户，雷丰太、王恒太属垄断大贾。江西商人经营的店铺达百余家，钱铺有兰德茂等3家，油盐绸缎布铺有王恒太、万亿生等20多家，南货铺有20余家，药铺有杨太和、同仁等3家，丝线铺3家，衣套铺4家，饮食菜馆4家。[3]

江西商人正是凭借着自己的智慧和勤奋，在激烈的商业竞争中立于不败之地。

二是积累雄厚资金，活跃商业流通。市场经济条件下，资金的循环与周转是商业活动的首要条件和前提保障。如龙山，据光绪《龙山县志》载："客民多长、衡、常、辰各府及江西、贵州各省者，其先服贾而来，或独身持襆被入境，转物候时，十余年间，即累资巨万，置田产，缔姻戚，子弟以次并列庠序。故县属巨族，自来客籍为多。"[4] 在慈利经商的江西人"往往起赤手致万金"[5]。清末，龙山洗车河有坐商30户，行商50户，全为外地来客。这些外来商户每至一处，动辄集资修建地方性会馆以维护本籍商户及行业利益。芷江的江西籍居民绝大多数在芷江城里从事商业经营活动，有一百多户开

1 王松年：《江西之特产》贰伍《国药》，中国兴业出版社1949年版。

2 湖南省衡南县志编纂委员会：《衡南县志》第277页，中国社会出版社1992年版。

3 湖南省大庸县地方志编纂委员会：《大庸县志》第355页，生活·读书·新知三联书店1995年版。

4 光绪《龙山县志》卷十一《风俗》。

5 光绪《慈利县志》卷三《地理》。

店设铺，资金雄厚，曾有人两届担任芷江的商会会长。最为突出的是绸布行业中的江西人，他们的店铺在最热闹的南街就开有二十多家。安仁县外帮商人在当地很有名气："县城南货业的怡茂馆、万隆馆、福茂馆、肖福馆号称'江西四巨头'；国药业的同济生、厚丰两药店控制全县医药市场；书纸和印刷业乃福建人独占鳌头"[1]，"各帮商人力谋发展，粮食、烟酒、食盐、绸布业崛起。丝纶阁、福隆号、唐福德等字号的绸布业，资本较大，名噪全县"[2]。

由于财富的积敛，使得某些外商或商号富甲一方，在当地的商业行业中占有举足轻重的地位。明代湘潭县安徽黟县富商孙孔林，在县城开设九个当铺、十八个牌号。[3]清同治三年（1864），积资巨万的洪江外来商户即有张积昌、高灿顺等十余家，其中洪油业张积昌号称张百万，为洪江首富。至清宣统三年（1911），洪江已是港口舟楫如林，商店鳞次栉比，与常德、湘潭、益阳、津市等地并列为湖南的重要商埠。[4]清代衡阳布业摊贩，陆续进入江华，在沱江、水口相继和落户的布摊达30余家，其中曹万春开设的"志祥布号"，资金达万元银洋，店内长年雇工8人，其货源来自上海、杭州、南昌及本省湘潭等城市，年获纯利3000银元左右。清嘉庆七年（1802），江西人曾永义在益阳经营笔墨庄，初为自产自销小店，嗣后逐渐发展，在石码头下首开设曾永顺笔墨庄，雇工40多名，拥有资金近30000银元，专事笔墨生产，成为远近闻名的笔墨厂家。[5]

三是促进市场繁荣，提升商业影响。正是外来商人的加入，加速了各地之间商品贸易的交流，大大增强了当地的经济实力和商业影响。

宁乡商分四帮。

一、本帮，各业皆有。

二、苏帮。多绸布、斋馆、槽坊，同乡会曰苏州会馆，在北正街小西门口转角处，创自清康熙三十七年（1698），门题曰"江左书院"。清康熙五十三年（1714）建后栋，清乾隆四十一年（1776）建戏台于殿前，清道光四年（1824）重修墙垣，清光绪末撤"江左书院"额，改称苏州会馆，旧设义塾亦停。苏人好义，举置金庭茂义田庄房屋。苏籍人口男丁百余，以沈、马、钱、杭诸姓为多，原籍苏州之洞庭西山，又名金庭山，故苏帮之公会、公山辄冠以"金庭"。民国以来，会馆内与赣闽合办小学校，称苏赣闽联合小学校。

三、赣帮。多经营药材、首饰业，其同乡会为万寿宫，即江西会馆，南昌、临江、吉安、瑞州、抚州五府人，清康熙三十一年（1692）买萧忠芝房屋基地建，其后南昌一

1 安仁县志编纂委员会：《安仁县志》第433页，中国社会出版社1996年版。
2 安仁县志编纂委员会：《安仁县志》第433页，中国社会出版社1996年版。
3 湘潭县地方志编纂委员会编：《湘潭县志》第527页，湖南出版社1995年版。
4 洪江市志编纂委员会编：《洪江市志》第243页，生活·读书·新知三联书店1994年版。
5 益阳市志编纂委员会编：《益阳市志》第301页，中国文史出版社1990年版。

府人分出另建南昌会馆，而南府内之丰城一县未分出。清道光时，重修万寿宫前栋，外为头门，内凡三栋，后栋西边立敦睦堂，供旅宁亡人，神主后有园，倚金台山。清光绪十六年（1890）正月十六日大火，存者仅头门、戏台及后栋西边之敦睦堂与厨房。清光绪十七八年（1891—1892）募捐万余元修复，清光绪二十三四年（1897—1898）竣工。馆内善举，年终分同乡年米，死者发棺木，暑期施药散；又有救火水龙会，四年一轮之盂兰会，系陈润溪倡捐；又与苏闽合办联合小学校；又自通安门外至关王桥石街，清咸丰中，赣人陈正春独修。南昌会馆，在北正街，清乾隆四十四年（1779）建。赣人旅宁男丁约三百余人，女丁百余。南昌、吉安、抚州三府之义山均在董家冲，南昌、抚州之山相距稍近，属北门，吉安之山属东门。瑞府之义山在东城外石灰塘，丰城之义山在东城外高岭及梁家坡，临江之义山在大塘坡。

四、闽帮。营业无定。其同乡会为天后宫，即福建会馆，又曰八闽馆。清康熙时建天后像，以楠木为之。清同治间，尝捐钱百串，交城区置福宁水龙。清光绪间，为乡友附祀，立义泽堂于庙侧，又与苏、赣办联合小学。义山有道士畲、易家冲、沙子岭三处。

四帮商业联合则有聚宝堂（钱业店主）、聚善堂（钱业店员）、同荣堂（南货店主）、同福堂（南货店员），各立财神会。至清光绪甲申（1884）立财神庙，甲午（1894）建新殿，以三月十五日致祭，其余各业均有会，但无定期、无定处。

清同光之间，宁乡地方安宁，家给人足，县城商业，于时为盛。乡市则黄材第一，锅炉五十余座，佣力之工，常四五千人。杂货、药材、屠坊、首饰及各手工业共百数十家，各商有财神殿，赣商有万寿宫。清时，经商此地者多致富。巷子口、横市、唐市、双凫铺、大成桥、回龙铺、道林、一都双江口诸市次之。灰汤、檀木桥、大屯营、西冲山、栗溪、大石窟、菁华铺诸市又次之。其余山村僻壤，数里或十数里必有药材、杂货、屠坊。[1]

自明清以来，攸县的中药行业大多为迁攸定居的江西药商所经营。在长期竞争中，他们凭借家传秘授的精湛技术和守信务实的经营作风，在社会上赢得了信誉，扩大了规模，逐渐形成了生意行中所谓江西帮，西帮是生意行中的主要行会之一。据 1940 年粗略统计，全县 210 家中药铺中，西帮经营的竟达 178 家，占总铺数的 77%。当时民间流传有“无江西人不成药铺，无樟树药不成药屉”之说，可以想见西帮药铺在社会上影响之大。[2] 有些地方会馆商人基本把持了当地商品交易的大部分甚至控制了当地的经济命脉。华容“县城‘五城’（五门街市）、‘六帮’（江西、江苏、湖北、长郡、宝庆、巴陵来华容的行商坐贾，成立同乡会馆，形成行业帮口）甚为活跃”[3]，“商船直通岳州、武汉、

1 民国《宁乡县志》之《故事编·财用录·商业》。
2 湖南省攸县地方志编纂委员会编：《攸县志（1871—1949）》第 349 页，株新出准字（2002）第 062 号。
3 华容县志编纂委员会编：《华容县志》第 359 页，中国文史出版社 1992 年版。

长沙，棉花等主要农副土特产品出运量占全县的 80%，当时乡民目为‘小汉口’”[1]。此外，清代来怀化榆树湾、新路河开店经商的福建、江西、广东、江苏等地商人，至清末，成大、何长、玉长、景长四大店铺称雄市场，外地私商基本把持境内商界，其社会声望也不小。

清光绪十五年（1889）绘制的《洪江街市全境图》上，洪江有 28 个商业码头：柴码头、新码头、高码头、左家码头、申家码头、杨家码头、塘坨码头、新安码头、廖码头、太素巷码头、松林码头、大码头、三甲巷码头、洪盛码头、宋家码头、同仁码头、赵家码头、吉庆码头、七属码头、辰沅码头、一甲巷码头、武宝馆码头、福建码头、山陕码头、大佛寺码头、江西码头、贵州码头、六甲码头。

洪江街市全景图

据唐宏《洪江四十八个码头的由来》[2]，民国时期，洪江有 48 个商业码头：苗船码头、炮铺桥码头、长沙会馆码头、贵州会馆码头、万寿宫码头、大佛寺码头、岩码头、财神巷码头、太平宫码头、一甲巷码头、辰沅会馆码头、关圣宫码头、犁头嘴码头、蒋家码头、赵家码头、铜仁码头、宋家巷码头、洪盛码头、三甲巷码头、大码头、松林码头、太素巷码头、廖码头、司门口码头（即徽州会馆码头）、粪船码头、塘坨码头、杨家巷码头、申家码头、佐家码头、高码头、湘乡会馆码头、古楼脚码头、沙子坪码头、

1 华容县志编纂委员会编：《华容县志》第 359 页，中国文史出版社 1992 年版。
2 唐宏：《洪江四十八个码头的由来》，《洪江文史》第七辑第 20—23 页，1997 年 7 月。

铁山脚码头、江坎脚码头、司门前码头、陆家码头、麻阳会馆码头、鼎锅厂码头、天王庙码头、青山界码头、高坡宫码头、北辰宫码头、康乐门码头、狮子楼码头、胡家坪码头、长码头、庆安里高码头。其中，天王庙码头、青山界码头、高坡宫码头、北辰宫码头、康乐门码头、狮子楼码头、胡家坪码头、长码头，在后街，和庆安里高码头一样，都是旱码头。这些码头，大部分都修得比较宽敞，用青石砌成，坚固耐用，有的码头还建有拱门或牌坊，十分壮观，是各商帮生意兴隆通四海、财源茂盛达三江的真实写照，反映了洪江舟樯辐辏、万商云集、百业兴旺的繁荣景象。

1.3　会馆在湖南经济发展中的作用

随着商品经济的进一步发展，外地商人云集，市场更为活跃，商业竞争更趋激烈。作为市场经济发展的产物，作为联络乡谊、商货囤积之所，商业会馆发展成为商品交易和市场运作场所，不但代管代销货物，还沟通行情、交流信息、评议市价、调剂商品。因此，湖南商业会馆在商业流通领域中发挥着积极的组织作用，在行业上具有明显的优势，掌握了对市场的控制权。

商业会馆在湖南经济发展中的作用主要体现在四个方面：

一是规范商业活动，调节市场秩序。为了谋求共同商业利润，以会馆为基础单位，同籍或同行商人从人员管理、进货定价到矛盾纠纷调解等实行统一协商。为了规范经营，会馆制定统一的行规，规定统一的产品规格、质量、价格，充分发挥管理、经营、资源等方面的优势，从而维持一定的利润空间，有效遏制恶性竞争，实现行业及其商贸活动的良性循环。

清光绪初年，长沙金融业十分活跃，钱店利润非常丰厚，小钱店趁机而起，投机经营，哄抢市场，因其资本不足、信用不佳，严重扰乱了金融界，损害了金融业的声誉。钱业财神会成立后，在政府的监督配合下，统一规定了钱店开店的资格、资金数额、处罚措施以及利率标准等，一定程度上恢复了长沙金融业的秩序和信用，这对当时的经济以及社会局面的稳定无疑具有重要的意义。

新化茶叶公所对茶叶的采摘、摊晾、发拣以及选色等制作工序进行了严格的规定："茶叶以谷雨前初摘者为上品，再摘者次之，三摘者又次之，本号不惜资本，夺取上品。采茶时，须得天日晾之，方有光润之色。锅炒者不用，火焙者不用。粗梗老叶，最为刺目，挑选多方发回加拣，则潦草者庶知所戒。晒晾之茶，其色样活动有非言语所能形容者，俗谓之宝光，真不诬也。本号各精明眼力，加以辨别，陈旧者不用，潮润者不用，搀和者不用。"[1] 除了规定商品质量以外，为了防止非法流通之物入市，会馆还对来历不

1 湖南调查局编印：《湖南商事习惯报告书》第 149 页，湖南教育出版社 2010 年版。

明以及非法货物流入市场进行严格的限制。如益阳山货行条规："开市收买货物，倘遇军装、古玩等件，必须查察。或来历不明，不可滥收。开灯后，不准收买货物，违即从重议罚，或公同禀究。每有无耻之徒，惯行骇诈，甚至买盗扳良，我行受累。如有此等情弊，公同禀宪严办"，"买干湿牛皮及毛油筋角，务须来历清白，每有藐法店徒，从道途以私宰拦劫骇诈，如或遇之，公同禀宪严办"。[1]商品质量关系企业生存发展。面对激烈的市场竞争，诚信走遍天下，失信寸步难行。因此，各会馆对商品质量都有相关规定。

又如平江纸业条规："船只水力，正船由河泊潭装运花笺纸，到汉口交卸。每块外河水力钱壹百六十文。以向章水力价论，如已过半，嗣后不得再行包空私加。其水力现给八成，应挂包红二成，由汉口照给。如有水湿等情，以便将包红钱扣除问赔。驳船装纸时，以拿筹为准，不得骑许重装。其水力比即议定，以八成现给，其二成到口由正船将纸收清。无有水湿等情，即照给付其问赔。纸价不拘正船驳船，小水湿每块赔钱四百文；大水湿赔钱壹串。决不徇情。倘有骑许重装，半途寄顿，转驳留延，与同受载日船比较，逾延五日不到等弊，除将该船包红扣除外，公同禀官究治。凡我同行就船，若有抢夺船只，暗加水力滥章者，公同查实，罚钱壹拾串，以作办公之需。"[2]明确了商品买卖各方的责任，减少了由于职责不清带来的纷争，维护了市场秩序，加快了商品的流通，促进了商品经济的发展。

二是推动商业发展，促进经济繁荣。清代，资兴县内的江西会馆主要为江西客商谋利益，"对资兴的工商业发展起了一定作用"[3]。清末，"不少陕、甘、宁、蒙、新、粤等省区及省内湘乡、邵阳、武冈、新化、益阳等地客商前来安化，他们办厂开店，促进了安化私营商业的发展"[4]。大量的外来商人进入湖南，以会馆为依托开展商业活动，湖南城镇近代化的特征明显加强。

特别是会馆商帮的商业经营为当地商业体系的形成打下了良好的基础，起到了一定的开拓作用。明末清初，两广、江西及本省衡阳、邵阳等地的商贩陆续进入江华，收运山货、药材，推销百货、日杂用品，相继落户开店，商业行业始具雏形。[5]而自清康熙年间以来，湖北、四川、江西、福建、本省宝庆等地的商人、手工业者以及落难逃荒者，相继来凤凰从事各种开发性经营，墟场贸易得到了相应发展。相传，当时先后进入总兵营（今山江）经营作坊和开店经商的"客家"（汉人），就有龚、夏、尹、苏、李、雷、郭等七姓。外来客商为了维护自己的利益，早在清乾隆时期便分别组织了商业行

1 湖南调查局编印：《湖南商事习惯报告书》第 163 页，湖南教育出版社 2010 年版。
2 湖南调查局编印：《湖南商事习惯报告书》第 288—289 页，湖南教育出版社 2010 年版。
3 湖南省资兴市地方志编纂委员会：《资兴市志》（上）第 220 页，湖南人民出版社 1999 年版。
4 安化县地方志编纂委员会编：《安化县志》第 401 页，社会科学文献出版社 1993 年版。
5 湖南省江华瑶族自治县县志编纂委员会编：《江华瑶族自治县志》第 263 页，中国城市出版社 1994 年版。

帮，设江西会馆、福建会馆、宝庆会馆，经过世代经营，为凤凰商业打下了基础，至清末，有的成为富商大户，“在商业行帮中以江西帮的势力最大，把持了凤凰商界”[1]。

三是扩大商业辐射，增进经济交流。明清时期，湖南城镇流通的商品主要以农副产品和手工业产品为主，数量和规模不断扩大，使得湖南商业经济对外地市场的吸附力大大增强。如民国时，来汝城县经商的江西等商人分别成立同乡会，他们“与县商会密切联系，洽谈业务，在一定程度上促进了汝城与外地的经济交往”[2]。

据民国《汝城县志》卷十八《政典志·实业》记载：

> 自民国六年钨砂发现，矿厂林立而商务渐盛。近又因特货（时国禁鸦片讳为是名）之运行，率以汝为西南收兑中枢，于是商旅辐辏。衡帮宝帮（由衡州、宝庆等商驻汝营业者）、广帮（由广东嘉应、新宁等商驻汝营业者）、西帮（由江西吉安、赣县等商驻汝营业者）各设同乡会以资联络，街市殷阗，偏僻顿成繁会。惟是百物腾贵，生活程度日高，其影响于社会经济匪小也。

汝城县的货物出口通道有三个。第一是经过广东的乐昌及仁化的城口埠、长江墟运送到韶州、广州等地，主要商品是纸，其后是米，再其后是钨砂、牲畜、粉条、香菇、土药、百货等；还有经由汝城而非汝城所产的茶油、特货（鸦片）。第二是从汝城县的集龙、热水运送到江西的塘江、赣州、南安方向，商品种类有杉木、鸭，还有非汝城产的特产（鸦片）。第三是从资兴的黄草坪出发到资兴、永兴、株洲、湘潭，主要商品有杉木，然后是钨砂，还有非汝城产的食盐。此外北区的田庄、西区的文明，虽有零星货物的运输，可很少销售到外县。进口商品之途径也有三个。第一是从广州、佛山进口到韶州、乐昌或者城口地区，其大宗货物是食盐，其后是洋油、洋纱、洋货、广货、故衣等。第二是通过江西的塘江、赣州等地经过集龙而进口，货物主要是布匹、蓝靛、五色纸张、甍器、糖、豆粉、瓜子等。第三是从湘潭、衡阳、宝庆、郴县、桂阳等地经过黄草坪或文明进口，大宗货物有豆、茶油，然后是布匹、绸缎、帽巾、书籍、药材、海菜、酒食、辣腊、特货（鸦片）等。统计全县进口商品，日用必需品从广东进口占十分之六，从湖南进口占十分之三，从江西进口占十分之一。[3]

随着商业的发展和对外交流的增多，传统商业市场的地域结构发生了变化，市场范围进一步扩大，反过来，这对外地经济无疑有着更大的影响。明朝末年，湘潭商务活动就突破了城墙的限制，到清代中叶，湘潭西门外沿江二十多里皆为市场，“地分十总，

---

1 凤凰县志编纂委员会：《凤凰县志》第 138 页，湖南人民出版社 1988 年版。

2 汝城县志编纂委员会：《汝城县志》第 161 页，湖南人民出版社 1997 年版。

3 民国《汝城县志》卷十八《政典志·实业》。

街衢之重”[1]，“各方商贾，相率而来，如苏浙之绸布、酒酱，闽之烟丝，蜀之丹漆，北五省之旃裘、汾酒、关角、潞参、甘草等，均有输入。然皆不敌江西帮贸迁之广，势力之大，惟广东帮货产丰厚，堪与赣商角逐。粤之海味、葵扇、槟榔等食用品，以湘潭为一大销场，每年销售不下三百万”[2]。

光绪《湘潭县志》对湘潭的描述：

> 商分七帮，街分十总，人肩摩，夫担争，行者不遑趾，居者不暇餐。廛密善焚，弥火弥盛。郊野之外，闻都邑之宫声焉。[3]

民国《中国实业志》描写了湘潭经济社会发展的盛况：

> 时局既定，百业复兴。湖南诸将，拥资归田，金融益形活泼。时山西汇兑庄，顿增至八九家，与江西钱商，势均力敌，每日流通市面之银币，数达百余万，富甲全省。诸帮商贾，各专一业，钩心斗角，互争雄长。邑人郭松林、王明山，由提督起家，富皆累万。归田后，出资经商，郭业典当，王业斋馆，称盛一时。继起者复有义元、瑞昌诸典。又黔籍富贾孙孔林，独设九典十达（达为其牌记），后皆亏折。同时铁商有萧恒道、王济泰两家，又黄聚泰钢坊一家，营业均颇发达，出品畅销北方诸省，获利无算。潭邑物产，以谷米为大宗，易俗河市为百谷总集之区，乡人云集，交易百货，市况之盛，不亚于县城。尔时，湘潭有小南京之称。盖承平日久，富商巨贾，竞趋奢靡，酒馆娼寮，充溢里巷，笙歌达旦，车马塞途。此湘潭商业之中兴时期也。[4]

四是增加居民数量，改变人口结构。外来商人的进入，工商业人口比重增大。乾隆《永顺府志》载：“客户多辰沅民，江右、闽广人亦贸易于此。”[5]民国《永顺县志》载：“改土后客民四至，在他省则江西为多，而湖北次之，福建、浙江又次之。在本省则沅陵为多，而芷江次之，常德、宝庆又次之。”[6]湘潭本地居民，多为明代和清初的外来移民，“尤以江西省更众”[7]。光绪《湘潭县志》卷十一《货殖》称：“东界最近江西，商贾至者，有吉安、临江、抚州三大帮，余相牵引，不可胜数。牙侩担夫，率多

---

1 嘉庆《湘潭县志》卷六《城池上》。
2 实业部国际贸易局编：《中国实业志·湖南省》第一册第120页（丙），宗青图书公司印行，1980年版。
3 光绪《湘潭县志》卷十一《货殖》。
4 实业部国际贸易局编：《中国实业志·湖南省》第一册第120页（丙），宗青图书公司印行，1980年版。
5 乾隆《永顺府志》卷十《风俗》。
6 民国《永顺县志》卷六《地理志·语言》。
7 湘潭县地方志编纂委员会编：《湘潭县志》第98页，湖南出版社1995年版。

于土人，争利者颇仇之。”《清仁宗实录》嘉庆二十四年（1819）六月戊申：“据奏，湖南湘潭县城外，向来江西客民在彼贸易者十居七八，本地居民不过十之二三，各马头挑夫，江西人尤多。”清初三藩之乱后，湘潭城内土著无几，而“豫章之商”，竟占到“十室而九”[1]。明清时期湖南流行着“无江西人不成市场”的民谚，显示出商业会馆在改变湘潭城市人口结构以及市场经济活力等方面发挥了重要作用。

1.4　商品交易类型

外地商帮来湖南从事各种商品贸易，一般都有各自的经营类型。不同地域的商帮经营不同的商品，这与外商原籍地的特产和经商传统有很大的关系。药材、金银首饰主要是江西商人的经营特色，往往占有很大的市场份额。福建商人多经营烟草，山西商人多经营汇票，邵阳商人多经营铁器，江苏商人多经营绸布，广东商人多经营海味特产。清乾隆、嘉庆年间，山西、山东、河南、陕西、甘肃、江苏、江西、福建、广东、广西、湖北、安徽等省及本省长、衡、永、郴等州的商人结帮来湘潭县城经商。“江西商人经营钱庄、金号、药材，山西商人经营汇票，福建商人经营烟草，江苏商人经营绸布，四川商人经营丹漆，安徽商人经营酒酱，北五省商人经营裘褐、汾酒、关角、潞参，广东、广西商人经营海味、葵扇、槟榔、银朱、玳瑁、翡翠、安桂等。这些商品经湘潭转销滇、黔、两广及长江流域各省。”[2]清咸丰、同治年间，郴州有商户约700家，主要行业多由外籍商人经营。赣籍商人多经营绸布、百货、国药、南货、金银首饰业；粤籍商人多经营油盐、土产和开设行栈；常宁商人多开设酒作坊；耒阳商人多开设豆腐店和烟丝作坊；祁阳商人多经营木器店、缝纫店；本地商人多经营粮食、杂货、饮食、旅舍等业。[3]可见，地域不同，外商经营的商品类型区分十分明显。

明清之际，汉寿县外帮 “按籍贯设有江西会馆、长郡乡馆、福建馆、广东馆。帮口各长专业，西帮多营国药、银楼、估衣；长帮多营油盐、烟酒；闽粤帮多营茶叶、土产；本帮多营饮食、布匹，开牙行仲立买卖”[4]。“清乾隆年间，赣、闽、粤等地商贾先后来鄢经商，赣人专营国药、金银首饰，粤人则以小百货业为主。”[5]清咸丰、同治年间，祁东县“江西帮主营药材，福建帮主营烟丝，衡阳帮主营南货，邵阳帮主营铁器，本地人主要从事酤酒、屠宰等小本经营”[6]。而民国初至中华人民共和国成立前，新宁县

1 光绪《湘潭县志》卷十一《货殖》。
2 湘潭县地方志编纂委员会编：《湘潭县志》第527页，湖南出版社1995年版。
3 郴州市志编纂委员会：《郴州市志》第410页，黄山书社1994年版。
4 汉寿县志编纂委员会编：《汉寿县志》第215页，人民出版社1993年版。
5 鄢县志编纂委员会：《鄢县志》第261页，中国社会出版社1994年版。
6 湖南省祁东县志编纂委员会：《祁东县志》第231页，中国文史出版社1992年版。

“少数经营绸缎、银器者，多来自湘乡；经营玉器、水晶、洋布、茶叶、食糖者，多来自广西；经营国药者，多来自江西”[1]。

从所见资料来看，外地商帮在湖南商品经济交易中所经营的商品主要有百货、茶叶、木材、药材、桐油、谷米等等。

1.4.1 百货

通过对外商在湖南经营活动的考察，可以看出湖南对外商品交易主要以土产为主，交易量大，而且品种丰富，从粮、油、布到纸、皮毛、金银，几乎无所不有。清乾隆以后，江西、福建、两广、贵州、永州、长沙、衡阳、宝庆等“五省八帮”的商人陆续来靖州开设店铺、分行划市：经营绸布、百货、书纸、金银首饰业者集中在河街、小南门、西街，木行设许家巷、大码头河边、江东等街，卫门口以油粮行栈居多，山货油行在西门外、墙脚街，鸡公亭、响水洞街客栈业成行，国药、瓷铁业分布在各条主要街道。清末，绥宁县的商品交易有绸布、日杂、土纸、屠宰等私商400余户，多系外籍人经营。

在经济发达地区，百货交易更为活跃。清乾隆十六年（1751），江西籍商人在常德大河街设有江西会馆。此后，徽州会馆、山陕会馆、江苏会馆、广东会馆、福建会馆、湖北会馆、河南会馆相继设立。湖南本省商人亦设有辰沅、衡永郴、麻阳、长郡、宝庆和靖州会馆。“至民国十年（1921）前后，全县有经营桐油、粮、棉、药、竹、木、布、靛、碱、猪、鱼、皮毛、山货等商户260多家。”[2]

清代前中期，长沙已是江南的重要商埠，江苏、江西、浙江等省商户纷纷来长沙开号设店。乾隆《长沙府志》和嘉庆《长沙县志》记载了当时长沙商品流通的盛况：“北客西陕，其货毡皮之属；南客苏杭，其货绫罗、古玩之属。繁华垄断，由南关内王府坪至西门坡子街为极盛。”[3]“秋冬之交，淮商载盐而来，载米而去；其贩卖皮币、金玉、玩好，列肆盈廛，则皆江苏、山陕、豫章、粤省之客商也。”[4]长期的经营，各行各业打造了许多名老字号。如清顺治六年（1649）创立的“玉和”酱园，清顺治七年（1650）年开设的“劳九芝堂”药号，清康熙十一年（1672）开设的“鄢复兴”膏药店，清康熙十五年（1676）开设的“南协盛”药铺，清嘉庆元年（1796）开设的“戴同兴”酒店，清道光六年（1826）开设的“三吉斋”南货店，以及清康熙年间开设的“董同兴”刀剪店、清乾隆年间开设的“清汉楼”香粉坊、清嘉庆年间开设的“吴大茂”针号都闻名遐

1 新宁县县志编纂委员会：《新宁县志》第331页，湖南出版社1995年版。
2 常德县志编纂委员会：《常德县志》第392页，中国文史出版社1992年版。
3 乾隆《长沙府志》卷十四《风俗志》。
4 嘉庆《长沙县志》卷十四《风土》。

迹。这些名老字号坚持信誉第一，倡导市不豫贾，靠诚信把生意越做越大。

“玉和”是省城长沙最古老的酱园，为清顺治年间苏帮酱园的首户，开设于小西门，至今已有370多年历史，长沙小西门蔡玉和旧址立有“蔡玉和酱园 光绪贰年立”的石碑。玉和酱园以“玉醋”驰名省内外，后虽几易其主，牌名一直保存。玉醋以优质糯米为主料，以紫苏、花椒、茴香、食盐为辅料，以炒焦的草米为着色剂，从原料加工到成品包装的各道工序，操作规程极为严密，精工细作，消毒封口，储存一二年后方出厂销售。味美香醇，酸中带鲜，回味无穷，不仅是调味佳品，而且具有多种药用价值。“玉和”设有酱、醋、苏酒等5个作坊，前店后坊，客户可先提货后付款，一年或半年结算一次。这样一来，吸引了新客户，稳住了老客户，生意越做越红火。

“劳九芝堂”药号是江苏吴县人劳澄于清顺治年间在长沙创立的，堂址初设于坡子街，店名取自劳澄所绘《天香书屋图》，图中植双桂，桂生九芝。“劳九芝堂”既制药，又卖药，进货非正宗药材不采，如黄芪坚持到内蒙古库伦进货，厚朴、天麻必到四川进货，决不以乙地货充甲地货。炮制工艺十分考究，洗、润、抖、折、切制、烘烤，以及熬胶、成丸，严守操作规程，一丝不苟，从不马虎。大活络丸、生龙活虎精等拳头产品，在清中期就已负盛名。

“吴大茂”针号最初设在长沙育婴街（今育英街），由江西商人刘大茂创办。江西人深谙生意经，善于以小做大，他们一般以贩卖本地土、特产品为起点，所谓“以小买卖而致大开张”。清嘉庆年间，刘大茂在长沙开设“刘大茂”针号，采用前店后坊模式，手工制作钢针。因选料上乘、火候适当、操作严密、磨工精细，渐渐饮誉省城，深受百姓喜爱。清道光二十四年（1844），作坊由徒弟吴为祥继承，商号改名为“吴大茂”。“吴大茂”产品光滑、坚韧、锋利、笔直、均匀，有“老牌钢针，货真价实”之誉。“文革”期间，“吴大茂”招牌被砸。1985年“吴大茂”得以恢复后，仍然经营传统小商品，俗称为长沙居民的“百宝箱”。

“三吉斋”位于长沙青石桥，开创于清道光六年（1826），起始店名叫“浙绍徐元吉斋”，是绍兴人徐元吉开设的。“徐元吉斋”以制作和经营点心、酱菜为主，销售各种南货为辅，其中以元宵最为有名。“徐元吉”元宵选料精细，制作考究，口感滋润、细腻，购买者必须提前三日预订。正月十五日天还未亮，“三吉斋”店门前争购元宵的人群已是熙熙攘攘；早餐刚过，元宵就销售一空。清光绪五年（1879），长沙人李康臣接手经营，更名为“浙绍元吉斋”，后因三次失火，改名为“浙绍三吉斋”。1968年“三吉斋”招牌被“卫国食品店”所取代。20世纪80年代后，“三吉斋”又出现在长沙兴汉门。

1.4.2 茶叶

湖南属亚热带气候，无霜期长，南北温差小，降雨量丰富，适宜茶树生长，是重点产茶省份之一，素有茶乡之称。湖南的产茶史可追溯到两千多年前的西汉初期，长沙马王堆一、三号汉墓出土有“槚一笥”的简文。槚，即苦茶，说明当时湖南已有饮茶习俗。

湖南北部的岳阳、平江，中部的安化，自唐宋时期就开始植茶。唐代湖南每年的贡茶就有十二万五千公斤，历元明至清，茶业日益兴盛，到19世纪，湖南的茶树栽培面积已达上百万亩。

历史上，湖南茶叶种类较多，其中以下几种比较著名：

一是黑茶。湖南茶以黑茶为主，主要产自新化、益阳、宝庆、安化、桃源等地。乾隆《湘潭县志》云：“茶谱有潭州铁色茶，即安化烟茶也，今京师皆称湘潭茶。”[1]赵学敏著《本草纲目拾遗》又曰：“《湘潭县志》‘茶谱有潭州铁色茶，即安化县茶也，今京师皆称湘潭茶。’”[2]赵学敏，字恕轩，号依吉，浙江钱塘县人，清代医学家。《本草纲目拾遗》成书于清乾隆三十年（1765）。前者说铁色茶是安化烟茶，后者说铁色茶是安化县茶，其实两者并不矛盾。松柴明火干燥黑茶即为烟茶。烟茶口感醇厚，越存越香，是招待客人的最好方式，在安化、桃江、宁乡一带非常流行。黑茶虽成名甚早，但外销则是16世纪以后之事，此前的外销黑茶主产地是四川。自湖南黑茶进入官营渠道以后，外销兴起，先是安化，其后扩大至桃江、沅江、汉寿、宁乡、益阳和临湘等地。至19世纪初，福建、山西茶商更深入安化各埠就地收购、加工，产品行销中国陕西、甘肃、新疆和蒙古国、俄罗斯等地，产量逐年增加。

二是茯砖茶。茯砖茶又称黑茶紧压茶。明末清初，山西茶商来安化采购黑茶，利用伏天提高温度和湿度，踩入篾篓成包，运往陕西泾阳筑制成砖后销往西北，称“泾阳伏砖”（简称泾砖），每块净重五市斤，纸壳包装，故又称“封子茶”“封砖”；更因其饮用功效除热消食，颇类土茯苓，而称“茯砖茶”或“福茶”。19世纪初，山西茶商始在安化就地加工黑砖、茯砖等，安化人得以掌握砖茶生产技术。清乾隆年间流行的湘潭《竹枝词》记载：“宁乡巷到花桥米，拱极门来安化茶。挑上河街夸铁色，湘潭名久重京华。”[3]而刘声木《苌楚斋续笔》称：“光绪年间，湖南一省，以贩运安化红茶至俄国出售，后皆成巨富。其中尤以湘潭叶焕彬吏部德辉、余介卿观察金声、长沙朱雨田阁学三人为巨擘。三家之中，又以朱雨田阁学称最。”[4]朱雨田，名昌琳，为“南柜”总商，在长沙设“乾益”银号，在新疆设“乾益升”茶庄，领票包运西北，转销俄国。

---

1 乾隆《湘潭县志》卷六《城池》。

2 赵学敏：《本草纲目拾遗》卷六《木部·安化茶》。

3 乾隆《湘潭县志》卷六《城池》。

4 刘声木：《苌楚斋续笔》卷九。

清光绪二十年（1894），湖南巡抚陈宝箴“设官钱局、铸钱局、铸洋圆局，以朱公昌琳领之”[1]。

三是红茶。清咸丰前后，红茶成为平江著名特产，外销欧亚各国。清光绪年间，平江茶叶曾摘取“湘红大地”的美誉。全县有茶行40余家，遍布大小集镇，客商云集，每年输出红茶5—6万箱。清光绪三十一年（1905），水运汉口外销红茶6.1万箱（每箱77斤），另有内销茶叶1.8万多包（每包50斤），共计销量2800吨，居全省首位。福建、广东、山西等地商人，纷纷来平江经商。民国初期，县城茶叶商号不下千家；民国二十六年（1937）为886家。[2]

新化、安化是明清时期湖南的重要产茶区。从行政区划上看，新化、安化分属宝庆府和长沙府，但从自然区域看，却同属资水流域，新化位于资水的上游，安化处于资水的中游，所以史称安化“上通宝庆，下通资江，各都产茶最多，远招引客”[3]。嘉靖《安化县志》载：“邑伊溪、中山、资江、东坪产茶，比他乡稍佳。谣云：‘宁喫安化草，不喫新化好’，指茶也。”[4]清代湘乡人黄家骥《湘江竹枝词》说：“新化茶比安化好，安化茶比新化多。一自清明霜雪断，茶船满载唱茶歌。”[5]乾隆《湖南通志》卷五十《物产》：“茶产安化者佳，充贡而外，西北各省多用此茶，而甘省及西域外藩需之尤切，设立官商，做成茶封，抽取官茶，以充市易、赏赉诸蒙古之用，每年商贾云集。”

明万历二十三年（1595），安化黑茶正式被朝廷指定为官茶，准销西北。明清时期，安化一直是西北少数民族饮用茶的主要产地。

安化黑茶与晋茶商的历史渊源悠远绵长。从明代开始，活跃在这条商路上的山陕茶商，一直把持着安化茶叶的运销。

据同治《安化县志》记载：

> 国初，茶日兴。贩夫贩妇，逐其利者，十常八九。远商亦日至，曰引庄，曰曲沃庄，曰滚包庄。滚庄茶尚黄，曲沃茶尚黑，引庄如之，皆西北商也。[6]

明末清初，晋商入湘，办茶安化。茶引湖湘，商农联袂，兴办茶号三百余，茶马古镇，呈现“茶市斯为最，人烟两岸稠”的盛况。此后百年，茶路漫漫，驼铃声声，经汉

---

1 陈三立：《散原精舍文集》卷五《皇授光禄大夫头品顶戴赏戴花翎原任兵部侍郎都察院右副都御史湖南巡抚先府君行状》，辽宁教育出版社1998年版。

2 湖南省平江县志编纂委员会办公室：《平江县志》第351页，国防大学出版社1994年版。

3 嘉庆《安化县志》卷十一《风俗》。

4 嘉靖《安化县志》卷五《杂记》。

5 丘良任、潘超、孙忠铨、丘进编：《中华竹枝词全编》（五）第731页，北京出版社2007年版。

6 同治《安化县志》卷三十三《时事纪》。

口，转豫晋，远至蒙俄，安化黑茶通过万里茶道行销国际市场。

保存至今的安化黑茶文化遗存，见证着万里茶道上安化黑茶的昔日辉煌。

茶马古道。安化茶马古道原分为两条线路：一条是从田庄乡至东坪镇黄沙坪，再至江南镇，经桃江、益阳从资江水路通往境外；另一条是从田庄乡至东坪镇黄沙坪，再至江南镇洞市，经新化从陆路通往境外。世道沧桑，时代变迁，安化茶马古道沿线至今仍完整保存了大量反映安化黑茶悠久历史文化和独特制作工艺的历史遗存。洞市老街、高城马帮和茶马古道，见证着安化黑茶那段辉煌的历史。

风雨桥和茶亭。安化万水萦回，沟壑纵横。为方便茶叶运输，勤劳智慧的山里人在山沟溪涧之上，修建了大量廊桥。廊桥设计精巧，古朴坚实，均设有桥会，置有桥产，立有桥规。明清时期，安化共有风雨桥八十多座，保存至今的有二十九座，其中，永锡桥、思贤桥、马渡桥、十义桥、燕子桥、仙牛石桥、复古桥等七座，于 2013 年 3 月被国务院公布为第七批全国重点文物保护单位。为方便茶农和茶商采购、运输茶叶，安化殷实人家、官绅大户或茶农茶商共同捐资，在山坡、渡口兴建了众多茶亭。这些茶亭大多都是砖木结构，小青瓦、翘角飞檐，具有独特的安化民居特色。明清时期，安化共有茶亭二百多座，保存至今的有十座。

茶碑。为确保安化黑茶的质量和信誉，维护茶商和茶农的利益，自明万历年间颁发黑茶贸易章程后，历代政府均十分重视对安化黑茶的保护和管理，制定了安化茶叶产、供、销各个环节的茶规茶约，并勒石立碑，以示警戒。保存至今的茶碑有三百多通。建于清光绪二年（1876）的永锡桥，为保存完好的清代廊桥。在桥的一头，立有四通石碑，一通“茶庄捐碑”记有三十五家茶庄捐资修桥义举，其中“三和合”等多家为山西茶商。

黑茶运输路线图。晋、陕、甘茶商以安化小淹、边江、江南、洞市、唐家观、黄沙坪、酉州、东坪、马辔市等古镇为起点，将安化黑茶由资水运至洞庭再到汉口，经襄樊到山西太原，北上张家口到库伦，直至中俄边境的恰克图，再到俄罗斯、欧洲腹地等国家和地区。

铜钟。清乾隆二十八年（1763），晋陕茶商铸造铜钟一口，悬挂于安化黄沙坪乔口关帝庙。钟高 120 厘米，底径 90 厘米，顶径 60 厘米。外壁四向竖排铸“风调雨顺”“国泰民安”“佛日增辉”；正面铸楷书铭文：“今信大清国山陕两省众商人等捐资善铸洪钟一口，重一千余斤，于湖南省长沙府安化县十三都桥口关帝庙永远供奉，乾隆贰拾捌年，岁在癸未季春月孟旦。”铜钟见证了安化茶业的兴旺以及晋陕茶商对安化茶业的发展和繁荣所作出的历史性贡献。现存安化黑茶博物馆。

茶行、茶庄、茶号。安化黑茶鼎盛时期，晋、陕、甘茶商纷纷到安化办茶，白天车水马龙，夜晚灯火通明。据统计，民国时期安化全县有茶行、茶庄、茶号 417 家，其中晋商茶行、茶庄、茶号 97 家。

随着岁月流逝，当年的数百家茶行、茶庄、茶号早已成为了历史，传承下来的，仅有裕通永茶行、良佐茶栈、德和茶行和晋丰厚茶号。裕通永茶行建于清嘉庆年间，小青瓦双层木结构楼房，由两个四合院组成，东西并排两个天井，主体建筑现存有东侧四合院。正屋为办公房、账房、品评室、秤房等，左右厢房，二层楼上均为工场，倒座为仓库。至今仍是黑茶作坊。良佐茶栈建于清代，占地面积 2600 多平方米，坐西南朝东北，为悬山重檐、内檐出廊、小青瓦双层木结构楼房，开牌楼式大门，上楷书“良佐茶栈”，左右厢房有内廊相通，四角有木梯通楼上楼下，厢房、倒座、楼上楼下均为茶叶作坊。清代，良佐茶栈曾兴盛一时，产品远销西北内陆。土改时茶栈分给十多户居民，作坊也改为住房。德和茶行建于清末，茶行规模宏大，为安化著名的老茶行之一。但因年久失修，正屋无存，厢房也只存有廊柱。

晋丰厚茶号，始创于清嘉庆十五年（1810），由山西榆次巨商常万达家族与湖南安化黑茶世家谌氏家族联合创办，位于安化县东坪镇酉州村，太祖母贺老孺人时达到全盛，拥有四个茶行以及晋丰厚、兴隆茂、诚记、宝聚兴、美记五个字号。茶号自创建伊始，即以黑茶为原料，加工成花卷（千两茶）、砖茶等产品，沿着晋商开辟的万里茶道远销晋地及我国西北各省、蒙古国、俄罗斯等地，享誉海内外。“晋丰厚”茶行牌匾保存至今。

晋商的雄厚资本、诚信经营，在安化茶行广受赞誉。茶行行主与茶商的合作并不是茶商主动上门，而是茶行行主盛情以礼相邀。邀请茶商有一系列礼节：年前接客，行主备选安化土产如腊肉、芝麻等物，亲自到茶商居住地；茶商如果乐意接受邀请，就会当下口头约定，然后在春节之后修书一封表示最后确定；农历二月，茶商就会派遣几人甚至十几人打前站到达茶行，俗称“进山”。大帮在小帮进山后的半个月左右到行，然后清明挂牌，谷雨开秤。对于茶行来说，邀请到茶商进山，是一件极为荣幸的事情，安排自然十分周到。茶行里外打扫干净，张灯结彩；茶商带有眷属的，配备全新家具；大帮人马到达时，茶行燃放鞭炮，以示热烈欢迎。次日，行主设宴款待茶商，按照宴席最高规格邀请地方官作陪，茶商尽享尊重和荣耀。新一年茶商与茶行产、供、运、销融合发展就此拉开序幕。

首先是茶叶采购。茶商收购茶叶主要采取两种形式。一是茶商到当地购茶，先投至当地茶行，由茶行派人同茶商一起看茶定价，茶行负有引导评价之责，并分别向茶农、茶商收取佣金。二是茶商在茶叶产地开设分庄，由分庄派人进山直接购茶，然后将毛茶送回分庄，经加工制成砖茶或其他成茶出售。

晋茶商中的祁县茶商在安化办茶颇为讲究。一是在进山办茶之前，先做好准备工作。“先要择点应用什物家据〔具〕、器皿以及篾器、木器。该添、该做、该修，预早安治〔置〕妥帖，以免临时误事。再要择选行内先生、管楼、管厂、管行人等，预早拣选直〔质〕仆〔朴〕端正之人可用。”[1] 二是从色、味、形等方面鉴别茶叶，注重茶叶质量。“首重条紧、色顺、纹直、沉重、味佳，外乌油色，内硃〔猪〕干〔肝〕色，必是安化正路茶。”[2]“勿惜价，贪便宜，岂有好货？”[3]

其次是茶叶加工。根据美国皮博迪·埃塞克斯博物馆收藏的19世纪30年代广州画家庭呱所绘制茶图，茶叶制作工序依次为：筛茶、踩茶、搓茶、晒茶、猴子采茶、斩茶、渡茶、装茶、舂茶、拣茶、试茶、托茶、分茶、整茶饼、号茶箱、装箱、炒茶、洒水。[4] 尽管上述制茶过程似有颠倒，但当时手工制茶工艺之繁、要求之高、耗费之多可见一斑。晋帮茶商在安化办茶，从毛茶到成品，一般要经过踹、拣、焙、筛等多道程序，每道流程都有严格的规定，在茶叶出号前，还要对成茶进行包装，洋箱茶用锡罐或铅桶，外裱以板箱，平均每箱可装25—35.5千克不等，口庄茶由篓袋盛贮或带篾包箱。祁县茶商在安化设场制茶，茶工有拣工、筛工、踹工等之别，且工钱不等，“黑茶每帮踹手八人，掌冲打吊二人，踹手每工钱一百六十（文），打吊二人，每工钱一百（文）。帮踹人八名，每人工钱六十（文）……开筛之日，点工算账，每日大工钱一百二十（文），有一百三四十（文）者，不一”[5]。

接着是茶叶运输。晋商在安化采办茶叶加工精制后销往各地，清代主要经万里茶道输往恰克图。遇水路，雇船装之；遇旱路，则赖牛马或骆驼载之。

祁县茶商运茶须经过赊旗镇，当时赊旗为陆路转运码头，为确保按期到货，便与当地运商建立了回票制度。“光绪二十三年（1897），赊合行公议发货限日期新定章程：郭、汜、花柳园口、赵河口、河南府、汝州、禹州马车脚价付九欠一，以十天为期，二十天见回票，误期每车罚银八两。会镇马车限十六天送到，三十天见回票，误期每车罚银八两。汝州、禹州牛车每辆欠银三钱，限十二天送到，误期每车罚钱二千。北舞渡、襄县牛车每辆欠银二钱，限十天，误期，每车罚钱一千。祁太长驼，限……送到，脚银付三欠七乘。东、西口长驼，限……送到，脚银付四欠六乘。”[6] 这种运输方式较随行随雇更为方便，而且安全保障系数也比较大。

---

1 史若民、牛白琳：《平、祁、太经济社会史料与研究》第489页，山西古籍出版社2002年版。
2 史若民、牛白琳：《平、祁、太经济社会史料与研究》第489页，山西古籍出版社2002年版。
3 史若民、牛白琳：《平、祁、太经济社会史料与研究》第482页，山西古籍出版社2002年版。
4 赵大川：《二百年前的清代制茶图》，《中国茶叶》2003年第2期第32—33页。
5 史若民、牛白琳：《平、祁、太经济社会史料与研究》第493页，山西古籍出版社2002年版。
6 史若民、牛白琳：《平、祁、太经济社会史料与研究》第502页，山西古籍出版社2002年版。

最后是茶叶销售。茶叶营销的各个环节都需要投入大量资金，主要包括购置用具以及茶叶采购、加工、保管、运输、损耗等等。先期投入的回收和经营利润的实现，都需要在茶叶销售这一阶段完成，因此销售环节十分重要。

晋商销售茶叶共分两大类，即外销茶和内销茶。外销茶主要有红茶、砖茶、帽合茶等几种。“中国红茶、砖茶、帽合茶均为俄人所需，运销甚巨。此三种茶，湖南、湖北所产为多，福建、江西较少，向系山西商人运，由满洲、蒙古所属之东口、西口以达俄国，获利甚厚。”[1] 内销茶为砖茶、花卷、皮包茶等多个品种。山西祁县茶商销茶主要销往东西两口及恰克图市场，销茶品种主要有红茶，大花茶，一斤、二斤、三斤、五斤天尖，贡尖，百两茶，西三九、二四老茶，东三六、二七老茶，盒茶，茶梗等。

上述四个环节表明晋帮茶商经营茶叶贸易，从采购原料到加工包装，再到运输直至最终销售，实现了一体化的经营方式。

据晋茶商后人回忆，当时，各茶行实行年薪制，且每年一次小分红，三年一次中分红，九年一次大分红。各号的盈利不同，收入也不一样。

百年前，晋商阎寿亨被祁县渠家派遣到安化谌氏茶行任掌柜。19 世纪 40 年代末，阎璋跟随父亲阎寿亨来到安化。阎璋到安化时，不过是个 10 岁的孩子，耳濡目染，感受了茶行的行商之义。“父亲技术出众、仗义疏财，收茶时，下手一摸就知道是几级茶，不过，他从不打压茶叶的等级，甚至分量上如果是差一点四斤，就算四斤；如果是四斤一两，那就算四斤半。所以，当地土匪不打茶行，后来病重时，还有老百姓在家里烧香为他祈福。”

2008 年，晋丰厚第六代传人谌小丰重走晋商茶马古道，陪同茶行一位 66 岁的晋商后裔前往山西，寻找到了自己失散多年的兄长阎璋，又在祁县找到了“兴隆茂”茶庄后裔渠荣华。三人相约渠家大院，品陈茶叙旧情之余，谌小丰特向晋商文化博物馆赠送了安化特有的千两茶、百两茶和廿两茶。

1994 年，山西省祁县征集到一本手抄《行商遗要》，系民国六年（1917）渠家长裕川茶庄伙友王载赓毛笔抄录的。该手抄本，为蓝皮、麻纸、白线装订本，封面上没有书名，亦无作者姓名，只在首页上用行楷书“行商遗要”四个大字，书长 22.8 厘米、宽 13.8 厘米，正文共 77 页，全文未加标点符号，20790 字左右。行文结构为文言文句式，其中，还有一些祁县乡间俚语，是一种文白混合的文体。书的结尾处有“注意誊完”四字，由此可见《行商遗要》有一原本，可惜已经散佚。

《行商遗要》提出 “义取四方” “正直端方”为经商理念，第一页就开宗明义：

1 刘坤一撰：《议覆华商运茶赴俄华船运货出洋片》，《刘坤一奏疏》卷十七第 665 页，岳麓书社 2013 年版。

为商贾，把天理，常存心上。不瞒老，不欺幼，义取四方。领东本，遵号令，监制茶货。逐宗事，照旧规，勤勤俭俭。诸凡事，切不可，耗费浪荡，怕的是，遭祸孽，遗累子孙。行水路，走江湖，跋涉艰难；勿华丽，学朴素，免惹盗窃，晚早宿，晨早行，以防不测。水陆路，遇生疏，最忌相伴；若同帮，宜逊让，务要尊敬。再不要，非长幼，着人说道。为客商，学谦和，勿势欺良。俟进山，逐款事，安置齐备；贪洋庄，办口庄，各事不同，若洋庄，预先访，全靠耳目，勿碍滞，生机见，临时通变；或缓办，或多贪，自立主章。制黑茶，逐宗事，慢慢张张；俟出乡，归买茶，取出真眼，勿惜价，贪便宜岂有好货。你纵是，经练手，不能哄他。每日里，十点眠，五点即起（眉批：究实临小满节，每日四点半起）。客出房，合行人，惊动急起；或做工，或做甚，各执因（营）干。平素日，手摸胸，细细思量；勿倍工，勿耽误，可称老板。莫学那，骄奢傲，时新款样；莫学那，匪类事，嫖赌嬉游。宗宗件件，照旧规，真无走凿。予自愧，才学浅，处世不明。尚不能，与号中，出类拔萃，但愿的，接事伙，如同班相，尽其心，竭其力，正直端方。[1]

《行商遗要》既无目录，也无章节。但在书中，每论述一事项，开首都有小标题。全书共分 71 个小节，如：

祁至安化水陆路程底
进山安治物件买茶总论底
篾器箱壳价殖〔值〕例
买红黑茶规例底
踹茶做工规例底
行内杂役规例底
山、边江发益阳水脚例底
安化小淹厘金例底
益发汉镇水解例底
益阳厘金例底
岳州厘金例底
……

1 史若民、牛白琳：《平、祁、太经济社会史料与研究》第 481—482 页，山西古籍出版社 2002 年版。

湖南安化是“长裕川”茶庄采办茶货的主要基地之一。据《行商遗要》记载：“安化为前四乡、后五都。计：长安乡、长丰乡、安乐乡、桂花乡。安化东邻益阳，西通新化，南至韶〔邵〕阳，北达桃源。都一、二、三、四、五。设立开行者，一都、三都之境。开行埠头：小淹、边江、江南、雅雀坪，俱一都之界；株溪口、硒州、黄沙坪、硚口、东坪俱三都界。产茶地土佳者，名曰河南（资江南岸）境内：马家溪、高甲溪、蔡家山、横山、杂木界、白竹水、白溪水、马河板、黄子溪；河北（资江北岸）境内：竹子溪、水天坪、小水溪、龙阳洞、董家坊、雷打洞、果边山。安化一都、三都之茶甚佳，二都、五都次点，四都更次，四乡不佳。文墨（安化所出名茶之一种）出于一都耳。”[1]强调：“我号买黑茶首重地土归正，择选产户潜心之家。预闻留心上年未摘子茶之货，必根条柔气，精力沉重，油水、色气、香味种种皆佳，内外明亮，满碗俱清，此茶用心切买。思维前辈老板创业招牌艰难，历年已久，宜深审辨，勿惜价而弃也。戒之！戒之！”[2]

“祁至安化水陆路程底”详细记载了山西祁县到达湖南安化的路程：从祁县至泽州（今山西晋城），共行 7 日，计陆路 580 里；从泽州至赊旗镇（今河南社旗）共行 11 日，计陆路 775 里；从赊旗镇走水路到樊城（今湖北襄樊）计水路 345 里；再从樊城至汉口，计水路 1215 里；从汉口至益阳，计水路 840 里；从益阳至边江（安化境内）计水路 255 里。

具体路线为：

祁县三十里至子洪，四十里到来远（打尖），三十五里至土门（宿），四十五里至西阳（打尖），六十里至沁州（宿），六十里至褫亭（宿），四十里至交川沟（打尖），五十里至鲍店（宿），五十里至普头（打尖），五十里至长平驿（宿），六十里至乔村驿（宿），六十里至泽州府（宿），六十里至拦车（宿），四十五里至邗部（宿），五十里至郭村（打尖），二十五里至温县（宿），二十五里至汜水北岸平皋、过黄河南岸汜水县（打尖），四十里至荥阳县（宿），六十里至郑州（宿），五十里至郭店驿（打尖），四十里至新郑县（宿），六十里至石固（宿），五十里至颖桥（打尖），四十里至襄县（宿），四十里至汝坟桥（打尖），五十里至旧县（宿），五十里至龙泉镇（打尖），四十里至裕州（宿），五十里至赊旗镇。此段十九站，计陆路一千三百五十五里。

赊旗镇至樊城水路：赊十五里至埠口，十五里至兴隆镇，十里至新集，十里至李店儿，二十里至表潭儿，二十里至唐县，二十五里至马店儿，二十里至上屯，十里至下

1 史若民、牛白琳：《平、祁、太经济社会史料与研究》第 482—483 页，山西古籍出版社 2002 年版。
2 史若民、牛白琳：《平、祁、太经济社会史料与研究》第 488 页，山西古籍出版社 2002 年版。

屯，二十里至郭滩，三十里至苍苔，三十里至阎家埠口，三十里至陈家河，三十里至双沟儿，三十里至刘家集，十五里至龙儿坑，十五里至樊城。此段计水路三百四十五里。

樊城至汉口水路：樊三十里至东津湾襄河下水，十五里至石灰窑，十五里至刘家集，二十里至西家巷，十里至小河儿，十五里至鸣金店，十五里至宜城县，十五里至关庄，五里至茅草州，十里至牙口，三十里至流水沟，十五里至岛口，五里至冯乐河，三十里至周家咀，十里至六官滩，二十里至李河口，十里至碾盘山，二十里至屠家集，十五里至二神庙，十五里至安陆府，三十里至狮子口，二十里至唐巷，二十里至石牌，二十里至马良，三十里至旧口，四十里至沙洋，三十里至多宝湾，三十里至长乐园，十里至业家滩，十里至施港，二十里至黄家厂，十里至押口，二十五里至张子港，八里至关帝口，七里至黑牛渡，十五里至鱼泛洪，三十里至岳家口，十五里至洪口，十五里至彭水河，三十里至马羊滩，十五里至陀介河，三十里至仙桃镇，十五里肖家口，十五里至芦咀，十五里至麦麻咀，十五里至杨林沟，十五里至分水咀，十五里至半湖口，十五里至城隍港，十五里至杨子口，三十里至鸡麻口，三十里至汉川县，三十里至石工垱，四十五里至云口，十五里至肖家渡，四十五里至蔡甸，六十里至汉口。此段计水路一千二百一十五里。

汉口至益阳水路：汉口三十里至专口，三十里至金口，四十五里至东瓜垴，四十五里至排洲，九十里至嘉鱼县，七十五里至石头关，十五里至茅埠，十五里至新堤，四十五里至鸭蛋矶对江罗山，六十里至城林矶，十五里至岳州府，七十五里至鹿角，六十里至李石山，六十里至云亭，三十里至卢云滩，三十里至麟趾口，九十里至茅甲子口，十里至沙头，二十里至益阳。此段计水路八百四十里。

益阳至边江水路：益阳三十里至兴家河进山，三十里至桃花庵，二十五里至苏滩，五里至休山，三十里至三滩界，三十里至桐子山，三十里至马家滩，三十里至湖溪，三十里至小淹，十五里至边江。此段水路计二百五十五里。

从山西祁县到湖南安化行程水陆路程共计 4010 华里，路经晋、豫、鄂、湘四个省，跨黄河，过长江，穿洞庭，这样远距离的行程，所经历的艰难险阻，实在是难以想象的。

《行商遗要》是祁县渠家茶庄“长裕川”办茶厂、产茶、运茶、销茶的详细实录，也是“长裕川”茶庄营销茶叶的宗旨要求和道德规范。全书内容大致归纳为七篇，包括《德行篇》《茶路篇》《茶山篇》《踹茶篇》《水脚篇》《陆脚篇》《厘金篇》，详细记叙了长裕川办茶人从祁县出发，入子洪口，过太行山，到中原赊旗镇，然后经樊城、汉口达益阳安化的整个行程，包括在哪儿打尖、住宿，需花多少银两等都有较为详细的说明。到达茶源基地后，如何准备收购、加工茶叶的各种工具器物和选择加工人才，怎样按标准收购到安化上好茶叶等都有具体交代。加工茶叶时，所用的各工种人数、工资以及所用的各种器械的购置成本，各种包装的规格数量及购置成本与包装用工支出，甚至对包装用的各种纸张要求、用量及每开纸应裁的张数，都十分详细；运茶途中，走哪条水路，选择什么样的船和船工，每船的运费，短途运输费、装卸费，过每个码头交纳的各种费用以及经过每个厘卡所交纳的厘金等都有细则说明和具体要求。

从《行商遗要》中可以看出，从清嘉庆末年到民国初年，即 19 世纪初到 20 世纪初，“长裕川”茶庄到湖南安化采办茶叶有 100 多年的历史。

入清以后，湖南茶叶除贩运到西北地区外，还从广州出口到欧美。湘潭曾是内地货物运往广州出口和广州入口洋货转运内地的重要中转站。清咸丰九年（1859）三月，容闳从上海出发，对杭州、南昌、湘潭等产茶区域进行调查，在《西学东渐记》中这样描述湘潭的对外贸易：

> 迨四月十五日之晨，乃抵湘潭。湘潭亦中国内地商埠之巨者。凡外国运来货物，至广东上岸后，必先集湘潭，由湘潭再分运至内地。又非独进口货为然，中国丝、茶之运往外国者，必先在湘潭装箱，然后再运广东放洋。以故湘潭及广州间，商务异常繁盛。[1]

湘潭在清初即为湖南最大的茶叶外销集散市场。晚清时期，湘潭制作茶叶运输木箱的工厂就有 30 多家。

1.4.3　木材

湖南山地多森林，主要集中在湘西南雪峰山区和湘南、湘东的边缘山区。湖南水系发达，河流纵横密布，木材运输主要为水运，有“洗条”“放挂”“船运”“筏运”几种方式。其中，筏运中筏的大小根据河流和水量而定，分为衡州筏、永州筏、靖州筏、洪江筏、永顺筏、长江筏。湘、资、沅、澧四水，在湖南木材运输中占据着重要地位。按照木材运输的水道，湖南木材分为西湖木和东湖木。沅江流域的木材经洞庭湖西部运往武汉，称为西湖木；湘江流域和资江流域的木材则经洞庭湖东部进入武汉，称为东湖木。

湖南外运木材几乎都是经洞庭湖抵达当时长江流域最大的木材集散中心——武汉鹦鹉洲，以此为总集散地转销长江下游的九江、芜湖、南京、镇江、常州、上海等地。乾隆《新化县志》记载：“贩杉、贩茶者，出外贸易。”[2] 同治《祁阳县志》：“杉竹之产，饶于他郡，每年驾排载舟，涉洞庭而抵鄂汉者络绎不绝。”[3] 民国中期，湖南木材年

1 容宏：《西学东渐记》第 84 页，钟叔河主编《走向世界丛书》，岳麓书社 1985 年版。
2 乾隆《新化县志》卷十四《风俗志》。
3 同治《祁阳县志》卷二十二《风俗》。

销量达 277.35 万立方米，树种以杉木为主，松木次之，材种以原条、原木为主，板材次之，主要运销武汉、南京等地，尤以武汉为甚，最多时达 120 万立方米。武汉鹦鹉洲拥有大小湖南木商 123 家，沿岸线分布的市场达 10 公里。[1]

益阳居沅水、湘水之间，位于资阳下游，“上通宝安，下通南华，南通长沙，北通常德，自昔轴轳辐辏，排筏连亘，近日汽轮汽车畅行，交通愈便，商务遂日趋繁盛，二堡大码头一带，西式石库门面鳞次栉比，竞丽增华，长沙汉口各埠号客坐庄充箱盈箧，俗称‘银益阳’”[2]。

民国时，益阳城区有码头 86 处，分城堡公共码头、各竹木船帮码头、族姓捐建码头和外轮码头四类。[3]

一、城堡公共码头（43 处）

城厢诸码头（东关—西门）：东门、西门、东关、厘金、南门、学宫。

头堡诸码头（贺家桥—临兴街）：益兴、广法寺、正方、紫霞、轩辕、临兴、汽车、碓臼、七公庙、药王、志乐、三圣殿、文家、三皇。

二堡诸码头（临兴街—将军庙）：白马庙、大码头、新码头、韩家、大石、小石、水府庙。

三堡诸码头（将军庙—接城堤）：聚庆、土地庙、利生和、长堤、古道巷、祝码头、上武庙。

资水南岸诸码头：龙洲、白鹿湾、立人、大渡口、绍丰、李家洲、粟公港、龙山港、红砖埠。

二、各竹木、船帮码头（31 处）

益安竹木码头：在青龙洲。清中叶由益阳上乡竹木商与安化竹木商合建，并有公所。

西流湾竹木码头：清嘉庆年间，安化木商郭含章等于西流湾建竹木码头，并设公屋。民国十七年（1928），举周羽仪为董事，实行整顿，重新修建。

四溪公竹木码头：在头堡临兴街皇庄河。清乾隆、嘉庆年间，板、锡、罗、沾四溪竹木商人，运本地竹木至益阳销售，由张民奇等建立，河岸竖有石桩。

五埠公竹木码头：在头堡临兴街皇庄河。清道光、咸丰年间，马迹塘、大栗港、三堂街、舒塘、桃花江五埠竹木商人，运本地竹木至益阳销售，建此码头。右与四溪公竹木码头由河直上沟心竖桩为界。

上五溪木帮码头：在三堡清胜街。为新化县栗、小、油、麻、化五溪木排停泊之

1 刘秋名：《建国前的湖南木材生产》，《湖南林业》第 27 页，2002 年第 6 期。

2 民国《益阳县志》卷四《食货六·商业》。

3 益阳市交通局编：《益阳市交通志》第 29—32 页，湘益市文准（1989），1990 年 4 月印刷。

处，有铺房10栋。

中三溪木帮码头：在三堡栅栏巷口。为新化县洋、辇、邓三溪木排停泊处。

油、白二溪木商码头：在三堡涌泉街。有公屋、石椿及古柳一株为记。

上五溪泊船码头：在二堡水府庙上首。为新化县栗、小、油、麻、化五溪船商泊船之埠。

下四溪泊船码头：在二堡水府庙下首。为新化县油、白、澧、苏四溪泊船之埠，并购有铺屋。

中三溪泊船码头：在二堡大码头下首。为新化县洋、辇、邓三溪泊船之埠。

油、白二溪船木两帮码头：在头堡皇庄河，由油、白两溪船、木商共建，并有公屋。

四溪船帮码头：民国四年（1915），新化澧、大、渠、苏四溪木商在瑶湾建立码头，停泊木排，并设公屋。

车湾码头：在头堡。为湖北省车湾竹木商人所建。

江神码头：在头堡临兴街。为益阳纸业商所建。

公码头：在二堡廉让街。为煤炭船停泊之埠。

水星殿码头：在头堡。系苏帮建立，隶苏州会馆。

魏公庙码头：在二堡魏公庙。为马迹塘、武潭、鲊埠、泗里河沙咀上各船帮所建。

向家码头：在二堡。为首溪、五洋坪、大栗港、龙子山、三堂街、修山、舒塘、筲乌咀各船帮共建。

人和码头：在二堡畅清街。宝庆船帮建。

罗明灿码头：在三堡。为聚庆、新兴两街所有，不准停靠木排。

银子码头：在三堡新兴街。为本街所有，不准停靠木排。

土地庙码头：在三堡新兴街。为本街所有，不准停靠木排。

炉罐码头：在三堡聚庆街。为新化炉罐商泊船之埠。

栅栏巷码头：在三堡清胜街，因洪水冲决巷口，亘有长堤，码头无用。

邵阳码头：在二堡。

武冈码头：在三堡大水坪。为武冈县船帮所建，砌有石堤，竖有石柱，置有铺屋四所。

新宁码头：在青龙洲。另有木帮事务所在三堡木行内，置有香铺仓田四石。

新宁瑶湾码头：与四溪码头连界，合立石桩以系木排，又名洞口码头。

徽州码头：在二堡永清街。为徽州客商之埠。

苏州码头：在二堡永清街。苏州帮所建，有铺屋9栋。

五省码头：为鄂、赣、浙、苏、皖五省公用码头。

三、族姓捐建码头（8 处）

永乐码头：在三堡聚庆街。为灵官庙十六姓所建。

贺家桥义渡码头：南岸码头基地李之龙捐，北岸码头张姓捐。

头供团大河边码头：杨姓私地，为四乡起运灰粪、谷米之要埠。

御史团曹家巷码头：团内众姓公地，为四乡起运灰粪、谷米之要埠。

黄溪桥码头：四乡公修。

自天巷码头：黄溪桥、贺家河义渡公修，为四乡起运灰粪、谷米之埠。

娘娘庙码头：谌姓私有。

青龙洲码头：为本洲吊木排、竹筏之用，外埠不得混争。

四、外轮码头（4 处）

英商太古码头：大码头下首。

美商美孚煤油码头：今益阳电厂码头。

亚细亚油库码头：今益阳港务局煤坪。

德士古油库码头：今西流湾。

民国时期，益阳输出的货物以竹木居第一，木材经销额在顶峰时可达 100 多万元。而益阳木材商帮除了在本地经营木材贸易，也活跃于省外的木材市场。早在清乾隆年间，益阳木材商帮就扎筏运木材到汉口，在鹦鹉洲建立了中国第一个木商行业组织——安益会馆。其势力范围遍及武汉三镇，是湖南木材商帮中势力最大者。之后，益阳木材商帮顺江而下，进入南京上新河木材市场。至民国时期，益阳商帮称雄南京上新河木业市场。民国二十年（1931），益阳商帮又垄断镇江木材市场，对湖南木材贸易起到了积极的推动作用。

常德拥有发达的水网，位于沅江和澧水下游，同时与长江中游的洞庭湖水系相接，地理位置得天独厚。不仅湘西沅江流域各路木材在常德集中，澧水流域由津市出口的木材也由常德转口，西湖木在此解散改装成大排，再经洞庭西部运至武汉。所以，常德成为湖南省内最大的木材集散市场，吸引了苏、徽、赣、鄂等外地木商及省内各木商。

明万历四十五年（1617），常德、陬市、德山、河洑即有木材在此集散，渐次形成木材出口商埠。清雍正、乾隆年间，常德相继开办木行，木商也随之在城东建立了宿松会馆，在河洑建立了靖州、黔阳会馆。清咸丰九年（1859），于河洑设辰州木关，委派道府大员监收木税。1922 年后，陬市当时这个不到 5000 人的集镇，木商流动人口就达 700 人，沅水流域大部分竹木均在此集散。[1]“木业盛时，陬市沿河三四十里之河面，几为排木所塞，排上小屋栉比，既围栏饲养鸡豚，复播土种植蔬菜，俨然水上浮村，气象

1 常德地区交通局编：《常德地区交通志》第 92、93 页，湖南出版社 1992 年版。

十分热闹。”[1]光绪《婺源县志》记载：在德山，“婺邑木商往来必经其地，排夫不下数千人”[2]，沅江入洞庭湖口处的德山镇，是湘西木材外运的必经之地，镇上徽商往来不绝，长年聚集在这里的徽州运木排夫多达数千人。古徽州辖歙、黟、休宁、祁门、绩溪、婺源六邑，木商以婺源为著，休宁次之，祁门、歙县等又次之。清道光时，婺源商人“孙徽，五屋家人，尝贩木湖南，抵浔江，木尽火，计耗数千金”[3]，损失惨重。木商的整个经营活动，包括拼山、采伐、加工、运输、销售等环节，先深入产区“采判木植”（俗称买青山），于冬季雇佣木客上山砍伐，做“白杉”（徽人称刮去皮的杉木为白杉）或锯松板，然后，将“白杉”或松板驮运下山，堆放于谷地，等到次年五六月，河水上涨，编成浮排运到水路交通干线之岸，再由排工编成大排，随波逐流，顺水而下。

历史上，靖州的木材贸易非常兴盛。清末，赣、闽、黔、粤、长、衡、永、宝等地商人来靖州设店铺，结行帮经商，修建会馆，分行划市。其中，赣帮经济实力雄厚，资本总额占“八帮”的一半，以经营木材、绸布、药材者居多。此外，“浙江、江苏两省及武汉、常德等地的木商也纷纷来靖设庄采购木材，推销工商品。广西的油、盐、糖和贵州、通道的木材均由渠江水运来靖集散”[4]。

洪江是沅水上游的重要港口，贵州、云南、广西部分地区及省内绥宁、城步、靖州、通道、会同、黔阳、芷江、新晃等县所产木材、桐油、药材、土纸等土特产品均经水路集中于洪江，沿沅水、经常德、越洞庭、入长江，销汉口、镇江、上海及沿海各地；山区所用的食盐、布匹、百货等亦经水道运至洪江集散。来自贵州、江西、湖北及本省邵阳、湘乡、常德等地的行商，组成油、木、钱、布等十多个行帮，以经营木材为主，而以湖北大冶人数最多，因多运入棉花、布匹，又称花帮，其经营木材数量，约占全行业的 60%。木业运输，始自高山幽谷，远步阔湖大江，流程数千里。据民国《中国实业志·湖南省》记载：洪江有木行 13 家，俱系独资经营，资本总额为三万三千元，其中实力比较雄厚的有德大、福顺和、张和顺。[5]洪江木商分为“山客”“水客”“木牙”。“山客”是指从产地将木材运来洪江出售的商人，“水客”是指木材购买者，撮合“山客”和“水客”的中间人被称为“木牙”。鼎盛时期，洪江有“山客”151 户、“木牙”15 户、“水客”200 多户。民国二十三年（1934），洪江木材销售旺盛，输出量价值 700 万元。为木材业服务的铁作业、木作业、排缆业、水运业等也形成了完整的服务链，开业即赚，兴盛不衰。

1《湘省境内之第一木材集中市场——陬市》，《湖南经济》第 126 页，1948 年第 3 期。
2 光绪《婺源县志》卷三十五《人物·义行》。
3 道光《徽州府志》卷十二之五《人物志》，民国《重修婺源县志》卷三十九《人物十一》。
4 靖州苗族侗族自治县县志编纂委员会编：《靖州县志》第 369 页，生活·读书·新知三联书店 1994 年版。
5 实业部国际贸易局编：《中国实业志·湖南省》第一册第 165 页（丙），宗青图书公司印行，1980 年版。

1.4.4 药材

湖南境内丘陵分布密集，山岳河流纵横交错，气候温和湿润，非常适合中药材的生长。作为全国中药材主产区之一，湖南的中药材种类繁多，主要有玉竹、茯苓、荆介、枳壳、柴胡、丹皮、白芍、厚朴、青蒿、金银花、银杏、颠茄草、罗汉果、杜仲、黄柏、山茱萸、吴茱萸、莪术、朱砂以及雄黄等。邵阳、怀化、娄底、益阳、湘潭、郴州、永州、凤凰、张家界等地盛产中药材。玉竹主要分布在邵东、隆回、新邵等地，已有 500 多年的栽培历史，是玉竹的地道产区。吴茱萸主要分布在新晃、永顺、凤凰。湘产吴茱萸在历史上称为“常茱萸”，品质纯净，香气浓郁，粒圆饱满。湘莲产于湘潭、常德等地，历代列为贡品，被誉为“中国第一莲子”。栀子多为野生，是全国最大的栀子产区，皮薄饱满，色黄，质优。白芷主要产于茶陵，古称楚芷，和杭白芷、川白芷并称为中国三大名芷。鳖甲主要产于常德、益阳、岳阳。朱砂主要产于新晃、凤凰等地，自唐朝以来为朝廷贡品，尤其以新晃龙溪口朱砂最好。雄黄主要产湘西石门、慈利、澧县等地，产品色红、块大、质松脆、有光泽，品质优良。

早在清光绪初年，湘西保靖城镇先后开设有寿芝堂、保和堂、瑞芝堂等 14 家药店，民国初期，又增加至 26 家，并以江西客商为多，建有江西会馆，收购湘、鄂、川、黔四省边区药材，坐地进行交易。常年收购的品种有吴茱萸、桑皮、金银花、夜交藤、陈皮、麦冬、白芨、土茯苓、何首乌、木通、续断、生地等，通过酉水运销常德、津市、汉口等地，并同时运回外产药材或其他商品，如布匹、粮食、食盐等。20 世纪 30 年代年收购土茯苓 29 万担，销往常德、桃源等地。

耒阳、娄底等地盛产药材，采购商又以江西商人居多。清道光十年（1830），“有江西樟树（今清江县）、吉安等地药商进入耒阳经营中药材”[1]。自明代以来，娄底集镇贸易由新化城厢、永丰、蓝田等地向乡村扩展。外籍商人入境经商者增多，其中赣人经营之药材业无镇不有。“崇祯八年（1635），赣籍商人周商臣在杨家滩开设周宏发药铺，自制膏、丹、丸、散，经营 300 多年不衰。”[2]

清初，江西樟树、丰城药商往来桃江，随后定居，开店经营。清末，桃江共有大小药店 90 余家，至民国期间发展到 579 家，其中 187 家专营药材、392 家营药兼行医。清道光十四年（1834），江西清江人皮嘉章于马迹塘镇开设皮万兴药号。清同治年间，江西清江人谢启明于大栗港镇开办谢立生药店；清光绪年间，谢立生药店又在筑金坝增设一支店，历经三代不衰。清光绪二年（1876），江西清江人熊保和于三堂街镇开设熊保记药号，成本千余银元，雇工 2 人。民国三年（1914），江西清江人程芹香于桃花江镇

1 耒阳市志编纂委员会：《耒阳市志》第 345 页，中国社会出版社 1993 年版。
2 娄底地区地方志编纂委员会编：《娄底地区志》第 1023 页，湖南人民出版社 1997 年版。

正街开设程恒泰药号，成本万余银元，雇员 8 名。[1]

在大商埠，会馆从事药材交易规模宏大，利润丰厚。湘潭扼南北往来之途，清康熙以来，四方商旅，闻风辐辏，湘潭万商云集，成为名扬全国的药都，为全国四大药材集散地之一。赣、云、贵等十六省及南亚诸国药材均在此集散，一时行店林立，药袋塞途，仅十总至十二总正街、河街，就集中了药材行、号、店 390 余家，年销售额约白银 800 万两。[2] 有谚云“药不到湘潭不齐，药不到湘潭不灵”，是说湘潭成为全国的药材中心，各地药材在此集中，而且品种齐全，应有尽有，为“齐”；而且，药材正宗，质量上乘，按质分等，按质论价，绝不以次充好，为“灵”，故有“齐”“灵”之说。最著名的临丰药帮下辖八堂，即全美堂、崇谊堂、崇庆堂、崇福堂、福顺堂、聚福堂、怀庆堂、公正堂，从业人员上千人，全系江西临丰人，药材交易大多数经过这些药材行成交，临丰宾馆成为维系这些旅潭药材商人的纽带。从十总到十二总，街道两边药店鳞次栉比，雨湖附近多为药材巨商的豪宅大院。

1.4.5　桐油

湖南桐油，产销量仅次于四川，在全国举足轻重。吴克成《江苏人与洪江之历史》一文说：“乌油有两种，一为湘产洪油，一为川产秀油，洪油细而秀油粗。因吾苏木贵，故洪油专销行于大江南北，其用途以油船为最，油农器、家具等次之。秀油则销售于桃源、宿迁、蚌埠一带，缘其地筑造为树材而非木材，树质粗，宜秀油也。”[3]

在五口通商之前，湖南桐油几乎没有出口贸易，仅供国内市场。运往省外的路线主要有三条：一条由洪江、常德经汉口直达镇江，一条由湘水流域的湘南诸镇汇集到湘潭再转运至汉口，一条由沅水流域各镇汇集于常德至汉口。五口通商之后，开始出口贸易，桐油的运输路线发生了较大变化。除洪江、常德到镇江的销售路线不变外，湘水流域之桐油不再汇于湘潭而是汇于长沙运到汉口出口，清光绪二十五年（1899）岳阳开埠后改为从岳阳出口，清光绪三十年（1904）长沙开埠之后又改为在长沙直接报关出口。清朝中叶，“湘潭经营桐油者极盛，设行二十余家”[4]。“迄民国六七年间，因交通路线变更关系，一般桐油贩商，均云集于长沙，以致湘潭油行，停歇者相继，至现时（1940）仅有河街附近五家，勉强营业，资本各三四千元，经营桐油、茶油、菜油、麻油等。”[5]

清光绪末年，津市的油行是以“介绍买卖，抽取行佣”为获利手段的牙行方式经

---

1 桃江县志编辑委员会编：《桃江县志》第 467—468 页，中国社会出版社 1993 年版。

2 光绪《湘潭县志》卷十一《货殖》。

3 吴克成：《江苏人与洪江之历史》第 8 页，《苏讯月刊》，1945 年第五十七、五十八期合刊。

4 实业部国际贸易局：《桐油》第 73 页，商务印书馆 1941 年版。

5 实业部国际贸易局：《桐油》第 73 页，商务印书馆 1941 年版。

营。清政府核准津市开设5家油行，油行开业前需请领牙帖，每请一帖交帖费制钱一千串，油市的生意则由这5家油行垄断，货价说一不二，油行获利丰厚。

辛亥革命以后，国民政府沿袭旧制，核准津市油行由5家增加到10家，其中，专营9家，兼营1家。

民国初年津市油行一览表 [1]

牌号	经理人	货物各色	牙帖等则	给帖年月
光大	李祯	油	乙种	民国元年十月
合兴永	芦合兴	油	乙种	民国元年十月
朱福聚	朱福聚	油	乙种	民国元年十月
唐中孚	唐中孚	油	乙种	民国元年十月
安贞吉	安贞吉	油	乙种	民国元年十月
大德生	禹大德	油	乙种	民国二年六月
盛昌祥	盛昌祥	油	乙种	民国二年六月
隆大生	隆大生	油	乙种	民国二年六月
李元大	李元大	油	乙种	民国五年八月
王福升	王福升	油、纸、炭	乙种	民国二年五月

第一次世界大战之后，各工业国桐油需求量不断增多，桐油国际市场日益活跃。植桐榨油有利可图，湘西山区积极扩种油桐。据李石锋《湖南之桐油与桐油业》记载："民国十三年（1924）以前，资澧二水流域之油亦多运此（常德）销售者，……嗣以军事频兴，河道梗塞，出油之区，类多改由川河津市、益阳等埠运销汉皋。"说明1924年以后，资水、澧水流域的桐油，已由原来的常德分别改为汇集于益阳、津市，然后再销往武汉。津市桐油业得到较大发展，桐油的集中量增加到每年约五六万担以上。油行由经营皮油为主变为经营桐油为主，由内销为主变为出口为主。

1 彭伯鉴：《津市的桐油业》，《津市文史资料》第一辑第108页，1983年10月。

1930 年津市油行一览表

牌号	经理人	组织	帮属	资本（银元）	行址
益大正	李子洁	合伙	江西	30000	谷家巷正街
申昌	张伯机	独资	津市	美孚挪用	新码头正街
元大兴	李紫东	独资	江西	10000	新码头正街
福聚权	吴文卿	独资	江西	5000	新码头正街
勤大	朱清扬	独资	江西	10000	观音楼
豫大祥	张才生	合伙	江西	10000	五通庙
燮昌荣	李平东	合伙	江西	20000	新码头正街
美利	吴六阶	独资	石门	20000	新码头正街
天锡荣	李鉴清	独资	江西	20000	大码头正街

津市以经营白桐油为主，永顺、来凤、桑植、大庸运有少量的老色油。收油时，首先对质量进行检验，看是否掺假，有无杂质。早期检验桐油的方法非常简陋。一是用稻草扎一圆圈，浸到油内然后提上来，圈内便有一层薄膜，薄膜保留的时间越长，油质就越好。二是用一铁瓢舀取少量油品用火煎熬，如凝成蜂房式者为纯油，否则是掺假油。三是用一铁管吸取少许底层油，滴在手中查看有无杂质。冬天，油容易凝结，则用掺筒（半边铁管）插入油内旋转后将油取出，如油呈鱼子黄的颜色则为好油，否则以劣质论。后来，改用折光计（俗称验油机）检验，其折光以 1.5208 度为标准，低于这一指数则压价购买，一般每低 0.0010 度，则每担降价五角。

民国十八年（1929），湖南桐油外贸总值居全省出口贸易首位，达 44%。沈从文《常德的船》中这样写道：

> 在沅水流域行驶，表现得富丽堂皇，气象不凡，可称为巨无霸的船只，应当数“洪江油船”。这种船多方头高尾，颜色鲜明，间或且有一点金漆装饰。尾梢有舵楼，可以安置家眷。大船下行可载三四千桶桐油，上行可载两千件棉花，或一票食盐。用橹手二十六人到四十人，用纤手三十人到六七十人，必待春水发后方上下行驶，路线系往返常德和洪江。每年水大至多上下三五回，其余大多时节都在休息中，成排结队停泊河面，俨然是河上的主人。

当时的桐油每桶 60 斤，桶重 8.5 斤，三四千桶桐油便是 100 吨以上。一票食盐，大票 100 吨，小票 24 吨，湖广用大票。在近代之前，湖南最大的木帆船才 100 吨左右，其余多为四五吨，甚至半吨的小船。在洪江，10 吨就是大木船。据民国二十七年（1938）《黔湘水道查勘报告》，聚集洪江港的木帆船有 511 艘，其中大船（载重 10 吨以上）97 艘，中船（载重 2.5 吨以上）117 艘，小船（载重 2.5 吨以下）297 艘。可见市面之繁华。

洪油是以桐油为原料，在仿效四川秀山“秀油”制作方法基础上，改进加工工艺，具有良好的防潮、防腐、防蛀性能，是房屋、船舶、农具和家具的优良涂料。

洪油业的兴起，始自清朝中叶。清同治三年（1864）张吉昌创立至民国元年（1912），著名的有张吉昌、高灿顺、杨三和、徐复隆、恒源永、朱志大、庆元丰，共 7 家；民国元年（1912）至抗日战争爆发（1937），有庆元丰、杨恒源、徐复隆、徐荣昌、刘同庆、万太和、刘万亿、肖恒庆、恒庆德、刘庆丰、乾泰源、新昌、永兴隆、大昌丰、吉盈丰、济昌和，共 16 家。抗日战争期间，洪油业全部停业。抗战胜利至洪江解放（1945—1949），有庆元丰、杨恒源、肖恒庆、恒庆德、吉盈丰、大昌丰、徐荣昌、大德、雄新、永生、刘同庆、刘安庆、复兴昌，共 13 家。

据民国三十一年（1942）九月湖南省银行洪江支行：“江西帮因在洪历史悠久，昔日经营桐业者，获利颇丰，资力最为雄厚，今以桐油、棉纱业称著，银楼、药材各业次之。”[1] 洪江油号中，江西帮开办的占 76%，江西帮与贵州帮、会同帮合办的占 8%，安徽帮、江苏帮开办的占 16%。江苏帮总号设镇江，洪江为收购、榨炼机构；江西帮总号设洪江。从清同治三年（1864）张吉昌在洪江创建第一家油号开始，经营洪油的油号逐渐增多，形成集收购、榨炼、制作、包装、运输、销售为一体的格局。新晃龙溪口的桐油、桐籽、角棓，几乎全归洪江油号收购外运。洪江庆元丰、杨恒源、徐荣昌、复兴昌、刘同庆、大德等 6 家油号均在龙溪口派驻专庄，其中以庆元丰、杨恒源两家来晃设庄时间最早，而徐荣昌、刘同庆、庆元丰 3 家则在此常年设庄。桐油淡季，各油号从上海、汉口等地运来大批纱布等商品，赊给各个商店销售，订期新油上市时付款，用以收购桐油。据民国《中国实业志·湖南省》记载：“鼎盛时期，同业有十六七家之多，输出桐油，达二十万担以上，值七百万元。”[2] 张吉昌、庆元丰、徐荣昌油号，都号称为拥有百万银两的大户；高灿顺、朱志大、杨恒源、刘同庆、刘安庆油号，都是经济实力相当雄厚的富商大贾，富甲一方。杨恒源的“顶尖牌”、庆元丰的“岐山鸣凤牌”、徐荣昌的“桐花牌”、复兴昌的“麒麟牌”、刘同庆的“鹦鹉牌”、刘安庆的“松麓牌”，更是洪江油市中的抢手货，颇得江浙一带油商们的信任和好评。

1.4.6 谷米

湖南地区作为全国重要谷仓，是从明代发展起来的。明代湖南郴州人何孟春《馀冬

---

1 湖南省银行洪江支行：《湖南洪江县经济概况》第 291 页，《湖南省银行经济季刊》，1943 年第 1 卷第 2 期。
2 实业部国际贸易局编：《中国实业志·湖南省》第一册第 160 页（丙），宗青图书公司印行，1980 年版。

录》记载：

> 今两畿外郡县分隶于十三省，而湖藩辖府十四、州十七、县一百四，其地视诸省为最巨，其郡县赋额视江南西诸郡所入差不及。而“湖广熟，天下足”之谣天下信之，地盖有余利也。[1]

《馀冬录》作于明嘉靖年间，据此可知，“湖广熟，天下足”这一民谚至迟在明嘉靖时期已经流传于民间了。

清初，湖南已经成为国内重要的粮食输出省份。史载清康熙三十八年（1699）上谕：

> 湖广熟，天下足。江浙百姓，全赖湖广米粟。朕南巡江浙，询问地方米贵之由，百姓皆谓数年来湖广米不至，以致价值腾贵。[2]

清康熙五十八年（1719）是一个好年景，尤其是湖北、湖南、广东、江西一带，更是风调雨顺，稻谷丰收。为此，湖广巡抚张连登抢先上了一封报喜的奏折，说这都是“皇上敬天勤民至德感召之所致也”。康熙皇帝看了奏折，十分喜悦，挥笔批了：“知道了。俗语云‘湖广熟，天下足’。湖北如此，湖南亦可知矣。今岁北方二麦大收，今秋成十分有余，颇为好年。”[3]清雍正十二年（1734）湖广总督迈柱奏报，这一年的上半年，“江浙商贩已运米五百余万石，目下楚省米价尚属均平”[4]。至清乾隆二年（1737），乾隆皇帝在得到湖南粮食丰收的奏报时说：“湖南熟，天下足。朕惟有额手称庆耳！”[5]清乾隆四十一年（1776）十一月，署理湖南布政使永庆奏云：“湖南地方土沃民勤，素称产米之乡……现在市米充盈，价值平减，省城上米每仓斛一石，价银一两四钱零，中米、下米以次递减。各属粮价较省会之价有减无增。”[6]清道光时，“接济江浙”的湖广米谷，更达到三四千万石。[7]

光绪《湖南通志》记载：

> 湖南稻，凡百余，种类之为三，曰早稻，曰中稻，曰晚稻。其宜酒者谓之糯，其种于山阜者谓之旱稻。按：湖南为产稻之乡，其名不一，其种有

---

1 何孟春：《馀冬录》卷十一《职官》，岳麓书社2012年版。

2《清圣祖仁皇帝实录》卷一百九十三。

3《湖广巡抚张连登为奏明早稻收成分数折》，中国第一历史档案馆《康熙朝汉文朱批奏折汇编》第八册第五二五页，档案出版社1985年版。

4《朱批谕旨》第十八函第一百零一册。

5《清高宗纯皇帝实录》卷五十七。

6《署理湖南布政使永庆奏陈地方粮价情形事》，中国第一历史档案馆馆藏资料，档号03-1056-055。

7《通道大江运米运盐议》，冯桂芬《显志堂稿》卷一〇。

二，黏者为糯，不黏者为粳。”[1]

湘米运销所及，既包括周边的湖北、两广、贵州和江西，又包括福建、江苏、浙江和安徽等省，主要为湖北和江浙地区。汉口是湘米的主要集散地，也是转贩江浙的中继站。清康熙四十八年（1709），湖南巡抚赵申乔在给朝廷的奏疏中说：

> 湖南相距江浙甚远，本处所产之米，运下江浙者居多。或在汉口地方出售，或转卖与江浙贸易之人，得银买货，仍复卖货买米，短运往来；而径运江浙者甚少，且江浙买米商贩，多在汉口购买，而直抵湖南省无几，是湖北转运江浙之米，即系湖南运下汉口之米。[2]

湖南运销至其他省区的粮食虽不及运销到湖北、江浙之多，但也有相当规模。当时广东是全国著名的缺米地区。乾隆《河源县志》载：“粤东人稠地窄，米谷不敷，仰赖广西，兼资湘楚。”[3]李兆洛也说：“缘粤东产谷稀少，全赖粤西、湖南两省接济。”[4]时有“粤东之米资藉粤西，粤西之米又资藉湖南”[5]之说。湘米或直接或间接地被商人转运到广东，“长沙、衡、永数郡盛产谷米，连樯衔尾，浮苍梧，直下羊城”[6]。郴州汝城县，“稻为县属农产之一大宗，以南一区土田稍广，产米为尤多。以全县计算，丰年有四分之一产额余售粤省城口、乐昌地方及江西之崇义、本省之资兴”[7]。清乾隆四十三年（1778）三月，湖南巡抚颜希深奏道：“湘潭县禀报粤商来境买过米一千六百石，衡阳县禀报粤商买过米一千一百石，清泉县禀报粤商买过米三千石。”[8]清乾隆五十年（1785）八月，湖广总督特成额奏称：“湖南素称产米之区，每届秋成，或本处民人运米往湖北、江南各处售卖，或下游客商携价来楚买运。”[9]清乾隆五十三年（1788）三月，湖南巡抚浦霖又奏报：“尚有粤商领照入楚，臣亦晓谕行户，务使按照市价给以干洁好米，听其趱运前进，以广流通。所有阖省，雨足粮平，并邻近贩运无阻。”[10]

永州、衡州、长沙三府所产米谷，主要顺湘江向下游汇集，进入洞庭。“湖南米

---

1 光绪《湖南通志》卷六十《食货四·物产一》。

2 赵申乔：《折奏湖南运米买卖人姓名数目稿》，《赵恭毅公自治官书类集》卷六《奏疏》，引自《续修四库全书》第 880 册第 732 页，上海古籍出版社 1996 年版。

3 乾隆《河源县志》卷一一《农功》。

4 李兆洛：《养一斋文集》卷十二《光禄寺卿康公行状》，光绪戊寅年夏重刊。

5《清圣祖仁皇帝实录》卷二百七十八。

6《修复灵渠陡河碑》，引自《湖南农业地理》第 38 页，湖南科学技术出版社 1981 年版。

7 民国《汝城县志》卷十八《政典志·实业》。

8《湖南巡抚颜希深奏报雨水粮价情形事》，中国第一历史档案馆馆藏资料，档号 03-0879-049。

9《湖广总督特成额奏为遵旨查明湖南米粮贩运流通接济下游情形并妥办四川等处运往江南米船不许阻抑等事》，中国第一历史档案馆馆藏资料，档号 04-01-06-0003-001。

10《湖南巡抚浦霖奏明雨足粮平商贩无阻情形事》，中国第一历史档案馆馆藏资料，档号 03-0927-002。

谷，自衡州而下，多聚卖于湘潭”[1]，然后与湘中、湘北一带的米谷一起输入长江流域。“祁邑素称产米之乡。询诸父老，二三十年前，客商贩米至湘潭、汉镇者，岁率十余万石，故邑中银钱流通不匮。”[2]衡州府衡阳、清泉、衡山县为米谷产区。清康熙年间即有记载：“湖南长沙府属之湘潭县、衡州府属之衡阳县，系有名码头大店，凡临近州县及本地所产米谷，皆运往出卖，商贩交易，多聚于此。而长沙府属之长沙、善化、湘阴三县，衡州府属之衡山县，岳州府属之巴陵、澧州二州县，常德府属之武陵、桃源二县，俱傍大江或通江路，亦有买卖米谷。”[3]

在粮食转运销售过程中，有的城市因为交通便捷而发展成为重要的粮食销售中心。

衡阳作为湘南通往洞庭湖和长江的门户，“自广州踰岭而北，自桂林浮湘而下，必以衡州为冲要，盖形势然也”[4]，有利的地理位置使之迅速发展成为湘中南部的米谷集散地和全省的三大米谷市场之一。据载，清乾隆初年衡州城外大小码头上的米谷贸易十分活跃，“衡湘河下，有等奸猾铺户，跳船接买米谷……一见船将泊岸，或自恃强跳买，或请无耻亡命之徒代跳占买，甚至船离河岸数丈，先于别船稍上站立，强拿竹篙，押跳过船，遂为伊应得买之米谷。更或驾小船，拦河接买，竟使弱者空守河岸，强者尽数买囤”[5]。

湘潭位于湖南中部，地处湘江中游，每当“秋冬之交，米谷骈至，樯帆所舣，独盛于他邑焉”[6]。清雍正时，湖南巡抚王国栋目击湘潭“千艘云集，四方商贾辐辏，数里市镇，堆积货物，懋迁有无，居民栉比”[7]。清代湘潭，“凡衡山后，緢笋、稻米皆聚于此”[8]。县城小东门码头集中，商人汇集。乾隆《湘潭县志》载：“商贾城总市铺相连，几二十里，其最稠者，则在十总以上十九总以下。凡粮食、绸缎、布匹、棉花、鱼盐、药材、纸张、京广货物、竹木牌筏，皆集于此，为湖南一大码头。”[9]“衡、永、郴、桂、茶、攸二十余州县之食货，皆于是乎取给”[10]，“湖南米谷自衡州而下，多聚卖于湘潭”[11]，上游米谷源源不断汇集于此，“（颜家港）傍湘有市，悉设碓硙，米谷辇集，朝夕

1 乾隆《湘潭县志》卷十三《风俗》。
2 乾隆《祁阳县志》卷四《风俗》，同治《祁阳县志》卷二十二《风俗》，道光《永州府志》卷五上《风俗》。
3 赵申乔：《折奏湖南运米买卖人姓名数目稿》，《赵恭毅公自治官书类集》卷六《奏疏》，引自《续修四库全书》第880册第732页，上海古籍出版社1996年版。
4 辜天祐：《湖南乡土地理参考书》第五册第一课第157页，湖南教育出版社2009年版。
5 乾隆四年《严禁牙行高抬米价》，《湖南省例成案》卷三十四《户律·把持行市》。
6 乾隆《湖南通志》卷四十九《风俗》。
7《朱批谕旨》第六函第三十四册。
8 乾隆《湘潭县志》卷五《疆域·市镇》。
9 乾隆《湘潭县志》卷十三《风俗》。
10 乾隆《湖南通志》卷四十九《风俗》。
11 乾隆《湘潭县志》卷十三《风俗》。

播春，响荅霜砧，尤喧舟听”[1]。清宣统《湖南乡土地理参考书》也说：“湘潭物产，米为大宗。产地曰易俗河、沙湾、三门、渌口、云湖、白石港、株洲、霞石埠等处。马家河早稻甚良。碧泉、花桥之稻，颗粒圆满，米色最佳，斛比汉口每担多三升六。”[2]

2009年，湖南省湘潭县第三次全国文物普查工作小组在响塘乡仙女管区发现了清光绪年间的粮仓和光绪十四年（1888）《义仓永定章程》石碑一通。

粮仓占地面积近400平方米，其中建筑面积为350平方米。石碑名《义仓永定章程》，质地为汉白玉，呈长方形，长1.42米，宽0.51米，厚0.09米，立于清光绪十四年（1888）夏，详细记述了粮仓管理的具体事项及措施，正文录书50列，满列19字，共计811字。书刻规范工整、秀美遒劲，为石刻上乘之作。

清光绪湘潭《义仓永定章程》石碑

湘潭响塘发现的清代粮仓及章程石碑，印证了湘潭米市的繁荣。

《义仓永定章程》碑文如下：

盖自古社仓之法，以十家为甲，甲推一人为首，五十家推一人通晓者为社首，虽遇歉岁，人不缺食，诚万世积粟之良法也。我境义仓举行已久，其间守视出纳，尚未永定章程，恐积久不能无弊。兹特合境公议，自今以始，择殷实老成二人，经管轮流派值，并立公簿贰本，即以所议条规胪列于左，庶几由百而千，由千而万，行之久远，而弗替云。

一、义仓基地系傅知荣乐捐，立有捐契，其丈禁自堂屋中分，向上贰丈，向下叁丈，向左肆丈，向右肆丈为界。

一、仓长择二人经管，一为仓长，一为仓正，三年一易，所有簿据契约，递相付收，毋得损坏遗失。

1 光绪《湘潭县志》卷四《山水》。

2 辜天祐：《湖南乡土地理参考书》第一册第十课第73页，湖南教育出版社2009年版。

一、义仓谷数及出入用项，仓长每年于流水簿内登载明晰，逢交卸之年，预先通知下手于收谷日同至义仓，该接管人亲自收数入仓，如有未全还者，仍系上手理落。所有三年内一切数目，必须凭众核算，注入总簿，交下手管理，毋许私相授受。倘有侵挪亏扯等弊，该经管加倍罚赔。

一、义谷放借准以端午前后数日，仓长先期通知各牌长，并悬单择某日开仓。凡愿贷者，书约与各牌长。倘有希图射利转借与他人，自获重利者，一经查出，从重处罚。

一、保甲毋许侵权，恐滋流弊。每年放借，虽由仓长总理，然人户多少，有应借不应借者，仓长不得与闻。该牌长酌量品分，不得稍徇私见，以致多寡不均，亦不得私自贩借贩卖。

一、收谷宜早，不得缓至重阳后。仓长亦先通知各牌长，并悬单择某日收谷，届期某牌还谷若干，系某牌长交数入仓。如遇〔逾〕期不还者，该牌长即行追缴。过期半月者，加利五升，一月者，加倍行息。倘屡催不还，即禀官追缴，日后永不准再借。

一、遇年丰，仓谷不能悉行借出，所存若干仍留仓内，仓长不得假以“出陈易新”之语私行支扯。

一、每年用费，宜有限制。除工钱外，放收两次，酒席各限用钱壹串伍百文，归守仓人办理；或不能一期扫数，甚至有再期者，不在此例，节用可也。

一、每年出入谷数并得息及用费若干，年终逐一悬单，庶仓谷多少，合境皆知，且以杜侵蚀之弊。

一、看守仓谷，公择老成谨慎之人，住居侧屋，每年给薪水谷壹石伍斗。如果其人毫不妄为，该经管毋得挟有私嫌擅行另佃。

一、仓廒上漏下湿及所用什物应修整者，随时修葺。其工食用项，支公开销，毋得浮开浪费。

一、仓内什物等件，另立点单，交守仓人收管，不许私用借贷，每逢仓长交卸之时，逐一点交。如有遗失，该守仓人照数赔补。

一、利谷每石一三行息，原非成例，俟日后增多，公仝议减可也。

光绪拾肆年岁次戊子孟夏月榖旦，下四都上五甲公立。

清乾隆四年（1739），长沙有了碾米业同业公会组织，即“长邑碓户代表”和“善邑碓户代表”。“长邑碓户代表”因会址设在长沙县雷祖殿，故又称“雷祖殿”；“善邑碓户代表”因会址设在善化县神农殿，故又称“神农殿”。碓坊的不断增多带动了全城零售米摊的繁盛，清乾隆三十七年（1772），城外各市镇共有门摊189家，其中经营粮食的门摊多达85%。[1]随着粮食交易的发展，为采购、销售、储存米粮服务的粮行应运而生。清雍正四年（1726），清政府由藩司发帖，设立各类牙行，为商品交易提供固定场所。当时有牙行35户，粮行即为主要一种，共计24户，其中潮宗门外16户，驿步门外6户。清嘉庆二十二年（1817）新捐牙行发展到60户，其中粮行43户。[2]清光绪末年，长沙碓坊碾米业进入鼎盛时期，达到700多户，有工人2000多人。[3]这些碓户大都分布在南起碧湘街北至草潮门的沿江一带，尤以潮宗街一带最多，当时整条街碓声隆隆，不舍昼夜，沿街各坊，皆售食米，成为远近闻名的“米街”。清光绪三十年（1904）长沙开埠后成为全省经济中心，“原先以湘潭、常德两大商业城市为中心的经济格局，变成以长沙为全省最大的经济中心，岳州、湘潭、常德为辅助城市”[4]。各地谷米大量涌入，商贾云集，前所未见。在长沙到汉口的水路上，每年秋冬之交，新谷登场之际，出现了“英日汽船之运米出口，颇形忙迫”[5]的繁忙景象。以往名不见经传的长沙米市迅速崛起，很快取代了湘潭的地位，成为湖南米谷集散和输出的中心市场。史称“长沙米业，民国以来始见发达，今已一跃而为中国四大米市之一，在全省米市中，亦居首要地位”[6]。据民国二十三年（1934）元月初版的邹欠白《长沙市指南》，长沙市“粮行业，共计三十七余家，多设沿河一带。在西湖桥一带者，曰‘上关’，大西门一带者，曰‘中关’，潮宗门一带者，曰‘下关’。上下两关经营谷米为多，中关经营杂粮较多”。经营粮行业较著者如后表。

1 陈先枢、黄启昌：《长沙经贸史记》第116页，湖南文艺出版社1996年版。

2 同治《长沙县志》卷八《赋役》。

3《长沙市私营碾米业全面规划的初步意见》第1页，长沙市档案馆，第24-1-324号档案。

4 周石山：《岳州长沙自主开埠与湖南近代经济》第10页，湖南人民出版社2001年版。

5 章乃炜：《汉口商务之调查》，《商务官报》戊申年第28期。

6《湖南之米谷》，湖南省经济调查所，民国二十五年印制。

长沙粮食行一览表

牌名	地点	牌名	地点
恒泰升	半湘街	人和	大西门外
达顺	西湖桥	万茂	大西门外
大生	西湖桥	永泰	大西门外
太鑫祥	西湖桥	大茂	大西门外
恒升	大西门外	开泰	大西门外
正和	大西门外	逢吉	大西门
大有	大西门外	大昌盛	潮宗门外
镇泰隆	大西门外	永信恒	潮宗门外
源泰生	大西门外	永盛昌	潮宗门外
正有	大西门外	远顺	潮宗门外
谦泰	大西门外	鼎大	潮宗门外
太丰	潮宗门外	正丰	碧湘街
湘裕公	潮宗门口	聚和永	司禁湾
利生恒	潮宗门	久和	福星门
祥太裕	大西门	乾记	皇仓街
广泰厚	半湘街	乾丰	西长街
乾升	半湘街	申昌	潮宗门外
阜丰	下碧湘街		

常德境内桃源、武陵、龙阳为水稻高产区，常德是沅江和西洞庭湖一带的粮食集散地，加以水运便利，外省商人汇集，米谷、棉花等贸易为大宗。如府属武陵县“境内产鱼、米、油、茶为最，黔、蜀、闽、广、江、浙、陕、豫之商毕集”[1]，是湖南的重要谷米市场。

澧水流域的澧阳平原，为稻米高产区，米谷为澧州出境之大宗。津市是澧州最大的市场，“澧商埠以津市为扼要，自庸桑诸县，所出诸产，胥集于是，以贩运武汉而易外货，以散卖各地”[2]。石门县的米谷即装运至津市贩卖，“南乡出谷，县城多仰给焉，道

1 嘉庆《常德府志》卷十三《风俗考》。

2 民国《澧县县志》卷三《实业志·商业》。

溪板船装送津市，每石较他处取值有加，谓之道溪谷，以米好也”[1]。

自明清以来，洪江就是二三万余人的商贸市镇，多为商户，“皆不耕而食”“日消谷米千余石”，商民吃饭问题主要依靠沅州府黔阳、芷江二县乡民肩挑背负来售。[2]因此，黔阳县托口镇，在清乾隆时已出现了私立的米牙。[3]

洪江各会馆也置办社仓，储粮备荒，存丰补歉。清光绪十二年（1886）古商城内各会馆积谷数为：江西会馆2000石、徽州会馆520石、贵州会馆400石、福建会馆328石、宝庆会馆152石、黄州会馆120石、衡州会馆96石、辰沅会馆152石、湘乡会馆80石、七属会馆152石，共计4000石[4]，可随时调节供应，缓解米市行情。据调查，民国二十三年（1934），洪江有米行27家，年经营谷米4.5万担（335万公斤），占全行业营业的70%；米号29家，资本总额13900银元，年销售粮食19万石（合145万公斤），约占全行业营业的30%。[5]这些米行、米号多集中在巫水西岸松林码头至宋家码头一带，因为数量众多，形成了一条街，名为米场街。

湘米的大量外运，对省内粮食供求有着深刻的影响。湖广总督毕沅即曾上奏道：“楚省一岁三登，收成丰稔，谷多之家，多欲以日食所余，出易银两。”[6]粮商的纷纷涌入，提高了粮价，这必然刺激湘省农民出售粮食。湖南巡抚范时绶就曾注意到了这一“楚南习俗”：“无论年岁丰歉，每于秋收后，将米谷卖与外贩，以致本处缺少盖藏。”[7]如清乾隆三十年（1765），江西、湖北商人到祁阳买米，“民间趋利，罄数出粜”[8]。时人还作有这样一组民谣：“维我楚南，号称米乡。吴越告籴，风帆相望。协济邻省，本省或荒。矧彼愚民，厥虑不长。觊幸屡丰，鲜裕盖藏。”[9]

此外，棉花在明代中叶已成为湖南的主要农作物之一。沅陵“乡村多种棉花，较他产为良，曰本地棉花；用以织布，坚韧耐穿，曰家机布”[10]，“往来贸易，其物则豆、麦、棉花，载以舟车者，是坐者”[11]。清乾隆四十六年（1781），山西、山东、河南、陕西、甘肃五省驻湘潭棉花商行33家，“公同酌议”制定了共同遵守的《棉花规例》，说明当时湘潭棉花贸易的数量和规模都已经相当可观。

1 嘉庆《石门县志》卷十八《风俗志》。
2 光绪《会同县志》卷二《建置志·市镇》，《湖南省例成案》卷二十三《户律·仓库》。
3 乾隆《黔阳县志》卷九《市镇》。
4 洪江市志编纂委员会编：《洪江市志》第274页，生活·读书·新知三联书店1994年版。
5 蒋学志、梁斌：《洪江古商城建筑形态与特征》第23页，湖南科学技术出版社2004年版。
6 刘锦藻：《清朝续文献通考》卷六十《市籴》，浙江古籍出版社2000年版。
7 台北故宫博物院：《宫中档乾隆朝奏折》第2辑第363页，1982年版。
8 乾隆《祁阳县志》卷三《积贮》，同治《祁阳县志》卷十六《积储》。
9 乾隆《衡州府志》卷十五《仓贮》。
10 同治《沅陵县志》卷三十八《物产》。
11 道光《衡山县志》卷十八《风俗》。

1.5　会馆经营资本

清末，江西、湘乡、邵阳等地商户先后来武冈开店经商，工商业者按籍贯建立会馆，按行业成立行会，“经营药材、绸缎、洋货，资本充裕者，则邵阳、上湘、江右人居多。除坐商外，还有行商运销谷米、竹木、蓝靛之属，于汉粤间”[1]。清初，江西、广东、广西等省及省内耒阳、衡阳、邵阳等地商人陆续至郴经商。清代中叶，良田、栖凤渡等市镇有商店二三百家。“日军侵华初期，省内部分城市商人纷纷逃难至郴，行商庄客增多，县城仅油盐业即达 146 家，拥有资本 60 余万元（银元）。全县经批准备案的各类私营公司达 98 家。私营商业中，以江西商人资本雄厚，从事各行各业的以耒阳、衡阳、邵阳人居多。”[2] 民国十八年（1929），桂阳“全县有私营商业 577 家，资本额（银元）12.59 万元。来自江西、衡阳、祁阳、耒阳、常宁等地的客商较多，其中江西籍多达 400 余人”[3]，商业资本大多掌握在外商手里。

大批财大气粗、富极一时的商帮、商号的产生，使得会馆积累了巨额财富。明清时期沅陵的外地商帮有绸布帮、油盐帮、广货帮、南货帮、书纸帮、牙贴帮、药材帮，其中“最大商号徐益庆，善与官衙勾结，垄断食盐经营权，年销数万担，拥有资本白银 20 万两”[4]。凤凰的外帮势力极大，其中又以江西帮为最，把持了凤凰商界。县城 80% 以上的大中商户和商业资金，均属江西帮。历届商会会长也多属江西人。江西帮中影响较大渐次成为巨商的就有 4 家：熊祥昌经营棉花、桐油、颜料、南杂、鸦片，裴三星、孙森万经营花纱、布匹，曾荣顺经营南杂、鸦片，“熊祥昌拥有资金 30000 多银元，裴三星商号也有资金 20000 银元”[5]。

资产丰裕的商业会馆是一个强大的经济实体。民国时期，衡阳城区有福建、湖北、广东、江西、浙江、四川、江苏和湘乡、邵阳等 20 余个会馆。其中，名望最大的会馆——江南会馆，拥有朱嘉瑞钱庄之富，又有程商霖盐道之势。会首程商霖、朱寿祺在清时分别具有五品和九品官衔。实力最雄厚者推江西会馆，系商业巨户。会首卢瑞芳曾一度垄断衡阳棉纱布匹、金银首饰、油盐等业，仅铺屋就有 43 栋。“湖北同乡会也占有不少房地产，仅铺屋就有 21 栋。房屋多的还有福建会馆，有 42 栋房屋，其中 29 栋为铺屋。1950 年，衡阳市人民政府按政策接管所有会馆。1952 年，城区共接管会馆产房屋 133 栋，其中铺屋 110 栋，住宅 23 栋。”[6]

---

1 武冈县志编纂委员会编：《武冈县志》第 435 页，中华书局 1997 年版。
2 郴县志编纂委员会编：《郴县志》第 513 页，中国社会出版社 1995 年版。
3 桂阳县志编纂委员会编：《桂阳县志》第 534 页，中国文史出版社 1994 年版。
4 湖南省怀化地区地方志编纂委员会编：《怀化地区志》第 1386 页，生活·读书·新知三联书店 1999 年版。
5 凤凰县志编纂委员会编：《凤凰县志》第 138 页，湖南人民出版社 1988 年版。
6 衡阳市地方志编纂委员会：《衡阳市志》（中）第 1376 页，湖南人民出版社 1998 年版。

商业繁华大商埠的商业会馆更是一个区域经济集团。清乾隆十六年（1751），江西籍商人在常德大河街设有江西会馆。此后，徽州会馆、山陕会馆等相继设立。湖南籍商人亦设有辰沅、宝庆和靖州等6个会馆。至民国十年（1921）前后，常德有经营桐油、粮棉、药、竹、木、布、靛、碱、猪、鱼、皮毛、山货的商户260多家。民国二十三年（1934），常德有重要市镇12个，私营商店3760家，从业人员17181人，是年，县城牙行增加到450家，旅栈70家，茶楼酒馆28家，较大的绸布号19家。据民国《中国实业志·湖南省》载："常德全市二十九种主要商业，商店家数，计为八百七十八家，资本总数二百四十七万三千五百十元，营业总额达九百零二万五千六百元。"[1]

通过对湖南商业会馆与湖南经济关系的探究可以看出，凡会馆较多的地方如长沙、湘潭、常德、洪江、芷江、浦市等大都为交通便利之地，这与商品贸易交流自身需要的先决条件不无关系，但也是当时社会经济，尤其是商业发展的需要。历史上，来湖南经商的外省商人以江西、江苏、广东、福建、安徽等地为多，其中又以江西商人为甚；省内则以长沙、衡阳、宝庆、永州等地商人为活跃，其中最有活力者为宝庆商人。宝庆商人所经营，从粮、油、盐、布到书纸、竹、木、药以及金银器饰等日常用品，几乎无所不包。他们用自己的勤劳和智慧，在湖南经济发展史中谱写了辉煌的篇章。

应该指出的是，湖南外商所经营的商品，大都为农副产品或手工业品，真正的工业品交易不多。这一方面反映了湖南农业大省的性质以及小农经济的局限，另一方面也说明了湖南的工业技术水平处于落后状态，产品的供给能力和竞争能力相对薄弱。

1.6 会馆的商业功能

湖南商业会馆充分发挥行帮管理组织和商人自治团体的作用，通过制定行业规范、仲裁商务纠纷和各种形式的思想教化，调解方方面面的矛盾和关系，从而自发整合经济秩序，维护正当的市场竞争，谋求最大限度的商业利益，体现了商业会馆卓越的社会治理能力。

1.6.1 会馆的市场整合

"诸货之有行也，所以为收发客装；诸行之有会馆也，所以为论评市价。"[2] 清道光十八年（1838），北京山西商人《颜料行会馆碑记》指出了商业会馆在市场经济中的作用，即维护商人的正当利益，规范市场秩序，促进商品经济活动正常有序开展。当然，商业会馆市场方面的作用远不止这些，在制定行业规则、降低交易成本以及其他经济管理等方面都发挥着重要的功能。如商业会馆"通过制定行规业律，规范市场行为，维

1 实业部国际贸易局编：《中国实业志·湖南省》第一册第74页（丙），宗青图书公司印行，1980年版。
2《颜料行会馆碑记》，李华编《明清以来北京工商会馆碑刻选编》第7页，文物出版社1980年版。

护市场的正常运作”“加强商务仲裁，取缔不正当竞争行为”“注重思想教化，营造‘诚信’文化氛围，树立诚商良贾形象”“会馆内抑外联，在整合市场秩序中代替官府行使‘市政管理权’，成为促使市场正常发育的组织机构”[1]等等。

长期以来，中国封建社会“重农抑末”，对市场的具体运作不过多干预，市场管理松弛，缺乏监管的专门机构，这种自由放任的态度使得不正当竞争行为得不到有效遏制，不利于市场的正常发展。商业会馆的建立，大大方便了各地商人来湖南贸易，有效促进了湖南与外地之间的交流。为了维持商人之间的利益均衡，商业会馆通过制定规章条约、行业规范以及各种形式的思想教化，加强内部联系，规范经营行为，促进行业自律；又通过调节整合商帮之间的关系，营造和谐营商环境，限制市场恶性竞争，维护正常市场秩序。

为了协调各棉花行的利益，避免内部的相互倾轧，清乾隆四十六年（1781），山西、山东、河南、陕西、甘肃五省驻湘潭棉花商行三十三家“公同酌议”制定北五省《棉花规例》，对各棉花商行的砝码、价格、银子成色、银子与制钱的比价、装卸转运的脚力、包装钱、栈房钱以及对违规行为的处罚措施等都作了明文规定，具有一定的行业约束力，对当时湘潭棉花市场的经营无疑起到了积极作用。

湘潭靛行由于“无如人心不左，日久弊生。作靛者既以假货而欺商，买靛者复以诈谋而欺主，种种弊端，为害不浅。四都商民，粘呈条款，禀究出示，严行禁止”，因此，特立《四都靛山公议章程》，对靛户酿靛的质量、价格、销售方式、中介的用具、责任、度量衡、所用制钱以及对违规行为的处罚都作了明确规定，从而保证了酿靛业的正常秩序。

湘潭《冶坊规章》则对会所经费来源、公产管理、各坊带徒、新开坊、劳动纪律、货物买卖、所用制钱等都一一明确，成为湘潭冶坊的共同准则，旨在“体前所开冶坊规章，遗递至今，百余年矣！商议录规抄粘而祈宪示，镇规久远则免坏规”。

清道光时期，洪江炉头市场由于“近有一等不法之徒，违背合约，不遵旧章，外贩来洪发卖”，为加强自我约束，“照约买卖，各凛遵无违”，清道光二十八年（1848），洪江炉头业（铁匠业）“合行出示晓谕”“以昭画一而杜争端，务宜各安生业，俾垂永久”。

会馆、公所都制定有详细的条规。

有的对度量衡进行了统一。

邵阳《广货店条规》规定：“尺式以公尺为准，每年较尺一次，如毁尺式用短者，查出罚钱四千八百文。演戏敬神。”[2]

---

1 李刚、宋伦：《论明清工商会馆在整合市场秩序中的作用——以山陕会馆为例》，《西北大学学报》（哲学社会科学版）第 83—85 页，2002 年 10 月第 32 卷第 4 期。

2 湖南调查局编印：《湖南商事习惯报告书》第 200 页，湖南教育出版社 2010 年版。

长沙《怀帮药材行公议条规》规定："各行所用之秤，系会馆备置公秤。在帮字号卖货均用，不在帮者不准私用。"[1]"各行公秤每年较比四次：以三月、六月、九月、十二月，皆于中旬日期，送至中州会馆较称。"[2]

益阳《山货行条规》规定："各店用秤以十六两正法〔砝〕码为准，盖火印为记。另置公秤一杆。每逢庆期，各家齐带比较，如无火印者，罚钱四串文充公。以正权衡，庶无争论。"[3]

清光绪十九年（1893），长沙《盐号条规》规定："公立盐秤法〔砝〕码，存值年店。凡我同人，时常赴较，以归画一，庶不致高下其手，任意低昂。倘有大小参差者，鸣知值年，公同议罚。"[4]"花秤均交值年经管，倘行秤不符行号，以公议秤当面较准。如果系实欠，向行补足。如行不补，即鸣值年从公理处。"[5]

清光绪三十年（1904），湘乡《杂货店条规》规定："公办漕砝十六两八钱比秤八条，每总两条，逢朔日调归公所较准，以归划一。不准假名私钉，如有此弊查出，公同议罚。"[6]

清光绪三十四年（1908），宁乡《摊店鱼行章程》规定："店出货均用正十六两秤，斛用靖斛，斗用靖斗，尺用省垣铜尺，如有短少情弊，公同议罚，不服禀究。"[7]

度量衡是维护和保证商业贸易公平的准则。统一度量衡，对于制止短斤少两、商业欺诈行为，对于营造诚信经营、公平交易的消费环境，对于树立良好信誉和企业形象、保护消费者利益、促进经济发展，都具有重要意义。

有的对商品价格进行了规范。

湘乡《斋馆条规》规定："各色糕饼牌价涨折，每月朔望，由香主公平酌议，垂牌各店门首。一律照议发售，不得私行增减。如有低价滥售，攒图渔利者，查出罚钱四千八百文入公。以警效尤。"[8]

长沙《绣局议价条规》详细规定了不同布料、不同尺寸、不同题材、不同等级的绣品相对应的价格，共165种之多[9]，内容具体，操作性强。

清光绪三十一年（1905），长沙《笔店条规》对笔业价格进行了厘定，并颁行各店。[10]

1 湖南调查局编印：《湖南商事习惯报告书》第177页，湖南教育出版社2010年版。
2 湖南调查局编印：《湖南商事习惯报告书》第177页，湖南教育出版社2010年版。
3 湖南调查局编印：《湖南商事习惯报告书》第163页，湖南教育出版社2010年版。
4 湖南调查局编印：《湖南商事习惯报告书》第146页，湖南教育出版社2010年版。
5 湖南调查局编印：《湖南商事习惯报告书》第147页，湖南教育出版社2010年版。
6 湖南调查局编印：《湖南商事习惯报告书》第201页，湖南教育出版社2010年版。
7 彭泽益主编：《中国工商行会史料集》第224页，中华书局1995年版
8 湖南调查局编印：《湖南商事习惯报告书》第196页，湖南教育出版社2010年版。
9 湖南调查局编印：《湖南商事习惯报告书》第223—227页，湖南教育出版社2010年版。
10 彭泽益主编：《中国工商行会史料集》第288—291页，中华书局1995年版。

长沙笔业价目一览表

品名		价格	品名	价格
紫毫	殿卷提净紫毫	一千二百文	翰苑先声	二百四十文
	策笔	八百文	折笔	一百六十文
	词林妙品	六百四十文	仙舫	一百二十文
	第一仙人许状头	四百文	小楷紫毫	八十文
	果然夺得锦标归	三百二十文	天香深处	三十二文
兼毫	独占一枝春	四百文	七紫三羊	八十文
	日试万言	三百二十文	纯紫尖毫	四十八文
	诗成珠玉在挥毫	二百四十文	吟到梅花	三十二文
	含英咀华	一百六十文	紫兼毫	二十四文
	五紫五羊	一百二十文	孙枝发	十八文
羊毫	长颖提净宿乳豪	一千二百文	健笔凌云	三百二十文
	光照临川	八百文	意气元龙	二百四十文
	云近蓬莱	六百四十文	珠圆玉润	一百六十文
	腾蛟起凤	五百六十文	垂露	一百二十文
	掷地金声	四百文	换鹅	八十文
	极品长锋小楷羊毫	三百二十文	纯羊小楷	八十文
	挥毫落纸如云烟	二百四十文	玉壶水	四十文
	纯宿小楷羊毫	一百六十文	金马玉堂	二十四文
	小楷羊毫	一百二十文	纯羊毫	十八文
狼毫水笔	大卷鸡狼豪	三百二十文	大绿颖	六十四文
	极品双料鸡狼毫	二百四十文	双料水笔	四十八文
	提净羊狼毫	二百四十文	砚中龙	四十文
	极品鸡狼毫	一百六十文	麻管水笔	四十文
	上品鸡狼毫	一百二十文	小绿颖	三十二文
	鸡狼毫	八十文	清泉漱玉	二十四文
	墨海腾波	一千二百文	矫若游龙	二百四十文
	宝翰凝辉	八百文	满纸云烟	一百六十文

续表

品名		价格	品名	价格
狼毫水笔	墨海腾波	一千二百文	矫若游龙	二百四十文
	宝翰凝辉	八百文	满纸云烟	一百六十文
	横扫千军	六百四十文	文光射斗	一百二十文
	浑沦元气	四百文	右军书法	八十文
	笔摇五岳	三百二十文	小大由之	四十文

清光绪三十二年（1906），长沙《灰行条规》规定："我同行必须公平交易，凡需灰之家，照时议价，毋得把持高抬。第有市主狡猾，由一行买至数行，凡我同行亦毋得暗地少价抢夺，以肃行规而昭诚信。"[1]

规范商品价格，维护了市场价格秩序，能够有效制止价格欺诈和不正当竞争行为。

有的对商铺合理布局强化了措施。

清乾隆三十一年（1766），长沙《京刀店条规》规定："嗣后新开店者，必须上隔七家，下隔八家，双户为一，违者禀究。"[2]

清道光二十六年（1846），邵阳《毛货店条规》规定："同行人等，新开店者，凡老店正隔壁不准，只宜在第二间开张。如老店对面，只准在第三间开张，正对上下中空五间，毋得紊乱。如违，不准，公同罚钱四千八百文入公敬神。"[3]

清同治八年（1869），长沙《面店粉馆条规》规定："新开粉面馆、茶饼店，须隔上七户下八户，彼此除本店不算，及衙门、庙宇、祠寺、厮屋、巷口、公馆等并居家门面，均不得抵算在内。在同边者，即以同边所隔数起；在对面者，即以对面所隔数起。遇有合面铺户，仍算一家。如开在衙署之前，即以对面所隔铺户数起；倘开转湾〔弯〕之处，亦须照算。彼此毋得牵扯两岸多寡，混争远近，免致抢夺生非。倘有不遵，不许开张，众客司亦不得进店帮贸。违者均革行外。"[4]

清同治十一年（1872），长沙《棕绳铺条规》规定："新开棕店，必须上七家下八家。倘有不遵，公同议罚，不准开贸。"[5]

清同治十二年（1873），长沙《靴鞋铺条规》规定："凡四帮人等新开铺店贸易者，左右隔一对户，上下各隔三家，毋得藐示违规。倘有不遵，公同阻迁。如恃强刁拗

1 彭泽益主编：《中国工商行会史料集》第221—222页，中华书局1995年版。
2 彭泽益主编：《中国工商行会史料集》第356页，中华书局1995年版。
3 彭泽益主编：《中国工商行会史料集》第267页，中华书局1995年版。
4 彭泽益主编：《中国工商行会史料集》第417页，中华书局1995年版。
5 彭泽益主编：《中国工商行会史料集》第359页，中华书局1995年版。

者，四帮公同具禀。”[1]

清光绪十一年（1885），益阳《整容店条规》规定：“码头开横门面者，无论上下，只准一家，不许二户。倘越规乱开者，值年查实，店内什物等项搬存庙内充公。近街横店，以码头为主，对老岸抵管四家，河岸上管二家，下管二家，不准乱开。”[2]

清光绪三十四年（1908），长沙《眼镜店条规》规定：“新开铺面，务宜另取牌名，不得以老牌重开，亦不得在三对门两隔壁逼近开设，致相排挤，搅夺行规，如有违者，公同禀究。”[3]

对商业的统一规划和布局，防止一哄而上、扎堆经营，有利于招迎八方顾客，赢得市场，在一定程度上避免了无序竞争、同质竞争和恶性竞争。

有的对商品质量加强了管理。

巴陵《米业条规》规定：“卖米近来船装肩挑，类多到市随时掺糠下潮等弊，易至霉滥，非独居民受害，实属阻碍生意。嗣后如有此弊，无论何人，查出，准其报会，公同处罚。”[4]

巴陵《粮食行条规》特别强调：“近日人心不古，奸滑米贩掺糠下潮，务须整顿，剔除尽净。不得私相售卖，庶免花户受霉滥之害。”[5]“毋得以便宜之米，指鹿为马，欺瞒买客，自行留行起坡。经米店查出，听从议罚。”[6]

清光绪二十九年（1903），长沙《碓坊条规》规定：“拦街摆设米箩，理宜一体遵示，毋得搀和潮湿及小升短价等情。一经查出，即传值年验实禀究。”[7]

安化《黑茶条规》明确：“产户奸狡者，或于茶内掺草和沙。一经看出，公同将茶烧毁示罚。”[8]

新化《茶业条规》对茶叶的摘叶、摊晾、发拣以及选色等茶叶制作工序进行了严格的规定：“茶叶以谷雨前初摘者为上品，再摘者次之，三摘者又次之。本号不惜资本，夺取上品”[9]，“采茶时，须得天日晾之，方有光润之色。锅炒者不用，火焙者不用”[10]，“粗梗老叶，最为刺目，挑选多方发回加拣，则潦草者庶知所戒”[11]，“晒晾之茶，其色

1 彭泽益主编：《中国工商行会史料集》第 274 页，中华书局 1995 年版。
2 彭泽益主编：《中国工商行会史料集》第 402 页，中华书局 1995 年版。
3 彭泽益主编：《中国工商行会史料集》第 395 页，中华书局 1995 年版。
4 彭泽益主编：《中国工商行会史料集》第 478 页，中华书局 1995 年版。
5 彭泽益主编：《中国工商行会史料集》第 220 页，中华书局 1995 年版。
6 彭泽益主编：《中国工商行会史料集》第 221 页，中华书局 1995 年版。
7 彭泽益主编：《中国工商行会史料集》第 473 页，中华书局 1995 年版。
8 湖南调查局编印：《湖南商事习惯报告书》第 150 页，湖南教育出版社 2010 年版。
9 湖南调查局编印：《湖南商事习惯报告书》第 149 页，湖南教育出版社 2010 年版。
10 湖南调查局编印：《湖南商事习惯报告书》第 149 页，湖南教育出版社 2010 年版。
11 湖南调查局编印：《湖南商事习惯报告书》第 149 页，湖南教育出版社 2010 年版。

样活动有非言语所能形容者，俗谓之宝光，真不诬也。本号各精明眼力，加意辨别，陈旧者不用，潮润者不用，搀和者不用”[1]。

清宣统元年（1909），湘乡《茶业条规》规定：“凡各园户，须趁谷雨时摘采嫩尖，发汗两次，揉成细索。稍涉粗泡，概不收办”[2]，“晋茶以干燥为主，凡属潮泾，概不起样”[3]，“旧年陈茶，乡间存贩甚多。凡贩户不得搀和诡售，致坏气味”[4]，“产户如有掺和茶子树荪、地灰等弊，一经看出，除焚毁本茶外，公同议罚”[5]。

对于商品质量的严格要求，制止销售掺水、掺杂、掺假，或者以假充真、以次充好的假冒伪劣商品，不但维护了广大消费者的利益，而且还带动了行业的发展，占领了更多的市场份额，取得了更好的经济效益。

有的将公平交易原则视为生存与发展的保障。

安化《质商条规》规定：“估价必须公平，即遇亲朋，不得徇情，要知资本为重。倘有此弊，除开销外，问经手赔偿。”[6]

巴陵《鱼行条规》规定：“斤两不可含混妄报，或买或卖，总以公平为主，方以昭诚信。”[7]

清光绪三十年（1904），湘乡《杂货店条规》规定：“带买客商诸色货物，价恁两愿，秤照议秤，公平交易，不得妄行增减。”[8]

清光绪二十年（1894），长沙《绸布庄后定条规十条》规定：“我行通商务，必开设门面，悬挂招牌，交易公平，方有信实。近有射利之徒，肩挑夏布、棉布、青绢等项，负贩沿门，无非取巧，鱼目混珠之意。此种恶习，准其革禁。倘敢不遵，公同禀究。”[9]

益阳《纸店条规》规定：“交易公平，则生意自然兴旺。若贪一时之利，使山客裹足不前，不但生意立见萧条，将来包缴厘金，更从何出。务当顾全大局，将欺瞒盘剥诸弊，一律扫除。保全山客，即保全同业商务，是为至要。如有私违，公同议罚。”[10]

公平贸易以透明的管理模式和商业关系，以平等及相互尊重与交易伙伴相处。禁止强买强卖、欺行霸市，诚信经营、童叟无欺，规范了交易行为，促进了市场的健康发展。

以上这些，都是商业会馆为了协调利益、规范商业活动、维护市场秩序而采取的积

1 湖南调查局编印：《湖南商事习惯报告书》第 149 页，湖南教育出版社 2010 年版。
2 湖南调查局编印：《湖南商事习惯报告书》第 148 页，湖南教育出版社 2010 年版。
3 湖南调查局编印：《湖南商事习惯报告书》第 148 页，湖南教育出版社 2010 年版。
4 湖南调查局编印：《湖南商事习惯报告书》第 148 页，湖南教育出版社 2010 年版。
5 湖南调查局编印：《湖南商事习惯报告书》第 149 页，湖南教育出版社 2010 年版。
6 湖南调查局编印：《湖南商事习惯报告书》第 158 页，湖南教育出版社 2010 年版。
7 湖南调查局编印：《湖南商事习惯报告书》第 173—174 页，湖南教育出版社 2010 年版。
8 湖南调查局编印：《湖南商事习惯报告书》第 201 页，湖南教育出版社 2010 年版。
9 湖南调查局编印：《湖南商事习惯报告书》第 213 页，湖南教育出版社 2010 年版。
10 湖南调查局编印：《湖南商事习惯报告书》第 284 页，湖南教育出版社 2010 年版。

极措施，凸显了商业会馆在商品市场交易管理活动中所扮演的积极角色。因此，会馆就像一个调节器，对市场起着调整和指导的作用。

对内，会馆配合官府，代官府立言，成为维持市场秩序的执行者和准官府管理组织；行使商务纠纷仲裁权力，抑制本帮会员的不正当竞争行为，树立市场公平正义的权威形象。对外，会馆代表同籍商人的共同利益，与外帮商人或官府进行周旋，处理商务争端，为自身营造一个良好的市场环境。因此，会馆整合了官府与商人、本帮商人与本帮商人、本帮商人与外帮商人的关系，既保护了商帮的正当利益，又维护了市场的正常秩序。

1.6.2　会馆的广告宣传

会馆商帮店铺，无论匾额招牌，还是门面装潢、经营过程，都十分重视宣传推广，并且体现出浓郁的特色。

中药业多数业主学养深厚，熟悉医道，奉行“医者仁术”。为表仁义道德和济世济民之心，在商号名称上，大多以堂冠名，以仁、德、和、济、益、寿、盛等字命名，符合大众审美心理。利用招牌联匾，装潢门面，吸引顾客，也是一种招徕生意的手段。通常在大门横楣上，悬挂金字招牌，上书店号，两旁缀以对联，如“道地药材，遵古炮制”“丸散膏丹依法修炼，货真价实童叟无欺”“鹤随仙去寻芝草，龙化人来问宝丹”“炮制虽繁必不敢省人工，品味虽贵必不敢减物力”。为了突出自己是久负盛名的百年老字号中药店，湘潭协盛西在其经营药材的引票上注明“本店开设三百余年”，店前悬招牌“协盛西药号”五个大字，店堂挂对联“地道药材，货真价实”“但愿世间人长寿，不惜架上药生尘”“常觉胸中生意满，深知世上苦人多”，让顾客由满意到感动、由打动到信任。为了宣传本号的虎骨酒，湘潭协盛西购买小老虎一只，头上蒙着大红绸缎，圈养在门店前广场，聘请当地士绅、晚清举人陈光照主持老虎见面会。居民倾巷而出，观看老虎的人络绎不绝，场面壮观，轰动一时，虎骨酒更是供不应求，成为协盛西商业运作的一大范例。衡阳协盛西不惜重金，从广州购买霓虹灯，首次在衡阳创立霓虹灯招牌。夜幕降临，霓虹闪烁，五光十色，引来众多顾客观赏，对协盛西进一步打开市场取得了明显的宣传效果。

长沙绸布业的竞争十分激烈，广告宣传也就标新立异、别出心裁。民国十年（1921），位于八角亭的华丰绸布庄在临街橱窗内贴出一个“鬼”字，声称谁能猜中这个字谜，橱内的展品就属于谁。此举刚一亮相，就引来众人围观。某日一大汉猛击一拳，砸碎玻璃，取走陈列物品。老板见状，连声称好，并设宴款待。众人问其意，老板解释说，字谜他猜中了，他就是我要找的“冒失鬼”。一个创意策划使“华丰”绸庄声名大振，生意节节攀升。

商业经营讲究诚信。俗话说，吃亏是福，人气决定财气，三分生意七分做人。大多数商号秉承先做人后做生意，坚持质量第一，不偷工减料，不以次充好，不弄虚作假。顾客上门，礼貌相待，不分童叟，不看衣着，做到顾客进店有迎声、咨询有答声、离店有送声、留言有回声。为进一步扩大影响，有的药号还加强与医师的联系，上门征求意见和建议。抗日战争时期，衡阳协盛西就和来衡阳避难的江浙名医高凌云、汪飞白、萧一先进行深入交流，使他们对药品有更多的认知。因为了解，所以信任，医师们进而乐于推介协盛西产品。这样一来，衡阳协盛西聚客效用凸显，门店每日检药量多达600—800副，经常出现排队抓药的场面。

上海广肇会馆的广告宣传也是独具匠心、别具一格。据《淞南梦影录》记载：

> 广肇山庄，在新闻之南，粤中人会馆也。每年七八月之间，彼都人士，竞集资为盂兰盆会，香烛锭帛，务极奢华，一会之费，动至万金。至期不特百粤衣冠，座中毕集，即吴娃楚艳，亦莫不香车宝马，络绎而来。鬓影钗光，撩乱于夕阳影里。门外必雇西捕弹压，否则打架杠帮，随时而有，殊无谓也。[1]

这里描绘的虽然是会馆通过举办活动招徕人气的场面，实际上也是商业会馆广告功能内涵的一个部分。通过盂兰盆会，广肇会馆的社会影响力及在上海同乡中的号召力都得到显著提升。

湖南商业会馆建筑大都不惜巨资营建，布局严谨，装饰华丽，气势雄伟，彰显气派和地位。

凤凰江西会馆建筑群规模宏大、气势磅礴，殿阁楼宇巍峨壮丽，备受世人瞩目。芷江福建会馆古建筑群，融古代建筑、雕刻艺术于一身，具有很高的艺术价值；尤其石坊建筑，极力铺陈，尽显繁华，50幅浮雕，技艺精湛，栩栩如生，有“江南第一坊”之称。洪江贵州会馆的大门门坊为整块青石条，高达数米，浮雕渔、樵、耕、读，栩栩如生，最为显眼。这些不仅是商帮势力的展示，更是会馆注重思想教化，营造诚信文化氛围，树立诚商良贾形象的体现。会馆建筑如此显目突出，无疑是十分吸引眼球的，实际上也起到了一种商业广告宣传的作用。

会馆十分注重戏台建设，有会馆必有戏台，戏台成为会馆必不可少的建筑，为会馆中最豪华、最气派、最精美的部分。比较普通的是一馆一台，有的一馆两台、三台，甚至更多，如益阳江西会馆，就有戏台九座[2]，分前台和后台。前台给老百姓和乡人观看，后台则给富贾、军阀观看；前台唱的是连本戏、武打戏，后台看的是折子戏、点戏，多

---

1 畹香留梦室编：《淞南梦影录》卷四，上海进步书局印行。

2 中国戏曲志编辑委员会：《中国戏曲志·湖南卷》第485页，文化艺术出版社1990年版。

为文戏、情戏。戏台一般分为上下两层，楼上为女宾，楼下为男宾。每逢新春或特定假日，同乡会员汇集馆内，商议和处理相关事宜，有的大摆筵席，请戏班演唱，展示实力。辰河戏、常德汉戏、祁剧、黄梅戏、京剧、阳剧以及后来的歌剧、话剧等都竞相在会馆戏台上演，“或为君子小人，或为才子佳人，出场便见；有时风平浪静，有时惊天动地，转眼皆空”“数尺地方可家可国可天下，千秋人物有贤有愚有神仙”。戏台虽小，尽显人生百态，言语不多，全说岁月千秋，既凝聚了人气，增进了感情交流，又显示了经济实力，更起到了广告宣传的作用。

商业会馆显示了商人对传统文化的继承和自身文化内涵的追求。从会馆楹联看，往往能体现会馆的商业品格，窥见商人阶层的商业道德和艺术情趣。湖南商业会馆楹联主要抒发对故乡的赞美之情，表达别情离愁以及同乡重逢、忠告警策、道德教化等，有着丰富的思想内容和艺术特色。如长沙文杏所撰衡山会馆对联“八百里浪迹归来，相逢萍水；七二峰从头数去，尽是家山”，芷江宝庆会馆大门对联“淑气西延芳搴沅浦，故园东望春满资江”，凤凰福建会馆大门对联“宠锡天章，德泽宏敷闽海；重新庙貌，威灵远震渭阳”，永顺王村江西会馆戏台对联“天下事无非是戏，世间人无须认真”，都从不同角度显现了商帮经营者的身份、抱负和理念，是商人商道准则和心态的反映以及传统儒家文化的传承，是传统社会中最能赢得社会认同的文化因子，无疑起到了重要的社会宣传作用。

此外，会馆还把所制定的章程规约勒铭碑石，公之于众，这一方面是意在垂之久远，另一方面也是为了广而告之。湘潭北五省会馆《棉花规例》石碑、湘潭靛行《四都靛山公议章程》石碑、湘潭《冶坊规章》石碑以及洪江永州会馆《永定规约》《永垂不朽》石碑等即是如此，人们可以从中对会馆的经营理念、价值观念、商业道德等方面有着更深入的了解，其信息不仅在组织内部广为传播，而且更重要的是在社会上引起正能量反响，宣传效果自然十分明显。

第二节　会馆与政治

陈宗蕃说：“夫欲国之治也，必自乡始。《礼》曰：‘君子观于乡，而知王道之易易也。’吾国治乡之法，一业有一业之规约，一族有一族之规约，一乡有一乡之规约。

在外之会馆，亦其一也，规约明则事无不举，规约不明则事无由行。”[1]会馆是作为行政管理之外的又一种社会管理体制，发挥着与乡约、族规等相同的作用，反映了社会治理的多元性和协同性。

从封建政府固有管理体制来看，对流寓人口的管理往往显得一筹莫展。作为自发的民间组织，会馆一方面为自身的经济活动创造了条件，另一方面也支持了封建政府对社会的统制，使自身的发展与封建政府的要求相融和。官方通过会馆既加强了对流动人口的管理，又减轻了对地方事务管理的压力，一箭双雕、一举多得。因此，封建政府对会馆采取了较为支持的态度，同时承认了其合法地位并赋予了部分权力。

经济和政治有着紧密的关系。经济是基础，政治是上层建筑，二者相辅相成。从会馆的发展史来看，作为经济力量的代表之一，商业会馆自出现起，就注定与官府的关系十分密切。没有官府的扶持，会馆是难以立足的。如清代重庆湖广会馆的建立过程就十分曲折：最初由于“祭祀宴享”“乡亲聚会”的需要，“一二有志之士欲在本城倡建家庙……而人心不一，随议随息，迄无成约”，原因在于“有人从中阻挠”，且府县官员不予支持，他们“均不为楚人作主”。后来终有楚人方公任四川巡抚，在其帮助下，“不分昼夜”“火速修造”“功事乃毕”，会馆终于建成。[2]由此可见，官府特别是官府中同籍人士对会馆的支持是十分重要的。

共同现实利益的需要，使得商业会馆与地方政府互相依傍、双方互动。会馆的创设以及运营都必须得到官方的支持和认可，当会馆遇到自身不能排解的问题时，“如事关图赖影射取利，由各绅首彻底查出，凭证确凿者，即时呈送官长究惩，以儆刁顽而安良善”[3]。会馆首士必须八面玲珑，小心谨慎，不敢疏忽。“对于当地头面人物，药店老板当然更要四面作揖，广结人缘，初到别处开设铺号，按行规帮俗，就有所谓‘参龙头’‘拜码头’‘踩门槛’‘借佛光’等等过场要走。一着未到，以后就处处多事。至于送节礼，送补药，请吃酒席，那就更不消说。拉拢了这些‘地头蛇’，以后即使业务上出点意外岔子，也就有了硬实的靠山撑腰。”[4]虽然说的是商铺老板出于生意的需要如何应酬，广纳关系，但实质上也是商业会馆与政治的关系的一种折射。

重庆的八省会馆在清咸丰、同治时期主持地方“市政”的大部分工作，具体可分为六个方面：一、警卫事项，包括保甲、团练、城防、消防；二、慈善救济事项，包括育婴、掩埋、救生、赈灾、济贫、积谷、善堂管理；三、公用事项，修九门码头；四、商

1 李景铭：《闽中会馆志·陈序》，引自王日根、薛鹏志编纂《中国会馆志资料集成》第一辑第四册《闽中会馆志》，厦门大学出版社 2013 年版。

2 窦季良：《同乡组织之研究》第 73—74 页，正中书局 1943 年 10 月渝版。

3 光绪《澧州津市万寿宫志》卷九《章程·排解》，光绪二年刻本，湖南图书馆藏。

4 湖南省攸县地方志编纂委员会编：《攸县志（1871—1949）》第 354 页，株新出准字（2002）第 062 号。

务事项，订各帮规则；五、征收事项，包括厘金及斗捐；六、生产事项，辟园育桑。[1]

作为移民的聚合体，商业会馆的人口流动隐含着社会不稳定因素。因此，封建政府对会馆多采取控制加利用。民国七年（1918）3月3日，京师警察总厅颁布《管理会馆规则》[2]，首先界定了会馆的属性，即“凡在京城建有馆舍，用各省及郡县名义，为旅京同乡集合居住之所，均为会馆”，规定“各会馆应由旅京同乡人员，就在京同乡中有正当职业而乡望素孚者，公举掌馆正董事一人、副董事一人管理之”，“被举为董事者，应报明警察厅备案，对于该馆一切事务，担负完全责任，并有执行保管稽查之权”，“各会馆如无确定之董事负完全责任者，经警察厅查明时，应迳行管理或暂予封锁，俟举定董事后再行发还”，“凡公共建筑馆舍，仅为各地方旅京同乡集议或商工团体会议之用者，应举有正当职业之管理人员，报明警察厅备案”，“住馆人员之迁移、异动、死亡等事，应由董事责成馆役（即长班）按照调查户口章程，随时报告该管警察署”。住馆人员有妨碍同寓安宁之举动及其他过当之行为者、携带违禁物品及枪支子弹者、语言动作形迹可疑者、违犯烟赌等项禁令者、招致娼妓到馆住宿及侑酒弹唱者、患传染病者、审知为未发觉之匪人或犯罪之在逃者，应责成馆役报告该管警察署，体现了民国政府对会馆加强管理的意图。这说明，会馆作为一种民间机构，已被纳入官方的社会管理体系之内，会馆董事尽管并不在政府取得薪酬，却早已成为官府意志的执行者。

关于湖南商业会馆与政治的关系，目前暂未见相关专论，但有关文史、志书和碑文对此有着较多的反映。如明清以来，外地旅居凤凰人士相继建立商业会馆，“其职能是传达官府指令，调解商民争议或代为申诉，维护合法权益”[3]。也就是说，商业会馆的若干事宜都与官府有关，除了商务活动外，会馆还参与政事、调解纠纷、斡旋矛盾，直接或者间接为官府服务。

湖南商业会馆与官府的关系主要体现在：

一是会馆的建立和运作需要禀官立案。如清代常宁县署设有书吏，办理案牍，收取会馆规费，核发会馆印照。[4]收取会馆规费，核发会馆印照，正好说明了会馆的建立是经过官府批准的，官府设有专人或可能设有专门机构来处理相关事宜。会馆章程的制定，一般都报经官府备案，然后以碑刻的形式公开告示，借助官府凸显章程的权威性。如遇有违反章程、内部无法处理，请求官府判决时，官府也大多以碑刻章程为依据对违规者予以处罚。清乾隆四十六年（1781）立在湘潭北五省会馆的《棉花规例》石碑以及湘潭

1 窦季良：《同乡组织之研究》第76—77页，正中书局1943年10月渝版。

2《京师警察总厅管理会馆规则》，引自王日根、薛鹏志编纂《中国会馆志资料集成》第一辑第七册《京师华州会馆章程》，厦门大学出版社2013年版。

3 凤凰县志编纂委员会编：《凤凰县志》第223页，湖南人民出版社1988年版。

4 常宁县志编纂委员会编：《常宁县志》第234页，社会科学文献出版社1993年版。

靛行《四都靛山公议章程》石碑就是如此。

二是会馆代表商户与官方交往。会馆的最初宗旨是“所以联乡情、笃友谊也”[1]；之后，会馆根据自身的能力和需要，主动、积极与外界交往，参与社会事务，维护成员利益。会馆的会首或值年，往往由富商或有名望者轮流担任，主要目的在于方便与官府打交道，解决困难，寻求保护。衡阳江南会馆的会首程商霖、朱寿祺，当时分别具有五品和九品官衔，本身就是官府的代言人，这使得江南会馆与官府的关系如鱼得水。郴州汝城的广东会馆每月开会聚餐，地方头面人物朱杨荣、朱雄万等都会应邀参加。

对于与官府打交道，会馆驾轻就熟，十分老到。湘潭官府与福建会馆最大的互动，当属妈祖春秋大祭。湘潭福建会馆祭祀妈祖的时间，“每岁春秋祭期，由长、善两县选期详期”[2]，“前祭一日，地方官净庙设次，委员省牲，监视宰牲。委员着补服至……祭之日，五鼓，各官俱朝服诣庙门外，下舆马步行，升次序坐。陪祭官知县以下皆侍立”[3]。典礼结束后，值年、司事、主祭、生监、执事、邑侯、总府等皆可分得胙肉。

官员悬挂匾额，是湘潭福建会馆联络官府的重要方式。湘潭福建会馆悬挂有十二块匾额。如清乾隆十四年（1749），赐进士出身、钦命湖南布政使司布政事许嵩吉悬匾“群生慈母”，通政使司通政使翰林院侍讲学士、《元一统志》纂修人雷鋐悬匾“碧海荣光”。清乾隆五十八年（1793），赐进士出身、诰授光禄大夫经筵讲官文华殿大学士吏部尚书晋加太子太师漳浦蔡新悬匾“海国风恬”。清乾隆五十二年（1787），赐进士出身、通政大夫特简黔南督学使者前奉旨册封琉球赐蟒玉正一品服莆阳林麟焻题悬匾额“天生仁孝”，赐进士出身、中宪大夫分守陕西西乾鄜等处地方兼管水利驿传事务督粮道翁耀悬匾“得一以灵”。此外，还有清嘉庆五年（1800）“后德配天”，清嘉庆二十五年（1820）“泽国慈航”“湄云远荫”“播液发灵”，清道光二年（1822）“湄月印湘”“泽流湘浦”“福荫闽湘”。往来于路途的福建籍官员，更在途经湘潭时到福建会馆“晋宫谒神，悬匾额”。清嘉庆二十四年（1819），福建闽县陈增德赴湘潭走马上任，前往福建会馆晋馆谒神，清嘉庆二十五年（1820）悬匾“湄云远荫”[4]。此后，湘潭地方官员拜谒天后妈祖成为定例。清嘉庆二十五年（1820），福建晋江许邦光开考宝庆经过湘潭，“入宫谒神，悬匾额‘播液发灵’”[5]。尚书陈望坡、侍讲许莱山、副戎张约斋，孝廉陈聿修、陈枫阶都“络绎入馆，悬匾谒神”[6]。

1《修建临襄会馆碑记》，李华编《明清以来北京工商会馆碑刻选编》第 23 页，文物出版社 1980 年版。
2 何字恕纂辑：《湘潭闽馆类成堂集》卷二《仪注》，道光十五年刊。
3 何字恕纂辑：《湘潭闽馆类成堂集》卷二《仪注》，道光十五年刊。
4 何字恕纂辑：《湘潭闽馆类成堂集》卷四《各悬匾额》，道光十五年刊。
5 何字恕纂辑：《湘潭闽馆类成堂集》卷四《各悬匾额》，道光十五年刊。
6 何字恕纂辑：《湘潭闽馆类成堂集》卷三《序》，道光十五年刊。

敦睦同乡情谊，是湘潭福建会馆联络官方的重要途径。湘潭福建会馆新旧馆规中有迎送闽籍官员的规定："凡有乡谊荣登仕版，现任各省府县因公经过、诣馆行礼，值年致敬迎送，以敦乡情"[1]，"凡我乡人上达，自游泮至科甲翰院晋馆拜谒天后元君者，必恭敬止，公具馈程，勿拘原籍客籍、上府下府，无分彼此，一体施行"[2]。同时新旧馆规还制定了提防假冒官员的具体措施，"如非现任绅官，又无同乡认识，即系来历不明，不得任其居停馆内。所以重桑梓、杜冒诈也"[3]。若不是现任官员，又没有同乡认识的，为了防范假冒，一律不予接待。

邀请官员题词作序，也是湘潭福建会馆联络官员的重要手段。清道光二年（1822），诰授资政大夫、兵部尚书陈望坡题写《重修潭邑闽馆序》；清道光十五年（1835），湘潭县令叶攀鳞为馆志《类成堂集》作序。

会馆费尽心机联络官员，为的是拉近关系，期望得到官方的认可和庇护；而官方也希望通过同籍人士维护社会安定、加强市场管理。毕竟会馆商帮是一支不可轻视和可以利用的力量。

清道光十三年（1833），有世袭守备赖某进京，稽扰多端，灵宪莫奈。九月九日，复入本馆，闹祭不成，遂以被殴，控各司事。幸逢叶宪莅任，片言折赖。逾限，例应扣除，势扰地方，法所不恕，姑限五日，不走，定行详究。赖服即遁，本馆讼息。[4]湘潭知事叶宪三言两语，就让赖某乖乖走人，使湘潭福建会馆消解了一场争端。

"明清政府对于会馆既有默许、保护的一面，又有严加监管的一面。"[5]清道光五年（1825），洪江官府针对市面交易时银两成色不足的现象作出明令禁止；对不法之徒，"按情严治，决不姑宽"。

署湖南直隶靖州会同县正堂加五级记录五次尹，为晓谕事。照得洪市花号及一切店铺交易，向有一定成规，若银色低潮，公司看明补足，方称允协。今据洪江远禀请出示，诚因近日民风浇薄，诈伪潜生，每将低潮称为足色，希图行使，暗中射利，病我商民，殊堪痛恨。合行出示，晓谕严禁。为此，仰洪市买卖人等知悉：尔等买卖以较准官秤为率，其银两必须公平估计，照常行用，如有低潮，即行补足，以符向例；沿有不法之徒强使低潮，藉端滋扰，许该商具禀赴县，定即按情严治，决不姑宽。各宜禀遵，

1 何宇恕纂辑：《湘潭闽馆类成堂集》卷四《公议馆规》，道光十五年刊。
2 何宇恕纂辑：《湘潭闽馆类成堂集》卷四《旧规》，道光十五年刊。
3 何宇恕纂辑：《湘潭闽馆类成堂集》卷四《公议馆规》，道光十五年刊。
4 何宇恕纂辑：《湘潭闽馆类成堂集》卷四《记事录》，道光十五年刊。
5 王日根：《清中后期政府对会馆的监管》，《厦门大学学报》（哲学社会科学版）第 39 页，2013 年第 5 期。

毋违。特示。[1]

三是参与地方政事，代办官方委托的社会事务。如调解商民争议或代为申诉，维护合法权益，或参与社会公共事物等等。与其他民间组织相比，在人力、财力和物力方面，商业会馆都占有优势。会馆承担一定的官府差遣，也是得到政府认可的一个重要标志。

作为流寓客地的同乡自发建立的社会组织，会馆弥补了传统政治体制难以管理流寓人口的薄弱环节。先是承担起整合同籍流寓、开展自我管理的任务，继而在办理善举、执行章程业规、承办粮赋差役乃至抽收厘捐、筹措军费等方面发挥重要作用。于是官府往往对其给予"鉴核立案"，甚至立碑加以保护，确立其合法性与权威性。清光绪十八年（1892）《吴县为盖印给发吴兴会馆公产照契抄册给示晓谕碑》中说："现闻上海、江西等会馆，所有产业契据等项，皆因公产，系轮替经营，恐难一律慎密，均须禀缴县库存储，另录置产簿二本，呈请盖印，一存县档，一存会馆，永远执守，历无贻误。"[2] 官府盖印意味着会馆行使职能具有了合法性，也意味着官府可以利用会馆达到有效地管理社会的目的。

会馆不仅是本行业的自主管理机构，还是行业与行业之间、行业与政府之间的中介和桥梁。当各方之间尤其与官府之间出现矛盾时，会馆从本身的利益出发，反映合理诉求，协调处理矛盾，既制定相关章程来协调官府差遣和行帮商务之间的利益，为行业的可持续发展、缓解官民矛盾和民间矛盾发挥积极作用，又参与地方政府的事务管理。津市同乡会初创期的宗旨就是为同乡人之间互助互济，兴办地方慈善事业及学校，后同乡会逐渐发展到掌管地方商务，参与地方政事管理。沅江县城的福建（莲源宫）、苏州（金庭会馆）等会馆，就把协助官府管理本行业大事作为会馆的一大要务。

更有甚者，有的会馆不仅承担了经济组织的职能，而且还行使了政权组织的权力。洪江的十馆公所统领商界，其市政建设和公益事业都是由商人来经营和管理的。清咸丰年间，洪江十馆受命兴办团防、修筑碉堡、训练团丁、保护洪江。清同治十三年（1874），洪江因商务繁盛，五方杂处，会同县正堂汪文修会商洪江十馆首士，在育婴堂内设保甲总局，举绅耆十九人管理地方政事，并推行牌、甲、保制，牌设牌头，甲设甲长，保设保正。其作用在于清查户口、催征税捐、维护治安。清光绪年间，洪江十馆捐款接办育婴堂，收养遗弃幼婴，清光绪六年至十二年（1880—1886），捐银、捐钱、捐物，乐善有恒，大爱无疆。益阳的外省商人建立江西会馆等会馆，每年举行春秋大祭，订有行规、章程，协助政府管理本行业大事。可见，作为经济力量代表之一的会

1 洪江市志编纂委员会编：《洪江市志》第 668 页，生活·读书·新知三联书店 1994 年版。

2《吴县为盖印给发吴兴会馆公产照契抄册给示晓谕碑》，苏州博物馆、江苏师范学院历史系、南京大学明清史研究室合编《明清苏州工商业碑刻集》第 45 页，江苏人民出版社 1981 年版。

馆，这只“看不见的手”，努力形成市场作用和政府作用有机统一、相互补充、相互协调、相互促进的格局，推动着经济、社会的向前发展。

清光绪年间，湘潭锅行广货行、源昌行、恒成行、明德行、敦成行、福茂行、福隆行对所承差徭“惟恐日久玩生”，经知县批准，立《锅行承差办法》石碑，以垂永久。碑高 125 厘米，宽 50 厘米，当时立在江西会馆内，今已不存。《锅行承差办法》由时任湘潭知县沈锡周颁布。沈为四川新繁人，进士，清光绪十年（1884）实任。

《锅行承差办法》石碑原文如下：

锡周进士出身，同知衔特授湖南长沙府湘潭县正堂加一级纪录十次沈。为遵拟章程事，案据源昌行、恒成行、明德行、敦成行、福茂行、德成行、福隆行等禀称，商等前以承当宪署锅差，沥情粘叩，沐批判数，四季分缴，抚学宪过境免供，仰见恤商至意。唯恐日久玩生，索失碑圮，不足以垂久远而寿宪德。用遵批拟章六条粘呈正副，仰求核准刊碑，分立宪辕及江西会馆外。恳将正副禀钤盖印信，正禀粘档，副禀发商领执，上无牍背之虑，下有铁券可恃，永远被德。等情到县，据此，除批准将正副禀盖印，分别附卷，给领该商等，即将章程刊碑在于署前及江西会馆竖立，以垂永久可也。粘附外，合行示谕。为此示仰该商等知悉。嗣后县署应用各项铁锅，均以判明件数。每年分作四次，以三个月凭印票饬取一分，其价值准照旧章随缴随发。所有该商等公拟章程，并准刊碑于署前及江西会馆竖立，以重久远。自示之后，差役不许藉端多取，该商等也不得短少抗违。各宜禀遵，切切。特示。右仰通知，计开章程六条。

一遵拟章程六条，俯蒙批准。除刊石分立宪辕及江西会馆门首外，粘呈正副二禀，统求赏钤印信，以正禀粘附档卷，以副禀收领执，藉资信守。

每年供应锅件，困无印票，不免泽麋蒙虎；此次禀蒙宪恩批示，准以印票，自应永远遵照。一向章程缴铁锅，漫无限制，日取日多，此次禀蒙宪恩判断，每年共缴大黄、顶曹、大五各拾贰口，牛三、八码、石码各捌口，冲天鼎、开鼎、云鼎、十码各肆口，分作四季供应。每年三月呈缴。春季分大黄、顶曹、大五各三口，牛三、八码、七码、五码各贰口，冲天鼎、开鼎、云鼎、十码各一口。夏季分定以六月呈缴，秋季分以九月、冬季分以十二月呈缴，悉如春季之数，其余牛五、牛四、斗鼎、九码、六码各锅，概蒙圈销，永不奉取。

抚学宪过境，沐恩邀免供应，永著定章。嗣后有胥役藉差勒索，永不奉缴。

锅件分季遵缴。原恐官吏来去无常，取用掣肘。嗣后新宪履任，如在正、二、三月间，即取春季份额应用。如在四、五、六月间履任，即取夏季份额锅应用。七、八、九、十、冬腊月履任者类此。不准胥役另藉到任名色逾额票取。

奉谕例每年□□□□□季呈缴后，遵照旧章，随来随领，以免久延，而滋侵渔克扣之弊。

光绪□□年冬月十日，广货行、源昌行、恒成行、明德行、敦成行、福茂行、福隆行等奉立。

碑文在一定程度上反映了当时湘潭手工作坊已经具有一定的规模，也体现了官署对商民承办差役的规定。

正是由于具有独到的经营战略和政治理念，不少会馆得以在经济与政治之间游刃有余，既增强了自身实力，又扩大了社会影响。

清嘉庆时期发生在湘潭的江西会馆商人与当地居民的冲突，突出反映了会馆与政治的关系。虽然是一起土客冲突，但政治势力却深深地渗透其中。湘潭士绅粉墨登场，支持土民。正服丧在籍的前兵科给事中石承藻和汪灿首先向县令毛梦兰施加影响。工部右侍郎周系英多次奏报嘉庆皇帝，虚夸其实，诋毁江西客民。他还与其子周汝桢致信湖南巡抚吴邦庆，向其施加压力。湘潭籍御史蒋云宽亦上奏夸大其词，结果引起嘉庆皇帝大怒，土客双方“各坐诛倡乱者一人，从者流徙十余人”[1]，但事件的处理显然是以土著失利结束的。周系英“坐免归”[2]，罢官回到长沙；其子周汝桢“坐徙”[3]，其他有关人员也皆受处罚：县令毛梦兰罢官，石承藻“降调服阕不敢居于家，以光禄寺署正留京师”[4]，汪璨“被罗织”[5]。湘潭其他一些宦家，也曾受到巡抚的奏劾。光绪《湘潭县志》卷八《周郭列传》称：“其后土客哄斗，梦兰所过宦家，巡抚辄列名奏闻，欲陷之。”对此结果，湖南士绅自然极为不满，魏源有“湖南湘潭之狱，侍郎周公以手书为抚臣讦奏，身谴职削，吏乘势益无忌，党并雷同，铲根灭迹，巨奸逸法网，良牧结劾议，万夫吞气，放臣息影，惴惴蜗居，灰心绝望矣”[6]的激愤之语，颇能代表当时的情绪。

1 光绪《湘潭县志》卷十一《货殖》。
2 光绪《湘潭县志》卷八《周系英列传》。
3 光绪《湘潭县志》卷八《周系英列传》。
4 光绪《湘潭县志》卷八《石万程列传》。
5 光绪《湘潭县志》卷八《郭汪璨列传》。
6《户部左侍郎提督江苏学政周公神道碑铭》，《魏源全集》第十三册《古微堂内外集》第230页，岳麓书社2011年版。

第三节　会馆与文化

会馆是为了保护自己、继而谋求协调土客在经济、文化、风俗、习惯等方面矛盾乃至进行相互之间经济文化交融的一种有效组织。

商人们将自己家乡的传统文化和风俗习惯带到客地，融入在会馆建筑及日常生活中，在保留自身传统的同时，又不断吸收他人的精华，从而形成了独特的、具有浓郁家乡气息的会馆文化。明清时期，具有中国本土文化特征的会馆，伴随着华人的足迹，纷纷在东南亚、日本等侨居地建立，呈现出中国会馆“西渐东移、繁盛外播”的发展态势。中国会馆由于不断吸收客居地文化的优秀因子，经过长期的文化磨合及凝练，最终形成了独特的海外华人文化，对传播中华文明起到了重要的作用。

会馆文化并非单一性的，而是具有多向性、多面性、多义性。“会馆的形成与发展演变因循着使用主体——同乡或同业特质性人群的历史文化脉络而营造，带有极强的聚群固有的人性特征；同时，因其所处异地他乡，区域既有的环境气候的限定与民族传统氛围的熏陶，气息的交叉影响，在形式与内涵上的局部同化也就成为必然，使其具有与环境融洽共处的对话机能，从而形成会馆多层次、多元化的丰富内涵与形态表征。”[1]

《荀子·儒效》云：“道者，非天之道，非地之道，人之所以道也，君子之所道也。”《周易·说卦传》言：“立天之道曰阴与阳，立地之道曰柔与刚，立人之道曰仁与义。”人道的核心是仁义，仁义是人道的出发点。植根于三湘大地的湖南商业会馆，遵仁义之传统，秉湘域之灵气，承湖人之精神，经过数百年的沉淀、蕴藉，形成了浓厚的、具有湖湘文化特质的会馆文化。例如，作为各地移民商城的洪江，就是通过会馆、行会形成了各具特色、和平共处的多元文化，如“吴越文化、荆楚文化、湖湘文化、晋徽文化、五溪文化等等，都在这儿放出异彩”[2]。

3.1　会馆建筑

会馆建筑根植于乡土，包裹于宗法血缘关系之中，既是中国自给自足的小农经济与

1 何俊萍：《会馆文化与会馆建筑》，《华中建筑》第 11 页，1998 年第 2 期。

2 韩隆福：《论洪江商贸古城的人文精神》，《湖南文理学院学报》（社会科学版）第 105 页，2007 年 3 月第 32 卷第 2 期。

文化传统相结合的一种升华，又是一定时期内中国平民社会表达自己意愿的一个外在的具体表现形式。作为明清商品经济发展的自然结果以及社会变迁的特殊产物，会馆建筑凝聚着外来籍群的风俗习惯，同时又融合着土籍文化与客籍文化，在工艺、技术、风格上集传统建筑之大成，具有强烈的功能性与目的性。

一般来说，商业会馆建筑吸取了中国古代建筑群体组合的特点，以院落作为单位，结合功能的需要，形成了一种相对固定的建筑空间序列，即将戏台、正厅、正殿、后殿依次排列在中轴线上，在戏台和正殿两侧分设男、女耳楼及钟、鼓二楼，厢房若干，在戏台、正厅、正殿、后殿之间多用类似于天井的建筑连接。

湖南商业会馆建筑特点十分突出。

一是布局完整，功能齐全。因人力、财力、物力等原因，湖南商业会馆规模或大或小，但正厅、正殿、后殿、戏台、左右厢房这几个部分却是标配，必不可少，集祭祀、集会、娱乐、办公、住宿等功能于一体，兼具装饰性和实用性。

从相关资料及实地考察来看，湖南商业会馆类似于祠堂寺庙，其布局与规模大都十分讲究，主体建筑居中，左右对称，前后呼应。一般情况下，正殿、配殿、庙堂、戏台、馆舍、庖厨、库房、宿舍，甚至钟楼、鼓楼面面俱到，应有尽有，集祭神、乡聚、娱乐、寓居等功能为一体。为显示势力的雄厚，会馆建筑往往不惜巨资营建修饰，崇垣高阁，宏伟华丽，十分醒目。

长沙江西会馆，“广袤百余丈，高峙省垣，收衡岳湘江之胜”[1]，建筑精美，气势恢宏。长沙苏州会馆，“前进门楼、戏台、方坪，正栋关圣殿，左文昌宫，右财神殿，中翠波阁。后进，中大雄殿，左雷祖殿，右杜康祠”[2]。长沙粤东会馆，“前门内建戏台、神坛。各殿神位，正栋关圣殿，左灵官殿，右财神殿，到堂韦陀佛；后栋六祖殿，后门内观音殿，右侧财神公房屋一栋，周围均有自墙为界”[3]。从字里行间，可以想象当年长沙江西会馆、苏州会馆、粤东会馆的气势、精致与华丽。特别是长沙苏州会馆经济实力雄厚，在选址、房屋结构上多有讲究。建筑平面布局采用传统沿中轴线对称布局的形式，在中轴线上，从南至北依次排列，左右对称，方正规矩，集戏台、关圣殿、文昌阁、财神殿、翠波阁、大雄殿、雷祖殿、杜康祠于一体，可以议事聚会、祭祀酬神、演出看戏，功能特征十分突出。

由于地形或商业需要的影响，有的会馆建筑形式更具别致。据《洪江市志》记载，洪江外籍商贾修建的会馆，雕梁画栋，建筑宏伟，“一般设有正殿、偏殿、正厅、客厅、戏台和住房等。门坊建筑很讲究，多用青石雕琢磨制而成，两侧有石雕、壁画，前面有

---

1 光绪《善化县志》卷三十《祠庙·会馆》。

2 光绪《善化县志》卷三十《祠庙·会馆》。

3 光绪《善化县志》卷三十《祠庙·会馆》。

石鼓、石凳、石狮”[1]。其中“十大会馆”比较典型，大都由戏台、厢楼、正厅、后殿及居住用房组成。进入会馆大门的第一进院子，天井两边有两层戏台看楼。天井后为第二进院子，正厅是祭祀的地方，正厅两边为厢房，正厅后面又有后殿，后殿左边是后戏台，右边是休息室，是专为堂主、馆主和达官贵人准备的。后殿后面是后花园。

津市新洲江西会馆坐北朝南，现存清中期建筑为砖木混合二进院落，采用抬梁式与穿斗式相结合的硬山顶营造技术。中轴线上依次为山门、前厅、天井、正厅，二进正厅为重檐，月梁、挑檐枋、卷棚采用龙纹祥云等装饰图案，屋顶盖小青瓦，四周建有高耸的封火墙。

津市新洲江西会馆山门立面图

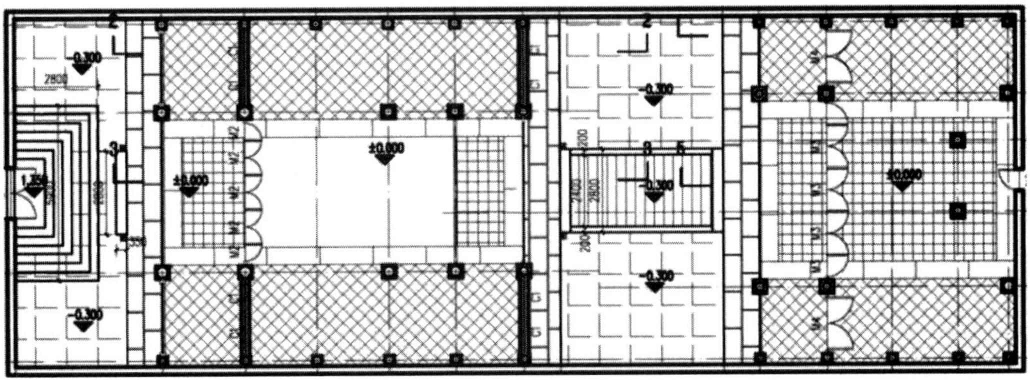

津市新洲江西会馆平面图

1 洪江市志编纂委员会编：《洪江市志》第 570 页，生活・读书・新知三联书店 1994 年版。

沅陵贵州会馆大殿坐北朝南，主体构架基本完整，抬梁式和穿斗式相结合，建筑面积 365.7 平方米，呈横向连接，形成纵深空间。建筑面阔三间 13.8 米，进深 26.5 米，分为前殿、中殿、后殿三部分。南立面檐高 4 米，弓形山墙，山墙高出屋面。前殿为一进深，减去后一排柱子，梁支撑在后面屋架的前檐柱上，前檐挑出较大，后檐高出中间屋架的屋顶，前檐精美木雕，强调黔王宫入口。中殿为三间四进，减去明间山柱二根，七架梁上置蜀柱驼峰，梁为月梁。后殿为穿斗式三间四进，以勾连搭与中间栋相接。

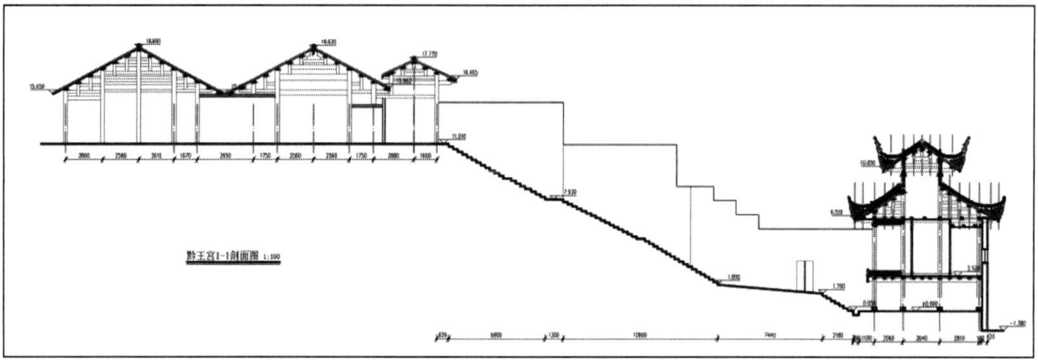

沅陵贵州会馆剖面图

洪江古商城现存会馆基本上为普通民居构造形式，会馆外围护结构均为砖墙。这是由于洪江的会馆以接待各地的中小商人为主，已发家致富的大商人一般都建造有自己的商行。从整体布局形式看，洪江的会馆大都依山就势，因地制宜，多数为二进院或三进院、三合院或四合院，以三合院为主，四合院为辅，不规则合院镶嵌其中。三合院和四合院由间或廊纵横拼联，加上院落、天井、围墙、大门等组合而成，不过常因地形限制形成不规则状，很少有四面方正的四合院、三合院，形成了别具地方特色的不规则合院类型。正是这些重重叠叠、高低错落的不规则合院，形成了洪江古商城精巧别致的建筑风格。

洪江苏州会馆坐北朝南，系一座封火墙围护的木质穿斗式结构建筑。屋内厅堂满铺青石板，正房、厢房及封火墙围成两个并列的天井，楼顶西北角建有晒楼，建筑风格独特，平面布局合理，房屋结构紧凑，封闭性极强，屋内冬暖夏凉，适宜南方气候，利于防火防盗，便于居住经商，体现出浓厚的商业文化氛围，有着浓郁的南方会馆特色。

有的会馆讲求布局和功能，占地面积广，建造规模大。凤凰江西会馆建筑群规模宏大，至民国十七年（1928）前后共建殿宇、房舍 20 余间，占地 4000 多平方米。会馆建筑匠心独具，依山傍水，前有宽阔的坪坝，登上九级石阶才是高大的门楼。开设三个拱门，与虹桥三拱遥遥相对。跨进大门，是戏台，台阶之上，前为正厅，一对精工细作的石狮分列两侧。正殿前高悬一匾，上书“铁柱功崇”四个遒劲有力的大字。正殿之中塑

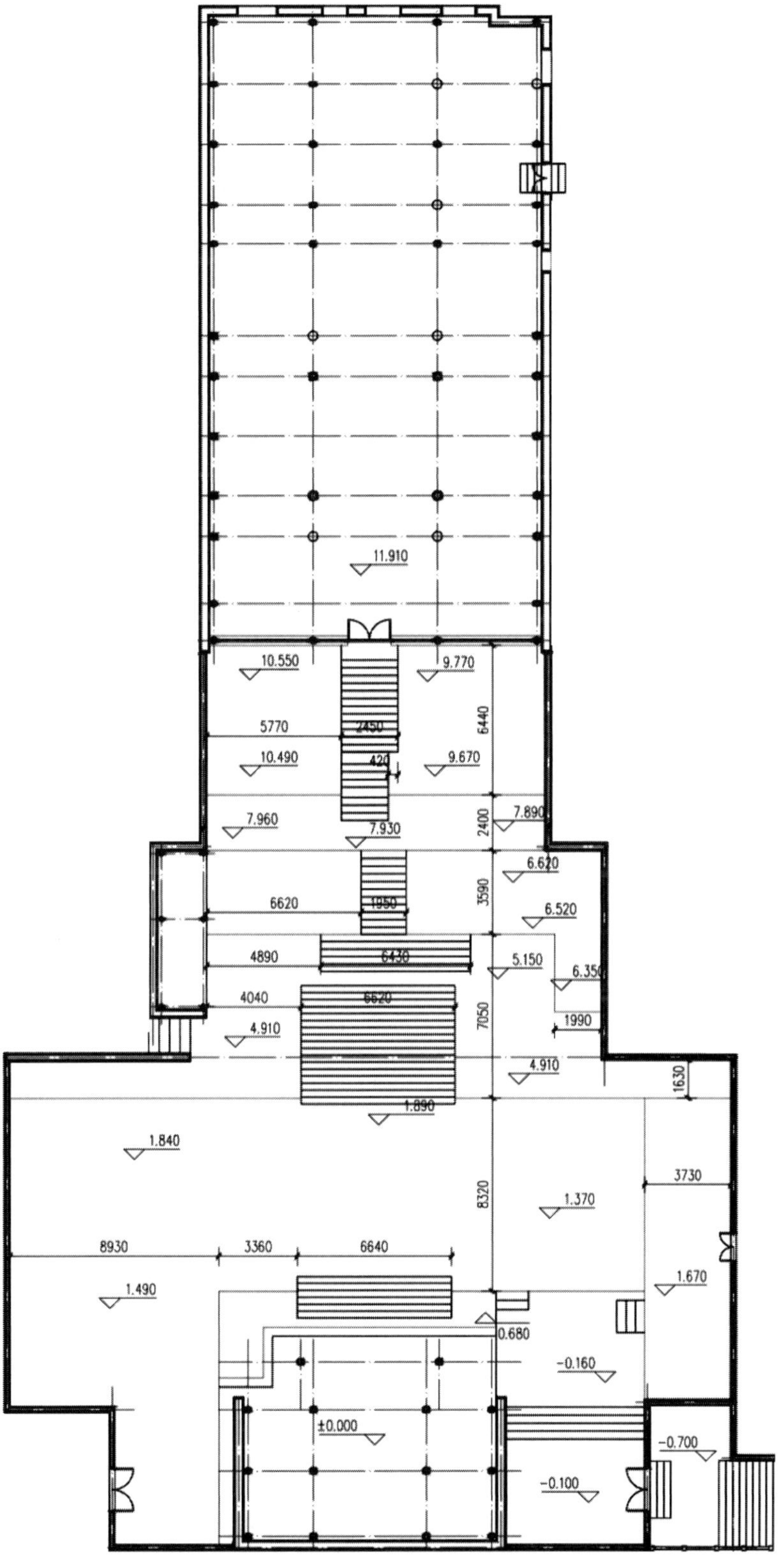
11.910
10.550
9.770
6440
5770
2450
10.490
420
9.670
7.960
7.930
2400
7.890
6.620
3590
6620
1950
6.520
4890
6430
5.150
6.350
4040
6620
7050
1990
4.910
4.910
1630
1.890
1.840
8320
1.370
3730
8930
3360
6640
1.670
1.490
0.680
-0.160
±0.000
-0.700
-0.100

沅陵贵州会馆平面图

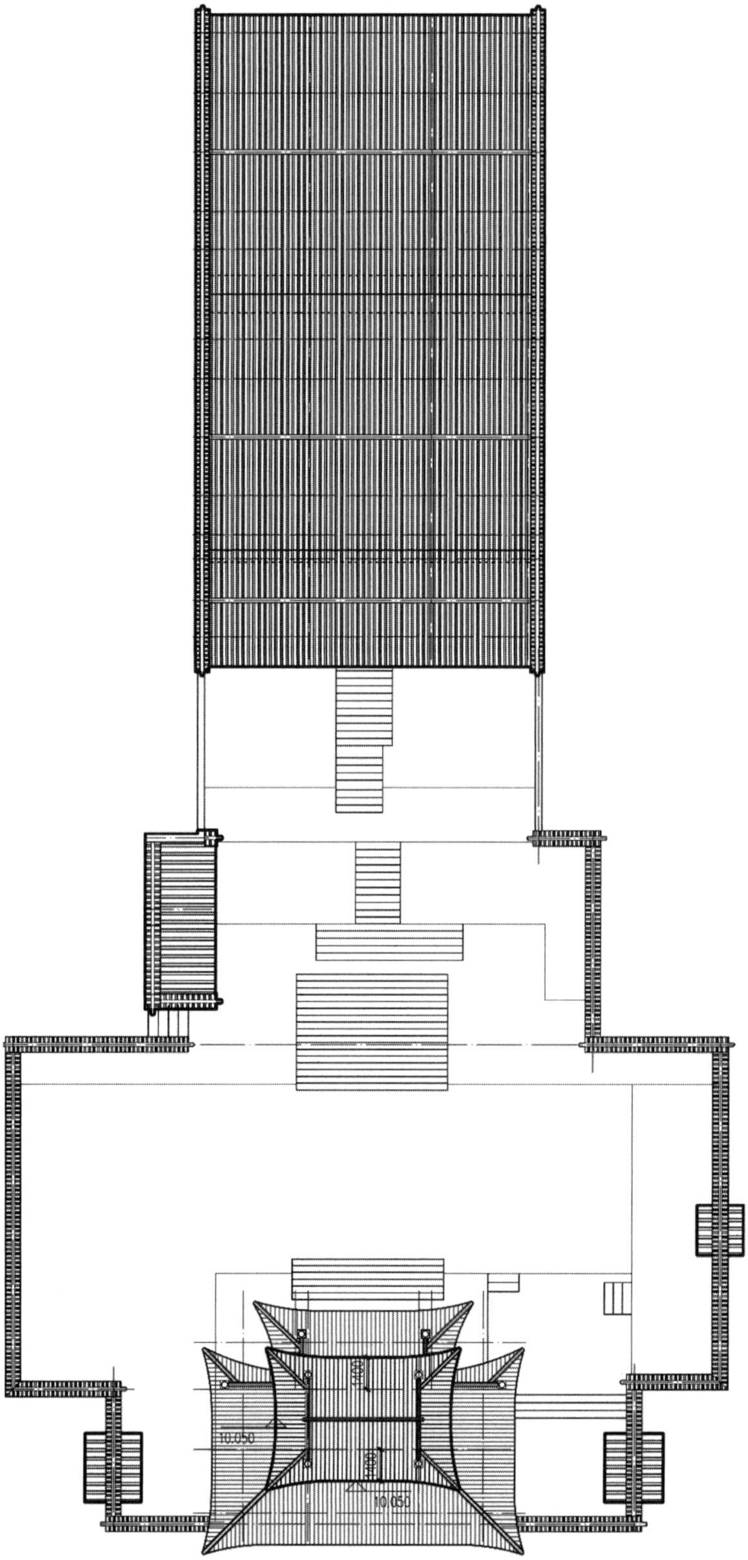

沅陵贵州会馆屋顶总平面图

有旌阳公许真君神像一尊。正殿右侧有萧公殿、晏公殿、财神殿以及账房、斋厨房；左侧有天符、雷祖、轩辕、韦陀、观音殿及客厅。正殿后为水府三宫殿，左侧建有遐昌阁、阳楼。

在遵从会馆建筑整体布局的情况下，湖南商业会馆建筑形制并非千篇一律，而是各有特色。

洪江常德会馆的主体建筑是一座由封火墙围护的窨子屋院落，集作坊、经商、娱乐、居住于一体，是综合性活动场所。会馆坐西朝东，共有建筑三栋，呈东西向并列式排列，三栋建筑均系单檐木质穿斗式结构的两层楼房，由正屋、东西配房和厢房组成，其封火墙与木结构互不相连，不起承重作用，但具有防火、防盗功能。主体建筑为长方形东西向排列的并列三进式楼房，单檐重屋，三进两层，大门开在东头靠左方向，右侧墙体呈弧形，室内地面满铺青石板，门窗装饰简单大方。建筑结构布局合理，使用功能齐全，形态风格别致，建造手法细腻，是洪江古商城典型代表性建筑之一，是研究我国商业会馆的形成、发展及历史背景、会馆建筑、管理制度的重要实物资料。

二是装饰精美，独具匠心。会馆对建筑装饰尤其讲究，追求富丽堂皇、精美华丽，既体现出会馆的雄厚实力和社会地位，又反映了商人讲究排场、铺张扬厉的精神追求。会馆往往建有宽敞的堂屋和华丽的戏台，在这里宴饮宾客、接待官员，也是商人经营人脉的实际需要。因此，明清宫殿与寺庙建筑中常用的斗拱、彩画、藻井、天花、砖雕、木雕、琉璃饰品等装饰技术被广泛应用于商业会馆的建筑装饰。会馆还特别注重气势的营造，强调建筑的高耸与威严。此外，在会馆选址、营建时，常常考虑风水因素，力图天时、地利、人和，创造以人为本、自然和谐的商务环境。

湖南省内所存商业会馆建筑主要以木质构造和石质建筑为主，其中尤以木质构造居多。会馆一般木材用料较大，并配以石料，如洪江的常德会馆木柱直径在 0.38 米左右，柱础素面无纹，底部四方形，中部八方形，上部圆形。这种形制，在湖南商业会馆中较为多见。

沅陵宝庆会馆过殿的前后檐柱下均用木雕的龙、凤、狮、云雀等纹饰交替装饰。正殿前檐枋下施卷棚，灰粉花脊饰顶，檐口施沟头滴水，殿前左右各配小阁楼和厢房，阁楼壁面绘有彩画。

凤凰江西会馆精美、华丽的建筑装饰，集传统建筑艺术之大成，于静止中给人以动态的美感。正殿宫宇，宽敞高昂，用 22 根巨大的木头作支柱，采用柱、梁、额枋连接组成跨度较大的木构架，既坚固牢实，又气势不凡。硬山式屋顶，小青瓦屋面，正脊叠砌云纹、花兽图案，两端砌有鸱吻，顶冠琉璃葫芦。造型优美，极富感染力。令人叹为观止的遐昌阁，平面呈正六方形，攒尖顶，有中柱 6 根、廊柱 6 根、檐柱 6 根，柱径 0.3—0.4 米，材质优良。立柱之下，为精雕细刻的圆鼓形石础，高 0.3 米。阁以抬梁式大木构架为主体，分三层三檐，上盖小青瓦，形似宝塔。屋面下层平缓，上层陡峭，六条垂脊交汇于顶，上冠彩色琉璃葫芦宝顶。各层出檐起翘，檐下卷棚支撑，构成垂脊屋檐，均呈曲线状，似羽翼展飞。构思之妙，形制之巧，堪称中国古典楼阁的经典之作。

湘潭的会馆均设正殿、财神殿、观音殿、文昌殿。在建筑风格上，各馆又独具匠心，各有所长，各有特色。北五省会馆的雕龙技艺十分精湛。大殿前透雕汉白玉蟠龙柱一对，高 4.8 米，直径最大为 0.8 米，柱上雕有一镂空蟠龙，扬头跃尾，盘旋而上，栩栩如生。龙柱下座石兽，与龙柱构成和谐的整体，形象生动，雕刻细腻，令人称绝。

较之一般祠堂寺庙，湖南商业会馆的牌楼式门楼是一个显著的特征。

芷江福建会馆门坊采用梁柱式和堆砌法，为泉州建筑风格，高 10.6 米，宽 6.3 米，厚 1.14 米，四柱一拱门，主体升高重檐歇山顶，两边由六幅石雕从底台嵌拼至顶部，正中宽 2.4 米，利用半圆拱门结构，支撑拱上额两柱之间的“二龙争珠”“八王巡天”石雕，与左右顶额作为梁坊，联系两柱，以保持柱体稳定。各幅构件的接头，按照石结构营造方法，各条石间做成银锭形石榫卯拉结，上下安有铁栓，紧扣成一整体，使框边之间嵌合无缝。顶部为呈斗梯形长方体，由雕刻成鱼鳞状之青石挑着顶盖。顶盖为鹊脊，脊头翘檐为十二金鲤，伏首翘尾。

门坊石雕 95 幅，大幅 2.62 平方米，小幅 0.09 平方米，采用平雕、浮雕、圆雕、半圆雕和镂空雕技法，人、物、景惟妙惟肖，鱼龙凤狮、花草木竹、神鬼人仙等图案和戏曲故事，形象生动逼真。拱门顶额为“琴棋书画”，中间“五龙拱圣”图案中为“天后宫”三字，左右为“武将”“文臣”“护国佑民”“玉烛辉扬”“现身说法”“金滩浪静”，下为“八王巡天”“二龙争珠”，门拱为“丹凰朝阳”“魁星点斗”。内柱左右为“麻姑献寿”对“寿星献桃”、“唱戏图”对“祝寿图”、“一戟”对“三戟”的“连升三级”。楹联为：“宠锡天章，德泽宏敷闽海；重新庙貌，威灵远播潭阳。”外侧柱左右为“悬狮戏球”，下为八幅一典之“八仙过海”，一仙一幅。内侧柱上之华拱为“耕读为本”和“渔樵唱和”。内外侧柱中间为“春华秋实”对“喜鹊含梅”、“洛阳桥”对“武汉三镇”、“仙翁弈棋”对“王子求仙”、“孤桐劲竹”对“古松灵芝”、“鱼草图案”对“鲢鱼喜草”、“虎鼎”对“虎鼎”。石坊顶盖中间有十四斗拱，左右有十六斗拱，均有一拱两幅之动物图案。石雕场面大、内涵深、构思巧、工艺细，鬼斧神工，堪称一绝。“洛阳桥”，刻画渔舟急流中行驶，乘客颠晃落魄，游人凭栏观浪，仙人驾云翘望，城池旗杆耸立，旗杆书“泉州府”，礁石刻“洛阳桥”。桥、舟、人、仙、旗、石融为一体、栩栩如生。“武汉三镇”，长江、汉水，波涛滚滚；百艘商船，舟来楫往；船上舟子，神奇百态；龟蛇两山，紧锁大江；城中楼阁，鳞次栉比。沿江旗斗，刻有“布政使司”“按察使司”“都指挥使司”名号，细如蚊脚，清晰可辨。

门坊两侧石鼓相峙，雄雌双狮蹲踞，右为雄狮，口含宝珠，威风凛凛；左为雌狮，背驮幼狮，情爱依依。前为青石铺地平台，围以夔龙、规矩龙石栏杆，栏柱雕石榴、湘莲、南瓜、小象、小狮，谐音“留连难相思”，离愁别绪之情跃然于此中。中间十七级青石阶梯，拾级而下，即为沿江大道和滔滔舞水。

洪江的会馆，门坊建筑往往十分讲究，多用青石雕琢磨制而成，两侧有石雕、壁画，前面有石鼓、石凳、石狮。

洪江贵州会馆最为显赫的会馆大门门坊为整块青石，高达数米，浮雕渔、樵、耕、读，活灵活现，呼之欲出，为该馆所独有。靖州会馆门坊建筑多用青石雕琢磨制而成，两侧有石雕、壁画，前面有石鼓、石凳、石狮，匠心独运，别开生面。

湖南商业会馆建筑一方面雕梁画栋，尽显商贾斗富心理；另一方面标新立异，体现商人审美情趣。洪江诸会馆中长沙会馆虽未列入“十馆”之列，但会馆殿梁和殿柱之大赛过洪江诸馆。七属会馆红墙绿瓦，突出了建筑物的豪华，尤其是梁柱间的彩绘以及照壁、檐桁间的砖雕、石雕、木雕，题材丰富，手法精准，精致而又奢华。福建会馆青石牌坊雕刻甚多，其中“天宫赐福”一匾，简约而不简单。宝庆会馆大门石狮，一只头向上，一只头向下，神秘而又浪漫；尤其馆内戏台雕刻的历史戏曲故事，技术精湛，出神入化，具有独特的艺术魅力。

洪江的会馆大都建有以青砖砌成、再粉以石灰砂浆的封火墙，又称马头墙、风火墙、防火墙，墙体高于屋面，高低跌落，通常二跌或三跌，有人字形、弓形、山字形、反曲翘角形等造型，成为建筑艺术装饰的重点部位。白墙青瓦，飞檐翘角，明朗雅素，如同高低起伏的音符，随着地势的升降变化极具节奏感与韵律感。虽然沐风栉雨，但依然古色古香，让人回味无穷。

正是商人们对审美情趣的极力追求和推崇，使得会馆建筑既稳朴厚重、雍容典雅，又千姿百态、流光溢彩，成为了中国传统建筑史上的一朵奇葩。

三是分布广泛，特色浓郁。凡是商人足迹所到之处，就有商业会馆。在湖南，几乎各市县皆有商业会馆，其中长沙、湘潭、常德、益阳、岳阳、衡阳、洪江、芷江、凤凰、浦市、里耶等交通发达的地方更是数量众多。商业会馆建筑既是商人们寄托精神的载体，又是炫耀个体与群体财富、展示文化风俗的表现。

会馆是一个文化的大熔炉。“因为会馆有跨地域性的文化特征，所以其装修装饰往往带来外地特点或洋式做法，对当地的传统建筑工艺有所丰富和发展，起了文化交流的作用。”[1] 由于地域以及传统习惯等因素的影响，湖南各地商业会馆建筑往往具有浓郁的土客文化特色。一方面，商人们或不惜千里迢迢从家乡运来会馆建筑材料，或在会馆的建筑和装饰上突出家乡的风格，力求营造出一种家乡的氛围，以便见景生情、见物思

---

1 杨慎初：《湖南传统建筑》第 144 页，湖南教育出版社 1993 年版。

人；另一方面，会馆不可避免地、或多或少地揉入客居地的文化因素，以求与本土文化、生活习俗、地理环境相融合。

为了烘托出浓郁的故土氛围，不少商业会馆往往采用商人故乡的建筑技术与装饰，特别是采用建筑的象征手法，以家乡的山水风情、花鸟虫兽以及戏剧、民间传说等作为建筑雕刻与装饰题材，形成与本土建筑风格截然不同的异地情调，体现出艺术的多样性。明清时期，全国有八省二府的会馆汇聚于泸溪浦市，会馆建筑风格富丽堂皇，风格独特，用料讲究，盛况空前。永顺王村江西会馆，建筑雕梁画栋，艺术精湛。屋顶龙凤瓷器装饰十分精美，为江西商人从景德镇烧制后运来，具有强烈的乡域色彩。山西地区的琉璃瓦和琉璃脊饰在全国享有盛名，长沙山陕会馆采用山西琉璃瓦装饰技术，将琉璃饰件大量运用于会馆屋顶、屋脊和照壁，建筑雕刻手法也融晋、豫、陕、甘各地的风格于一体，题材既有山西民间故事，亦有陕西风土人情，尽显秦晋之好。湘潭北五省会馆的建筑设计采用北方建筑风格，布局严谨对称，中进为大殿即春秋阁，殿前单檐歇山过亭相接，阔三间，深三间，周围廊，重檐歇山顶。殿内顶藻井倒悬木雕贴金盘龙，盘龙披鳞挂彩，口含丹珠，俯视殿内。殿顶覆盖黄色琉璃瓦，双龙正脊，葫芦脊顶，鸱吻翼角高翘。殿周隔扇雕有人物故事、山水花卉。北方地区建筑特征十分明显。

在会馆集中的地方，会馆建筑文化之间的交流更为丰富。长沙太清宫庭院三进，为建筑学上标准的“四水归堂”结构。楼分两层，一层为砖石结构，红砖上印有“阜湘”二字；二层为木质结构，走廊栏杆上雕刻有花卉，窗户为中西结合的中悬窗，屋顶是富有老长沙民居韵味的白屋脊，盖小青瓦。既有当地民居的风格，又掺杂有外来建筑的因子，可谓本地与外地建筑文化风格相融合的典型代表。

由于漫长岁月的侵蚀，不少昔日崇垣高阁的湖南商业会馆，有的成为百姓居住的大杂院，有的只剩断墙残垣，有的彻底消失于历史长河之中。得以幸存的商业会馆建筑，如望城宁乡会馆，湘潭北五省会馆、江西会馆、鲁班殿，桂东江西会馆，黔阳江西会馆、陕西会馆、邵阳会馆，沅陵贵州会馆，辰溪湘乡会馆，新晃龙溪口江西会馆，芷江福建会馆、宝庆会馆，靖州江西会馆、两粤会馆，通道宝庆会馆，洪江山陕会馆、苏州会馆、宝庆会馆、辰沅会馆、常德会馆，泸溪浦市江西会馆，凤凰福建会馆、江西会馆，龙山长沙会馆，其建筑艺术仍然显示出昔日的雄伟与壮观。

会馆出现于时空交错的地缘背景之中，根源于与生俱来的血缘宗族关系之间，建立于无法割舍的同籍乡人感情之上。湖南商业会馆数量之多、布局之巧、装饰之精、风格之别，是特定时代的需要，反映了明清时期商品经济的发展、商人社会地位的提高以及商道文化的兴起和建筑艺术的成就。

3.2　会馆戏台

戏台是为戏剧演出而修建的专门场所。古代戏台基本为木结构建筑，大致可分为单层、双层两种类型。单层指戏台建在台基上，双层指戏台建在通道之上，通道多为山门。所见湖南商业会馆戏台为一面观和三面观两种。

会馆戏台具有鲜明的地方文脉特征。“会馆戏楼早期和神庙结合在一起，用作同乡人敬神祈福的场所，后发展成专门用于看戏的建筑。明清时期一方面各种戏曲在经济带动下有很大发展，一方面可供市民看戏的剧场却很少，会馆戏楼正好弥补空缺。”[1]康熙《衡州府志》载：“吾衡之俗，每岁五月朔、七月中，必崇台演戏，浃旬不休，观者如堵，惕日耗材，为厉不少。”[2]乾隆《祁阳县志》曰：“神会祠庙不一，如真武、寿佛、关圣、岳圣、水神、火神，所在俱有。公会每岁诞辰，结彩张灯，建醮演剧，为费滋多。”[3]

来自四面八方的移民，带来了五光十色、根深蒂固的风俗习惯和源远流长、多姿多彩的戏剧文化。家乡情结在迁居异乡的移民心中总是挥之不去，他们在生活中努力保持着自己家乡的传统方式，在以乡谊凝聚乡人的会馆戏台上，也时时奏响着家乡戏剧的锣鼓丝弦。京剧、昆曲、秦腔、阳腔、黄梅戏、梆子腔、西皮调、二黄调等众多剧种，以及戏剧表演大家曾经在会馆戏台上留下了夺目的光彩，丰富了人们的文化娱乐生活。

会馆戏台是传播中国古典戏曲的活动场所和文化载体，是戏曲表演艺术与古代建筑艺术巧妙结合的产物。那些曾经风光无限、具有浓厚文化气息以及独特建筑艺术风格的会馆戏台，笙歌不见故人散，十里长欢难再寻，成为了见证中国戏曲兴衰沉浮的重要历史遗存。

商业会馆作为一种综合体，演戏看戏是一大重要功能。戏台一般建在会馆的入口处，下边为行人通道，上面为演出舞台，正对大殿，往往是会馆的主要建筑之一，其精巧、华丽程度与正殿相比有过之而无不及，可以说是会馆中最亮丽、最吸引人的一道风景。

洪江的会馆戏台鼎盛时达49个之多。具体为：

1. 江西会馆戏台：江西会馆又名万寿宫，洪江十大会馆之一。光绪《会同县志》卷十三《形胜·宫馆》载：“万寿宫，在洪江大河边，系江西会馆，康熙丙辰年买贺姓地基建。正殿三进，左客堂，堂前为财神殿。右观音阁，阁前为花厅，厅前为戏台。”同志卷十四《外纪》又载：“同治十三年五月初三日辰时，洪江大河边火灾，自太平宫后门起，右延辰沅馆门口，左延江西会馆，牌楼、戏台俱焚毁。”清同治火灾后，江西客

1 李桦：《会馆文化的资源开发》，《上海城市管理职业技术学院学报》第30页，2002年第3期。

2 康熙《衡州府志》卷八《风土志》。

3 乾隆《祁阳县志》卷四《风俗》，嘉庆《祁阳县志》卷十三《风俗》。

民集资复修江西会馆。除原有戏台外，另在财神殿添修一戏台。旧时洪江，江西籍客商最为富有，有“万寿宫的银子”之称。每年八月初一日祀神许逊生辰时，江西会馆祭祀极为隆重，届时必演辰河高腔《许真人降孽龙》。平日，江西会馆演出活动频繁。清末至民国，清和、仁和、天元、荣庆、荣福、春华、金妙园等班社都曾在此演出。20 世纪 60 年代初，馆舍、戏台被拆，旧址建为洪江市第三中学。

2. 徽州会馆戏台：徽州会馆又名新安会馆，洪江十大会馆之一。光绪《洪江育婴小识》卷一《识十馆》载，徽州会馆在洪江司门口正街，为江浙五府（苏州府、徽州府、池州府、湖州府、宁国府）商人于清康熙二十年（1681）共同集资修建。民国初年，馆舍、戏台被毁。

3. 福建会馆戏台：福建会馆又名天后宫，洪江十大会馆之一。光绪《会同县志》卷十三《形胜·宫馆》载：“天后宫，在洪江龙船冲，系福建会馆。正殿祀圣母，后殿供诸佛。前戏台，右观音堂并客厅，中凿方池。宫外左偏为古路，右店六间，码头直抵河，栏以青石。”该戏台民国以后演出活动较少，只在祭祀时演出短期神戏，班社不详。

4. 黄州会馆戏台：黄州会馆又名帝主宫，洪江十大会馆之一。湖北黄州客民募建。光绪《会同县志》卷十三《形胜·宫馆》载：“帝主宫，在洪江大河边，系黄州会馆。康熙间买史姓地基建。殿宇两进，左客楼，上塑观音像。前丹墀、戏台、牌楼、大门，码头直抵正街。”民国初年以后，该戏台演出活动较少，仅仁和等班社曾在此演出过短期祭祀神戏。20 世纪 50 年代，馆舍、戏台被拆，旧址建为居民宿舍。

5. 宝庆会馆戏台：宝庆会馆又名太平宫，洪江十大会馆之一。光绪《会同县志》卷十三《形胜·宫馆》载：“太平宫，在洪市大河边，系宝庆府会馆。雍正间买贺姓地基建。殿两进，左库房，侧门抵巷；右观音堂、客厅、厢房，窨房一所，右侧门小巷抵街。前戏台、牌楼，门外长巷，码头抵街，并店房八间。”馆内今尚存民国二年（1913）重修太平宫石碑一通，其中有“我太平宫为宝庆五属旅洪者叙会之所，自前清康熙初年间始立”字样。县志、碑刻所记建年各异，尚待考证。旧时洪江，宝庆籍客民中手工业者居多，故有“太平宫的锤子”之称。民国初年以后，该戏台多为祁剧班子演出场所。20 世纪 50 年代，会馆用作粮食仓库，戏台被拆，大门牌楼保存完好。

6. 辰沅会馆戏台：辰沅会馆又名伏波宫，洪江十大会馆之一。光绪《会同县志》卷十三《形胜·宫馆》载：“辰沅馆，在洪市一甲巷口，屡毁于火。乾隆四十二年重建大殿、戏台，左观音堂，右文昌阁。”戏台前曾挂有匾额，上书“南天一柱”四字。在此演出者，多为高腔戏班，如荣庆、荣福、大红、欢迎台。20 世纪 50 年代，馆舍、戏台被拆，旧址建为洪江市航运公司宿舍。

7. 七属会馆戏台：七属会馆又名关圣宫，洪江十大会馆之一。光绪《会同县志》卷十二《艺文》贡生汪宏恩《关圣宫纪略》载：“洪市雄溪，前三国古名也……至地势，后枕鸦坡龙楼，左峙密云紫气，右拱桅杆武曲，二水夹护，交萦回龙，双鹭捍门，鼎立佛西，探奇览胜，游而忘倦，是雄溪乃五溪中之巨镇，而关圣宫又为雄溪中之一壮观也。”戏台设计合理，是洪江演出最为频繁的场所之一。天元、仁和、遐龄、荣庆、欢迎台等班社都曾在此演出。中华人民共和国成立前，会馆曾作唯先小学校舍。20 世纪 50 年代中，馆舍、戏台被拆，旧址建为洪江市航运公司。

8. 贵州会馆戏台：贵州会馆又名忠烈宫，洪江十大会馆之一。光绪《会同县志》卷十三《形胜・宫馆》载：“忠烈宫，在洪江大河边桅杆坪，系黔省会馆。买何、黄、周三姓地基，发脉老鸦坡建造。正殿一座，厅一座，戏台一座。左财神殿，抵街店房数间。”因馆内黔籍朝廷命官、文人雅士等所书赠匾额、对联甚多，故有“忠烈宫的顶子”之称。贵州会馆亦名黔王宫、黑神庙，祀神为唐人南霁云。每年十月十六日南霁云神诞时，贵州会馆祭祀隆重，届时必演辰河高腔《黑神归位》。仁和、春华、荣庆、欢迎台等班社经常在该戏台演出。贵州会馆牌楼尚存，戏台于 1982 年拆除，旧址建为洪江市第三中学。

9. 衡州会馆戏台：衡州会馆又名福寿宫，洪江十大会馆之一，位于洪江塘坨正街，清道光二十八年（1848）建，殿中高悬“雁峰飞来”匾额。民国年间，荣庆等辰河班子曾在此演出。早年馆内曾设私塾，后又创办衡邵小学。20 世纪 50 年代，馆舍、戏台被拆，旧址建为洪江市工业局。

10. 湘乡会馆戏台：湘乡会馆又名龙城宫，洪江十大会馆之一，位于洪江新街，建于清雍正年间，支馆有长沙会馆和湘阴公屋。民国年间，在该戏台演出者，多为祁剧班，辰河班在此演出较少，班社不详。馆舍、戏台被拆，旧址建为洪江市丝绸厂。

11. 长沙会馆戏台：长沙会馆又名长郡会馆，位于洪江牛头冲，清同治七年（1868）建，为湘乡会馆的支馆，系长沙、宁乡、湘乡商人共建的同乡会馆。民国九年（1920）前后毁于火灾，后由驻洪长沙籍军官谭润生倡议重修。长沙会馆选用上等木料，正殿、戏台皆为合抱柱头，构架雄伟，在洪江所有会馆中首屈一指。正殿供有李时珍像，偏殿为观音堂。长沙商人在洪江，主要从事木材、绸布、百货等生意，有的还进行钱庄汇兑，经济实力雄厚。在该戏台演出者，多为弹戏班社，如仁和、春华、遐龄。中华人民共和国成立后，会馆曾作战备盐仓，20 世纪 70 年代改为洪江市第三中学校办工厂，后旧址建为居民宿舍，戏台被拆。“长沙会馆”匾额今仍存。

12. 山陕会馆戏台：山陕会馆又名关帝宫。光绪《会同县志》卷十三《形胜・宫馆》载：“关帝宫，在洪市六甲巷龙船冲，系山陕会馆。大殿前建戏台，右财神殿，左连三官殿，门外青石码头直抵河。”民国年间，该戏台演出活动较少，仅祭祀时演出短期神戏，班社不详。馆舍、戏台被拆，旧址建为洪江市第二塑料厂。

13. 南昌会馆戏台：南昌会馆又名洞庭宫。光绪《会同县志》卷十三《形胜・宫馆》

载："洞庭宫，在洪市大河边，系江西南昌府会馆。乾隆三年买梁姓地基创立。神殿三间，后观音堂、客堂；前戏台，台前桂树数株；楼下有朱砂井，境甚清幽。"清末民初，南昌会馆由南昌衣装业同仁主持。每年院内桂花盛开时，必请戏班唱戏，时间长达月余，名曰"桂花戏"。因南昌会馆离市区较远，衣装铺的老板们为使观众踊跃前往看戏，每人免费提供米粉一碗。仁和、遐龄、春华等班社曾在此演出。1958 年，会馆改为造漆厂，戏台被拆。

14. 苏州会馆戏台：光绪《会同县志》卷十三《形胜・宫馆》载："苏州馆，在洪市龙船冲。乾隆三十六年买杨、彭、粟、程、傅、梁、邓等姓地基创建。门向一甲巷。嘉庆二十二年改向龙船冲，建两大厅楼、客堂、戏台，无神像，绘图以时祀之。"民国年间时有演出活动，荣庆、仁和等班社曾在此演出。中华人民共和国成立后，会馆一度用作盐仓，后旧址建为居民宿舍，戏台被拆。

15. 靖州会馆戏台：靖州会馆又名飞山宫。光绪《会同县志》卷十三《形胜・宫馆》载："飞山宫，在洪市鳌龙坪，靖属会馆，嘉庆十七年建。正殿三间，右文昌阁、财神殿、观音堂，内凿方池，其源来自后山。"仁和、荣庆以及靖州洪庆等班社曾在此演出。中华人民共和国成立后，会馆一度用作粮库，后馆舍、戏台被拆，现仅存围墙。

16. 青阳会馆戏台：青阳会馆又名九华宫，在老街，清嘉庆十九年（1814）建正殿。民国二十年（1931）前后，馆舍、戏台被毁。

17. 麻阳会馆戏台：麻阳会馆又名锦和宫，在洪江大桥东头，修建年代不详。仁和、荣庆、荣福等班社曾在此演出。20 世纪 50 年代末，馆舍、戏台被拆，旧址建为洪江市中医院。

18. 湖州会馆戏台：光绪《会同县志》卷十三《形胜・宫馆》载："湖州馆，在洪市新街，买叶姓地基，乾隆四十年建。"该馆戏台小，历来鲜有演出活动。20 世纪 50 年代初，馆舍、戏台被拆。

19. 神农宫戏台：神农宫位于老街口，为洪江桐油业会馆，修建年代不详。时有祭祀神农演出，多为高腔，班社不详。20 世纪 50 年代初，宫舍、戏台被拆。

20. 药王宫戏台：药王宫位于冻青坪贺氏家祠北侧，为洪江药材业会馆，修建年代不详，祀奉药王孙思邈，每年四月二十八日为祭日。该戏台多演唱弹腔，春华等班社曾在此演出。20 世纪 50 年代末，宫舍、戏台被拆。

21. 辰龙宫戏台：在塘凼，修建年代不详。民国年间，该戏台时有演出活动，班社不详。20 世纪 50 年代，宫舍、戏台被拆。

22. 灶王宫戏台：光绪《会同县志》卷十三《形胜・宫馆》载："灶王宫，在洪市冬青坪，嘉庆九年建。地基系原发直隶府经历杨宗成妻宋氏同男德鎗捐，深十一丈，横四丈五尺；右龙王宫，深七丈，横三丈五尺。捐店地十三间。”祀灶神。灶神全称为“东厨司命九灵元王定福神君”，俗称“灶君”“灶王”，状如美女，姓张名单，字子郭。灶王宫神戏多唱高腔，荣福、荣庆等班社曾在此演出。20 世纪 50 年代，宫舍改作居民宿舍，后又作为预制板厂，20 世纪 70 年代中期被拆。

23. 天王庙戏台：天王庙在筲箕湾，始建于明初，祀奉靖远侯杨胜龙、镇远侯杨胜彪、绥远侯杨胜纂三兄弟。杨氏三兄弟在洪江影响极大，天王庙在洪江的地位很高。因为天王庙的修建和管理都是由凤凰镇筸人主持，故天王庙又名镇筸会馆；镇筸人在洪江主要制作油桶、裱糊油篓，所以天王庙又称油桶裱糊业会馆。旧时，洪江是沅水上游最繁华的码头，船只要在此装货卸货，小排要在此编扎成大排，水手、排工多有闲暇，天王庙看戏，便是他们最好的去处。这里也就成了唱戏最为频繁的场所，有“三百六十天，唱四百六十本戏”之说。有时，除了上午、下午唱戏以外，早晨还要唱早戏。有时，一天换几个班子唱，既唱高腔，也唱弹腔。洪江本地及外地到洪江的班子，如清和、天福、德庆、天元、仁和、遐龄、大红、普庆、春华、双红、荣庆、荣福、欢迎台等都曾在此演出。20 世纪 60 年代初，庙堂、戏台被拆，旧址建为洪江市第二中学。

24. 火神庙戏台：火神庙即乾元宫。光绪《会同县志》卷十三《形胜・宫馆》载：“乾元宫，在洪江木粟冲。乾隆三十一年建，嘉庆十六年重修外殿并戏台，共三进，大殿三间。”供奉火德真君。农历四月初八日为火神生日，届时士农工商都要进香祀神。该戏台多演高腔，仁和、荣庆等班社曾在此演出。民国三十七年（1948），庙堂、戏台被拆，旧址建为洪江电影院。

25. 雷神殿戏台：光绪《会同县志》卷十三《形胜・堂殿》载：“雷祖殿，在洪市寨头埲，乾隆四十年买杨姓地基，合市募建大殿、戏台。嘉庆八年又于左边募建财神殿。”该戏台多演高腔戏，仁和、荣庆等班社曾在此演出。20 世纪 50 年代初，庙堂、戏台被拆，旧址建为居民宿舍。

26. 洞天宫戏台：在沙子坪，宝庆会馆募建，为邵帮蒸酒磨豆腐业者会馆，修建年代不详。规模较小，时有演出，班社不详。宫舍、戏台被拆，旧址建为东方红小学。

27. 鲁班殿戏台：鲁班殿又称至巧宫，在大河边，为木业会馆，修建年代不详，供奉鲁班，每年五月初七日和十二月二十日为祭日。该戏台酬神时有演出活动，班社不详。20 世纪 50 年代初，庙堂、戏台被拆，旧址建为居民宿舍。

28、29. 玄女庙戏台：洪江以玄女为祀神的会馆共有五个，行业不同，其中两个建有戏台。一在打船冲，排缆业公建，建筑年代不详。旧时洪江为木材集散地，木排云集，排缆业兴盛。该戏台酬神活动常有，多唱高腔，荣庆班等曾在此演出。戏台毁于 20 世纪 40 年代。一在筲箕湾，圆木业公建，建筑年代不详。清光绪二年（1876）洪江桐油出口，改竹油篓为木油桶，促成了圆木业的发展。戏台时有酬神演出，班社不详。早年创办宝庆小学。20 世纪 50 年代，庙堂、戏台被拆，旧址建为洪江市第二中学。

30. 五谷庙戏台：在龙王庙街，始建年代和早年演出情况均不详。清光绪年间，庙堂、戏台焚于火。中华人民共和国成立后，旧址建为洪江市第二中学操场。

31. 吉庆宫戏台：在土桥坑，为喜炮业行会会馆，修建年代不详。该戏台时有酬神演出，班社不详。20 世纪 50 年代，宫舍、戏台被拆，旧址建为居民宿舍。

32. 玉蚨宫戏台：在土桥坑，为打纸钱业会馆，修建年代不详。该戏台时有酬神演出，班社不详。20 世纪 50 年代，宫舍、戏台被拆，旧址建为居民宿舍。

33. 宝鼎宫戏台：在棉花园口，为香烛业会馆，修建年代不详。该戏台时有酬神演出，班社不详。20 世纪 50 年代，宫舍、戏台被拆，旧址建为居民宿舍。

34. 三义宫戏台：在季家冲，为屠宰业会馆，祀桃园三义刘备、关羽和张飞，修建年代不详。每年二月初八日和八月二十三日为祭日。荣庆等班社曾在此演出。20 世纪 50 年代，宫舍、戏台被拆，旧址建为洪江市教师进修学校。

35. 太阳宫戏台：太阳宫又称胡家坪玄女宫，在季家冲，为铁匠农具制作业会馆，修建年代不详。该戏台时有酬神演出，班社不详。宫舍、戏台被拆，仅存墙垣，旧址建为洪江电影院职工宿舍。

36. 炎皇宫戏台：在堡子坳，米粮业公建，祭祀炎帝神农氏，修建年代不详。旧时，洪江米粮外运，米业发达，该会馆酬神演戏频繁，且多为演高腔，班社不详。1958 年前后，宫舍、戏台被拆，旧址建为居民宿舍。

37. 娘娘庙戏台：原在丫叉田，民国初年毁于火，民国十年（1921）前后改建于土桥坑。多演酬神求子戏，唱高腔，班社不详。1958 年，庙堂、戏台被拆。

38. 轩辕宫戏台：在衙门口，缝纫业公建，修建年代不详。该戏台时有酬神演出，班社不详。宫舍、戏台早毁，仅存墙垣。

39. 南岳殿戏台：在宋家巷，棕作业公建，修建年代、演出活动不详。民国初年，庙堂、戏台被毁。

40. 老郎宫戏台：光绪《会同县志》卷十三《形胜·宫馆》载：“老郎宫，在洪市塘头冲，嘉庆十四年众募公建。”老郎宫又称老郎庙，即梨园会馆，祀唐明皇李隆基。该戏台平日无演出活动，仅于每年六月二十四日和腊月二十四日艺人在此聚会时演出吉庆戏。民国初年，老郎宫看楼失火，烧毁部分戏台。民国五年（1916）前后，以艺人彭庆宜、杨芳柏为主事，重修戏台，并在梁木留字为记。20 世纪 60 年代中，戏台被拆。20 世纪 70 年代，大门牌楼被拆。1983 年，洪江市扩建雄溪公园，仅存之大殿被拆。

41. 财神殿戏台：财神殿始建于清康熙二十二年（1683），为木质穿斗式建筑，四周有封火高墙，两侧门墙上绘有象征吉祥如意的麒麟。门柱有联：“赐福允增千倍利，酬神敬献一炉香。”进门为戏台，商家们求神发财后，请戏班在这里唱还愿戏。每年正月初五日是财神下凡的日子，民间有在这天接财神的习俗；七月二十二日是财神生日，商家们在这一天举行各种祭祀活动。该戏台时有酬神演出，唱高腔，荣庆等班曾在此演出。庙堂、戏台已毁，仅剩残垣断壁。

42. 育婴堂戏台：育婴堂在棉花园，清光绪五年（1879），洪江商界知名人士张书、欧阳钟倡导创办。当时洪江张积昌大油号一次向育婴堂捐银1800两。该戏台较其他戏台矮小，演出活动甚少。20世纪50年代，堂舍、戏台被拆，旧址建为居民宿舍。

43. 准提庵戏台：在鼓楼脚口，系安徽客商所建，修建年代不详。在洪江佛教寺庵中，准提庵较为特殊，既是宗教场所，又是徽州会馆的主要活动场地。庵中供奉的准提菩萨为显密佛教慈悲大菩萨，禅宗称之为“天人丈夫观音”。在中国佛教徒的心目中，准提菩萨是一位感应甚强、对崇敬者至为关怀的大菩萨，他的福德智慧无量，功德广大，感应至深，满足众生愿望，无微不至守护众生，持诵者可祈求聪明智慧、求得子嗣、延长寿命、治疗疾病、灭除罪业、祈求降雨、脱离拘禁以及远离恶鬼、恶贼之难等等，种种祈愿，无不满足。庵院、戏台早已不存。

44. 莲花庵戏台：在沙子坪，修建年代、演出活动不详。20世纪50年代，庵院、戏台被拆，旧址建为东方红小学。

45、46. 杨氏祠戏台：一在小寨溪，民国十二年（1923），岩头湾杨姓人募建，时有祭祀演出活动，20世纪六七十年代被拆。一在歌诗坡，当地杨姓人募建，修建年代不详。旧时曾有祭祀演出活动，唱高腔。已不存。

47. 贺氏祠戏台：在沙子坪，当地贺姓人募建，修建年代不详。时有祭祀演出活动。20世纪60年代曾为斗笠社址，后被拆除。

48. 连峰祠戏台：在里仁巷。洪江原住居民各姓均有宗祠，其余外来各姓为寻求归属感，也联合募建祠堂，名曰“连峰”，各姓自立牌位供奉，并建有戏台。早年曾集资在此创办连峰学校。时有祭祀演出活动。

49. 高坡宫戏台：光绪《洪江育婴小识》卷一《识十馆》记：“高坡宫，在洪江阛阓坡，先为贺姓私祠，清光绪二年毁于火，十馆集资重修。”光绪《会同县志》卷十三《形胜·宫馆》曰：“高坡宫，在洪江，世传宋时姓郑进士托灵于此，为一镇福神，祈祷辄应。”同志卷十四《外纪》记载，清同治十三年（1874）十二月十六日巳时，“洪江高坡宫火灾，延烧十余户，其神宫、戏台相隔咫尺，火至此，反风而减，见者叹其灵异”。高坡宫位于高坡街，是洪江最大的土地庙，庙内供奉土地公公、土地婆婆，建筑规制与常规建筑无异，除正殿外，还有经常唱戏的“半个戏台”——高坡宫戏台。因该戏台较小，敞开朝街，而且没有观众大厅，唱戏时观众只能站在街上看戏，所以人称“半个戏台”。每年二月初二日、八月初二日土地公、土地婆生日时，必在此戏台及洪江街巷各土地庙前演出杖头木偶戏。20 世纪 50 年代初，宫舍、戏台被拆，旧址建为洪江市三街卫生院。

明清时期特别是清代，中国古建筑装饰艺术达到巅峰。湖南商业会馆凭借雄厚的财力，广请能工巧匠，精雕细琢，不计工本营造戏台，或古朴端庄、玲珑典雅，或气势恢宏、庄重大气。千姿百态、各领风骚的会馆戏台，形成了独特的建筑装饰艺术。

会馆戏台一般分室外戏台和室内戏台。室外戏台基本是过路台，下层为通道，上层为戏台，前台有伸出式、镜框式两种。室内戏台基本上是单层，偶有双层，表演区在下层，上层一般是存放行头、道具甚至杂物的地方，前台基本上为伸出式。

戏台大都以木板壁分隔前后台，板壁或为一字形，或为八字形，其上必有匾额，或四字匾，或三字匾，也有二字匾，内涵深远，画龙点睛。如“弦歌雅化”“风歌雅韵”“今古奇观”“观今鉴古”“千秋通鉴”“会心不远”“内省思齐”“南风之熏”“一曲重来”“凤凰来仪”“古调独弹”“可以观”“俨然”“镜人”“公说”等等。

演员上下出入的门额上，也通常书写“出将”“入相”、“出凤”“入仪”、“清风”“明月”、“来云”“去雁”、“反而”“思来”、“出忠”“入孝”、“作始”“以成”、“告往”“知来”、“入雅”“出风”等等。

戏台的后台与左右耳房为演员化妆、休息室，耳房大都与院两侧看楼相通。看楼有二层，建筑一般比较简单，多为悬山、硬山顶，有的出单坡。一层多设厢房，前为廊，可为观众遮风挡雨；二层前面敞开，以便观戏，同时设一米左右高的护栏。看楼的意义在于拓宽了观众席，对于伸出式戏台来说，在看楼上观演可一览无余，是看戏的较好位置。早期看楼纯为观剧而设，为妇女儿童专席。

藻井是会馆戏台建筑的一大亮点，呈覆斗状，有的为四边形，有的是多边形，还有的成圆形和椭圆形，雕刻或者彩绘的花纹图案，栩栩如生、生动形象，精美绝伦、富丽堂皇。藻井能起到聚拢声音的作用，形成共鸣，产生余音绕梁的音响效果。

长沙福禄宫戏台，坐落在长沙市小西门墙湾，为长沙钱业公会之财神庙福禄宫内，始建年代不详。清光绪二十一年（1895），首事叶俊兰聘长沙、苏州两地名匠重建。内为庭院布局，四周围砌花坪。建戏台两座。大戏台建于前坪门首以内，面朝正殿，楼高五丈余，重檐歇山，琉璃瓦盖，脊饰二龙戏珠，飞檐翼角塑以丹凤凌空之势。前排四楹柱接地，外宽二丈四，中柱内空丈五见方，台面高六尺，三方围以矮柱栏杆，台柱上方榫以飞天木雕撑托梁枋，间嵌福、禄、寿、喜诸星人物浮雕，藻井雕饰贴金盘龙。后台连接两侧化妆楼、更衣楼，各有板梯上达。楼前有走廊与两厢观剧楼相通。所有厢房窗棂门扇，皆浮雕各色戏剧人物故事。戏坪以大青砖铺地。会中人于神诞、节日常在此观剧。后园为议事堂，堂前另建舫船卷篷式戏台一座，琉璃瓦盖如舟篷状，高约三丈余，石砌台基离地三尺，四木柱间空二丈见方，上部间嵌花格，后壁均为活动花格雕饰门扇，敞开可通后亭回廊，演剧时关闭，只留“出将”“入相”两马门，此处供举办庙会的首事或值年等议事及宴饮时观剧。内台于民国二十七年（1938）长沙“文夕大火”中被焚毁，其余1981年被拆除。[1]

望城靖港宁乡会馆有内外两个戏台。外戏台临沩水，位于长沙市望城区靖港镇保健街99号，民国十年（1921）建，坐北朝南偏东，专供水上船民看戏之用，具有浓郁的地方特色，人称“梨园戏水”，旧芦江八景之一。为麻石砌筑，台面长16米、宽4.7米，建筑面积90.72平方米。东、西、南三方均有花岗石护栏。栏柱饰以金瓜、狮子、青蛙，石板刻有花卉、鸟兽图案以及“中华民国十年宁乡八埠公建”字样。台基高大挺拔，上饰蚣蝮浮雕以镇水患。内戏台位于宁乡会馆内，为木质结构，高约4米，面积20多平方米，大厅空旷，戏台两边有看楼，可容数百人。清末民初，活跃在长沙湘剧舞台上的著名演员易益春、杨福鹏等都曾在宁乡会馆戏台上演出过。

湘潭鲁班殿戏台，位于湘潭市十六总自治街（今湘潭市自力街兴建坪）潭邑泥木工匠公所——鲁班殿内。戏台与主殿相对，伴随着祭祀活动，每逢节日在此上演一幕幕精彩的民间戏剧，人人参与，场面热闹，既受到教化又得到娱乐。戏台架空约2.5米，作为主入口的导引空间略显低矮，但是从空间序列的组织上却恰巧利用这一架空过廊空间，将大小悬殊或开敞与封闭程度不同的内外空间连接在一起，借助空间的强烈对比而获得由低到高、由压抑到开敞的心理体验。戏台布局对称严谨，坐南面北，为横排三间，中间为戏台主体，东厢为后台数间，西厢供奉关公、财神像。屋顶采用传统歇山九脊顶，屋阁重楼，上覆青灰瓦，飞椽翘角，檐口曲线优美，屋脊两端有兽吻装饰，正脊饰有南方建筑特有的空花砖雕，古朴雅致。上空顶棚藻井为八边形四级退阶，中部饰有飞凤呈祥的金色木浮雕，手法简练、线条流畅，体现南方建筑特有的神韵。

桂阳江西会馆戏台十分唯美。台底与门顶相连，通过台底进入院内。台上有前后对称的四根台柱，台前横枋刻有八仙过海浮雕，台周围栏装饰贴金“灭灾赐福”“野鹿含花”“嫦娥奔月”“断桥相会”等人物图案，栩栩如生，惟妙惟肖。台顶分三节，上节为中心藻井，呈喇叭形圆顶，正中嵌双龙戏珠浮雕；中节周围设三十二条弧形条纹，连接上节喇叭圆顶边缘；下节四周设七十二条弧形条纹嵌在戏台周围的梁上。台顶为双檐山顶，下檐为四放四翘，上檐为平脊，两坡散木，正中置一瓷葫芦。戏台造型古朴壮观，前厅可容观众六七百人，为桂阳戏台之冠。

桂东江西会馆戏台坐镇前殿，面向中庭，两翼双层红漆游廊伸展。殿宇依势递高，中殿明亮宏敞，后殿位高地尊，两侧各构厢房，构成了一个有机统一的观戏环境。

益阳江西会馆戏台，位于益阳市鹅阳池地段，面朝资江码头，传为江西客商僦工填

1 中国戏曲志编辑委员会：《中国戏曲志·湖南卷》第488—489页，文化艺术出版社1990年版。

湖造成。馆外建宫殿式大戏台一座，重檐歇山，雕梁画栋，蔚为壮观。馆内园林建筑，周围花墙，占地广袤百丈，荷池亭台殿室，数百间有奇，赣籍各地商帮各占一区，各有戏台一座，共八座，有宫殿式，亦有卷篷式。益阳江西会馆戏台为湖南商业会馆中建戏台之最多者，清末民初一馆九台，百戏纷呈，一时传盛。民国初，戏台逐次倾毁。至1949年，尚存馆外大戏台，馆内则仅存戏台一座。1958年“大跃进”时全部被拆毁。[1]

沅陵贵州会馆戏台正对大殿，坐南朝北，占地面积235平方米，建筑面积206平方米，东西两侧各有侧门对外，门楣上石刻有“黔王宫”字样。主体为抬梁式，兼有穿斗式做法，三间二层三进，楼阁式重檐歇山顶。戏台整体风貌丰富而活泼，屋角飞翘，脊饰形式丰富多样，施以五彩琉璃，屋面为绿色琉璃瓦，木构架上装饰大量精美的木雕彩画，具有鲜明的民间特点。

芷江福建会馆戏台位于正殿对门，为木结构，施以朱漆，飞檐斗拱，盖小青瓦，台上为道教八卦图，台顶有白鹤飞翔画，下为入内正门。内楹联：“道生一一生二二生三三生万物，人法地地法天天法道道法自然。”外楹联：“凡事莫当前，看戏何如听戏好；为人需顾后，上台终有下台时。”旁楹联：“舞台小天地，天地大舞台。”舞台虽小，在它上面却上演着人生天地间的大剧；世间虽大，却犹如舞台一样，每个人都有属于他自己的角色。

吉首江西会馆戏台浮雕人物故事，枋柱之间雕花垂缨，戏台口沿镶嵌牙饰，正壁彩绘福禄寿三星，上悬“古调独弹”匾额，为“古调虽自爱，今人多不弹”之意。戏台高低适中，宜于观赏。演戏时，乾州各种特色小吃摊担环场摆卖，鲜香酸辣，口味独特。会馆常常雇请辰河班或乾州“俱乐部”于年节期间演出，高潮之处观众往往出钱给赏，以资鼓励。各路戏班名角也乐于来此献艺，辰河班的刘明金、米六儿、唐伢儿，贵州班的张元福、邓占奎，本地业余的杨正礼、田三、葛腾等都曾多次来演。

凤凰江西会馆戏台位于正殿、正厅对面，与高大门楼连为一体，平面形同“品”字，木构架建筑。戏台以20根大木柱支撑，架成四方形梁架，柱础为圆柱形，用红砂石雕成，歇山式屋顶，檐角飞翘，檐下以斗拱支撑，正脊中冠五彩葫芦宝顶，台顶天花彩绘云纹、花卉、人物、山水图画，色彩斑斓，艳丽夺目。

泸溪浦市江西会馆戏台，坐落在浦市镇河街江西会馆内，用长条石砌成，始建年代不详，清康熙二十七年（1688）已有馆舍，正殿和财神殿前各有戏台一座，在此频繁演出辰河戏。民国十二年（1923）浦市双少班和洪江紫云班在会馆内对台演出，时任湘西巡防军剿匪第二支队支队长的贺龙曾前往观看。

洪江的戏台大都设在会馆中，戏台分前台、后台。前台唱连本戏、武打戏，一般给

1 中国戏曲志编辑委员会：《中国戏曲志·湖南卷》第492页，文化艺术出版社1990年版。

普通老百姓看；后台唱折子戏、点戏，即情戏、文戏，一般给达官贵人看。看戏时，男女分区而坐。洪江江西会馆的戏台看楼，看戏时男士在下，女士在上。到了清末民初，随着社会风气的转变，男女不能混同看戏的规矩被打破，看楼也就成了上等座位，而不局限于妇女儿童。有的会馆还设有包厢，专供达官贵人使用。

戏台，不仅是一种建筑形制，更是一方文化展台。在相当长的一段时期，会馆戏台成为戏曲演出的一个重要场所。台上锣鼓喧天、摇旗呐喊，台下人头攒动、热闹非凡。台上演员唱念做打、花腔婉转，台下观众津津有味、如痴如醉。戏台虽小，能容千年。多少忠孝节义、才子佳人、委婉缠绵、千回百转的历史故事，在此纷纷上演。经千年风霜、历百年变迁，演绎了无数风流的会馆戏台，见证了朝代更替，历经了世事沧桑。

结合前人对会馆戏台的研究以及实地考察来看，湖南商业会馆戏台的戏曲表演有以下特点：

一、会馆戏台演出既有定时性，还有随意性。虽然也以敬神为标榜，但商业会馆戏台不同于一般神庙，敬神的成分较小，娱人的因素更多。会馆戏台的演出，除了神祇祭祀的定时性外，还具有很大的随意性和频繁性。举凡工程落成、店铺开张、红白喜事、违反行规以及同乡聚会、会馆招待等都要演戏。

会馆祭祀演戏，不但有具体的时间安排，而且有的还列入会馆规约之中。清末，常宁县城的江西会馆戏台，在每年农历八、九月间接待戏班演出。[1] 湘潭福建会馆从正月到十月都有演戏，三月、九月几乎整月每天都有戏可看。其他月份演戏极少，最多的演六天，一般只有两三天。祭祀、演戏规模的大小，隆重的程度，正好和福建会馆众神的地位相符。妈祖是主神，因此在妈祖诞辰的三月、九月，演戏的规模最大、次数最多。

商业繁华的地方，会馆演戏更为频繁。泸溪浦市的殿、堂、宫、馆、寺、庙、庵、阁建筑群落，规模庞大，架构各异，多姿多彩，奇妙庄严，为活跃古镇神秘的宗教活动与丰富的民俗活动提供了阵地。一年四季，祭神拜佛、节庆喜典、灯会歌舞，演出活动接连不断，几乎季季、月月、旬旬、周周都有，热闹非凡。如：一月，张灯结彩爆竹闹除夕，初一至十五，天天花灯、龙灯、蚌壳彩龙船、舞狮、玩高脚，庆新年，闹元宵；二月，初二为通宵达旦各坊燃烛，或唱木脑壳戏，或唱坐堂戏，春分前后家家户户祭社神，吃社饭，二月十九锣鼓喧天抬“观音”，行遍街市；三月十五在财神庙堂办财神大会；四月初八在地藏庙处做牛王法会；五月，初五端午佳节，举城悼屈原，沅江河上万人赛龙舟，五月十三关公忌日，关公庙上隆重行庙会；六月十八为祭燧人氏，连续三天举行火神庙会，称为“打清醮”；七月七，小暑前后连续十三天举行“龙蛇大会”做“封忌”，七月十五“中元节”超度亡灵，举办火爆的“盂兰大会”，这是盛大的庙

1 常宁县志编纂委员会编：《常宁县志》第 461 页，社会科学文献出版社 1993 年版。

会，其间要演唱连台大戏辰河高腔四十八本《目连》剧，从七月十五开始，通宵达旦，连续不停，一直唱到九月重阳止；八月初二唱木脑壳戏，初三“司命醮”；九月十九“观音会”；九月末至十月尾祭玉皇，为期一月开庙会，“封禁”打“黄醮”；冬月“年规醮”；腊月隆重祭祖，热闹过小年。名目繁多，色彩纷纭，其间有的事典，形式浩大，场面壮阔，技艺悦目，看之奇异，听之风趣，魅力诱人。其中，会馆演戏必不可缺。

二、会馆演戏促进了各地戏曲文化的相互交流与融合。随着商业的发展，商业会馆除了维护自身的经济和政治利益之外，还会在文化方面显示自己的势力。每当节日来临，会馆都要举行盛大的演出活动。各个戏班的表演，交流与传播了各地戏曲文化。正如汉口山陕会馆戏台对联所言：“阳春白雪有新声，听楚客歌来偏传汉上；铁板铜琶翻古调，问乡音操处忆否关西。”台上演出既有当地戏曲，又有家乡剧种。表演朴实优美，生活气息浓郁，受到人们的普遍欢迎。

沅陵贵州会馆戏台是重要的文化载体。每年南霁云神诞的十月十六日，黔省客民上会酬庆，必请戏班演出辰河高腔《黑神归位》。此剧敷演南霁云睢阳尽忠事，唱腔委婉动听，表演真切细腻，引发观众强烈共鸣。

洪江的传统文化多姿多彩，民间传统戏剧有清代流行的辰河戏、常德汉戏、祁剧、黄梅戏、阳戏、木偶戏、皮影戏和民国时期传入的京剧、话剧、歌剧等。民间传统的曲艺，有围鼓、渔鼓、三棒鼓、霸王鞭、快板等。其中，木偶戏、皮影戏、围鼓等多袭用汉剧唱腔和曲调。三棒鼓，又称花鼓，从安徽凤阳传入。洪江人最爱辰河高腔、常德汉戏和京剧。洪江辰沅会馆的沅辰商家，掌握了洪江三分之二的桐油、木业的贸易运输，为显示财力，专门请了一个常德的戏班子，常年在会馆戏台唱辰河戏。辰河戏类似于陕北的秦腔和沅水的船家号子，以高腔为主兼有弹腔、昆腔，伴以唢呐、二胡、锣鼓、檀板，声调激昂高亢，婉转凄切，扣人心弦。清同治十一年（1872），辰河大红班在洪江成立，这是洪江的第一个职业剧团。此外，天庆大京班、怡园大京班先后成立，谭鑫培、王世芳、马其林、邱月楼等名角都曾在洪江的会馆戏台演出。洪江人在自己生活与劳作中提炼的山歌、酒歌、孝歌、哭嫁歌、劳动号子、打击乐、吹奏乐等，民间传统的狮舞、龙舞、蚌舞、彩船、高跷等，也时常在热闹的会馆戏台上大放异彩。

会馆演戏进一步丰富了戏曲剧目种类。各种戏曲剧目的相互交流，推进了戏曲艺术的提升，使得剧目种类博采众长、丰富多彩。

湖南商业会馆戏台的具体演出戏目，由于资料缺乏，目前难以全窥。根据相关资料，广东商人在湖南的会馆里举办娱乐活动，唱茶歌是必不可少的。中州会馆唱豫剧，安徽会馆唱黄梅戏，湖北会馆唱汉剧，广东会馆唱粤剧，百花齐放，各显神韵，形成了地方戏剧的交流与融合。明末，江西巡抚衙门书办江西弋阳曾氏兄弟俩，因避乱来泸溪浦市，寄寓于江西会馆。为了生计，曾氏兄弟授徒教唱江西弋阳腔。当时客居浦市的江西殷实商贾，以唱家乡戏曲自娱自乐。最初，弋阳腔结合傩愿戏，以人声帮腔，后来以唢呐、笛子帮腔，形成独具特色的辰河高腔，辰河戏流派以浦市的浦腔浦调为正宗。

3.3 会馆楹联

尽管曲终人散，会馆早已退出了历史舞台，但它留下的楹联，却一枝独秀，在中国传统文化中占有重要地位。会馆大都有一副以上的楹联，一般悬挂于大门两侧或是会馆之内，对仗工整，平仄协调，或写景状物，或叙事咏史，或抒情寄怀，体现鲜明的时代特色。会馆楹联有着丰富的思想内涵和艺术特色，主要体现在几个方面：

一、抒发对故乡的赞美之情。美不美，家乡水；亲不亲，故乡人。走过千山万水，最美的依然是家乡的青山绿水，最甜的依然是家乡的淙淙清泉，最动人的依然是家乡的方言俚语，最舒服的依然是家乡的茅草木屋。会馆楹联通过吟联抒情怀、咏对颂故土，将如诗如画的故乡倾注于笔端。

长沙各地会馆甚多，亦多切题佳联。如衡山文杏所撰衡山会馆对联："八百里浪迹归来，相逢萍水；七二峰从头数去，尽是家山。"上联是说衡山到长沙虽然路途遥远，但是他乡遇故知，萍水相逢，倍感亲切；下联是用南岳七十二峰的重峦叠嶂来赞美自己的家乡，气势磅礴，气吞斗牛。虽然没有直抒胸臆地言思、言愁，但是一草一木总关情，乡愁与离散之情反而更为深沉、更为隽永。

芷江宝庆会馆对联："溆气西延芳搴沅浦，故园东望春满资江。"宝庆一地，物华天宝，人杰地灵，多少聪明才俊，他们的足迹遍及沅水流域。身处他乡，回首东望，春天的资江，春暖花开，山青水绿，那是我美丽的故乡。自豪之情，溢于言表，饱溢着对家乡故土的深深眷恋以及走南闯北、四海为家的宏图壮志。字句虽短，扣人心弦，引发内心的强烈共鸣。

洞口高沙镇湘乡会馆对联："湘水同清，毋忘宾旅；乡邦多彦，乐数晨昏。"为"湘乡"的嵌字联，意为虽然远离乡土，但这里同样情怀萦绕，商旅便利，营商环境良好；家乡人才辈出，人民安居乐业，怡然自乐，令人难以忘怀。采取冷静描写与热情歌咏相结合的手法，以饱满的热情、真挚的感情，激发人们不忘故土、热爱客地。妙语连珠，寓意深刻，让人发思乡之幽情，起奋飞之豪情。

二、倾诉对故乡的思念之情。远离家乡的游子，总会生出故乡情结，越远越浓，愈久愈烈，以致于成了结，结又成了愁。故乡水最美，浸出了一口浓郁地道的乡音；故乡人最亲，无论走到天涯海角彼此都血脉连通；故乡情最深，如枝繁叶茂的大树深深扎根在心中。乡情林林总总，感念百转千回，记忆深处的一湾细流、一座小桥、一口乡音，都会唤起我们浓浓的思乡之情。会馆楹联，直接抒发对故土的思念，寓情于景，寓情寄意。

民国时邵东人谢惠山题洪江宝庆会馆对联：“问客何来，六岭梅花开几点？劝君小叙，一轮明月话双清。”“六岭春色”“双清秋月”是宝庆十二景之最著名的两景，“双清”因位于资江、邵水汇合处而得名，“六岭”是指天池、铁铸、望仙、六一、八角、鹿头六座山岭。上联点出时间，梅花怒放，正是寒冬季节。这个时候，急切地询问从故乡来的客人：六岭的梅花已经开了几点了啊？这一句开门见山，问得很痴，本来问一句“六岭的梅花开了没有”就可以了，可作者偏要问开了几点了，绽出了多少花朵了？一个非常简单的问题，却问得十分具体、十分细致，也问得别有情趣。正是这一问，转折递进，以景状情、以情贯之，亲切可感、焦急可见，表达了对故乡的深沉思念和无限眷恋。下联是对客人的热情挽留：你还是别走了，留下来聊聊天、叙叙旧吧！今晚皓月当空、清风拂面，我们好好话乡愁、忆梓里、叙乡情！反映了宝庆游子对故乡的惦念深入骨髓、刻进肺腑，感情真挚、乡韵悠悠。“君自故乡来，应知故乡事。来日绮窗前，寒梅著花未？”与唐代大诗人王维《杂诗·其二》的思乡情景有异曲同工之妙。

清代新化人，著名诗人、书法家李郁华撰武冈上梅会馆对联：“距梅城四百余里而遥，旧井田庐犹在望；居资水五十三滩之上，同舟风雨最关情。”“旧井”，即古井，指故里；“田庐”，即田舍，指家乡。武冈距梅城四百多里之遥，对于远离家门的游子来说，久别的故乡我们依然记忆犹新、历历在目。逆资水而上，我们客居武冈，克服困难，同舟共济，不弃不离，最是温暖同乡情。桑梓之情，赤子之心，令人感佩。

望城乔口江西会馆戏台对联：“对景忽生归棹想，登楼常作故乡看。”内容取自“秋来黄叶成村，对景忽生归棹想；雨后青山满郭，登楼常作故乡看”。“为什么我的眼里常含泪水？因为我对这土地爱得深沉。”家乡情结无所不在、无时不有。观湘景，生乡情，自豪与赞美，溢于言表。思乡情结，跃然纸上，留住了“乡韵”，记住了“乡愁”，令人动容。

晚清湖南著名学者、诗人廖树蘅题衡阳长沙会馆对联：“潇湘门外柳枝多，听玉笛飞声，乡思暗牵橘浦；烟雨池边鸿影度，忽苍龙入城，江风吹下潭州。”清人廖重垞题衡阳长沙会馆：“笛曲吹开九面云，看舞袖频旋，风流当忆长沙国；家山共此三湘水，听乡音无改，雅调如翻渔父词。”清光绪醴陵县令黄圣之撰广东会馆联：“作尹愧花封，喜是间水绿山青，定有人才夸玉笋；抚时刚荔熟，问诸君酒余茶后，可曾诗梦忆珠江。”一楼一阁，一言一语，一草一木，一花一叶，都表达了时光荏苒、乡音未改、人间沧桑、故土难离的浓浓故乡情结。

三、反映离愁别绪之情。“剪不断，理还乱，是离愁，别是一番滋味在心头。”会馆楹联抒发的离别之情，无论是豪放的豁达，还是婉约的感伤，都在依依惜别中展示了浓浓情谊，我们可以领略到那浓得化不开的离愁别绪。

清末长沙人、著名楹联家李篁仙题长沙徽州会馆对联：“入门一笑，是几时萍水相逢，愿鸿爪少留，看三十六湾秋月；来日大难，问别后梅花谁寄，望鱼书早达，趁二千余里春潮。”南朝陆凯十分想念远在长安的好友范晔，正巧有驿使将往长安，于是就折了一枝梅花，托驿使捎去，并附小诗一首：“折花逢驿使，寄与陇头人。江南无所有，聊赠一枝春。”传达出真真切切、实实在在的思念之情，表达了想以前、思以后、念伊人的一种依依不舍而又无可奈何的心境。

四、表达对故乡神灵、先贤的崇敬之情。神灵和先贤是商人的精神领袖，是顶礼膜拜的偶像，是维系乡土感情的重要纽带。会馆表达对故乡神灵、先贤崇拜和敬仰的楹联为数较多。

长沙徽州会馆联：“采兰芷荐先贤，人比黄河，一笑澄莹尘换世；联梓桑继前辈，我家白岳，百年构造客思乡。”虽远离故乡，但对故乡的先贤人物和民俗风情，见羹见墙，念念不忘。

湘潭北五省会馆大殿对联：“天地一完人，文武才情忠义胆；古今几夫子，英雄面目圣贤心。”可谓对关羽一生功德的完美概括。上联高度赞美了关羽的人品情操，文武兼备，忠肝义胆，古今罕有，“完人”二字，堪为点睛。下联进一步指出了关羽的人格魅力，是后辈学习的楷模。关公如此完美，那么后世像他这样的人又有几个呢？意味隽永，发人深思。此外，湘潭北五省会馆对联：“大义秉春秋，辅汉精忠悬日月；威灵存宇宙，干霄正气壮山河”，“扶汉仰侯功，一心一德，浩气直吞吴魏；伏魔崇帝号，乃神乃圣，明威尚震华夷”。洪江七属会馆对联：“光照日月，气壮山河”“志在春秋功在汉，心同日月义同云”“匹马斩颜良，河北英雄皆丧胆；单刀会鲁肃，江南文武俱寒心”，都是对关羽的至崇赞美。

洪江福建会馆正殿对联：“覆帱惟天，女中尧舜；聪明作后，海上神仙”，凤凰福建会馆门联：“宠锡天章，德泽宏敷闽海；重新庙貌，威灵远震渭阳”，芷江福建会馆门联：“宠赐天章，德泽宏敷闽海；重新庙貌，威灵远播潭阳”，都是为妈祖歌功颂德。妈祖神灵护佑一方，保民平安发财，人们对妈祖的崇敬之情跃然纸上。同样，芷江福建会馆还题有多联。大殿对联：“自神禹后，一人盛德在水；由大宋来，千古崇祈配天”，正殿妈祖像两侧对联：“圣像接云高，立地擎天镇怒涛；举世争远瞩，中华独有女英豪”，妈祖殿两旁对联：“天上显灵威，挽转危机扶宇宙；圣母施妙法，排除祸厉护人间”。张家界市慈利县福建会馆对联：“度出众生不学佛，恩加四海直同天”，望城乔口福建会馆堂联：“天女荫南华，除沴安澜道无极；后星光北斗，荣封善果耀真元”，殿联：“佛日增辉，光耀宇宙；法轮常转，利益人天”“圣母悯人，以大善施江海河湖，不唯灵厦石泉湄台澎金马；生民仰德，虽诚心献烟香菽稷，尤应效行仁布爱救死扶伤”，都体现了妈祖立德大爱、拯危救难、济世助人、惩恶扬善等崇高品质和高尚人格，从不同角度彰显妈祖灵异，称颂妈祖圣德。

望城乔口江西会馆对联：“会馆是前身，曾便江西商旅文人，走马来楼，振衣聚友；关公临大殿，更邀世外中军罗汉，同开泰运，广护黎民”，新晃龙溪口江西会馆对联：“洪水想当年，幸怪锁洪湖，十万户饭美鱼香，如依夏屋；清时思俭德，祝神来清浦，千百载永勤沐泽，共乐春台”，知县崔斌撰株洲醴陵江西会馆对联：“冠盖我来迟，看石断刀横，父老犹能谈往迹；江湖功不朽，正蛟颠鼍喷，先生何计策安澜”，株洲醴陵美田桥江西会馆对联：“万民蒙恩泽，治洪降孽除暴安良，凶涛骇浪咸就范；寿宇沐神庥，施药行医驱妖净氛，魑魅魍魉尽潜行”，清末贵州楹联家刘韫良为洪江贵州会馆撰联：“箫倚玉屏妍，依稀腔演落梅，笑约鹿皮仙客听；酒斟琼盏滟，婉转词吟香草，醉呼螓首美人歌”，都是对许真君镇蛟斩蛇、为民除害形象的具体化、形象化、情节化。

衡阳江西会馆对联：“弥勒旧同龛，位业相参，仙佛真灵应合传；浮生原逆旅，乡关共话，岁时荆楚此登楼”“福星照轸宿上游，惠我无疆，大泽远随湘雨沛；仙馆望衡阳极浦，迎神有曲，灵风遥伫麓云飞”，也是对无所不知、无所不能的神灵的仰慕和传颂。

五、对比故乡与客地景物。这种睹物思情、由此及彼、浮想联翩的手法，或歌古国之风貌，或赞人文之景观，或畅宏图之高远，或忆乡邦之情感，给人以凝重深沉的遐思。

湘潭金庭会馆对联：“吴山毓秀，楚水钟灵”，赞美家乡和客地人杰地灵、山川秀美。晚清经学家、文学家王闿运题衡阳江南会馆对联：“湘水东流，想金陵龙虎遥蟠，共向邮亭望远；雁峰南馆，看石鼓江山如画，长依侯计筹边”，将故乡南京和客地衡阳进行对比，表达了对故乡的无限思念和对客地的一往情深。清朝著名政治家、军事家，湘军将领彭玉麟题洪江衡州会馆对联：“回首望衡阳，最难忘石鼓书声，雁峰鸿影；羁身在沅水，一样是春风人面，逆旅乡情”，上联写景，下联写情，情由景生，景由情促，情景交融，显得既自然又格外真挚，饱含着对家乡衡州的深深眷恋以及志在洪江的宏图壮志，这对身处异地、深怀乡愁的衡州商人而言，不仅具有精神安慰的作用，更是他们适应新的社会环境与人际关系的反映。

常德宝庆会馆对联，为清末秀才、邵东人刘宝堂所题：“君自故乡来，问双清秋月，六岭春风，是否江山无恙？客从何处去，看洞口花红，湖心草碧，良堪觞咏兴怀。”对联描写了宝庆十二景之“双清”和“六岭”，“双清秋月”犹存，“六岭春色”已毁。联语以“双清秋月”和“六岭春色”代指美丽的家乡宝庆。出句是问从宝庆来的客人，家乡还好吧？甫一见面，便急不可待，立即询问打探家乡的情况，我们家乡发生了怎样的变化？反映了思乡之情的急切和炽烈。下联中的“洞口”并非指邵阳的洞口县，而是指常德桃花源的洞口。《桃花源记》中渔人由洞口进入桃花源，渔人在快到洞口时，“忽逢桃花林，夹岸数百步，中无杂树，芳草鲜美，落英缤纷”，联中“花红”即指此。“湖心草碧”之“湖”是指常德的柳叶湖。这一句是劝客人在宝庆会馆留下来，常德是一个美丽的地方，桃花源的花儿正红，柳叶湖的草儿正绿，这里也是一个把酒吟诗、畅叙情怀的好地方啊！此联主要描写游子乡思，在刻画景物中，把故乡的宝庆景象与眼前的常德风光进行对照，前者江山如画、风光旖旎，后者湖光山色、春意盎然，叙桑梓之情，赞客居之地，达到了壮美与优美的统一。

六、描写人文和自然环境。人文环境是指能反映社会、时代特征的建筑、场所、陈设等景物以及民俗民风，自然环境是指自然界的景物，如季节变化、风霜雨雪、山川湖海、森林原野。

近代古文家、诗人吴恭亨撰长沙江西会馆戏台对联：“寿域寿人寿杯，春酒万寿；新民新国新剧，舞台一新”，舞台一新，可指戏剧舞台有新戏新人，也可指社会舞台的变化。晚清湖南新化文人周芍衫撰长沙江西会馆对联：“塔影栖深丛树隐，钟声飞下一江秋”，塔影佛光，钟声梵音，泠然响于耳畔，一夕仿佛刹那，顿悟此心如一江明月。

益阳宝庆会馆前有黄泥湖、石壁湖，后有金花湖、白鹿湖。面临青龙、萝卜、蔡家三洲。邑人有联云：“五福对三洲，萝卜青菜；七星临二湖，石壁黄泥”，“萝卜洲、青龙洲，舟动洲不动；黄泥湖、石壁湖，凫飞湖未飞”。

株洲醴陵美田桥江西会馆有联叙说美田桥的景观，道是：“五里九桥十陂联鸳鸯，一排二凤三江聚美市。”其中“陂”即“水坝”，“排”指美市地势建筑居高连片，“凤”意为会真山如彩凤居前，“三江”实为渌水的三条小支流。

吴恭亨题津市抚州会馆对联：“广义称澧公园，亚土熙熙见欧俗。合群譬衣带水，洞庭浩浩接鄱阳”“秦钦汉钦近代钦，眼前庄严，现大千界楼台影；蹄者角者跂行者，门外自在，更不二庵钟磬声”。澧州人徐真园题津市昭武会馆对联：“开门见山，遣兴无妨抚松竹；平地负篑，为高岂必因丘陵。”凤凰江西会馆有联：“一阁临江，南华来对面；万山朝凤，东岭在当头”“举眼四欣山似画，凭窗重快阁临江”。人在景中走，身在画中游。景致之美，令人心旷神怡，对联的意境与游人到此的心境切实合拍。

七、推销商品或进行广告宣传。商业广告，源远流长。唐人杜牧“千里莺啼绿映红，水村山郭酒旗风”，这里的“酒旗”就是古代酒肆主人挂在户外用来招揽生意的一种广告形式。作为语言艺术之一的楹联作品因其精练性、抒情性、形象性和丰富性而具有浓郁的艺术感染力，所以也常常出现在会馆的商业广告之中。通常在会馆商铺的大门横楣上，悬挂金字招牌，上书店号，两旁缀以对联，妙语连珠，寓意深刻，饶有兴味。

《“西帮”药铺堂规店俗杂记》一文对西帮药铺对联有如此描述：药店对联，除一年一换的春联之外，也有木刻金字长年悬挂的，如“修合无人见，存心有天知”“但祈世上少生病，何必我家多赚钱”“钱可通神，取之有道；药能医病，存乎本心”等等。也有别出心裁，取中药名嵌入对联的。如“‘国老’‘牵牛’耕‘熟地’，‘将军’‘打马’过‘常山’”“‘独活’人间命，‘当归’天下财”。所有这些，都具有浓厚的药店行业特色，内容紧扣药名，紧密结合了药商业务，从不同角度显示了经营者的身份、擅长和抱负，起到了一定的广告宣传作用。

八、渲染戏台艺术效果。戏台楹联曾记录着当年的丝竹乐音，记载着世代民间艺人的艰辛生活，也收藏了簇拥的人影、如雷的喝彩。在会馆戏台上，常常悬挂有各种构思奇特、妙趣横生的楹联，或介绍戏剧的特点和作用，或反映剧场的欢乐气氛，使得表演艺术更加诱人和富有魅力。

晚清经学家、文学家王闿运题衡阳江南会馆联云：“铁板铜弦，高唱大江东去；琼楼玉宇，细听水调歌头。”此为描写表演风格和观众审美情趣的联语，巧妙地将戏曲舞台的诗情画意、戏曲表演或雄健豪放或秀隽清雅的不同风格表现得淋漓尽致。

清末进士、楹联家吴獬为临湘关帝庙戏台撰联：“神似日行天，天行日即行，那管孙，那管曹，那管江东河北；戏将人换世，世换人不换，甚么唐，甚么宋，甚么往古来今。”联语笑谈戏剧，笑谈人生，明白如话。关帝庙当时正演隋代瓦岗寨“程咬金”“秦琼卖马”及宋代“杨家将”，上联切合关羽事迹和时人对关羽的崇拜，下联契合演戏的内容，出语新奇，好似俗语说书。吴獬撰岳阳福建会馆戏台对联“三五步游满天涯海角，四六句说尽古往今来”，靖州江西会馆戏台对联“轻歌一曲赞盛世，妙舞三旋享太平”，都是对会馆戏台演出的生动描述和刻画。

九、凸显警策格言。会馆警策格言楹联，言简字工，入木三分，以平俗之辞见高远境界，寥寥数字，浓缩了丰富的人生哲理，具有一定的启迪劝勉作用，发人深省，耐人寻味。当然，有的也具有一定的消极作用，我们应该批判地加以继承。

吴獬为岳阳南岳庙戏台题联：“乱世需才，何不教南霁云、雷万春几位将官，救末劫投胎下界；逢场作戏，切莫演尹子奇、令狐潮一班反贼，使吾神怒发冲冠。”戏联言戏非戏语，呼唤拯救乱世之才，诅咒反贼及投降之祸，切时有感而发，用心良苦！联语犀利激昂，爱憎分明，颇具醒世教育意义。

洪江宝庆会馆戏台对联：“台上笑，台下笑，台上台下笑惹笑；看古人，看今人，看古看今人看人”，洪江长郡会馆戏台对联：“文中有戏，戏中有文，识文者看文，不识文者看戏；音里藏调，调里藏音，懂调者听调，不懂调者听音”，永顺王村江西会馆戏台对联：“天下事无非是戏，世间人无须认真”，把对联挂在戏台上，以演戏与天下事相比衬，虚实结合，意味深长，令人深思。芷江福建会馆、凤凰福建会馆戏台的对联更是发人警醒：“凡事莫当前，看戏何如听戏好；为人需顾后，上台终有下台时。”谦虚谨慎，小心做人，经商求富，亦是如此。这也是商人商道理念和心态的一种反映。

十、宣传革命道理。20 世纪二三十年代，因为革命斗争和形势的需要，许多会馆出现了红军对联，这些对联从内容上讲，或抒发红军的豪情壮志，或号召广大劳苦大众参加革命斗争、反抗黑暗势力，其号召性、战斗性犹如声声号角，激荡人心。

桂东沙田戏台位于江西会馆门前的圩坪上，台柱上有对联曰：“旧世界打个落花流水，新社会建设灿烂光明。”据传，这副对联还有一段历史。1928 年 3 月，毛泽东率领工农革命军第一团来到湖南省桂东县沙田圩进行革命宣传。4 月初的一天，正逢沙田赶墟，人特别多。墟坪里有个戏台，毛泽东决定利用这个机会登台演讲，向群众宣传工农革命军为工农谋利益的革命宗旨，号召劳苦大众起来打土豪、分田地。早饭前，毛泽东带着陈奇等几个营、连干部来到戏台前，毛泽东看到戏台两边各立着一根柱子，对陈奇说：“两边柱子上要是贴副对联就好了，你是个秀才，看写什么好？”陈奇犹豫了一下说：“我一时想不起来，等早饭后再告诉你，好不好？”毛泽东微笑着说：“曹植三步成诗，我给你三十步时间作副对联来！”陈奇见毛泽东态度坚决，也就认真地思考起来。只见他来回踱了几圈，忽然高兴地说：“有了。上联是‘旧的打他个落花流水’，下联是‘新的建设得灿烂光明’。”毛泽东高兴地说：“好！不愧是个秀才，对仗工整，气势不错！不过，依余之见，‘旧的’改为‘旧世界’，‘新的’改为‘新社会’更贴切。”于是，这副对联就成了：“旧世界打个落花流水，新社会建设灿烂光明。”鲜红的对联一经贴出，会场的气氛顿时热烈起来。红军对联密切结合当时实际，在红军革命斗争的伟大历程中发挥了独特的作用。

第四节　会馆与教育

明清时期的试馆，也属于会馆。如长沙市松桂园的衡清试馆，是清代时为衡阳、清泉（今衡南）二县秀才到长沙参加乡试时行食宿方便之所。长沙市望麓园的宁乡试馆，是清代宁乡秀才到长沙参加乡试时居住的地方。炎陵县霞阳镇的江家试馆，则是清代时西人子弟到炎陵县城参加县试时的寄宿之处。这些试馆，功能单一，主要是为科举考试时应试服务的场所，不属于商业会馆，因此不在本书研究之列。

长沙试馆一览表

名称	地址	名称	地址
云阳试馆	豆豉园	黄氏试馆	司马里
邵阳试馆	黄泥街	宁乡试馆	望麓园
衡清试馆	松桂园	彭氏试馆	三泰街
城步试馆	中东长街	安仁试馆	中山东路
茶陵刘氏试馆	上晏家塘	靖州试馆	中山东路
会同试馆	文星里	湘乡试馆	皇仓街
酃县试馆	东长街	长桥柳氏试馆	紫荆街

清代，江西的宾兴活动极为盛行。所谓“宾兴”，本指国家考校取士，明清时期主要指地方成立各种基金组织资助科举考试的活动。清光绪江西巡抚德馨曰：“国家以科目取士，士之伏处衡茅，怀铅握椠，皆欲就试于有司。由郡县而之行省、之京师，或数十里，或数百里，或数千里，舟车屝屦之费，未能取办于临时，此留心风教、力敦古谊者所以有宾兴之举也。”[1]

涂兰玉《宾兴馆章程记》，详细记载了江西新建县宾兴会的助学规定[2]：

一是助考费，包括盘缠银、卷价银。

（一）文举人进京会试，每人给盘缠银二十两，公议以抚宪咨批验明给领。领银签字，以备核查。发银的日期，为十一月下旬至十二月上旬。发给卷价银二十两，由公局在发盘缠银时，先给发票。三场考试完毕，公局按照发票给付银两。考生的养家费用不得与盘缠银同时支取。

（二）举人会试未中而留在京城参加第二次会试的，仍照由家进京的标准，发给盘缠银和卷价银。有在京城任官及候选顺便进京参加会试的，只给卷价银，不给盘缠银，以示区别。

（三）武举人进京会试，每人给盘缠银二十两，公议亦以抚宪咨批验明，酌定三月内发给。

（四）由本籍考中北闱举人的，按照考中本省举人的待遇，一同发给费用，也凭抚宪咨批为准。

（五）本籍考生而借用他籍参加考试，或参加京城附近的大兴、宛平籍的考试，不

1《清江县宾兴全集》德序。引自邵鸿《清代后期江西宾兴活动中的官、绅、商——清江县的个案》，《中国社会历史评论》（第四卷）第75页，商务印书馆2002年版。

2 同治《新建县志》卷七十五《艺文记·宾兴馆章程记》。

算为本籍名氏，不给考费及会试的路费和卷价费。如通籍后，请回本籍参加考试，照旧发给费用。

（六）异籍不符合规定的考生，一律不得申请参加考试。其中有呈请加入本籍，并查明有除籍证明的考生，照例允许参加考试，但只准投考，不给卷价费、路费。如查实已经除籍加入本籍，公认同意捐助该考生，仍可一同发给考费和会试路费及卷价费。

（七）文、武举人有领取费用而不进京考试的，就近追回。远离此地的，于下次进京会试时扣还。但或遇中途发生意外事故，以及临行时因故而不能前往的，不包括在其内。本乡一同参加会试的考生，互相查察。

（八）优贡、拔贡进京应试，公议给盘缠银十二两。

清光绪六年（1880）公议订立的《续议宾兴会章程》则规定：每届乡试之后，于当年给每位赴京会试的举人（包括历届举人）发给卷价银五十两。

可见，新建县宾兴会发放的助考费数额不仅有变化，而且支持力度在不断加大。

二是服务费。首事每年舆资、伙食，每位共给银十两。宾兴银折、考棚看守接送，给盘缠银十二千文；看守及照料、首事开局工资，在考棚给发。各项公议同意的开支，每年十一月二十一日至十二月初十日，首事在考棚好义祠等候给发。如有二十日内未到咨批者，即于首事公馆面领。二十日内茶水、点心等费用，共给银三两。

对于各项费用，"经理宾兴首事，公签上下乡共三人，互相查核，年终即将一年收付、如何生息，各条结算，出具壁单，张贴考棚，以示公慎"[1]。

从新建宾兴会的经费支出和助学规定中可以看出，其经费绝大部分是直接用于文、武举人参加会试的盘缠银和卷价银，以及优贡、拔贡进京的盘缠银，其余少部分，则用于支付首事的报酬（如车马费、伙食费、茶水费、点心费）和看守、接送人员的工资。

江西清江县很早就有资助科考的传统。长沙、湘潭清江商人是宾兴活动的直接发起者。清同治三年（1864），江西清江人、长沙知府吕世田"始谋设江西宾兴会，乡人之商于楚者，咸欣然乐从"[2]。其时，贸易于湘潭的清江商人监生张祖恩和职员熊景仕、张荣久、熊源元、罗钟舆、欧阳尚礼等，念及兵燹之后，百孔千疮，家乡读书人穷困潦倒，乃倡议发起成立湘潭清江宾兴会（又称宾兴堂），商妥同人，由买卖货物中抽取厘金，设立基金。从清同治四年（1865）至九年（1870），湘潭清江宾兴会共募集白银11825两，其中8700余两购置店房，以其收益和其余银两资助清江宾兴和书院膏火。据《清江县宾兴全集》中的《清江县宾兴捐输芳名》记录，共有在湘潭的清江商人15堂，174人捐厘。最多者为杨怀远堂，捐厘260两；最少者，为五钱二分七厘。随后，又有

1 同治《新建县志》卷七十五《艺文记·宾兴馆章程记》。

2《清江县宾兴全集》吕序。引自邵鸿《清代后期江西宾兴活动中的官、绅、商——清江县的个案》，《中国社会历史评论》（第四卷）第76页，商务印书馆2002年版。

湖北汉口和湖南常德的清江商人积极响应，分别捐资。此后，又有清江士绅、官府的大力推动，在本县范围内集资 11000 余贯，建立起规模较大的助学基金。

在湖南近代教育发展史上，私立教育占有极为重要的地位，不少地方都办有私立学校，湖南“私校之盛，殆为国中所仅见”[1]。私立小学发达，是湖南小学教育的一个特点。民国二十一年（1932），为全省有私立小学最多的一年，共 10385 所，占小学总数 25675 所的 40.45%；在校学生 39.7794 万人，占小学生总数 102.4443 万人的 38.83%。[2] 到 1949 年上期，全省仍有私立小学 6435 所，占小学总数的 19.7%；有在校学生 41.8325 万人，占小学生总数的 21.8%。[3]

1936 年《长沙市政月刊》刊登的《训令长沙市山西陕甘三省会馆呈报该管产款数目由》：“令长沙市山西陕甘三省会馆值年人等为令行事。据报，该会馆产款充裕，除田产不计外，每年房捐收入约有二千二百三十余元。应即遵章办学、救济失学儿童等语。查该馆产业，就属丰裕，自应兴学，以宏教育。据报前情，合行令仰该值年人，□将该管房产田产，据实呈明，以凭核办。此令。市长何元文。”[4] 长沙市的这则市长令，反映了政府对会馆兴办教育的重视和要求。

会馆创办学校一般以初级小学为主，主要招收同乡子弟。解决子女的读书问题，这是会馆办学的初衷。“同乡人士羁旅异乡，人齿蕃衍日多，子弟读书既无公学可入，只有自求诸己，例如重庆各会馆大都举办着义学，以为同乡子弟入学读书之地。”[5]

关于湖南商业会馆与教育的关系，由于相关资料缺乏，只能从一些零星资料中钩稽少量史实。

江华的粤东商民，于清道光九年（1829）办有义学凝香书院。广东、福建、江西三省士商，于清同治六年（1867）联合办学，招收子弟入学。对此，同治《江华县志》有所记载：

> 凝香书院，在南关外半里许，建自道光九年，旧系粤东商民义学。咸丰初，毁于贼。同治六年，该省士商暨福建、江西两省士商合捐重建，更名三圣宫，内奉关帝、文帝、许真君牌位，中设讲堂，旁立东西二斋，以为三省寄籍士商子弟肄业之所。八年，邑令刘华邦重修邑乘，首士彭夺元、廖拔元、伍化蛟、李庆芳等，呈请以三圣宫入志，奉批，准照原名编入。[6]

1 陈润霖：《二十年来之湖南小学教育》，《大公报廿周年纪念特刊》。
2 湖南省地方志编纂委员会编：《湖南省志》第十七卷《教育志》第 138 页，湖南教育出版社 1995 年版。
3 湖南省地方志编纂委员会编：《湖南省志》第十七卷《教育志》第 138 页，湖南教育出版社 1995 年版。
4 长沙市政府秘书处编：《长沙市政月刊》第 22—27 期合刊，1936 年 2 月。
5 窦季良：《同乡组织之研究》第 72 页，正中书局 1943 年 10 月渝版。
6 同治《江华县志》卷二《建置志·公署》。

清咸丰年间，安江邵阳商人金荣卿首倡修建宝庆会馆。清光绪年间，大批宝庆人在安江落户。当时安江只有一所小学堂，很多宝庆子弟无法入学。为此，金荣卿捐田百余亩，创办宝庆会馆义学，开启外籍人士在黔阳办学的先河。初办时有学生 30 余人、教师 2 人，进行《三字经》《百家姓》《包举杂字》《增广贤文》等启蒙教育。民国初年，由于时局动荡，义学随之停办。民国十四年（1925），安江工商业有所复苏，义学又继续开办，规模扩大，分为蒙馆、经馆，学生百余，教师 7 人。蒙馆注重点读，经馆侧重讲解。民国十八年（1929），宝庆会馆毁于火。两年后，购买陈家大窨屋为馆址。民国二十六年（1937），义学又一次停办。曾任洪江八帮木业公会主席的金亨澜迁来安江后，偕同金翘帆决定继续办学，并按民国私立小学组织章程，取"楚国惟善以为宝"之意，定学校名称为宝善初级小学校，正式成立校董会，并上报县政府备案。

宝善小学是民国二十八年（1939）秋季正式开学的，设 1 个年级 1 个班次，后增至 4 个年级 4 个班次。教师由 2 人增至 7 人，其中专职 5 人、兼职 2 人。学生由 40 人增至 200 余人。校长由校董会聘任。至 1949 年止，毕业于宝善小学的学生共计 700 余人。1950 年上期，宝善小学由县人民政府接管，校董会也随之解散。

清光绪三十一年（1905），益阳湖北会馆创办育才小学，民国元年（1912）改为高小，民国八年（1919）升为县立第二区高小，中华人民共和国成立后，改为汽车路小学。

清宣统元年（1909），长沙福建会馆创办私立全闽小学，又于南门外蔡松坟创办景蔡小学。至宣统三年（1911），全闽小学合并于景蔡小学，改称为私立全闽景蔡小学。

民国元年（1912），湘潭金庭会馆创办私立金庭简易小学，民国十六年（1927）增办高小班。民国三十年（1941），由于日机轰炸，学校迁到湘潭县双板桥桃花冲惜阴小学办学一年，民国三十一年（1942）迁回原址。1951 年由湘潭市人民政府接管，改名为湘潭市私立金庭完全小学。1959 年明确为公办，1967 年改名为育新小学，1977 年恢复金庭校名，1978 年定为湘潭市河西区重点小学，1981 年定为湘潭市重点小学，现为湘潭市雨湖区金庭学校，系湘潭市校史最长、规模最大的全日制小学之一。

民国元年（1912），苏州商人沈克刚利用长沙十铺福胜街苏州会馆屋舍办有金庭学校。民国时期，宁乡苏州会馆与赣闽合办小学校，称苏赣闽联合小学校。

民国初年，醴陵广东会馆创设培元女学，醴陵王仙、枧市、泗汾广东会馆皆设小学。醴陵福建会馆于清末设崇实学校，治东白市、普市、王仙、枧市，治西神福市、治北渌口市福建会馆"或设学校，或谋公益，皆赓续罔替"[1]。

在芷江，会馆创办的小学有三所，即江西会馆的豫章小学、福建会馆的崇智小学、宝庆会馆的文质小学。其共同特点是用会馆馆址作为校舍，用田产、房产作为学校常年

1 民国《醴陵县志·建置志·公所》。

经费，会馆董事会即学校董事会，掌握学校财经，推选或聘请校长。这三所小学中以豫章小学办得最为出色。豫章小学于民国二年（1913）由江西会馆创办，最初为私立江西旅芷初级小学校，民国三十年（1941）更名为私立豫章小学校，学生分为高级班4个、初级班8个，总计400多人。高级班开设语文、算术、公民、自然、历史、地理、体育、唱歌、图画9门课程，初级班少历史、地理2门课程。经费来源于江西会馆，由其所属四府负责筹集，平均每位老师每月俸谷3石，比其他学校报酬略高，延请了一批高素质教员，使学校教学质量迅速提升，与公立小学不相上下，深受社会各界好评。

辛亥革命后，永郡子弟到省会长沙求学心切，旅省士绅宾步程、雷铸寰、唐健、蒋友文等倡议，商请永州八属零陵、祁阳、东安、道县、宁远、永明、江华、新田县政府，经省当局批准，于民国二年（1913）春在长沙永州会馆创立濂溪中学，雷铸寰、唐志尚、陈际昌先后担任校长，唐生智于民国四年（1915）担任学校军事体操教员。

民国三年（1914），益阳宝庆会馆创办私立湖南五福小学；民国三十二年（1943），在五福小学基础上兴办了私立湖南五福中学。中华人民共和国成立后，在这里开办了益阳市第五中学，现为益阳市第六中学。

新晃龙溪口宝庆会馆为解决子女入学问题，于民国二十二年（1933），由申连甫、刘芳秋、谢长发等人负责筹办宝庆旅晃私立宝光初级小学，校址设宝庆会馆内，首任校长为杨绥之。民国三十年（1941）增设高小班，更校名为晃县私立宝光小学。1959年更名为城关镇第三完小。1969年，第二完小与第三完小合并，又改校名为新晃镇第二完小。

民国二十九年（1940），靖州江西会馆、宝庆会馆、长沙会馆、衡州会馆、永州会馆出资，在江西会馆创办两个初级小学复式班，招新生80人。民国三十一年（1942），又得到广东会馆、福建会馆、贵州会馆的赞助，报呈湖南省教育厅备案，初级小学正式命名为乐群小学，增设高小两个班，改复式为单式，共计6个班，学生增至250人，教师9人，校址迁至渠阳镇大码头衡州会馆一带。乐群小学的管理机构分内外两层，内层即以校长负责的校务委员会；外层即校董会，出资的八家会馆拥有管理该校的最高权力。校董会由各会馆推举董事组成，设董事长一人，董事若干人。各会馆在董事会的董事席位，按其所捐赠财产的多少而定，少则一人，多则二三人。校董会行使校长任免、决定办学规模及筹措办学经费等职权。1951年，县人民政府接办乐群小学。

民国时期，黔阳衡阳会馆创办铨玲小学，一般招收学生几十人，主要招收当地衡阳人子弟，办到四年级即止，中华人民共和国成立后解散。

此外，长沙云贵会馆创办滇黔小学，湖北会馆创办湖北小学，益阳湘乡会馆、新化湘乡会馆、武冈湘乡会馆创办龙城小学，宁乡福建会馆起初设有义塾，后停办，民国以后与苏赣联合创办苏闽赣联合小学校。汝城广东会馆创办有子弟学校，绥宁宝郡五属会馆创办有宝五小学和宝五中学，芷江榆树湾宝庆会馆创办有宝庆小学。

洪江各会馆对教育十分重视，从清朝到民国，洪江创办了 34 所学堂，许多为会馆办学。“创办学堂、中小学，既可以解决商民子弟教育问题，又可以让适龄青少年有学可上，有书可读，不至于流浪街巷，造成社会不安定因素。因此，办学成为了洪江社会团体和仁人志士慈善的一项重要内容。”[1]

清光绪三十三年（1907），作为洪江三大支柱产业之一的洪油业公会集资创办私立商达初高级两等小学堂。后因抗日战争爆发，洪油滞销，油号濒临停业，民国三十一年（1942）学校被迫停办。民国二十七年（1938），中共洪江第一个地下党支部在这里成立，在洪江历史上留下了光辉的一页。

民国十七年（1928），洪江宝庆会馆创办宝庆小学，校址在宝庆会馆内。民国三十四年（1945），于天王庙修建新校舍，随后高年级迁入新址。学校经费全由馆产支付。现为洪江区第二中学所在地。

民国十八年（1929），洪江辰沅会馆创办辰沅小学，校址设大河边一甲巷口辰沅会馆内。学校经费主要由馆置房产提留，并适当征收油、木、谷米商人乐捐。1951 年，辰沅小学与惟先小学合并为洪江市第一初级小学。

民国十九年（1930），洪江屠业公会创办三义小学，校址在季家冲三义宫内。民国三十二年（1943）增设高级部。民国三十七年（1948），学生曾达 270 人，教职员 11 人。以该校进步教师为主成立的“吼声歌咏团”，利用文艺形式在洪江大力宣传抗日救亡运动。1955 年该校并入茅庵街完小。

民国二十一年（1932），洪江江西会馆设立临阳、洪都小学；民国二十三年（1934），将临阳、洪都小学合并为豫章小学，以江西会馆为校址，经费以所属南昌、吉安、瑞州、抚州、临阳五府所置公产项下提取。民国二十八年（1939），在该校创办十馆联立小学，改名“洪范”。民国二十九年（1940）九月，旅洪江西同乡辛华铁、杨竹秋将豫章小学升格为豫章中学；十月，更名为赣材初级中学。现为洪江区第三中学校址。

民国二十六年（1937），洪江安徽、江苏、浙江三省会馆合办皖苏浙初级小学，以安徽会馆为校址，经费由三省会馆共同承担。民国二十九年（1940），因经费原因学校停办。民国三十三年（1944），安徽旅洪同乡有志之士，利用馆产创办皖光小学，为完全小学规模，学生 130 余人。1950 年，皖光小学与衡郡小学合并为洪江市第二初级小学，后并入茅庵街完小。

民国三十年（1941），洪江湘乡会馆创办湘乡初级小学，校址新街湘乡会馆内。

---

1 刘嘉弘：《湘西南洪江古商城的慈善事业》，《湖南城市学院报》第 29 页，2008 年第 1 期。

民国三十四年（1945），洪江长郡会馆创办长郡初级小学，校址在长郡会馆内。民国三十六年（1947），两校合并为长郡湘乡联立小学，简称长湘小学，校址在湘乡会馆内。1950 年，调整为洪江市第五初级小学。

民国三十一年（1942），洪江衡州会馆创办衡郡小学，五年后扩办高级部，成为一所完全小学。学校采用复式教学，学生达 164 人。校址设在塘坨衡郡会馆寿佛寺内。1950 年，与皖光小学合并为洪江市第二初级小学。

此外，洪江福建会馆创办的福建小学、贵州会馆创办的鼎新小学、七属会馆创办的惟先小学、靖州会馆创办的渠阳小学，都在洪江教育中发挥过一定的作用。

根据行业需要，有的会馆设有专门学校，用以培养本行业的专业人才。民国初年，湘潭的会所办起了自己的新式学校，如土木工人会所开设的公输小学，规定招收泥木工人子弟入学。

会馆学校的办校费用基本上由会馆承担。长沙南货业总公会“会内现办有育群小学一所，聘教员一人。常年经费均出自佃钱项下，不足之款则有牌费捐。牌费捐分四元、五元、十元三等，按营业之大小定之”[1]。清宣统元年（1909）《湘乡纸业条规》：“圣朝作育人才，永市设立学堂，抽派捐项公仪。自五月十六起，每纸块加收厘金钱二文，由水客扣交。”[2] 抗日战争时期，芷江福建会馆在木叶溪、垅坪等处拥有田产 160 余亩，房产地租收入除用于解决同乡临时困难和年会聚首开销外，余资多用于兴办教育。

会馆学校对子弟入读给予优惠。民国初年，湘潭临丰药帮所办的临丰学校，招生对象以本帮人原籍子弟为主，规定凡临丰籍子弟上学，学费八折优待。

会馆办学不得随意，还得经由官府批准，如长沙的轩辕公所“呈请官厅立案，创办缝纫公厂及小学堂，专收同业子弟读书”[3]。

会馆办学，尤以江西商人建校最多，一般以“豫章”命名，有的招收本地人子弟。

早在清代，湘乡江西商人在大码头建立江西会馆，并创办豫章小学；民国元年（1912），又在县城大正街开办旅涟小学，民国二十年（1931）增设高小，招收江西籍子弟及附近湘乡子弟入学。

清光绪二十九年（1903），龙山县里耶镇创办第一所新式学堂——湖南省永顺府里耶守经学校，教职工 20 余人，学生 200 余人，校址在江西会馆。民国六年（1917），学校改为三甲乡小学，学生多分成“毅”（特科班，即超龄学生组成）、“诚”（高级班）、“爱”（中级班）、“美”（低级班）四个班进行教学。民国十六年（1927）春，因学生

1 兰心：《省城南货业之分合及其沿革》，《长沙市工商业及救济事业的沿革》，1985 年湖南图书馆复印原稿本。

2 湖南调查局编印：《湖南商事习惯报告书》第 285 页，湖南教育出版社 2010 年版。

3 兰心：《省城缝衣业及轩辕公所之沿革与纠纷》，《长沙市工商业及救济事业的沿革》，1985 年湖南图书馆复印原稿本。

增多，校舍不敷使用，将“毅”“诚”“爱”三个班迁往关帝宫。

清光绪三十三年（1907）正月，江西商人在慈利西溪江西会馆设立西溪学校，经费为谷租五十石、杂捐银三十元。[1] 民国六年（1917）二月，慈利县正街江西会馆成立赣籍学校，经费为万寿宫补助钱三百千、屠宰税六七十元。[2] 慈利九溪豫章会馆，有田租二百余石，拨设国民学校一所。[3]

清光绪三十三年（1907），黔阳江西会馆拨田三千石，创办豫章小学堂，免费进行启蒙教育，资助贫困孩童上学，后改为明新小学。

清宣统元年（1909），新田江西会馆创办求实初等小学堂。

民国二年（1913)，芷江江西会馆创办豫章小学，历任校长有胡熙煌、邓树洲、彭冠西、刘德甫、钟康宁。

长沙江西会馆下属四府，分别创办有四所小学。民国七年（1918），南昌府豫章郡首办豫章小学，后吉安府士绅续办庐陵小学，抚州府士绅又办昭武小学，安成县士绅亦办安成小学。四校都设立在江西会馆内，唯高墙分隔，各辟校门出入。1951 年后，这四所私立学校连同临江小学合并，初名豫庐昭安小学，同年下期改名为江西小学。1956 年教育部门接管，改私立为公办，以街道命名为长沙市西区铜铺街小学。后又几经校名更迭，于 1985 年最终定名为铜铺街小学。

民国九年（1920），江西旅衡同乡会会长卢瑞芳等创办豫立小学校，1951 年与他校合并为市二完全小学。民国三十年（1941），江西省旅衡同乡会集资创办大刚中学，主要倡办人毛健吾首任校长。毛时任《大刚报》社总经理，故以“大刚”为校名。每年招收两个初中班，三个年级，共六个班，在校学生最多 200 人。1959 年大刚中学更名为湖南省衡南县第二中学。

民国十六年（1927），益阳江西会馆兴办私立豫章小学；民国三十五年（1946），又创办私立豫章中学，1956 年学校改名为公立益阳市第四中学。

民国十六年（1927），靖州江西会馆、宝庆会馆在渠阳镇大码头宝庆会馆内开办赣宝小学，校长张孟华，这是靖州第一所平民学校。三个月之后，学校被迫停办。

民国二十年（1931），永兴江西商人在会馆内（今华侨大厦）开办豫章小学。

民国二十一年（1932），郴州江西会馆创办豫章小学。1954 年，由郴县人民政府接管，更名为郴县城关镇第五完全小学；1959 年，郴州建县级市，学校更名为郴州市第五完全小学。

民国二十二年（1933），江华江西会馆创办江西初级小学，民国三十六年（1947）

1 民国《慈利县志》卷九《教育》。

2 民国《慈利县志》卷九《教育》。

3 民国《慈利县志》卷十一《祠祀》。

更名为私立豫章初级小学校，供江西籍子弟入学。中华人民共和国成立后，学校并入公办沱江镇完小。民国十九年（1930），江华福建客边会馆创办私立凝香小学。民国三十六年（1947），江华衡阳会馆创办私立船山初级小学。

民国二十七年（1938），茶陵江西会馆创办豫章小学。

民国二十九年（1940），洪江江西会馆创办豫章初级中学，10月改为赣材初级中学。

民国三十二年（1943)，桑植江西会馆创办赣江小学，前后办学四年。

民国期间，湘潭江西会馆设立豫章完小，后改为卫东小学。湘阴江西会馆（今城北学校所在地）创办豫章小学，培育子弟；1952年，豫章小学与县城教会学校合并，改称联校，旋学校收回公办。

民国期间，常德江西会馆创办豫章小学。中华人民共和国成立后，豫章小学与对面的仁智桥小学合并，改名为大河街完小。

民国期间，新化江西会馆创建豫章小学，中华人民共和国成立后改名为梅城小学。

抗日战争时期，辰溪潭湾镇江西会馆办有小学堂，招收江西及本地人子弟入学。凤凰江西会馆创办私立豫章小学，1953年，豫章小学转为公办小学。

江西商人的办学热情持续高涨，促进了湖南教育事业的发展。

湖南商业会馆办学以初级教育为主。会馆创办的中学，只有衡阳江西会馆的大刚中学、益阳江西会馆的豫章中学、洪江江西会馆的豫章中学（后更名为赣材初级中学）、益阳宝庆会馆的私立湖南五福中学、绥宁宝郡五属会馆的宝五中学。

外籍商人异地经商，大多拖儿带女，因而会馆往往自办学校，以解决子女的教育问题。这既是会馆商人的自发行为，也是会馆经济发展的需要。会馆本身就是个经济实体，大都具有一定的经济基础，所以一般能维持所办学校的正常运转。不过，相对于社会来说，会馆又只是个狭小的经济单位，缺乏承办高一级教育的能力。因此，会馆办学以初等教育为主，而且规模一般不大，这也是由会馆自身局限性所决定的。

总的来说，会馆办学不但促进了会馆本身及商帮的发展，而且提升了当地文化教育水平，特别是有的会馆还招收客地子弟入学，对推动客地的教育起到了重要的作用。

第四章

湖南商业会馆的衰落

会馆从明初开始出现到民国时期，前后经历了五个多世纪。随着经济文化的发展以及外国资本主义的入侵，作为传统社会产物的商业会馆，清末民初已经开始发生转变。特别是民国时期，工业化的到来，会馆日益丧失了存在的经济基础；而民主化进程的推进，又动摇了会馆的封建思想基础。同时，新的社会组织，如商会、农会、工会应运而生，逐步代替了会馆的功能和作用，会馆这种旧的组织形式，已经越来越不能适应新的形势而逐步走向衰落。

第一节　会馆衰落的原因

进入民国后，会馆组织虽然存在，但已经开始近代化的转变，逐渐走向衰落以至最后消亡。同样，处于社会剧烈变化大环境下的湖南商业会馆，也由盛而衰，并最终落幕。

据《大公报》登载《旅湘各会馆请免借款》：

日前，长沙县奉命向外省旅湘各会馆借款。各会馆均有来函，请为收回成命。长沙县以军需紧急，仍须分别情形抵借。兹将各会馆来函摘要志下，以见各会馆实况之一斑。

湖北会馆：十年援鄂之役，蒋总监、夏司令以大义相勖，竟将历久遗留之房屋抵押现金巨万。计十一年底止，债务积欠二万七千有余元。既非生利机关，又无生产事业，何堪负此支出？三百余年之祠产，将永无恢复之一日。恳请收回借款成命。

上元会馆：该省旅湘商民，向以典业为生活。会馆公款，亦以典商为存储。自湖南银行纸币作废，所有存储，概归乌有。会馆亏累增加，岁修及春秋奉祀，一切需款甚巨，筹措无方。所请借款之处，恳从宽免。

云贵会馆：每月所收行佃一百零元，仅敷常年经费及学款之用，尚形有绌无赢。借款一节，无从筹措。

福建会馆：现在会馆所办两班小学，以经费困难，所有教员薪金无法支给。校中餐膳，亦势将断饮。筹借军饷，请转呈省长恳予豁免。

山陕甘三省会馆：会馆历年驻兵，糟蹋不堪。前后栋屋宇，年久失修，倒塌堪虞。旅湘人民，皆居冻馁，生计维艰。借款一节，尤属无从筹凑。

中州会馆：会馆虚有其名，毫无其实，既无产业，又乏储金，除会馆一栋外，别无所有，在湘营业者亦无多。敬祈免予摊借。

浙江会馆：所有公项，并无活款，仅赖会馆门首房屋，月收租金一百余元，又仅足以供同乡所设矜恤堂收养嫠妇之用。请收回借款成命。

安徽会馆：召集同乡再三会议，实在无法可筹。况万元之现金，即变款亦难立集，而会馆房租有限，以之维持学款尚属不足。请尊重《宪法》第七条所规定人民之权利，准予转恳省长暨军资处收回成命。

江西会馆：金融奇窘，各界所同。会馆虽系财团，并无营业，与公祠寺庙同等，别无取求之来源。供学校、祭祀诸需，时有亏绌之情事。请转呈省座，将摊借款项即予豁免。[1]

可以看出，20世纪20年代初，长沙各会馆已经开始式微，有的已是入不敷出、生计维艰，有的甚至债台高筑、难以为继。面对政府的强行摊派，深感力不从心，普遍产生抵触情绪，不得不说“不”。

关于会馆衰落的原因，主要有以下几个方面。

第一，会馆经费的缺乏。一是会馆田产减少，收益萎缩。民国以前的会馆，大都规模庞大，除会馆主产之外，还有祠庙、义园、义地及许多附产，相应收入比较丰厚。但民国以后，不少会馆的房屋、田产被租佃甚至变卖，规模大不如前。二是会员人数减少，收入下降。由于会馆已不再适应商品经济发展的需要，渐渐失去了吸引力，会员自然减少，会费收入大幅下降。特别是会馆因为失去了群众基础，会员捐赠、赞助的积极性大大降低。三是会馆开支过大，入不敷出。民国以前，湖南商业会馆的资金来源充足，腰缠万贯，财大气粗。进入民国后，由于时局动荡，国运衰微，社会经济受损，人民生活水平整体下滑，会馆收不抵支，大都经费缺乏，正常运转困难，房屋破旧不堪，无力修缮而逐渐荒废。

第二，会馆本身的局限。会馆实质上是中国传统小农意识乡土关系的外延。会馆一方面制定了详细、严厉的行规，约束会员诸如互相倾轧、恶性竞争、扰乱市场、损害信誉等行为；另一方面，也限制会员之间的任何思想解放和创新发展。“这是一种狭隘的自我封闭，它把成员牢牢地禁锢在狭小的地域和行业范围里。在抵制外来经济渗透的同时，也抵制一切近代先进事物。”[2]“预支五百年新意，到了千年又觉陈。”新生势力锐不可当，新老事物的更替是必然的。

从相关资料来看，湖南商业会馆的局限性十分明显。

一是浓厚的封建性。随着社会的变迁，作为封建社会的产物，会馆其固有的落后性逐渐显露出来。清代，工商性质的商业会馆仍然保持着浓厚的地域观念和血缘关系，绝大多数仍然是同乡行帮会馆。即使到了清末民初，突破地域界限的行业性会馆寥寥无几。此时出现的跨地域行业性组织，大多以同业公会的面目出现。又比如，会馆把神灵视为同乡人精神团结的纽带，希望通过神灵祭祀从思想上组织上行动上把会员牢牢控制

1《旅湘各会馆请免借款》，《大公报》1923年11月5日。

2 张明胜：《中国近代化过程中政府与会馆和商会的关系》，《传承》第97页，2009年第8期。

住。祭神在很大程度上成为会员情感需要，实际上也是一种精神抚慰。“宗教是人民的鸦片。”[1]宗教只能起到麻醉、安慰作用，对现实世界并不能带来福祉，是对现实歪曲的、虚幻的反映。

二是内部的闭塞性。会馆出现在传统的宗法社会，这种聚族而居、同井而饮，守望相助、患难相救的关系，对于提升企业的稳定性与竞争力有着重要作用。囿于时代的局限性，会馆不可避免地具有内部的闭塞性。会馆内部之间、会馆与会馆之间、会馆与社会之间缺少交流，“惟商人习惯，不但此业与彼业不通问闻，即一业之中亦各自为谋”[2]。怀化“各行帮均立有行规，并禀告官衙立案，行规森严，帮口极紧，凡新设商号均须办理入帮手续。同籍入帮，缴纳会金，会馆登记后，商界同籍才予公认。同业入帮，向行业（公所）缴纳入会费（亦名挂牌费、请牌费），方准开业。不入帮者，不但得不到同籍同行承认，而且处处、事事都要受到阻扰和攻击。故新设商号，一般都先办理入帮手续，缴纳入会金后始敢开业”[3]。这种封闭的狭隘视野，“隔行如隔山”的行帮习气，以及讳言“商业秘密”的陋习，不利于新的力量的吸收，不利于商品交换的扩大和社会经济的发展，使会馆逐步走向闭目塞听，日益丧失了存在的经济基础，失去了往日的活力与繁荣。

三是技术的垄断性。会馆大都颁布有相关规约，虽然抵制了一定的竞争，获得了暂时的发展，但是由于乡土观念始终是商业会馆思想观念的基本内核，其主要作用仍在于维护自身利益，这就使得各会馆之间壁垒森严、市场分割、技术垄断。为了防止竞争，会馆极力保护自己的利益，各据一帮，各据一行，技术不准外传。“各执一事，各呈（逞）其能，不越俎，亦不互谋”[4]，“所习之业，仅传本帮，甚至有限于本族者”[5]，“商界各行向不联络，每行各设会馆，各为风气，不相闻问，亦交通之一大阻滞也”[6]。就是在内部，一些精巧技术按照严格的血缘纽带下传，所谓“父传子，子传孙，世代相袭”“只传嫡，不传庶；只传男，不传女，甚至传媳不传女”，阻碍了市场的进一步扩大化生产和生产技术的进一步提高。这对社会稳定、经济文化交流和发展以及大规模集约生产，造成了一定的消极影响。明清时期湖南攸县的江西帮药铺带徒第一条就是非江西人不带，主要是怕技术外传端掉江西人的“饭碗”，所以他们传艺，有“传媳不传

---

1 马克思：《〈黑格尔法哲学批判〉导言》第 2 页，《马克思恩格斯选集》第一卷，人民出版社 1995 年版。
2 上海市工商业联合会编：《上海总商会议事录》1913 年 4 月 12 日第六次常会议案，上海古籍出版社 2006 年版。
3 湖南省怀化地区地方志编纂委员会编：《怀化地区志》第 489 页，生活·读书·新知三联书店 1999 年版。
4 向焯：《景德镇陶业纪事》第五章《瓷业之工作》，引自熊寥、熊微编注《中国陶瓷古籍集成》第 684 页，上海文化出版社 2006 年版。
5 向焯：《景德镇陶业纪事》第十二章《关于瓷业之教育》，引自熊寥、熊微编注《中国陶瓷古籍集成》第 721 页，上海文化出版社 2006 年版。
6《大公报》1908 年 11 月 13 日。

女”的传统。本地人除非有特殊关系，才偶尔有个别人学到一些制药本领；但师傅也只能是暗地传授，不敢公开带徒。[1]不少会馆制定有相应的严格条文，如清代湘潭《冶坊规章》对师傅带徒就明确规定：“各带徒三年，只带一个；如有所带之徒，或学一年两载而废，不学出级，该坊不许另带徒填补。一徒之缺，定要三年，期满可另带徒。该徒出级，不许入别坊帮助，违者，罚戏一本敬神”，“致不许外省人入坊学徒。如有不遵，共同并罚革出”。不许外省籍人员进坊内学艺，学徒出师不允许进入别坊帮忙，否则要受到惩罚，这些都是为了防止行业技术外泄。这种故步自封，不利于技术的交流与创新，导致经济市场结构单一，经济脆弱，抗风险能力极低。

四是组织的官僚性。会馆作为社会系统中的一部分，与官府有着千丝万缕的关系。会馆兴建，有的是由官员提议、倡导，有的依靠官府的支持才得以顺利进行。会馆为了保障其内部运作与外部整合的有效性，经过协定公议制定的相关制度公约，如条规、行规、规约、章程等，需要经过报官立案，得到官府的批准。会馆积极参与地方公共事务，如地方公益捐助，代办政府税捐，代地方政府管理流动人口。明清时期，人口流动性强，而封建政府又无力对大量的流动人口进行有效的管理。会馆作为一种自发的民间组织，可以充当政府助手，整合各种社会成分。随着地方政府对会馆的依赖性加强，会馆开始具有某些行政性功能，弥补了地方政府职能上的缺陷，政府甚至将会馆纳入官方轨道。清代湘潭的各帮会馆“均有帮董或董事主持帮务。帮董多是富商豪强，私通官府，操纵地方政权”[2]。这就使得会馆往往犹如封建堡垒，带有浓郁的官僚气息。

第三，社会环境的影响。20 世纪初，面对帝国主义的侵略以及日益严重的民族危机，清朝统治者认识到“取外国之长，乃可去中国之短”[3]，加紧实行“新政”，大力振兴工商、奖励实业，成立商部，放宽办厂限制，发展工业，颁布经济法规，企图通过新政的实施，达到维护统治、抵御外来侵略的目的，以挽救清王朝的统治。清廷新经济政策的出台，日益削弱了商业会馆赖以生存和发展的基础，使得会所等民间组织逐步发生蜕变。特别是随着近代资本主义经济的发展，外国列强发动对华侵略战争，外国资本大量涌入中国，改变了中国社会自给自足的封建经济发展模式，使中国传统民族经济遭到沉重打击。1904 年 7 月，长沙正式开埠，帝国主义各国蜂拥而至，开设洋行、经营洋货，以便获取更多的商业利润。至 1913 年，居住在长沙的外国人达 170 人，开设的洋行有 28 家，其中日本 10 家、德国 9 家、英国 7 家、美俄各 1 家。[4]长沙海关 1904 年进

1 湖南省攸县地方志编纂委员会编：《攸县志（1871—1949）》第 352 页，株新出准字（2002）第 062 号。
2 湘潭县地方志编纂委员会编：《湘潭县志》第 198 页，湖南出版社 1995 年版。
3 朱寿朋编：《光绪朝东华录》（四）第 4601 页，中华书局 1958 年版。
4《支那别省全志》第十卷《湖南省》第 33—34 页，东亚同文会大正七年（1918）十一月。

口洋纱 3445 担，至 1911 年增至 32696 担，接近开埠当年的 10 倍；1904 年洋布进口值 79.5 万关平两，1911 年增至 287.9 万关平两，为 1904 年的 3 倍多。洋纱、洋布进口的迅猛增长，使“本地所产之棉花其价日贱，且无人问津”“土布销行亦滞”[1]，由此造成大批手工纺织业者失业破产。这些，对传统商业会馆的生存发展造成了严重影响。

第四，兵燹频仍的破坏。长达十余年的清咸同时期太平天国兵燹，人口锐减，经济凋敝，社会秩序遭到严重破坏。“兵燹频仍，疮痍未复”[2]，对会馆造成重大打击。有的会馆被付之一炬，荡然无存；有的原址重修，有的另建新馆，虽然修复旧观，但已是元气大伤，难以从瓦砾中重拾繁华。许多商人纷纷弃馆弃业，一些会馆因无人经理，年久失修，馆舍逐渐荒凉，建筑破败不堪。民国时期的连绵战火，“会馆历年驻兵，糟蹋不堪。前后栋屋宇，年久失修，倒塌堪虞”[3]。许多会馆损毁严重，几成荒芜之地，馆规湮废，居人杂沓，“亏累增加，岁修及春秋奉祀，一切需款甚巨，筹措无方”[4]、“虚有其名，毫无其实”[5]。1938 年“文夕大火”，使长沙城的建筑彻底焚烧一空，毁灭到几近于零，原有的苏州会馆在这场大火中也难以幸免，成为一片瓦砾，后来的苏州会馆，就是大火之后重建的。衡阳新万寿宫又称庐陵会馆，旅衡吉安人清光绪年间建，1944 年衡阳沦陷，毁于兵燹。

第二节　会馆的历史转化形式

从相关资料来看，湖南商业会馆的历史转化形式具体主要有以下几种：

一、自行解散。由于逐渐不适应商业经济发展的需要及其本身所固有的局限性，会馆的最终淘汰在所难免。相关县志中对此有诸多反映，如黔阳有宝庆会馆名太平宫、湘乡会馆名广济宫、衡阳会馆名寿福宫、江西会馆名万寿宫，“1949 年底各会馆自行解散”[6]。晚清至民国时期，沅江境内会馆有“宁乡、湘乡、湘潭、湘阴等同乡会和福建

1 曹铁安、梁小进：《列强胁迫下的长沙开埠》，《长沙文史资料》第十辑第 187—188 页，1991 年 6 月。
2 光绪《洪江育婴小识》卷四《识宪委》。
3《旅湘各会馆请免借款》，《大公报》1923 年 11 月 5 日。
4《旅湘各会馆请免借款》，《大公报》1923 年 11 月 5 日。
5《旅湘各会馆请免借款》，《大公报》1923 年 11 月 5 日。
6 黔阳县地方志编纂委员会编：《黔阳县志》第 657 页，中国文史出版社 1991 年版。

（莲源宫）、苏州（金庭会馆）、江西（万寿宫）等会馆……新中国成立后，各地同乡会和会馆自行消失”[1]。民国初年，临武县城较大会馆有江西会馆（在今下河街）、永州会馆（在今滨江巷）、衡州会馆（在今城关粮店），“临武解放后，会馆消失”[2]。绥宁县江西会馆、长郡会馆、宝郡五属会馆、永州会馆，中华人民共和国成立后自行解散；民国初年，县境有屠宰业之三元宫、理发业之贤进宫等同业会馆，中华人民共和国成立后，自行解散。[3]

二、更名为同乡会。同乡会是以地缘为纽带组成的群众团体，将加强会员间联系、维护权益、纾解困难等作为宗旨。民国时期，不少商业会馆逐渐向同乡会转变。清代湘乡经营商业和从事手工业生产的外来商人，所设会馆在民国时期均更名同乡会。长沙湘乡同乡会就是清光绪三十年（1904）将湘乡试馆的一部分改为会馆，民国十年（1921）更新名。民国二十六年（1937），茶陵江西会馆改称江西省旅茶同乡会，1949 年九月，同乡会停止活动。

民国二十七年（1938），由澧县湘乡会馆首事备文，呈澧县县政府批准，成立旅津湘乡同乡会，理事长为陈少卿。

实际上，民国时期同乡会的地缘、血缘、业缘色彩依然相对浓厚，和会馆一样，其开放性、包容性并没有得到有效改善，换汤不换药，仅仅只是换了块牌子而已。

1951 年，长沙市政府开始对仍存在的同乡会馆进行整理登记，并促使其转变性质，向同乡会转变。有些同乡会还颁布了同乡会章程，成为有组织、有纲领的群众团体。

转型后的商业会馆作为联系政府与民众之间的中间机构，大都以联络乡谊、增进同乡福利，集中力量举办公益及慈善事业，奉行政令，加强建国工作为宗旨，行使着慈善、救济、政令传达等职能，适应了社会经济的发展，继续发挥着重要的作用。

三、演变成公会、商会。随着社会的变化，商业会馆与新的经济发展形势的矛盾日益突出。为了在组织形式以及社会功能上适应新的社会需要，不少会所形式上发生了变化，逐渐演变成同业公会、商会。

民国政府为加强对各行业的管理，鼓励建立同业公会。民国七年（1918）四月二十七日，农商部令第四五号公布《工商同业公会规则》，明确“工商同业公会，以维持同业公共利益，矫正营业上之弊害为宗旨”[4]，“工商同业公会之设立，以各地方重要各营业为限，其种类范围，由该处总商会认定之”[5]。这就促使会馆进一步向同业公会

1 沅江县志编纂办公室：《沅江县志》第 597 页，中国文史出版社 1991 年版。

2 湖南省临武县志编纂委员会编纂：《临武县志》第 267 页，中南工业大学出版社 1989 年版。

3 湖南省绥宁县志编纂委员会编：《绥宁县志》第 737 页，方志出版社 1997 年版。

4 彭泽益主编：《中国工商行会史料集》第 985 页，中华书局 1995 年版。

5 彭泽益主编：《中国工商行会史料集》第 985 页，中华书局 1995 年版。

转变。如清咸丰、同治年间，邵阳城乡各业先后逐步形成的帮派主要有湘乡、邵阳、江西、新化、衡阳五帮，各自在县城设有同乡会和会馆。后来，行帮、行会逐渐演变成同业公会，为商会的基层组织。

至于商会，作为对整个工商行业起指导、监督、协调作用的组织，随着社会形势的需要应运而生。清末，清政府颁布《奏定商会简明章程二十六条》，规定一切公会、公所均属商会管理，“凡各省、各埠，如前经各行众商，公立有‘商业公所’及‘商务公会’等名目者，应即遵照现定部章，一律改为‘商会’，以归画一，其未立会所之处，亦即体察商务繁简，酌筹举办”[1]。清咸丰十年（1860），江西、江苏、福建、湖北等省及资江上游的武冈、新宁、宝庆、新化等地商人，相继在益阳城镇设立庄号，或按地域、行业结成帮口。民国元年（1912）六月，益阳商务分会成立，会址就设在县城二堡徽州会馆。又如民国八年（1919）里耶商会正式成立，会址就设在里耶江西会馆。

四、天灾人祸损毁。由于兵燹、火灾、洪水、雷暴等方面的原因，历史上不少商业会馆被损毁。攸县最早的同乡会馆为江西会馆，在县城北，清康熙四十六年（1707）江西客商公建，后毁。邵阳江西会馆，清咸丰九年（1859）毁于兵灾。民国三十二年（1943）南县县城沦陷，多数会馆被日军焚毁。

五、改作其他用途。许多会馆被改作他所，或剧院，或学校，或银行，或粮站，或工厂，或宿舍。郴州桂阳江西会馆 1956 年改建为桂阳剧院。中华人民共和国成立后，洪江长郡会馆作为战备盐仓，20 世纪 70 年代改为洪江三中校办工厂，后被改造成居民宿舍。抗战时期，吉首江西会馆正殿改作国立第八中学教室，戏台改作教师办公室，后进厢房改作乾城县银行，抗战胜利后会馆成为县商会所在地。民国六年（1917）凤凰县商会成立，以江西会馆为议事处，民国二十年（1931）改江西会馆为江西旅凤同乡会。民国二十一年（1932），时任国民党陆军新编三十四师师长的陈渠珍，在凤凰创办湘西农村银行，印钞厂设在江西会馆；后又在此设立“凤、麻、泸三县剿匪指挥部”，并作为壮丁驻地，后开办织布厂和豫章小学，中华人民共和国成立后改为城郊粮站。

六、公布为文物保护单位。中华人民共和国成立初期，由于各方面原因，文物损毁事件时有发生。自 20 世纪 50 年代起，国家先后颁布一系列文物保护法律法规，建立文物保护单位制度，坚持“保护为主、抢救第一、合理利用、加强管理”的文物工作方针，大批商业会馆得到有效保护。现存的望城宁乡会馆，湘潭北五省会馆、江西会馆、鲁班殿，桂东江西会馆，黔阳江西会馆、陕西会馆、邵阳会馆，沅陵贵州会馆，辰溪湘乡会馆，新晃龙溪会馆，芷江福建会馆、宝庆会馆，靖州江西会馆、两粤会馆，通道宝庆会馆，洪江山陕会馆、苏州会馆、宝庆会馆、辰沅会馆、常德会馆，泸溪浦市江西会

---

1 彭泽益主编：《中国工商行会史料集》第 972 页，中华书局 1995 年版。

馆，凤凰福建会馆、江西会馆，龙山长沙会馆，这些会馆都有着独特的建筑装饰风格、艺术审美价值和地域文化内涵，是文化传承的重要载体，成为游客“打卡”必到之处。古老的会馆在人民群众精神文化生活中持续发挥作用，不断彰显活力、释放魅力。

第三节　会馆建筑现状

中华人民共和国成立后，商业会馆基本上停止了活动。在湖南长沙，自 1949 年 9 月 18 日长沙市军管会颁布社团管制布告以后，有的会馆积极申请登记，自行改造，借以争取合法存在；有的会馆根本无人料理，建筑破败不堪，财产任其流散。

湖南商业会馆建筑遗留不多。主要原因在于：

一是自然原因。湖南商业会馆的一大特色是建筑材料大都为木质，在南方潮湿气候的环境中，长期风吹雨淋、蚁啮虫蛀，霉变、老化、腐烂、松散以致坍塌荒废、衰落败坏。

二是商业原因。一些会馆所在地区过去曾为商品经济繁荣之地或商贸中心，但随着交通的发展，经济重心的转移，商业经营模式的转换，这些地区商业逐渐冷落，会馆自然随之衰落。湘西泸溪浦市、龙山里耶和怀化洪江、黔阳等地的会馆大都如此。

三是战争原因。近代史上，湖南地区战火连绵，会馆遭受严重破坏。1938 年，一场“文夕大火”，长沙近 3000 年的繁华毁于一旦，整个长沙城焚毁了三分之二，地面建筑毁灭到几近于零，长沙的会馆化为灰烬。1944 年，日寇攻陷衡阳，新江西会馆全部被毁，老江西会馆也遭受严重破坏，兵火劫难，赣商乏力重建，只能稍加修葺，聊避风雨。抗日战争时期，常德麻阳会馆被日寇飞机炸毁。怀化辰溪辰阳镇江西会馆，原本规模较大，抗日战争期间，一部分国民党新兵在此集中，遭日军飞机轰炸，会馆大部分被炸毁，只剩下残墙一面。

四是灾害原因。尽管不少会馆都十分重视防火防灾工作，设有救火会，备有水龙头，但由于会馆大都为木质结构，在消防方面存在严重安全隐患，再加上当时的消防设备、救援措施、应急处置并不完善，许多会馆建筑由于失火而遭到焚毁。始建于清康熙十年（1671），曾为洪江十大会馆之一的七属会馆，清康熙四十二年（1703）就曾毁于火患。

株洲炎陵县十都江西会馆，1979 年冬因乡办木工厂不慎失火被焚，仅存残垣断壁，2013 年开始修复。黔阳福建会馆 1991 年 11 月毁于火灾。百年历史的长沙太清宫，也因 2010 年 7 月的一场大火被焚，付之一炬。

五是历史原因。民国时期，由于存有大量会馆屋产，为解决民生问题，国民政府鼓励将会馆改为居民用房，会馆的原有格局被破坏。许多会馆被改造成民宅，厢房被隔成单间，神殿、戏台被改成住宅，有的甚至被拆除。长沙市天心区福胜街苏州会馆，民国时期改造成居民用房，房产为一梅姓颜料经销商所有。会馆神殿、祠堂、厢房，仅依稀可见布局，建筑面积 923.11 平方米，规模已经大不如前。中华人民共和国成立后，也有不少会馆被收回作为公产用于出租等用途，如洪江苏州会馆于 1958 年被划为政府直管公房，由房产公司管理，市民租住。

六是建设原因。随着城市化进程的不断加快，城市建设以及城市街区改造的力度不断加大。过去一段时间，由于没有正确处理好文物保护与经济建设的关系，忽视对文化遗产的保护，大刀阔斧，拆旧建新，使得不少文物古迹以及具有重要历史价值的建筑遭受破坏。长沙的最后一栋会馆——苏州会馆，无可奈何地被拆迁，只得异地重建。长沙坡子街的福禄宫，也在城市改造的过程中被夷为平地。这些历史文化遗产慢慢淡出人们的视野，消失在历史的长河里。

湖南境内现存的商业会馆主要以湘西地区为多，湘西自治州、怀化市的各县区或多或少都可以找到会馆的踪迹。现存会馆主要有黔阳江西会馆、陕西会馆、邵阳会馆，沅陵贵州会馆，辰溪湘乡会馆，新晃龙溪会馆，芷江福建会馆、宝庆会馆，靖州江西会馆、两粤会馆，通道宝庆会馆，洪江山陕会馆、苏州会馆、宝庆会馆、辰沅会馆、常德会馆，泸溪浦市江西会馆，凤凰福建会馆、江西会馆，龙山长沙会馆。这些会馆部分保存或者相对保存较好。其他会馆或者已经被毁，或者只剩残垣断瓦，或者湮没于民房校舍之中。在充分享受物质文明的同时，我们应该大力加强文化遗产的保护意识，不断提高文物保护的科技水平，让这种遗憾少一点、再少一点。

湖南商业会馆除了具有历史、艺术、科学价值之外，有的还具有重要的革命文物价值。近代史上，尽管会馆已经转入低谷，但不少湖南商业会馆在中国人民反帝反封建的革命斗争中扮演了重要的角色。

1922 年 9 月 5 日，在易礼容、任树德的组织下，长沙泥木工会在仓后街湘乡驻省中学召开成立大会，工会设在鲁班殿。1922 年 10 月，6000 多名泥木工人在毛泽东、易礼容、任树德的组织领导下，坚持 19 天的罢工斗争，取得了增加工资和营业自由的胜利。这是长沙工人取得的第一次罢工胜利，是中国共产党长沙早期组织领导工人运动的一次成功典范，极大地推动了长沙乃至全省工人运动的发展。

1923 年春，中共湘潭地下支部在湘潭北五省会馆开办平民夜校，由县委书记杨昭植任校长，培训革命志士，北五省会馆成了具有革命意义的纪念圣地。

1927 年 3 月中旬，靖县农民协会在渠阳镇河街江西会馆正式成立，选举储康民为委员长，肖镜明为副委员长，张全福、龙骧、蒙怀德、黄登三、吴守元五人为常务委员，封傅樵、申铁琴、吴礼澄、吴礼涥、储余三、曾隆光、汪明三、银纯华、龙含章、易启盛、易效彬、覃筱藩、黄云甫等人为委员，同时还制订和通过了县农民协会章程，印制了会员证。靖县农民协会成立的那天，县城内到处张贴有“打倒土豪劣绅”“打倒旧礼教”“打倒父母包办婚姻”“一切权力归农会”“马克思、列宁精神不死”等标语口号。在短短几天时间之内，会员就发展到 400 多人。

1927 年 11 月 18 日，毛泽东指示工农革命军第一团团部率领第一营攻入茶陵县城，从攸县转移到茶陵的共产党员、印刷工人谭震林立即与部队取得联系。谭震林在一营党代表宛希先指导下，发起成立了茶陵县总工会并被推选为茶陵县总工会主席。茶陵县总工会会址设在江西会馆。谭震林召集大革命时期的工运骨干农丛云、刘青云、孔海、陈雪礼、罗义贵、贺子迈、吴根辛等各行各业的工人组织行业工会，先后建立了店员工会、学徒工会、缝纫工会、铁业工会、磨工工会等基层组织，会员达 800 余人。1927 年 11 月 28 日，湘赣边界第一个红色政权——茶陵县工农兵政府成立，谭震林当选政府主席。

1927 年 11 月，朱德、陈毅率南昌起义部队，进入敌人统治薄弱、农民运动正处于高潮的汝城县。11 月 26 日至 28 日，朱德、陈毅在汝城衡永会馆召开起义军与湘南、粤北地方党组织负责人会议，秘密讨论、策划了湘南起义。由于中央命令朱德部南下支援广州起义，“汝城会议”决定于 12 月中旬在汝城一带举行起义的计划未能实现，但为 1928 年 1 月发动的湘南起义，在思想上、组织上和军事上做了必要的准备。

1928 年 3 月底，毛泽东应湘南特委要求，率领工农革命军第一师第一团前来湖南策应湘南起义，于 3 月 30 日到达桂东县沙田圩，师部、团部均设在江西会馆，毛泽东住在会馆里面的上殿右厢房。在会馆的中殿厅，毛泽东主持召开了区、乡、村工农兵代表会议和桂东县赤卫队负责人会议，研究、部署在沙田一带开展土地革命斗争，并将桂东县赤卫队改编为“湘赣边区游击队”。4 月 3 日上午，毛泽东在沙田老虎冲三十六石丘的土台上，向工农革命军正式颁布了《三大纪律 · 六项注意》，并逐条、逐项地进行详细讲解，将原来的“三条纪律”改为“三大纪律”，将“三条纪律”中的第二条“不拿老百姓一个红薯”改为“不拿工人农民一点东西”。三大纪律是：第一，行动听指挥；第二，不拿工人农民一点东西；第三，打土豪要归公。六项注意是：一、上门板；二、捆铺草；三、说话和气；四、买卖公平；五、借东西要还；六、损坏东西要赔。不久，又增加了“洗澡避女人”“不搜俘虏腰包”两项条文，完善之后，统称为“三大纪律·八项注意”。同年8月，红四军28团、29团攻打郴州受挫后，朱德、陈毅率红四军主力转移至沙田一带，开展革命活动，陈毅寓于江西会馆内耳房。

桂东江西会馆又是新四军驻沙田留守处驻地。1938年初，湘粤赣边区红军游击支队在沙田改编为抗日义勇军开赴抗日前线后，正式成立了新四军驻沙田留守处，驻江西会馆，顾星奎担任留守处主任，在此领导广大人民群众开展抗日救亡运动。桂东沙田江西会馆意义重大。1972年9月湖南省革命委员会公布为第三批省级文物保护单位，1983年10月湖南省人民政府重新公布为第五批省级文物保护单位，2002年2月中共湖南省委宣传部公布为湖南省爱国主义教育基地，2005年11月中共中央宣传部公布为全国爱国主义教育示范基地。

1928年4月，毛泽东率领的秋收起义部队与朱德率领的南昌起义部队在炎陵县十都江西会馆会师，史称“朱毛第一次会面”。朱毛首次会面及两军胜利会师，是中国共产党史和中国革命史上的重大事件，意义深远。其一，进一步坚定了毛泽东建立井冈山革命根据地的决心；其二，壮大了湘赣边界武装力量，促进了湘赣根据地的发展巩固；其三，朱毛会师，为毛泽东总结根据地的斗争经验，研究以“农村包围城市、武装夺取政权”的伟大战略思想提供了客观条件。

1930年12月21日凌晨，红七军在邓小平、李明瑞、张云逸率领下，兵分两路同时向绥宁寨市发起攻击，取得重大胜利，极大地振奋了部队士气。当晚指挥部大部分人员宿营在江西会馆。

1934年12月10日至12月17日，中央红军长征途经通道时，中共中央领导人张闻天、毛泽东、王稼祥行居于宝庆会馆，并且在这里商讨敦促中央高层就敌情变化情况召开紧急会议。由于毛、王、张的努力，终于促使“通道会议”的召开，改变了由通道北进湘西与红二、六军团会合的原定计划，而是战略性转向敌人力量薄弱的西面贵州方向前进。在生死攸关之际，通道转兵挽救了所剩三万多红军，避免了一场我党、我军乃至中国革命的危机，为黎平会议、猴场会议、遵义会议的召开准备了条件，为遵义会议确立毛泽东在全党的领导地位奠定了基础。中央红军长征通道转兵旧址——宝庆会馆，在中国革命史上留下了光辉的印记。

1935年12月28日，贺龙、萧克领导的红二、六军团从黔阳兵分三路北渡沅水进入芷江，军团司令部设在黄甲街宝庆会馆内，贺龙、王震、萧克、关向应驻扎于此。当时驻守县城的国民党陈子贤旅获悉我大军过境，闻风丧胆，赶忙拆毁江西桥板，紧闭城门，龟缩于城中，不敢与红军交锋。1936年1月1日，红二、六军团在土桥镇冷水铺村召开政治干部会议。1 月 3 日，红二、六军团司令部迁入新晃龙溪口，1 月 4 日在龙溪口召开军事会议，决定组织便水战斗，寻机歼灭尾追之敌国民党军李觉纵队第 16 师。1 月 5 日，在新店坪上坪一线便水战斗打响。

1936 年 1 月，红二、六军团长征经过晃县时，在江西会馆召开群众大会，宣传中国共产党北上抗日的主张，得到晃县人民的热烈拥护。

1949 年 7 月 29 日，人民解放军四野第 49 军 147 师解放常德。该师政治部在江西会馆西侧的围墙上书写了“将革命进行到底”的大幅标语。

因此，加强对湖南商业会馆资源的调查研究，做好会馆文物保护和合理利用，对湖南乃至对全国经济史、中国革命史的研究都具有重要的意义。

第五章

湖南商业会馆研究简述

商业会馆是明清时期商品经济蓬勃发展的必然，是中国社会近代化进程的一面镜子。由于会馆本身的独特性以及历史上的特殊地位，会馆一直是经济史研究的重要领域。

郑鸿笙的《中国工商业公会及会馆公所制度概论》[1]一文，堪称会馆研究的第一篇论文。郑氏认为，会馆、公所与一般社团不同，规定入会者须交纳会费和认捐一定数额的钱款，以作基金；又与营利性的经济团体不同，同乡团体的会产是专用于祭祀、享宴和慈善公益事业，因而它具有财产团体和公益团体的双重性质。全汉升的《中国行会制度史》[2]，“这是研究中国工商业同业组织的开创性之作，是一部探讨从行会的起源、萌芽直到近代的手工业行会、商业行会、苦力帮的通史性著作，为后学打下了一定的基础”[3]。窦季良则更多地注重会馆社会组织的研究，窦氏《同乡组织之研究》[4]主要考察了会馆的组织状态，从乡土观念、组织演化、集体象征、功能分析等方面对包括会馆在内的同乡组织进行了较为全面的论述，可谓会馆史研究的一个重要标志。

20世纪50年代以后，会馆多被当作行会，成为讨论中国资本主义发展史的一个重要指标。由于受当时国内形势的影响，会馆研究主要围绕资本主义萌芽这一主题进行。李华《明清以来北京的工商业行会》[5]、洪焕椿《论明清苏州地区会馆的性质及其作用：苏州工商业碑刻资料剖析之一》[6]，都把会馆看作与工商业行会同类，为资本主义萌芽的研究提供了宝贵借鉴，意义重大。何炳棣《中国会馆史论》[7]重点论述了北京的会馆以及其他各地会馆的地理分布。彭泽益编辑的《中国近代手工业史资料（1840—1949）》[8]，李文治编辑的多卷本《中国近代农业史资料》[9]，江苏省博物馆编辑的《江

1 郑鸿笙：《中国工商业公会及会馆公所制度概论》，《国闻周报》第2卷第19期，1925年5月24日出版。
2 全汉升：《中国行会制度史》，上海新生命书局1934年11月版。
3 彭南生：《行会制度的近代命运》第1页，人民出版社2003年版。
4 窦季良：《同乡组织之研究》，正中书局1943年10月渝版。
5 李华：《明清以来北京的工商业行会》，《历史研究》1978年第4期。
6 洪焕椿：《论明清苏州地区会馆的性质及其作用：苏州工商业碑刻资料剖析之一》，《中国史研究》1980年第2期。
7 何炳棣：《中国会馆史论》，台湾学生书局1966年版。
8 彭泽益编：《中国近代手工业史资料（1840—1949）》，生活·读书·新知三联书店1957年版。
9 李文治编：《中国近代农业史资料（1840—1911）》，生活·读书·新知三联书店1957年版。

苏省明清以来碑刻资料选集》[1]，李华编辑的《明清以来北京工商会馆碑刻选编》[2]，上海博物馆图书资料室编辑的《上海碑刻资料选辑》[3]，苏州博物馆、江苏师范学院历史系、南京大学明清史研究室合编的《明清苏州工商业碑刻集》[4]，广东省社会科学院历史研究所中国古代史研究室、中山大学历史系中国古代史教研室、广东省佛山市博物馆编辑的《明清佛山碑刻文献经济资料》[5]，都辑录了不少有关会馆的资料，为海内外学者开展会馆研究提供了极大的便利。

20 世纪 80 年代，会馆研究发生新的转折。1982 年，吕作燮发表《明清时期的会馆并非工商业行会》[6]一文，就会馆所具有的社会意义和价值进行重新思考。1984 年，吕作燮又发表《明清时期苏州的会馆和公所》[7]一文，阐述了对会馆与公所区别的认识，再次引起人们对会馆这一具有中国特色社团的反思。

20 世纪 90 年代以来，会馆作为一种社会组织受到中外学者的较多关注，会馆研究呈现方兴未艾的局面，研究视野有了较大的扩展，涌现出了一批有分量的研究成果。有的从城市史或法制史的角度研究会馆问题，有的讨论会馆与商会的关系。王日根《明清时代会馆的演进》[8]，从会馆是明清社会政治、经济、文化变迁的特定产物，会馆的社会功能以及表现形式等方面，论证了会馆是明清时期异籍人士在客地设立的一种社会组织，它适应社会的变迁不断改变自己的形态，既体现了时代发展的阶段性，又表现出地域发展的差异性。台湾大学历史系邱澎生发表的《由会馆公所到商会：试论清代苏州商人团体中的“同乡关系”》[9]认为，在初期，会馆的设立经常以设神置祠作为掩护，其后，会馆经济的功能愈加明显，体现出公所的色彩，再后变为“商会”，更具有了同行性与明确规章，这是因为中央政权对商业的发展有巨大的影响。

吴惠《会馆、公所、行会：清代商人组织演变述要》[10]认为，手工业会馆的行会性最强，专业性行业会馆次之，地域性包括几个行业的同籍商人的会馆又次之，纯地

1 江苏省博物馆编：《江苏省明清以来碑刻资料选集》，生活·读书·新知三联书店 1959 年版。

2 李华编：《明清以来北京工商会馆碑刻选编》，文物出版社 1980 年版。

3 上海博物馆图书资料室编：《上海碑刻资料选辑》，上海人民出版社 1980 年版。

4 苏州博物馆、江苏师范学院历史系、南京大学明清史研究室合编：《明清苏州工商业碑刻集》，江苏人民出版社 1981 年版。

5 广东省社会科学院历史研究所中国古代史研究室、中山大学历史系中国古代史教研室、广东省佛山市博物馆编：《明清佛山碑刻文献经济资料》，广东人民出版社 1987 年版。

6 吕作燮：《明清时期的会馆并非工商业行会》，《中国史研究》1982 年第 2 期。

7 吕作燮：《明清时期苏州的会馆和公所》，《中国社会经济史研究》1984 年第 2 期。

8 王日根：《明清时代会馆的演进》，《历史研究》1994 年第 4 期。

9 邱澎生：《由会馆公所到商会：试论清代苏州商人团体中的“同乡关系”》，香港科技大学人文学部“商人与地方文化研讨会”，1994 年。

10 吴惠：《会馆、公所、行会：清代商人组织演变述要》，《中国经济史研究》1999 年第 3 期。

域性会馆只起着同乡共聚、祀神宴会以敦乡谊之所的作用。刘正刚《清代四川的广东移民会馆》[1]、《清代四川的广东移民经济活动》[2]，陈连营《客商与清代河南农村经济》[3]，李晓琴、石涛《对明清商人会馆产生的动因探析》[4]，乔丽《再论明清工商会馆产生的原因——以山陕会馆为例》[5]，万江红、涂上飙《会馆的社会影响初探》[6]，王日根《论明清会馆神灵文化》[7]、《明清会馆与社会整合》[8]、《明清时代会馆的演进》[9]、《地域性会馆与会馆的地域差异》[10]，丁长清《试析商人会馆、公所与商会的联系和区别》[11]，张明富《试论明清商人会馆出现的原因》[12]，王翔《近代中国手工业行会的演变》[13]，范金民《清代江南会馆公所的功能性质》[14]，陈炜、史志刚《地域会馆与商帮建构——明清商人会馆研究》[15]，都为会馆研究方面的力作。

此外，这一时期还出版了不少关于会馆的著作。

彭泽益主编的《中国工商行会史料集》[16]，是中国学者辑录的第一部大型行会资料专辑全书，分上下两册，近90万字，收集了明清时期大量的工商行会史料，其中以清代居多。本书根据资料的形式和性质以及记述特点，尽量保持史料的原貌。最后用章目标题来编辑史料，使之自成系统，便于读者检索。

北京市档案馆编《北京会馆档案史料》[17]，全书共115万字，辑录了北京市档案馆馆藏300多个会馆资料，分为会馆法令、会馆管理、会馆财产、会馆调查、工作报告、会馆碑文、会馆楹联七个部分，各部分按全国行政区划和时间顺序排列，较为全面地反映了会馆发展和消亡的全过程，具有较高的史料价值。

1 刘正刚：《清代四川的广东移民会馆》，《清史研究》1991年第4期。
2 刘正刚：《清代四川的广东移民经济活动》，《中国社会经济史研究》1992年第4期。
3 陈连营：《客商与清代河南农村经济》，《中州学刊》1992年第2期。
4 李晓琴、石涛：《对明清商人会馆产生的动因探析》，《商业文化》（学术版）2008年第3期。
5 乔丽：《再论明清工商会馆产生的原因——以山陕会馆为例》，《科教文汇》2008年第2期。
6 万江红、涂上飙：《会馆的社会影响初探》，《武汉大学学报》（人文科学版）第54卷第2期，2001年3月。
7 王日根：《论明清会馆神灵文化》，《社会科学辑刊》1994年第4期，总第93期。
8 王日根：《明清会馆与社会整合》，《社会学研究》1994年第4期。
9 王日根：《明清时代会馆的演进》，《历史研究》1994年第4期。
10 王日根：《地域性会馆与会馆的地域差异》，《中国历史地理论丛》1996年第1期。
11 丁长清：《试析商人会馆、公所与商会的联系和区别》，《近代史研究》1996年第3期。
12 张明富：《试论明清商人会馆出现的原因》，《东北师大学报》（哲学社会科学版）1997年第1期，总第165期。
13 王翔：《近代中国手工业行会的演变》，《历史研究》1998年4期。
14 范金民：《清代江南会馆公所的功能性质》，《清史研究》1999年第2期。
15 陈炜、史志刚：《地域会馆与商帮建构——明清商人会馆研究》，《乐山师范学院学报》第18卷第1期，2003年2月。
16 彭泽益主编：《中国工商行会史料集》，中华书局1995年版。
17 北京市档案馆编：《北京会馆档案史料》，北京出版社1997年版。

刘正刚《广东会馆论稿》[1]，通过广泛搜集文献、辅以实地考察，收集了丰富的广东会馆史料，对各地的广东会馆作了详细的分类排比，为广东会馆的进一步研究奠定了坚实的基础。

王日根《中国会馆史》[2]，进一步拓展了会馆的研究领域，从社会史的角度着重讨论明清以来的会馆组织与社会变迁之间关系的问题，把明清会馆与明清时期的市场机制、人口迁移、科举制度等联系起来加以考察，从一个新的角度研究明清社会的运作机制。

胡春焕、白鹤群《北京的会馆》[3]，王日根《乡土之链：明清会馆与社会变迁》[4]，中国会馆志编纂委员会编《中国会馆志》[5]，张明亮主编《晋商会馆》[6]，赵逵《"湖广填四川"移民通道上的会馆研究》[7]，袁德宣、曾主陶《湖南会馆史料九种》[8]，唐凌、侯宣杰《广西商业会馆研究》[9]，上海三山会馆管理处编《上海会馆史研究论丛》[10]，曾主陶《湖南会馆往事》[11]，梁淑群主编《中国会馆文化研究》[12]，都在会馆研究方面取得了重要成果。

许檀编《清代河南、山东等省商人会馆碑刻资料选辑》[13]，抄录整理157通明清和民国时期河南、山东、直隶、山西等省商人会馆碑刻资料，内容涉及会馆创建的背景及创建会馆时买卖地契过程、捐款清单、开支明细等内容，是研究中国近代城镇结构和市场发展的第一手资料。

唐凌、熊昌锟选编的《广西商业会馆系统碑刻资料集》[14]，收录、整理了广西本地商人和外省商人在广西境内修建商业会馆的碑刻资料，如捐资碑、义冢碑、村约碑等，此外还收录了以商业会馆为核心的码头、道路、桥梁、凉亭、庙宇、戏台、魁星楼、商铺、骑楼等的碑刻资料。

山西省政协文史和学习委员会编《明清山西商人会馆史料》[15]，收集整理了全国现

1 刘正刚：《广东会馆论稿》，上海古籍出版社2006年版。
2 王日根：《中国会馆史》，中国出版集团东方出版中心2007年版。
3 胡春焕、白鹤群：《北京的会馆》，中国经济出版社1994年版。
4 王日根：《乡土之链：明清会馆与社会变迁》，天津人民出版社1996年版。
5 中国会馆志编纂委员会编：《中国会馆志》，方志出版社2002年版。
6 张明亮主编：《晋商会馆》，山西教育出版社2009年版。
7 赵逵：《"湖广填四川"移民通道上的会馆研究》，东南大学出版社2012年版。
8 袁德宣、曾主陶：《湖南会馆史料九种》，岳麓书社2012年版。
9 唐凌、侯宣杰：《广西商业会馆研究》，广西师范大学出版社2012年版。
10 上海三山会馆管理处编：《上海会馆史研究论丛》（第一辑、第二辑），上海社会科学院出版社2011、2014年版。
11 曾主陶：《湖南会馆往事》，岳麓书社2015年版。
12 梁淑群主编：《中国会馆文化研究》，中州古籍出版社2015年版。
13 许檀编：《清代河南、山东等省商人会馆碑刻资料选辑》，天津古籍出版社2013年版。
14 唐凌、熊昌锟选编：《广西商业会馆系统碑刻资料集》，广西师范大学出版社2014年版。
15 山西省政协文史和学习委员会编：《明清山西商人会馆史料》，中国文史出版社2017年版。

存的明清时代山西商人会馆史料，以省为单位进行介绍，是晋商文化研究的重要资料。

王汝丰点校的《北京会馆碑刻文录》[1]，立足前人已有的成果，开展实地调查，对北京会馆碑刻中有重要价值的碑文进行释录、标点、校勘。时间范围跨越有清一代至民国，涉及十四省，相对全面地反映了北京会馆的整体面貌，是会馆碑刻难得的补充，具有重要的文献价值。

湖南教育出版社出版的清宣统《湖南商事习惯报告书》[2]，反映了晚清湖南封建行会制度的没落，旧式商业向新式商业的转化，内向型经营向外向型经营的过渡，商业行为的有序化和规范化以及商业规范、经营习惯、商人心理的发展规律和演变特征，揭示了晚清湖南商事习惯徘徊在近代化与封建化的边缘。

王日根、薛鹏志编纂的《中国会馆志资料集成》[3]（第一辑）收录散见于各图书馆、民间的会馆志、征信录共30部，有的进行了必要的比勘对校，较为典型地展现了会馆的不同类型、设立过程、运行机制、管理规约、捐输源流、兴衰历程及其社会功能，具有较高的史料价值。

王日根、大木康编纂的《中国会馆志资料集成》[4]（第二辑）收录日本东京大学东洋文化研究所仁井田升教授所藏中国国内散失的明清以来会馆志、征信录三十五种，并增补《汀州会馆志》《旅潮汀龙会馆志》《北京工商会馆资料集》等七种会馆志书和研究资料，既编入了若干1911年前刊印的较好版本，也包含了少部分1911年以后的会馆志、征信录。

在日本，19世纪末，日本学者就开始对中国行会进行考察与研究。1958年，仁井田升在《东洋史研究》发表《清代湖南会馆商人》[5]。1959年，加藤繁在《清代北京的商人会馆》[6]列举了九所商业会馆的经营状况，澄清了会馆与行会的相互关系问题。大谷孝太郎《上海的同乡团体及同业团体》[7]一文，认为上海商人团体的发展是愈后而乡土的结合愈凝固，它们之间壁垒森严，分割市场，很不利于资本的集积。川胜守《明清时代北京、苏州、上海之广东会馆》[8]一文中提出商业会馆的设立是对士大夫会馆的一种模仿，但又是一种对抗、一种示威，商人们借用了士大夫用惯了的会馆这种组织

1 王汝丰点校：《北京会馆碑刻文录》，北京燕山出版社2017年版。

2 湖南调查局编印：《湖南商事习惯报告书》，湖南教育出版社2010年版。

3 王日根、薛鹏志编纂：《中国会馆志资料集成》（第一辑），厦门大学出版社2013年版。

4 王日根、大木康编纂：《中国会馆志资料集成》（第二辑），厦门大学出版社2019年版。

5 仁井田升：《清代湖南会馆商人》，《东洋史研究》第64期，1958年2月。

6 加藤繁：《清代北京的商人会馆》，《中国经济史考证》（卷三），台湾华世出版社1981年版。

7 大谷孝太郎：《上海的同乡团体及同业团体》，《支那研究》1929年第19期。

8 川胜守：《明清时代北京、苏州、上海之广东会馆》，叶显恩主编《清代区域社会经济研究》（下册），中华书局1992年版。

形式纠集自己的力量形成团体，从而既增强了自己的力量，也力图用会馆的规约来规范自己的行动。作者认为，明末以后到清前期，广东人在北京、苏州、上海之会馆活动领先于其他各省商人。作者依据会馆来分析地域性商帮势力的强弱，把会馆放在社会变迁中加以考察，也表明作者视野的进一步拓展。寺田隆信也较为关注会馆问题，他和潘宏立《关于北京歙县会馆》[1]一文对会馆与商业资本、会馆与科举制度等关系问题进行阐述。从这些研究中，我们看到日本汉学界对中国会馆史研究在不断走向深化。

总之，几十年的会馆研究成绩显著，中外学者们都以扎实的史料考证功底，普遍关注作为一种社会组织的会馆的本体性意义及其所具有的社会功能。从总体上看，会馆研究中，“地域性会馆研究继续得到加强，会馆研究摆脱了传统的囿于行会史的做法，更多地关注到城市布局、社会功能及文化内涵等方面”[2]。

尽管会馆研究成绩斐然，但学术界对湖南商业会馆的关注不多，缺少系统的、深入的、全面的研究和探讨，对于会馆的基础性文献还未能进行很好的整理。对湖南商业会馆的关注，主要见诸一些相关论文。

杨福林、徐裕良、姜舒强《清代湘省江西商帮的组织及其运作》[3]认为，清代在湘江西会馆的兴盛，归结于它的社会功能与经济功能。江西帮之所以能成为数百年不衰的十大商帮之一，因帮内各府县商帮组织内部的运作极为严密，通过严厉的帮规来规范成员的行为，有效地实现了经营管理目标，符合竞争需要，维护了地域商人团体的根本利益，具备行业组织的主要特征。

陈瑶《清代湖南的福建商人初探》[4]指出，清代湖南商业贸易繁荣，福建商人在湖南建有天后宫或福建会馆至少44处，主要分布在沿江和沿洞庭湖重要市镇乃至基层集市，经营烟草、茶叶、靛青等。在湖南活动的福建商人在商贸经营之外，建立福建会馆加强商帮内部凝聚力，参与当地慈善活动和救济事业，与其他各省商帮联合建立商业组织和社会结构、参与地方基层行政。从清代湖南的福建商人的活动可以初步认识闽商在内陆发展的形态和特点。

邵鸿《利益与秩序：嘉庆二十四年湖南省湘潭县的土客仇杀事件》[5]指出，明清时期，江西省有大量商民外出到全国各地经商，形成著名的“江右帮”。江西商人在各

1 寺田隆信、潘宏立：《关于北京歙县会馆》，《中国社会经济史研究》1991年第1期。

2 江涛：《会馆史研究的新高度——王日根〈中国会馆史〉述评》，《文化学刊》2007年第5期总第7期。

3 杨福林、徐裕良、姜舒强：《清代湘省江西商帮的组织及其运作》，《江西科技师范学院学报》第72—77页，2010年6月第3期。

4 陈瑶：《清代湖南的福建商人初探》，《闽台文化研究》第5—13页，2015年第2期总第42期。

5 邵鸿：《利益与秩序：嘉庆二十四年湖南省湘潭县的土客仇杀事件》，《历史人类学学刊》第83—98页，2003年4月第1卷第1期。

地的经营活动，常伴随着与土著居民的冲突，甚至激烈的械斗仇杀。清嘉庆二十四年（1819），在湖南湘潭发生的江西商民和本地居民之间的仇杀事件，就是这种冲突的一个典型事例。此次事件发生在省城附近的湘潭，不仅规模较大，残酷激烈，而且在朝廷中也引起了很大反响和复杂的官场斗争。通过对事件的剖析，文章深入探讨了清代江西商帮在客地与土著居民的关系，地方绅士和清政府对土客矛盾冲突的立场和态度，以及事件对地域社会变迁、商帮发展和社会关系的影响等问题。

肖迪民《湘潭会所初探》[1]指出，湘潭会所繁荣的直接原因是明清以来湘潭就是湖南的水陆交通要道和商业中心。湘潭会所的主要特点是，工商性质明显，不论哪一种类型都是工商各业在湘潭发展繁荣的产物；地域和行业相对集中，在湘潭建有会所的涉及全国 13 个省，会所数量最多的江西省就有 19 所；有浓郁的神祇供奉，会所建筑绝大部分和祀神的庙宇联为一体甚至合二为一；选址集中，规模宏大，建筑华丽。

袁霞《从湘潭闽商会馆建福宫看闽商的信仰及生活》[2]，在考察湘潭福建会馆的建立、神会以及管理三方面情况的基础上，论述了闽商在湘潭福建会馆的活动、商业交往以及生活信仰。文章通过会馆与庙宇的比较，认为：一方面，会馆和庙宇是外来人群聚会的场所，籍贯是这个群体身份认同的唯一标准，他们通过制定一系列的规定，强化了身份认同，强化了群体的排他性。信仰是个体之间的精神纽带，田产、义山、店铺等都是由这个群体置办、管理，并在这个群体中分享。另一方面，会馆和庙宇又是外来人群与其他人群交往的一个媒介，祭礼、堂戏等都离不开其他人群的参与，管理者们通过分胙肉等方式，密切了本群体和其他阶层的关系。也就是说，会馆和庙宇具有了对内和对外的双重功能，既调整内部的关系，又密切和外部的联系。

王日根《由〈类成堂集〉看清代湘潭闽商的联合》[3]认为，湘潭是清代著名的交通贸易枢纽，各省商帮汇集于此，建立会馆，形成商业社会的繁盛局面。闽商是其中较活跃的一支力量，在清前期迅速获得发展壮大。《类成堂集》详细记录了闽商会馆“十闽堂”依托妈祖信仰，勇于开拓，继而发展壮大，大量购买田地、房屋、店铺，举办节庆活动，祭祀神灵，制定规约，举办演戏等文娱活动的状况，可以从一个侧面管窥闽商在湘潭的发展历程。

张尚《明清时期湘潭会馆简论》[4]认为，明中叶以后，商品经济的发展催生了一批商业城市的繁荣，各地间经济交流频繁，地域性商人在异地集聚，为了维护同乡的经济利益，会馆的商业性逐渐加强。湘潭位于长沙西南，距离不过 35 公里，交通便利，

1 肖迪民：《湘潭会所初探》，《求索》第 246—248 页，2004 年第 7 期。
2 袁霞：《从湘潭闽商会馆建福宫看闽商的信仰及生活》，《学习月刊》第 13—14 页，2008 年第 18 期。
3 王日根：《由〈类成堂集〉看清代湘潭闽商的联合》，《福建省社会主义学院学报》第 39—45 页，2011 年第 4 期。
4 张尚：《明清时期湘潭会馆简论》，《城市地理》第 266—267 页， 2016 年 12 期。

万商云集，明代号称“小南京”。此时，湘潭会馆非常繁荣。会馆的繁荣有力促进了湘潭对外经济交流，药业、冶铁业、茶业、米业等行业尤为突出。同时，作为湘潭的社会组织，会馆与社会义举、教育、民间文化生活，以及移民，有着千丝万缕的关系，显现出一定的社会功能。

鲁才全《怀化境内的天后宫》[1]通过对怀化境内的芷江县、沅陵县、鹤城区三座天后宫的研究，认为：第一，在怀化市境内兴建奉祀妈祖女神的天后宫始于清乾隆十年（1745），以沅陵为最早，芷江次之。第二，沅陵、芷江和鹤城的三座天后宫，均系福建客民捐资购地兴建。其建造地点均位于河流两岸，且与该处的福建会馆有着密不可分的关系，以致有人将二者混为一谈。其实，二者虽有其必然联系，但仍是有区别的，不应混为一谈。第三，从怀化市境内各地兴建天后宫的早晚次第看来，可以判定妈祖信仰的传播路线是循沅水干流而上再至其支流各城镇的。这正是福建商人经由水路深入本地山区从事经商贸易的发展路线，二者完全吻合。

张涛《芷江“天后宫”在清代的发展状况》[2]，通过“千秋金鉴”碑文，推断碑文撰刻于清同治十三年（1874），天后宫在清嘉庆、道光年间处于鼎盛时期。

刘树老《芷江天后宫门坊石雕图像的妈祖文化隐喻》[3]，认为门坊石雕的鱼水图像、神仙图像分别成为妈祖地域特征和功德圣迹的隐喻，既是中国传统图像的文化表达方式，也通过图像阐释实现了多重感官体验。

张翔《内容的解构与观念的重释：芷江天后宫门坊雕刻研究》[4]指出，芷江天后宫素有“内地最大妈祖庙”之名，是妈祖文化在中国内地传播的重要标志，其门坊雕刻神工鬼斧，堪称明清湖湘雕刻的精品。隐喻是芷江天后宫门坊石雕的最主要内容。历史的沉淀、详实的内容、灵动的形式、精心的营造、鬼斧神工般的雕刻技艺，是芷江天后宫这座内陆妈祖庙的门坊建筑最值得研究和关注的“视角”。文章认为，芷江天后宫有三个最突出的特点：第一，雕刻或依托芷江当地明山石雕技艺，鬼斧神工，是明清湖湘地区民间雕刻艺术高超技艺的典范。第二，门坊石雕内容众多。第三，妈祖文化的“救海”性质原始信仰成分减弱。

学者们重点对洪江的会馆进行研究，指出了洪江商业会馆在商品经济发展中的地位和作用。

杨载田《湘西洪江古商城的历史地理研究》[5]，介绍了明清及民国时期全国 18 个

---

1 鲁才全：《怀化境内的天后宫》，《怀化师专学报》第 44—46 页，2002 年 2 月第 21 卷第 1 期。

2 张涛：《芷江“天后宫”在清代的发展状况》，《怀化师专学报》第 53—54 页，第 12 卷第 1 期 1993 年 1 月。

3 刘树老：《芷江天后宫门坊石雕图像的妈祖文化隐喻》，《装饰》第 116—117 页，总第 273 期 2016 年第 1 期。

4 张翔：《内容的解构与观念的重释：芷江天后宫门坊雕刻研究》，《美术学报》第 32—42 页，2018 年第 2 期。

5 杨载田：《湘西洪江古商城的历史地理研究》，《衡阳师范学院学报》第 89—91 页，2004 年 10 月第 25 卷第 5 期。

省、24个州府、80多个县的商贾集中于洪江，并相继建立了以“十大会馆”为代表的30多处同乡会馆，同时，又以同业名义建立了行业会所如粮食业的炎皇宫、药材业的药行宫、屠宰业的三义宫、木材业的鲁班宫和嗣后发展成大行业的油号、盐业、木业、布业、衣业、烟业、酒业、苏广、南杂、瓷铁、首饰、金号等一大群行业组织，当时统称为“五府十八帮”。这些会馆会所都是为了联络情谊和维护同乡、同行业利益而建立的商业活动场所，如此盛观在一般内地商业港口城市并不多见。杨氏认为，洪江商业会馆的形成以及商业的发达，这是与洪江具有中亚热山地季风气候的生态环境、优越的水运交通条件、历史时期特有的发展机遇等因素分不开的。

朱明霞《社会变迁中的传统商业会馆——洪江古商城会馆研究》[1]指出，洪江会馆是明清时期社会变迁的必然产物，对地方社会的发展产生了全方位的作用。一是会馆主动通过捐纳、兴办社会公益事业来提高社会地位，赢得地方政府与社会的认同。二是会馆都由富商把持，为官府支差派捐，在同行中议定市价，调节行情，制定行约店规，同时也实施行业垄断，抵制外来势力，不但指导和维护了市场，而且还规范和调节了市场。三是会馆在促进地方文化交流与融合方面发挥着至关重要的作用。在洪江会馆的发展过程中，政府的干预虽强而有力，但覆盖范围终究有限，民间社会进行自我管理的空间非常大。洪江会馆的发展繁荣也意味着商人们在封建行政体系之外积极寻求建立社会秩序的努力，从而在提升自身社会地位的同时推进地方社会由传统走向现代的过程。

洪江会馆文化也是学者们感兴趣的研究课题，主要包括会馆的建筑意蕴、神灵文化以及会馆功能、组织特点等。

日本仁井田升《清代湖南会馆商人》[2]指出，晚清时期湖南洪江的十大会馆联合起来，以“商行联合会”的形式对全市的赈灾、育婴、救生、收瘗等事务全方位地介入。

朱柏林《近代洪江城市文化初探》[3]一文，阐述了洪江的同乡会馆和会馆公所等民间会社的控制作用：会馆既管同乡事务，又是同业公会的一种形式，十馆公所则为这些会馆的联络组织，负责协调会馆所属行业的商务和与官方交往。此外，由于清政府没有在洪江设立政权组织，所以会馆公所还负责代办官方委托的民政、教育、建设、团防、保甲、民事纠纷等社会事务。洪江会馆和公所，集政治、经济于一身，既是同乡会和经济组织，又俨然是一级统治、管理百姓的政治机构。

1 朱明霞：《社会变迁中的传统商业会馆——洪江古商城会馆研究》，《文史博览（理论）》第4—9页，2014年5月。

2 仁井田升：《清代湖南会馆商人》，《东洋史研究》第64期，1958年2月。

3 朱柏林：《近代洪江城市文化初探》，《湖南社会科学》第173—177页，2005年第3期。

蒋学志站在建筑学的角度，在《洪江古商城明清会馆建筑研究》[1]一文从洪江古商城会馆的源流、功能、建筑特征三方面，详细分析了洪江会馆的建筑构造特点，认为洪江会馆建筑集客栈、居住、经商、娱乐于一体，是综合性活动场所，为研究明清商业会馆的发展状况、建筑形制及其管理制度和地方文化提供了重要的实物资料，具有较高的历史研究价值。

蒋学志《洪江古商城聚落格局与空间形态研究》[2]，把会馆功能提升到精神文化层面，认为洪江古商城的公共活动空间是以会馆为中心的，会馆紧紧联系人与人（尤其是同乡）的交往，使聚落成为具有凝聚力和精神感召力的人性化家园。蒋氏《湘西南洪江古商城建筑源流与形态特征》[3]，论述了洪江古商城的商业特点、建筑形态特征，认为洪江会馆是明清时期特定历史条件下的一种社会现象，与当时商业的发展密不可分。会馆的主要功能有会聚公议、联络乡谊、祭祀家乡的神佛或行业祖师爷、办理善举、维护社会秩序。此外，清代时洪江的会馆还经营和管理古商城的市政建设和公益事业，如城镇建设、卫生及消防等。洪江十大会馆就是商业行会会馆的代表。随后清代末期至民国时期，洪江出现了来自全国十省二十府八十余县的会馆，这一历史现象在全国实属罕见。

刘嘉弘《洪江十大会馆神祉文化解读》[4]认为，洪江十大会馆的主要功能是祀神，祀神既是会馆的教化方式，又是会馆移民的精神寄托所在。洪江十大会馆所祭祀的神祇大致可以分为四种类型：一为乡土神，如黄州会馆所祀“三官尊神”帝主、江西会馆所祀“吾乡福主旌阳许真君”、徽州会馆所祀徽州籍理学家朱熹、福建会馆所祀“天后圣母”妈祖。二为乡土神兼行业神，如宝庆会馆所祀冶炼业之祖蚩尤。三为英雄人物，如贵州会馆所祀之“黑神”南霁云、辰沅会馆所祀之“伏波将军”马援。四为佛道神者，如七属会馆所祀的“忠义神武关圣大帝”、衡州会馆所祀的寿佛、湘乡会馆所祀的文昌帝君。洪江十大会馆神祉文化具有区域性、世俗性、象征性和兼容性等特征。

黄筱蔚、蒋学志《聚落的形成与整合——洪江古商城聚落空间形态研究》[5]，在分析宫与会馆、庙与会馆的区别时，认为洪江洞天宫、九华宫等 28 个宫都是当年各行各

1 蒋学志：《洪江古商城明清会馆建筑研究》，《中外建筑》第 77—80 页，2005 年第 6 期。

2 蒋学志：《洪江古商城聚落格局与空间形态研究》，《长沙交通学院学报》第 47—51 页，2005 年 12 月第 21 卷第 4 期。

3 蒋学志：《湘西南洪江古商城建筑源流与形态特征》，《南方建筑》第 55—59 页，2006 年第 3 期。

4 刘嘉弘：《洪江十大会馆神祉文化解读》，《湖南文理学院学报》（社会科学版）第 104—107 页，2006 年 7 月第 31 卷第 4 期。

5 黄筱蔚、蒋学志：《聚落的形成与整合——洪江古商城聚落空间形态研究》，《华中建筑》第 154—158 页，2006 年第 11 期。

业集结之地，如粮食业为炎黄宫、药材业为药王宫、屠宰业为三义宫。这些宫与江西会馆、黄州会馆、徽州会馆等几十个会馆的相同之处是它们都是聚会、说理、办事、集中的地方。不同的是，宫作为行业总会，带有江湖义气，且多是手工业者工会性质；而馆则是同乡会性质。宫、馆层次不同、性质不同，但目的一致。寺庙是膜拜神佛的场所，人们通过祭祀，祈求神佛赐福免灾，或强化族权统治；会馆往往以故乡的图腾崇拜为对象，代替了宗祠的作用。

张河清《商业城市发展与变迁的内外条件——以明清时期洪江古商城为例》[6]，认为洪江城市文化的多元开放性较诸同时期其他城市的文化更为显著。各地的商人都会将其原有的文化基因带到洪江，同时又在洪江这一新的商业世界中相互整合变异，以适应新形势的需要。洪江城市文化由此显示出兼容并收的多元趋向，洪江商人的交往对象也更为广泛，不仅包括国内的各地商人，而且还直接与外地商人保持着商业往来，深受西方商业文化的影响，从而使其自身的商业文化也表现出强烈的开放性。

韩隆福《论洪江商贸古城的人文精神》[7]指出，洪江会馆和行会的规章制度、商会的民主协商、商贾诚信的道德规范，实际上就是洪江商贸稳定、和谐发展的保证。和谐不是单一的重复，而是众多因素在“中和”实际中的对立统一。“和”具有创造性，“和”的统一产生新的事物，故“和”是发展之本、前进之基、生长之根。“和”既联系着人与自然的血缘关系，又联系着人与社会的血缘关系，还联系着情与理的血缘关系。在法治不到的地方，有伦理的“中和”在调整；在伦理不到的地方，有审美的“和融 ”在调整。作为“移民”形成的洪江商城，有着同乡会馆和不同行会，如果不能在“和而不同”、求同存异中用贴近实际的“中和”思想调整，就不能和谐发展。

刘嘉弘《湘西南洪江古商城的慈善事业》[8]一文对洪江会馆等组织进行的慈善活动、慈善事业的资金来源以及慈善思想等进行了探讨，指出清代及民国时期，洪江拥有会馆 100 余个。行会成立较会馆稍晚，鼎盛时期，洪江设有数十个行会。这些会馆和行会虽然不仅仅是为慈善而设，但是它们承担了一部分慈善的义务。刘氏《论洪江古商城市民社会的特点》[9]一文指出，清朝及民国时期，洪江古商城市民社会组织系统建设可以分为初创阶段即早期会馆时期、发展阶段即十馆公所时期、成熟阶段即商会

6 张河清：《商业城市发展与变迁的内外条件——以明清时期洪江古商城为例》，《求索》第 82—84 页，2007 年第 2 期。

7 韩隆福：《论洪江商贸古城的人文精神》，《湖南文理学院学报》（社会科学版）第 103—107 页，2007 年 3 月第 32 卷第 2 期。

8 刘嘉弘：《湘西南洪江古商城的慈善事业》，《湖南城市学院学报》第 28—31 页，2008 年 1 月第 29 卷第 1 期。

9 刘嘉弘：《论洪江古商城市民社会的特点》，《湖南文理学院学报》（社会科学版）第 87—88 页，2008 年 3 月第 33 卷第 2 期。

时期三个发展阶段。早期会馆时期，大约在清康熙至乾隆年间；十馆公所时期，为清嘉庆至民国初年；商会时期，是民国初年至20世纪40年代末。十馆公所成立之后，有效地将分散的各个会馆凝聚成一个相对统一的整体。组织系统严密，结构严谨；组织职能清晰，责任明确；组织制度规范，科学合理；组织管理民主，平等开放。

还有一些学者对会馆的保护与利用进行了探讨，认为会馆具有深厚的文化底蕴，是重要的旅游资源，对会馆的保护与合理利用，对于丰富城市文化内涵、提高城市文化品位、提升城市知名度，都具有积极意义。

刘嘉弘《洪江古商城商道文化遗产及其保护》[1]指出，洪江古商贸城是一座集政治、军事、经济、宗教、文化史料大全的活性博物馆，其鲜明的文化特色和历史价值体现在历尽沧桑的古城水脉、自然的扇状空间结构、蕴含商道文化的街区景观、《清明上河图》的活版本、颇具商道文化色彩的明清建筑、极具传奇色彩的商道轶事传说。因此，应对洪江古商城文化遗产进行有效的保护。

邓运员、冯亚芬、杨载田在《湘西洪江古商城的特点、形成及其开发利用和保护》[2]指出，明清及民国时期，全国20多个省的商贾云集洪江，并相继建立了以“十大会馆”为代表的30多处同乡会馆，这些会馆都是为联络乡谊和维护行业利益而建立的商业活动场所，如此规模，在一般内地商业港口城市不多见。因此，包括这些会馆古建筑在内，以完整风貌保存下来的中世纪专业性的洪江商城，在国内具有唯一性，应该妥善加以保护和合理利用。

郑宪春、向小艳《论洪江古商城的保护与开发》[3]指出，洪江古商城不仅是中国商业史上的一部百科全书，也是中国明清以来的一部社会生活的百科全书，既有保护的意义，也有开发的价值。洪江古商城的保护需要在实践中创新，洪江古商城的开发需要在市场中探索，要正确处理好开发与保护的关系、资源开发与市场定向的关系、门票经济与综合效益的关系。

罗琳《长沙地区会馆文化探析》[4]以长沙为个案，通过分析长沙地区会馆的兴起、发展、类型、职能等内容，探究会馆对长沙城市文化的影响。作者指出，长沙城区会馆遗存较少，对会馆的保护和合理利用，不仅可以拓展长沙城市的旅游资源，还能丰

1 刘嘉弘：《洪江古商城商道文化遗产及其保护》，《湖南文理学院学报》（社会科学版）第72—74页，2007年1月第32卷第1期。

2 邓运员、冯亚芬、杨载田：《湘西洪江古商城的特点、形成及其开发利用和保护》，《热带地理》第185—189页，2007年3月第27卷第2期。

3 郑宪春、向小艳：《论洪江古商城的保护与开发》，《湖南商学院学报》（双月刊）第56—60页，2008年2月第15卷第1期。

4 罗琳：《长沙地区会馆文化探析》，湖南师范大学硕士学位论文，2010年。

富长沙的城市文化内涵，提高长沙的城市文化品位。

从目前学术界对湖南商业会馆的研究来看，主要集中在会馆的分布、成因、结构以及活动等，注重个案而非整体，关注程度不高，研究相对薄弱，对会馆的本质、会馆的社会功能，对会馆与政治、经济、文化的关系，对会馆在中国近代化过程中的角色等方面，尚需进行深入探讨。特别是从明末清初到民国末年300多年里，全国共有10省20府80余县，相继在洪江建立会馆，这一历史现象在全国实属罕见，其意义和影响非同一般，应予以充分重视和深入研究。

结语

在中国古代，移民浪潮与时俱增，特色各异。三代之际，以种族频繁游动为显，即以种族历史兴衰为坐标，其迁徙与社会文明之演进相系，并因民族的、政治的、文化的诸种因素所致。然而，至春秋战国时代，统一运动之旗帜打破了种族或区域间的樊篱，尤其是秦统一之后，随着固定疆域的渐次奠定，人口流动亦因王朝统治盛衰与种族离合运动而展示其阶段性。秦汉时期，因封建君主专制之大一统格局的不断运演，移民运动多在皇权政治之下进行军事的、政治的移植。魏晋隋唐之际，移民之历史流动映衬着宗族或社会等级制的影子，故而“坞壁”“封”“屯”“别”“墅”“庄”等就成了旅居之士为求自存的最基本形式。自宋之后，随着商品经济的发展，市民阶层的兴起，移民多呈现出由乡村入城市、由北方向南方区域流动，并突出其商品经济特征。自明朝中后期起，因为东南沿海地区的“倭患”及清初对台湾问题的处置，便出现了闽浙人的内迁，由此引发了两江填湖广、湖广填四川的人口大迁徙，湖南地区因此迎来了第五次外来移民高潮。[1]据《永定县乡土志》载：“及康熙时……土著老民，百不存一。其后迁徙新户，十常得九，稽其户籍，以江西为最多，湖北、四川次之。”[2]醴陵因“明末清初，重罹浩劫，土旷人稀，播迁远来者，则什九为闽粤两省汀江、东江流域之人”[3]。与江西比邻的浏阳，更是“浏鲜土著，比闾以内，十室有九皆江西之客民也”[4]。有清一代，湖南商业会馆的盛行便是这一波澜壮阔移民历史的生动写照。

湖湘文化文源深、文脉广、文气足、文运盛。湖南商业会馆的研究有助于我们更加深刻地解读湖湘文化的历史内涵。传统文化的弘扬，外来文化的吸纳、评判、探索和创新进取，是湖湘学派的重要特色和优良传统，是湖湘文化与时俱进的活力之所在。近代的湖南人，是经历了元末明初、明末清初两次大移民，在族源与血缘方面同清代以前湖南居民基本上没有联系的新居民，全省人口素质实现了更新，带来了移民所具有的开拓精神；加之湖南又是一个多民族聚居区域，移民与苗、瑶、侗、土家等族纷纷联姻，吸收了这些少数民族的强悍、粗犷与刻苦的习性，从而在湖南逐渐形成了一种有别于他省

1 第一次是秦代，因征伐南越而发兵五十万守五岭；第二次是在唐末；第三次是在北宋末，北民因靖康之乱寓居湖南；第四次是在元末明初。

2《永定县乡土志》下篇《户口》，成文出版社有限公司印行，1975 年版。

3 民国《醴陵县志·氏族志》。

4 康熙《浏阳县志》卷一四《拾遗志》。

的朴实勤奋、劲直勇悍、好胜尚气、不信邪，甚至流于偏狭任性的乡俗民风。[1]

湖南是传统农业大省，为著名的“鱼米之乡”。早在唐代，湖南已成为“九州粮仓”，而且，稻谷是当时的重要税源。自宋代以来，湖南人口持续增长，农业发展速度居于全国领先位置，洞庭湖平原成为中国古代重要的商品粮生产基地。尤其值得注意的是，自唐以后，随着中国经济重心的南移，长江经济带对全国的影响更为突出。而湖南位处长江经济带的中间位置，区位优势明显，具有承上启下、连接南北的重要商业功能。湖南的湘江、资江、沅江、澧水四水，顺着地势由南向北汇入洞庭湖、长江，河网密布，水系发达，交通十分便利；湖南自然资源类型齐全，总量丰富，具有良好的开发价值和市场前景。因此，经商者之足迹遍及湖南全省，商业范围囊括了社会生活的各个方面，相应地商业会馆也随之流布。明清时期，随着资本主义因素的萌芽，商品经济发展之规模与影响前所未有，“晋商”“徽商”“赣商”“闽商”以及湖南的“宝庆商”等商业帮会的形成，使湖南的商业文化趋向成熟。从某种意义上来说，会馆的发展史就是一部湖南明清以来的商品经济史。研究湖南商业会馆，对把握湖南经济的历史发展脉络，揭示其所蕴涵的经营理念自当具有一定的借鉴意义。

会馆是明清时期发展起来的一种地缘或业缘性的社会组织，是由同乡或同业组成的一种封建性团体。商业会馆与工商行会制度间有着千丝万缕的关联，工商行会制度是同乡会馆发展的历史衍生物。工商行会制度是封建社会商品经济发展到一定阶段的必然产物，是为了调整同业关系、解决同业矛盾、保护同行利益、协调与官府的关系，同业或相关行业联合起来组成的组织，带有行业性质。工商行会比同乡会馆组织更为严密，订有行规、业规、帮规等制度，形成一种垄断势力。

商业会馆是明清时期社会政治、经济、文化变迁的特定产物。湖南商业会馆的运行轨迹大体为 M 形，湘东地区经历了形成期（明代）—兴盛期（清康熙至清道光）—萧条期（清咸丰至清同治）—复兴期（清光绪）—衰落期（民国时期）；而湘西地区则经历了形成期（明代）—兴盛期（清康熙至清道光）—萧条期（清咸丰至清同治）—复兴期（清光绪至民国中期）—衰落期（民国晚期）。

抗战时期，东部人口大规模地向西南迁移，“江苏同乡大批西迁至湖南洪江者极众，曾由过钟粹等组织同乡会，并创办江浙小学”[2]。怀化黔阳、溆浦、沅陵、辰溪、麻阳、芷江、晃县、会同、靖县、通道 10 县，1936 年总人口为 1674095 人，1941 年 6 月总人口为 2178803 人，1941 年比 1936 增长 30.15%。[3] 仅洪江一地，“数达六万以上，较

1 林增平：《近代湖湘文化试探》，《历史研究》第 13 页，1988 年第 4 期。

2《江苏人在洪江》第 12 页，《苏讯月刊》，1947 年第七十九、八十期合刊。

3 湖南省怀化地区地方志编纂委员会编：《怀化地区志》第 369—370 页，生活·读书·新知三联书店 1999 年版。

之战前，差不多已增加了一倍”[1]。大量“人口西进”，强劲地推动了湘西地区的经济发展，出现了“战时繁荣”，会馆众多，商帮林立，百业兴旺。20世纪40年代，洪江江西会馆拥有房屋214栋，折合银洋26.74万元，每年收取房租2.286万元，加上装饰陈设、古董珍玩，折合时价约为600余万元。东部地区商业会馆处于风雨飘摇之中，而偏居一隅的湘西地区商业会馆则欣欣向荣、蓬勃发展。抗战胜利后，西迁人员纷纷东返，湘西地区人口急剧减少。国民党发动内战之后，沅水交通中断，商旅不行，物流不畅，市场极度衰落，湘西地区由“战时繁荣”变为“战后萧条”，商业会馆也从此一蹶不振、江河日下。

湖南商业会馆建于明代的不多，大部分兴起于清代，无论从会馆的建筑布局和艺术，还是从会馆的功能和活动来看，都昭示出湖南商业会馆自身的生机与活力。随着社会的转型，湖南商业会馆逐渐走完了自己的全部历程，最终淹没在历史长河，偃旗息鼓，悄无声息地消失于人们的社会生活之中。

会馆是独具中国特色的社会组织形态。湖南商业会馆是乡情观念与商业元素相结合的产物，是明代至民国时期湖南政治、经济、文化发展的见证。湖南商业会馆联络乡谊、祭祀神祇、聚酬演戏、施善行义等活动，增进了彼此认同，协调了内外关系，促进了经济发展，构建了和谐社会。湖南商业会馆不仅有力地整合了市场秩序，推动了封建时代商品经济的繁荣发展，而且还适用人口流动日趋频繁的社会变迁，缓解了流动人口的管理难题，维护了社会治安的稳定。

百年沧桑，古韵悠然。会馆是历史的见证。历史的遗存，岁月的留痕，典雅和古朴，盛衰与兴亡，都凝结在会馆殿堂的片片青砖黛瓦之上，永久地尘封在心灵深处的记忆之中。一个会馆就是一段历史，一个会馆就是一串故事。湖南商业会馆所蕴含的开拓意识、文化精神、经营理念、行为标准，既具有鲜明的历史性，又具有鲜活的现实性。在经济社会高速发展的今天，湖南商业会馆以其悠久的历史渊源、丰厚的文化内涵和永不衰竭的团结奋进精神，必将发挥着持续和深远的影响。

---

1 朱益凡：《洪江近影的素写》第27页，《保安月刊（湖南）》，1941年第一卷第三期。

长沙市铜铺街小学江西会馆石狮照片，由长沙市博物馆提供。

望城乔口江西会馆、望城靖港宁乡会馆、望城靖港宁乡会馆内戏台照片，由长沙市望城区文物保护发展中心提供。

炎陵江西会馆、炎陵江西会馆戏台照片，由姚银银提供。

湘潭江西会馆、湘潭江西会馆夕照亭、湘潭北五省会馆、湘潭北五省会馆春秋阁、湘潭永州会馆濂溪祠石碑、湘潭鲁班殿照片，由湘潭市博物馆提供。

桂东江西会馆、桂东江西会馆戏台、桂东江西会馆沙田戏台照片，由朱奇提供。

津市新洲江西会馆照片，由余慕雯提供。

黔阳江西会馆、黔阳江西会馆戏台照片，由洪江市文物局提供。

泸溪浦市江西会馆、泸溪浦市江西会馆戏台照片，由杨震提供。

凤凰江西会馆、凤凰福建会馆、凤凰福建会馆妈祖殿、凤凰江西会馆戏台照片，由唐卓提供。

芷江福建会馆、芷江福建会馆匾额、芷江福建会馆建筑群照片，由周峰提供。

芷江宝庆会馆、芷江福建会馆戏台照片，由江贤军提供。

洪江苏州会馆、洪江常德会馆、洪江宝庆会馆、洪江渠阳会馆照片，由黄文胜提供。

通道宝庆会馆、通道宝庆会馆建筑群照片，由郑湘提供。

安化茶马古道照片，由安化黑茶博物馆提供。

清代长沙至衡阳交通地图照片，由湖南图书馆提供。

清光绪湘潭《义仓永定章程》石碑照片，由方昭远提供。

对于提供照片、给予支持的单位和个人，一并表示感谢！

长沙市铜铺街小学江西会馆石狮

望城乔口江西会馆

炎陵江西会馆

湘潭江西会馆

湘潭江西会馆夕照亭

桂东江西会馆

津市新洲江西会馆

黔阳江西会馆

泸溪浦市江西会馆

凤凰江西会馆

芷江福建会馆匾额

芷江福建会馆

芷江福建会馆建筑群

凤凰福建会馆

凤凰福建会馆妈祖殿

湘潭北五省会馆

湘潭北五省会馆春秋阁

洪江苏州会馆

望城靖港宁乡会馆

洪江常德会馆

洪江宝庆会馆

芷江宝庆会馆

通道宝庆会馆

通道宝庆会馆建筑群

洪江渠阳会馆

湘潭永州会馆濂溪祠石碑

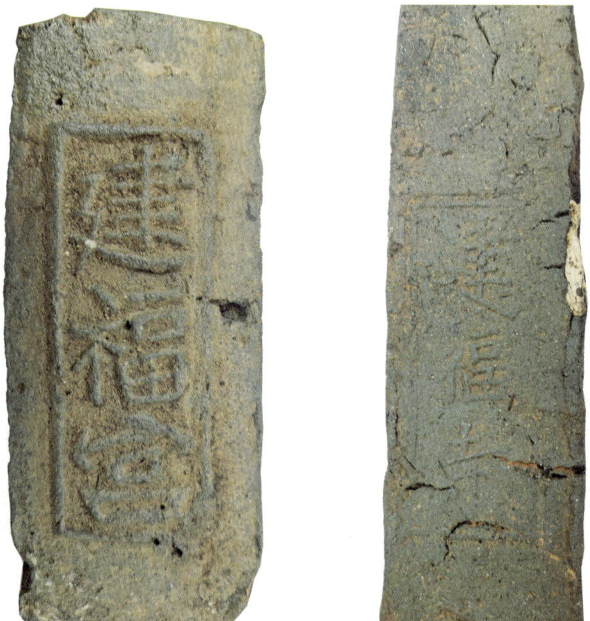

湘潭福建会馆遗址出土“建福宫”“建福寺”铭文砖

湘潭鲁班殿

安化茶马古道

炎陵江西会馆戏台

望城靖港宁乡会馆内戏台

桂东江西会馆戏台

桂东江西会馆沙田戏台

芷江福建会馆戏台

黔阳江西会馆戏台

泸溪浦市江西会馆戏台

凤凰江西会馆戏台

图书在版编目（CIP）数据

湖南商业会馆 / 郭学仁，郭楠著 . —长沙：岳麓书社 , 2024.7

ISBN 978-7-5538-1953-2

Ⅰ . ①湖…　Ⅱ . ①郭…　②郭…　Ⅲ . ①商业会馆—史料—湖南
Ⅳ . ① F729

中国版本图书馆 CIP 数据核字（2023）第 188998 号

HUNAN SHANGYE HUIGUAN

湖南商业会馆

作　　者：郭学仁　郭　楠
出 版 人：崔　灿
项目统筹：王文西
责任编辑：邱建明　鲁云云　包文放
责任校对：舒　舍
排版设计：谢倩阳

岳麓书社出版发行
地址：湖南省长沙市爱民路 47 号
直销电话：0731-88804152　0731-88885616
邮政编码：410006

版次：2024 年 7 月第 1 版
印次：2024 年 7 月第 1 次印刷
开本：787mm × 1092mm　1/16
印张：26.75
字数：517 千字
书号：ISBN 978-7-5538-1953-2
定价：180.00 元

承印：长沙鸿和印务有限公司

如有印装质量问题，请与本社印务部联系
电话：0731-88884129